Exame de Certificação
ANBIMA CPA-20
TEORIA

O GEN | Grupo Editorial Nacional – maior plataforma editorial brasileira no segmento científico, técnico e profissional – publica conteúdos nas áreas de ciências sociais aplicadas, exatas, humanas, jurídicas e da saúde, além de prover serviços direcionados à educação continuada e à preparação para concursos.

As editoras que integram o GEN, das mais respeitadas no mercado editorial, construíram catálogos inigualáveis, com obras decisivas para a formação acadêmica e o aperfeiçoamento de várias gerações de profissionais e estudantes, tendo se tornado sinônimo de qualidade e seriedade.

A missão do GEN e dos núcleos de conteúdo que o compõem é prover a melhor informação científica e distribuí-la de maneira flexível e conveniente, a preços justos, gerando benefícios e servindo a autores, docentes, livreiros, funcionários, colaboradores e acionistas.

Nosso comportamento ético incondicional e nossa responsabilidade social e ambiental são reforçados pela natureza educacional de nossa atividade e dão sustentabilidade ao crescimento contínuo e à rentabilidade do grupo.

Lilian Massena Gallagher
(Coordenadora)

Gonzaga Souza Filho
Geraldo Marinho
Vitoria Dietrich

Exame de Certificação
ANBIMA CPA-20
TEORIA

5ª EDIÇÃO

- Os autores deste livro e a editora empenharam seus melhores esforços para assegurar que as informações e os procedimentos apresentados no texto estejam em acordo com os padrões aceitos à época da publicação, *e todos os dados foram atualizados pelos autores até a data de fechamento do livro*. Entretanto, tendo em conta a evolução das ciências, as atualizações legislativas, as mudanças regulamentares governamentais e o constante fluxo de novas informações sobre os temas que constam do livro, recomendamos enfaticamente que os leitores consultem sempre outras fontes fidedignas, de modo a se certificarem de que as informações contidas no texto estão corretas e de que não houve alterações nas recomendações ou na legislação regulamentadora.

- Data do fechamento do livro: 15/03/2024

- Os autores e a editora se empenharam para citar adequadamente e dar o devido crédito a todos os detentores de direitos autorais de qualquer material utilizado neste livro, dispondo-se a possíveis acertos posteriores caso, inadvertida e involuntariamente, a identificação de algum deles tenha sido omitida.

- **Atendimento ao cliente: (11) 5080-0751 | faleconosco@grupogen.com.br**

- Direitos exclusivos para a língua portuguesa
  Copyright © 2024 *by*
  Editora Atlas Ltda.
  Uma editora integrante do GEN | Grupo Editorial Nacional
  Travessa do Ouvidor, 11
  Rio de Janeiro – RJ – 20040-040
  www.grupogen.com.br

- Reservados todos os direitos. É proibida a duplicação ou reprodução deste volume, no todo ou em parte, em quaisquer formas ou por quaisquer meios (eletrônico, mecânico, gravação, fotocópia, distribuição pela Internet ou outros), sem permissão, por escrito, da Editora Atlas Ltda.

- Capa: Manu | OFÁ Design

- Imagem de capa: iStockphoto | Orla

- Projeto gráfico e editoração eletrônica: Julia Ahmed

CIP-BRASIL. CATALOGAÇÃO NA PUBLICAÇÃO
SINDICATO NACIONAL DOS EDITORES DE LIVROS, RJ

E96
5. ed.
Exame de certificação ANBIMA CPA-10 : teoria / coordenadora Lilian Massena Gallagher (coord.) ... [et al.]. - 5. ed. - Barueri [SP] : Atlas, 2024.

Inclui bibliografia e índice
Inclui simulado
ISBN 978-65-5977-620-7

1. Associação Brasileira das Entidades dos Mercados Financeiro e de Capitais - Exames. 3. Mercado financeiro - Exames - Guias de estudo. 4. Pessoal do mercado financeiro - Certificados e licenças. I. Gallagher, Lilian Massena.

24-88225   CDD: 332.60981
                                           CDU: 336.76(81)

Meri Gleice Rodrigues de Souza - Bibliotecária - CRB-7/6439

Aos nossos alunos e
a todos aqueles que desejam
progredir na sua vida profissional.

SOBRE OS AUTORES

Lilian Massena Gallagher (coord.) – Autora de oito livros, versando sobre as provas de certificação do mercado financeiro e de finanças pessoais, atua no mercado financeiro há mais de 30 anos e, desde os primórdios da certificação, vem ajudando pessoas a alavancarem suas vidas profissionais. É mestre em Administração pela Universidade Estácio de Sá (UNESA) e tem mestrado em Administração pelo Instituto de Pós-Graduação e Pesquisa em Administração da Universidade Federal do Rio de Janeiro (COPPEAD/UFRJ). Autorizada pela Comissão de Valores Mobiliários (CVM) a prestar consultoria de valores mobiliários. Certificada CGA, atuou como professora convidada da Brasil, Bolsa, Balcão (B3), Fundação Getulio Vargas (FGV), Universidade Veiga de Almeira (UVA), Associação Nacional das Instituições do Mercado Financeiro (ANDIMA), Associação Brasileira de Comunicação Empresarial (ABERJ), entre outras instituições. Sócia da Unicertificação, empresa dedicada a treinamento *on-line* para provas de certificação do mercado financeiro e de RPPS.

Geraldo Marinho – Mestre em Engenharia de Produção pela UFRJ, com MBA em Finanças pela Pontifícia Universidade Católica do Rio de Janeiro (PUC-Rio), é engenheiro de formação e certificado CPA 20. É gestor de riscos na Brasilcap Capitalização S.A., sendo o gestor de riscos responsável perante a Superintendência de Seguros Privados (SUSEP). Implantou o Projeto de Gestão de Riscos Corporativos da Brasilcap e trabalhou na BB *Asset Management,* na gestão de riscos de fundos de investimentos e na área de *underwriting* de títulos de renda fixa. Foi sócio da Luce Risk, empresa de consultoria em gestão de riscos, e atuou como professor convidado da Universidade do Estado do Rio de Janeiro (UERJ), ANBIMA, Unicertificação, UNESA, Trevisan e UVA.

Gonzaga Souza Filho – Profissional do mercado financeiro há 30 anos, ocupou cargos executivos em instituições de renome e é especializado em economia empresarial, engenharia econômica e finanças em mercado de capitais. É consultor da G10 Consultoria Técnica e Treinamento, onde oferece orientação especializada em operações financeiras, produtos de renda fixa e derivativos. É professor da pós-graduação da Universidade Federal Fluminense (UFF) e da FGV/RJ. É autor do livro *Manual do Agente Autônomo de Investimento* e certificado pela ANCORD, e certificado pelo ICSS com o título de Profissional Certificado com Ênfase em Investimento.

Vitoria Dietrich – Economista formada pela PUC-Rio com mais de 20 anos de experiência como analista e consultora de investimentos e gestão de recursos. É também psicóloga com especialização em clínica psicanalítica no Instituto de Psiquiatria da UFRJ.

AGRADECIMENTOS

Muitas pessoas foram importantes e me ajudaram de diversas maneiras na confecção deste livro. Dentre elas, posso citar todos os professores parceiros da Unicertificação, que vêm caminhando junto comigo desde os primórdios da obrigatoriedade da certificação no mercado financeiro, nos idos de 2002.

Foram também muito importantes para que o livro tomasse forma a minha super-ex-assistente, Michelle Moreira, e o meu eficiente genro, Jorge Coronel Arias, que me ajudaram na logística da coordenação com os professores e na formatação dos primeiros materiais didáticos que preparamos para os treinamentos e que resultaram na primeira edição deste livro, depois de inúmeras revisões e alterações.

Nesta quinta edição, recebi também os conselhos da minha editora Ana Paula Ribeiro, que, com a sua prática do mercado, aconselhou-me a utilizar um mapa mental ao final de cada capítulo.

Quero lembrar do incentivo do meu marido e parceiro, Norberto Freund, que me deu a tranquilidade necessária para me dedicar a esta edição. E, como não poderia deixar de ser, a minha saudosa mãe, Leila, e meu avô, Lincoln Massena. A primeira por ter me ensinado a importância da disciplina e da dedicação; e meu avô porque, com sua sabedoria, sempre deixou claro para os netos que o conhecimento e o bom português são muito importantes e podem mudar uma vida.

Por fim, agradeço a Deus os dons que recebi e que pude demonstrar ao transmitir o que aprendi ao longo de muitos anos atuando no mercado financeiro e como professora.

Muito obrigada!

Lilian Massena Gallagher

RECURSOS DIDÁTICOS

Para facilitar o aprendizado, este livro conta com o seguinte recurso didático:

- QR Codes com *links* diversos para conteúdos adicionais no decorrer de alguns capítulos.

Para acessá-los, basta posicionar a câmera de um *smartphone* ou *tablet* sobre o código.

Relação do conteúdo dos QR Codes desta obra:

- Carta Circular BCB n. 4.001/2020 – Divulga relação de operações e situações que podem configurar indícios de ocorrência dos crimes de LD/FT, passíveis de comunicação ao COAF.
- Circular BCB n. 3.858/2017 – Regulamenta os parâmetros para aplicação das penalidades administrativas de que trata a Lei n. 9.613.
- Circular BCB n. 3.978/2020 – Dispõe sobre a política, os procedimentos e os controles internos a serem adotados pelas instituições autorizadas a funcionar pelo BCB visando à prevenção da utilização do sistema financeiro para a prática dos crimes de LD/FT.
- Código ANBIMA de Distribuição de Produtos de Investimento – Regula, estabelece princípios, regras e procedimentos que envolvem a distribuição de produtos de investimento.
- Código ANBIMA de Regulação e Melhores Práticas para Administração de Recursos de Terceiros – Estabelece princípios e regras para as atividades que envolvem a administração de recursos de terceiros, como gestão e administração fiduciária.
- Código ANBIMA de Ofertas Públicas – Regula as práticas para as ofertas públicas de valores mobiliários.
- Código do Instituto Brasileiro de Governança Corporativa (IBGC) – Dispõe sobre os princípios, seus fundamentos e as práticas recomendadas de boa governança corporativa a serem aplicadas pelas companhias.
- Decreto n. 154/1991 – Promulga a Convenção Contra o Tráfico Ilícito de Entorpecentes e Substâncias Psicotrópicas.
- Decreto n. 5.640/2005 – Promulga a Convenção Internacional para Supressão do Financiamento do Terrorismo, adotada pela Assembleia-Geral da ONU e assinada pelo Brasil em 2001.
- Instrução Normativa BCB n. 153 – estabelece as tabelas padronizadas para divulgação do Relatório GRSAC.
- Lei n. 9.613/1998 – Lei de Prevenção à Lavagem de Dinheiro e Financiamento ao Terrorismo (PLD/FT).
- Lei n. 13.260/2016 – Regulamenta o disposto no inciso XLIII do art. 5º da Constituição Federal, disciplinando o terrorismo, tratando de disposições investigatórias e processuais e reformulando o conceito de organização terrorista.
- Lei n. 13.810/2019 – Dispõe sobre o cumprimento de sanções impostas por resoluções do Conselho de Segurança da ONU, incluída a indisponibilidade de ativos de pessoas naturais e jurídicas e de entidades, e a designação nacional de pessoas investigadas ou acusadas de terrorismo, de seu financiamento ou de atos a ele correlacionados.
- Regras dos Segmentos de Listagem da B3 – Apresenta as regras de cada segmento de listagem da B3.
- Resolução BCB n. 44 – Estabelece procedimentos para a execução pelas instituições autorizadas a funcionar pelo BCB das medidas determinadas pela Lei n. 13.810.
- Resolução BCB n. 139 – Estabelece um conjunto de normas a serem seguidas no que se refere à divulgação do Relatório GRSAC.

- Resolução CMN n. 4.943 – Determina às instituições financeiras o dever de implementar a estrutura de gerenciamento contínuo e integrado de riscos e de capital, visando questões ASG.
- Resolução CMN n. 4.944 – Dispõe sobre a metodologia facultativa simplificada para apuração do requerimento mínimo de Patrimônio de Referência Simplificado (PRS5), visando ao gerenciamento contínuo de riscos ASG.
- Resolução CMN n. 4.945 – Trata sobre a obrigatoriedade de as instituições estabelecerem a Política de Responsabilidade Social, Ambiental e Climática (PRSAC) e implementarem ações com vistas à sua efetividade.
- Resolução CVM n. 8 – Estabelece regras e diretrizes para emissão, distribuição e divulgação de COE.
- Resolução CVM n. 50 – Dedica um capítulo especial a operações que podem designar algum indício de lavagem de dinheiro.
- Resolução CVM n. 85 – Regula o procedimento aplicável a quaisquer ofertas públicas de aquisição de ações de companhias abertas e o processo de registro das ofertas públicas.
- Resolução CVM n. 160 – Regula as ofertas públicas de distribuição de valores mobiliários e a negociação desses instrumentos ofertados em mercados regulamentados.
- Resolução CVM n. 175 – Dispõe sobre a constituição, o funcionamento e a divulgação de informações dos fundos de investimento, bem como sobre a prestação de serviços para os fundos.

SUMÁRIO

Parte I – Organização do Sistema Financeiro Nacional	3
Capítulo 1 – Sistema Financeiro Nacional	**5**
1.1 Órgãos de regulação, autorregulação e fiscalização	5
1.1.1 Conselho Monetário Nacional	6
1.1.2 Banco Central do Brasil	6
1.1.3 Comissão de Valores Mobiliários	7
1.1.4 Superintendência de Seguros Privados	8
1.1.5 Superintendência Nacional de Previdência Complementar	8
1.1.6 Associação Brasileira das Entidades dos Mercados Financeiro e de Capitais	8
1.2 Intermediários financeiros e demais entidades de apoio	10
1.2.1 Bancos múltiplos	10
1.2.2 Bolsa de valores, mercadorias e futuros	11
1.2.3 Sociedades corretoras de títulos e valores mobiliários	13
1.2.4 Sociedades distribuidoras de títulos e valores mobiliários	13
1.2.5 Agente autônomo de investimento	13
1.2.6 Sistemas e câmaras de liquidação e custódia – *clearings*	14
1.2.7 Sistema de Pagamentos Brasileiro	14
1.3 Investidores qualificados, profissionais e não residentes	15
Mapa mental	17
Exercícios de fixação	18
Gabarito	18
Parte II – Princípios Básicos de Economia e Finanças	19
Capítulo 2 – Princípios Básicos de Economia	**21**
2.1 Indicadores econômicos	21
2.1.1 Indicador de atividade: Produto Interno Bruto	21
2.1.2 Taxas de juros	23
2.1.3 Indicadores de inflação	24
2.1.4 Taxa PTAX	24
2.2 Política monetária	25
2.2.1 Controle da inflação	25
2.2.2 Relação entre juros e atividade econômica	28
2.3 Política fiscal	28
2.3.1 Resultados fiscais	29
2.3.2 Política fiscal × monetária	30
2.3.3 Gestão da dívida pública	30
2.4 Política cambial	31
2.4.1 Considerações preliminares	31
2.4.2 Regime cambial	32
2.4.3 Cupom cambial	33
2.4.4 Reserva cambial	33

2.5 Contas externas	34
Mapa mental	36
Exercícios de fixação	37
Gabarito	37

Capítulo 3 – Conceitos Básicos de Finanças — 39

3.1 Juros	39
3.1.1 Juros simples	40
3.1.2 Juros compostos	40
3.1.3 Equivalência de capitais	40
3.1.4 Equivalência e proporcionalidade	41
3.2 Taxa de juros nominal × real	42
3.2.1 Cupom	42
3.2.2 Zero cupom	43
3.3 Fluxo de caixa	44
3.3.1 Série mista	44
3.3.2 Série uniforme	44
3.3.3 Cupom e amortização	44
3.3.4 Valor presente de um fluxo de caixa	45
3.3.5 Taxa interna de retorno (TIR)	46
3.3.6 *Yield to maturity*	46
3.3.7 Prazo médio e vencimento	47
3.4 Taxa de desconto	47
3.4.1 Desconto por fora no regime de juros compostos	48
3.4.2 Relação entre taxa de juros efetiva e taxa de desconto	48
3.5 Conceitos financeiros	49
3.5.1 Custo de oportunidade	49
3.5.2 Taxa livre de risco	49
3.5.3 Prêmio de risco	49
3.5.4 Retorno histórico e retorno esperado	50
3.5.5 Índices de referência	51
3.6 Custo de capital	51
3.6.1 Considerações preliminares	51
3.6.2 Custo de fontes específicas de capital	52
3.7 Custo médio ponderado de capital	56
3.7.1 Considerações iniciais	56
3.7.2 Cálculo do custo médio ponderado de capital	57
3.7.3 Utilização do custo médio ponderado de capital no mercado financeiro	58
Mapa mental	59
Exercícios de fixação	60
Gabarito	60

PARTE III – *COMPLIANCE*, ÉTICA E O INVESTIDOR — 61

Capítulo 4 – *Compliance* Legal e Ética — 63

4.1 Conceito de risco	63
4.1.1 Risco de imagem	64
4.1.2 Risco legal	64

4.1.3 Implicações da não observância aos princípios e às regras	64
4.2 Controles internos	65
4.2.1 Aspectos gerais	65
4.2.2 Regulamentação	65
4.3 Prevenção e combate à lavagem de dinheiro e ao financiamento do terrorismo	66
4.3.1 Aspectos gerais	66
4.3.2 Legislação e regulamentação correlata	66
4.3.3 Conceito de abordagem baseada em risco para PLD/FT	73
4.3.4 Aplicação do princípio "Conheça seu Cliente"	75
4.3.5 Procedimentos destinados a conhecer funcionários, parceiros e prestadores de serviços terceirizados	76
4.4 Normas e padrões éticos	76
4.4.1 Crimes e ilícitos contra o mercado de capitais	76
4.4.2 Uso indevido de informação privilegiada e outras práticas não equitativas de preços	78
4.5 Código ANBIMA de Distribuição de Produtos de Investimento	80
Mapa mental	82
Exercícios de fixação	83
Gabarito	86
Capítulo 5 – Análise do Perfil do Investidor	**87**
5.1 Resolução CVM n. 30	87
5.2 Importância e motivação da análise do perfil do investidor para o investidor	88
5.3 Fatores determinantes para a adequação dos produtos de investimento às necessidades dos investidores	89
5.3.1 Objetivo do investidor	90
5.3.2 Horizonte de investimento e idade do investidor	90
5.3.3 Risco *versus* retorno: capacidade de assumir risco e sua tolerância ao risco	91
5.3.4 Diversificação: vantagens e limites de redução do risco incorrido	93
5.4 Finanças pessoais	93
5.4.1 Conceitos de orçamento pessoal e familiar (receitas e despesas), fluxo de caixa e situação financeira	93
5.4.2 Patrimônio Líquido e índices de endividamento	93
5.4.3 Grau de conhecimento do mercado financeiro: experiência em matéria de investimento	94
Mapa mental	95
Exercícios de fixação	96
Gabarito	97
Capítulo 6 – Princípios Básicos de Finanças Comportamentais	**99**
6.1 Decisões do investidor na perspectiva de finanças comportamentais	99
6.2 Anomalias do mercado financeiro	100
6.3 Teoria tradicional de finanças *versus* teoria das Finanças Comportamentais	101
6.3.1 Premissas assumidas pela teoria tradicional de finanças	101
6.3.2 Premissas assumidas pela teoria das finanças comportamentais	101
6.4 Heurísticas	102
6.4.1 Heurística da disponibilidade	102
6.4.2 Heurística da representatividade	102

6.4.3 Ancoragem e ajuste	102
6.4.4 Aversão à perda	103
6.5 Vieses comportamentais do investidor	103
6.5.1 Otimismo e suas influências na decisão de investimento	103
6.5.2 Excesso de confiança	103
6.5.3 Armadilha da confirmação	103
6.5.4 Ilusão do controle	104
6.6 Influência do investimento em função de como o problema é apresentado (*framing*)	104
6.7 Considerações finais	104
Mapa mental	105
Exercícios de fixação	106
Gabarito	106
Capítulo 7 – Conceitos de ASG	**107**
7.1 Aspectos ambientais, sociais e de governança corporativa	107
7.2 Conceitos de investimentos ambientais, sociais e de governança	108
7.3 Regulação e autorregulação ambientais, sociais e de governança	109
7.3.1 Resolução CMN n. 4.943	109
7.3.2 Resolução CMN n. 4.944	110
7.3.3 Resolução CMN n. 4.945	111
7.3.4 Resolução BCB n. 139	111
7.3.5 Instrução Normativa BCB n. 153	112
Mapa mental	113
Exercícios de fixação	114
Gabarito	114
Parte IV – Produtos de Investimento	115
Capítulo 8 – Instrumentos de Renda Fixa	**117**
8.1 Introdução à renda fixa	118
8.1.1 Características de um título de renda fixa	118
8.1.2 Formas de amortização e pagamento de juros	118
8.1.3 Resgate antecipado	119
8.1.4 *Covenant*	119
8.2 Títulos públicos federais	119
8.2.1 Dívida pública federal interna	119
8.2.2 Operações de mercado aberto	119
8.2.3 Principais títulos públicos	120
8.2.4 Tesouro Direto	122
8.3 Títulos privados bancários	124
8.3.1 Certificado de Depósito Bancário	124
8.3.2 Letra Financeira	124
8.3.3 Depósito a Prazo com Garantia Especial	125
8.3.4 Certificado de Depósito Interfinanceiro	125
8.4 Títulos corporativos	125
8.4.1 Debêntures	125
8.4.2 Nota promissória para distribuição pública	131
8.4.3 Debênture incentivada	131

8.5	Títulos do segmento imobiliário	132
	8.5.1 Letra de Crédito Imobiliário	132
	8.5.2 Certificado de Recebíveis Imobiliários	132
	8.5.3 Cédula de Crédito Imobiliário	133
	8.5.4 Letra Imobiliária Garantida	133
8.6	Títulos do segmento agrícola	133
	8.6.1 Cédula do Produto Rural	133
	8.6.2 Letra de Crédito do Agronegócio	134
	8.6.3 Certificado de Direitos Creditórios do Agronegócio	134
	8.6.4 Certificado de Recebíveis do Agronegócio	135
8.7	Títulos do segmento comercial	135
	8.7.1 Cédula de Crédito Bancário	135
	8.7.2 Certificado de Cédula de Crédito Bancário	135
8.8	Operação compromissada	136
8.9	Caderneta de poupança	136
	8.9.1 Regras de remuneração da caderneta de poupança	136
8.10	Fundo Garantidor de Crédito	136
8.11	*Benchmarks* de renda fixa	137
	8.11.1 Taxa DI	138
	8.11.2 Taxa Selic	138
	8.11.3 Índices de preços: IGP-M e IPCA	138
	8.11.4 Índices de Mercado ANBIMA	138
8.12	Tributação	139
	8.12.1 Imposto sobre renda e proventos de qualquer natureza	139
	8.12.2 Imposto de renda na fonte	139
	8.12.3 Aplicações financeiras consideradas de renda fixa	140
	8.12.4 Aplicações de renda fixa com rendimentos isentos de imposto de renda	140
	8.12.5 Imposto sobre Operações Financeiras	141
	8.12.6 Imposto de renda sobre aplicações para pessoa jurídica	141
Mapa mental		143
Exercícios de fixação		144
Gabarito		145

Capítulo 9 – Instrumentos de Renda Variável — 147

9.1	Conceitos e definições	147
	9.1.1 Bolsas de valores	148
	9.1.2 Tipos de ações	148
	9.1.3 Formas das ações	149
	9.1.4 Certificados de Depósito	149
9.2	Direitos dos acionistas	150
	9.2.1 Bônus de subscrição	151
	9.2.2 Remuneração do acionista	151
	9.2.3 Direito de representação: eventos societários	151
	9.2.4 Ofertas primária e secundária	155
9.3	Questões operacionais	155
	9.3.1 Mercado à vista	155

9.3.2 *Day trade* ... 156
9.3.3 Mercado a termo ... 156
9.3.4 Despesas incorridas na negociação ... 156
9.3.5 *Circuit breaker* ... 157
9.4 Governança corporativa ... 157
   9.4.1 Definições ... 157
   9.4.2 Código do IBGC ... 158
   9.4.3 Segmentos de listagem da B3 ... 159
9.5 Índices de referência ... 160
   9.5.1 Índices amplos ... 160
   9.5.2 Índices de Sustentabilidade ... 162
   9.5.3 Índices de governança diferenciada ... 163
9.6 Precificação: aspectos relevantes ... 163
   9.6.1 Análise técnica ... 164
   9.6.2 Análise fundamentalista ... 164
   9.6.3 Determinação de preço por múltiplos ... 165
   9.6.4 Fluxo de caixa ... 167
   9.6.5 Impactos sobre os preços e quantidades das ações do investidor ... 168
9.7 Tributação ... 169
   9.7.1 Ações à vista ... 169
   9.7.2 Operações de *day trade* ... 170
   9.7.3 Pagamento de proventos ... 170
   9.7.4 Aluguel de ações ... 170
   9.7.5 Compensação de perdas ... 171
Mapa mental ... 172
Exercícios de fixação ... 173
Gabarito ... 174

Capítulo 10 – Derivativos ... **175**
10.1 Mercados derivativos ... 175
   10.1.1 Introdução aos derivativos ... 175
   10.1.2 Finalidade dos derivativos ... 177
   10.1.3 Benefícios oferecidos pelos derivativos ... 178
   10.1.4 Modalidades dos mercados derivativos ... 178
   10.1.5 Diferença entre derivativos não padronizados e padronizados ... 179
   10.1.6 Comparação entre os mercados organizados e de *over the counter* (balcão) ... 179
   10.1.7 Classificação dos derivativos ... 180
   10.1.8 Posição em derivativos ... 180
   10.1.9 Liquidação das operações com derivativos ... 180
10.2 Mercado a termo ... 181
   10.2.1 Considerações sobre o mercado a termo ... 182
   10.2.2 *Non Deliverable Forward* ... 184
   10.2.3 Tributação ... 184
10.3 Mercados futuros ... 185
   10.3.1 Conceituação ... 185
   10.3.2 Contratos financeiros ... 189
   10.3.3 Tributação ... 192

10.4 Mercado de opções	192
10.4.1 Considerações iniciais	192
10.4.2 Tipos de opções	194
10.4.3 Determinação do preço do prêmio de uma opção	196
10.4.4 Letras gregas	199
10.4.5 Tributação	200
10.5 Certificado de Operações Estruturadas	200
10.5.1 Definição	200
10.5.2 Distribuição via oferta pública: Resolução CVM n. 8	200
10.5.3 Tributação	201
10.6 *Swap*	201
10.6.1 Aspectos gerais referentes à negociação dos *swaps*	201
10.6.2 *Swap* de taxa de juros	202
10.6.3 Tributação	202
Mapa mental	204
Exercícios de fixação	205
Gabarito	205
Capítulo 11 – Oferta Pública de Valores Mobiliários	**207**
11.1 Introdução	207
11.1.1 Emissão de valores mobiliários	207
11.1.2 Processo de abertura de capital	208
11.1.3 Definições	209
11.1.4 Riscos	209
11.1.5 Regimes de distribuição	210
11.2 Principais instituições: funções e principais características	210
11.2.1 Banco coordenador	210
11.2.2 Agência de *rating*	210
11.2.3 Agente fiduciário	211
11.2.4 Banco escriturador	211
11.2.5 Banco mandatário	211
11.2.6 Banco liquidante	211
11.2.7 Depositário	211
11.2.8 Custodiante	211
11.2.9 Formador de mercado (*market maker*)	212
11.2.10 Companhia securitizadora	212
11.3 Aspectos legais e normativos	212
11.3.1 Ofertas públicas primárias e secundárias: Resolução CVM n. 160	212
11.3.2 Ofertas Públicas de Aquisição de Ações: Resolução CVM n. 85	215
11.4 Código ANBIMA de Ofertas Públicas	216
11.4.1 Princípios de conduta	216
11.4.2 Regras gerais	217
11.4.3 Documentos da oferta	217
11.4.4 Publicidade e selo ANBIMA	217
Mapa mental	218
Exercícios de fixação	219
Gabarito	220

PARTE V – FUNDOS DE INVESTIMENTO ... 221
Capítulo 12 – Fundos de Investimento ... 223
12.1 Aspectos gerais ... 224
    12.1.1 Conceito de condomínio ... 224
    12.1.2 Principais características ... 225
    12.1.3 Fundo de investimento × ativos individuais ... 227
    12.1.4 Fundo de Investimento × Fundo de Investimento em Cotas de Fundos de Investimento ... 227
    12.1.5 Tipos de fundos: abertos e fechados ... 228
    12.1.6 Política de investimento ... 229
    12.1.7 Direitos e obrigações dos condôminos ... 229
12.2 Cota ... 229
    12.2.1 Cota de abertura ... 230
    12.2.2 Cota de fechamento ... 230
    12.2.3 Marcação a Mercado ... 230
    12.2.4 Fatores que afetam o valor da cota ... 231
    12.2.5 Múltiplas classes de cotas, subclasses e segregação patrimonial ... 232
    12.2.6 Dinâmica de aplicação e resgate de cotas ... 232
    12.2.7 Transferência de titularidade ... 233
12.3 Encargos ... 234
    12.3.1 Taxa de administração ... 234
    12.3.2 Taxa de *performance* ... 234
    12.3.3 Taxa de entrada ... 235
    12.3.4 Taxa de saída ... 235
    12.3.5 Outros encargos ... 235
    12.3.6 Regras de alteração ... 235
12.4 Segregação de funções e responsabilidades ... 236
    12.4.1 Disposições gerais ... 236
    12.4.2 Vedações ao administrador e ao gestor ... 237
    12.4.3 Obrigações do administrador ... 238
    12.4.4 Normas de conduta ... 238
    12.4.5 Substituição do administrador e do gestor ... 238
12.5 Divulgação de informações ... 238
    12.5.1 Divulgação de informações para venda e distribuição ... 238
    12.5.2 Divulgação de informações e resultados ... 241
12.6 Aplicações por conta e ordem ... 244
12.7 Principais estratégias de gestão ... 245
    12.7.1 Gestão passiva × ativa ... 245
    12.7.2 Fundos de investimento com gestão passiva ... 245
    12.7.3 Estratégias para manter aderência aos índices de referência e as respectivas limitações ... 246
    12.7.4 Fundos de investimento com gestão ativa ... 247
    12.7.5 Posicionamento, *hedge* e alavancagem ... 248
12.8 Principais modalidades de fundos de investimento ... 250
    12.8.1 Classificação CVM ... 250

12.8.2 Fundos de curto e longo prazo segundo regulamentação fiscal	251
12.8.3 Classes restritas, previdenciárias e socioambientais	252
12.8.4 Limites por emissor	253
12.8.5 Limites por modalidade de ativo financeiro	254
12.8.6 Ativos financeiros no exterior	254
12.8.7 Outros fundos com regulamentação específica	255
12.8.8 Classificação ANBIMA	258
12.9 Código ANBIMA de Administração de Recursos de Terceiros	258
12.10 Clube de investimento	261
12.11 Tributação	261
12.11.1 Fundos de ações	262
12.11.2 Fundos de renda fixa	262
12.11.3 Sistema de come-cotas	262
12.11.4 Compensação de perdas em fundos de investimento	263
12.11.5 Responsável tributário	264
12.11.6 Clubes de investimento	264
12.11.7 Fundos de investimento em índices de mercado	264
12.11.8 Fundos de Investimento Imobiliário	265
Mapa mental	266
Exercícios de fixação	267
Gabarito	270

Parte VI – Previdência Complementar Aberta — 271

Capítulo 13 – Fundos de Previdência Privada — 273

13.1 Ciclo laboral	273
13.2 Regimes de previdência	273
13.2.1 Regime de Previdência Complementar	274
13.3 Características técnicas que influenciam o produto	275
13.4 Plano Gerador de Benefícios Livres	275
13.4.1 Como funciona	275
13.5 Plano Vida Gerador de Benefícios Livres	276
13.6 Tributação	277
13.6.1 Base de cálculo	277
13.6.2 Tabela regressiva × progressiva	277
Mapa mental	278
Exercícios de fixação	279
Gabarito	279

Parte VII – Gestão de *Performance* e Risco — 281

Capítulo 14 – Estatística Aplicada — 283

14.1 Medidas de posição	283
14.1.1 Média	284
14.1.2 Mediana	285
14.1.3 Moda	285
14.2 Medidas de dispersão	286
14.2.1 Amplitude	286

14.2.2 Variância — 286
14.2.3 Desvio-padrão — 288
14.3 Análise de correlação — 289
  14.3.1 Introdução — 289
  14.3.2 Covariância — 290
  14.3.3 Coeficiente de correlação — 290
  14.3.4 Coeficiente de determinação – r^2 ou R^2 — 291
  14.3.5 Beta — 292
14.4 Distribuição normal — 292
  14.4.1 Regra empírica — 292
  14.4.2 O que é uma distribuição simétrica ou normal? — 293
14.5 Intervalo de confiança — 293
  14.5.1 O que significa intervalo de confiança? — 294
14.6 Aplicação dos conceitos estatísticos básicos — 295
  14.6.1 Relação entre variância, desvio-padrão e valores esperados — 295
  14.6.2 Intervalo de confiança — 296
  14.6.3 Relação entre covariância, desvio-padrão, correlação e coeficiente de determinação — 296
Mapa mental — 299
Exercícios de fixação — 300
Gabarito — 301

Capítulo 15 – Mensuração, Gestão de *Performance* e Risco — **303**
15.1 Risco, retorno e diversificação — 303
  15.1.1 Introdução — 303
  15.1.2 Risco de ativos — 304
  15.1.3 Risco de uma carteira — 307
  15.1.4 Risco sistemático e risco não sistemático — 311
  15.1.5 Medidas de *performance* — 313
15.2 Administração e gerenciamento de risco — 315
  15.2.1 Risco de taxa de juros — 315
  15.2.2 Risco de liquidez — 324
  15.2.3 Risco de crédito — 326
  15.2.4 Risco País – risco de crédito de natureza soberana — 330
  15.2.5 Risco de contraparte — 331
  15.2.6 Risco de liquidação — 332
  15.2.7 Riscos de mercado externo — 332
  15.2.8 Formas de controle de risco — 333
  15.2.9 Gestão de risco de carteiras — 334
Mapa mental — 340
Exercícios de fixação — 341
Gabarito — 343

Referências — **345**
Simulado – CPA-20 — **349**
Gabarito do simulado — 356

Índice Alfabético — **357**

INTRODUÇÃO

A 5ª edição deste livro apresenta o conteúdo programático disponibilizado pela ANBIMA para a prova de certificação CPA-20, válido a partir de 1º/07/2023, mas com algumas inserções pontuais, já prevendo atualizações no programa da prova.

Como nosso intuito não é apenas que você passe no exame, e sim que esteja preparado para atuar de forma eficiente no mercado de investimento financeiro, você encontrará alguns itens além do programa da prova. Porém, como nosso foco é o exame CPA-20, incluímos uma nota de rodapé indicando o fato, nas poucas vezes que isso acontece.

A organização do livro tenta seguir a mesma ordem do programa, porém algumas alterações foram necessárias, tendo em vista o caráter didático deste material, resultando em 15 capítulos.

Para auxiliá-lo em seu estudo, nesta 5ª edição também adicionamos um capítulo que trata sobre os conceitos socioambientais, tema em voga nos dias de hoje. Além disso, trocamos os "pontos importantes" no final de cada capítulo pelo mapa mental.

Se você tiver pouquíssimo tempo para estudar, sugiro que preste bastante atenção ao peso de cada parte do estudo, disponibilizado a seguir.

> **Parte I** – Organização do Sistema Financeiro Nacional – 5 a 10%
> Capítulo 1 – Sistema Financeiro Nacional
> **Parte II** – Princípios Básicos de Economia e Finanças – 5 a 10%
> Capítulo 2 – Princípios Básicos de Economia
> Capítulo 3 – Conceitos Básicos de Finanças
> **Parte III** – *Compliance*, Ética e o Investidor – 15 a 25%
> Capítulo 4 – *Compliance* Legal e Ética
> Capítulo 5 – Análise do Perfil do Investidor
> Capítulo 6 – Princípios Básicos de Finanças Comportamentais
> Capítulo 7 – Conceitos de ASG

> **Parte IV** – Produtos de Investimento – 17 a 25%
> Capítulo 8 – Instrumentos de Renda Fixa
> Capítulo 9 – Instrumentos de Renda Variável
> Capítulo 10 – Derivativos
> Capítulo 11 – Oferta Pública de Valores Mobiliários
> **Parte V** – Fundos de Investimento – 18 a 25%
> Capítulo 12 – Fundos de Investimento
> **Parte VI** – Previdência Complementar Aberta – 5 a 10%
> Capítulo 13 – Fundos de Previdência Privada
> **Parte VII** – Gestão de *Performance* e Risco – 10 a 20%
> Capítulo 14 – Estatística Aplicada
> Capítulo 15 – Mensuração, Gestão de *Performance* e Risco

Para você que quer tirar o máximo proveito do estudo, vão aí algumas dicas:

1. Estude com regularidade. Ter disciplina é muito importante para obter sucesso em tudo na vida.
2. Procure um cantinho tranquilo para estudar. Boa concentração é fundamental para o aprendizado.
3. O ser humano não consegue fazer duas coisas bem-feitas ao mesmo tempo. Por isso, nada de ouvir música enquanto se dedica à leitura deste livro. Tenha seus neurônios todos voltados para o aprendizado.
4. Hidrate-se com frequência durante o estudo. Uma garrafa de água e um copo ao lado caem bem.
5. A cada 20 minutos, descanse cerca de 3 minutos.
6. Aproveite cada minuto para estudar. Quem trabalha costuma ter pouco tempo para se dedicar a outras coisas. Por isso, leia o livro no metrô, na condução, onde estiver. Mas não vale imaginar que vai aprender por osmose, simplesmente carregando o livro na mochila ou na bolsa.
7. Estude com antecedência. Não deixe para estudar tudo na véspera. Além de não dar tempo, o que você tinha que aprender já terá aprendido.

8. Estude a teoria em um dia e, no dia seguinte, faça exercícios de fixação sobre a matéria estudada na véspera. Essa prática é muito importante para que aquilo estudado se transforme em aprendizado na sua memória de longo prazo, que será ativada no momento da prova. Para saber onde adquirir exercícios e simulados, entre em contato comigo.

Na véspera e no dia da prova, observe o seguinte:

1. Na véspera, não tome bebida alcoólica e "pegue leve"; nada de comidas ou filmes pesados, que o impressionam negativamente depois.
2. Durma cedo na noite anterior à prova.
3. No dia, saia de casa com bastante antecedência, para não chegar esbaforido no local da prova.
4. Vista uma roupa confortável. Vale lembrar que o local da prova provavelmente terá ar-condicionado. É aconselhável ir vestido com uma blusa de manga.
5. Leve uma garrafa de água e um doce que tenha açúcar, para dar energia. Que tal um chocolate?
6. Nada de fazer prova com fome. Você gastará muita energia durante a prova. Tem de, portanto, estar preparado fisicamente. Mas também não vá para a prova de barriga cheia.
7. Na hora da prova, leia todas as opções de resposta antes de marcar aquela que você acredita estar correta.
8. Passe no banheiro antes de entrar na sala de prova e garanta que o tempo de prova será tranquilo e confortável.

Se você se dedicar com disciplina, tenho certeza que será aprovado. Além disso, vale manter uma atitude positiva. Mantenha sua cabeça erguida e sempre repita que já foi aprovado. Tudo na vida começa dentro de nossa mente. Mas não vale imaginar que só pensamento positivo aprova. Por isso, estude com afinco.

Ao final deste livro, disponibilizamos um simulado para você treinar para a prova.

Vale ressaltar que o conteúdo do exame já sofreu diversas atualizações e que hoje pode ser considerado adequado não somente para quem deseja atuar no mercado financeiro, atendendo os investidores que têm R$ 1.000.000,00 ou mais investidos, mas também para qualquer indivíduo que deseja participar desse mercado, seja diretamente como investidor ou profissional de *back-office*, área jurídica, de marketing, de produtos ou até mesmo na área financeira de empresas. Este material deve ser considerado, portanto, como de largo espectro, sendo ideal para ser utilizado, também, como material didático em cursos de graduação e pós-graduação.

Bom estudo e sucesso!

Lilian Massena Gallagher
liliangallagher@gmail.com

Parte I

Organização do Sistema Financeiro Nacional

> **Importância do tema:** conhecer a organização do Sistema Financeiro Nacional, suas funções, os órgãos supervisores e os participantes é fundamental para quem deseja estar em contato com o mercado financeiro de algum modo, seja como investidor, seja como profissional de mercado. O aprendizado deste capítulo permitirá que você se situe no mercado.

Nesta parte, você vai aprender sobre a organização do Sistema Financeiro Nacional, os órgãos supervisores e demais participantes do mercado.

Esta parte está dividida em:

Capítulo 1 – Sistema Financeiro Nacional

Bom estudo!

→ **Peso na prova:**
5 a 10% ou
3 a 6 questões

Capítulo 1
Sistema Financeiro Nacional

OBJETIVOS

Ao final deste capítulo, o aluno deve ser capaz de:
→ Descrever o papel dos principais participantes do mercado.

CONTEÚDO

1.1 Órgãos de regulação, autorregulação e fiscalização
1.2 Intermediários financeiros e demais entidades de apoio
1.3 Investidores qualificados, profissionais e não residentes
Mapa mental
Exercícios de fixação

TEMPO ESTIMADO DE ESTUDO

Três horas.

1.1 ÓRGÃOS DE REGULAÇÃO, AUTORREGULAÇÃO E FISCALIZAÇÃO

O Sistema Financeiro Nacional (SFN) é formado por um conjunto de regras e instituições que buscam reunir poupadores e tomadores de recursos, de modo a permitir um fluxo de recursos necessário ao giro da economia.

Esse sistema é formado por diversos participantes. Há as instituições que agem junto ao público para encontrar os poupadores e os tomadores de recursos e, em razão das peculiaridades desse mercado, as instituições normatizadoras e reguladoras, que buscam trazer segurança para os agentes do mercado.

Veja, na Figura 1.1, a estrutura desse sistema.

Para fins do exame de Certificação, focaremos apenas nas instituições que constam do programa da prova.

Mercado	Moeda, crédito, câmbio e capitais			Seguros privados	Previdência fechada
Órgãos normativos	CMN — Conselho Monetário Nacional			CNSP — Conselho Nacional de Seguros Privados	CNPC — Conselho Nacional de Previdência Complementar
Supervisores	BCB — Banco Central do Brasil		CVM — Comissão de Valores Mobiliários	SUSEP — Superintendência de Seguros Privados	PREVIC — Superintendência Nacional de Previdência Complementar
Operadores	Bancos e caixas econômicas	Administradoras de consórcios	Bolsa de valores	Seguradoras e resseguradoras	Entidades fechadas de previdência complementar (fundos de pensão)
Operadores	Cooperativas de crédito	Demais instituições não bancárias	Bolsa de valores, mercadorias e futuro	Entidades abertas de previdência	
Operadores	Instituições de pagamento**			Sociedades de capitalização	
Operadores	Corretoras e distribuidoras*				

*Dependendo das atividades, são fiscalizadas por ambas as instituições.
**As instituições de pagamento não compõem o SFN, mas são reguladas e fiscalizadas pelo BCB.

Figura 1.1 Estrutura do Sistema Financeiro Nacional.

1.1.1 Conselho Monetário Nacional

O Conselho Monetário Nacional (CMN) é o órgão deliberativo máximo do SFN. Compete ao CMN:

- estabelecer as diretrizes gerais das políticas monetária, cambial e creditícia;
- regular as condições de constituição, funcionamento e fiscalização das instituições financeiras; e
- disciplinar os instrumentos de política monetária e cambial.

O CMN é constituído pelo Ministro da Fazenda, que atua como seu Presidente, pelo Ministro do Planejamento e Orçamento e pelo Presidente do Banco Central do Brasil (BCB ou BACEN). Os serviços de secretaria do CMN são exercidos pelo BCB.

1.1.2 Banco Central do Brasil

É o órgão executivo central do Sistema Financeiro Nacional, responsável pela fiscalização e pelo cumprimento das disposições que regulam o funcionamento do sistema, de acordo com as normas expedidas pelo CMN. É o banco dos bancos, uma autarquia federal autônoma desde 25 de fevereiro de 2021. Seu presidente e sua diretoria têm mandatos de 4 anos, que ocorrem em ciclos não coincidentes com a gestão do presidente da República. Seus nomes são indicados pelo presidente da República e depois devem ser aprovados pelo Senado.

São de sua competência privativa:

- formatar, executar e acompanhar a política monetária;
- emitir e distribuir papel-moeda;
- executar os serviços do meio circulante;
- receber os recolhimentos de depósito compulsório dos bancos e realizar operações de redesconto[1] e empréstimo às instituições financeiras;
- regular a execução da compensação de cheques;
- comprar e vender títulos públicos federais;
- exercer o controle de crédito;
- fiscalizar as instituições financeiras;
- controlar o fluxo de capitais estrangeiros;
- executar e acompanhar a política creditícia;

---

1 **Redesconto** ocorre quando uma instituição financeira não tem recursos suficientes para fechar o seu caixa. Via de regra, os bancos recorrem ao mercado interbancário na busca de cobrir seus caixas temporariamente. Entretanto, algumas vezes ocorre de o banco já estar com o limite de crédito tomado junto aos outros bancos. Nesse caso, e como última alternativa, o banco recorre a um empréstimo no BCB. A esse empréstimo é dado o nome de redesconto, o qual é visto como um socorro ao banco que se encontra em dificuldades.

- formatar, executar e acompanhar a política cambial;
- formatar, executar e acompanhar as relações financeiras com o exterior.

Muitas dessas funções nada mais são do que meios de executar a sua função primordial: manter o poder de compra da moeda, que se traduz em manter a inflação dentro de patamares definidos pelo CMN. A esse desenho se denomina **metas inflacionárias**. O BCB tem a missão de manter a inflação medida pelo Índice Nacional de Preços ao Consumidor Amplo (IPCA)[2] em níveis predefinidos. Para isso, lança mão de algumas ferramentas, que serão apresentadas no próximo capítulo, na Seção 2.2, Política monetária.

1.1.3 Comissão de Valores Mobiliários

A Comissão de Valores Mobiliários (CVM) foi criada pela Lei n. 6.385, de 07 de dezembro de 1976, que lhe conferiu poderes para disciplinar e normatizar o mercado de capitais, tendo como principal objetivo o seu fortalecimento. Com a criação dessa autarquia, pretendia-se proteger o pequeno investidor de fraudes e de práticas irregulares na negociação de valores mobiliários.

Ainda que complexas, as funções da CVM podem ser resumidas em:

- assegurar o funcionamento eficiente e regular dos mercados de Bolsa e de balcão;
- proteger os acionistas ou debenturistas contra irregularidades de controladores das companhias abertas;
- evitar ou coibir fraude de manipulação de preço de valores mobiliários;
- assegurar o acesso do público a informações sobre valores mobiliários emitidos;
- estimular a formação de poupança e sua aplicação em valores mobiliários;
- promover e expandir o mercado acionário.

De modo a alcançar seu objetivo, a CVM disponibiliza em seu *site* informações sobre as empresas, os valores mobiliários emitidos e a legislação pertinente ao mercado, bem como algumas estatísticas.

Além disso, as empresas, para emitirem ações, debêntures, bônus de subscrição ou qualquer outro valor mobiliário, via distribuição pública, devem se registrar previamente na CVM e enviar periodicamente uma série de dados sobre suas empresas, de modo a fornecer ao investidor um grau adequado de informação sobre o investimento que está sendo disponibilizado.

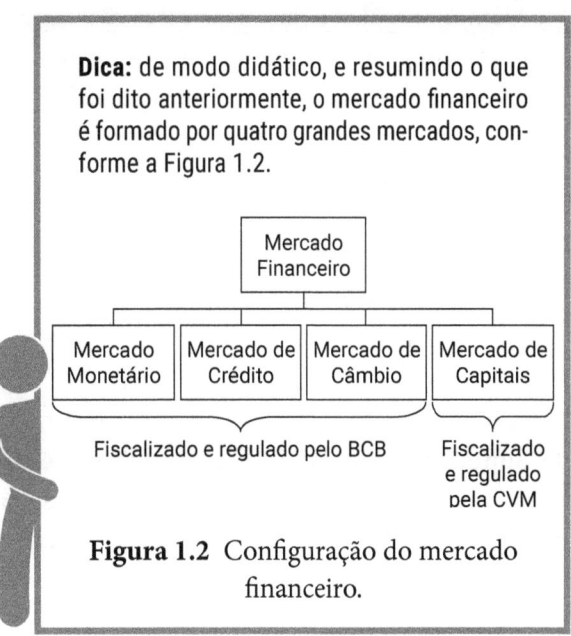

Figura 1.2 Configuração do mercado financeiro.

Entendendo os mercados:

- **Mercado Monetário**: são negociados os instrumentos financeiros que afetam de alguma maneira a moeda. Lembrando que o termo **monetário** vem da palavra **moeda**. Logo, estamos diante de produtos como títulos públicos, Certificado de Depósito Bancário (CDB) e outros.
- **Mercado de Crédito**: aqui ocorrem os empréstimos e os financiamentos oferecidos por intermediários financeiros.
- **Mercado de Câmbio**: em que ocorrem as trocas de moedas, por exemplo, de real para dólar ou euro.

---

2 O IPCA é calculado pelo Instituto Brasileiro de Geografia e Estatística (IBGE) e foi instituído com a finalidade de corrigir as demonstrações financeiras das companhias abertas. O índice verifica as variações dos custos com os gastos das pessoas que ganham de um a 40 salários mínimos nas regiões metropolitanas de Belém, Belo Horizonte, Curitiba, Fortaleza, Porto Alegre, Recife, Rio de Janeiro, Salvador, São Paulo, Goiânia e Distrito Federal.

- **Mercado de Capitais**: neste mercado, as empresas buscam capital para investimento no médio e longo prazos, por meio da emissão de títulos como ações e debêntures, entre outros.

1.1.4 Superintendência de Seguros Privados

A Superintendência de Seguros Privados (SUSEP) é o órgão responsável pelo controle, pela regulação e pela fiscalização dos mercados de seguro, previdência privada aberta, capitalização e resseguro, tendo sido criada em 1966. Funciona como uma autarquia vinculada ao Ministério da Economia.

Além de regular e fiscalizar esses mercados e as instituições que ali atuam, como as Sociedades Seguradoras e as Entidades de Previdência Privada Aberta, tem como missão proteger os investidores que compram produtos dessas instituições.

1.1.5 Superintendência Nacional de Previdência Complementar

Embora não esteja listado como um item do exame CPA-20, é importante ter uma noção das funções da Superintendência Nacional de Previdência Complementar (PREVIC), uma vez que o profissional certificado CPA-20 está apto a oferecer investimentos para os fundos de pensão, que são regulados por esse órgão.

Criada em 2009, a PREVIC é uma entidade governamental autônoma constituída sob a forma de autarquia especial vinculada ao Ministério da Economia, com a finalidade de fiscalizar e supervisionar as entidades fechadas de previdência complementar e de executar políticas para o regime de previdência complementar. Desse modo, é de sua competência autorizar a constituição e o funcionamento das entidades fechadas de previdência complementar, decretando intervenção e liquidação extrajudicial dessas entidades, quando cabível, além de promover a mediação e a conciliação destas com os seus participantes, assistidos, patrocinadores ou instituidores.

1.1.6 Associação Brasileira das Entidades dos Mercados Financeiro e de Capitais

A Associação Brasileira das Entidades dos Mercados Financeiro e de Capitais (ANBIMA) foi criada em outubro de 2009 como resultado da união da Associação Nacional dos Bancos de Investimento (ANBID) com a Associação Nacional das Instituições do Mercado Financeiro (ANDIMA). A nova entidade representa mais de 320 associados, entre bancos comerciais, múltiplos e de investimento, *asset managements*, corretoras, distribuidoras de valores mobiliários e consultores de investimento.

Trata-se de associação sem fins lucrativos que se destaca como importante prestadora de serviços, oferecendo suporte técnico e operacional às instituições, fomentando novos mercados e trabalhando pelo desenvolvimento do mercado de capitais brasileiro. A ANBIMA informa e educa profissionais do mercado e investidores.

Seu trabalho está pautado na crença de que, em suas próprias palavras, "o mercado de capitais precisa de instituições sólidas, integradas, sistematicamente seguras e capazes de ser instrumento de desenvolvimento econômico sustentável" e que "é necessário existir uma entidade que possa representá-lo com credibilidade, legitimidade e capacidade de conciliar os interesses dos seus associados, do mercado e da sociedade", na construção de um mercado de capitais pujante.

Além de representar técnica e juridicamente seus associados e ser um porta-voz deles, a ANBIMA mantém intercâmbio com outras entidades nacionais e internacionais, certifica profissionais, oferece treinamento sobre temas correlatos ao mercado financeiro e de capitais, e estabelece princípios éticos para as práticas do mercado, promovendo a prática das atividades de autorregulação no seu mercado de atuação. A ANBIMA, inclusive, elabora Códigos de Regulação e Melhores Práticas, que definem normas e procedimentos e preveem punições decorrentes do descumprimento das regras ali estabelecidas.

Com relação à autorregulação, a ANBIMA já implantou diversos Códigos de Regulação e Melhores Práticas, e alguns deles serão apresentados ao longo dos capítulos.

1.1.6.1 Código ANBIMA de Regulação e Melhores Práticas

O Código ANBIMA de Regulação e Melhores Práticas para o Programa de Certificação Continuada tem por objetivo estabelecer princípios e regras para elevação e capacitação técnica dos profissionais das instituições participantes que desempenham as chamadas **atividades elegíveis** (distribuição de produtos de investimento, gestão de recursos de terceiros e gestão de patrimônio).

O Código se destina aos bancos múltiplos, bancos comerciais, bancos de investimento, bancos de desenvolvimento, às sociedades corretoras e distribuidoras de títulos e valores mobiliários, e às pessoas jurídicas que desempenham as atividades de gestão de recursos de terceiros e gestão de patrimônio, sendo obrigatória às instituições participantes a observância às normas do Código. As instituições participantes devem também assegurar que o Código seja observado por todos os integrantes de seu conglomerado ou grupo econômico que estejam autorizados, no Brasil, a desempenhar as atividades elegíveis.

A obrigação não implica o reconhecimento, por parte das instituições participantes, da existência de qualquer modalidade de assunção, solidariedade ou transferência de responsabilidade entre esses integrantes, embora todas estejam sujeitas às regras e aos princípios estabelecidos no Código.

Vale lembrar que os Códigos da ANBIMA, na busca por atingir um elevado padrão de conduta para o mercado, podem ter procedimentos que excedam a rigidez da própria regulamentação do BCB e da CVM. Ao aderir ao Código, as instituições participantes concordam, expressamente, em se submeter a essas regras mais rígidas, embora o Código não se sobreponha à regulamentação vigente, em caso de contradição entre as regras estabelecidas no Código e a regulamentação em vigor.

Princípios gerais de conduta

As instituições participantes devem assegurar que seus profissionais:

- tenham reputação ilibada;
- exerçam suas atividades com boa-fé, transparência, diligência e lealdade;
- cumpram todas as suas obrigações, devendo empregar, no exercício de suas atividades, o cuidado que toda pessoa prudente e diligente costuma dispensar à administração de seus próprios negócios, respondendo por quaisquer infrações ou irregularidades que venham a ser cometidas;
- norteiem a prestação de suas atividades pelos princípios da liberdade de iniciativa e da livre concorrência, evitando a adoção de práticas caracterizadoras de concorrência desleal e/ou de condições não equitativas, respeitando os princípios de livre negociação;
- evitem quaisquer práticas que infrinjam ou estejam em conflito com as regras e os princípios contidos no Código de Certificação e na regulação em vigor;
- adotem condutas compatíveis com os princípios de idoneidade moral e profissional;
- vedem a intermediação de investimentos ilegais e não participem de qualquer negócio que envolva fraude ou corrupção, manipulação ou distorção de preços, declarações falsas ou lesão aos direitos de investidores;
- sejam diligentes e não contribuam para a veiculação ou circulação de notícias ou de informações inverídicas ou imprecisas sobre o mercado financeiro e de capitais; e
- zelem para que não sejam dadas informações imprecisas a respeito das atividades que são capazes de prestar, bem como em relação a suas qualificações, seus títulos acadêmicos e experiência profissional.

Por outro lado, as instituições participantes devem assegurar que seus profissionais, no exercício de suas atividades, não tenham:

- sido inabilitados para o exercício de cargo em instituições financeiras e demais entidades

autorizadas a funcionar pelo BCB, pela CVM, pela PREVIC ou pela SUSEP;
- sua autorização para o exercício da atividade suspensa, cassada ou cancelada; e/ou
- sofrido punição definitiva, nos últimos cinco anos, em decorrência de sua atuação como administrador ou membro de conselho fiscal de entidade sujeita a controle e fiscalização dos órgãos reguladores mencionados anteriormente.

São considerados descumprimento às obrigações e aos princípios deste Código não apenas a inexistência das regras e procedimentos exigidos no Código, mas também a sua não implementação ou implementação inadequada para os fins previstos no Código.

São evidências de implementação inadequada das regras e dos procedimentos previstos no Código:

- a reiterada ocorrência de falhas, não sanadas, nos prazos estabelecidos; e
- a ausência de mecanismo ou evidência que demonstre a aplicação dos procedimentos estabelecidos pelo Código.

1.2 INTERMEDIÁRIOS FINANCEIROS E DEMAIS ENTIDADES DE APOIO

Sob as asas dos órgãos fiscalizadores encontram-se os intermediários financeiros e as demais entidades de apoio ao funcionamento do sistema. Para fins de estudo da prova, foram listadas apenas as instituições que constam do programa.

1.2.1 Bancos múltiplos

A figura do banco múltiplo foi criada em fins de 1988, fruto do desenvolvimento e do crescimento das instituições financeiras, que começaram a formar grandes conglomerados, atuando nos diversos segmentos. Os bancos múltiplos são instituições financeiras privadas ou públicas que realizam as operações ativas,[3] passivas e acessórias das diversas instituições financeiras.

Um banco múltiplo pode reunir as seguintes atividades: banco comercial, banco de investimento e de desenvolvimento, sociedade de crédito imobiliário e sociedade de crédito, financiamento e investimento, sendo que a carteira de desenvolvimento somente poderá ser operada por banco público.

Para ser considerada um banco múltiplo, a instituição tem que ser organizada sob a forma de sociedade anônima e operar em pelo menos dois dos segmentos mencionados, sendo um deles necessariamente de banco comercial ou banco de investimento. As instituições com carteira comercial podem captar depósitos à vista. O Bradesco e o Itaú são exemplos de bancos com carteira comercial.

Os bancos com carteira comercial têm como objetivo proporcionar o suprimento de recursos necessários para financiar, a curto e médio prazos, pessoas físicas e jurídicas (comércio, indústria, empresas prestadoras de serviços e terceiros em geral). A captação de depósitos à vista, livremente movimentáveis, é atividade típica do banco comercial, que pode também captar depósitos a prazo.

Há também os bancos múltiplos sem carteira comercial, como é o caso, por exemplo, do Banco BTG Pactual, que tem somente a carteira de investimento. Esses bancos não têm agência bancária na concepção que conhecemos, ocupando, normalmente, andares de prédios que não dão acesso ao público em geral, não aceitando, por exemplo, pagamento de contas, entre outros serviços conhecidos pelo público. Essa carteira de investimentos é voltada para operações de participação societária de caráter temporário, de financiamento da atividade produtiva para suprimento de capital fixo e de giro e de administração de recursos de terceiros. Não têm contas-correntes e captam recursos por meio de depósitos a prazo, repasses de recursos externos, internos e receita de administração e distribuição de cotas de fundos de investimento por eles administrados. As principais operações ativas são financiamento de capital de giro e capital fixo, subscrição ou aquisição de títulos e valores mobiliários, depósitos interfinanceiros e repasses de empréstimos externos.

Resumindo, um banco múltiplo tem múltiplas funções e atribuições, entre elas a participação em *underwritings*, negociação e distribuição de títulos e valores mobiliários, administração de recursos de terceiros, intermediação de câmbio e intermediação de derivativos.

---
3 Operações ativas são operações de empréstimo e financiamento. Operações passivas referem-se à captação de recursos para financiar as operações ativas.

1.2.2 Bolsa de valores, mercadorias e futuros[4]

As bolsas são de vital importância para uma economia. Elas têm uma identidade distinta dentro do setor de serviços financeiros. Por meio delas funcionam os mercados de renda variável e de derivativos. Esses mercados estabelecem o valor dos ativos por meio de um mecanismo eficiente de determinação de preços, permitindo que o público saiba quanto valem as empresas e os instrumentos negociados de acordo com as últimas notícias e com os mais recentes cenários econômicos.

Para que o processo de formação de preços seja mais transparente e atraente, existem as assim chamadas **práticas equitativas de mercado**, segundo as quais todos os que comprarem e venderem ações em bolsa terão o mesmo tratamento, obedecerão aos mesmos procedimentos e terão idêntico acesso a informações. Com isso, cria-se uma sistematização cada vez mais formal e pública das operações de compra e venda de ações, que apresentam as seguintes características fundamentais:

- legitimar compra e venda;
- negócios realizados durante o pregão;
- pregão tem preços públicos.

Além das características anteriormente mencionadas, existem outros fatores para os quais a bolsa de valores contribui de modo acentuado – divulgação das informações como elementos essenciais da decisão de investir (*disclosure*), como:

- os dados sobre o desenrolar do pregão;
- os dados sobre as companhias negociadas;
- os fundamentos sobre a atividade econômica; e
- os indicadores econômicos.

1.2.2.1 Brasil, Bolsa, Balcão

A Brasil, Bolsa, Balcão (B3) é uma sociedade de capital aberto que surgiu da fusão entre a BM&FBOVESPA e a CETIP, em março de 2017. É mais que uma bolsa: é uma companhia de infraestrutura de mercado financeiro de classe mundial que oferece serviços de negociação (bolsa), pós-negociação (*clearing*), e registro de operações de balcão e de financiamento de veículos e imóveis. Além de ser a única bolsa de valores, mercadorias e futuros em operação no Brasil, é a maior depositária de títulos de renda fixa da América Latina e a maior câmara de ativos privados do país.

A CETIP tinha como foco a prestação de serviços financeiros no mercado de balcão organizado, enquanto a BM&FBOVESPA se dedicava a prestar serviços de bolsa de valores, mercadoria e futuros, listando empresas e fundos; realizando negociação de ações, títulos, contratos derivativos; divulgando cotações; produzindo índices de mercado; desenvolvendo sistemas e *softwares*; promovendo avanços tecnológicos; e muito mais.

A fusão das duas empresas permitiu a ampliação dos serviços e produtos oferecidos, gerando eficiência para o mercado e para a nova companhia. Veja o que diz o Formulário de Referência 2019, da B3, sobre os seus objetivos, mercados e produtos que oferece.

A B3 tem como principais objetivos:

- administrar mercados organizados de títulos, valores mobiliários e contratos derivativos, além de prestar o serviço de registro, compensação e liquidação, atuando como contraparte central (CCP) garantidora da liquidação financeira das operações realizadas em seus ambientes de negociação;
- administrar infraestrutura de mercados organizados de balcão, com serviços de depósito, registro, negociação e pós-negociação de valores mobiliários, instrumentos financeiros, cotas de fundos de investimentos e derivativos de balcão sem CCP; e
- atuar como infraestrutura no mercado de crédito, por meio de sistemas que concentram as informações sobre as garantias constituídas sobre veículos automotores, além de plataformas para envio de informações do mercado de crédito para os órgãos competentes e de desenvolvimento de soluções relacionadas aos processos desse mercado.

A B3 oferece ampla gama de produtos e serviços, como negociação e pós-negociação de ações, títulos de renda fixa, câmbio pronto e contratos derivativos

---

4 Embora o programa do exame CPA-20 não mencione especificamente explicações sobre as bolsas, o entendimento sobre as bolsas e seu papel é fundamental para o entendimento do mercado acionário, principalmente para aqueles jovens que não fizeram o CPA-10 nem nunca trabalharam ou operaram no mercado. Daí a pequena inserção sobre o tópico.

referenciados em ações, ativos financeiros, índices, taxas, mercadorias, moedas, entre outros; listagem de empresas e outros emissores de valores mobiliários; atuação como depositária de ativos; empréstimo de títulos; licenciamento de *softwares*; registro de ônus e gravames sobre valores mobiliários; suporte a operações de crédito, financiamento e arrendamento mercantil; e constituição de banco de dados.

Essa gama de produtos e serviços reflete seu modelo de negócios diversificado e verticalmente integrado. Além disso, a Companhia é associada mantenedora da BSM Supervisão de Mercados, associação que fiscaliza a atuação da B3 e dos participantes do mercado, assim como as operações por eles realizadas, nos termos da Resolução CVM n. 135/2022.

1.2.2.2 Bolsa × balcão

Alguns títulos são negociados na bolsa, e outros, no mercado de balcão, também conhecido como *over the counter* (OTC). Tudo que não tem autorização para ser negociado em bolsa é negociado no mercado de balcão, no qual há flexibilidade quanto aos registros das transações, o que não significa que seja um mercado sem regulamentação alguma. Afinal, no mercado financeiro tudo precisa seguir alguma norma do órgão regulador.

Quando, por exemplo, um investidor liga para seu gerente do banco para fechar uma operação de compra de CDB, está negociando no mercado de balcão. Essa transação foi efetivada entre agentes do mercado (investidor e banco), sem que tenha sido lançada em um sistema geral. O entendimento entre as partes se deu somente pelo telefone e a operação foi registrada apenas no sistema do banco.

Outra diferença é que a bolsa é um mercado organizado, sempre supervisionado pelo órgão regulador; já o mercado de balcão pode ser organizado ou não.

Segundo a norma e demais alterações, considera-se **mercado organizado** de valores mobiliários o espaço físico ou o sistema eletrônico destinado à negociação ou ao registro de operações com valores mobiliários por um conjunto determinado de pessoas autorizadas a operar, que atuam por conta própria ou por meio de terceiros.

Os mercados organizados de valores mobiliários são as bolsas de valores, de mercadorias e de futuros e os mercados de balcão organizado, devendo ser comandados por entidades administradoras autorizadas pela CVM. Estamos, portanto, descrevendo a B3, no caso brasileiro.

Considera-se realizada em mercado de balcão não organizado a negociação de valores mobiliários em que intervém, como intermediário, uma instituição financeira, sem que o negócio seja realizado ou registrado em mercado organizado (o caso do CDB, mencionado neste item).

Também será considerada de **balcão não organizado** a negociação de valores mobiliários em que intervém, como parte integrante do sistema de distribuição, quando tal negociação resultar do exercício da atividade de subscrição de valores mobiliários por conta própria para revenda em mercado ou de compra de valores mobiliários em circulação para revenda por conta própria, ou seja, fora do controle direto do regulador.

Resumindo, atente-se ao Quadro 1.1.

Quadro 1.1 Bolsa × balcão organizado × balcão não organizado

Bolsa	• Tem lugar eletrônico ou físico para negociação e registro das operações, administrado por entidade autorizada pela CVM • Fiscalizado pelo órgão regulador, a CVM • Ambiente com regras mais rígidas, inclusive quanto à transparência dos negócios fechados • Apenas pessoas autorizadas podem operar
Balcão	• Mercado no qual são negociados os títulos e valores mobiliários que não têm autorização para ser negociados em bolsa • Flexibilidade de registro e negociação • Pode ter sistema de negociação ou não • Pode ser organizado ou não organizado
Mercado organizado	• Mantém lugar físico ou eletrônico para negociação e registro das operações • Administrado por entidades autorizadas pela CVM • Apenas pessoas autorizadas podem operar • Bolsa e balcão
Mercado não organizado	• Realização de negócios, sem que seja realizado ou registrado em mercado organizado • Balcão

1.2.3 Sociedades corretoras de títulos e valores mobiliários

Sociedades corretoras de títulos e valores mobiliários (CTVMs) são instituições que efetuam principalmente a intermediação financeira nas bolsas de valores. Compete às CTVMs:

- operar em bolsas de mercadorias e futuros, por conta própria e de terceiros;
- promover ou participar de lançamento público de ações;
- administrar e custodiar carteiras de títulos e valores mobiliários;
- organizar e administrar fundos e clubes de investimentos;
- efetuar operações de intermediação de títulos e valores mobiliários, bem como de moedas estrangeiras, por conta própria e de terceiros;
- efetuar operações de compra e venda de metais preciosos, por conta própria ou de terceiros;
- prestar serviços de assessoria técnica em operações e atividades inerentes ao mercado financeiro e de capitais.

Antes da desmutualização[5] das bolsas, para que a corretora de valores exercesse sua função de intermediação em bolsas, era necessário que adquirisse um título da bolsa em que desejava operar, conforme já mencionado. Somente depois que se tornava associada à bolsa é que a corretora adquiria a autorização para realizar negócios de compra e venda diretamente na bolsa. Com o novo formato, novos critérios foram definidos para que uma pessoa jurídica desempenhe o papel de uma corretora na bolsa. O CMN já permitiu que as sociedades distribuidoras de títulos e valores mobiliários (DTVMs), apresentadas a seguir, também possam operar em bolsa.

1.2.4 Sociedades distribuidoras de títulos e valores mobiliários

As DTVMs são instituições auxiliares do sistema financeiro que participam do sistema de intermediação de títulos no mercado (ações, debêntures e outros), colocando-os à venda para o público. Suas principais funções são:

- efetuar aplicações por conta própria ou de terceiros (intermediação) em títulos de valores mobiliários de renda fixa e variável;
- realizar operações no mercado aberto (compra e venda de títulos públicos federais);
- participar em lançamentos públicos de valores mobiliários (mercado primário);
- administrar recursos de terceiros;
- efetuar operações de intermediação de títulos e valores mobiliários em bolsa de valores.

1.2.5 Agente autônomo de investimento

Embora este item não esteja no programa do exame CPA-20, o entendimento do que faz um agente autônomo de investimento (AAI), também conhecido como assessor de investimentos, é muito importante, pois ele aparece diversas vezes no livro e é um profissional muito procurado no mercado.

Como explicado no *site* da CVM, a atividade do **AAI** é exercida mediante:

- prospecção e captação de clientes, recepção e registro de ordens e transmissão dessas ordens para os sistemas de negociação ou de registro cabíveis; e
- prestação de informações sobre os produtos oferecidos e sobre os serviços prestados pela instituição integrante do sistema de distribuição de valores mobiliários pela qual tenha sido contratado.

Sua atividade é regida pela Resolução CVM n. 16/2021 e pelo Código de Conduta Profissional da Associação Nacional das Corretoras e Distribuidoras de Títulos e Valores Mobiliários, Câmbio e Mercadorias (ANCORD), podendo ser pessoa física ou jurídica constituída com esse fim exclusivo, e deve

---

5 A desmutualização das bolsas foi um processo de alteração estatutária em que a companhia passou de uma associação sem fins lucrativos, na qual as corretoras tinham títulos patrimoniais que lhe permitiam operar para seus clientes, para uma sociedade anônima de capital aberto.

exercer suas atividades sempre por intermédio de uma instituição integrante do sistema de distribuição de valores mobiliários, em nome da qual atua como preposto (representante).

- Para se tornar um AAI, é necessário ser aprovado no exame de certificação da ANCORD e solicitar autorização na CVM para exercer a atividade.

1.2.6 Sistemas e câmaras de liquidação e custódia – *clearings*

O processo que envolve a compra e a venda de um título pode ser dividido em duas fases: a negociação e a pós-negociação. A negociação ocorre no momento da compra e da venda, quando os participantes colocam o preço do título no *book* de ofertas e a negociação é aceita. Entretanto, para que o desfecho total dessa negociação se dê seguramente, é necessária uma segunda etapa, conhecida como pós-negociação.

A pós-negociação, por sua vez, se dá em três fases:

1. **Compensação**: nessa fase, dá-se a análise de risco do comprador e do vendedor.
2. **Liquidação**: ocorre quando o vendedor recebe o dinheiro proveniente da venda (liquidação financeira) e o comprador recebe os títulos (liquidação física).
3. **Custódia**: guarda do título. Hoje em dia, a custódia é fungível, tendo em vista a natureza do título, que é escritural, não havendo emissão física em papel. Em outras palavras, todo o processo é eletrônico, favorecendo a rapidez, a transparência e a segurança do sistema.

Conheça, a seguir, os sistemas brasileiros de liquidação e custódia de títulos públicos e privados contemplados no programa da certificação:[6] Selic e B3.

1.2.6.1 Sistema Especial de Liquidação e Custódia

Criado em 1979, o Sistema Especial de Liquidação e Custódia (Selic) destina-se ao registro de títulos e de depósitos interfinanceiros por meio de equipamento eletrônico de teleprocessamento, em contas gráficas abertas em nome de seus participantes, bem como ao processamento, utilizando-se o mesmo mecanismo, de operações de movimentação, resgate, ofertas públicas e respectivas liquidações financeiras. É fiscalizado pelo BCB, sendo aqui liquidadas e registradas todas as movimentações com títulos escriturais de emissão do Tesouro Nacional e do BCB. O sistema processa também a liquidação das operações definitivas e compromissadas registradas em seu ambiente.

Principais títulos custodiados no Selic: LFT, LTN, NTN-B, NTN-B Principal e NTN-F, todos de emissão do Tesouro Nacional e que serão abordados em mais detalhes no Capítulo 8 deste livro.

O Selic opera na modalidade de **liquidação bruta em tempo real (LBTR)**, sendo as operações nele registradas liquidadas uma a uma por seus valores brutos em tempo real.

1.2.6.2 B3

Além dos serviços de negociação, a B3 oferece serviços de pós-negociação, quando são realizadas as liquidações e a custódia de títulos.

Há alguns anos, a B3 trabalhava com quatro *clearings* (derivativos, ativos, câmbio e ações e renda fixa, essa última conhecida como CBLC). Entretanto, visando à maior eficiência na gestão de caixa, na redução dos custos e na gestão dos riscos, nos últimos anos, a bolsa iniciou um processo de integração que permite a visualização de todos os colaterais depositados pelos investidores, gerando maior eficiência de capital, uma vez que os colaterais que estão depositados em uma câmara servem para negociação em outra câmara, sendo a liquidação feita pelo líquido.

Vale mencionar que, com a fusão da BM&FBOVESPA com a CETIP, a gama de títulos e valores mobiliários liquidados na *clearing* da B3 aumentou significativamente, até porque, no Brasil, a quantidade de negócios com ações e derivativos (maior parte dos negócios da antiga BM&FBOVESPA) é significantemente menor em comparação com títulos de renda fixa (negócio da antiga CETIP).

1.2.7 Sistema de Pagamentos Brasileiro

Um Sistema de Pagamentos é uma rede sofisticada que serve para processar os pagamentos entre os

---

[6] Essa parte do estudo consta do item *Princípios Básicos de Economia e Finanças* do programa da prova CPA-20. Entretanto, para fins didáticos, ele foi realocado para o Capítulo 1 do livro.

agentes econômicos, garantindo segurança e diminuindo o risco sistêmico, aquele conhecido como "efeito dominó", em que a quebra de uma instituição financeira pode levar junto mais algumas.

Tendo como uma de suas funções garantir a eficiência e a segurança no uso de instrumentos de pagamento por meio dos quais a moeda é movimentada, o BCB, com foco na solidez, no normal funcionamento e no contínuo aperfeiçoamento do sistema financeiro, tem, entre suas competências, a regulamentação e o exercício da vigilância e da supervisão sobre os sistemas de compensação e de liquidação, os arranjos e as instituições de pagamento.

De acordo com o BCB, o Sistema de Pagamentos Brasileiro (SPB) compreende, portanto:

> [...] as entidades, os sistemas e os procedimentos relacionados com o processamento e a liquidação de operações de transferência de fundos, de operações com moeda estrangeira ou com ativos financeiros e valores mobiliários, chamados, coletivamente, de entidades operadoras de Infraestruturas do Mercado Financeiro (IMF). Além das IMF, os arranjos e as instituições de pagamento também integram o SPB. [...] Seu funcionamento adequado é essencial para a estabilidade financeira e condição necessária para salvaguardar os canais de transmissão da política monetária.

O formato do atual SPB está em operação desde 2002, com a entrada em funcionamento do Sistema de Transferência de Reservas (STR), que permitiu que as operações fossem liquidadas em tempo real. Hoje, qualquer transferência de fundos entre contas está condicionada à existência de saldo suficiente de recursos na conta do emitente da ordem, diminuindo o risco de liquidação.

Veja, na Figura 1.3, a configuração do SPB, no qual se observa as *clearings* da B3 e a Selic, além dos bancos, do Tesouro Direto e do CIP, que faz a liquidação dos cartões de crédito.

1.3 INVESTIDORES QUALIFICADOS, PROFISSIONAIS E NÃO RESIDENTES

O correto entendimento desses conceitos é fundamental para quem vai operar no mercado financeiro porque há investimentos e procedimentos reservados a cada tipo de investidor. Veja a seguir quem é quem, segundo a regulamentação da CVM.

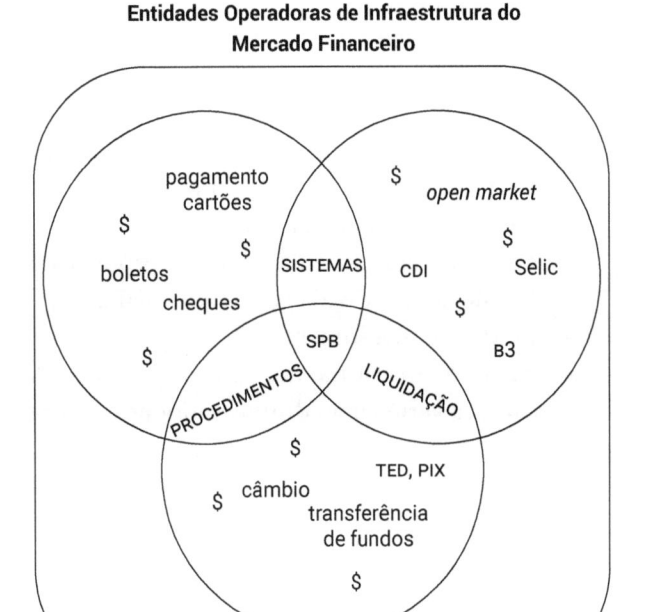

Figura 1.3 Configuração do Sistema de Pagamentos Brasileiro.

São considerados investidores qualificados:

- investidores profissionais;
- pessoas naturais ou jurídicas que tenham investimentos financeiros em valor **superior a R$ 1.000.000,00** e que, adicionalmente, atestem por escrito sua condição de investidor qualificado mediante termo próprio, de acordo com o Anexo 9-B;
- as pessoas naturais que tenham sido aprovadas em exames de qualificação técnica ou tenham certificações aprovadas pela CVM como requisitos para o registro de agentes autônomos de investimento, administradores de carteira, analistas e consultores de valores mobiliários, em relação a seus recursos próprios; e
- clubes de investimento, desde que tenham a carteira gerida por um ou mais cotistas, que sejam investidores qualificados.

São considerados investidores profissionais:

- instituições financeiras e demais instituições autorizadas a funcionar pelo BCB;
- companhias seguradoras e sociedades de capitalização;
- entidades abertas e fechadas de previdência complementar;
- pessoas naturais ou jurídicas que tenham investimentos financeiros em valor superior a R$ 10.000.000,00 e que, adicionalmente, atestem por escrito sua condição de investidor profissional mediante termo próprio, de acordo com texto anexo à regulamentação;
- fundos de investimento;
- clubes de investimento, desde que tenham a carteira gerida por administrador de carteira de valores mobiliários autorizado pela CVM;
- agentes autônomos de investimento, administradores de carteira, analistas e consultores de valores mobiliários autorizados pela CVM, em relação a seus recursos próprios;
- investidores não residentes.

De acordo com a Resolução BCB n. 4.373/2014, consideram-se **investidores não residentes**, individual ou coletivo, as pessoas físicas ou jurídicas, os fundos ou outras entidades de investimento coletivo, com residência, sede ou domicílio no exterior.

Os ativos financeiros e os valores mobiliários negociados por investidor não residente devem, de acordo com a sua natureza:

- ser registrados, escriturados, custodiados ou mantidos em conta de depósito em instituição ou entidade autorizada a prestar esses serviços pelo BCB ou pela CVM; ou
- estar devidamente registrados em sistemas de câmaras e de prestadores de serviços de compensação, de liquidação ou de registro devidamente autorizados pelo BCB ou pela CVM.

É vedada a utilização dos recursos ingressados no país, no amparo da Resolução BCB n. 4.373, em operações com valores mobiliários para aquisição ou alienação fora de mercado organizado.

O investidor não residente pode investir nas mesmas modalidades que o residente. Isso pode parecer simples, mas não é. O investidor não residente tem que constituir um representante legal, que é acionado quando precisa ser representado no país. No caso de recursos aplicados em depósito de poupança ou em CDB ou RDB no próprio banco depositário da conta, é possível não manter essa figura legal.

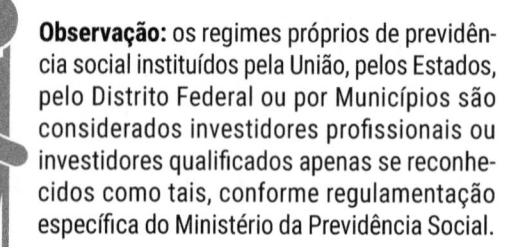

> **Observação:** os regimes próprios de previdência social instituídos pela União, pelos Estados, pelo Distrito Federal ou por Municípios são considerados investidores profissionais ou investidores qualificados apenas se reconhecidos como tais, conforme regulamentação específica do Ministério da Previdência Social.

MAPA MENTAL

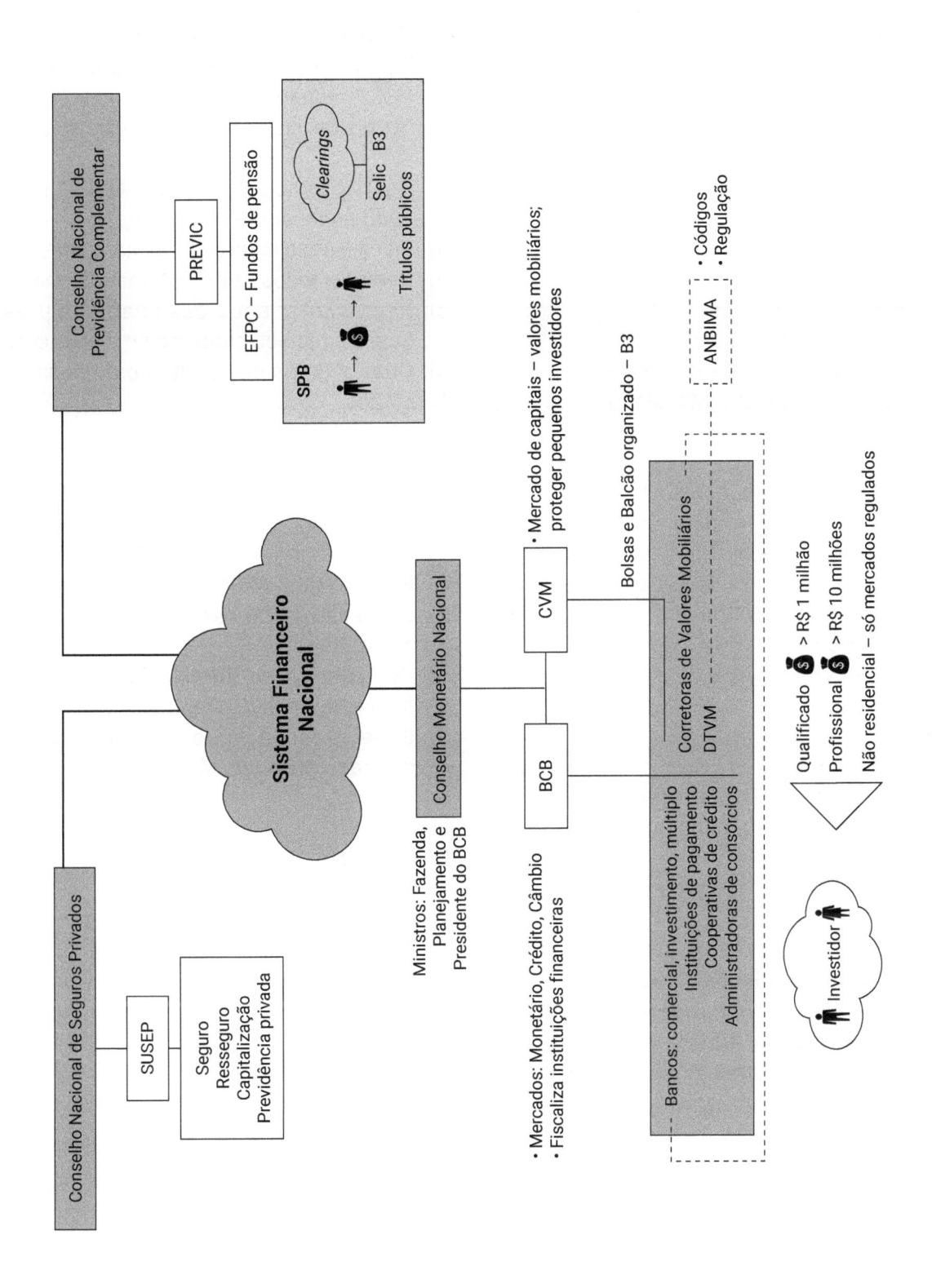

Sistema Financeiro Nacional

- **Conselho Nacional de Seguros Privados**
  - SUSEP
    - Seguro
    - Resseguro
    - Capitalização
    - Previdência privada

- **Conselho Monetário Nacional**
  - Ministros: Fazenda, Planejamento e Presidente do BCB
  - Mercados: Monetário, Crédito, Câmbio
  - Fiscaliza instituições financeiras
  - **BCB**
    - Bancos: comercial, investimento, múltiplo
    - Instituições de pagamento
    - Cooperativas de crédito
    - Administradoras de consórcios
  - **CVM**
    - Mercado de capitais – valores mobiliários; proteger pequenos investidores
    - Bolsas e Balcão organizado – B3
    - Corretoras de Valores Mobiliários
    - DTVM

- **Conselho Nacional de Previdência Complementar**
  - PREVIC
    - EFPC – Fundos de pensão

SPB
- *Clearings*
  - Selic — Títulos públicos
  - B3

ANBIMA
- Códigos
- Regulação

- Qualificado > R$ 1 milhão
- Profissional > R$ 10 milhões
- Não residencial – só mercados regulados

Investidor

EXERCÍCIOS DE FIXAÇÃO

1. O Conselho Monetário Nacional:
   a) Controla o Sistema Financeiro Nacional.
   b) Determina o IPCA meta.
   c) É composto pelo Ministro da Fazenda, pelo Ministro do Planejamento, Orçamento e Gestão, pelo Presidente do Banco Central do Brasil e pelo Presidente da Comissão de Valores Mobiliários.
   d) Define a taxa Selic.

2. Relacione as colunas.
   A. Banco Central do Brasil
   B. Comissão de Valores Mobiliários
   C. Corretora de Valores Mobiliários
   D. Banco de investimento

   ( ) Intermedeia operações em bolsa.
   ( ) Financia capital fixo para empresas.
   ( ) Fiscaliza as instituições financeiras.
   ( ) Promove e fiscaliza o mercado acionário.

   a) A – B – C – D
   b) C – D – A – B
   c) C – D – B – A
   d) D – C – A – B

3. Segundo a regulamentação, qual das opções a seguir determina que o investidor é qualificado?
   a) Pessoa física que tenha patrimônio superior a R$ 1.000.000,00.
   b) Pessoa física que tenha investimento financeiro superior a R$ 1.000.000,00.
   c) Pessoa física e jurídica que tenha patrimônio superior a R$ 300.000,00.
   d) Clubes de investimento.

4. Para ser considerado um investidor não residente, é necessário:
   a) Ser estrangeiro.
   b) Ter um representante legal.
   c) Ter patrimônio financeiro superior a US$ 1 milhão.
   d) Ter residência, sede ou domicílio no exterior.

5. Qual é o principal papel da ANBIMA no mercado financeiro e de capitais?
   a) Fiscalizar as instituições financeiras.
   b) Certificar todos os profissionais do mercado.
   c) Representar seus associados e prestar suporte técnico e operacional ao mercado.
   d) Criar códigos de conduta para seus associados.

6. Complete a afirmação a seguir.
   "O(A) _____ é o órgão deliberativo máximo do _____."

   a) Banco Central do Brasil – mercado financeiro.
   b) Comissão de Valores Mobiliários – mercado de capitais.
   c) Conselho Monetário Nacional – mercado financeiro e de capitais.
   d) Superintendência de Seguros Privados – mercado previdenciário.

GABARITO

1. b 2. b 3. b 4. d 5. c 6. c

Parte II

Princípios Básicos de Economia e Finanças

Importância do tema: a economia e os investimentos estão fortemente relacionados. Entender os principais conceitos macroeconômicos é fundamental para poder compreender as notícias e os relatórios econômicos, e, dessa forma, ter a dimensão de como as alterações na renda das famílias, taxa de juros, câmbio, contas nacionais e outras mais afetarão as empresas e os investimentos financeiros. Por outro lado, quem deseja trabalhar no mercado financeiro tem que entender minimamente sobre o valor do dinheiro no tempo e saber avaliar um investimento. O que é cupom, amortização, taxa de retorno, juros real e custo de capital? Durante o estudo de Finanças, você terá respostas para essas perguntas básicas e de enorme importância para quem irá atuar com investimentos.

Nesta parte, você vai aprender informações sobre os principais conceitos de Macroeconomia e de Finanças.

Esta parte está dividida em:

Capítulo 2 – Princípios Básicos de Economia

Capítulo 3 – Conceitos Básicos de Finanças

Bom estudo!

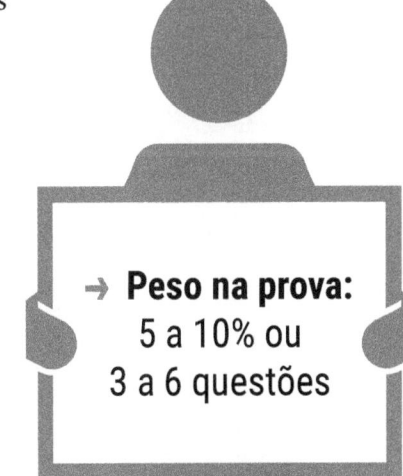

→ **Peso na prova:**
5 a 10% ou
3 a 6 questões

Capítulo 2
Princípios Básicos de Economia

OBJETIVOS

Ao final deste capítulo, você deve ser capaz de:
→ Ter uma visão panorâmica das principais políticas econômicas e suas inter-relações com o mundo empresarial e de investimentos financeiros.
→ Compreender as relações entre taxa de juros, inflação, consumo e investimentos.

CONTEÚDO

2.1 Indicadores econômicos
2.2 Política monetária
2.3 Política fiscal
2.4 Política cambial
2.5 Contas externas
   Mapa mental
   Exercícios de fixação

TEMPO ESTIMADO DE ESTUDO

Quatro horas.

2.1 INDICADORES ECONÔMICOS

2.1.1 Indicador de atividade: Produto Interno Bruto

Você já ouviu falar em crescimento da economia? Sabe como quantificar esse crescimento? Pois é, o indicador utilizado para mensurar e comparar esse crescimento de um país de um ano para outro é o PIB, que significa **Produto Interno Bruto**. Ele é um indicador de atividade porque quantifica tudo que é produzido em uma região durante um período.

A Figura 2.1 mostra como funciona a economia. De um lado, temos as famílias que trabalham ou são sócias das empresas. Do outro, temos as empresas. Pelo trabalho, as famílias recebem salários e, pelo capital investido nas empresas, os sócios recebem lucros.

Passo contínuo e uma vez com dinheiro, as famílias retornam às empresas para adquirirem bens e serviços, despendendo a renda recebida. Pode-se concluir, portanto, que o fluxo da renda em uma economia é circular, e que o dispêndio é equivalente à renda.

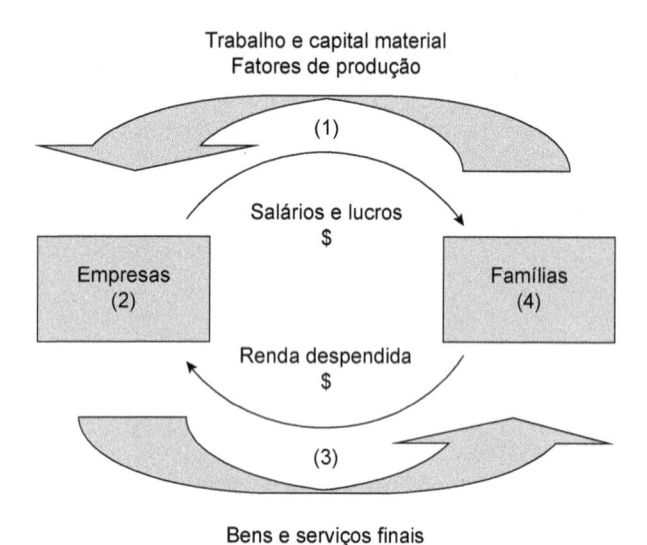

Figura 2.1 Fluxo circular da renda.

Mesmo que você argumente que há pessoas que gastam mais do que ganham, isso só é possível porque essas pessoas pegaram emprestado de alguém. Logo, no agregado, a conta tem que fechar, igualando o lado das receitas com o das despesas.

Produto = Renda = Dispêndio

Com base nesse raciocínio, pode-se calcular o PIB sob duas óticas:

- **Ótica do dispêndio (ou da despesa)**: avalia o produto de uma economia considerando a soma dos valores de todos os bens e serviços produzidos no período que não foram destruídos (ou absorvidos como insumos) na produção de outros bens e serviços.

Sob esse ângulo, pode-se calcular o PIB utilizando-se a seguinte fórmula:

PIB = C + I + G + (X − M)

Em que:
C = Consumo – refere-se a todos os bens e serviços comprados pela população. Divide-se em três subcategorias: bens não duráveis, bens duráveis e serviços.
I = Investimentos – consiste nos bens adquiridos para uso futuro. Essa categoria divide-se em duas subcategorias: investimento fixo das empresas (formação bruta de capital fixo) e variação de estoques.
G = Gastos do governo – inclui os bens ou serviços adquiridos pelos governos Federal, Estadual ou Municipal.
X = Exportação.
M = Importação.

- **Ótica da renda**: avalia o produto de uma economia considerando as remunerações pagas a todos os fatores de produção. Nesse caso, o PIB pode ser calculado pela seguinte equação:

PIB = Remunerações do trabalho + Excedente bruto de exploração + Impostos

Note que há três agentes econômicos no cálculo do PIB, seja pelo lado do dispêndio, seja pelo lado da renda:

1. Famílias (são as pessoas, indivíduos).
2. Empresas.
3. Governo.

Para que não haja dupla contagem no cálculo do PIB, ele é calculado pela soma de todos os valores agregados na produção, como ilustrado na Figura 2.2.

X Planta trigo	R$ 0,20	VA		
X Fabrica farinha	R$ 0,40		VA	
X Fabrica pão	R$ 1,00			VA
X Supermercado	R$ 1,50				VA

Figura 2.2 Metodologia do cálculo do Produto Interno Bruto.

Imagine que alguém plantou sementes de trigo e vendeu o trigo por R$ 0,20 para a fábrica de farinha (valor agregado = R$ 0,20), que vendeu a farinha por R$ 0,40 para a fábrica de pão (valor agregado = R$ 0,20), que fabricou o pão e vendeu seu produto para o supermercado por R$ 1,00 (valor agregado = R$ 0,60). O supermercado, por sua vez, disponibilizou o pão em suas lojas, e nós, os consumidores finais, fomos lá e compramos o pão por R$ 1,50 (valor agregado = R$ 0,50). Total do valor agregado = R$ 0,20 + 0,20 + 0,60 + 0,50 = R$ 1,50. Com relação a esse produto específico, o valor a ser contado para o PIB do país seria R$ 1,50, o somatório dos valores agregados durante toda a cadeia produtiva, até chegar ao consumidor final.

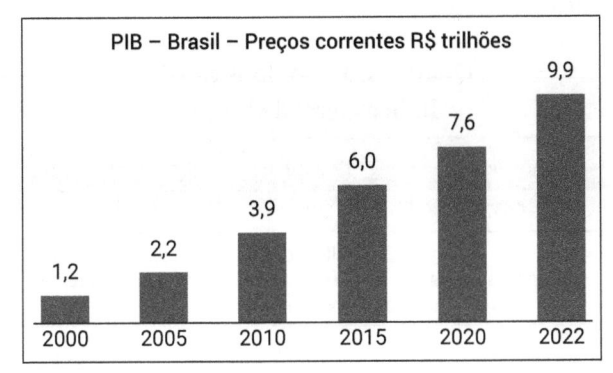

PIB – Brasil – Preços correntes R$ trilhões

2000	2005	2010	2015	2020	2022
1,2	2,2	3,9	6,0	7,6	9,9

Fonte: IBGE.

Figura 2.3 Produto Interno Bruto – Brasil – 1º trimestre de 2000 a 2º trimestre de 2022.

2.1.2 Taxas de juros

2.1.2.1 Taxa Selic

A Taxa Selic é a taxa básica da economia, que remunera os títulos públicos, bem como os valores da devolução do imposto de renda.

Existe a Taxa Selic Meta e a Taxa Selic Diária, que são, normalmente, diferentes. Isso ocorre porque há diferenças entre a meta estabelecida na reunião do COPOM e o que ocorre no dia a dia do mercado nas negociações de títulos públicos. De acordo com a oferta e a demanda dos títulos, os preços variam, variando, portanto, a remuneração dos títulos e afetando, assim, sua média (Taxa Selic Diária). Ambos os valores são referenciados em valores anuais e divulgados na *homepage* do Banco Central (BCB).

2.1.2.2 Taxa DI

A Taxa DI-Cetip *Over* (Extra-Grupo), vulgarmente conhecida como CDI, é expressa sob a forma anual, sendo calculada e divulgada diariamente pela B3 e apurada com base na média ponderada das operações de emissão de Depósitos Interfinanceiros pré-fixados, pactuadas por um dia útil (*over*) e registradas e liquidadas pelo sistema B3. São consideradas apenas as operações realizadas entre instituições de conglomerados diferentes (Extra-grupo).

A B3 informa que, a partir de 1º de outubro de 2018, a metodologia para apuração da Taxa DI se baseia na observação ou não das duas condições a seguir:

1. o número de operações elegíveis para o cálculo da Taxa DI for igual ou superior a 100; e
2. o somatório dos volumes das operações elegíveis para o cálculo da Taxa DI for igual ou superior a R$ 30 bilhões.

Se no dia de apuração da Taxa DI, ao menos uma das duas condições relacionadas anteriormente não for observada, a Taxa DI será igual à Taxa Selic *Over* divulgada no dia.

2.1.2.3 Taxa referencial

A Taxa Referencial (TR) foi criada em 1990 para ser uma taxa de juros, mas, hoje em dia, ela é um indicador de atualização monetária de algumas aplicações financeiras e operações de crédito, como a poupança, o Fundo de Garantia do Tempo de Serviço (FGTS), o financiamento imobiliário e títulos de capitalização.

Ela é calculada diariamente pelo BCB e tem por base a Taxa Básica Financeira (TBF), que, desde fevereiro de 2018, é calculada utilizando as taxas de juros das Letras do Tesouro Nacional (LTN).

Para chegar à TR, é necessário, antes de mais nada, encontrar o Redutor, que existe para expurgar o efeito dos impostos sobre o resultado.

$$R = a + b \times TBF$$

Em que:
R = redutor.
a = valor fixo de 1,005, definido quando a TR foi criada.
b = valor definido pelo BCB, divulgado junto ao valor da TBF.
TBF = Taxa Básica Financeira.

Para o cálculo da TR, utiliza-se a fórmula a seguir:

$$TR = 100 \times \left\{ \left[\frac{\left(\frac{1+TBF}{100}\right)}{R} \right] - 1 \right\}$$

2.1.3 Indicadores de inflação

2.1.3.1 Índice Nacional de Preços ao Consumidor Amplo

O Índice Nacional de Preços ao Consumidor Amplo (IPCA) é calculado pelo Instituto Brasileiro de Geografia e Estatística (IBGE) e foi instituído com a finalidade de corrigir as demonstrações financeiras das companhias abertas. O índice verifica as variações dos custos com os gastos das pessoas que ganham de um a 40 salários mínimos em 13 áreas urbanas. É o índice oficial do Governo Federal para medição das metas inflacionárias.

Para seu cálculo, o IBGE coleta 430 mil preços de produtos e serviços em 30 mil locais diferentes, entre estabelecimentos comerciais e de prestação de serviços, concessionárias de serviços públicos e domicílios (para levantamento de aluguel e condomínio). Para definir que produtos pesquisar, o IBGE faz uma pesquisa ampla dos hábitos das famílias brasileiras, conhecida como Pesquisa de Orçamento Familiar (P.O.F.).

O IPCA/IBGE mede a variação dos custos dos gastos, conforme anteriormente descrito, no período do primeiro ao último dia de cada mês de referência, e no período compreendido entre os dias 8 e 12 do mês seguinte, o IBGE divulga as variações.

O IPCA tem por início o mês de janeiro de 1980 (coleta iniciada no final de 1979).

2.1.3.2 Índice Geral de Preços

O Índice Geral de Preços (IGP) foi criado em 1947, abrange 18 capitais e é calculado pela Fundação Getulio Vargas (FGV). É o índice mais antigo do mercado. Existe o IGP-DI e o IGP-M, ambos com metodologia semelhante, porém com períodos de abrangência e divulgação diferentes.

- IGP-DI: variação dos preços entre os dias 30 e 30 – divulgado dia 10.
- IGP-M: variação dos preços entre os dias 20 e 20 – divulgado dia 30.

O IGP é composto da variação dos preços no atacado, no varejo e na construção civil. É utilizado atualmente para corrigir os contratos de energia elétrica e o aluguel.

Quadro 2.1 Composição do Índice Geral de Preços

Atacado	Varejo	Construção civil
60%	30%	10%
500 mercadorias	Famílias com renda de 1 a 33 salários mínimos	Planilha de custos das empresas de engenharia

2.1.4 Taxa PTAX

Taxa de câmbio é o preço de uma moeda estrangeira medido em moeda nacional. No Brasil, a moeda estrangeira mais negociada é o dólar dos Estados Unidos.

Ao contrário do que muitas pessoas imaginam, o BCB não fixa o valor da taxa de câmbio, que é dada pelo mercado, em função das leis de oferta e procura pela moeda. Também não existe dólar turismo ou dólar comercial. O que existe, na realidade, são diferentes mercados, que, pelo volume negociado, acabam se diferenciando nas taxas praticadas.

Ocorre que, ao fechar uma posição de câmbio com um cliente (por exemplo, vender dólar para uma grande empresa), a corretora ou o banco nem sempre tem essa moeda disponível, obrigando a instituição a comprá-la de outro banco. Estamos falando, portanto, de um mercado interbancário, cujas transações são registradas no sistema do BCB.

Dá-se o nome de taxa PTAX à média das taxas praticadas nesse mercado interbancário de câmbio, que é apurada ao longo do dia e disponível no *site* do BCB. A taxa PTAX serve como referência no mercado cambial. Existe a PTAX em dólar e a PTAX em euro.

2.2 POLÍTICA MONETÁRIA

A palavra **monetária** é derivada de **moeda**. Logo, estamos falando de políticas que mexem com a moeda, o dinheiro. E, como já vimos no capítulo anterior, é de competência do BACEN cuidar do dinheiro para que ele mantenha seu poder de compra. A política monetária é, então, de responsabilidade desse órgão, que tem atualmente como meta principal o controle da inflação, ou seja, a manutenção do poder de compra do real.

O país trabalha hoje com o regime de metas inflacionárias (*inflation target*, em inglês). O BACEN deve cuidar para que a inflação esteja dentro de uma meta fixada pelo Conselho Monetário Nacional (CMN), permitindo um erro de determinados pontos percentuais (p.p.) para cima e para baixo, que, em outubro de 2019, era de 1,5 p.p.

Existem vários índices de inflação. Os principais são o IPCA e o IGP-M. A meta do governo é dada em IPCA, por ser um índice calculado pelo IBGE, um órgão oficial do governo.

2.2.1 Controle da inflação

Para poder atingir a sua meta, o BCB dispõe de três mecanismos:

1. controle de reserva bancária;
2. compra e venda de títulos públicos;
3. controle da taxa de juros.

2.2.1.1 Controle de reserva bancária

Assim como as pessoas têm conta em banco, todos os bancos têm uma conta no BCB. Chamam-se reserva bancária os recursos provenientes desses depósitos feitos pelos bancos. Essa reserva tem origem nas seguintes fontes:

- x% sobre o volume de depósitos de clientes em conta-corrente nos bancos;
- y% sobre o volume da caderneta de poupança dos clientes nos bancos;
- z% sobre o volume em depósito a prazo (CDB) emitido pelos bancos.

O dinheiro é uma mercadoria e, como qualquer outra mercadoria, quanto maior o seu volume em circulação, menor será o seu valor. Quando tem muito em circulação, ele vale menos. Entretanto, existe um nível ótimo. Dessa forma, o BCB aumenta ou diminui os percentuais desses **depósitos compulsórios** que os bancos têm que efetuar na conta Reserva conforme deseje aumentar ou diminuir o meio circulante. Quando a alíquota a ser recolhida aumenta, diminui o dinheiro disponível para os bancos emprestarem aos clientes, havendo um "enxugamento" da economia. Ocorrendo o inverso, ou seja, quando diminui o percentual, o volume de recursos aumenta na economia, pois uma parte que estava na conta Reserva volta para o caixa dos bancos.

Se há mais recursos na economia devido a uma diminuição na alíquota do Compulsório, e uma vez que dinheiro funciona como uma mercadoria, uma política de elevação das reservas bancárias reduz a quantidade de dinheiro na economia, fazendo com que este aumente seu valor.

Por outro lado, quando o BACEN reduz a alíquota, os bancos têm mais dinheiro para emprestar para seus clientes. Se há mais oferta de crédito, há estímulo para o consumo, o que impulsiona a produção das empresas, diminuindo o desemprego. Além disso, havendo concorrência entre os bancos para emprestar dinheiro, as taxas de juros cobradas podem também diminuir, estimulando ainda mais a economia.

É certo que existe um nível ótimo de recursos que devem circular na economia, de forma que o BCB atinja a sua meta de inflação sem prejudicar demais a economia.

É importante mencionar também que esse mecanismo de política monetária, por meio da elevação e da diminuição das alíquotas dos Compulsórios, não pode ser utilizado frequentemente, pois o nível das reservas tem que ser controlado pelos bancos com muito cuidado, para não gerar problemas. Dessa forma, o BACEN utiliza outras ferramentas, cuja alteração pode se dar em intervalos de tempo menores.

2.2.1.2 Compra e venda de títulos públicos

O outro mecanismo que dispõe o BCB para recolher ou aumentar a quantidade de dinheiro (liquidez) da economia é a compra e a venda de títulos públicos. Quando compramos algo, estamos dando dinheiro e recebendo mercadoria. O mesmo acontece quando o BCB vende títulos públicos. Quando ele compra títulos públicos, está colocando dinheiro na economia e recebendo em troca os títulos. O contrário ocorre quando vende títulos. Neste caso, ele entrega títulos e recebe dinheiro, diminuindo o meio circulante, ou seja, reduzindo a liquidez da economia.

A negociação dos títulos públicos ocorre no **open market**, ou mercado aberto, por intermédio de *dealers*[1] do BCB, instituições autorizadas a prestar o serviço de compra e venda dos títulos públicos para os investidores. Dá-se o nome de mercado aberto por não haver um lugar específico para a negociação dos títulos.[2]

2.2.1.3 Controle da taxa de juros

O controle da taxa de juros é o terceiro mecanismo de que dispõe o BCB para fazer política monetária. Assim, quando deseja estimular o consumo, ele diminui a taxa de juros; e quando deseja frear o consumo, aumenta a taxa. Veja como isso funciona.

Suponha que você esteja fazendo uma pesquisa para trocar de carro. Se, por exemplo, não tiver todo o dinheiro para pagar à vista, terá que conseguir um financiamento. Entretanto, se a taxa de juros aumentar muito o valor do veículo, talvez você se sinta desestimulado a pagar a prazo e prefira economizar um pouco mais antes de realizar o seu desejo. Desse modo, estará aumentando a poupança e inibindo o consumo. O mesmo se dá com as empresas. Se a taxa de juros for muito alta, a companhia pode postergar um projeto de investimento e aguardar um momento mais propício para fazê-lo, dado que dificilmente as empresas dispõem de recursos próprios para financiar 100% os seus projetos. Veja só: um investidor racional somente irá tomar recursos emprestados para um projeto se o retorno esperado para ele for superior ao custo do projeto. Se as taxas de juros forem muito altas, muitos projetos acabam não se tornando viáveis.

Do outro lado, se a taxa de juros for muito pequena, as pessoas e as empresas vão se sentir estimuladas a tomar dinheiro emprestado para se financiar, aumentando o consumo. Agora veja o dilema do BCB: se ele baixar muito a taxa de juros, incentivando o consumo, pode ocorrer que o mercado não esteja abastecido de mercadorias suficientes, o que vai acarretar uma inflação de demanda. Assim, o BCB procura ser muito criterioso quando decide baixar, subir ou manter a taxa de juros, pois, por meio do controle da taxa de juros, o governo pode aumentar a poupança e inibir o consumo, de forma a reduzir uma possível pressão inflacionária que possa existir.

A possibilidade de mudança do patamar de taxa de juros no Brasil ocorre oito vezes por ano, durante a reunião do Comitê de Política Monetária do Banco Central (COPOM), que é formado pelo Presidente e pela Diretoria do BCB.

No *site* do BCB[3] pode-se ver a agenda de todas as reuniões do COPOM, bem como as atas das reuniões já realizadas, que costumam ser divulgadas 8 dias após cada reunião. Essa reunião ocorre em 2 dias, sendo o primeiro dia para análise e o segundo para tomar a decisão.

Junto a cada decisão de manutenção ou não de patamar de taxa de juros, o COPOM também anuncia se o viés é de baixa, alta ou neutro. **Viés** significa a tendência do comportamento da taxa de juros, podendo seu percentual ser alterado pelo presidente do BCB,

---

1 Em outubro de 2019, havia 12 *dealers*, que são selecionados duas vezes ao ano entre as instituições mais ativas do sistema financeiro. Eles são escolhidos pelos critérios de *performance*, incluindo o desempenho de cada instituição nos mercados primários e secundários de títulos públicos, no mercado de operações compromissadas e no seu relacionamento com o BCB. A lista de *dealers* encontra-se divulgada em: https://www.bcb.gov.br/estabilidadefinanceira/dealersmercadoaberto. Acesso em: 06 ago. 2020.

2 Este tema será abordado mais adiante no Capítulo 8, Seção 8.2.2.

3 www.bcb.gov.br.

dentro dos limites definidos, sem necessitar de convocação extraordinária do COPOM.

Essa taxa anunciada pelo COPOM é denominada Taxa Selic Meta, como explicado na Seção 2.1.2.1. O BCB, em suas ações, persegue essa meta, que pode diferir nas negociações diárias, dependendo do apetite do mercado pelos títulos públicos.

É nessa taxa que toda a economia se baseia para construir as outras taxas de juros. Ela é apurada no Sistema Especial de Liquidação e Custódia (Selic), obtida mediante o cálculo da taxa média ponderada e ajustada das operações de financiamento por um dia, lastreadas em títulos públicos federais e cursadas no referido Sistema, na forma de operações compromissadas.[4] Tem, portanto, sua origem nas taxas de juros efetivamente observadas no mercado. Nas reuniões do COPOM, define-se e é anunciada a taxa-alvo, ou taxa-meta, com as quais o BCB pretende operar até a próxima reunião. Entretanto, devido a fatores de mercado como oferta e procura, as taxas praticadas podem ser um pouco diferentes da taxa-alvo. Cabe mencionar que essas taxas de juros não sofrem influência do risco do tomador de recursos financeiros nas operações compromissadas, uma vez que o lastro oferecido é homogêneo.

Redesconto

A taxa de redesconto é a taxa que o BCB recebe quando empresta dinheiro para as instituições financeiras deficitárias e pode ser usada como instrumento de política monetária, pois se o BCB baixa a taxa do redesconto, as instituições financeiras são obrigadas a baixar suas taxas, caso contrário, não conseguirão emprestar para as demais instituições financeiras do mercado, uma vez que as instituições deficitárias irão dar preferência a utilizar o redesconto. A taxa do redesconto é, via de regra, mais elevada do que a taxa do interbancário.

Veja, na Figura 2.4, como vem se comportando a Taxa Selic desde a crise da Ásia, em 1997.

Resumindo:
Podemos sintetizar as ferramentas de política monetária no Quadro 2.2.

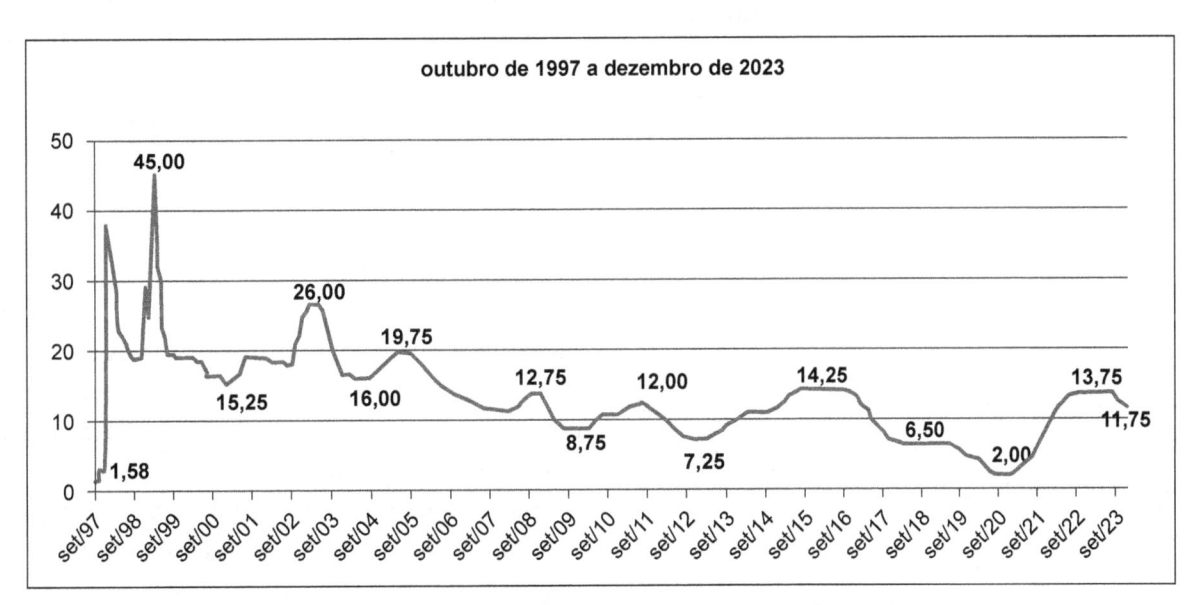

---

[4] Operações compromissadas são operações de venda de títulos com compromisso de recompra assumido pelo vendedor, conjugadamente com compromisso de revenda assumido pelo comprador. Nesse caso específico, a liquidação se dá no dia útil seguinte.

Fonte: https://www.bcb.gov.br/controleinflacao/historicotaxasjuros. Acesso em: 10 de out. 2023.

Figura 2.4 Histórico da Taxa Selic Meta.

Quadro 2.2 Sumário de ferramentas de política monetária do BCB

Política	Expansionista	Restritiva
Reserva bancária	Reduz	Eleva
Operações com títulos públicos	Compra	Vende
Taxa de juros	Reduz	Eleva

Diz-se que uma política monetária é expansionista quando aumenta (expande) a liquidez da economia. Uma política é restritiva quando diminui (restringe) a liquidez da economia.

O Quadro 2.2 mostra que, para expandir a liquidez da economia, o BCB dispõe das seguintes ferramentas: reduzir o nível das reservas bancárias, comprar títulos públicos ou reduzir a taxa de juros. Caso ele deseje restringir o nível econômico, pode elevar as reservas bancárias, vender títulos públicos ou elevar a taxa de juros.

2.2.2 Relação entre juros e atividade econômica

A taxa de juros é uma das mais importantes variáveis de uma economia. Seu comportamento afeta decisões de consumo e investimento. A taxa de juros é também a principal variável a explicar o fluxo de capitais estrangeiros, pois quanto maior essa taxa em relação ao resto do mundo, maior será o estímulo à aplicação de recursos em determinado país. Veja os exemplos que se seguem:

Taxa de juros e consumo

Quando a taxa de juros está alta, os consumidores pessoas físicas pensam mais antes de consumir, tendo em vista que produtos financiados terão um custo final muito elevado.

Já taxas de juros mais baixas incentivam o consumo e o investimento das empresas. A consequência, nesse caso, é uma economia aquecida, o que gera emprego e arrecadação do governo, gerando riqueza para a economia.

Veja o que aconteceu nos últimos tempos com a economia brasileira. Com a queda dos juros, muitos brasileiros tiveram acesso a empréstimos para aquisição da casa própria, carros, eletrodomésticos e muito mais.

Entretanto, se a taxa de juros baixar muito rapidamente sem que haja estoque de produtos suficiente para abastecer a demanda, a consequência será uma inflação de demanda.

Taxa de juros e investimento

Taxas de juros baixas também auxiliam as empresas. Custos financeiros mais baixos incentivam o investimento de novos projetos, gerando empregos e renda.

Fluxo de capitais estrangeiros

Tendo em vista que os recursos são sempre escassos em uma economia, a entrada de capitais estrangeiros em um país é sempre bem-vinda. Esses recursos são atraídos por taxas de juros mais altas. Tendo em vista que há diversas oportunidades de investimento ao redor do mundo, os governantes têm que considerar essa questão na fixação do nível de juros que desejam trabalhar.

Diversas vezes, em momentos de crise no exterior, o nosso BCB se viu obrigado a elevar a taxa de juros para manter os recursos no país. Caso contrário, seria uma sangria no país que poderia atingir níveis complicados, principalmente porque, nessas ocasiões, tínhamos níveis de reserva internacional[5] muito baixos.

2.3 POLÍTICA FISCAL

Enquanto a política monetária, de competência do BCB, está preocupada com o valor da moeda e sua utilização, a política fiscal se volta à relação entre arrecadação e gastos do governo.

Tudo começa com o envio do orçamento[6] preparado pelo Executivo para o Legislativo aprovar. Logo, a questão dos gastos sai da esfera única do

---

5 O tema reserva internacional será tratado ainda neste capítulo, na Seção 2.5.

6 O orçamento do Governo Federal pode ser acessado em www.orcamentofederal.gov.br.

Executivo e vai para o Legislativo. Entretanto, após diversas negociações entre as duas esferas do governo, para a alocação dos recursos e a posterior aprovação do orçamento, tudo volta para o Executivo, que, em tese, irá executar o que foi aprovado pelo Legislativo, pagando os fornecedores dos serviços prestados.

Um conceito fundamental em política fiscal é a questão da Necessidade de Financiamento do Setor Público (NFSP), que avalia o desempenho fiscal da Administração Pública em determinado período de tempo, geralmente dentro de um exercício financeiro, ou seja, de 1º de janeiro a 31 de dezembro. O instrumento apura o montante de recursos que o setor público não financeiro necessita captar por meio de títulos públicos, além de suas receitas fiscais, para fazer face aos seus dispêndios.

As necessidades de financiamento são apuradas nos três níveis de governo (Federal, Estadual e Municipal). Um passo muito importante para acertar as contas públicas foi dado em 2000, com a publicação da Lei Complementar n. 101/2000, a chamada Lei de Responsabilidade Fiscal (LRF),[7] que obrigou cada ente a indicar os resultados fiscais pretendidos para o exercício financeiro tratado pela Lei de Diretrizes Orçamentárias (LDO) e os dois seguintes.

Conforme explicado no *site* do Ministério do Planejamento, no nível Federal:

> "[....] as NFSP são apuradas separadamente pelos orçamentos fiscal e da seguridade social e pelo orçamento de investimentos. O resultado dos orçamentos fiscal e da seguridade social recebe o nome de Necessidades de Financiamento do Governo Central, enquanto o resultado do orçamento de investimentos recebe o nome de Necessidades de Financiamento das Empresas Estatais."

---

[7] A LRF visa regulamentar a Constituição Federal, na parte da Tributação e do Orçamento, que estabelece as normas gerais de finanças públicas a serem observadas pelos três níveis de Governo: Federal, Estadual e Municipal. Além de limitar gastos com pessoal em relação à receita tributária, define punições a administradores que cometam crimes contra a Lei Fiscal, que podem ir de multas à perda do cargo e à inelegibilidade por 5 anos e até mesmo a prisão por 4 anos. A LRF cria condições para a implantação de uma nova cultura gerencial na gestão dos recursos públicos e incentiva o exercício pleno da cidadania, especialmente no que se refere à participação do contribuinte no processo de acompanhamento da aplicação dos recursos públicos e de avaliação dos seus resultados.

2.3.1 Resultados fiscais

A LRF exige que sejam apurados os seguintes resultados fiscais:

- **Resultado primário**: procura medir o comportamento fiscal do Governo no período, representando a diferença entre a arrecadação de impostos, taxas, contribuições e outras receitas inerentes à função arrecadadora do Estado, excluindo-se as receitas de aplicações financeiras, e as despesas orçamentárias do Governo no período, excluindo-se as despesas com amortização, juros e encargos da dívida, bem como as despesas com concessão de empréstimos. Em síntese, avalia se o Governo está ou não vivendo dentro de seus limites orçamentários, ou seja, contribuindo para a redução ou elevação do endividamento do setor público. Se o setor público gasta menos do que arrecada, desconsiderando a apropriação de juros sobre a dívida existente, há superávit primário.

No Brasil, os resultados primários, tanto do Governo Central quanto do setor público consolidado, são contabilizados pelo regime de caixa. Em outras palavras, os dispêndios são medidos no mês do efetivo desembolso dos recursos.

- **Resultado nominal**: para a apuração do resultado nominal, devem-se acrescentar ao resultado primário os valores pagos e recebidos de juros nominais junto ao sistema financeiro, ao setor privado não financeiro e ao resto do mundo. Desse modo, esse resultado indica, efetivamente, o montante de recursos que o setor público necessitou captar junto ao sistema financeiro, ao setor privado e ao resto do mundo para a realização de suas despesas orçamentárias.

No Brasil, as despesas financeiras e as NFSP são apuradas pelo regime de competência, o que significa dizer que são computadas no mês do fato gerador da despesa.

Fazendo uma analogia com a nossa vida privada, vamos imaginar que você hoje tenha um salário mensal de R$ 10.000,00 e gastos correntes com aluguel, educação, moradia, alimentação etc. da ordem de

R$ 8.000,00. Só que antes de chegar a esse patamar, você passou por momentos difíceis e gastava mais do que ganhava. Como bom cidadão, visando organizar suas finanças pessoais, você foi ao banco e negociou um empréstimo e hoje paga R$ 3.000,00 de juros por mês. Veja, no Quadro 2.3, como ficariam suas contas.

Quadro 2.3 Analogia entre resultado fiscal pessoal e do Governo

Salário	R$ 10.000,00
(−) Gastos	R$ 8.000,00
Resultado primário (superávit)	R$ 2.000,00
(−) Juros	R$ 3.000,00
Resultado nominal (déficit)	− R$ 1.000,00

O resultado nominal é o valor que você terá que conseguir para fechar suas contas. No caso do Governo, ele emite títulos para se financiar. Daí que o resultado nominal é conhecido como a NFSP.

2.3.2 Política fiscal × monetária

Faça agora uma junção de política monetária com política fiscal. O que ocorrerá com a dívida do Governo se o BCB subir a taxa de juros? Vai haver uma elevação, pois o Governo é um grande tomador de recursos. Por esse e outros motivos é que o controle da taxa de juros deve ser feito muito de perto, pois, na prática, uma mexida de um lado tem reflexos em vários aspectos da vida econômica de pessoas, empresas e governo.

Adicionalmente, é importante mencionar que, se a dívida do Governo for muito elevada e ele demonstrar dificuldade de tomar recursos para financiar seu déficit, o resultado será um reajuste para cima nas taxas de juros, de tal forma que torne seus títulos mais atrativos.

Acontece que, se as taxas de juros subirem, a dívida do Governo subirá junto. A consequência é uma elevação em seu nível de risco. Se o risco sobe, a taxa de juros sobe também. Estamos diante, portanto, de uma "bola de neve". Para romper esse ciclo e permitir que o Governo pague sua dívida, é necessário que o país (PIB) cresça e a arrecadação aumente.

Dada a tamanha dificuldade de resolver essa questão, muitos economistas são entusiastas de uma gestão mais austera dos recursos públicos. Se o Governo gastar menos, terá menos necessidade de recursos e emitirá menos dívida. Porém, pelo fato de o Governo ser um dos agentes que contribui para o crescimento econômico (PIB = C + I + G + (X − M)), se o Governo cortar gastos, a tendência será o PIB crescer menos ou cair e o Governo arrecadará menos.

Conclusão: a tarefa da gestão dos recursos públicos é realmente muito difícil, pois "cada vez que se puxa o cobertor, o pé fica descoberto".

Veja, no Quadro 2.4, o resultado das contas públicas com relação à política fiscal.

2.3.3 Gestão da dívida pública

Uma dúvida pode surgir nesse momento. Mas como o Governo financia o seu déficit? Por que ele não emite dinheiro para cobrir suas necessidades?

Durante muitos anos, o Governo brasileiro administrou sua dívida pública simplesmente imprimindo dinheiro, além de vender títulos públicos. Entretanto, o que se observa é que o efeito imediato desejado em se financiar o déficit por meio da impressão de dinheiro é manter a taxa de juros baixa. Porém, à medida que o tempo passa, o excesso de dinheiro na economia leva ao aumento da inflação e invariavelmente a taxas de juros mais altas, o que eleva a dívida do Governo, bem como o pagamento dos juros correspondentes a essa dívida.

Quadro 2.4 Política fiscal (%PIB)

	1997	2000	2005	2010	2015	2020	2022
Resultado primário	−0,95	3,46	4,8	2,7	−1,86	−10,0	1,27
Resultado nominal	−6,1	−3,61	−3,3	−2,48	−10,22	−13,7	−4,64

Fonte: BCB e TCU.

Quadro 2.5 Dívida Pública Mobiliária Federal – por indexador Participação, fim do período (%)

	2020 (%)	2021 (%)	2022 (%)
Prefixada	34,57	28,71	26,86
Selic	34,72	36,76	38,19
IPCA	22,87	27,70	28,74
IGPM	2,15	1,36	1,35
Outras (interna)	0,84	0,76	0,62
Externa	4,86	4,72	4,24
Total	100	100	100
R$ bilhões	5.009,62	5.613,66	5.951,43

Fonte: https://www.tesourotransparente.gov.br/temas/divida-publica-federal/estatisticas-e-relatorios-da-divida-publica-federal. Acesso em: 08 maio 2023.

Bom, se não é salutar para as finanças do Governo emitir dinheiro, de que outras formas o setor público pode se financiar?

i. Domesticamente, por meio de dívida mobiliária, ou seja, com a emissão de títulos e de dívida bancária. Atualmente, apenas o Tesouro Nacional pode emitir títulos para financiar a dívida pública. A Constituição Federal de 1988 vetou o financiamento do Tesouro pelo BCB. Posteriormente, o artigo 34 da LRF, de 2000, impediu a emissão de títulos da dívida pública pelo BCB a partir de maio de 2002. Em novembro de 2003, ainda permanecia em mercado um estoque de R$ 32,8 bilhões em títulos emitidos pelo BCB (NBC-E), com prazo médio de 15,56 meses.

ii. Externamente, via empréstimos e emissão de títulos soberanos.

iii. Pela venda de seus ativos, por exemplo, por meio de programas de privatização, pelos quais o Governo vende sua participação acionária e controle em grandes companhias estatais, como ocorreu com a Vale do Rio Doce e a Telemar, entre outras.

Cabe à Secretaria do Tesouro Nacional (STN) a responsabilidade pela administração e pelo controle da dívida pública federal, seja ela interna ou externa, mobiliária ou não mobiliária. No caso da gestão da dívida mobiliária federal, a STN atua em conjunto com o BCB.

O Tesouro emite os títulos públicos sob duas formas: por emissão direta ou por oferta pública. As emissões diretas destinam-se, principalmente, à securitização[8] de dívidas da União, à realização de operações financeiras estruturadas e a assunção e refinanciamento das dívidas de Estados, Municípios e empresas estatais. Já as ofertas públicas são as emissões de títulos realizadas por meio de leilão eletrônico competitivo.

O Tesouro divulga mensalmente os limites de cada papel de sua emissão (LFT, LTN e NTN-C) a ser ofertado, excluindo os papéis cambiais, que seguem estratégia específica.

2.4 POLÍTICA CAMBIAL

2.4.1 Considerações preliminares

Chama-se política cambial o conjunto de ações do Governo que influenciam o comportamento do mercado de câmbio e da taxa de câmbio.

Muitos acreditam que é de competência do BACEN controlar a taxa de câmbio. Na realidade, depois que o país adotou o regime de câmbio pelo qual o preço da moeda é dado pelo mercado, o BACEN apenas interfere no mercado de câmbio quando visualiza danos na economia do país, caso a taxa de câmbio se mantenha no patamar considerado muito fora da curva. Há muita conjectura a respeito dessa prática do BCB; entretanto, devido à magnitude do mercado de câmbio, fica muito difícil para o BACEN controlar o preço do câmbio no país por um período longo de tempo. Sua atuação é, portanto, esporádica.

Uma das maneiras de o BCB interferir no preço da moeda é pela compra ou venda de dólares. Pelas leis de mercado, quando há uma oferta de moeda maior do que a sua demanda, há de se esperar uma queda no preço. Outra forma de intervenção é por meio da venda de títulos públicos que rendem dólar mais um cupom.[9] Esses títulos permitem que indivíduos

---

8 Cobrir a dívida por meio de títulos públicos. O termo **securitização** vem do inglês *securities*, que significa títulos e valores mobiliários.

9 Cupom: taxa adicional à variação do câmbio. Um papel com cupom cambial pode render, por exemplo, dólar + 2,5% a.a.

e empresas que tenham dívida em dólar se protejam (façam *hedge*) de bruscas oscilações na cotação do real diante do dólar. Se o real se desvalorizar, sendo o dólar o indexador do papel, sua rentabilidade irá compensar essa perda.

O BACEN interfere no mercado também com a oferta de *swaps*[10] cambiais, em que o objeto da negociação é o diferencial entre a taxa de juro efetiva (a taxa de juro do Depósito Interfinanceiro – DI) e a variação cambial. O objetivo da introdução dos *swaps* foi aperfeiçoar os instrumentos financeiros à disposição dos agentes econômicos, reduzindo os custos da intermediação. Em um primeiro momento, os *swaps* cambiais foram ofertados conjugados com colocações primárias de LFT. Contudo, há algum tempo os leilões foram desvinculados da oferta de títulos.

Mas que motivos tem o BCB para intervir no mercado de câmbio? Sendo sua atribuição manter o poder de compra do real, e dado que hoje em dia vários produtos que consumimos são importados ou têm peças importadas, uma subida na taxa de câmbio eleva, também, o preço final do produto, o que traz consequências inflacionárias para o país. Sendo atribuição do BCB controlar a inflação e sendo a variável câmbio importante para que possa atingir sua meta, ele está sempre atento a esse mercado e em busca de mecanismos de intervenção quando o dólar atinge níveis considerados danosos para obtenção de sua meta.

O BACEN está preocupado, também, com a entrada e a saída de dólares do país. Toda vez que acontece uma conversão de dólares para reais, ocorre uma expansão da emissão da moeda, tendo efeito inflacionário futuro, pois aumenta a liquidez da economia. Entretanto, temos que ter dólares para pagar nossas dívidas externas de governo e privada. Desse modo, a manutenção de um nível ótimo de reservas cambiais é desejada. Se elevarmos demais o nível das reservas externas, compraremos o problema de remunerar os dólares no exterior a uma taxa mais baixa do que se esses recursos estivessem aplicados internamente em reais. Afinal, para financiar a compra de dólares (emissão da moeda para comprar os dólares), o Governo precisa emitir títulos públicos. O resultado é uma constante e fundamental análise dos ganhos obtidos com a manutenção de altas reservas cambiais e a credibilidade do país no exterior.

Novo marco cambial

Com o objetivo de desburocratizar as transações de câmbio e melhorar o ambiente de negócios, a partir de 2023, entrou em vigor a nova lei cambial, que simplificou a entrada e a saída de dólares do país, criando um ambiente de negócios mais amistoso para o investidor estrangeiro e facilitando as transações em moedas estrangeiras, tanto para pessoas físicas quanto jurídicas. A modernização da pauta incentivou a concorrência no mercado de câmbio, equiparando a operação de câmbio às demais operações do sistema financeiro. Além disso, permitiu que pessoas físicas também comprem e vendam moeda estrangeira entre si, e o valor declarado para viagens internacionais passou de R$ 10.000 para US$ 10,000.

O novo marco também permitiu a transferência de reais para fora do Brasil, tornando nossa moeda uma moeda conversível. Bancos brasileiros podem, também, financiar exportações brasileiras no exterior. Além disso, com a nova regra, um exportador brasileiro que recebeu recursos do exterior pode emprestar esses recursos a uma subsidiária da empresa fora do país.

2.4.2 Regime cambial

Existem basicamente dois regimes cambiais: fixo e flutuante. Na primeira opção, a relação de preço entre a moeda do país e a moeda estrangeira é definida pelo Governo. Já no câmbio flutuante, o preço é definido pelas forças de mercado. No Brasil, desde 1999, adotamos o regime de câmbio flutuante, já tendo passado por períodos em que o Governo definia bandas (superior e inferior) em que o preço do dólar podia variar. O regime atual tem sido muito criticado por uns e elogiado por outros, mas em sua totalidade tem se

---

10 O *swap* é um instrumento derivativo, geralmente utilizado para troca de rentabilidade de ativos. Para mais informações sobre *swap*, vide o Capítulo 10 – Derivativos.

mostrado eficaz para fazer frente às últimas turbulências de um mercado financeiro globalizado.

Com o advento do Plano Real, em 1994, convivemos muito tempo com um regime de paridade cambial, quando R$ 1,00 valia algo em torno de US$ 1,00. Foi um período de inflação contida, não resta a menor dúvida, mas tivemos uma taxa de câmbio que não acompanhou a realidade macroeconômica brasileira, levando a uma defasagem na taxa, ocasionando aumento da importação e certa instabilidade na exportação do país. Em janeiro de 1999, o Governo alterou a regra cambial, passando para um regime flutuante. Em um primeiro momento, houve certa confusão no mercado, mas, aos poucos, todos foram compreendendo a verdadeira dimensão das novas regras e tudo voltou a funcionar normalmente. Com a alteração, a política monetária mudou seu foco, que deixou de ser ancorada no câmbio e passou a ser ancorada na taxa de juros.

Note que a taxa de câmbio alta é um ambiente propício ao exportador, além de aumentar nossas reservas cambiais e influenciar positivamente a nossa balança comercial. Entretanto, taxas de câmbio baixas favorecem a importação de produtos, o que é ruim para as nossas empresas, mas, ao mesmo tempo, obriga que elas se modernizem para competir com os produtos importados. A matemática utilizada nessa conclusão é simples. Veja o exemplo que se segue.

Suponha que você seja produtor de roupa e deseje exportar sua produção. Observe as condições a seguir:

Preço de uma peça de roupa: R$ 50,00
Taxa de câmbio: USD 1,00 = R$ 2,00
Preço da peça em dólares: USD 25,00

Se a taxa de câmbio subir para USD 1,00 = R$ 2,20, a peça em dólares custará USD 22,73, sendo mais competitiva no exterior.

Já se a taxa de câmbio cair para USD 1,00 = R$ 0,80, a peça em dólares custará USD 62,50, ficando menos competitiva no exterior. A consequência, nesse caso, será uma produção menor, que gerará menos emprego, menos renda e menos impostos.

2.4.3 Cupom cambial

Para avaliar se um investimento em moeda estrangeira está pagando um juro mais interessante do que um similar em moeda nacional, o investidor precisa estar atento ao que o mercado chama de cupom cambial. Geralmente, os gestores de fundos cambiais já fazem esse trabalho, mas nada como ter certeza das possibilidades de ganhos reais de uma aplicação.

O cupom cambial é a diferença entre a taxa básica de juros internos (Selic) e a desvalorização da taxa de câmbio do país. Ele serve como uma referência para se investir em moeda estrangeira, um *benchmark*. O resultado do cupom cambial é o rendimento real de um título em dólar.

Exemplo do cálculo do cupom:

Para uma taxa básica de juros projetada de 14% ao ano e uma variação cambial de 5% ao ano, qual o rendimento do cupom cambial?

$$\text{Cupom cambial} = \left(\frac{1+\text{Selic}}{1+\text{variação cambial}} - 1 \right) \times 100$$

ou seja:

$$(1 + 0{,}14) / (1 + 0{,}05) = 1{,}085$$
$$(1{,}085 - 1) \times 100 = 8{,}6\%$$

Portanto, a valorização do cupom cambial no exemplo é de 8,6% ao ano.

2.4.4 Reserva cambial

Reservas cambiais são os meios de pagamento de que dispõem as autoridades monetárias de um país ou o montante de moeda estrangeira (dólar, euro e outras) de que dispõe o país. Essas reservas originam-se de superávits no Balanço de Pagamentos, que será abordado na próxima seção, e destinam-se a cobrir eventuais déficits das contas internacionais. Trata-se de uma conta de estoque.

Conheça a trajetória das reservas cambiais brasileiras desde 2015 na Figura 2.5.

Reserva cambial – US$ milhões

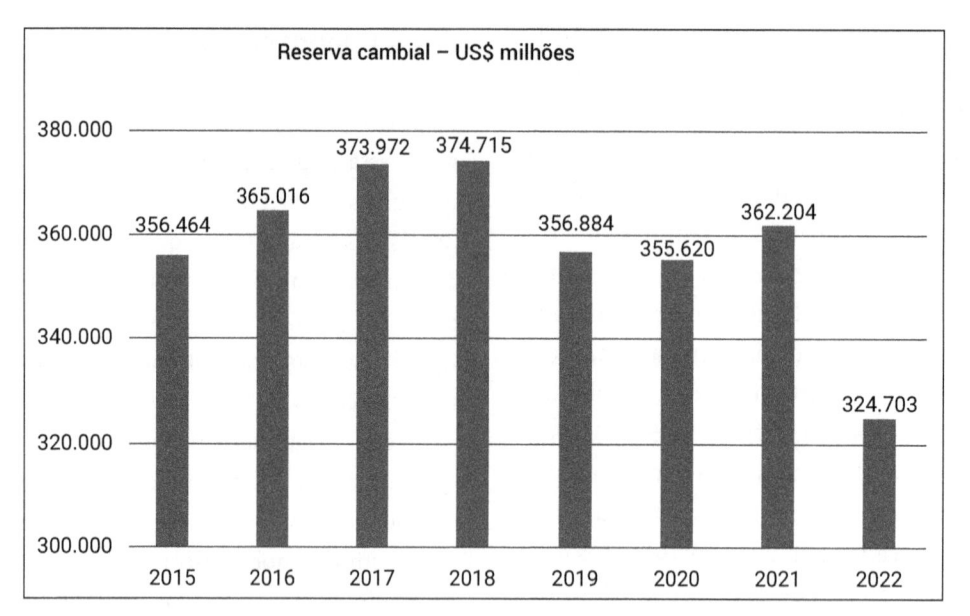

- 2015: 356.464
- 2016: 365.016
- 2017: 373.972
- 2018: 374.715
- 2019: 356.884
- 2020: 355.620
- 2021: 362.204
- 2022: 324.703

Fonte: https://www.bcb.gov.br/content/indeco/indicadoresselecionados/ie-13.xlsx. Acesso em: 08 maio 2023.

Figura 2.5 Ativos de reservas oficiais e outros ativos em moeda estrangeira.

2.5 CONTAS EXTERNAS

O Balanço de Pagamentos é o registro contábil de todas as transações econômico-financeiras de um país com os demais países do mundo. Compreende duas contas principais: a conta-corrente (movimento de mercadorias e serviços) e o movimento de capitais (deslocamento de moeda, créditos e títulos representativos de investimentos). Cabe ao BACEN a compilação dessa conta, uma vez que ele é o órgão responsável por administrar as reservas do país.

Vale lembrar que o Balanço de Pagamentos registra somente um fluxo monetário dentro de determinado período (em geral, os resultados são apresentados em trimestres ou anos), enquanto as Reservas Cambiais revelam o estoque de moedas estrangeiras em determinado momento. Em outras palavras, enquanto o Balanço de Pagamentos é um fluxo, as Reservas Cambiais são estoque.

Suponha, por exemplo, os números hipotéticos de um país:

Total Reservas final ano 1	USD 225 bilhões
Saldo do Balanço de Pagamentos ano 2	USD 15 bilhões
Total Reservas final ano 2	USD 240 bilhões

O Balanço de Pagamentos pode ser superavitário (como o do exemplo hipotético anterior), deficitário ou equilibrado. Quando superavitário, a quantidade de divisas que entraram durante o ano foi superior à quantidade que saiu, aumentando as reservas do país. Quando deficitário, ocorre o inverso. Quando equilibrado, a quantidade de divisas que saíram é igual a que entrou, mantendo o nível de reservas do país estável.

O ajuste do Balanço de Pagamentos se dá por:

- desvalorizações reais da taxa de câmbio;
- redução do nível de atividade econômica (ajuste antieconômico);
- restrições tarifárias às importações;
- subsídios às exportações;
- aumento da taxa interna de juros e controle da saída de capitais e rendimentos para o exterior.

De uma forma simplificada, a estrutura de um Balanço de Pagamentos é a seguinte:

Balanço de Pagamentos = Transações Correntes + Conta Capital + Conta Financeira + ξ

Em que:

ξ = erros e omissões.

Capítulo 2 • Princípios Básicos de Economia

Transações Correntes
- Balança comercial = exportação e importação
- Balança de serviços = viagens, transportes, aluguel de equipamentos e outros serviços
- Renda primária = remuneração de empregados, juros, lucros e dividendos
- Renda secundária = receitas e despesas do governo, transferências pessoais e outras transferências

Conta Capital
- Ativos não financeiros não produzidos (como passes de atletas) e transferências de capital

Conta Financeira
- Investimento direto
- Investimento em carteira (mercado financeiro)
- Derivativos
- Outros investimentos = outras participações em capital, seguros, créditos comerciais e adiantamentos, DES (empréstimo do Fundo Monetário Internacional – FMI), ativos de reserva

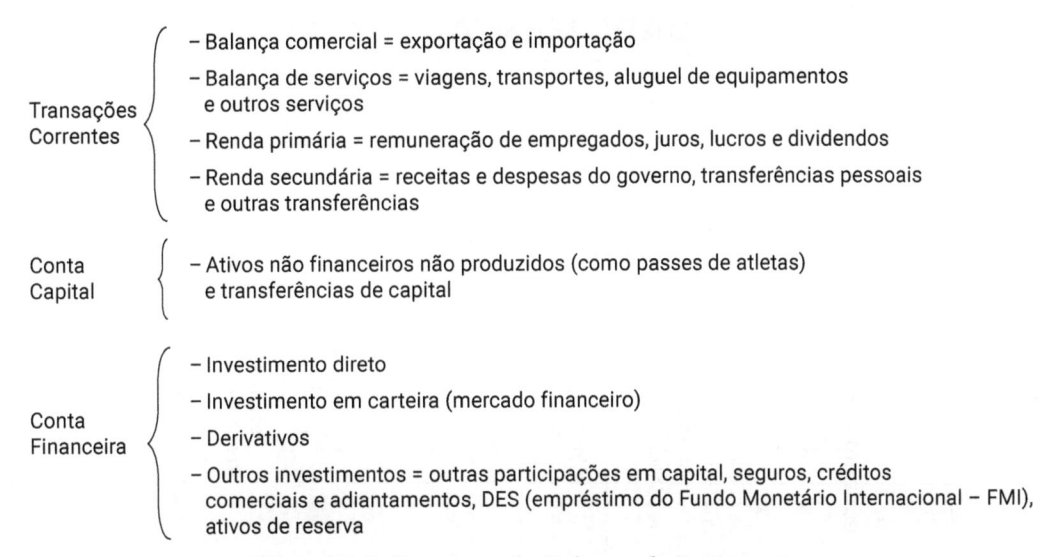

Figura 2.6 Estrutura do Balanço de Pagamentos.

Quadro 2.6 Brasil – Balanço de Pagamentos acumulados – US$ milhões

Discriminação	2022
Transações correntes	**−56.997**
Balança comercial (bens) e serviços	4.135
Balança comercial (bens) – Balanço de Pagamentos	44.153
Serviços	−40.018
Renda primária	−64.930
Remuneração de empregados	101
Renda de investimentos	−65.032
Demais rendas primárias	–
Renda secundária	3.798
Governo	−79
Demais setores	3.877
Conta capital	**245**
Ativos não financeiros não produzidos	174
Transferências de capital	71
Conta Financeira: Concessões líquidas (+) / Captações líquidas (−)	**−58.280**
Investimento direto	−60.808
Investimentos diretos no exterior	30.694
Investimentos diretos no país	91.502
Investimentos em carteira	4.091
Derivativos	−2.031
Outros investimentos	7.753
Ativos de reserva	−7.284
Erros e omissões	**−1.527**

Fonte: https://www.bcb.gov.br/content/estatisticas/Documents/Tabelas_especiais/BalPagA.xlsx. Acesso em: 22 maio 2023.

MAPA MENTAL

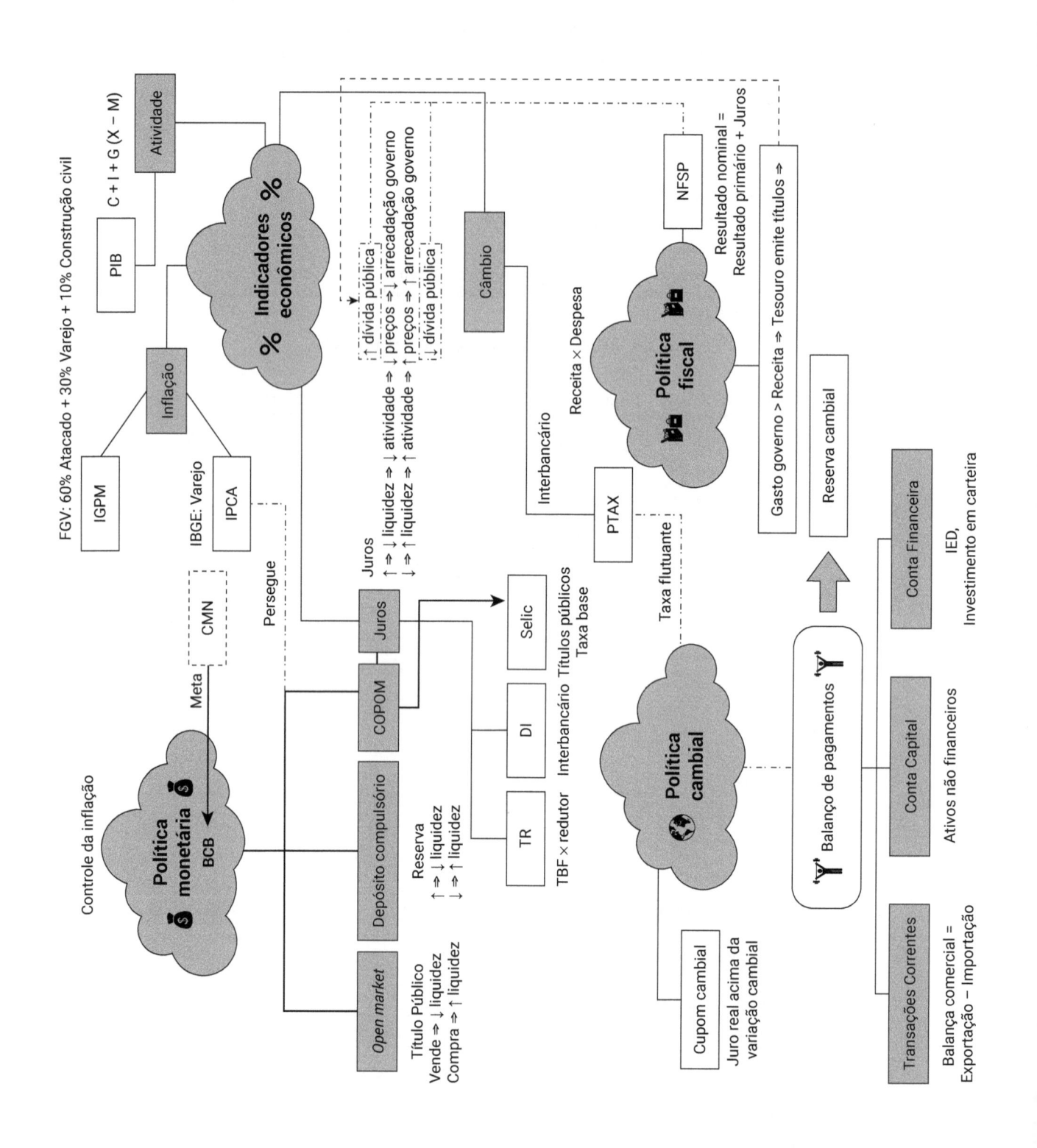

Indicadores econômicos %

- **Atividade**
  - PIB: C + I + G (X − M)
- **Inflação**
  - IGPM — FGV: 60% Atacado + 30% Varejo + 10% Construção civil
  - IPCA — IBGE: Varejo

↑ dívida pública ⇒ ↓ preços ⇒ ↓ arrecadação governo
↓ preços ⇒ ↑ arrecadação governo ⇒ ↓ dívida pública

Política monetária — BCB

Controle da inflação

CMN → Meta (Persegue)

- **Open market**
  - Título Público
  - Vende ⇒ ↓ liquidez
  - Compra ⇒ ↑ liquidez
- **Depósito compulsório**
  - Reserva
  - ↑ ⇒ ↓ liquidez
  - ↓ ⇒ ↑ liquidez
- **COPOM → Juros**
  - Selic — Títulos públicos — Taxa base
  - DI — Interbancário
  - TR — TBF × redutor

Juros:
↑ ⇒ ↓ liquidez ⇒ ↓ atividade ⇒ ↓ preços
↓ ⇒ ↑ liquidez ⇒ ↑ atividade ⇒ ↑ preços

Câmbio

- Interbancário
- PTAX — Taxa flutuante

Política cambial

- Cupom cambial: Juro real acima da variação cambial

Política fiscal

- Receita × Despesa
- NFSP: Resultado nominal = Resultado primário + Juros
- Gasto governo > Receita ⇒ Tesouro emite títulos ⇒ Reserva cambial

Balanço de pagamentos

- Transações Correntes: Balança comercial = Exportação − Importação
- Conta Capital: Ativos não financeiros
- Conta Financeira: IED, Investimento em carteira

EXERCÍCIOS DE FIXAÇÃO

1. Qual órgão é responsável pela captação de recursos para financiar a dívida interna do Governo?
a) Banco Central do Brasil.
b) Comissão de Valores Mobiliários.
c) Tesouro Nacional.
d) Conselho Monetário Nacional.

2. O Banco Central do Brasil trabalha com o regime de metas inflacionárias na condução de sua política monetária. Isso significa que:
a) O Banco Central define a meta de inflação a ser perseguida.
b) O COPOM define a meta de inflação a ser perseguida.
c) O Conselho Monetário Nacional define a meta de inflação (IPCA) a ser perseguida pelo Banco Central.
d) O Conselho Monetário Nacional define a meta de inflação (IGPM) a ser perseguida pelo Banco Central.

3. O regime de câmbio no Brasil é:
a) Flutuante.
b) De bandas cambiais.
c) Livre.
d) Diferenciado para comércio exterior.

4. A valorização da taxa de câmbio pode acarretar vários efeitos, **exceto**:
a) Ajuste no Balanço de Pagamentos.
b) Redução da taxa Selic.
c) Pressão inflacionária.
d) Aumento da PTAX.

5. De que ferramentas dispõe o Banco Central para fazer política monetária?
a) Emissão de moeda, compra e venda de títulos públicos, e controle do câmbio.
b) Compra e venda de títulos públicos, controle da taxa de juros e da conta de reserva bancária.
c) Emissão de moeda, controle da taxa de juros e compra e venda de títulos públicos.
d) Controle da taxa de juros, dos depósitos compulsórios dos bancos e da taxa de câmbio.

6. Em que conta do Balanço de Pagamentos é contabilizada a remessa de estrangeiros para investimento em bolsa brasileira?
a) Balança comercial.
b) Conta de capitais.
c) Balança de serviços.
d) Transações correntes.

7. Assinale a alternativa que contém apenas medidas ligadas a uma política monetária expansionista.
a) Redução da alíquota do depósito compulsório dos bancos, venda de títulos públicos e redução da taxa de juros.
b) Elevação da taxa de juros, venda de títulos públicos e elevação da conta de reserva.
c) Compra de títulos públicos e redução da taxa de juros e da alíquota do depósito compulsório dos bancos.
d) Elevação da conta de reserva, venda de títulos públicos e elevação da taxa de juros.

8. Que nome se dá à diferença entre o total do que o Governo arrecada e o que gasta, incluindo os juros de sua dívida?
a) Resultado primário.
b) Resultado secundário.
c) Resultado nominal.
d) Transações correntes.

GABARITO

1. c   2. c   3. a   4. b
5. b   6. b   7. c   8. c

Capítulo 3
Conceitos Básicos de Finanças

OBJETIVOS

Ao final deste capítulo, você deve ser capaz de:
→ Compreender os cálculos matemáticos utilizados em diversas análises de investimentos, entre elas a atribuição do valor intrínseco de uma ação ou negócio.
→ Relacionar os movimentos de taxa de juros e o preço dos ativos.
→ Selecionar melhores opções de investimento com base em cálculos de juros.

CONTEÚDO

3.1 Juros
3.2 Taxa de juros nominal × real
3.3 Fluxo de caixa
3.4 Taxa de desconto
3.5 Conceitos financeiros
3.6 Custo de capital
3.7 Custo médio ponderado de capital
Mapa mental
Exercícios de fixação

TEMPO ESTIMADO DE ESTUDO

Oito horas.

Observação: a prova não contempla cálculos. Entretanto, para o entendimento dos conceitos, fazem-se necessários a sua demonstração e o entendimento do estudante.

3.1 JUROS

Um dos conceitos mais importantes em finanças é a compreensão do valor do dinheiro no tempo – objeto de estudo da Matemática Financeira. Abdicarmos de dinheiro hoje para utilizarmos em um tempo futuro implica perdas de oportunidade. Logo, é normal que sejamos remunerados por postergar a utilização do nosso dinheiro em prol de alguém.

A Matemática Financeira estuda exatamente essa relação entre o valor do dinheiro hoje e no futuro, identificando o custo dessa postergação: os juros.

Assim sendo, podemos definir juros como:

- remuneração paga ao investidor pelo tomador de recursos;
- remuneração do capital, a qualquer título;
- unidade de medida. Pode ser: a.a. (ao ano), a.s. (ao semestre), a.m. (ao mês) ou a.d. (ao dia).

$$J = P \times i$$

Em que:
J = juros;
P = capital inicial;
i = taxa de juros.

Exemplo:
Capital = R$ 1.000 e Taxa = 8% (0,08)
Juros = 1.000 × 0,08 = R$ 80

Os juros podem ser simples ou compostos, conforme veremos a seguir.

3.1.1 Juros simples

Calcula-se o valor futuro com base no principal inicial, sendo o juro uma percentagem fixa desse capital inicial.

$$F = P(1 + i \times n)$$

Em que:
F = capital no tempo n;
P = capital inicial;
i = taxa de juros;
n = número de períodos.

Exemplo:
$P = 100$
$i = 10\% = 0,10$
$F_3 = ?$
$J_1 = 100 \times (0,10 \times 1) = 10$
$J_2 = 100 \times (0,10 \times 2) = 20$
$J_3 = 100 \times (0,10 \times 3) = 30$

$F_3 = 100 + (100 \times (0,10 \times 3)) = 130$
          P   P   i   n

$F = P + (P.i.n) = P + Pin$
Colocando em evidência o "P" →
$F = P(1 + in)$

3.1.2 Juros compostos

Para calcular o valor futuro, os juros se capitalizam ao principal e aos juros acumulados, para geração de futuros juros.

$$F = P(1 + i)^n$$

Em que:
F = capital no tempo n;
P = capital inicial;
i = taxa de juros;
n = número de períodos.

Exemplo:
$P = 100$
$i = 10\% = 0,10$
$F_3 = ?$
$F_1 = 100(1 + 0,10) = P(1 + i)$
$F_2 = F_1(1 + i) = P(1 + i)(1 + i) = P(1 + i)^2$
$F_3 = F_2(1 + i) = P(1 + i)^2(1 + I) = P(1 + i)^3$
$F_n = P(1 + I)^n$
$F_3 = 100(1 + 0,10)^3 = 133,10$

Na HP 12C:
P = PVF = FV → i = 10 (a calculadora assume 0,10)
[f] [REG] [100] [CHS] [PV] [3] [n] [10] [i] [FV]

3.1.3 Equivalência de capitais

Dois capitais são equivalentes quando seus valores, comparados na mesma data, são iguais.

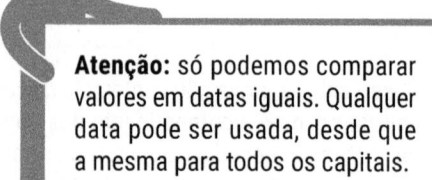

Atenção: só podemos comparar valores em datas iguais. Qualquer data pode ser usada, desde que a mesma para todos os capitais.

Exemplo:

Calcule o valor presente dos capitais a seguir e verifique se, a juros compostos de 10%, os capitais são equivalentes:

	Capital	Mês de vencimento
a	R$ 2.000	1
b	R$ 2.250	2
c	R$ 2.420	3
d	R$ 2.662	4

Trazendo a valor presente, no tempo 0 (zero):

a. [f] [REG] [2000] [FV] [1] [n] [10] [i] [PV] ou
2000 [CHS] [FV] 10 [i] 1 [n] [PV] ou
$F = P(1 + i)^n$
$\to P = F / (1 + i)^n$
$P^a = F_1 / (1 + i)1 = 2000 / 1,10 = 1818,18$

b. [f] [REG] [2250] [FV] [2] [n] [10] [i] [PV] ou
2250 [ENTER] [CHS] [FV] 10 [i] 2 [n] [PV] ou
$P^b = F_2 / (1 + i)2 = 2250 / 1,10^2 = 1859,50$

c. [f] [REG] [2420] [FV] [3] [n] [10] [i] [PV] ou
2420 [ENTER] [CHS] [FV] 10 [i] 3 [n] [PV] ou
$P^c = F_3 / (1 + i)3 = 2420 / 1,10^3 = 1818,18$

d. [f] [REG] [2662] [FV] [4] [n] [10] [i] [PV] ou
2662 [ENTER] [CHS] [FV] 10 [i] 4 [n] [PV] ou
$P^d = F_4 / (1 + i)4 = 2662 / 1,10^4 = 1818,18$

Conclusão:

$$P^a = P^c = P^d \neq P^b$$

- Os capitais a, c e d são equivalentes.
- b não é equivalente a nenhum dos capitais a, c e d.

3.1.4 Equivalência e proporcionalidade

Duas taxas são equivalentes quando os capitais trazidos a valor presente são equivalentes. Utiliza-se o termo **equivalente** para juros compostos.

Já o termo **proporcional** é utilizado para juros simples.

Veja o caso a seguir:

Suponha uma taxa de 12% a.a. Essa taxa é:

a. Proporcional a 12% ao ano ÷ 12 meses = 1% ao mês
b. Equivalente a $((1 + 0,12)1/12 - 1) \times 100 = 0,95\%$

Para o cálculo da taxa equivalente, basta utilizar a fórmula a seguir:

$$(1 + \text{taxa ano}) = (1 + \text{taxa mês})^{12} =$$
$$(1 + \text{taxa dia útil})^{252} = (1 + \text{taxa semestral})^2$$

Exemplo:

1. Supondo uma taxa mensal de 1%, qual a taxa anual equivalente e proporcional?

Proporcional: 1% ao mês × 12 meses = 12% ao ano
Equivalente: $(1 + 0,01)^{12} = (1 + x)$
$x = 0,1268 = 12,68\%$

2. Qual a taxa mensal equivalente a uma taxa anual de 8,25%?

$(1 + i_m)^{12} = (1 + i_a)$
$(1 + i_m)^{12} = (1 + 0,0825) = 1,0825$
$\sqrt[12]{(1+i_m)^{12}} = \sqrt[12]{1,0825}$
$1 + i_m = 1,0825^{1/12} = 1,0066$
$i_m = 1,0066 - 1 = 0,0066 = 0,66\%$ a.m.

Dicas:

1. Quando você tem a variável, para a qual deseja encontrar o resultado, embaixo da potência, como no caso anterior, em que $(1 + i_m)^{12}$, você tem que soltar a variável de dentro do parêntese. A solução do problema é fazer a operação inversa, tirando, no caso, a raiz 12. Se você tirar a raiz 12 de um lado da equação, terá que tirar do outro lado também.

2. $2 \times \sqrt[n]{x} = \frac{1}{n}$. Logo $\sqrt[12]{1,0825} = \frac{1,08251}{12}$

3. Para solucionar o problema, coloca-se a equação "(1 + taxa dada) = (1 + taxa pedida)" e, depois, eleva-se à taxa pedida a quantidade de vezes em que ela está contida na taxa dada. Por exemplo: se a taxa dada é mensal e a pedida é em dias úteis, supondo que o mês em questão tenha 21 dias úteis, a equação que responderá ao problema será: (1 + taxa mês)1/21 = (1 + taxa ao dia útil). Eleva-se a um número inteiro quando a taxa dada for menor e a uma fração quando a taxa dada for maior, como é o caso desse exemplo.

3.2 TAXA DE JUROS NOMINAL × REAL

A taxa de juros nominal é a taxa dada em uma aplicação ou empréstimo. Já a taxa de juros real desconta o efeito da inflação, ou de outro indexador utilizado.

Exemplo:

Sabendo-se que a Taxa DI em 2000 foi 17,31%, e que o Índice Nacional de Preços ao Consumidor Amplo (IPCA) foi 6,0%, pergunta-se: qual a taxa de juros real da economia?

$(1 + i_R)(1 + \text{inflação}) = (1 + i_N)$
$(1 + i_R)(1 + 0,06) = (1 + 0,1731)$
$(1 + i_R) = 1,1731 / 1,06 = 1,1067$
$i_R = 10,67\%$

Exemplo com aplicação prática

Um gerente oferece a você duas possibilidades de investimento, ambas com prazo de vencimento de 1 ano e de emissão da mesma instituição financeira: (A) título prefixado em 10% a.a. e (B) título que rende IGPM + 5,3%. Sabendo-se que a expectativa de inflação para o período é de 4,2%, qual deve ser o título escolhido?

IGPM + 5,3% = 10,0%
$(1 + \text{IGPM})(1 + 0,053) = (1 + 0,10)$

> **Dica:** preste bastante atenção para não errar. Repare que o correto é multiplicar, e não somar o indexador com a taxa de juros real. Isso porque um título que paga, por exemplo, IPCA + 6%, e supondo uma variação do IPCA após o período de 5%, ao final do período, a aplicação renderá:
>
> **Passo 1**: correção pelo indexador (IPCA = 5%)
> **Passo 2**: aplicação do cupom (6%)
> Supondo um valor aplicado de R$1,00, logo:
> 1,00 × (1 + 0,05) × (1 + 0,06) = 1,113
> **Passo 3**: cálculo da rentabilidade:
> (1,113 − 1,00) ÷ 1,00 = 0,113 = 11,3%
> → Como calcular a rentabilidade total:
> (((1 + 0,05) × (1 + 0,06)) − 1) × 100 = 11,3%

Para solucionar o problema, você deve descobrir se 5,3% é uma boa taxa (x), com base em uma expectativa de IGPM de 4,2%. Substituindo:

$(1 + 0,042)(1 + x) = (1 + 0,10)$
$(1 + x) = \dfrac{1 + 0,10}{1 + 0,042} = 1,0557$
$x = 0,0557 = 5,6\%$

Como o título paga somente IGPM + 5,3%, e dado que a taxa que iguala a 10% (com uma expectativa de IGPM de 4,2%) é de 5,6%, portanto maior do que 5,3%, entre as duas opções apresentadas, o investidor racional deveria escolher o título A, prefixado em 10%.

> **Dicas:**
> **1.** Em tese, a rentabilidade de ambos os títulos deve ser igual. Se A render mais do que B, todo mundo vai preferir aplicar no título A, sendo a recíproca verdadeira.
> **2.** Lembre-se de que não se soma!
> **3.** No fundo, o que você quer saber é se 5,3% é um cupom desejável. Cupom é esse adicional que o título paga, além da simples correção do título pela inflação.
> **4.** Quando um título rende indexador + cupom, como é o caso de um título que rende IPCA + x (NTN-B,[1] por exemplo), primeiro o título deve ser corrigido pelo indexador, para depois ser aplicada a taxa do cupom, em cima desse valor corrigido.

3.2.1 Cupom

Cupom: taxa de juros real.
Cupom de inflação: taxa de juros acima do índice de inflação.
Cupom cambial: taxa de juros acima da variação da taxa de câmbio, conforme estudado na Seção 2.4.3.

Em outras palavras, o cupom é o rendimento de um título indexado.

---

1 A NTN-B é um título de emissão do Tesouro Nacional e paga juros semestrais e o principal no vencimento.

Suponha um título que rende IGPM + 10%. Esse cupom (10%), na prática, **não é somado ao indexador. Ele é um efeito sobre o indexador, como visto anteriormente.**

Exemplo 1:

Suponha que você tenha adquirido um título de renda fixa careca (sem pagamentos intermediários de juros) com vencimento em 12 meses e remuneração de IGPM + 9%. Dado que você aplicou R$ 10.000 e que a variação do IGPM no período foi de 5%, qual o valor a ser resgatado?

10.000 × 1,05 = 10.500
10.500 × 1,09 = 11.445
Taxa efetiva = {(11.445 / 10.000) − 1} × 100 = 14,45%
5 + 9 = 14 ≠ 14,45
14,45 = [{(1 + 0,09) × (1 + 0,05)} − 1)] × 100
Cálculo do cupom para 14%:
Cupom do título = {(1,14 / 1,05) − 1} × 100 = 8,57%

Exemplo 2:

Compare uma NTN-B com cupom de 6% com uma LFT, sabendo-se que a Taxa Selic esperada para a vida do título é de 9,5% e a variação esperada do IPCA é de 3,5%.

Para solucionar esse problema, temos que achar o cupom de IPCA que equivale à taxa Selic:

(1 + taxa Selic) = (1 + indexador) × (1 + cupom)
(1 + 0,095) = (1 + 0,035) × (1 + cupom)
$$\text{Cupom} = \frac{1,095}{1,035} = 1,05797 - 1 = 0,05797 = 5,797\%$$

Conforme encontrado, um título que renda IPCA + 5,797% é igual a um título que renda taxa Selic, dada uma expectativa de IPCA de 3,5% e de taxa Selic de 9,5%. Como o cupom encontrado no problema foi de 5,797%, que é menor do que 6%, pode-se concluir que a NTN-B deve estar sendo negociada com ágio, dado que seu cupom é maior do que o cupom do mercado. Em outras palavras, quando a taxa de juros cai, o preço do título sobe.

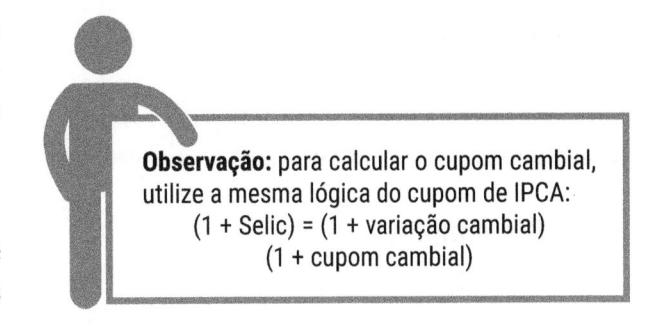

> **Observação:** para calcular o cupom cambial, utilize a mesma lógica do cupom de IPCA:
> (1 + Selic) = (1 + variação cambial) (1 + cupom cambial)

3.2.2 Zero cupom

Um título é chamado de zero cupom quando não tem cupom, como é o caso, por exemplo, da LTN. Neste caso, negocia-se o preço e não a taxa, sendo a remuneração recebida (juros) a diferença entre o valor pago e o valor final do título. Esse título não paga juros periódicos.

Exemplo:

Uma LTN tem um *PU* de 927,3527. Qual a taxa (*yield*) que o investidor receberá se ficar até o vencimento, dado que seu vencimento ocorrerá em 187 dias úteis?

PU = preço unitário = *P*
Valor de face de uma LTN = R$ 1.000,00
$P = F / (1 + i)^n$
$927,3527 = 1.000,00 \times (1 + i)^{187/252}$

Na HP 12C:
F [REG] 927,3527 [CHS] [PV] 1000 [FV] 187 [ENTER] 252 [÷] [i]
→ 10,6982% a.a.

> **Dicas:**
> **1.** Lembrar que a taxa negociada é anual e a data fornecida é diária.
> **2.** Utilizar a calculadora financeira para fazer cálculos de taxa (*i*) e de tempo (*n*).
> **3.** Como na prova não é pedido cálculo, há uma grande possibilidade de a ANBIMA colocar fórmulas como opções de resposta.

3.3 FLUXO DE CAIXA

Fluxo de caixa é uma sequência de pagamentos ou recebimentos efetuados a intervalos de tempo iguais.

3.3.1 Série mista

Diz-se que a série é mista quando os pagamentos são de valores variados, conforme o diagrama a seguir:

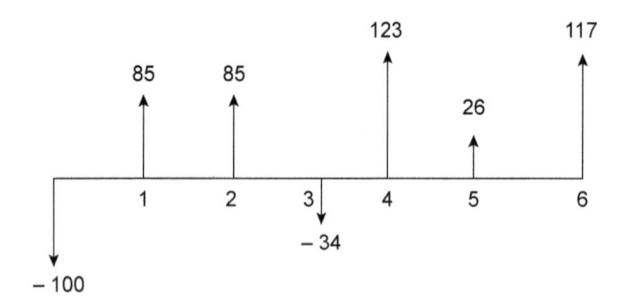

Exemplo:
Qual o valor presente da série a seguir, dado que a taxa de juros por período é de 1,5%?

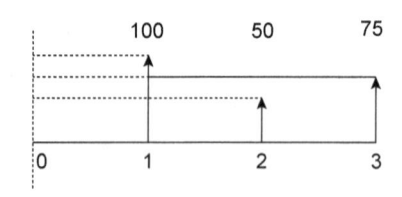

$VP_1 = 100 / (1 + 0,015)^1 = 98,52$
$VP_2 = 50 / (1 + 0,015)^2 = 48,53$
$VP_3 = 75 / (1 + 0,015)^3 = 71,72$
$VP = 98,52 + 48,53 + 71,72 = 218,77$

3.3.2 Série uniforme

A série é uniforme quando os pagamentos ou recebimentos são de valores iguais, conforme demonstrado no diagrama a seguir.

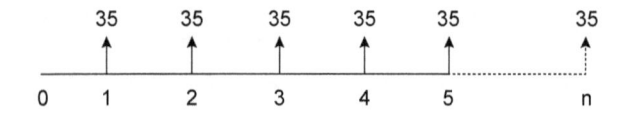

Para os cálculos dos valores presentes, futuros e dos pagamentos, são utilizadas as fórmulas que se seguem.

$$PMT = FV [i / (1 + i)^n - 1]$$
$$FV = PMT [(1 + i)^n - 1] / i$$
$$FV = PV (1 + i)^n$$

Exemplo:
Ao comprar uma geladeira, verifiquei que seu preço à vista era R$ 942,69, e que poderia pagar em cinco prestações iguais, começando em 30 dias. Sabendo-se que a taxa de juros cobrada pela empresa era de 2% a.m., qual o valor da prestação a ser paga?

$FV = 942,69 (1 + 0,02)5 = 1040,81$
$PMT = 1040,81 [0,02 / (1 + 0,02)5 - 1] = 200,00$

Na HP 12C:
[f] [REG] [2] [i] [5] [n] [942,69] [PV] [PMT] ou 942,69 [ENTER] [CHS] [PV] 0 [FV] 5 [n] 2 [i] [PMT]

3.3.3 Cupom e amortização

No caso de títulos de renda fixa com pagamento de juros intermediários, dá-se o nome de cupom a esses pagamentos de intermediários, que são calculados com base no valor de face do título.

Ao pagamento do principal, dá-se o nome de amortização.

Exemplo:
Suponha uma NTN (série B, C ou F). Ela paga cupom a cada seis meses e a amortização é paga junto ao último pagamento de juros, conforme o diagrama a seguir.

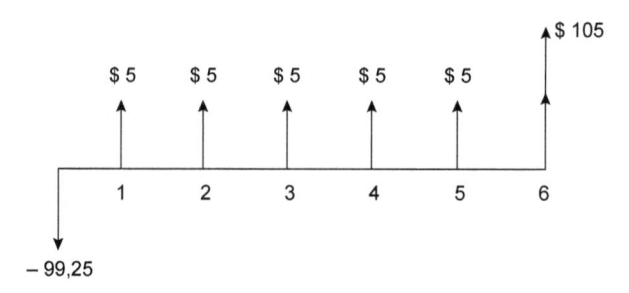

O título anterior paga cinco cupons de R$ 5 e amortização no vencimento, junto ao o último pagamento de cupom.

3.3.4 Valor presente de um fluxo de caixa

O valor presente de um fluxo de caixa considera todos os fluxos do título trazidos a valor presente, descontados por uma taxa de juros.

> **Observação:** nem sempre a taxa que desconta o título (*yield*) é igual ao seu cupom. Um título pode ter sido emitido pagando 10% ao ano, por exemplo, e estar sendo negociado no mercado a uma taxa maior ou menor do que a emitida. Lembrando que o cupom é pago com base no valor de face do título.

Exemplo 1:
Suponha que um título que paga cupom anual de 5% com valor de face de R$ 100,00, prazo de 4 anos e amortização no final, esteja sendo negociado a 5,8%. Quanto deve desembolsar um investidor por título?

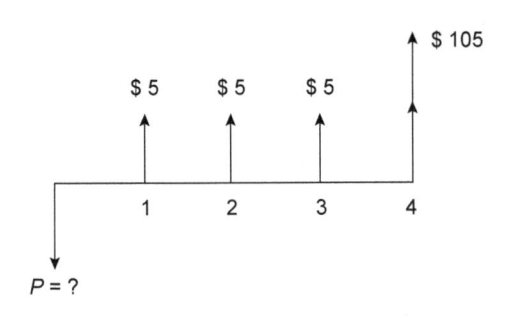

Fluxo	Cupom	VP do cupom
n	F	$F/(1 + 0,058)_n$
1	5,00	4,7259
2	5,00	4,4668
3	5,00	4,2219
4	105,00	83,8005
	Soma	97,2152

Resposta: o investidor terá que desembolsar R$ 97,2152 por cada título adquirido para receber um *yield* de 5,8%, pois este é o valor presente do fluxo de caixa do título descontado à taxa de mercado.

Na HP 12C:
F [REG] 5 g [CFj] 3 g [Nj] 105 g [CFj] 5,8 [i] f [NPV]
→ P = 97,2152

Exemplo 2:
Suponha que um título que paga cupom anual de 5% com valor de face de R$ 100,00, prazo de 4 anos e amortização no final, esteja sendo negociado a 4,6%. Quanto deve desembolsar um investidor por título?

Fluxo	Cupom	VP do cupom
n	F	$F/(1 + 0,046)^n$
1	5,00	4,7801
2	5,00	4,5699
3	5,00	4,3689
4	105,00	87,7127
	Soma	101,4317

Resposta: o investidor terá que desembolsar R$ 101,4317 por cada título adquirido para receber um *yield* de 4,6%, pois este é o valor presente do fluxo de caixa do título descontado à taxa de mercado.

Na HP 12C:
F [REG] 5 g [CFj] 3 g [Nj] 105 g [CFj] 4,6 [i] f [NPV]
→ P = 101,4317

Conclusão: quando a taxa requerida pelo mercado está acima do cupom pago, o título é negociado com **deságio** (caso do Exemplo 1). Já quando a taxa requerida pelo mercado está abaixo do cupom pago, o título é negociado com ágio (caso do Exemplo 2). Supondo que o título fosse negociado a uma taxa de mercado idêntica à do cupom, ele estaria sendo negociado **ao par**.

Valor Presente Líquido

VPL ou VAL (Valor Atual Líquido), ou NPV (*Net Present Value*), é o somatório de todos os valores presentes de cada fluxo de caixa, descontado o investimento inicial. É muito utilizado toda vez que se tem um fluxo de caixa e se deseja determinar o valor presente dele, como no caso de precificação de uma ação, de uma companhia, avaliação de projetos e outros.

VPL = Valor presente das entradas de caixa – Investimento inicial

Exemplo:

Calcule o VPL para os fluxos de caixa anuais a seguir, descontando a uma taxa de juros de 15%.

Fluxos	A	B
Investimento Inicial	42.000	45.000
1	14.000	28.000
2	14.000	12.000
3	14.000	10.000
4	14.000	10.000
5	14.000	10.000

VPL Fluxo A

Na HP 12C:

[f] [REG]] [42000] [CHS] [g] [CFo] [14000] [g] [CFj] [5] [g] [Nj] 15 [i] [f] [NPV]

$VPL_A = 4.930,17$

VPL Fluxo B

Na HP 12C:

[f] [REG]] [45000] [CHS] [g] [CFo] [28000] [g] [CFj] [12000] [g] [CFj] [10000] [g] [CFj] [3] [g] [Nj] 15 [i] [f] [NPV]

$VPL_B = 5.686,01$

Conclusão: se for um projeto de investimento, os dois projetos são aceitáveis. Porém, dado que $VPL_A < VPL_B$, o projeto B será preferível ao projeto A.

3.3.5 Taxa interna de retorno (TIR)

Também conhecida como *internal rate of return* (IRR na HP 12C).

A Taxa Interna de Retorno (TIR) é definida como a taxa de desconto que leva o valor atual das entradas de caixa a se igualarem ao valor desembolsado inicialmente. Em outras palavras, é a taxa de desconto que, aplicada aos fluxos de caixa, faz com que o valor presente líquido seja igual a zero.

Valor Presente Líquido = Valor presente dos fluxos de caixa – Valor do desembolso inicial

Quando não se dispõe de uma calculadora financeira, a TIR é calculada por "tentativa e erro". Em razão da complexidade do cálculo, vamos nos ater, para fins de estudo, à utilização da HP 12C.

Em análise de investimentos, aceita-se um projeto quando a TIR é maior do que o custo de capital. Logo: se TIR ≥ custo de capital, deve-se aceitar o projeto, caso contrário, rejeitá-lo.

Exemplo:

Com base na tabela a seguir, calcule a TIR dos projetos A e B, e sabendo-se que o custo de capital da empresa XPTO é 18,25% a.a., defina qual dos projetos é preferível.

Fluxos	A	B
Investimento Inicial	42.000	45.000
1	14.000	28.000
2	14.000	12.000
3	14.000	10.000
4	14.000	10.000
5	14.000	10.000

Projeto A

Na HP 12C:

[f] [REG] [42000] [CHS] [g] [CFo] [14000] [g] [CFj] [5] [g] [Nj] [f] [IRR]

$TIR_A = 19,86\%$

Projeto B

Na HP 12C:

[f] [REG] [45000] [CHS] [g] [CFo] [28000] [g] [CFj] [12000] [g] [CFj] [10000] [g] [CFj] [3] [g] [Nj] [f] [IRR]

$TIR_B = 21,65\%$

Dado que TIR_A e TIR_B > custo capital → ambos são aceitáveis. Porém, $TIR_B > TIR_A$ → B é preferível a A, de acordo com esse critério.

3.3.6 *Yield to maturity*

Utiliza-se a metodologia da TIR, estudada na seção anterior, para calcular o *yield to maturity* (YTM) de um título de renda fixa. Dá-se o nome de *yield* ao rendimento real do papel. Assim, um título que pague

15% de cupom, na realidade, pode estar rendendo 13 ou 20%, dependendo da ocasião. Esta é a taxa de mercado que os investidores oferecem para aquela emissão específica.

O valor de mercado de um papel de renda fixa é função de quatro fatores:

1. o valor de face – valor do título na emissão;
2. o cupom – juros a serem pagos pelo título;
3. prazo de vencimento;
4. taxa de juros atual do mercado.

Desse modo, embora muitas pessoas acreditem que um título de renda fixa é um investimento seguro, excluindo o risco de crédito, na realidade, seu ganho também está sujeito a oscilações de mercado.

O conceito de YTM tem alguns pressupostos básicos:

- manutenção do papel até o vencimento;
- reinvestimento dos *cash flows*[2] intermediários pela mesma taxa que o YTM.

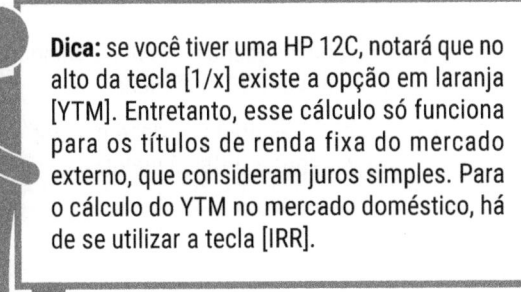

> **Dica:** se você tiver uma HP 12C, notará que no alto da tecla [1/x] existe a opção em laranja [YTM]. Entretanto, esse cálculo só funciona para os títulos de renda fixa do mercado externo, que consideram juros simples. Para o cálculo do YTM no mercado doméstico, há de se utilizar a tecla [IRR].

3.3.7 Prazo médio e vencimento

Prazo médio e vencimento são dois conceitos diferentes. Também conhecido como *maturity*, o vencimento de um título é o tempo que leva o emissor para pagar todos os seus fluxos. Prazo médio, entretanto, refere-se à média dos prazos de recebimento dos fluxos, ponderada pelo volume de recebimento deles. Não é levado em consideração o valor do dinheiro no tempo. O entendimento desse conceito é importante na classificação de um fundo (se curto ou longo prazo para a Receita Federal) e para avaliações de risco do papel.

Exemplo:
Suponha que um fundo de renda fixa tenha os seguintes papéis, com os seguintes fluxos de recebimento:

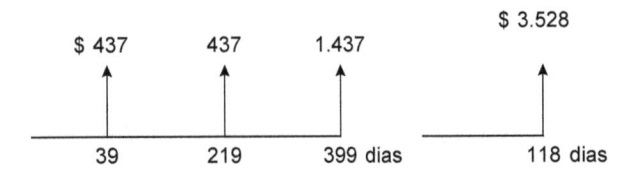

```
$ 437      437     1.437              $ 3.528
  ↑         ↑        ↑                  ↑
  39       219     399 dias          118 dias
```

Cálculo do prazo médio da carteira de um fundo de investimento:

Prazo (dias) (a)	Fluxo ($) (b)	(a) × (b)
39	437	17.043
118	3.528	416.304
219	437	95.703
399	1.437	573.363
775	**5.839**	**1.102.413**

Prazo médio = 1.102.413 ÷ 5.839 = 189 dias

3.4 TAXA DE DESCONTO

Desconto é a diferença entre o valor nominal de um título na data de seu vencimento e o valor líquido pago, na data em que é efetuado o desconto.

Tipos de descontos: simples ou compostos.

Podem ser classificados em:

- comercial, bancário ou por fora, calculado em relação ao valor nominal do título;
- racional ou por dentro, calculado em relação ao valor atual do título.

Chamamos os descontos de simples ou compostos, em função do regime de juros (simples ou composto) utilizado nos cálculos.

Dado que o programa da ANBIMA não é específico, mencionando apenas "taxa de desconto", e tendo por base que o foco da prova é investimento, será apresentada, a seguir, a modalidade mais utilizada de desconto de títulos de renda fixa: desconto por fora no regime de juros compostos.

---

2 O termo em inglês *cash flow* é usualmente utilizado no mercado e significa "fluxo de caixa".

3.4.1 Desconto por fora no regime de juros compostos

Nesse tipo de desconto, os cálculos são realizados usando-se uma taxa de juros compostos postecipada. Trata-se do valor atual, em regime de juros compostos, de um capital F, disponível no fim de n períodos, trazido a valor presente pela taxa i relativa a esse período, conhecida como *yield* no mercado financeiro.

Para seu cálculo, utiliza-se a mesma fórmula de juros compostos:

$$VN = P(1+d)^n$$
$$P = VN / (1+d)^n$$

Exemplo 1:

Um título de valor nominal de R$ 400,00 foi resgatado 5 meses antes do seu vencimento, a uma taxa de desconto composto de 2% a.m. Qual o valor atual do título?

$VN = 400; n = 5; i = 2\%$
$P = VN / (1 + 0,02)^5 = 362,29$

Na HP 12C:
400 [ENTER] [CHS] [FV] 0 [PMT] 2 [i] 5 [n] [PV]

Nota: essa metodologia é a mesma de um título resgatado antes do prazo de vencimento, como um CDB prefixado, por exemplo. Ao resgatar o título antes do prazo, o banco utiliza a taxa de mercado e desconta o título nessa taxa.

Exemplo 2:

Um investidor comprou com R$ 100.000,00 um CDB de um ano, prefixado a uma taxa de 15% a.a. Transcorridos 150 dias úteis, o cliente decide resgatar o CDB. Nesse momento, a taxa de juros praticada no mercado era de 15,50%. Pergunta-se: qual o valor a ser resgatado? E qual a diferença entre o PU do papel e o valor resgatado?

Valor no vencimento = 100.000 (1 + 0,15) = R$ 115.000

Prazo até o vencimento = 252 − 150 = 102 dias úteis

Lembrando que 1 ano = 252 dias úteis, de acordo com o Banco Central do Brasil (BCB)

Valor resgatado = 115.000 / (1 + 0,1550)$^{102/252}$ = R$ 108.484,34

Valor PU histórico = 100.000 (1 + 0,15)$^{102/252}$ = $ 108.675,00

Valor resgatado − PU histórico = 108.484,34 − 108.675,00 = − R$ 190,66

Conclusão: o valor resgatado foi menor do que o valor histórico (na curva do papel). Isso aconteceu porque a taxa de juros subiu. E, se a taxa de juros sobe, o preço do título cai e vice-versa.

Matematicamente falando, observe a fórmula a seguir:

$$P = \frac{F}{(1+i)^n}$$

Logo, se "i" subir, o resultado do denominador será maior e "P" será menor.

Já se "i" cair, o resultado do denominador será menor e "P" será maior.

Dica: o entendimento dessa relação entre a taxa de juros e o preço de um título de renda fixa, que é dado por seu valor presente, é fundamental para quem trabalha ou investe recursos no mercado financeiro. Há uma probabilidade alta de cair uma questão na prova sobre isso.

3.4.2 Relação entre taxa de juros efetiva e taxa de desconto

Taxa de desconto é a taxa nominal concedida sobre o título. Taxa de juros é a taxa efetiva cobrada no título.

Exemplo:

Ao pesquisar sobre um *smartphone*, o vendedor me mostrou as seguintes opções:

i. pagar à vista por R$ 999,00;
ii. pagar em 3 prestações iguais de R$ 333,00, sendo a primeira parcela em 30 dias;
iii. pagar à vista com 10% de desconto sobre o valor à vista.

Sabendo-se que a taxa de juros cobrada no financiamento é de 5,2% a.m., pergunta-se:

a. Qual o valor do desconto concedido?
b. Qual a melhor opção?
c. Qual a taxa efetiva, cobrada pela empresa, para quem decide comprar a prazo?

$PMT = 333,00$ $n = 3$ $i = 5,2\%$ a.m. $D = 10\%$ por fora valor à vista = 999,00

Na HP 12C:
Cálculo do PV:
[f] [REG] [g] [END] [3] [n] [333] [CHS] [PMT] [5.2] [i] [PV]
$\rightarrow PV = R\$ 903,45$

a. Desconto concedido:
D = valor à vista × d
$D = R\$ 999,00 \times 10\% = R\$ 99,90$

b. Melhor opção:
Valor à vista = R$ 999,00 − R$ 99,90 = R$ 899,10
Como R$ 899,10 (à vista) < R$ 903,45 (PV das 3 parcelas) → vale a pena pagar à vista.

c. Taxa efetiva:
Na HP 12C:
$PMT = 333,00$
$n = 3$
PV = Valor à vista = R$ 899,10
$i = ?$
[f] [REG] [g] [END] [3] [n] [899.10] [CHS] [PV] [333.00] [PMT] [i]
$i_e = 5,46\%$ a.m.

3.5 CONCEITOS FINANCEIROS

3.5.1 Custo de oportunidade

Custo de oportunidade é um termo usado em economia que indica o **custo de algo em termos de uma oportunidade renunciada**, ou seja, o custo, até mesmo social, causado pela renúncia do ente econômico, bem como os benefícios que poderiam ser obtidos a partir dessa oportunidade renunciada ou, ainda, a mais alta renda gerada em alguma aplicação alternativa.

Os custos econômicos incluem, para além do custo monetário explícito, os custos de oportunidade que ocorrem pelo fato de os recursos poderem ser usados de formas alternativas.

Em outras palavras, o custo de oportunidade representa o valor associado à melhor alternativa não escolhida. Ao se fazer determinada escolha, deixa-se de lado as demais possibilidades, pois são excludentes (escolher uma é recusar outras). À alternativa escolhida, associa-se como "custo de oportunidade" o maior benefício NÃO obtido das possibilidades NÃO escolhidas, isto é, "a escolha de determinada opção impede o usufruto dos benefícios que as outras opções poderiam proporcionar". O mais alto valor associado aos benefícios não escolhidos pode ser entendido como um custo da opção escolhida, custo chamado "de oportunidade".

3.5.2 Taxa livre de risco

O custo livre de risco ou taxa livre de risco é a taxa básica de juros que assume zero de incerteza sobre o fluxo futuro de caixa. É a taxa nominal livre de risco. Nos Estados Unidos, a taxa paga pelo Tesouro americano é vista como uma taxa livre de risco, pois é tido como certo o pagamento dos títulos pelo governo americano. Logo, nela está contida somente a remuneração pelo sacrifício da poupança. É, portanto, uma taxa mínima para um tomador de recursos, e deve estar sempre abaixo dos retornos oferecidos pelos ativos privados.

No conceito teórico, um ativo livre de risco é aquele em que o investidor sabe exatamente o valor que receberá ao final do prazo de investimento. Não haver incerteza quanto ao valor a ser recebido pressupõe, portanto, um desvio-padrão do retorno do ativo igual a zero.

3.5.3 Prêmio de risco

A maioria dos investimentos não recai no caso anterior, em que o investidor tem certeza dos valores e do prazo dos retornos. Na verdade, um investidor típico não está completamente certo do rendimento e do prazo de pagamento do seu investimento.

Por isso, para assumir esse risco, ele exige uma taxa maior do que a taxa livre de risco. Essa diferença entre a taxa sem risco e esta taxa exigida pelo investidor para correr esse risco é chamada de prêmio de risco, que em uma empresa se apresenta de duas formas:

- **Prêmio de risco financeiro**: é o prêmio requerido pelo investidor pela maneira como a empresa financia seus investimentos.
- **Prêmio de risco do negócio**: é o prêmio requerido pelo investidor devido à natureza do negócio da empresa.

Exemplos de prêmio de risco:

1. A taxa de um título do governo americano é 2,5% a.a. Sabendo-se que o título do governo brasileiro paga 11,25%, qual o prêmio de risco requerido por um investidor para comprar o título brasileiro nessa data?

    11,25% – 2,50% = 8,75% ou 875 p.b.[3]

2. O custo do empréstimo a longo prazo da Companhia Ricos S.A. há 2 anos era 18% a.a. Descobriu-se que esses 18% representavam um custo sem risco de 14%, um prêmio de risco do negócio de 2,5% e um prêmio de risco financeiro de 2%. Atualmente, o custo sem risco do empréstimo a longo prazo é 10%. Qual seria o custo do empréstimo esperado da Ricos S.A., supondo que seus riscos do negócio e financeiro tivessem permanecido inalterados?

    kj = 10% + 2% + 2,5% = 14,5%

3.5.4 Retorno histórico e retorno esperado

O retorno esperado é igual ao valor esperado (a esperança) dos possíveis valores que o retorno de um ativo pode assumir.

Sabemos que o retorno futuro de um ativo é uma variável aleatória, isto é, não podemos prever com certeza o seu valor futuro. Porém, caso conheçamos a função de probabilidade do retorno do ativo (dessa variável aleatória), podemos calcular o seu valor esperado.

---

[3] P.b. = pontos básicos. Cada 100 p.b. = 1%.

Suponha que a função de probabilidade do retorno de um ativo seja dada por:

Retorno do ativo	Probabilidade de ocorrência
r_1	$p(r_1)$
r_2	$p(r_2)$
....	....
r_i	$p(r_i)$
....	....
r_n	$p(r_n)$

Então o retorno esperado R desse ativo é dado por:

$$R = E[r] = \sum_{i=1}^{n} ri \cdot p(ri)$$

Em que:

r_i = um possível valor que o retorno do ativo pode assumir;

$p(r_i)$ = a sua respectiva probabilidade.

> **Observação:** para se calcular o retorno esperado, tanto faz usar os dados na forma unitária ou percentual.
> O conceito de retorno médio histórico pertence à estatística descritiva, dado que para seu cálculo basta utilizar os dados históricos a que temos acesso, enquanto o conceito de retorno esperado pertence ao estudo das variáveis aleatórias, por meio da atribuição de probabilidades de ocorrência para cada evento.

Exemplo:

Considere as possíveis taxas de retorno que podem ocorrer para o próximo período, se o investidor adquirir cotas do fundo de investimento Stock, e calcule o retorno esperado para o fundo.

Situação da economia	Probabilidade de ocorrência (A)	Retorno do fundo se essa situação ocorrer (B)	(A) × (B)
Recessão	0,3	–10%	–0,03
Normal	0,45	30%	0,135
Expansão (*boom*)	0,35	40%	0,14
		Soma	0,245

$R_A = 0,3 \times -10\% + 0,45 \times 30\% + 0,35 \times 40\% = 24,5\%$

3.5.5 Índices de referência

Também conhecido como *benchmark*, um índice de referência é um parâmetro que se deseja utilizar para comparação para análise de *performance*. Ou seja, é uma carteira teórica de ativos que representa uma alocação passiva[4] de recursos a partir da qual um gestor pode tomar apostas relativas e contra a qual pode ser avaliado.

A escolha de *benchmarks* adequados é muito importante, em especial no caso de gestão discricionária, quando as decisões de investimento e sua execução ficam totalmente a cargo do gestor. Isso porque:

- facilitam a comparação dos objetivos entre os gestores de recursos;
- são utilizados na mensuração do valor agregado em caso de gestão ativa, facilitando a avaliação da habilidade do gestor;
- os *benchmarks* são utilizados para indicar objetivos de retorno;
- indicam a tolerância a risco da carteira;
- auxiliam na determinação da estrutura mais eficiente em termos de gestores e produtos;
- permitem que as características do portfólio sejam mantidas de forma coerente com as determinadas previamente em questões de casamento entre ativos e passivos.

Sendo um *benchmark* um indicador de *performance*, a escolha do índice a ser utilizado deve ser compatível com a classe do investimento. Desse modo, temos que separar os *benchmarks* em dois tipos:

1. **benchmarks de renda fixa**: taxa DI, taxa Selic, PTAX, TR, IGP-M, IPCA, IMA e IDKA; e
2. **benchmarks de renda variável**: como IBOVESPA, IBrX, ISE, entre outros.

Os *benchmarks* aqui mencionados serão apresentados com mais detalhes nos capítulos de renda fixa (Capítulo 8) e renda variável (Capítulo 9), conforme o caso.

3.6 CUSTO DE CAPITAL

O custo de capital é um conceito financeiro extremamente importante. Ele é a taxa de retorno que uma empresa deve obter sobre seus projetos de investimento para manter seu valor de mercado e atrair recursos. Ele é estimado em determinado ponto no tempo e reflete a média futura esperada de custo dos fundos, no longo prazo, baseado na melhor informação disponível. De um modo genérico, pode-se dizer que, mantido constante o risco, projetos com taxa de retorno abaixo do custo de capital diminuirão o valor da empresa; projetos com taxa de retorno acima do custo de capital aumentarão seu valor.

3.6.1 Considerações preliminares

Pressupostos básicos

Alguns pressupostos iniciais são importantes de forma a darmos embasamento à nossa análise, tais como risco e impostos.

Risco

Uma suposição básica da análise tradicional do custo de capital é que o risco do negócio e o risco financeiro da empresa não são afetados pela aceitação e pelo financiamento de projetos.

O risco do negócio está relacionado com o comportamento do lucro operacional (ou LAJIR),[5] em consequência das variações das vendas da empresa. Ao se analisar o custo de capital de uma empresa, supõe-se que o risco do negócio da empresa se manterá inalterado. Se uma empresa aceitar um projeto que tem consideravelmente maior risco do que o risco médio dos projetos, é muito provável que os investidores irão elevar o custo dos recursos para compensar pelo risco maior e vice-versa.

O risco financeiro está relacionado com a variação do lucro por ação da empresa, decorrente das variações do LAJIR. É afetado pela composição do financiamento a longo prazo, ou estrutura de capital

---

4 Alocação passiva = acompanha o índice de referência. Alocação ativa = tenta superar o índice de referência.

5 Lucro operacional ou Lucro antes dos juros e imposto de renda (LAJIR).

da empresa. Aumentando a proporção de financiamento em sua estrutura de capital, a empresa elevará seu risco e, consequentemente, seus custos financeiros. A manutenção do risco financeiro é um pressuposto básico ao se analisar o custo de capital de uma empresa.

Impostos

A incidência de impostos também deve ser levada em consideração ao se avaliar o custo de capital da empresa. Dependendo da origem dos recursos, haverá incidência ou não de impostos. Logo, é preciso que o custo de capital utilizado para descontar os fluxos de caixa na determinação do valor presente seja medido em uma base após o imposto de renda.

Fator fundamental que afeta o custo de financiamento

Tendo por base o pressuposto da manutenção do risco financeiro e operacional da empresa, o único fator que afeta os vários custos específicos de financiamento é aquele constituído das forças de oferta e demanda que operam no mercado para recursos a longo prazo. Assim sendo, o custo de cada tipo específico de capital depende do custo livre de risco daquele tipo de fundos, do risco do negócio e do risco financeiro da empresa, conforme observado a seguir:

$$k_j = r_j + bp + fp$$

Em que:

k_j = custo específico dos vários tipos de financiamento a longo prazo, j.

r_j = custo livre de risco de um dado tipo de financiamento, j.

bp = prêmio de risco do negócio.

fp = prêmio de risco financeiro.

Dado que o risco do negócio e o financeiro serão diferentes para cada empresa, o custo de capital para cada empresa será diferente.

3.6.2 Custo de fontes específicas de capital

Há duas fontes básicas de fundos a longo prazo para a empresa, a saber:

1. **Dívida**: empréstimos (debênture, repasses Banco Nacional de Desenvolvimento Econômico e Social (BNDES), ...).
2. **Capital**: ações (novas emissões ou utilização de ações que estejam em tesouraria) e utilização dos lucros acumulados.

A decisão de utilização de uma fonte ou de outra é função do custo de cada uma delas, bem como da estrutura ótima de capital, de forma a maximizar a riqueza do acionista.[6]

Seja qual for a fonte utilizada, o custo particular de cada forma de financiamento é o custo após o imposto de renda e demais custos para obter o financiamento hoje, não o custo histórico cobrado nos financiamentos existentes na contabilidade da empresa.

3.6.2.1 Conceito básico

O custo de capital é determinado em dado momento, mas deve refletir o custo de fundos por longo prazo, com base nas melhores informações disponíveis. Deve ser estimado com cautela, pois erros em seu cálculo podem levar a resultados incorretos na seleção ou rejeição de projetos.

Normalmente, as empresas tomam recursos no mercado em grandes blocos. Porém, isso não garante que não o farão outra vez mais na frente. Assim, se hoje emitem debêntures, elevando seu passivo, amanhã devem rever essa fonte de financiamento e há uma boa chance de que da próxima vez o façam via emissão de novas ações ou com recursos próprios (ações em tesouraria ou utilização de lucros acumulados), quando ainda não tiverem quitado o empréstimo inicial. Desse modo, estarão evitando uma elevação de seu risco financeiro, otimizando sua

---

[6] A riqueza do acionista é maximizada quando o preço de suas ações sobe.

estrutura-meta de capital desejada, de tal forma a maximizar a riqueza do acionista.

Tendo em vista o anteriormente exposto, e supondo-se a presença de estrutura-meta de capital, torna-se necessário olhar o custo de capital combinado, em vez do custo de fonte específica de recursos empregados para financiar determinado dispêndio de capital. Vejamos o caso a seguir.

Suponha que, ao analisar vários projetos, a empresa Dassorte S.A. optou por um projeto de retorno esperado (TIR) de 20%, dado que o custo da fonte de financiamento disponível de menor custo (debênture) era de 19,5%. Entretanto, passados 6 meses, a mesma empresa se defronta com uma nova oportunidade, porém rejeitada por seus administradores, tendo em vista que a fonte do recurso (capital próprio) seria 22%, e o retorno esperado para o projeto, de 21%.

O que se pode concluir do caso da Dassorte S.A. é que as decisões dos administradores não visaram ao melhor interesse dos seus acionistas. Eles aceitaram um projeto que rendeu 20% e rejeitaram outro com retorno de 21%. Isso se deveu ao fato de que os administradores não se deram conta do inter-relacionamento das decisões financeiras.

Na realidade, a empresa deve usar um custo combinado que a longo prazo forneceria as melhores decisões. Ao ponderar o custo de cada fonte de financiamento por sua proporção na estrutura-meta de capital da empresa, pode ser obtido um custo médio ponderado que refletiria o inter-relacionamento das decisões de financiamento.

3.6.2.2 Custo do empréstimo a longo prazo

O custo do empréstimo a longo prazo tem dois componentes básicos:

1. juros anuais, declarados no papel; e
2. descontos ou prêmios pagos ou recebidos quando da emissão do papel.

De modo a simplificar o entendimento, adotaremos neste livro a hipótese de pagamentos de juros anuais, e não semestrais.

Como exemplos de empréstimo a longo prazo, podem-se citar os fornecidos pelo BNDES e a emissão de debêntures.[7] Ambas as fontes geram juros para a empresa.

É importante notar também que uma debênture pode ser vendida ao par, com desconto ou com prêmio. Conforme abordado na Seção 3.3.4, vende-se um título de renda fixa ao par quando ele é vendido pelo seu valor de face. Suponhamos que uma debênture tenha o preço de R$ 100. Ela será vendida ao par quando o investidor comprar pelos mesmos R$ 100. Nesse caso, o custo para a empresa será o especificado no documento de emissão.

Vende-se uma debênture com desconto quando o investidor exige um prêmio de risco maior do que o cupom do título. Desse modo, supondo-se o mesmo preço de R$ 100, uma debênture vendida com desconto terá um preço menor do que R$ 100, de tal forma que, ao se calcular seu rendimento, reflita a taxa de juros exigida pelo comprador. Nesse caso, diz-se que a debênture foi vendida com deságio.

Analogamente ao caso anterior, uma debênture é vendida com ágio ou prêmio quando o valor pago pelo investidor é maior do que seu valor nominal. Nesse caso, a debênture seria vendida a um preço superior aos R$ 100 de valor de face, permitindo um custo menor para a empresa emissora.

Importante: ao se calcular o custo do empréstimo, é necessário que este seja líquido não somente do efeito do imposto de renda sobre o balanço, mas também de todos os custos de corretagem e emissão, exigidos pela instituição financeira responsável pela emissão do título.

Cálculo do custo do empréstimo

Para calcular o custo do empréstimo antes do imposto de renda, utiliza-se a metodologia da TIR para os fluxos de caixa relativos ao empréstimo. Entretanto, sabemos que o custo do empréstimo tem que ser determinado em uma base após o imposto de renda,

---

7 A debênture é um título de renda fixa de emissão de sociedade anônima e será abordada em detalhes nos Capítulos 8 e 11.

dado que as despesas de juros do empréstimo são dedutíveis do imposto de renda. Assim sendo, o custo do empréstimo após o imposto de renda pode ser obtido pela seguinte equação:

$$k_j = k_d (1 - t)$$

Em que:
k_j = custo do empréstimo após o imposto de renda.
k_d = TIR + custo do empréstimo antes do imposto de renda.
t = alíquota marginal do imposto de renda.

Exemplo:

A Bem-Te-Vi S.A. está vendendo R$ 10 milhões em debêntures de 8 anos, tendo cada uma o valor nominal de R$ 1.000, e cupom anual de 15% a.a. Já que instrumentos de dívida de risco semelhante estão rendendo 15,25% a.a., a empresa precisará vender as debêntures por R$ 988,87331 cada, de modo a compensar a taxa declarada. A empresa responsável pela subscrição da emissão dos títulos recebe uma comissão de 2% sobre o valor nominal da debênture (R$ 1.000 × 2% = R$ 20). Os recebimentos líquidos da venda de cada debênture são, portanto, R$ 988,87 − R$ 20 = R$ 968,87.

Cálculo do custo da emissão antes do imposto de renda:

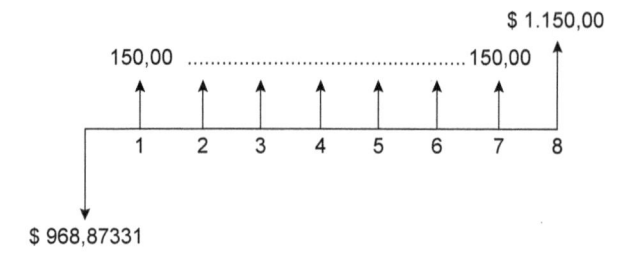

Na HP 12C:
CFo = −968,87331
CFj = 150
Nj = 7
CF8 = 1150
IRR = 15,71%

Cálculo do custo da emissão da debênture após o imposto de renda:

Supondo-se que a alíquota de imposto de renda para a empresa Atrações Mil S.A. é de 30%, seu custo de emissão após o imposto de renda será de:

$$k_j = 15,71 (1 - 0,30) = 10,997\%$$

3.6.2.3 Custo da utilização de capital próprio

O cálculo do custo da captação por meio da utilização de ações baseia-se na premissa de que o valor de uma ação em uma empresa é determinado pelo valor atual de todos os dividendos futuros que deverão ser pagos sobre a ação. Ou seja, tem por base seu fluxo futuro descontado.

Pressupostos básicos:

- O valor da ação hoje é função do valor presente de todos os dividendos futuros que deverão ser pagos sobre a ação durante um período de tempo ilimitado. Sabe-se que nem todos os lucros são distribuídos como dividendos. Entretanto, espera-se que os lucros retidos sejam reinvestidos na empresa, elevando os lucros futuros, bem como os dividendos advindos desse resultado.
- A taxa de crescimento dos dividendos é constante em um período de tempo infinito. Normalmente, utiliza-se a taxa de crescimento do valor dos dividendos pagos no passado para fins deste cálculo.
- Toda empresa que tenha o mesmo grau de risco financeiro e operacional terá seu lucro descontado a uma taxa idêntica.

3.6.2.4 Cálculo do custo da ação

Há duas metodologias de cálculo do custo da ação. Uma tem por base o crescimento dos dividendos e a outra se baseia no modelo de precificação de ativos financeiros (CAPM).

Modelo de avaliação com crescimento constante

Também conhecido como modelo Gordon, tem por base a premissa de que o valor de uma ação é o valor atual de todos os dividendos previstos que gerará por um horizonte de tempo infinito, conforme apresentado pela equação a seguir:

$$P_0 = \frac{D_1}{K_S - g}$$

Em que:
P_0 = preço atual da ação;
D_1 = dividendo por ação esperado no ano 1;
k_s = taxa de retorno exigida;
g = taxa anual de crescimento constante dos dividendos e lucros.

Reorganizando a equação apresentada anteriormente, teremos:

$$K_S = \frac{D_1}{P_0} + g$$

Exemplo:
A Bem-Te-Vi S.A. está calculando o custo de uma nova emissão de ações. O preço atual de mercado de cada ação da empresa é R$ 62. A empresa espera pagar um dividendo de R$ 5 ao final do próximo exercício. Os dividendos pagos sobre a ação emitida durante os últimos 6 anos foram de:

Ano	Dividendo $
D	4,20
D – 1	4,00
D – 2	3,84
D – 3	3,68
D – 4	3,45
D – 5	3,28

Cálculo da taxa média de crescimento:

Na HP 12C:
$PV = -3,28$
$FV = 4,20$
$n = 5$
$i = 5,07\%$

$$D_1 = 4,20 \times (1 + 0,0507) = 4,41$$

Substituindo na fórmula $k_s = (D_1 / P_0) + g$, temos:

$$k_s = (4,41 / 62) + 0,0507 = 12,18\%$$

Conclusão: o custo de 12,18% da ação representa o retorno exigido pelos acionistas atuais sobre seu investimento, ficando inalterado o preço de mercado das ações da empresa.

Utilização do CAPM[8]

O CAPM, ou Modelo de precificação de ativos financeiros, descreve o relacionamento entre a taxa exigida ou custo da ação e os riscos não diversificáveis ou relevantes da empresa, conforme refletido por seu índice de risco não diversificável. O CAPM é dado pela seguinte equação:

$$k_s = R_f + \beta (k_m - R_f)$$

Em que:
R_f = taxa de retorno exigida do ativo livre de risco;
k_m = taxa de retorno exigida da carteira do mercado de ativos;
β = covariância entre o ativo j e a carteira do mercado.

Notas:
a. Normalmente, atribui-se a k_m o retorno da carteira do mercado, que pode ser representada pelo índice da bolsa de valores. No caso do Brasil, trabalharemos com o IBOVESPA.
b. De maneira genérica podemos dizer que, pressupondo o IBOVESPA como a carteira do mercado, quando β de um ativo é igual a 1, isso significa dizer que esse ativo irá se comportar na mesma direção e na mesma proporção que o IBOVESPA. Quando β for igual a – 1, ele vai variar na mesma proporção que o IBOVESPA, porém em direções opostas. Se o índice for positivo, ele será negativo.

Exemplo:
A mesma Bem-Te-Vi S.A. quer calcular agora seu custo da ação tendo por base o CAPM. Sabendo-se que a taxa livre de risco é igual a 10%, que o β da empresa é de 0,5, e o retorno do mercado, 14,36%.
Substituindo-se na equação $K_s = R_f + \beta (k_m - R_f)$, teremos:
$K_s = 10 + 0,5 (14,36 - 10) = 12,18\%$

---

8   CAPM = *Capital Asset Pricing Model*.

3.6.2.5 Custo de novas emissões de ações

No caso de novas emissões de ações, há custos adicionais a serem acrescentados aos cálculos, como custos de deságio do preço da ação e de lançamento pagos para emitir e vender a nova emissão.

O custo de novas emissões pode ser calculado usando-se o modelo de valorização de crescimento constante como ponto de partida. Nesse caso, subtraem-se os custos do *underwriting*[9] do valor da ação "N".

Dado que N_n será menor que P_0, dado que $N_n = P_0$ – custos da emissão, k_n será sempre maior que o custo de emissões existentes K_s.

Exemplo:
No caso da Bem-Te-Vi S.A., suponha que ela está emitindo ações novas. Sabendo-se que o custo das ações, conforme exemplo anterior, é de 12,18% e que a empresa prevê um deságio de R$ 3 no preço da ação, em razão da natureza competitiva do mercado, bem como um custo de *underwriting* de R$ 2,50 / ação, pergunta-se: qual o custo da nova emissão? (Relembrando: preço de mercado da ação = R$ 62; taxa de crescimento dos dividendos = 5,07%; próximo dividendo a ser pago = R$ 4,41.)

Custos da nova emissão:
R$ 2,50 + R$ 3 = R$ 5,50
N_n = R$ 62 – R$ 5,50 = R$ 56,50

Substituindo na fórmula $k_n = (D_1 / N_n) + g$
$K_n = (4{,}41 / 56{,}50) + 0{,}0507 = 12{,}875\%$

3.6.2.6 Custo de lucros retidos

O custo de lucros retidos está intimamente relacionado com o custo da ação, pois se os lucros não fossem retidos, seriam pagos aos acionistas comuns como dividendos. Muitos consideram os lucros retidos como uma emissão de ações adicional inteiramente subscrita, pois eles aumentam o patrimônio líquido do mesmo modo que uma nova emissão de ações.

Logo, o custo de lucros retidos deve ser considerado o custo de oportunidade dos dividendos que os acionistas comuns existentes deixaram de receber. Reter os lucros pressupõe que os acionistas não possam ganhar tanto sobre o dinheiro em outro lugar quanto a empresa por meio do reinvestimento. Logo, o custo de lucros retidos da empresa é igual ao custo da ação. Nesse caso, não são incorridos os custos de subscrição ou deságio. Ao reter lucros, a empresa evita esses custos e ainda levanta capital próprio.

Exemplo:
O custo de lucros retidos para a Bem-Te-Vi S.A. é de 12,18%, o mesmo que o custo das ações.

3.7 CUSTO MÉDIO PONDERADO DE CAPITAL

O custo global ou médio ponderado de capital (CMePC ou WACC)[10] é encontrado ponderando-se o custo de cada tipo específico de capital por sua proporção na estrutura de capital da empresa.

3.7.1 Considerações iniciais

Os pesos a serem atribuídos a cada custo específico podem levar em consideração premissas distintas. Pesos de valor de livro (contábil) são baseados no uso de valores contábeis para estabelecer a proporção de cada tipo de capital na estrutura da empresa. Outra opção é a utilização do valor de mercado. O CMePC, usando-se os pesos baseados no valor de mercado, é geralmente maior do que o baseado no valor de livro, pois a maioria das ações preferenciais e ordinárias tem valor de mercado superior ao valor contábil. Normalmente, os valores contábeis das ações estão defasados. Logo, é preferível a utilização do valor de mercado para o estudo.

Outra questão é quanto à utilização de dados históricos ou de pesos-meta. Pesos-meta refletem as proporções desejadas na estrutura de capital. Empresas que utilizam pesos-meta estabelecem

---

9 Custos pagos para emitir e vender a nova emissão.

10 *Weighted Average Cost of Capital.*

essas proporções com base na estrutura "ótima" de capital que desejam atingir. As empresas que acreditam que sua estrutura de capital existente seja ótima usarão pesos históricos, já que nesses casos eles refletem, de fato, a estrutura-meta de capital. Do ponto de vista estritamente teórico, o esquema de ponderação preferido são as proporções-meta de valor de mercado.

Note que, de modo geral, uma empresa prefere utilizar capital de terceiros, pois, quando uma empresa toma recursos emprestados, paga juros, que são contabilizados na conta Despesa Financeira da Demonstração de Resultados, uma conta redutora do lucro. Se reduz o lucro, o imposto de renda será menor – o efeito tributário apresentado na Seção 3.6.2.2, Custo do empréstimo a longo prazo. Sob essa ótica, a empresa sempre desejará tomar dívida quando precisar de fundos. Entretanto, chegará um momento em que a empresa ficará muito alavancada e o custo do empréstimo se tornará muito caro. Nesse momento, a empresa buscará recursos usando capital. Assim o fará até o ponto em que ficará capitalizada o suficiente para baixar o custo de empréstimos. Encontrar essa estrutura ótima de capital (relação entre dívida e capital) é uma tarefa muito importante para a área financeira de uma empresa.

3.7.2 Cálculo do custo médio ponderado de capital

Para o custo médio ponderado de capital, utiliza-se a equação que se segue:

$$k_a = w_i k_i + w_s k_{r \text{ ou } n}$$

Em que:
w_i = proporção da dívida a longo prazo na estrutura de capital;
w_s = proporção de ações na estrutura de capital;
$w_i + w_s = 1$;
k_r = custo dos lucros retidos;
k_n = custo da emissão de novas ações.

Nota: a utilização de K_r ou K_n dependerá de as ações da empresa serem financiadas usando lucros retidos ou novas ações.

Exemplo:
Vimos nos exemplos anteriores os vários custos de capital da Bem-Te-Vi S.A.:
Custo de empréstimo, K_j = 10,997%
Custo de novas ações, K_n = 12,875%
Custo de lucros retidos, K_r = 12,18% ($K_r = K_s$)

A empresa determinou o que acredita ser a estrutura ótima de capital que tenta atingir. A Bem-Te-Vi usa sua estrutura-meta de capital, a qual se baseia em valores de mercado para calcular o custo médio ponderado de capital. As proporções-meta de valor de mercado são dadas a seguir:

Fonte de capital	Proporções-meta de valor de mercado (%)
Empréstimos a longo prazo	40
Ações	60
Total	100

Cálculo do CMePC da Bem-Te-Vi S.A.

Fonte de capital	Proporção-meta % (1)	Custo (2)	Custo ponderado (1) × (2)
Empréstimos a longo prazo	40	10,997	4,40
Ações	60	12,180	7,31
Total	100		11,71

Conclusão: o custo médio ponderado de capital para a Bem-Te-Vi S.A. é 11,71%. Tendo em vista esse fato, a empresa deveria aceitar todos os projetos (que não modifiquem o risco da empresa) cujo valor atual líquido descontado a 11,71% seja igual ou maior que zero, ou cuja taxa interna de retorno seja maior ou igual a 11,71%.

3.7.3 Utilização do custo médio ponderado de capital no mercado financeiro

O CMePC é utilizado para fazer o *valuation* de uma empresa. O *valuation* é um processo de avaliação da companhia e termina em um valor para ela. Ao fazer esse *valuation*, o analista projeta o fluxo de caixa da companhia por 5 a 7 anos e depois traz a valor presente esse fluxo, descontando pelo CMePC.

> **Dica:** essa parte de custo de capital é um pouco extensa. O mais importante para gravar é entender que o CMePC é uma média dos diferentes custos de capital, ponderados pelo percentual de cada fonte na estrutura ótima de capital para a companhia, que é aquela que maximiza a riqueza do acionista.

MAPA MENTAL

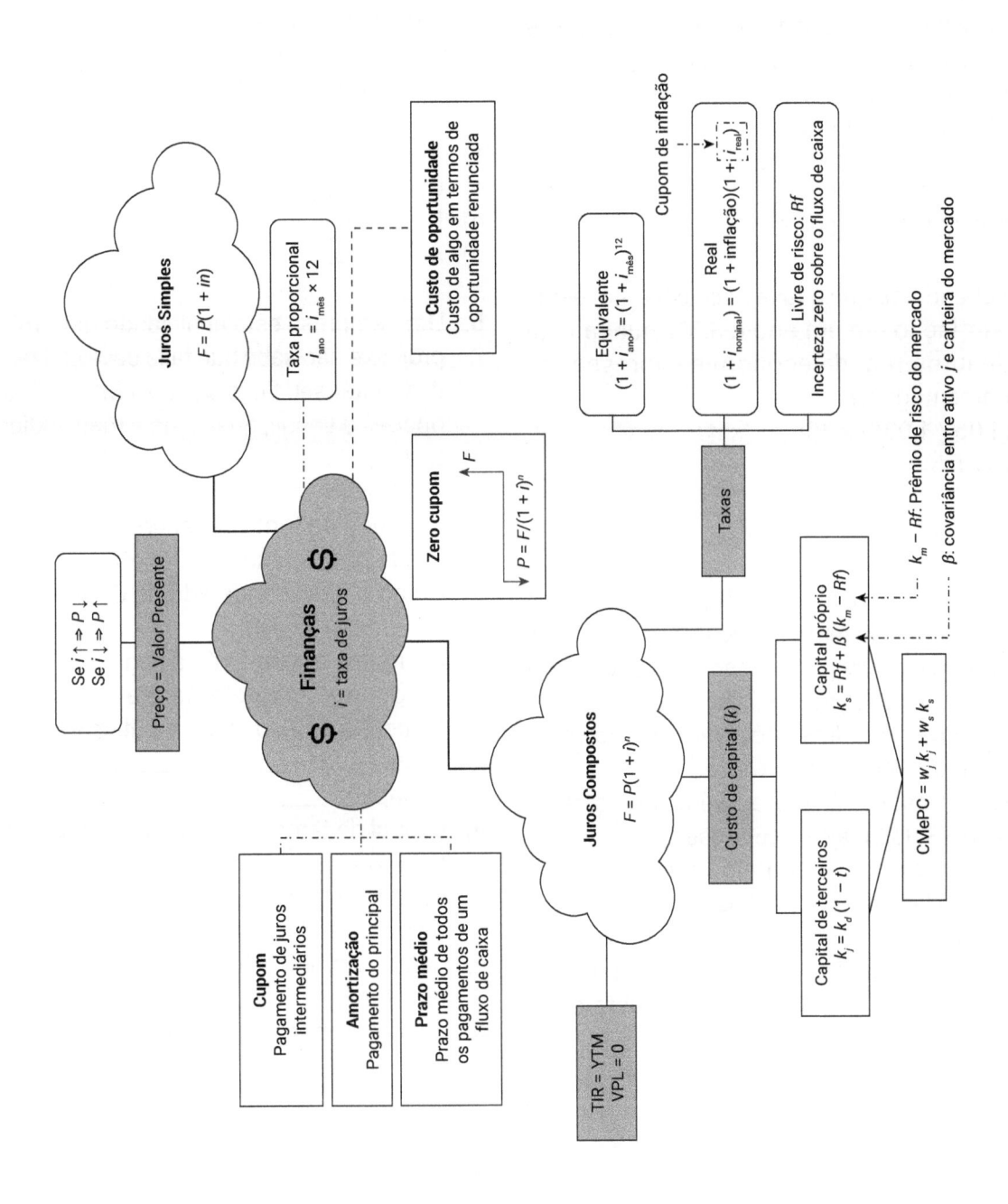

Finanças
i = taxa de juros

Preço = Valor Presente
Se $i \uparrow \Rightarrow P \downarrow$
Se $i \downarrow \Rightarrow P \uparrow$

Juros Simples
$F = P(1 + in)$

Taxa proporcional
$i_{ano} = i_{mês} \times 12$

Custo de oportunidade
Custo de algo em termos de oportunidade renunciada

Zero cupom
$P = F/(1 + i)^n$

Juros Compostos
$F = P(1 + i)^n$

- **Cupom**: Pagamento de juros intermediários
- **Amortização**: Pagamento do principal
- **Prazo médio**: Prazo médio de todos os pagamentos de um fluxo de caixa

TIR = YTM
VPL = 0

Taxas
- **Equivalente**: $(1 + i_{ano}) = (1 + i_{mês})^{12}$
- **Real**: $(1 + i_{nominal}) = (1 + \text{inflação})(1 + i_{real})$ — Cupom de inflação
- **Livre de risco**: Rf — Incerteza zero sobre o fluxo de caixa

Custo de capital (k)

Capital próprio
$k_s = Rf + \beta(k_m - Rf)$

- $k_m - Rf$: Prêmio de risco do mercado
- β: covariância entre ativo j e carteira do mercado

Capital de terceiros
$k_j = k_d(1 - t)$

CMePC = $w_j k_j + w_s k_s$

EXERCÍCIOS DE FIXAÇÃO

1. O valor futuro de uma aplicação de R$ 100 mil em um CDB pós-fixado em CDI, que teve taxa média diária de 0,05% a.d., após 30 dias corridos, dos quais 22 foram dias úteis, é de:
   a) 100.000,00 × 1,000522
   b) 100.000,00 × (1 + 0,0005 × 22)
   c) 100.000,00 × 1,051/22
   d) 100.000,00 × 1,000530

2. Sabendo-se que a taxa Selic é 5% a.a. e que a inflação em um ano é 3,5%, qual a taxa de juros real da economia expressa em porcentagem?
   a) (1,05 / 1,035) × 100
   b) (5 / 5,5) − 1
   c) [(1,05 / 1,035) − 1] × 100
   d) [(1,035 / 1,05) − 1] × 100

3. Marque falso (F) ou verdadeiro (V) em relação a um título que tem valor nominal de R$ 1.000, cupom de 10% pago a cada 6 meses e um *yield to maturity* de 9,625%.
   ( ) Se o investidor ficar até o vencimento, receberá R$ 100 a cada 6 meses.
   ( ) Se o investidor ficar até o vencimento, receberá R$ 96,26 a cada 6 meses.
   ( ) Se o investidor ficar até o vencimento, sua rentabilidade será de 9,625% sobre todo o fluxo.
   ( ) Ao adquirir esse título, o investidor terá que desembolsar mais de R$ 1.000 para cada título.
   a) V; F; V; V.
   b) F; F; F; V.
   c) F; V; V; V.
   d) F; V; F; F.

4. Relacione as colunas.
   A. Custo de oportunidade
   B. Taxa livre de risco
   C. Prêmio de risco

   ( ) Assume zero de incerteza sobre o fluxo futuro de caixa.
   ( ) Representa o valor associado à melhor alternativa não escolhida.
   ( ) Diferença entre a taxa exigida pelo investidor e a taxa sem risco.

   a) A − B − C.
   b) C − A − B.
   c) B − A − C.
   d) A − C − B.

5. Uma empresa está analisando determinado projeto e não sabe que taxa deve utilizar para descontar seu fluxo de caixa futuro. Entre as opções a seguir, qual seria a mais indicada?
   a) CDI.
   b) Taxa Selic.
   c) Depende da fonte de recursos que será utilizada para financiar o projeto.
   d) Custo Médio Ponderado de Capital.

6. Complete a afirmação a seguir.
   "Segundo o modelo Capital *Asset Pricing Model* (CAPM), o custo de utilizar _____ é igual à taxa _____ mais Beta, que multiplica _____."
   a) capital de terceiros − DI − o prêmio de risco $(k_m - R_f)$.
   b) capital de terceiros − livre de risco − o custo de oportunidade.
   c) capital próprio − livre de risco − o custo de oportunidade.
   d) capital próprio − livre de risco − o prêmio de risco $(k_m - R_f)$.

GABARITO

1. a   2. c   3. a   4. c   5. d   6. c

Parte III

Compliance, Ética e o Investidor

Importância do tema: o mercado financeiro é extremamente regulado. Conhecer as principais regras do mercado é fundamental para não ter problemas durante sua atuação, principalmente quando se fala em lavagem de dinheiro e financiamento do terrorismo. Além disso, as relações profissionais com o investidor devem ser investidas de comportamentos éticos. Ninguém gosta de ser enganado pelo gerente do banco. Portanto, o assunto merece atenção não apenas por conta do exame, mas também porque será importante para seu sucesso profissional. Ainda dentro dessas questões de relacionamento com o cliente, sabe-se que cliente feliz traz mais clientes. Por isso, deve-se fundamentar as indicações de investimento de acordo com seu perfil de risco, necessidades e sonhos. E como sonhar nos faz liberar emoções, você também será apresentado à teoria das finanças comportamentais. Por fim, o mundo moderno exige cada vez mais que nossas decisões levem em conta questões sociais, de meio ambiente e de governança. Logo, é bom ficar por dentro desse assunto também, e não é à toa que o tema cai na prova.

Nesta parte, você vai aprender informações sobre as regras do mercado financeiro, ética e quais os fatores que afetam a decisão do investidor.

Esta parte está dividida em:

Capítulo 4 – *Compliance* Legal e Ética
Capítulo 5 – Análise do Perfil do Investidor
Capítulo 6 – Princípios Básicos de Finanças Comportamentais
Capítulo 7 – Conceitos de ASG

Bom estudo!

→ **Peso na prova:**
15 a 25% ou
9 a 15 questões

Capítulo 4
Compliance Legal e Ética

OBJETIVOS

Ao final deste capítulo, você deve ser capaz de:
- → Agir de forma a evitar riscos de não cumprimento de regras.
- → Utilizar os conhecimentos aqui adquiridos para prevenir e combater a lavagem de dinheiro.

CONTEÚDO

- 4.1 Conceito de risco
- 4.2 Controles internos
- 4.3 Prevenção e combate à lavagem de dinheiro e ao financiamento do terrorismo
- 4.4 Normas e padrões éticos
- 4.5 Código ANBIMA de Distribuição de Produtos de Investimento
   Mapa mental
   Exercícios de fixação

TEMPO ESTIMADO DE ESTUDO

Cinco horas e meia.

4.1 CONCEITO DE RISCO

Para efeitos dessa disciplina, risco é a possibilidade de a instituição incorrer em perdas, ter o crescimento de suas receitas impactado negativamente ou defrontar-se com dificuldades imprevistas, associadas direta ou indiretamente à dinâmica de seus negócios. Você verá no Capítulo 15, Mensuração, Gestão de *Performance* e Risco, mais informações relativas a risco. Esta parte do estudo se propõe apenas a ressaltar a importância desse tema no que tange a *compliance* legal e ética.

Todas as áreas envolvidas no processo são responsáveis pela minimização de eventuais prejuízos causados pela não detecção e pela falta de gerenciamento dos riscos decorrentes de suas atividades.

Para efeitos práticos e organizacionais, são atribuídas responsabilidades específicas para determinadas áreas no gerenciamento de tipos específicos de riscos. Ao examinar qualquer operação ou transação, as pessoas envolvidas devem verificar se os seus riscos estão entendidos, dimensionados e controlados.

Analisaremos na próxima seção as modalidades de riscos que apresentam uma relação direta e objetiva com os aspectos negociais de uma instituição financeira. A análise de situações e seus riscos deve ser contemplada a cada nova operação ou produto, tendo em vista que o processo é dinâmico, requerendo avaliações constantes em face das novas situações geradas por fatores circunstanciais.

Um processo adequado de equalizações de riscos contempla regras claras, objetivas e de fácil entendimento por todos os integrantes. A efetivação de qualquer transação deve ter como premissa a conformidade da operação e suas garantias, certificando-se da existência de todos os documentos necessários (contratos, garantias, anexos, documentos oficiais etc.). Também é necessária a observância de todas as exigências do produto, garantindo-se assim a qualidade e a segurança exigidas pela organização e pelas normas do mercado.

4.1.1 Risco de imagem

É a possibilidade de a empresa vir a ter seu bom nome desgastado junto ao mercado e/ou autoridades constituídas, por decorrência de suas atividades, de decisões de cunho político ou decisões associadas a normas e dispositivos legais. Está relacionado à reputação da instituição.

4.1.2 Risco legal

Não obedecer à legislação vigente é um risco que, além de trazer sanções para a companhia, incorre em questionamentos jurídicos, podendo afetar os processos operacionais da instituição. Por exemplo, um contrato ou produto sem embasamento nas leis pertinentes àquela situação, fatalmente, exporá a empresa a um risco legal.

As instituições estão sujeitas a várias formas de risco legal. Encontra-se aí incluído o risco de desvalorização de ativos ou de valorização de passivos em intensidades inesperadamente altas por conta de pareceres ou documentos legais inadequados ou incorretos. Adicionalmente, a legislação existente pode falhar na solução de questões legais envolvendo uma instituição financeira. Um processo judicial que abarca determinada instituição pode ter amplas implicações para todo o sistema e acarretar custos não somente para a organização diretamente envolvida, mas também para muitas ou todas as outras. Ademais, podem haver mudanças nas leis que afetem bancos ou outras empresas comerciais. Os bancos são particularmente suscetíveis a riscos legais quando adotam novos tipos de transações e quando o direito legal de uma contraparte em uma transação não está estabelecido.

4.1.3 Implicações da não observância aos princípios e às regras

Como observamos nas exemplificações anteriores de riscos presentes na atividade financeira, as instituições buscam, por meio de normas e procedimentos internos, controlar esses riscos. O próprio Banco Central do Brasil (BCB) estabelece preceitos legais, com o objetivo de mitigá-los, preservando dessa forma o risco sistêmico e proporcionando a segurança necessária ao mercado.

Conforme já exposto, o BCB, mediante uma legislação específica que veremos ao longo deste capítulo do livro, determina regras básicas de *compliance* que exigem das instituições financeiras controles, regras internas e sistemas que permitam uma boa gestão dos riscos inerentes às atividades financeiras, um segmento muito sensível e que requer mecanismos eficientes e foco na administração dos referidos controles.

A não observância dos princípios e das regras de *compliance* acarreta às instituições penalidades administrativas e legais determinadas pelo conjunto da legislação vigente, bem como afeta os seus administradores responsáveis pela observância do cumprimento dessas normas.

4.2 CONTROLES INTERNOS

4.2.1 Aspectos gerais

Os controles internos devem incorporar os diversos riscos atinentes às atividades da indústria financeira, não podendo ser entendidos como um processo destinado, simplesmente, à minimização de riscos de fraudes e outras agressões ao patrimônio do banco.

A finalidade dos controles internos é assegurar que os negócios de uma instituição financeira sejam conduzidos de maneira prudente e de acordo com políticas e estratégias estabelecidas pelo conselho de diretores; que as transações somente sejam efetuadas mediante autorização competente; que os ativos sejam protegidos e os exigíveis controlados; que a contabilidade e outros registros forneçam informações completas, precisas e oportunas; e que a administração seja capaz de identificar, avaliar, administrar e controlar os riscos do negócio.

Inter-relações

Todos os riscos enfrentados pela instituição devem ser avaliados, por exemplo, os riscos de crédito, de país, de mercado, de liquidez, operacional, legal e de taxas. Esses riscos são inter-relacionados, daí a importância do controle, que deve abranger processos de:

- **Controle e segregação de atividades**: as atividades de controle têm que fazer parte da rotina do dia a dia, de forma claramente definida para cada nível do negócio (controles físicos, aderência, sistema de alçada (aprovações e autorizações), conciliação, conformidade e não conformidade).
- **Informação e comunicação**: confiabilidade e oportunidade, consistência, independência, existência de planos de contingência adequados.
- **Monitoramento e correção de distorções ou deficiências**: acompanhamento efetivo e constante dos fluxos operacionais, visando à identificação de falhas no processo e suas correções, bem como testar permanentemente a eficiência dos planos de ação corretivos.

4.2.2 Regulamentação

Paralelamente às conveniências internas da instituição financeira, em termos de controles é preciso entender e divulgar que o BCB, desde 1998, passou a exigir a implementação de adequados controles internos, com sua ampla divulgação a todos os funcionários e registro em normativos acessíveis, claros e atualizados, que definam missão, poderes e responsabilidades, em todos os casos e em todos os níveis.

Com o objetivo de proporcionar aos seus clientes o máximo de confiabilidade em suas operações, bem como a garantia de que a instituição prima pela transparência e pela adoção de parâmetros de trabalho dentro das melhores práticas de mercado, é necessário estabelecer um sistema de controles internos que seja bastante dinâmico, procurando, em primeiro lugar, dar conta da diversidade de riscos incorridos nas atividades e dos controles/medidas existentes para diminuir a probabilidade de eles ocorrerem, uma vez que riscos são necessariamente inerentes a qualquer atividade financeira.

O que se pretende é, continuamente, conhecer e mapear os riscos, estabelecendo eventuais medidas para evitar que se transformem em fatos. Para isso, são necessários sólidos sistemas de controles, que devem fazer parte da cultura da instituição financeira. De acordo com a norma vigente, os controles internos, independentemente do porte da instituição, devem ser compatíveis com a sua natureza, o seu porte, a sua complexidade, a sua estrutura, o seu perfil de risco e o seu modelo de negócio.

De acordo com a Resolução CMN n. 4.968/2021, os sistemas de controles internos devem ser contínuos e efetivos e ter como finalidade o atingimento dos seguintes objetivos:

i. desempenho: relacionado à eficiência e à efetividade no uso dos recursos nas atividades desenvolvidas;
ii. informação: relacionado à divulgação voluntária ou obrigatória, interna ou externa, de informações financeiras, operacionais e gerenciais, que sejam úteis para o processo de tomada de decisão; e

iii. conformidade: relacionado ao cumprimento de disposições legais, regulamentares e previstas em políticas e códigos internos.

A Diretoria e o Conselho de Administração devem se envolver ativamente na definição dos sistemas de controles internos por meio da promoção de elevados padrões éticos e de integridade, estabelecendo uma cultura organizacional com ênfase na relevância dos sistemas de controles internos e no engajamento de cada funcionário no processo. Além disso, cabe às duas estruturas a manutenção de estrutura organizacional adequada para garantir a qualidade e a efetividade dos sistemas e dos processos de controles internos. Por fim, devem garantir os recursos adequados e suficientes para o exercício das atividades relacionadas aos sistemas de controles internos, de forma independente, objetiva e efetiva.

Cabe ao Conselho de Administração garantir que a diretoria da instituição tome as medidas necessárias para identificar, medir, monitorar e controlar os riscos de acordo com os níveis de riscos definidos e que a mesma diretoria corrija as falhas identificadas tempestivamente. O Conselho também tem que se certificar de que a diretoria da instituição monitore a adequação e a eficácia dos sistemas de controles internos; e que estes sejam implementados e mantidos de acordo com o disposto na regulamentação.

4.3 PREVENÇÃO E COMBATE À LAVAGEM DE DINHEIRO E AO FINANCIAMENTO DO TERRORISMO

4.3.1 Aspectos gerais

Nas últimas décadas, a lavagem de dinheiro e os crimes correlatos – entre eles o narcotráfico, a corrupção, o sequestro e o terrorismo – tornaram-se delitos cujo impacto não pode mais ser medido em escala local. Se antes essa prática estava restrita a determinadas regiões, seus efeitos perniciosos hoje se espalham para além das fronteiras nacionais, desestabilizando sistemas financeiros e comprometendo atividades econômicas.

Por causa da natureza clandestina da lavagem de dinheiro, fica difícil estimar o volume total de fundos lavados que circulam internacionalmente. As técnicas de análise disponíveis envolvem a mensuração do volume de comércio em atividades ilegais, tais como tráfico de drogas e de armas e fraude.

Por essa razão, o tema tornou-se objeto central de inúmeras discussões realizadas em todo o mundo. Chefes de Estado e de governo, bem como organismos internacionais, passaram a dispensar mais atenção à questão. Poucas pessoas param para pensar sobre a gravidade do problema, principalmente porque a lavagem de dinheiro parece distante de nossa realidade.

Em 03 de março de 1998, o Brasil, dando continuidade a compromissos assumidos desde a assinatura da Convenção de Viena de 1988, aprovou a Lei n. 9.613, que representa um avanço no tratamento da questão, pois tipifica o crime de lavagem de dinheiro. Também instituiu medidas que conferem maior responsabilidade a intermediários econômicos e financeiros e criou, no âmbito do Ministério da Fazenda, o Conselho de Controle de Atividades Financeiras (COAF), cuja principal tarefa é promover um esforço conjunto por parte dos vários órgãos governamentais do Brasil que cuidam da implementação de políticas nacionais voltadas para o combate à lavagem de dinheiro, evitando que setores da economia continuem sendo utilizados nessas operações ilícitas.

Cabe ressaltar que, ao longo do tempo, a Lei n. 9.613/1998 foi aperfeiçoada. Desse modo, o crime de lavagem de dinheiro ganhou uma nova amplitude subjetiva e objetivamente falando. Atualmente, **qualquer infração penal**, até as chamadas contravenções penais, pode servir de pressuposto à lavagem de dinheiro. De acordo com o art. 1º da referida Lei, lavar dinheiro significa "ocultar ou dissimular a natureza, origem, localização, disposição, movimentação ou propriedade de bens, direitos ou valores provenientes, direta ou indiretamente, de infração penal".

4.3.2 Legislação e regulamentação correlata

Em virtude da natureza das operações que envolvem o mercado financeiro, é fundamental ter cautela para lidar com clientes, e uma das formas de prevenir o problema é seguir a regulamentação quanto a esse tema.

Nesta seção, você será apresentado às seguintes leis e regulamentações: Leis n. 9.613/1998, 13.260/2016 e 13.810/2019, Resolução CVM n. 50, Resolução BACEN n. 44, Circulares BACEN n. 3.858/2017 e n. 3.978/2020, Carta circular BACEN n. 4.001/2020, Decretos n. 154/1991 e n. 5.640/2005. Pode parecer uma quantidade excessiva, mas não se preocupe, pois muitos artigos se repetem na regulamentação e você encontrará a seguir um resumo dos principais pontos.

> **Dicas:**
> 1. Para aqueles que gostam de conhecer as entranhas da lei e desejam saber mais, disponibilizamos, ao final deste capítulo, uma relação de QR Codes que permitirá você ter acesso a todas essas regulamentações na íntegra.
> 2. Esse assunto é deveras importante. Portanto, estude sobre prevenção à lavagem de dinheiro com afinco não apenas porque cai no exame. Afinal, conhecer a lei é fundamental para o exercício de sua função no mercado sem ter dor de cabeça.

4.3.2.1 Quem está sujeito à lei e à regulamentação

Alguns setores são muito visados no processo de lavagem de dinheiro. Sobre o tema, a Lei n. 9.613/1998, em seu Capítulo V, define a abrangência, a amplitude e a responsabilidade dos profissionais e das instituições financeiras e não financeiras.

Sujeitam-se às obrigações definidas na legislação as pessoas físicas e jurídicas que tenham, em caráter permanente ou eventual, como atividade principal ou acessória, cumulativamente ou não, todos os que atuam no sistema financeiro e no Sistema de Pagamentos Brasileiro; bolsas de valores e de mercadorias e futuros; seguradoras; corretoras de seguros e entidades de previdência complementar ou de capitalização; administradoras de cartões de crédito; empresas de *leasing*; *factoring*; de crédito; distribuidoras de valores; custodiantes; *Assets*; agentes autônomos de investimento; representantes de não residentes; corretores de imóveis; que comercializam joias, pedras preciosas, objetos de arte, bens de luxo ou de alto valor; juntas comerciais e registros públicos; consultores; auditores; contadores; empresários de atletas e de artistas; promotores de feiras e exposições; empresas de transporte e guarda de valores; quem comercializa bens de alto valor de origem rural ou animal e as dependências no exterior das entidades aqui mencionadas, por meio de sua matriz no Brasil, relativamente a residentes no País.

4.3.2.2 Identificação dos clientes e manutenção de registros

Uma das formas de prevenir problemas futuros é identificar de forma correta os clientes e manter cadastros atualizados, nos moldes da regulamentação em vigor. Esse tema é tão importante que mais de uma regulamentação aborda essa questão, identificando, inclusive, prazos e formas de identificação do cliente e seus beneficiários finais.

Para facilitar seu aprendizado, organizamos, a seguir, um "bem bolado" condensando os pontos mais importantes.

É obrigatória a manutenção de registro de toda transação em moeda nacional ou estrangeira, títulos e valores mobiliários, títulos de crédito, metais, ou qualquer ativo passível de ser convertido em dinheiro. Os registros devem conter, no mínimo, as seguintes informações sobre cada operação: tipo; valor, quando aplicável; data de realização; nome e número de inscrição no CPF ou no CNPJ do titular e do beneficiário da operação, no caso de pessoa residente ou sediada no País; e canal utilizado.

No caso de operações com utilização de recursos em espécie, deve-se ter especial cuidado nos seguintes casos:

- Se o valor individual for superior a R$ 2.000,00, além dos demais registros aqui mencionados, deve-se anotar o nome e o número do CPF do portador dos recursos.

- Se as operações de depósito ou aporte em espécie de valor individual forem iguais ou superiores a R$ 50.000,00, devem ser acrescentados nome e CPF ou CNPJ do proprietário dos recursos, bem como o CPF do portador dos recursos e a origem dos recursos depositados ou aportados. No caso de saque, a finalidade do saque. Neste caso, deve-se requerer dos sacadores clientes e não clientes solicitação de provisionamento com, no mínimo, três dias úteis de antecedência.

Além disso, todos aqueles sujeitos à Lei de Prevenção à Lavagem de Dinheiro e Combate ao Financiamento do Terrorismo (PLD/FT) deverão adotar políticas, procedimentos e controles internos, compatíveis com seu porte e volume de operações que permitam atender à regulamentação.

Não obstante, deverão cadastrar-se e manter seu cadastro atualizado no órgão regulador ou fiscalizador e, na falta deste, no COAF, na forma e nas condições por eles estabelecidas, bem como atender às requisições formuladas pelo COAF na periodicidade, na forma e nas condições por ele estabelecidas, cabendo-lhe preservar, nos termos da lei, o sigilo das informações prestadas. No caso de o cliente constituir-se em pessoa jurídica, a identificação deverá abranger as pessoas físicas autorizadas a representá-la, bem como seus proprietários (beneficiários finais), sendo considerados controladores aqueles que detenham mais de 25% da participação na pessoa jurídica.

Vale ressaltar que os cadastros e os registros deverão ser conservados durante o período mínimo de 5 anos a partir do encerramento da conta ou da conclusão da transação, prazo este que poderá ser ampliado pela autoridade competente. O registro será efetuado, também, quando a pessoa física ou jurídica, seus entes ligados, houver realizado, em um mesmo mês-calendário, operações com uma mesma pessoa, conglomerado ou grupo que, em seu conjunto, ultrapassem o limite fixado pela autoridade competente.

Além dos cadastros mantidos por aqueles que se relacionaram com o cliente, o BACEN manterá registro centralizado formando o cadastro geral de correntistas e clientes de instituições financeiras, bem como de seus procuradores.

O cadastro pode ser feito por meio eletrônico, inclusive a assinatura do cliente. Caso o cadastro esteja desatualizado, as pessoas sujeitas à Lei de PLD/FT não devem aceitar ordens de movimentação de contas de clientes, exceto em caso de pedido de encerramento de conta ou de alienação ou resgate de ativos.

No caso de investidor não residente, é importante avaliar sua jurisdição para saber se há alguma deficiência estratégica em relação à prevenção à lavagem de dinheiro, ao financiamento do terrorismo e da proliferação de armas de destruição em massa. Também deve ser analisada se sua jurisdição de origem é regulada e fiscalizada por autoridade governamental competente.

Nas situações em que for necessária a condução de diligências visando à identificação do beneficiário final de entes constituídos sob a forma de *trust*[1] ou veículo assemelhado, também devem ser envidados e evidenciados esforços para identificar quem instituiu o *trust*, o administra e quem são seus beneficiários.

4.3.2.3 Instrumentos internacionais de cooperação

O tema **lavagem de dinheiro**, embora conhecido desde a década de 1980, difundiu-se em conferências internacionais a partir do início dos anos 1990, quando os aspectos práticos do combate a esse crime começaram a se materializar de forma mais ampla. Desde então, diversos países têm tipificado o crime e criado agências governamentais responsáveis pelo combate à lavagem de dinheiro. Essas agências são conhecidas mundialmente como Unidades Financeiras de Inteligência (FIUs), sigla em inglês de *Financial Intelligence Unit*.

Sabendo-se que as FIUs funcionam como uma espécie de "filtro", capazes de receber, analisar e transformar as informações em dados sobre atividades

---

[1] ***Trust*** é uma relação jurídica estabelecida entre três partes: (i) *settlor*, que doa seus bens para o *trust*; (ii) *trustee*, que tem o dever fiduciário de administrar os bens do *trust*; e (iii) beneficiários, quem receberão os bens e rendimentos gerados pelo *trust*. É uma ferramenta de planejamento patrimonial existente nos países de *common law*.

suspeitas, tendo em vista o caráter transnacional do crime de lavagem, fica evidente a importância do inter-relacionamento entre as FIUs – e entre elas e as autoridades competentes de cada país – para o sucesso de uma operação de combate a esse crime.

O processo, resumidamente, ocorre da seguinte forma: a partir do exame de indícios que permitem comprovar a existência de um delito, as FIUs remetem a informação às autoridades competentes, como membros do Ministério Público, policiais federais e civis, auditores da Receita Federal e autoridades de FIU estrangeiras, que dão início aos procedimentos cabíveis.

4.3.2.4 Conselho de Controle de Atividades Financeiras: a Unidade Financeira de Inteligência brasileira

A resposta brasileira ao problema veio com a edição, em 03 de março de 1998, da Lei n. 9.613/1998 – ou Lei de Lavagem de Dinheiro –, que dispõe sobre o crime de "lavagem ou ocultação de bens, direitos e valores" e criou, no âmbito do então Ministério da Fazenda, o COAF (a FIU brasileira), que responde diretamente ao BACEN.

O trabalho do COAF está em consonância com as orientações que vêm sendo adotadas internacionalmente pelos organismos encarregados de promover o combate à lavagem de dinheiro e, considerando que seu funcionamento segue o modelo de uma FIU, tem ampliado seus vínculos com organismos internacionais e agências congêneres de outros países empenhados na luta contra delitos dessa natureza, estabelecendo um amplo relacionamento com entidades no Brasil e no exterior para uma rápida e eficaz troca de informações. O resultado concreto dessa ação se materializa nas propostas de assinatura de Memorandos de Entendimento com vários países.

A implantação do Sistema de Informações do Órgão (SISCOAF) auxilia nos processos internos de tomada de decisão, representando um veículo rápido e eficaz de captação, tratamento, disponibilização e guarda dos dados.

O COAF é um eficiente agente na luta contra a lavagem de dinheiro e suas ilícitas conexões, reforçando seu compromisso de contribuir para a eficácia global das medidas de prevenção e repressão, pois esse crime representa uma ameaça, não só à integridade e à estabilidade dos Estados e de seus sistemas econômicos, mas também à própria democracia.

4.3.2.5 Comunicação de operações financeiras ao Conselho de Controle de Atividades Financeiras

Todas as pessoas sujeitas ao controle da Lei de PLD/FT devem dispensar atenção às operações que possam se constituir em sérios indícios dos crimes previstos nesta Lei, ou com eles relacionar-se. Nesses casos, devem comunicar ao órgão regulador ou fiscalizador da sua atividade ou, na sua falta, ao COAF, abstendo-se de dar ciência de tal ato a qualquer pessoa, inclusive àquela à qual se refira a informação, no prazo de 24 (vinte e quatro) horas, a proposta ou realização da operação suspeita. Cabe às autoridades competentes elaborar a relação de operações que, por suas características, no que se refere às partes envolvidas, valores, forma de realização, instrumentos utilizados, ou pela falta de fundamento econômico ou legal, possam configurar a hipótese nele prevista.

As comunicações de boa-fé, feitas na forma prevista nas normas, não acarretarão responsabilidade civil ou administrativa a quem comunicou o ato suspeito.

As transferências internacionais e os saques em espécie deverão ser previamente comunicados à instituição financeira, nos termos, limites, prazos e condições fixados pelo BACEN.

A Resolução CVM n. 50 dedica um capítulo especial a operações que podem designar algum indício de lavagem de dinheiro. De forma resumida, são elas:

- Quando não é capaz de identificar corretamente o cliente, ou atualizar seus dados ou o beneficiário final.
- Operações envolvendo valores incompatíveis com a sua ocupação profissional, seus rendimentos ou sua situação patrimonial ou financeira.
- Situações relacionadas com operações cursadas no mercado de valores mobiliários entre as

mesmas partes ou beneficiários das mesmas partes e que sejam seguidas de ganhos ou perdas no que se refere a algum dos envolvidos ou cujo valor ou frequência dos negócios não esteja em conformidade com os padrões habituais.
- Operações que não estejam de acordo com seu porte e cujo grau de complexidade e risco não sejam compatíveis com o perfil de risco do cliente, podendo até configurar operações em nome de terceiros.
- Transferências privadas de recursos e de valores mobiliários sem motivação aparente.
- Depósitos ou transferências realizadas por terceiros, para a liquidação de operações de cliente ou para prestação de garantia em operações nos mercados de liquidação futura.
- Pagamentos a terceiros por conta de liquidação de operações ou resgates de valores depositados em garantia, registrados em nome do cliente.
- Operações realizadas fora de preço de mercado.
- Operações e situações relacionadas a pessoas suspeitas de envolvimento com atos terroristas, com o financiamento do terrorismo, ou com o financiamento da proliferação de armas de destruição em massa.
- Operações com a participação de pessoas naturais, pessoas jurídicas ou outras entidades que residam, tenham sede ou sejam constituídas em países, jurisdições, dependências ou locais que não aplicam ou aplicam insuficientemente as recomendações do Grupo de Ação Financeira contra a Lavagem de Dinheiro e o Financiamento do Terrorismo (GAFI) e/ou tenham tributação favorecida e sejam submetidos a regimes fiscais privilegiados, conforme normas emanadas pela Receita Federal do Brasil.

A Carta Circular BACEN n. 4.001/2020 também se debruça sobre o tema e divulga, além das situações mencionadas na Resolução CVM n. 50, uma relação extensa de operações e situações que podem configurar indícios de ocorrência de lavagem ou ocultação de bens, direitos e valores e que são passíveis de comunicação ao COAF.

A Circular BACEN n. 3.978/2020, nos capítulos VII e VIII, também aborda a obrigatoriedade de comunicação ao COAF de operações suspeitas dos crimes de lavagem de dinheiro e de financiamento do terrorismo. Menciona, ainda, a necessidade de haver um manual específico que liste procedimentos para evitar esses crimes. Esse manual deve ser aprovado pela diretoria da instituição e citar algumas operações suspeitas que merecem um monitoramento mais detalhado, incluindo operações com pessoas expostas politicamente no Brasil e no estrangeiro. Esse monitoramento deve ser feito pela própria instituição e não deve ultrapassar 45 dias, devendo ser formalizado em dossiê, independentemente da comunicação ao COAF.

As regulamentações que tratam do assunto são, por vezes, repetitivas e mencionam que as instituições têm que comunicar ao COAF operações de depósito, saque ou pagamento que tenham sido feitas em espécie e de valor igual ou superior a R$ 50.000,00.

Por sua vez, a Circular BACEN n. 3.858/2020 regulamentou os critérios para aplicação das penalidades administrativas previstas na Lei n. 9.613/1998 e aplicáveis: (i) às instituições financeiras; (ii) às demais instituições sob supervisão do BACEN; (iii) aos integrantes do Sistema de Pagamentos Brasileiro; e (iv) às pessoas físicas que atuem como administradoras de instituições financeiras e demais instituições autorizadas pelo BACEN.

Dica: visando mantê-lo atualizado sobre essa regulamentação, lembre-se de que disponibilizamos no QR Code ao lado todos os normativos sobre PLD/FT, que inclui a Carta Circular BACEN n. 4.001/2020. Não deixe de estudar o material. Além de ser importante para você como profissional de mercado, também pode cair na prova alguma situação ali listada.

A regra prevê a aplicação (cumulativa ou não) das seguintes penalidades para aqueles que cometem as infrações previstas na lei:

- advertência;
- multa, limitada à/ao: (i) dobro do valor da operação relevante; (ii) dobro do lucro real obtido ou que presumivelmente seria obtido pela realização da operação; ou (iii) valor de R$ 20.000.000,00;
- inabilitação pelo prazo de até 10 anos para exercício do cargo de administrador (quando a infração for considerada grave ou quando ocorrer reincidência específica, devidamente caracterizada em transgressão anteriormente punida com multa); e
- cassação da autorização para funcionamento (que deverá ser aplicada nos casos de reincidência específica de infrações anteriormente punidas com inabilitação temporária).

O cálculo das penalidades levará em conta diversos fatores e prevê circunstâncias agravantes e atenuantes, que implicarão acréscimo ou decréscimo de 20% sobre o valor da multa, além de outras especificidades, podendo chegar a um aumento de 100% no valor da pena.

Por fim, a norma prevê as seguintes penas-base, sem considerar atenuantes e agravantes, de multa por irregularidades nos casos de:

- identificação de clientes (*Know Your Customer* – KYC), atualização de cadastro e manutenção de registro de transações: R$ 250.000,00 a R$ 2.000.000,00;
- políticas, procedimentos e controles internos para prevenção à lavagem de dinheiro: R$ 500.000,00 a R$ 6.000.000,00;
- comunicações ao COAF: 1 a 20% sobre o valor total da operação passível de comunicação; e
- comunicação ao COAF sobre a não ocorrência de operações comunicáveis: R$ 20.000,00 a R$ 150.000,00.

4.3.2.6 Cumprimento de sanções de indisponibilidade de ativos impostas por resoluções do Conselho de Segurança das Nações Unidas

A Lei n. 13.260/2016 regulamenta o disposto no inciso XLIII do art. 5º da Constituição Federal, disciplinando o terrorismo, tratando de disposições investigatórias e processuais e reformulando o conceito de organização terrorista. Segundo seu texto, a pena por receber, prover, oferecer, obter, guardar, manter em depósito, solicitar, investir, de qualquer modo, direta ou indiretamente, recursos, ativos, bens, direitos, valores ou serviços de qualquer natureza, para o planejamento, a preparação ou a execução dos crimes previstos na lei é de 15 a 30 anos de reclusão, além de serem delitos inafiançáveis e insuscetíveis de graça ou anistia.

Por sua vez, a Lei n. 13.810/2019 dispõe sobre o cumprimento de sanções impostas por resoluções do Conselho de Segurança das Nações Unidas (CSNU), incluída a indisponibilidade de ativos de pessoas naturais e jurídicas e de entidades, e a designação nacional de pessoas investigadas ou acusadas de terrorismo, de seu financiamento ou de atos a ele correlacionados. A lei é clara, vedando todos os brasileiros, residentes ou não, pessoas físicas ou jurídicas ou entidades em território brasileiro, descumprir, por ação ou omissão, sanções impostas por resoluções do CSNU ou por designações de seus comitês de sanções, em benefício de terceiros, inclusive para disponibilizar ativos, direta ou indiretamente, em favor dessas pessoas ou entidades. Além disso, o Ministério da Justiça e Segurança Pública manterá lista de pessoas físicas e jurídicas cujos ativos estiverem sujeitos à indisponibilidade em decorrência de resoluções do CSNU ou de designação de seus comitês de sanções, de requerimento de outro país ou de designação nacional, quando investigadas ou acusadas de terrorismo, de seu financiamento ou de atos a ele correlacionados.

Todos os órgãos que, de algum modo, fiscalizam atividades passíveis de se confrontarem com atos que indiquem lavagem de dinheiro ou financiamento ao terrorismo estão de olhos bem abertos à prevenção de tais atos e, portanto, aprovaram normas a esse respeito. Entre esses órgãos está a Comissão de Valores Mobiliários (CVM), que, por meio da Resolução CVM n. 50/2021, emitiu regras claras a serem cumpridas pelos participantes do mercado de valores mobiliários, no tocante aos ilícitos aqui abordados, deixando bem claro que seus regulados devem cumprir as medidas estabelecidas nas resoluções sancionatórias do CSNU ou as designações de seus comitês de sanções que determinem a indisponibilidade de ativos, de quaisquer valores, de titularidade, direta ou indireta, de pessoas naturais, jurídicas ou de entidades, nos termos da Lei n. 13.810/2019 aqui referida.

Estão sujeitos, portanto, a informar, sem demora, ao Ministério da Justiça e Segurança Pública (ou outro que venha a substituí-lo) e à CVM, a existência de pessoas e ativos sujeitos às determinações de indisponibilidade a que deixaram de dar o imediato cumprimento, justificando as razões para tanto. A indisponibilidade aqui mencionada refere-se à proibição de transferir, converter, trasladar, disponibilizar ativos ou deles dispor, direta ou indiretamente, incidindo inclusive sobre os juros e outros frutos civis e rendimentos decorrentes do contrato.

Assim como a CVM, o BACEN também não se furtou de estabelecer procedimentos para a execução, pelas instituições autorizadas a funcionar pelo BACEN, das medidas determinadas pela Lei n. 13.810. Assim como na Resolução da CVM, a indisponibilidade refere-se à proibição de transferir, converter, trasladar, disponibilizar ativos ou deles dispor, direta ou indiretamente, devendo sua administração, guarda ou custódia seguir o disposto na referida Lei.

As instituições autorizadas a funcionar pelo BACEN devem monitorar as determinações de indisponibilidade, bem como eventuais informações a serem observadas para o seu atendimento, visando ao seu cumprimento imediato, independentemente da comunicação do BACEN, feita por meio do sistema BC Correio.

4.3.2.7 Políticas e procedimentos de PLD/FT: organismos nacionais e de cooperação internacional

Convenção de Viena, Decreto n. 154/1991

A Convenção de Viena foi realizada em 1988, tendo estabelecido as primeiras linhas no combate à lavagem de dinheiro. Embora tratasse apenas do tráfico de drogas e de substâncias entorpecentes como crime antecedente, foi um marco importante no combate à lavagem de dinheiro por ter definido o tipo penal.

Além desse primeiro esboço da tipificação criminal, a Convenção dispôs sobre a cooperação internacional e previu a inversão do ônus da prova ao que se refere à origem ilícita dos bens do acusado, bem como a possibilidade de quebra do sigilo bancário.

Embora não tenha sido o único tratado internacional, foi um marco nesse campo. Por meio da Convenção de Viena, a internacionalização do crime de lavagem de dinheiro passou a ganhar destaque internacional. Uma vez que o referido delito evoluiu muito com o passar dos anos, bem como as organizações criminosas, esses crimes adquiriram uma dimensão global e os países se viram obrigados a fomentar uma estratégia que ultrapassasse barreiras nacionais e buscasse um mecanismo de cooperação internacional.

Em 26 de julho de 1991, a Convenção de Viena foi incorporada ao ordenamento brasileiro pelo Decreto n. 154, que tem como propósito promover a cooperação entre as Partes que assinaram a referida Convenção, a fim de que se possa fazer frente, com maior eficiência, aos diversos aspectos do tráfico ilícito de entorpecentes e de substâncias psicotrópicas que tenham dimensão internacional. No cumprimento das obrigações que tenham sido contraídas em virtude dessa Convenção, as Partes se comprometeram a adotar as medidas necessárias, compreendidas as de ordem legislativa e administrativa, de acordo com as disposições fundamentais de seus respectivos ordenamentos jurídicos internos.

A adesão à Convenção de Viena reconhece que a erradicação de tráfico ilícito é responsabilidade coletiva de todos os Estados e que, para esse fim, é necessária uma ação coordenada no nível da cooperação internacional. Reconhece, também, a competência das Nações Unidas em matéria de fiscalização de entorpecentes e de substâncias psicotrópicas.

Por fim, as Partes se comprometeram a adotar medidas necessárias para confiscar os produtos derivados dos delitos ou de bens cujo valor seja equivalente ao produto. Não obstante, quem praticar o delito de tráfico de entorpecente é passível de extradição, entre outras formas de cooperação entre os países signatários.

Convenção Internacional para Supressão do Financiamento do Terrorismo

Sabedores de que uma das formas de prevenir o terrorismo é dificultando o seu financiamento, os países, por meio das Nações Unidas, assinaram algumas convenções internacionais visando à cooperação dos Estados signatários para prevenção desses delitos dentro e fora de seus territórios, identificando os criminosos, adotando regulamentações que proíbam abertura de contas cujos titulares ou beneficiários não sejam identificados e obrigando as instituições financeiras a manter todos os registros de transações tanto domésticas quanto internacionais referentes aos últimos 5 anos, como previamente mencionado neste capítulo. A Convenção Internacional para Supressão do Financiamento do Terrorismo, adotada pela Assembleia-Geral das Nações Unidas, entrou em vigor internacional em 10 de abril de 2002, tendo sido promulgada pelo Brasil por meio do Decreto n. 5.640/2005.

Grupo de Ação Financeira contra a Lavagem de Dinheiro e o Financiamento do Terrorismo

Como se sabe, é por meio da prevenção à lavagem de dinheiro que os recursos provenientes de crimes como tráfico de drogas, armas e pessoas, corrupção, sequestro, crimes contra o sistema financeiro e contra a administração pública podem ser identificados, dificultando sua integração à economia formal como se fosse dinheiro de origem lícita. Sabedores da necessidade de cooperação internacional para prevenção desses crimes, foi criado o GAFI em 1989, uma organização intergovernamental cujo propósito é desenvolver políticas de combate à lavagem de dinheiro e ao financiamento do terrorismo e da proliferação de armas de destruição em massa.

Criado durante reunião do G7 em Paris, o GAFI desenvolveu uma série de recomendações, consideradas o padrão internacional para o combate aos crimes aqui mencionados. Elas formam a base para uma resposta internacional coordenada às ameaças de integridade do sistema financeiro.

O Brasil é membro do GAFI e signatário de convenções das Nações Unidas sobre o tema PLD/FT, tendo assumido o compromisso de seguir e implementar suas 40 recomendações, entre elas a que dispõe sobre a obrigatoriedade da existência de uma FIU com jurisdição nacional e autonomia operacional, papel esse exercido pelo COAF, que é constituído no modelo administrativo, o que significa que realiza trabalhos de inteligência financeira, não sendo de sua competência realizar investigações, bloquear valores, deter pessoas, realizar interrogatórios e outras atividades dessa natureza, papel esse de órgãos como polícia e Ministério Público.

4.3.3 Conceito de abordagem baseada em risco para PLD/FT

4.3.3.1 Avaliação Interna de Risco

As pessoas físicas e jurídicas reguladas pela CVM e pelo BCB devem realizar avaliação interna com o objetivo de identificar, analisar, compreender, mensurar e mitigar o risco de utilização de seus produtos e serviços na prática da lavagem de dinheiro, do financiamento do terrorismo e da proliferação de armas de destruição em massa – PLD/FT. Esses procedimentos devem ser formalizados em manual específico e mantido atualizado, além de ser compatível com o perfil de risco do cliente. Toda essa informação deve ser guardada em sistemas informatizados.

Vale mencionar que, no caso de pessoas jurídicas ou entidades, é importante identificar e avaliar não somente a empresa, mas seus acionistas, procuradores, prepostos, administradores e beneficiários finais.

Pessoa Exposta Politicamente

Uma obrigação importante e descrita na norma é a qualificação do cliente como Pessoa Exposta Politicamente ou não. De acordo com a Circular BACEN n. 3.978/2020, consideram-se pessoas expostas politicamente:

- os detentores de mandatos eletivos dos Poderes Executivo e Legislativo da União; os ocupantes de cargo, no Poder Executivo da União, como Ministros e altos executivos de entidades da administração pública indireta; e servidores públicos DAS nível 6 ou equivalente;
- os membros do Conselho Nacional de Justiça, do Supremo Tribunal Federal, dos Tribunais Superiores, dos Tribunais Regionais Federais, dos Tribunais Regionais do Trabalho, dos

Tribunais Regionais Eleitorais, do Conselho Superior da Justiça do Trabalho e do Conselho da Justiça Federal;
- os membros do Conselho Nacional do Ministério Público, o Procurador-Geral da República, o Vice-Procurador-Geral da República, o Procurador-Geral do Trabalho, o Procurador-Geral da Justiça Militar, os Subprocuradores-Gerais da República e os Procuradores-Gerais de Justiça dos Estados e do Distrito Federal;
- os membros do Tribunal de Contas da União, o Procurador-Geral e os Subprocuradores-Gerais do Ministério Público junto ao Tribunal de Contas da União;
- os presidentes e os tesoureiros nacionais, ou equivalentes, de partidos políticos;
- os Governadores e os Secretários de Estado e do Distrito Federal, os Deputados Estaduais e Distritais, os presidentes, ou equivalentes, de entidades da administração pública indireta estadual e distrital e os presidentes de Tribunais de Justiça, Tribunais Militares, Tribunais de Contas ou equivalentes dos Estados e do Distrito Federal;
- os Prefeitos, os Vereadores, os Secretários Municipais, os presidentes, ou equivalentes, de entidades da administração pública indireta municipal e os Presidentes de Tribunais de Contas ou equivalentes dos Municípios;
- as pessoas que, no exterior, sejam chefes de Estado ou de governo; políticos de escalões superiores; e os ocupantes de cargos governamentais de escalões superiores; oficiais-generais e membros de escalões superiores do Poder Judiciário; executivos de escalões superiores de empresas públicas; ou dirigentes de partidos políticos;
- os dirigentes de escalões superiores de entidades de direito internacional público ou privado.

Se o cliente for residente no exterior, as instituições devem adotar pelo menos duas das seguintes providências: (i) solicitar declaração expressa do cliente a respeito da sua qualificação; (ii) recorrer a informações públicas disponíveis; e (iii) consultar bases de dados públicas ou privadas sobre pessoas expostas politicamente.

A condição de pessoa exposta politicamente permanece válida por 5 anos seguintes à data em que a pessoa deixou de se enquadrar nas categorias anteriormente mencionadas.

4.3.3.2 Política direcionada às características e aos riscos relevantes da instituição

Não só os clientes e seus representantes devem ser avaliados para mitigar risco. É necessário que as instituições adotem e implementem regras, procedimentos e controles internos consistentes com o seu porte, bem como o volume, a complexidade e o tipo das atividades que desempenham no mercado financeiro, de forma a viabilizar a fiel observância das disposições das normas, contemplando, inclusive:

- a análise prévia para efeitos de mitigação de riscos de LD/FTP de novas tecnologias, serviços e produtos;
- a seleção e o monitoramento de administradores, funcionários, agentes autônomos de investimento e prestadores de serviços relevantes contratados pela instituição, com o objetivo de garantir padrões elevados de seus quadros; e
- a forma pela qual o diretor responsável pelo *compliance* da instituição acessará as informações necessárias para o devido gerenciamento de riscos de PLD/FTP.

4.3.3.3 Controle de efetividade das políticas e procedimentos

Para que o controle seja feito de modo efetivo, é necessário adotar e implementar regras (escritas e passíveis de verificação), procedimentos e controles internos consistentes com o seu porte, bem como com o volume, a complexidade e o tipo das atividades que desempenham no mercado de valores mobiliários de forma a viabilizar a fiel observância do que dispõe a Resolução CVM n. 50, cap. II, e a Circular BACEN n. 3.978/2020, cap. IV.

A norma da CVM, por exemplo, prevê que as instituições devem manter programa de treinamento contínuo para administradores, funcionários, agentes autônomos de investimento e prestadores de serviços relevantes contratados, destinado inclusive a divulgar a sua política de PLD/FTP, assim como as respectivas regras, procedimentos e controles internos.

Por fim, como você acabou de aprender, a prevenção de crimes de lavagem de dinheiro e assemelhados é realizada por meio de um conjunto de ações de controle voltadas ao cliente, denominada *Know Your Customer* (KYC), ou "Conheça seu Cliente", em português, mas não se limita a isso. Outras frentes de prevenção atualmente têm tomado relevância, por exemplo, o "Conheça seu Funcionário", o "Conheça seu Fornecedor" e o "Conheça seu Parceiro".

4.3.4 Aplicação do princípio "Conheça seu Cliente"

4.3.4.1 Função do cadastro e implicações de um cadastro desatualizado. Análise da capacidade financeira do cliente

O cadastro se constitui um importante elemento para o combate à lavagem de dinheiro. Conforme mencionado na Seção 4.3.2.2, a identificação dos clientes e a manutenção de registros são procedimentos mandatórios nas normas de PLD/FTP e um forte aliado do profissional de relacionamento com o cliente, evitando que ele incorra em riscos desnecessários que podem arruinar sua carreira e a vida da instituição financeira na qual trabalha.

Entretanto, não basta ter cadastro, ele deve estar atualizado. A atualização é obrigatória e visa conhecer os clientes, incluindo procedimentos de verificação, coleta, validação e atualização de informações cadastrais. Isso é válido também para os funcionários da instituição financeira e seus prestadores de serviços relevantes. Se o cadastro do cliente não estiver atualizado, fica vedado aceitar suas ordens de movimentação, exceto nas hipóteses de pedidos de encerramento de conta ou de alienação ou resgate de ativos.

Dada a relevância do tema, o Anexo B à Resolução CVM n. 50 lista o conteúdo que deve constar no cadastro do cliente. Além das informações básicas, como nome, endereço, número de CPF, identidade, ocupação profissional, estado civil e dados do cônjuge, quando aplicável, seus rendimentos e situação patrimonial, seu perfil, se tem procurador e seus dados e se é pessoa politicamente exposta. Lembrando que todos esses dados devem ser confirmados e, por isso, é solicitado que o cliente entregue cópia de identidade e comprovante de residência. Os mesmos dados são requeridos do seu procurador, quando houver, dos proprietários de empresas e dos beneficiários finais da conta.

4.3.4.2 O princípio "Conheça seu Cliente" como forma de proteção da instituição financeira e do profissional

O cadastro é o primeiro passo para conhecer o cliente. Em seguida, devem ser confirmados se os dados fornecidos são verdadeiros. Esses dados devem ser conservados por um período de 5 anos, contados a partir do primeiro dia do ano seguinte ao término do relacionamento com o cliente ou da conclusão das operações.

O cadastro não deve ser apenas uma exigência legal, mas uma forma eficiente de coletar informações sobre o cliente e, dessa forma, permitir a análise da capacidade financeira do cliente e confrontá-la com as operações que ele esteja pleiteando fazer. A política de "Conheça seu Cliente" é mais do que uma simples obrigação normativa. Trata-se de um procedimento pelo qual a instituição financeira evidencia o conhecimento do cliente, sendo possível conhecer seu histórico, sua idoneidade, forma de atuação, cadeia produtiva e outros elementos que permitam o entendimento de sua atuação financeira.

Várias normas abordam o tema. A própria ANBIMA menciona em seu Código de Distribuição de Produtos de Investimento que as instituições Participantes da Associação devem ter um "manual" com as regras de seus procedimentos de KYC, contendo, no mínimo:

- procedimento adotado para aceitação de investidores, incluindo procedimento para análise e validação dos dados, bem como a forma de aprovação dos investidores;
- indicação dos casos em que são realizadas visitas aos investidores em sua residência, local de trabalho ou instalações comerciais;

- indicação do sistema e ferramentas utilizadas para realizar o controle das informações, dos dados e das movimentações dos investidores;
- procedimento de atualização cadastral;
- procedimento adotado para identificar a pessoa natural caracterizada como beneficiário final;
- procedimento adotado para veto de relacionamento em razão dos riscos envolvidos.

A abordagem da instituição financeira deve ser baseada em risco para garantir que as medidas de prevenção e mitigação sejam proporcionais aos riscos identificados e assegurem o cumprimento das normas. Deve-se:

- elencar todos os produtos oferecidos, serviços prestados, respectivos canais de distribuição e ambientes de negociação e registro em que atuem, segmentando-os minimamente em baixo, médio e alto risco de LD/FTP; e
- classificar os respectivos clientes por grau de risco de LD/FTP, segmentando-os minimamente em baixo, médio e alto risco.

4.3.5 Procedimentos destinados a conhecer funcionários, parceiros e prestadores de serviços terceirizados

Toda precaução é pouca no que se refere à prevenção de crimes de lavagem de dinheiro, terrorismo e proliferação de armas de destruição em massa. Sabedor de que é importante conhecer todos os envolvidos nas operações financeiras, o BACEN, por meio de sua Circular n. 3.978/2020, dedica um capítulo ao tema, obrigando as instituições que estão sob sua fiscalização a implementar procedimentos destinados a conhecer seus parceiros e prestadores de serviços terceirizados, incluindo procedimentos de identificação e qualificação, devidamente formalizados em documento atualizado.

As instituições devem classificar as atividades exercidas por seus funcionários, parceiros e prestadores de serviços terceirizados em categorias de risco definidas na avaliação interna de risco da própria instituição, considerando, no mínimo, os perfis de risco de seus clientes, seu modelo de negócio e a área geográfica de sua atuação, das operações, transações, produtos e serviços, abrangendo todos os canais de distribuição e a utilização de novas tecnologias e das atividades exercidas pelos funcionários, parceiros e prestadores de serviços terceirizados.

O risco identificado deve ser avaliado quanto à sua probabilidade de ocorrência e à magnitude dos impactos financeiro, jurídico, reputacional e socioambiental para a instituição. Devem ser definidas categorias de risco que possibilitem a adoção de controles de gerenciamento e de mitigação reforçados para as situações de maior risco e a adoção de controles simplificados nas situações de menor risco. Quando disponíveis, devem ser utilizadas, como subsídio à avaliação interna, avaliações realizadas por entidades públicas do país relativas ao risco de PLD/FT.

Por fim, assim como no processo de KYC, é fundamental que essa classificação em categorias de risco seja mantida atualizada, bem como as informações dos funcionários, parceiros e prestadores de serviços terceirizados. O mesmo cuidado deve recair sobre contratos com instituições financeiras sediadas no exterior e participantes de arranjo de pagamento do qual a instituição também participe.

4.4 NORMAS E PADRÕES ÉTICOS

4.4.1 Crimes e ilícitos contra o mercado de capitais

4.4.1.1 Conceito de tipologia aberta e suas implicações para os profissionais

De modo a simplificar as pesquisas e o entendimento dos eventos, o ser humano costuma classificar os eventos em categorias, e é aí que a tipologia se enquadra. Tipologia é, portanto, a ciência que estuda os tipos, uma diferença intuitiva e conceitual de formas de modelo ou básicas, sendo muito usada na área de estudos sistemáticos para definir diferentes categorias.

A utilização de tipos em muito facilita a área do Direito, na medida em que enquadra os eventos, tipificando os elementos necessários à caracterização do fato gerador de determinado delito ou base de cálculo para tributação.

Existem dois conceitos envolvendo o conceito de tipologia:

1. **Tipologia fechada**: neste caso, o texto legal é composto de termos determinados, limitando sensivelmente o papel do intérprete na captura da norma, prestigiando o papel do legislador.
2. **Tipologia aberta**: quem defende este tipo argumenta que dificilmente a linguagem chega à qualidade da determinação e nem mesmo os números seriam precisos. Logo, pela própria natureza, os tipos são abertos. Defendem também a ideia de que quanto mais fechado um texto, menos responsivo é à realidade e às mudanças sociais e, portanto, mais obsoleto se torna com o passar do tempo.

Há muita discussão com relação à essa questão. Segundo alguns autores, a indeterminação não é algo bom e a determinação deve ser buscada. Para outros, a tipologia fechada é uma mentira. No meu entender e de outros autores, a defesa da tipicidade aberta exige uma renovação do pensar, um questionamento sobre a possibilidade de substituição dos instrumentos que atuam na defesa da segurança.

No meio de tanta polêmica, fala-se no princípio da determinação. Por ser princípio e não regra, coabita de maneira harmoniosa com o fato de que a linguagem é indeterminada, mas imprime essa finalidade de dar prosseguimento na determinação como processo e não qualidade intrínseca, dando protagonismo ao judiciário, uma vez que ele assume esse ônus da determinação.

Mas como esse conceito traz implicações para o mercado financeiro?

Até pouco tempo, a norma que vigorava sobre crimes contra o mercado de valores mobiliários era de 1979. Entretanto, com a sofisticação do mercado e as subjetividades da interpretação dos atos ilícitos, houve necessidade de um novo ordenamento jurídico que respondesse aos novos tempos. A resposta da CVM às questões de interpretação dos atos veio com a Resolução CVM n. 62, de 19 de janeiro de 2022, que elenca as operações ou práticas incompatíveis com a regularidade que se pretende assegurar ao mercado de capitais, por meio de normas consideradas abertas e que, portanto, permitem uma interpretação menos rígida. Em outras palavras, a aplicação das normas será feita de acordo com as peculiaridades de cada caso concreto.

4.4.1.2 Manipulação do mercado e de preços

4.4.1.2.1 Conceitos

Confira, a seguir, o que consta nas normas sobre questões de manipulação do mercado (art. 27-C da Lei n. 6.385/1976) e de preços (art. 2º, II, da Resolução CVM n. 62).

Manipulação do mercado

De acordo com o art. 27-C da Lei n. 6.385/1976, manipular o mercado significa realizar "operações simuladas ou executar outras manobras fraudulentas destinadas a elevar, manter ou baixar a cotação, o preço ou o volume negociado de um valor mobiliário, com o fim de obter vantagem indevida ou lucro, para si ou para outrem, ou causar dano a terceiros".

Manipulação de preços

A Resolução CVM n. 62/2022 veda as práticas de criação de condições artificiais de demanda, oferta ou preço de valores mobiliários, manipulação de preço, realização de operações fraudulentas e uso de práticas não equitativas de mercado. Confira a norma:

- "Condições artificiais de demanda, oferta ou preço de valores mobiliários: aquelas criadas em decorrência de negociações pelas quais seus participantes ou intermediários, por ação ou omissão dolosa provocarem, direta ou indiretamente, alterações no fluxo de ordens de compra ou venda de valores mobiliários;
- **Manipulação de preços**: a utilização de qualquer processo ou artifício destinado, direta ou indiretamente, a elevar, manter ou baixar a cotação de um valor mobiliário, induzindo terceiros à sua compra e venda.

4.4.1.2.2 Spoofing

Spoofing é uma forma de manipulação de mercado, na qual um *trader* coloca uma ordem na bolsa, mas não tem interesse de mantê-la, ou seja, o investidor – normalmente investidores sofisticados que operam com ajuda de algoritmos e robôs de negociação de alta frequência – coloca ordens de compra e/ou de venda no *book* da bolsa sem a intenção de executá-la, apenas a fim de manipular o preço. Isso acontece porque o investidor que tem boa-fé normalmente consulta o *book* de ofertas antes de colocar seu preço. Em outras palavras, ele é influenciado pelo que vê na tela do *book* de ofertas, que inclui a ordem do *spoofer*.

4.4.1.2.3 Layering

No caso do *spoofing*, o *trader* colocou uma ordem de compra ou venda sobre uma ação com a intenção de cancelá-la antes da execução. Já o **layering** acontece quando o *trader* coloca múltiplas ordens que também não pretende executar.

Por exemplo, para comprar uma ação a um preço inferior ao do mercado, o *trader* inicialmente coloca ordens para vender a um preço abaixo do que está no *book* de ofertas. Isso pode levar outros investidores a baixar também seus preços ao perceberem uma pressão vendedora. O *trader* pode colocar ordens de venda subsequentes para a segurança, a preços sucessivamente baixos, à medida que o preço de venda vai caindo, e assim aumenta a pressão vendedora. Quando o preço atingir o patamar desejado, o *trader* finalmente coloca uma oferta real de compra do ativo ao menor preço e cancela todas as ordens de venda.

4.4.1.2.4 *Manipulação de* benchmark

Mas não só ativos específicos estão sujeitos à manipulação de preços. Isso também acontece com *benchmarks*. Há não muito tempo, foi detectada uma fraude que envolvia a *London Interbank Offering Rate* (LIBOR).[2]

---

[2] A LIBOR é a taxa de juros referencial diária, semelhante à nossa Taxa DI, e calculada com base na média das taxas de juros oferecidas para grandes empréstimos entre os bancos internacionais que operam no mercado de Londres. É muito utilizada, como referência, nas transações internacionais.

Você pode estar se perguntando: por que alguém se daria ao trabalho de manipular um *benchmark*? Note que esses índices são usados para muitos fins, como remuneração (*vide* exemplo de CDBs que rendem X% do CDI), comparação de rentabilidade, fundos de índice (ETF) etc. Logo, como a competitividade dos agentes do mercado é real, e tendo em vista que o desejo pela rentabilidade de alguns investidores pode ultrapassar questões éticas, os mercados financeiros aceleraram a proposta de alteração regulatória para introduzir a manipulação de *benchmarks* na regulação de abuso de mercado.

Na Europa, desde 2016 já existem regras de prevenção à manipulação de tais índices. Foram criadas categorias, conforme o grau de influência do índice sobre a estabilidade dos mercados financeiros. A norma também determinou que todos os administradores de *benchmark* devem ser autorizados por autoridade competente, ou registrados, independentemente da categoria em que atuem. Os dados utilizados na elaboração dos *benchmarks* também estarão sujeitos a padronizações para garantir maior qualidade e precisão. Resumindo, há regras de governança e transparência que visam à prevenção de conflitos de interesse.

4.4.2 Uso indevido de informação privilegiada e outras práticas não equitativas de preços

4.4.2.1 Conceito

Segundo a Lei n. 6.385/1976, é considerado crime contra o mercado de capitais "utilizar informação relevante de que tenha conhecimento, ainda não divulgada ao mercado, que seja capaz de propiciar, para si ou para outrem, vantagem indevida, mediante negociação, em nome próprio ou de terceiros, de valores mobiliários".

Por sua vez, a CVM estabelece, na Resolução CVM n. 62/2022, como prática não equitativa "aquela de que resulte, direta ou indiretamente, efetiva ou potencialmente, um tratamento para qualquer das partes, em negociações com valores mobiliários, que a coloque em uma indevida posição de desequilíbrio ou desigualdade em face dos demais participantes da operação".

4.4.2.2 Insider trading

Por *inside information* são entendidas aquelas informações de conhecimento restrito (se for de conhecimento público não pode ser *inside information*), relativas a empresas com valores mobiliários emitidos, tais como ações, debêntures e *commercial papers*, quando tais informações tenham importância suficiente para afetar o julgamento dos investidores ao comprar, vender ou manter a sua posição, ou para influenciar o preço do título no mercado.

A pessoa que, em virtude de cargo, função ou atividades prestadas a determinada companhia, tenha acesso à informação capaz de influir de modo ponderável na cotação de valores mobiliários de sua emissão é considerada *insider*. Em outras palavras, um *insider* é aquele que pode ter acesso privilegiado a determinadas informações a respeito da vida da companhia.

Se essa pessoa negocia com as ações da companhia a cujas informações pode ter acesso privilegiado, fica configurada a operação de *insider trading*.[3]

O fato de o *insider* realizar operações com ações da companhia não é, necessariamente, um ato ilícito. Isto é, **quem detém a informação**, em princípio, não comete uma irregularidade. Ele só será irregular quando houver uso indevido de informação privilegiada, ou seja, quando a pessoa negocia com valores mobiliários da companhia tendo conhecimento de informações não reveladas ao público e capazes de, quando reveladas, influir de modo ponderável na cotação dos valores mobiliários negociados, prejudicando a economia como um todo. Daí o princípio da obrigatoriedade da pronta divulgação de informação relevante ser baseado na ideia de que o público deve ter a oportunidade de pautar suas decisões de investimento pela melhor informação disponível, garantindo a eficiência da alocação de recursos no mercado.

A CVM recomenda às companhias que orientem seus administradores e outros elementos capazes de ter acesso privilegiado a informações que procedam de forma a evitar a compra de valores mobiliários de sua emissão em situações especiais.

No Brasil, *insider trading* é considerado crime financeiro e, portanto, passível de punição. De acordo com o art. 27-D da Lei n. 10.303, de 31 de outubro de 2001, a pena é de reclusão, de 1 a 8 anos, e multa de até 3 vezes o montante da vantagem ilícita obtida em decorrência do crime. O infrator pode, também, sofrer punições administrativas, como suspensão do exercício do cargo de administração em companhias ou entidades ligadas ao mercado de capitais, ou suspensão da autorização ou registro para o exercício das atividades das quais a lei trata. Além disso, a pessoa prejudicada pela operação pode buscar uma indenização por perdas e danos.

O *insider trading* pode ocorrer de duas maneiras:

1. **Insider trading primário**: ocorre quando o crime financeiro é cometido por um indivíduo que tem acesso natural direto à informação privilegiada, como alguém que tenha esse conhecimento devido ao seu cargo ou função na empresa, como administradores, acionistas ou até prestadores de serviços, como advogados ou auditores contábeis.

2. **Insider trading secundário**: acontece quando alguém que negocia o título recebe a informação confidencial de um agente primário. Esse repasse pode ser proposital, como uma "dica", ou de forma indireta, como o vazamento de alguma informação de forma acidental. Esse repasse era, até relativamente poucos anos, negligenciado, mas a evolução nas normas criou o conceito do *insider* secundário, permitindo punição aos assessores financeiros por transmissão de informação, independentemente da realização de negociações. Afinal, considera-se que a informação é privilegiada quando não é de conhecimento público e visa obter vantagem em negociações de valores mobiliários. Ela é considerada crime financeiro e caracterizada quando uma pessoa tem acesso a informações importantes que podem mexer com o valor de um ativo.

---

3 *To trade* é um verbo do idioma inglês que significa negociar. Logo, o *insider trader* é um negociador que tem informações de dentro da companhia.

4.4.2.3 Front running

Front running é a prática por meio da qual um negociador de valores mobiliários, futuros e derivativos assume a posição para capitalizar a informação antecipada de realização de uma futura grande transação que pode modificar os preços do mercado.

Evidencia-se um *front running* quando um funcionário, de posse da "ordem" de um cliente, parte na frente em seu próprio benefício dando uma "ordem" na mesma direção, para a sua carteira pessoal.

Também podemos exemplificar essa prática irregular quando um operador recebe determinada ordem e, antes de executá-la, registra outra ordem, em seu nome ou no de um "laranja", executando-a em primeiro lugar, invertendo a operação contra o cliente que lhe deu a ordem.

Responsabilização: prática não equitativa.

4.4.2.4 Exercício Irregular de Cargo, Profissão, Atividade ou Função Regulada

Dada a natureza da atividade de *banking*, que está o tempo todo lidando com recursos de terceiros, a maior parte das atividades no mercado financeiro e, principalmente, na área de investimentos, é regulada. Dessa maneira, muitas profissões requerem licença do órgão regulador para seu exercício.

A Lei n. 6.385/1976, art. 27-E, menciona que não é permitido:

> [...] exercer, ainda que a título gratuito, no mercado de valores mobiliários, a atividade de administrador de carteira, de assessor de investimento, de auditor independente, de analista de valores mobiliários, de agente fiduciário ou qualquer outro cargo, profissão, atividade ou função, sem estar, para esse fim, autorizado ou registrado na autoridade administrativa competente, quando exigido por lei ou regulamento.

A pena para esse tipo de delito é de detenção de 6 meses a 2 anos, e multa.

4.4.2.5 Omissão imprópria

Ocorre a omissão quando o profissional devia e podia agir para evitar o resultado. O dever de agir incumbe a quem:

- tenha por lei obrigação de cuidado, proteção ou vigilância;
- de outro modo, assumiu a responsabilidade de impedir o resultado;
- com seu comportamento anterior, criou o risco da ocorrência do resultado.

Esse conhecimento é importante porque o art. 13 do Código Penal menciona que "o resultado, de que depende a existência do crime, somente é imputável a quem lhe deu causa. Considera-se causa a ação ou omissão sem a qual o resultado não teria ocorrido".

4.5 CÓDIGO ANBIMA DE DISTRIBUIÇÃO DE PRODUTOS DE INVESTIMENTO

A ANBIMA organizou diversos códigos de regulação e melhores práticas, conforme já mencionado neste livro. Em virtude da extensão do seu conteúdo, são apresentados, a seguir, os principais pontos do Código de Distribuição de Produtos de Investimento, objeto da prova de certificação.

O Código de Distribuição tem por objetivo estabelecer princípios e regras para a Distribuição de Produtos de Investimento visando promover, entre outros aspectos, elevados padrões éticos e práticas equitativas no mercado. Se o cliente for governo ou pessoa jurídica dos segmentos *middle* e *corporate*, a instituição participante fica dispensada de seguir o Código.

O profissional de investimento deve alertar o cliente quanto aos riscos dos investimentos oferecidos, bem como administrar e mitigar eventuais conflitos de interesse que possam afetar a imparcialidade das pessoas envolvidas na negociação com o cliente. Além disso, a confidencialidade deve ser assegurada pela instituição que está ofertando o produto.

As instituições participantes devem fazer gestão de riscos de suas atividades, de forma a controlar e mitigar os riscos atribuídos à sua atividade, com papéis e responsabilidades claramente definidas de seus profissionais.

O material publicitário deve incluir, em destaque, um *link* que direcione os investidores ao material técnico sobre o produto, assegurando que o cliente possa ter acesso a todas as informações, características e fatores de risco do investimento.

Quando o material técnico fizer menção à rentabilidade, são obrigatórios os seguintes avisos: "Rentabilidade obtida no passado não representa garantia de resultados futuros" e "A rentabilidade divulgada não é líquida de impostos".

Quando o produto não for coberto pelo Fundo Garantidor de Crédito (FGC), deve constar: "O investimento em Produto X não é garantido pelo Fundo Garantidor de Crédito". Se fizer referência à simulação de rentabilidade: "As informações presentes neste material técnico são baseadas em simulações, e os resultados reais poderão ser significativamente diferentes".

É obrigatório que as instituições participantes tenham processo formal de "Conheça seu Cliente", que deve ser feito no início do relacionamento e durante o processo cadastral, identificando a necessidade de visitas pessoais em suas residências ou no local de trabalho.

Há uma seção só para tratar do processo de *suitability*. O Código é claro: não é permitido recomendar produtos de investimento, realizar operações ou prestar serviços sem que verifiquem sua adequação ao perfil do investidor, devendo ter um processo formal detalhado, que deve ser atualizado a cada 24 meses, no máximo. Dada a relevância desse tema e por questões didáticas, o processo de *suitability* é tratado com detalhes no Capítulo 5, Seções 5.2 e 5.3.

O Código de Distribuição define como serviço de *private banking* a prestação de planejamento financeiro, a indicação de soluções financeiras e a proposta de portfólio de produtos e serviços exclusivos para clientes que tenham capacidade financeira de, no mínimo, R$ 3 milhões. Nesse caso, a instituição participante que oferece o serviço de *private* deve ter, além de outros requisitos, 75% de seus gerentes de relacionamento certificados com Certified Financial Planner (CFP®).

Quando houver um Selo ANBIMA no material técnico ou de divulgação do produto, isso indica somente o compromisso da instituição participante em atender às disposições do Código.

É, por fim, permitido que as instituições participantes realizem a subscrição de cotas dos Fundos 555[4] e dos Fundos de Investimento em Direitos Creditórios (FIDC) por conta e ordem de seus respectivos investidores, mas, nesse caso, além de assumirem todos os ônus e responsabilidades relacionados aos investidores, as movimentações devem ser efetuadas de forma segregada, a fim de que os bens e direitos integrantes do patrimônio de cada um dos investidores não se comuniquem com o patrimônio daquele que está distribuindo as cotas.

---

4 Apesar da Instrução CVM n. 555 ter sido revogada pela Resolução CVM n. 175, o mercado ainda chama os fundos de renda fixa, ações, multimercados e cambiais de fundos 555.

Dica: para ler o conteúdo que faz parte do programa da prova, você deve acessar o QR Code ao lado. São mencionados no programa da prova os seguintes itens do Código de Distribuição:
- Capítulos I, II, IV e V (seções II e IV).
- Capítulo VIII, seções I, II, III e VI.
- Capítulo IX, seções I, II, III e IV (subseções I e II).
- Capítulos XI, XII e XIII.
- Anexo I, capítulos I e II.

MAPA MENTAL

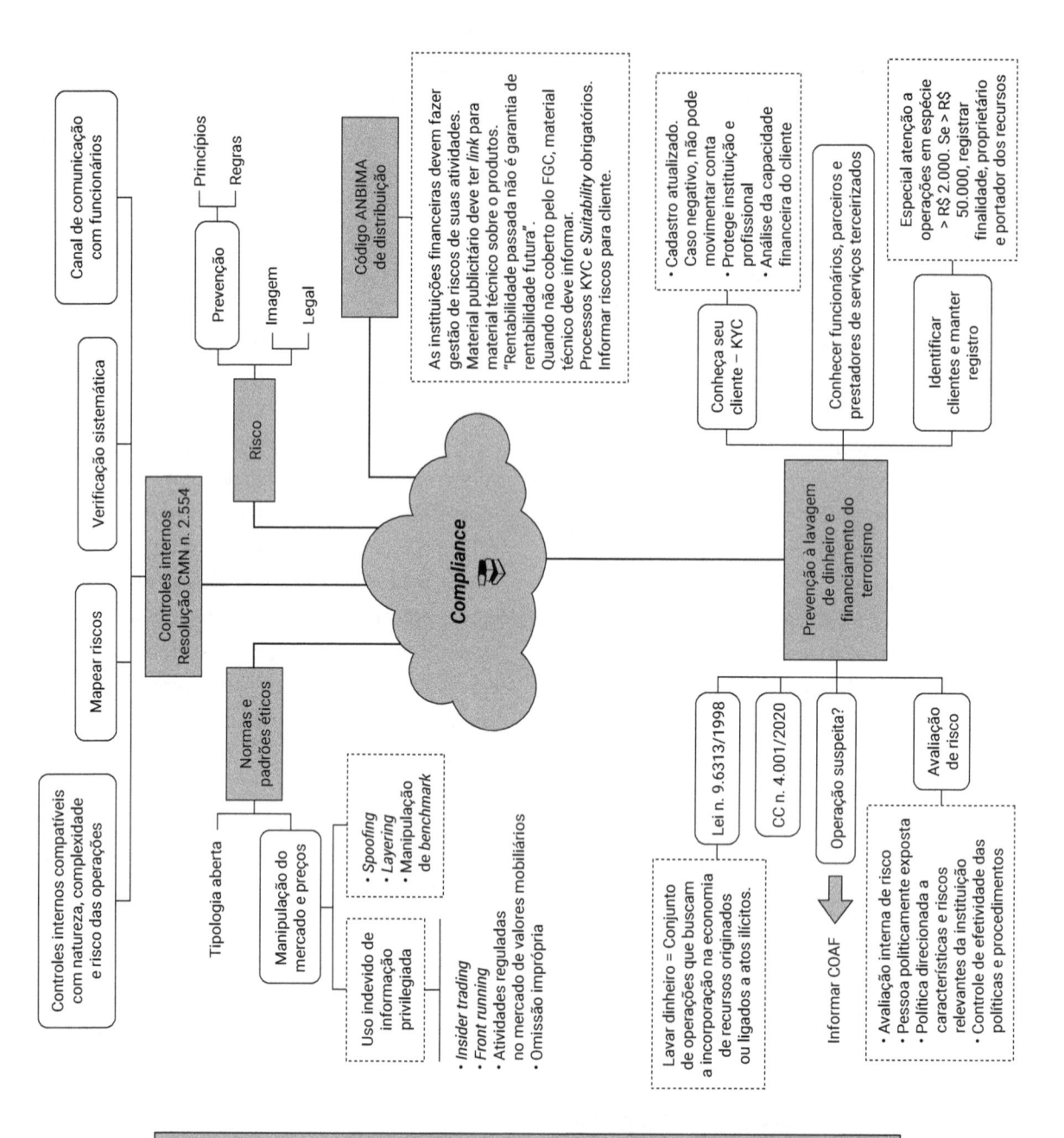

Compliance

- **Canal de comunicação com funcionários**
- **Verificação sistemática**
- **Mapear riscos**
- **Controles internos compatíveis com natureza, complexidade e risco das operações**
- **Controles internos Resolução CMN n. 2.554**
  - **Risco**
    - Prevenção
      - Princípios
      - Regras
    - Imagem
    - Legal
  - **Código ANBIMA de distribuição**
    - As instituições financeiras devem fazer gestão de riscos de suas atividades.
    - Material publicitário deve ter *link* para material técnico sobre o produtos.
    - "Rentabilidade passada não é garantia de rentabilidade futura".
    - Quando não coberto pelo FGC, material técnico deve informar.
    - Processos KYC e *Suitability* obrigatórios.
    - Informar riscos para cliente.
  - **Normas e padrões éticos**
    - Tipologia aberta
    - Manipulação do mercado e preços
      - *Spoofing*
      - *Layering*
      - Manipulação de *benchmark*
    - Uso indevido de informação privilegiada
      - *Insider trading*
      - *Front running*
      - Atividades reguladas no mercado de valores mobiliários
      - Omissão imprópria

- **Prevenção à lavagem de dinheiro e financiamento do terrorismo**
  - Conheça seu cliente – KYC
    - Cadastro atualizado.
    - Caso negativo, não pode movimentar conta
    - Protege instituição e profissional
    - Análise da capacidade financeira do cliente
  - Conhecer funcionários, parceiros e prestadores de serviços terceirizados
  - Identificar clientes e manter registro
    - Especial atenção a operações em espécie > R$ 2.000. Se > R$ 50.000, registrar finalidade, proprietário e portador dos recursos
  - Lei n. 9.6313/1998
    - Lavar dinheiro = Conjunto de operações que buscam a incorporação na economia de recursos originados ou ligados a atos ilícitos.
  - CC n. 4.001/2020
  - Operação suspeita? → Informar COAF
  - Avaliação de risco
    - Avaliação interna de risco
    - Pessoa politicamente exposta
    - Política direcionada a características e riscos relevantes da instituição
    - Controle de efetividade das políticas e procedimentos

Relação dos QR Codes com a legislação e regulamentação citadas nas dicas da Seção 4.3.2			
Lei n. 9.613/1998	[QR]	Circular BACEN n. 3.858/2017	[QR]
Lei n. 13.260/2016	[QR]	Circular BACEN n. 3.978/2020	[QR]

Relação dos QR Codes com a legislação e regulamentação citadas nas dicas da Seção 4.3.2			
Lei n. 13.810/2019		Carta circular BACEN n. 4.001/2020	
Resolução CVM n. 50		Decreto n. 154/1991	
Resolução BACEN n. 44		Decreto n. 5.640/2005	

EXERCÍCIOS DE FIXAÇÃO

1. A resposta brasileira ao movimento internacional de combate à lavagem de dinheiro veio com a edição da Lei n. 9.613/1998 e a criação do seguinte órgão:
   a) SRF.
   b) GAFI.
   c) COAF.
   d) BACEN.

2. A lavagem de dinheiro consiste fundamentalmente em:
   a) Um processo em que clientes estabelecem alternativas financeiras para reduzir a carga tributária em suas operações.
   b) Um conjunto de operações financeiras realizadas exclusivamente em paraísos fiscais, com o objetivo de inibir a ação e o controle fiscal.
   c) Operações ilícitas que buscam otimizar seus rendimentos.
   d) Um processo pelo qual o criminoso transforma recursos ganhos de forma ilícita em ativos com origem aparentemente legal.

3. Um corretor de valores mobiliários recebe ordem de compra de R$ 1 milhão em ações da XAZP3. Durante a conversa, o investidor lhe conta sobre uma conversa que presenciou em um restaurante sobre uma aquisição e fusão que está por se concretizar entre a XAZP3 e outra empresa. Com o intuito de obter lucro, o corretor se apressa em comprar R$ 19.900,00 em ações da XAZP3 antes dos demais. Essa prática é considerada:
   a) Normal, pois a comunicação não foi formal.
   b) Fraudulenta, pois o investidor está induzindo o corretor a um erro.
   c) De manipulação, pois a operação do corretor se utiliza de processo destinado a alterar o preço do mercado.
   d) Não equitativa, pois o corretor está em uma posição de desequilíbrio face os demais participantes da operação.

4. De acordo com a Lei n. 9.613/1998, considera-se que alguém está lavando dinheiro quando:
   a) Oculta a natureza, a origem, a localização, a disposição e movimenta bens e direitos provenientes do tráfico de armas e terrorismo.
   b) Oculta a natureza, a origem, a localização, a disposição e movimenta bens, direitos ou valores provenientes, direta ou indiretamente, de qualquer infração penal.
   c) Oculta a natureza, a origem, a localização, a disposição e movimenta bens e direitos provenientes do tráfico de armas e drogas.
   d) Oculta a natureza, a origem, a localização, a disposição e movimenta bens e direitos provenientes do tráfico de drogas e terrorismo.

5. Conforme determinado na regulamentação do Banco Central, as instituições financeiras estão obrigadas a conservar os documentos cadastrais de seus respectivos clientes pelo prazo de:
a) 2 anos, a partir do encerramento da conta.
b) 4 anos, a partir do primeiro dia útil do ano subsequente ao encerramento da conta.
c) 5 anos, a partir do encerramento da conta.
d) 10 anos, a partir do primeiro dia útil do ano subsequente ao encerramento da conta.

6. Complete a frase a seguir.
"Se o banco imagina que pode estar ocorrendo alguma operação suspeita de determinado cliente, ele deve comunicar à/ao _____, em até _____."

a) delegacia mais próxima – 48 horas.
b) CVM e ao Banco Central – 24 horas.
c) COAF – o próximo dia útil.
d) COAF – dois dias úteis.

7. Um gerente de um banco comercial recebe um pedido de empréstimo de uma concessionária de veículos, sua cliente há 10 anos, com a qual, coincidentemente, no dia anterior, estava negociando a compra de um novo carro. Diante dos fatos, foi recomendado ao gerente cancelar a compra do veículo, evitando-se, dessa forma, uma conduta empresarial repudiada:
a) Informação privilegiada.
b) Abuso do poder econômico.
c) Conflito de interesses.
d) Concentração econômica.

8. O sistema de uma instituição financeira notou que um cliente efetuou uma transação com valor incompatível com a renda declarada. Como deve ser tratado esse caso?
a) O cliente deve ser convidado a mudar de instituição.
b) Essa transação deve ser tratada como suspeita de crime de lavagem de dinheiro.
c) A instituição financeira deve cancelar a transação imediatamente.
d) O cliente deve ser aconselhado para, nas próximas vezes, fazer várias operações menores.

9. Um cliente demonstra interesse em aplicar em determinado produto do banco, o que não infringe seu perfil de investidor. Na pressa de fechar o negócio, você acata a solicitação de investimento do cliente sem explicar os riscos do produto. Você:
a) Infringiu o Código ANBIMA de Distribuição de Produtos de Investimento, que deixa explícita a necessidade de esclarecer os riscos envolvidos no investimento.
b) Não infringiu o Código ANBIMA de Distribuição de Produtos de Investimento porque o produto estava em consonância com o perfil do cliente.
c) Infringiu o Código ANBIMA de Distribuição de Produtos de Investimento e o Código de Ética da CVM.
d) Não infringiu o Código ANBIMA de Distribuição de Produtos de Investimento nem o Código de Ética da CVM.

10. O nome de um cliente e de seu banco vêm sendo veiculados fortemente na mídia por terem realizado uma operação ilegal, causando uma série de danos à reputação da instituição. Esse é um exemplo de que tipo de risco?
a) De imagem.
b) Operacional.
c) Crédito.
d) Soberano.

11. Segundo a norma, o cadastro do cliente pessoa física é obrigatório e inclui, entre outras informações:
a) Tempo de permanência no emprego atual.
b) Valores de renda mensal e patrimônio.
c) Número de dependentes.
d) Última declaração de bens entregue à Receita Federal.

12. Perante a norma atual, o filho de um ex-presidente de outro país que tenha deixado o cargo há três anos e que, desde então, residia no Brasil deve ser considerado:
a) Um cidadão comum.
b) Uma Pessoa Exposta Politicamente (PEP).
c) Uma Pessoa Exposta Politicamente (PEP), desde que ateste por escrito.
d) Uma Pessoa Exposta Politicamente (PEP), desde que exerça algum cargo público no Brasil.

13. De acordo com o Código ANBIMA de Distribuição de Produtos de Investimento no Varejo, para verificar a adequação dos produtos de investimento ao perfil do investidor, as instituições participantes deverão classificar seus produtos, considerando, no mínimo:
a) O *rating* do emissor, as garantias e o perfil do investidor.
b) O perfil do investidor, suas necessidades de liquidez, sua idade e conhecimento do mercado financeiro.
c) A garantia do FGC, o percentual em títulos públicos federais, os prazos de carência e o *rating* dos emissores privados.
d) Os riscos do produto, o perfil dos emissores e prestadores de serviços do produto, a existência de garantias e os prazos de carência.

14. Um dos objetivos do Código ANBIMA de Distribuição de Produtos de Investimento é:
a) Estimular a venda de produtos financeiros no segmento de varejo.
b) Obrigar que os distribuidores abram a carteira dos fundos comercializados.
c) Treinar todos os profissionais que comercializam produtos de investimento no varejo.
d) Consagrar a institucionalização das práticas equitativas no mercado.

15. O Código ANBIMA de Distribuição de Produtos de Investimento se aplica:
a) Somente aos gerentes de relacionamento que lidam no dia a dia com os clientes investidores de varejo.
b) A todos os profissionais que participam de todas as entidades e áreas integrantes do conglomerado ou grupo que atuam na distribuição de produtos financeiros.
c) A todos os profissionais que participam de todas as entidades e áreas integrantes do conglomerado ou grupo que atuam na distribuição de produtos de investimento no varejo.
d) A qualquer funcionário da instituição participante que assinar um termo de adesão voluntariamente, prometendo seguir o Código como declaração de princípios.

16. No afã de bater a sua meta e pelo fato de o sistema do banco estar fora do ar, um gerente de relacionamento de clientes alta renda aplica o dinheiro do cliente sem adotar previamente todo o procedimento formal de "Conheça seu Cliente". De acordo com o Código ANBIMA de Distribuição de Produtos de Investimento no Varejo, essa instituição:
a) Não feriu o Código porque o gerente não tem culpa se o sistema estava fora do ar.
b) Não feriu o Código porque, apesar de tudo, o gerente de relacionamento de clientes tem metas a cumprir, dadas pela própria instituição.
c) Feriu o Código porque é obrigada a aplicar procedimentos formais de KYC antes de proceder com a aplicação do cliente.
d) Feriu o Código porque o processo de KYC é o mais importante a ser seguido pelas instituições financeiras.

17. A segregação de funções consiste fundamentalmente em:
a) Definir e atribuir responsabilidades às pessoas ou áreas envolvidas em um processo, para evitar conflito de interesses.
b) Estabelecer regras e parâmetros no poder decisório.
c) Separar as funções de forma que o chefe possa mensurar o retorno que cada profissional agrega à instituição.
d) Criar mecanismos de defesa dos interesses institucionais contra os órgãos reguladores.

18. Um investidor sofisticado, com o intuito de manipular o preço de determinado ativo, coloca múltiplas ordens no *book* de ofertas do seu *homebroker*, sem interesse em executá-las. Ele está incorrendo em alguma prática não equitativa de mercado?
a) Não, já que não vai executar as ordens.
b) Sim, à prática de *spoofing*.
c) Sim, à prática de *layering*.
d) Sim, à prática de *front running*.

GABARITO

1. c	2. d	3. d	4. b
5. c	6. c	7. c	8. b
9. a	10. a	11. b	12. b
13. d	14. d	15. c	16. c
17. a	18. c		

Capítulo 5
Análise do Perfil do Investidor

OBJETIVOS

Ao final deste capítulo, você deve ser capaz de:
→ Atender o cliente investidor de forma a adequar suas necessidades aos produtos oferecidos.
→ Compreender o processo decisório empírico do investidor.

CONTEÚDO

5.1 Resolução CVM n. 30
5.2 Importância e motivação da Análise do Perfil do Investidor para o investidor
5.3 Fatores determinantes para a adequação dos produtos de investimento às necessidades dos investidores
5.4 Finanças pessoais
   Mapa mental
   Exercícios de fixação

TEMPO ESTIMADO DE ESTUDO

Duas horas e meia.

Nota: embora no programa da prova *suitability* seja parte do tema *compliance* (Capítulo 4), acreditamos que, em virtude de sua importância, esse assunto não deve ser tratado apenas como um item de regulamentação, sendo seu cumprimento apenas parte das obrigações, e sim como uma ferramenta poderosa e uma forma correta de atender às necessidades e às expectativas do cliente.

5.1 RESOLUÇÃO CVM N. 30

A Resolução CVM n. 30 regulamenta o dever de todas as pessoas habilitadas a atuar como integrantes do sistema de distribuição e os consultores de valores mobiliários de verificar a adequação dos produtos, serviços e operações de investimento ao perfil do cliente titular da conta, ao que se dá o nome de *suitability*, um termo que vem do verbo "*to suit*" em inglês e que significa adequar, servir, ajustar, convir.

Ao fazer as considerações sobre essa adequação devem ser considerados os custos diretos e indiretos associados à operação, sendo obrigatória a verificação dos seguintes itens junto ao cliente:

i. Se o produto, o serviço ou a operação é adequado aos objetivos de investimento do cliente, devendo ser levantados os seguintes dados:
   - o período em que o cliente deseja manter o investimento;
   - as preferências declaradas do cliente quanto à assunção de riscos; e
   - as finalidades do investimento.

ii. Se a situação financeira do cliente é compatível com o produto, o serviço ou a operação. Checar:
   - o valor das receitas regulares declaradas pelo cliente;
   - o valor e os ativos que compõem o patrimônio do cliente; e
   - a necessidade futura de recursos declarada pelo cliente.

iii. Se o cliente possui conhecimento necessário para compreender os riscos relacionados ao produto, ao serviço ou à operação:
   - os tipos de produtos, serviços e operações com os quais o cliente tem familiaridade;
   - a natureza, o volume e a frequência das operações já realizadas pelo cliente no mercado de valores mobiliários, bem como o período em que tais operações foram realizadas; e
   - a formação acadêmica e a experiência profissional do cliente.

A aplicação de um questionário de Análise do Perfil do Investidor (API) foi a forma encontrada para levantar essa gama de questões, e o resultado final é a classificação pelo distribuidor em categorias de perfil de risco previamente estabelecidas, que variam de três (conservador, moderado ou agressivo) até cinco, dependendo da instituição.

A categorização abrange tanto o perfil do cliente quanto os produtos, que devem ser classificados de acordo com as características que possam afetar sua adequação ao perfil do cliente. Em muitas instituições, os produtos são classificados por números que indicam o seu risco. Essa análise dos produtos deve levar em consideração, no mínimo:

- os riscos associados ao produto e seus ativos subjacentes;
- o perfil dos emissores e prestadores de serviços associados ao produto;
- a existência de garantias; e
- os prazos de carência.

A Resolução CVM n. 30 deixa claro que é vedado aos participantes do sistema de distribuição de investimentos recomendar produtos ou serviços ao cliente quando:

- o produto ou serviço não seja adequado ao perfil do cliente;
- não sejam obtidas as informações que permitam a identificação do perfil do cliente; ou
- as informações relativas ao perfil do cliente não estejam atualizadas.

Por fim, o distribuidor é obrigado a manter as informações sobre o perfil do cliente atualizadas a cada 24 meses, no máximo. Afinal, a vida é dinâmica e muita coisa pode mudar nesse intervalo, sem falar em questões que se referem à Lei de Prevenção à Lavagem de Dinheiro e Financiamento ao Terrorismo.

No caso de distribuidor pessoa jurídica, ele é obrigado a:

- estabelecer regras e procedimentos escritos, bem como controles internos passíveis de verificação;
- adotar políticas internas específicas relacionadas à recomendação de produtos complexos que ressaltem os riscos da estrutura em comparação com a de produtos tradicionais e a dificuldade em se determinar seu valor, inclusive em razão de sua baixa liquidez; e
- indicar um diretor estatutário responsável pelo cumprimento da Resolução CVM n. 30.

5.2 IMPORTÂNCIA E MOTIVAÇÃO DA ANÁLISE DO PERFIL DO INVESTIDOR PARA O INVESTIDOR

O processo de *suitability* não deve ser entendido simplesmente como um processo burocrático e normativo, e sim como uma ferramenta importante para o investidor e a relação deste como seu gerente de relacionamento.

Nós, autores deste livro, temos décadas de experiência no mercado e já assistimos a aberrações de profissionais da área comercial tentando empurrar produtos ao cliente que não condiziam à sua necessidade e perfil, sempre visando aumentar a rentabilidade da carteira do próprio distribuidor ou por puro desconhecimento de ferramentas de investimento que equilibram risco e retorno à necessidade do cliente. Por isso, vemos com muito bons olhos a recomendação do regulador sobre a necessidade de averiguação do perfil do cliente para indicar produtos de investimento que se adequem ao seu perfil, objetivos e necessidades.

Além de questões éticas, o processo de *suitability* ajuda o investidor a melhor se conhecer e, portanto, fazer melhores escolhas para sua carteira. Já o profissional do comercial tem a oportunidade de se aproximar do cliente, uma das variáveis fundamentais de sua retenção. Afinal, compreendendo melhor as necessidades e os objetivos do cliente, o profissional fará um melhor trabalho, que será reconhecido pelo cliente. Portanto, todos sairão satisfeitos na aplicação da norma.

Mas nem sempre você é obrigado a seguir essa regra. Se o cliente desejar investir em um produto que não se adequa ao seu perfil, o gerente de relacionamento deve, antes da primeira operação com a categoria de valor mobiliário, alertar o cliente acerca da ausência ou desatualização de perfil ou da sua inadequação, com a indicação das causas da divergência. Além disso, deve obter declaração expressa do cliente de que está ciente da ausência, desatualização ou inadequação de perfil. Essa obrigação é dispensada quando o cliente estiver, comprovadamente, implementando recomendações fornecidas por consultor de valores mobiliários autorizado pela Comissão de Valores Mobiliários (CVM).

A aplicação do procedimento fica dispensada:

- se o cliente for investidor qualificado pessoa jurídica de direito público ou privado; ou
- pessoa física cuja carteira de valores mobiliários seja administrada discricionariamente por administrador de carteiras de valores mobiliários autorizado pela CVM ou tiver seu perfil definido por um consultor de valores mobiliários autorizado pela CVM e esteja implementando a recomendação por ele fornecida. Nesse caso, o distribuidor deve exigir do cliente a avaliação de seu perfil feita pelo consultor.

5.3 FATORES DETERMINANTES PARA A ADEQUAÇÃO DOS PRODUTOS DE INVESTIMENTO ÀS NECESSIDADES DOS INVESTIDORES

O perfil do investidor é um reflexo de suas metas e seus objetivos. Ele define quanto de risco alguém deseja tomar, bem como o tipo de retorno que se espera obter. Com base nesse perfil, o executivo que está aconselhando o cliente pode determinar no que o cliente deve alocar seus recursos, uma vez que cada classe de ativo carrega um nível diferente de risco. O perfil do investidor define quanto deve ser investido em ações, renda fixa e outras classes de ativos e quanto deve ficar em liquidez.

Desse modo, o perfil do cliente deverá ser orientado pelo objetivo do investimento do cliente; a compatibilidade da sua situação financeira com o produto, serviço ou operação; seu conhecimento (formação acadêmica e experiência profissional) necessário para compreender os riscos relacionados ao produto, serviço ou operação.

Alguns critérios determinam o perfil do investidor. É comum o executivo de investimento solicitar que o cliente preencha um questionário, por meio do qual será possível identificar o seu perfil. O objetivo é conhecer aspectos básicos, como volume de dinheiro disponível para investir, necessidade de liquidez, idade, finalidades do investimento e outras informações adicionais, como veremos a seguir. Afinal, cada indivíduo é único e assim deve ser tratado.

O executivo de investimento deve atualizar as informações relativas ao perfil de seus clientes em intervalos não superiores a 24 meses e proceder à nova análise e classificação.

Resumindo, o primeiro passo em um processo de investimento é traçar o perfil do cliente. Há vários questionários, uns mais detalhados, outros mais concisos. Uma correta avaliação do perfil do cliente passa pelas seguintes definições: fontes de riqueza, medidas de riqueza, necessidade de liquidez, ciclo de vida, grau de conhecimento do mercado financeiro e grau de tolerância a correr riscos.

5.3.1 Objetivo do investidor

Os objetivos devem ser muito bem definidos. "O que deseja o investidor?" Essa é a pergunta-chave, pois seus investimentos devem ser alocados de acordo com os seus objetivos. Logo, é fundamental que o investidor avalie as suas expectativas individuais e as características do ativo financeiro considerado como de seu interesse. No caso de um fundo de investimento, por exemplo, a leitura do prospecto é de grande valia para avaliar o objetivo do produto e saber se ele está de acordo com o objetivo do investidor.

Muitas vezes, o cliente olha apenas a coluna de rentabilidade quando analisa um investimento. Entretanto, sabemos que essa informação não é suficiente para tomar uma decisão, pois os fatores de risco devem ser avaliados também. Se, por exemplo, há expectativas de retornos maiores em dado investimento, é de se esperar um risco maior. Como se diz em mercado, "não há almoço grátis".

O ajustamento das opções de investimento à tolerância ao risco por parte do investidor pode dar-se pela seleção do ativo adequado, em combinação com a proporção de recursos destinados à aquisição desse ativo. Há que se considerar, ainda, o prazo de expectativa para que se cumpra o objetivo de um investimento.

Traduzindo em miúdos, se o objetivo do investidor é acumular para a aposentadoria, fundos de previdência devem estar na mira, assim como outros investimentos que visam ao longo prazo, como ações, por exemplo. Se o objetivo dele é a preservação do capital apenas, ativos com baixo risco devem ser oferecidos. Se o objetivo é renda, ações de empresas que pagam bons dividendos podem ser consideradas para a sua carteira, além de outros ativos que paguem juros periódicos, como é o caso da NTN-B e da NTN-F, além de diversas debêntures. Caso o cliente deseje poupar para trocar seu carro, aplicações de renda fixa costumam ser mais adequadas. E assim por diante. Resumindo, o correto, tratando-se de investimentos, é iniciar conhecendo os objetivos do investidor.

5.3.2 Horizonte de investimento e idade do investidor

5.3.2.1 Horizonte de investimento e necessidade de liquidez

Um fator determinante para melhor alocar os recursos do cliente é conhecer quando ele necessitará do valor a ser investido. Por exemplo, se ele está juntando dinheiro para fazer uma viagem no final do ano, não se pode indicar investimentos cuja liquidez seja superior a esse prazo, a menos que o cliente já tenha outro investimento em valor suficiente para cobrir essa sua necessidade no prazo certo.

Liquidez é a capacidade de transformar ativos em moeda corrente no menor espaço de tempo possível sem alterar substancialmente o valor do ativo. Títulos públicos federais geralmente apresentam alta liquidez. Já seguros de vida, títulos privados de dívida, imóveis e participações em empresas não listadas na bolsa são exemplos de ativos de baixa liquidez.

Mesmo uma estratégia bem definida, a partir das necessidades claramente declaradas pelo investidor, pode mudar com o tempo. É preciso prever a possibilidade de um revés no decorrer da duração do investimento. No caso do investidor de 25 anos, por exemplo, pode surgir a necessidade de reconstruir sua moradia em decorrência de um acidente não segurado, ou de uma separação conjugal, o que o obrigará a dispor de parte de seu plano de aposentadoria prematuramente. Para isso, é preciso que pelo menos parte da carteira tenha liquidez suficiente para não provocar uma perda substancial do capital investido até aquele momento.

Logo, saber das reais necessidades de recursos do cliente é fundamental para fazer recomendações de investimento. Há indivíduos, por exemplo, que vivem de renda de investimento financeiro. Nesses casos, torna-se fundamental indicar investimentos que paguem, por exemplo, juros periódicos ou que permitam resgate antes do vencimento.

5.3.2.2 Idade do investidor e ciclo de vida

A definição do ciclo de vida do indivíduo é muito importante, pois ele define a prioridade em que os recursos devem ser alocados. Os diversos ciclos de vida podem ser resumidos conforme a seguir e demonstrados na Figura 5.1.

- **Fase de acumulação**: indivíduos em começo de carreira estão em sua fase de acumulação. Nessa fase, as necessidades de curto prazo (como pagamentos da casa própria ou troca de carro), bem como as de longo prazo (como juntar para a aposentadoria ou para a faculdade dos filhos), têm que ser balanceadas na definição dos investimentos. Entretanto, dado que nessa fase os investidores tipicamente têm expectativas de renda crescente, eles geralmente fazem investimentos arriscados na esperança de obter retornos acima da média.
- **Fase de consolidação**: nessa fase, as pessoas normalmente já têm suas carreiras consolidadas, já pagaram a maioria das suas dívidas e provavelmente têm os recursos para pagar a faculdade dos seus filhos. Os ganhos normalmente excedem as despesas. Logo, esse excesso pode ser investido para a aposentadoria ou despesas de planejamento sucessório. No entanto, o típico horizonte de tempo é ainda longo (20 a 30 anos). Então, os riscos moderados costumam ser atrativos nessa fase.
- **Fase de distribuição**: tipicamente, a fase de distribuição começa quando o indivíduo se aposenta. Os custos fixos costumam ser cobertos pela pensão e pela renda proveniente dos investimentos feitos ao longo da vida.

Uma vez que a acumulação se extinguiu (apesar de alguns aposentados trabalharem para aumentar a renda), os indivíduos nessa fase buscam preservação do capital. Além disso, têm que balancear seus desejos de preservação do valor nominal de sua poupança com as necessidades para se proteger contra a inflação. A expectativa de vida média do brasileiro ao se aposentar é de 73 anos. Supondo que esse investidor pertença à classe A ou B, essa média é, naturalmente, maior. Ainda há de se preocupar por mais uns 10 anos de vida (supondo aposentadoria aos 65 anos). Logo, uma carteira para um indivíduo de 65 anos, apesar de menos arriscada do que na fase anterior, ainda precisa assumir algum investimento de risco que permita crescimento e que a proteja da inflação.

5.3.3 Risco *versus* retorno: capacidade de assumir risco e sua tolerância ao risco

A maneira como o investidor lida com a perda é também muito importante para determinar como o seu dinheiro será alocado. Se uma carteira de investimento tem uma queda de 20% em 1 ano e o investidor aproveitar essa oportunidade para comprar ativos adicionais que estão com o preço baixo, a sua tolerância ao risco é alta. Se, entretanto, liquidar sua carteira e vender tudo, ele tem uma baixa tolerância ao risco.

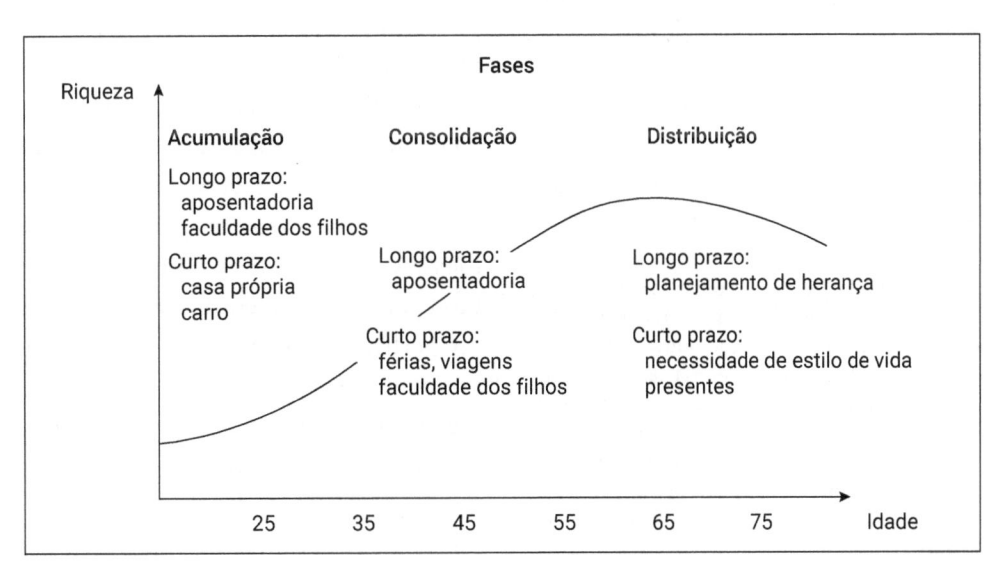

Figura 5.1 Acumulação e queda da riqueza de um indivíduo durante o seu ciclo de vida.

Um investidor com um perfil conservador assume o menor risco possível. O retorno de uma carteira conservadora pode ser modesto, mas também são modestas as chances de ele perder dinheiro. Já pessoas com perfil agressivo não têm tanto medo de fazer investimentos arriscados. Elas costumam esperar os maiores retornos na sua carteira, embora esse resultado nem sempre seja possível.

Mas sem um mínimo de risco, não há retorno, certo? E é esperado escolher que tipo de risco aceitar ou até que nível de risco o investidor tem certa tranquilidade. Dentro dessa concepção, Markowitz desenvolveu um modelo básico de carteira que mostra a importância da variância[1] como medida de risco de um portfólio, sob alguns pressupostos acerca do comportamento do investidor:

- os investidores consideram cada alternativa de investimento como sendo representada por uma distribuição de probabilidade dos retornos esperados durante um período;
- os investidores maximizam sua curva de utilidade;[2]
- os investidores estimam o risco do portfólio com base na variabilidade dos retornos esperados;
- os investidores baseiam suas decisões somente em retorno esperado e risco. Logo, suas curvas de utilidade são uma função do retorno esperado e da variância esperada (ou desvio-padrão) dos retornos somente;
- para um dado nível de risco, os investidores preferem retornos maiores a retornos mais baixos (B é preferível a C, na Figura 5.2). De modo semelhante, para dado nível de retorno esperado, os investidores preferem menos risco a mais risco (A é preferível a C).

Com base nessas premissas, Markowitz desenvolveu o que chamou de fronteira eficiente, que vislumbra o apontado, é apresentada na Figura 5.2 e será desenvolvida com mais detalhes no Capítulo 15, Mensuração, Gestão de *Performance* e Risco.

A Figura 5.2 mostra que a inclinação da curva da fronteira eficiente diminui constantemente à medida que se move para cima. Isso implica que, adicionando porções iguais de risco à medida que se move para cima, a fronteira eficiente responde com incrementos decrescentes de retorno esperado.

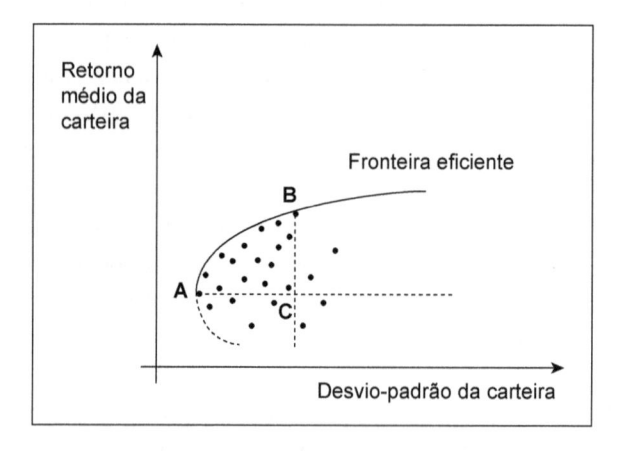

Figura 5.2 Fronteira eficiente de Markowitz.

Um investidor racional deverá escolher aquela combinação que maximiza o retorno esperado para um menor nível possível de risco, ou o menor risco para um mesmo retorno esperado. Desse modo, plotadas as diferentes situações para risco e retorno, o investidor racional deverá optar pela curva AB, na medida em que atende a essa orientação.

O mercado apresenta uma variedade de investimentos para diferentes perfis, objetivos, prazos e tolerância a riscos. O investidor só precisa escolher a modalidade mais adequada às suas necessidades e ao seu perfil de investidor, lembrando sempre que, para se obter mais retorno, é necessário assumir algum grau maior de risco. Esse risco pode ser mensurado e, dadas as diversas opções de investimento, podemos, dentro do mesmo nível de risco, escolher os ativos que têm a melhor relação risco × retorno.

---

1 A variância é a média dos quadrados das diferenças entre os pontos e a sua média. É uma medida de dispersão, assim como o desvio-padrão, que é a raiz quadrada da variância.

2 Utilidade é uma maneira de os economistas expressarem a satisfação que determinado bem dará ao consumidor. Teoricamente, um tomador de decisão que se defrontasse com um problema envolvendo risco deveria decidir baseado somente no valor esperado. Entretanto, a satisfação que ele recebe de cada unidade monetária adicional não é constante, tendendo a declinar marginalmente à medida que aumenta seu retorno. Por exemplo: você pode ter desejo de tomar sorvete, mas o seu desejo vai diminuindo à medida que vai saboreando o sorvete, até um ponto que não deseja mais.

5.3.4 Diversificação: vantagens e limites de redução do risco incorrido

Uma das técnicas para reduzir o risco na seleção de ativos é a diversificação. A diversificação é a melhor estratégia de investimento e significa "não colocar todos os ovos em uma mesma cesta". Com a diversificação, o investidor consegue suportar perdas em algumas aplicações, porque poderá estar ganhando em outras.

Por meio da diversificação, o investidor evita a concentração de seus investimentos em determinado setor, em dada empresa ou em característica de ativos. Por exemplo, se o investidor pretende fazer uma carteira de ações e não dispõe de informação específica para identificar as ações mais convenientes para sua expectativa de investimento, ele deve comprar ações de diferentes companhias abertas e/ou de companhias que atuem em diferentes setores. Igualmente na formação de uma carteira de renda fixa, o investidor deve selecionar empresas, bancos ou governos emissores de maneira a pulverizar os riscos, e deve, ainda, compor seu portfólio com títulos pós e prefixados, de modo a reduzir os riscos advindos da flutuação dos juros.

Sabe-se, entretanto, que os limites da diversificação são limitados porque existe um risco que não é possível eliminar, o chamado risco sistemático, que é devido ao risco global do mercado e resultante de mudanças na economia do país. Esse assunto será melhor tratado no Capítulo 15.

Muito importante quando se fala em diversificação é tratar do tema de forma correta. Diversificar não significa apenas buscar instituições diferentes, e sim buscar riscos diferentes. Estamos falando aqui de risco de crédito, mercado e liquidez, além dos riscos operacionais e legais. Uma diversificação bem-feita, portanto, leva em consideração múltiplas variáveis, inclusive produtos e gestores diferentes.

5.4 FINANÇAS PESSOAIS

5.4.1 Conceitos de orçamento pessoal e familiar (receitas e despesas), fluxo de caixa e situação financeira

Uma das ferramentas mais importantes para melhor compreensão da situação do cliente, e que possibilita adequar as recomendações de investimento com a sua realidade, é conhecer o seu orçamento, todas as suas receitas e despesas, permitindo a montagem de um fluxo de caixa, ou seja, quanto vai sobrar ou faltar recursos periodicamente (normalmente utiliza-se o cálculo mensal). Desse modo, é possível vislumbrar a necessidade de liquidez do cliente e adequar seus investimentos à sua situação financeira, separando os investimentos em termos de liquidez imediata e de baixo risco para fazer frente a emergências e investimentos com prazos mais longos e que podem correr um nível de risco maior.

5.4.2 Patrimônio Líquido e índices de endividamento

Outro conceito de fundamental importância é a montagem do Demonstrativo Financeiro Pessoal, que nada mais é do que o Balanço Patrimonial do cliente, que lista todos os seus bens e direitos (Ativos), inclusive aqueles valores a receber, e suas dívidas (Passivo). A diferença entre o total de Ativos e o Passivo é o Patrimônio Líquido, que traduz quanto o investidor vale em termos de patrimônio, uma vez que do total dos seus bens e direitos foram deduzidas as suas dívidas.

Um conhecimento mais detalhado do patrimônio atual também é fonte para se definir a estratégia que será seguida para atingir os objetivos traçados. Isso porque, pelo conhecimento de sua riqueza, pode-se mensurar o real perfil de risco da carteira como um todo.

Além disso, conhecendo-se o nível de riqueza do cliente, é possível recomendar investimentos pontuais mais ou menos conservadores. Por exemplo, para um cliente que tenha um patrimônio de R$ 100 milhões, R$ 500 mil pode ser considerado um valor pequeno (0,5% do seu patrimônio). Logo, uma alocação em um ativo que tenha maior volatilidade pode não ser significativa. Já para um investidor que tenha um patrimônio total de R$ 800 mil, R$ 500 mil representam 62,5% do seu patrimônio, sendo um percentual muito alto para ser alocado, a princípio e na sua totalidade, em ativos de alta volatilidade para investidores com perfil moderado ou conservador.

Uma vez levantado o Balanço Patrimonial do investidor e suas receitas, também é possível traçar o seu índice de endividamento (IE), que pode ser calculado das seguintes formas:

1. IE1 = (despesa mensal ÷ receita mensal) × 100
   Indica quanto da receita está comprometida com as despesas
2. IE2 = (total das dívidas ÷ total de ativos) × 100
   Indica quanto as dívidas representam do total de ativos
3. Liquidez = total de ativos ÷ total das dívidas
4. Poder de poupança mensal = receita mensal – despesa mensal

Exemplo:

Com base nos dados a seguir, faça uma análise da situação do cliente.

Demonstrativo Financeiro Pessoal

ATIVO		PASSIVO	
Caixa	2.000	Saldo devedor na conta-corrente	5.200
Investimentos em renda fixa	64.000	Cartão de crédito	3.100
Investimentos em renda variável	10.000	Saldo devedor financiam. imóvel	341.700
FGTS a receber	37.000	**Total das dívidas**	**350.000**
Previdência privada	253.000		
Imóveis	834.000	Patrimônio líquido	850.000
Total do ativo	**1.200.000**	**Total do passivo**	**1.200.000**

- Receita média mensal (líquida de descontos e calculada com base nos últimos 12 meses): R$ 17.000,00
- Despesa média mensal (calculada com base nos últimos 12 meses): R$ 16.000,00

Cálculos:
IE1 = (R$ 16.000,00 ÷ R$ 17.000,00) × 100 = 94,1%
IE2 = (R$ 350.000,00 ÷ R$ 1.200.000,00) × 100 = 29,2%
Liquidez = R$ 1.200.000,00 ÷ R$ 350.000,00 = 3,43
Poder de poupança mensal = R$ 17.000,00 – R$ 16.000,00 = R$ 1.000,00

Resposta: O cliente gasta 94,1% de sua renda, o que lhe permite poupar, em média, R$ 1.000,00 mensalmente. O total de suas dívidas compromete 29,2% do total de seus ativos; para cada R$ 1,00 que tem em dívida, ele tem R$ 3,42 de ativo.

5.4.3 Grau de conhecimento do mercado financeiro: experiência em matéria de investimento

"Comecei a saborear os pêssegos e os damascos com muito mais gosto, desde que soube que o seu cultivo iniciou-se na China durante a dinastia Han e que foram alguns chineses capturados como reféns pelo grande rei Kaniska da Índia que os introduziram naquele país. Da Índia, essas frutas se difundiram até a Pérsia, chegando ao Império Romano no primeiro século da nossa era. Tudo isso fez com que pêssegos e damascos se tornassem ainda mais doces ao meu paladar."

Bertrand Russell

O texto anterior é de muita utilidade para ilustrar o que se pretende dizer nesta seção. Quando o investidor conhece bem os detalhes de um investimento, é capaz de julgar com mais propriedade os verdadeiros riscos e o que fazer para administrá-los. É como compreender os motivos técnicos que fazem um avião voar. Quem tem esse conhecimento não tem medo de voar.

Daí a necessidade de se conhecer melhor os verdadeiros conhecimentos do investidor e sua experiência em matéria de investimento antes de indicar qualquer investimento. O que pode parecer um investimento muito arriscado para uns pode ser considerado algo de risco administrável e tolerável para outros.

O conhecimento do funcionamento do mercado e dos instrumentos financeiros é, portanto, fundamental para que o cliente possa acessar produtos de maior risco sem entrar em pânico em momentos de grande volatilidade do mercado.

MAPA MENTAL

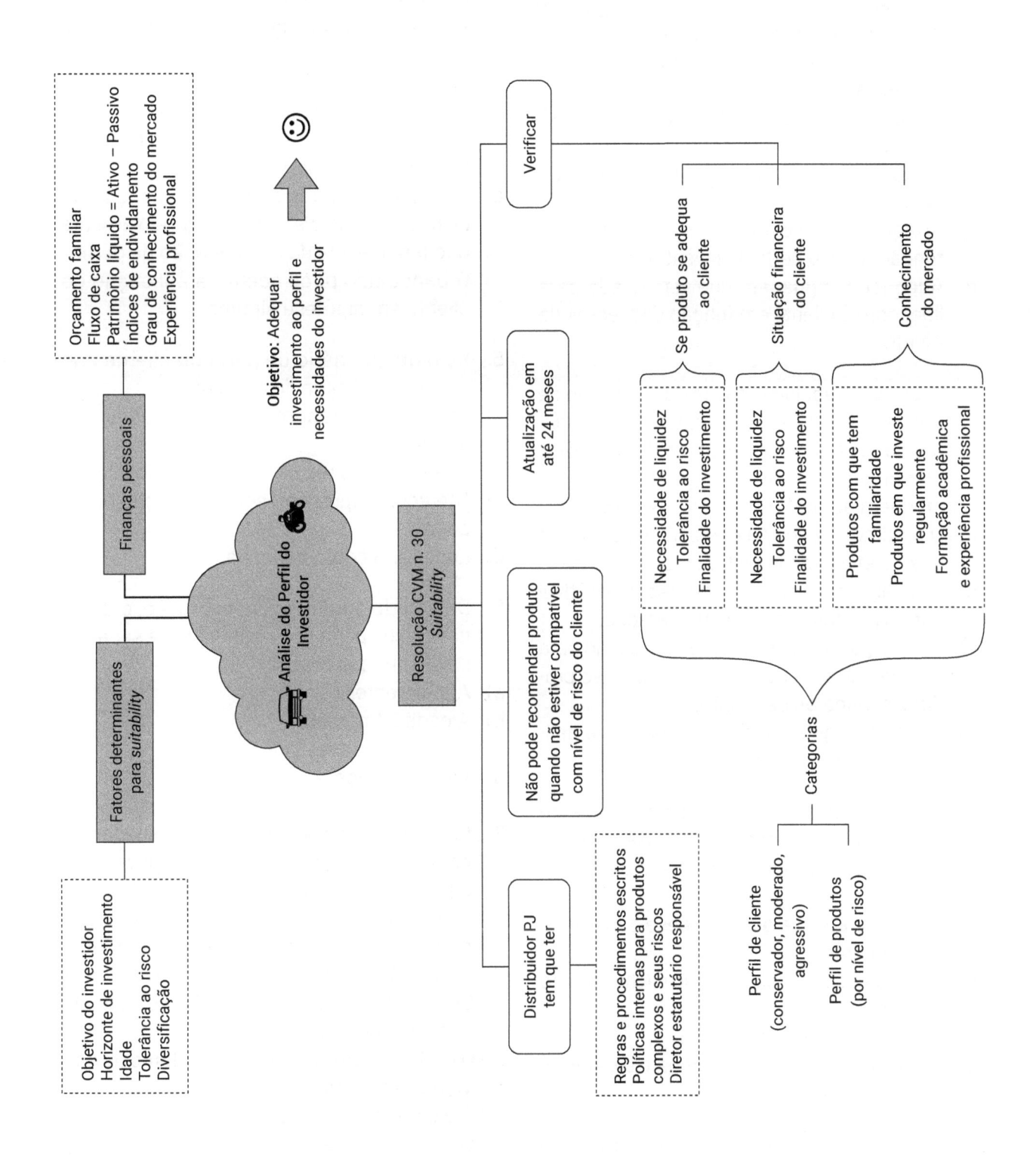

Análise do Perfil do Investidor

Objetivo: Adequar investimento ao perfil e necessidades do investidor

Finanças pessoais
- Orçamento familiar
- Fluxo de caixa
- Patrimônio líquido = Ativo – Passivo
- Índices de endividamento
- Grau de conhecimento do mercado
- Experiência profissional

Fatores determinantes para *suitability*
- Objetivo do investidor
- Horizonte de investimento
- Idade
- Tolerância ao risco
- Diversificação

Resolução CVM n. 30 – *Suitability*

Verificar
- Atualização em até 24 meses
- Não pode recomendar produto quando não estiver compatível com nível de risco do cliente

Distribuidor PJ tem que ter
- Regras e procedimentos escritos
- Políticas internas para produtos complexos e seus riscos
- Diretor estatutário responsável

Categorias
- Perfil de cliente (conservador, moderado, agressivo)
- Perfil de produtos (por nível de risco)

Se produto se adequa ao cliente
- Necessidade de liquidez
- Tolerância ao risco
- Finalidade do investimento

Situação financeira do cliente
- Necessidade de liquidez
- Tolerância ao risco
- Finalidade do investimento

Conhecimento do mercado
- Produtos com que tem familiaridade
- Produtos em que investe regularmente
- Formação acadêmica e experiência profissional

EXERCÍCIOS DE FIXAÇÃO

1. Por meio do processo de *suitability*, o gerente de relacionamento é capaz de:
a) Adequar a carteira de investimento dos seus clientes às metas estabelecidas pelo banco.
b) Adequar os produtos de investimento em função do perfil do investidor e, ao mesmo tempo, cumprir as metas estabelecidas pelo banco.
c) Adequar os investimentos do cliente em função do seu perfil de investidor.
d) Adequar a linguagem que será usada para lidar com o cliente em função das regras da ANBIMA.

2. Segundo a regulamentação da Comissão de Valores Mobiliários, o gerente de relacionamento deve seguir o processo de *suitability*, que prevê verificar se os pontos a seguir atendem ao perfil do cliente, **exceto**:
a) O produto, serviço ou operação é adequado aos objetivos de investimento do cliente.
b) A situação financeira do cliente é compatível com o produto, serviço ou operação.
c) O cliente tem conhecimento necessário para compreender os riscos relacionados ao produto, serviço ou operação.
d) A receita regular do cliente sustenta a aplicação que ele está fazendo.

3. Para averiguar se o produto de investimento é adequado aos objetivos de investimento do cliente, é fundamental checar três itens, **exceto**:
a) O período em que o cliente deseja manter o investimento.
b) As preferências declaradas do cliente quanto à assunção de riscos.
c) As finalidades do investimento.
d) O valor e os ativos que compõem o patrimônio do cliente.

4. Um cliente insiste em investir em um fundo classificado como de altíssimo risco, mesmo depois de insistentes considerações de seu gerente acerca dos riscos do fundo e de seu perfil de investidor ser extremamente conservador. Que procedimento deve ser seguido neste caso?
a) O banco pode aceitar a aplicação do cliente e, em até 24 horas, obter declaração expressa de que ele tem ciência da inadequação do produto ao seu perfil.
b) O banco pode aceitar a aplicação do cliente, bastando o alerta oral da inadequação do produto ao seu perfil.
c) O banco não pode aceitar a aplicação do cliente até que ele declare expressamente que tem ciência da inadequação de perfil.
d) O banco não pode aceitar a aplicação do cliente em hipótese alguma.

5. Se o questionário de perfil do cliente não estiver atualizado, fica vedado:
a) Fazer novas recomendações de investimento.
b) Aceitar novos recursos na conta do cliente.
c) Oferecer empréstimos na instituição financeira.
d) Encerrar a conta bancária.

6. De acordo com a regulamentação, o questionário de perfil do investidor deve ser atualizado em que prazo?
a) Anualmente.
b) A cada 24 meses.
c) A cada 36 meses.
d) A cada 5 anos.

7. Para adequar os produtos de investimento ao perfil do cliente, ambas as partes (investidor e produto) têm que ser avaliadas. Marque verdadeiro (V), se o critério fizer parte das considerações para classificar os produtos de investimento, ou falso (F), caso contrário.
( ) Os riscos associados ao produto e seus ativos subjacentes.
( ) O perfil dos emissores e prestadores de serviços associados ao produto.
( ) A existência de garantias.
( ) Os prazos de carência.
a) F; F; F; F.
b) V; V; V; V.
c) V; F; V; V.
d) V; F; V; F.

8. Indique a alternativa correta com base na situação do cliente indicada a seguir.

Demonstrativo Financeiro Pessoal

ATIVO	
Caixa	R$ 25.000,00
Investimentos em renda fixa	R$ 420.000,00
Investimentos em renda variável	R$ 40.000,00
Previdência privada	R$ 580.000,00
Imóveis	R$ 1.235.000,00
Total do ativo	**R$ 2.300.000,00**

PASSIVO	
Saldo devedor na conta-corrente	R$ 0,00
Cartão de crédito	R$ 23.300,00
Saldo devedor financiam. imóvel	R$ 541.700,00
Total das dívidas	**R$ 565.000,00**
Patrimônio líquido	R$ 1.735.000,00
Total do passivo	**R$ 2.300.000,00**

- Receita média mensal (líquida de descontos e calculada com base nos últimos 12 meses): R$ 45.000,00
- Despesa média mensal (calculada com base nos últimos 12 meses): R$ 42.000,00

a) O total de suas dívidas compromete 24,6% do total de seus ativos.
b) Para cada R$ 1,00 que tem em dívida, o cliente tem R$ 4,07 de ativo líquido.
c) O cliente gasta 94% de sua renda, o que lhe permite poupar, em média, R$ 3.000,00 mensalmente.
d) A capacidade de poupança média mensal do cliente é de 67% de sua renda líquida.

GABARITO

1. c   2. d   3. d   4. c
5. a   6. b   7. d   8. a

Capítulo 6
Princípios Básicos de Finanças Comportamentais

OBJETIVOS

Ao final deste capítulo, você deve ser capaz de:
→ Compreender o processo decisório do investidor.

CONTEÚDO

6.1 Decisões do investidor na perspectiva de finanças comportamentais
6.2 Anomalias do mercado financeiro
6.3 Teoria tradicional de finanças *versus* teoria das finanças comportamentais
6.4 Heurísticas
6.5 Vieses comportamentais do investidor
6.6 Influência do investimento em função de como o problema é apresentado (*framing*)
6.7 Considerações finais
   Mapa mental
   Exercícios de fixação

TEMPO ESTIMADO DE ESTUDO

Uma hora e meia.

6.1 DECISÕES DO INVESTIDOR NA PERSPECTIVA DE FINANÇAS COMPORTAMENTAIS

A teoria das Finanças Comportamentais (*Behavioral Finance*), a partir de evidências empíricas, vem desafiando os pressupostos das finanças tradicionais, com base na hipótese de mercados eficientes, ao introduzir a psicologia no estudo do comportamento dos praticantes e agentes do mercado financeiro no processo de avaliação e precificação de ativos financeiros. A teoria argumenta que as decisões não são totalmente racionais porque os indivíduos apresentam limites no processo cognitivo e vulnerabilidades às emoções que impactam o comportamento do mercado.

Trata-se de uma teoria inovadora e multidisciplinar, envolvendo modelos financeiros tradicionais, métodos quantitativos, economia e psicologia.

Foi a partir da década de 1970 que as finanças comportamentais adquiriram importância no mercado financeiro.

Os trabalhos pioneiros mais famosos foram escritos por Daniel Kahneman, professor do Departamento de Psicologia da Universidade de Princeton, e Amos Tversky, em 1974 e 1979, e resultaram na *Prospect Theory*. Essa teoria descreve como os indivíduos fazem escolhas em situações que envolvem riscos de perdas e ganhos financeiros. Os estudos foram baseados em evidências empíricas e contribuíram para o desenvolvimento de uma teoria alternativa à Teoria da Utilidade, usando conceitos da psicologia e da economia.

Em 1982, os psicólogos Daniel Kahneman, Paul Slovic e Amos Tversky publicaram artigos sobre as causas frequentes de erros cometidos repetidamente pelos agentes do mercado financeiro.

Em 1985, dois importantes artigos foram publicados pelo *The Journal of Finance*. O primeiro, escrito por De Bondt e Thaler, levantou os conceitos de representatividade e sobre reação às boas e más notícias, podendo levar à depressão e à euforia de preços no mercado. O segundo, escrito por Statman e Shefrin, descreve o efeito disposição. Os indivíduos têm uma predisposição a segurarem suas perdas por um longo período e a se desvencilharem dos seus lucros rapidamente. Shefrin enfatizou a tendência dos indivíduos a utilizar a heurística (*heuristic-driven bias*) ou regras de bolso, e a pensar com base em certos pontos de referência conhecidos quando do início dos estudos (fenômeno chamado de *framing effect*).

Em 2002, o prêmio Nobel de Economia foi para Daniel Kahneman e Vermon L. Smith, professor de Economia e Direito da Universidade de George Mason, pelas contribuições da psicologia cognitiva na teoria econômica.

As pesquisas procuram incorporar os elementos limitadores da razão aos modelos financeiros na tentativa de desvendar as anomalias ainda não resolvidas pelas finanças modernas.

O campo de estudo das Finanças Comportamentais tem sido objeto de discussões e diversas teses. Esta seção, no entanto, ficará restrita aos conceitos mais importantes que atendam aos pressupostos mais conhecidos, tendo em vista o programa do exame.

6.2 ANOMALIAS DO MERCADO FINANCEIRO

As finanças comportamentais procuram explicar as anomalias do mercado financeiro a partir da racionalidade limitada dos investidores. Essa teoria incorpora fenômenos subjetivos limitantes à Hipótese de Mercados Eficientes (HEM)[1] e aceita a possibilidade de que agentes econômicos se comportem de forma não racional, tendo em vista limites do processo cognitivo e limites ao aprendizado, introduzindo, assim, um investidor diverso da teoria econômica clássica.

O mercado eficiente pressupõe o ajuste rápido e de maneira ótima de novas informações, não permitindo padrão de anormalidade e previsibilidade dos mercados. Na teoria clássica, os padrões que não se ajustam nessa configuração de eficiência de mercado são classificados de anomalias e aconteceriam de forma randômica. A teoria moderna das finanças atraía todas as pesquisas acadêmicas até 1980 com o modelo de precificação de ativos baseado no risco sistemático.

Algumas pesquisas no âmbito das Finanças Comportamentais, no entanto, estão conseguindo comprovar que certas anomalias de comportamento são previsíveis, evidenciando uma ineficiência dos mercados, já que não são sanadas instantaneamente. As anomalias deveriam desaparecer rapidamente com a incorporação e a disseminação das informações, segundo a HEM.

Os pesquisadores vêm estudando a possibilidade de ganhos extraordinários decorrentes de distorções previsíveis nos preços dos ativos, já existindo alguns bilhões de recursos geridos, incluindo a psicologia dos investidores na metodologia. Diversos acadêmicos começaram a identificar indícios de que o

---

1 A hipótese do mercado eficiente afirma que mercados financeiros são "eficientes em relação à informação". Ou seja, um agente não consegue alcançar consistentemente retornos superiores à média do mercado (com determinado nível de risco) considerando as informações publicamente disponíveis no momento em que o investimento é feito.

comportamento real do mercado se distanciava dos resultados esperados pela hipótese de mercados eficientes.

Essas anomalias foram detectadas por estudos empíricos. Dessa maneira, esse tema continua a provocar inúmeras discussões e novas pesquisas com o objetivo de introduzir modificações no modelo tradicional de finanças que dá como certa a hipótese de mercado eficiente. Os estudiosos no assunto observaram diversas anomalias. Como exemplo, temos questões de calendário, em que o mercado apresenta padrões de retorno em alguns períodos determinados, podendo-se citar o início do ano, conhecido como "efeito janeiro". Outra anomalia que merece destaque é a anomalia das bolhas especulativas, as mais conhecidas entre os investidores e que se caracterizam pela alta continuada e exagerada dos preços por um prazo longo, seguido por um colapso das cotações.

6.3 TEORIA TRADICIONAL DE FINANÇAS *VERSUS* TEORIA DAS FINANÇAS COMPORTAMENTAIS

6.3.1 Premissas assumidas pela teoria tradicional de finanças

As teorias econômicas e de finanças, da clássica às finanças modernas, ignoram a realidade humana. Assumem que o comportamento humano é racional e que suas decisões também são sempre racionais, baseadas na curva de utilidade para maximizar seu bem-estar.

Essas teorias buscam leis universais e o equilíbrio, utilizando-se de métodos quantitativos e matemáticos na tentativa de demonstrar que se trata de uma ciência tão exata quanto a física newtoniana.

A teoria moderna das finanças se baseia na racionalidade dos agentes econômicos e assume que o mercado é eficiente, e, portanto, aloca os recursos da melhor forma possível.

Cada indivíduo procura seus próprios benefícios de forma racional, e o mercado é o encontro de todos esses indivíduos e, consequentemente, é eficiente, já que cada um toma as melhores decisões para maximizar a sua satisfação.

A partir dessa premissa, o mercado acionário, por exemplo, constitui uma máquina eficiente de processamento de informações: os preços refletem todas as informações que se tem sobre os fundamentos. Os preços só mudam com novas informações, mas que se ajustam rapidamente. E, assim, não há forma eficiente de vencer o mercado, uma vez que os preços se formam a partir da racionalidade dos agentes, dentro da Teoria da Utilidade, base da HEM.

6.3.2 Premissas assumidas pela teoria das finanças comportamentais

A teoria das finanças comportamentais questiona a premissa da racionalidade e da eficiência do mercado a partir da observação do comportamento do ser humano no mercado financeiro.

Afirma que as teorias tradicionais de finanças se baseiam em como o ser humano deveria pensar e agir dentro da lógica da racionalidade, e não como pensam e agem na realidade.

A partir de experiências realizadas, a teoria das finanças comportamentais verifica que o ser humano toma decisões em desacordo com a lei das probabilidades, questionando os pressupostos da racionalidade e eficiência do mercado, porque o seu autocontrole e a sua racionalidade são muitas vezes destruídos pela emoção, pelas dificuldades e pelos limites cognitivos e no aprendizado. Os vieses no processo cognitivo são a forma como a natureza do pensamento humano limita o processo de perceber um problema. Os limites ao aprendizado levam os indivíduos a repetirem os erros cometidos.

Em situações de incerteza e complexidade, observa que os indivíduos se utilizam da intuição para decidir, incorrendo em heurísticas, ilusões e desvios cognitivos, gerados pela limitação do tempo, da memória e da atenção, e de desvios emocionais, passando a decidir com base nas emoções.

Essa teoria incorpora fenômenos subjetivos e aceita a possibilidade de que agentes econômicos se comportem de forma não racional.

Introduz, assim, aspectos comportamentais, cognitivos e emocionais na decisão do investidor, que na teoria tradicional das finanças eram relegados e não levados em conta.

6.4 HEURÍSTICAS

Os fundamentos da teoria das finanças comportamentais vêm se formando a partir de pesquisas empíricas. Os fundamentos interagem, se relacionam e muitas vezes atuam em oposição. São tendências apresentadas no comportamento dos indivíduos que se colocam diante de escolhas e decisões financeiras. Essas tendências podem levar às anomalias persistentes do mercado devido a heurísticas.

Heurística é um procedimento simples que ajuda as pessoas a encontrarem respostas adequadas para perguntas difíceis, ainda que geralmente imperfeitas. São muitas heurísticas; conheça as mais famosas.

6.4.1 Heurística da disponibilidade

A heurística da disponibilidade é um fenômeno no qual as pessoas predizem a frequência de um evento baseando-se no quão fácil elas conseguem se lembrar de um exemplo. Tversky e Kahneman mencionam que as pessoas, de forma geral, julgam a frequência ou a probabilidade de um evento pela facilidade com que exemplos ocorrem em suas mentes.

A heurística da disponibilidade é definida por dois aspectos: (i) quantidade de fatos lembrados (facilidade de puxá-los da memória) ou fluência; e (ii) dificuldade de julgar a frequência de acontecimentos.

Por exemplo, um investidor pode calcular a possibilidade de perder dinheiro investindo em determinado ativo recordando quantos amigos seus já passaram por essa situação. As decisões costumam ser influenciadas por ocorrências e eventos recentes na memória do investidor.

6.4.2 Heurística da representatividade

Os indivíduos tendem a utilizar estratégias simplificadoras durante o seu processo de decisão, ou seja, a usar a representatividade heuristicamente: características semelhantes de dois eventos já induzem o investidor a conclusões, sem levar em conta o tamanho da amostra e a probabilidade de ocorrência de um evento. Os indivíduos tendem a elaborar pensamentos e a fazer julgamentos com base em poucas informações e estereótipos já formados anteriormente. Isso ocorre devido aos limites cognitivos, gerados pela limitação de tempo, memória e atenção. A tendência ao uso de heurística pelos agentes nos mais variados contextos do mercado financeiro os torna vulneráveis a erro.

O excesso de confiança está também ligado ao uso persistente da representatividade. A sobrerreação de mercado (preços e volatilidades se distanciam excessivamente de seus valores intrínsecos) pode estar associada também ao uso de heurísticas. Por exemplo, as notícias referentes ao desempenho passado, bom ou ruim de uma empresa, podem influenciar o processo de tomada de decisão, causando uma sobrerreação ou desânimo excessivo, desprezando, desse modo, informações que seriam efetivamente relevantes para a tomada de decisão. As avaliações que os investidores fazem do futuro são fortemente influenciadas pelo presente e pelo passado.

Algumas estratégias têm sido adotadas tendo em vista a sobrerreação e a sub-reação, ao se tomar decisões contrárias.

6.4.3 Ancoragem e ajuste

Os indivíduos tendem a "ancorar" nos seus valores iniciais, conhecimentos prévios ou preconcebidos, dando um peso desproporcional às primeiras informações recebidas e com base em seu *track-record*. Em algumas pesquisas, observou-se que ajustamentos realizados a partir da âncora não são suficientemente grandes, resultando em decisões equivocadas. Os ajustamentos das âncoras iniciais são insuficientes. Raciocínios e decisões se diferenciam devido à presença de valores de referência distintos. Essa tendência afeta as projeções dos analistas, por exemplo. Tendem a se mostrar surpresos e não rever seus resultados em conformidade com as novas informações.

Teoria do charuto

Para comprovar o efeito ancoragem, há uma simulação em que pessoas escrevem seus dois últimos números do CPF em um papel. Logo após, o orientador cria um cenário em que a pessoa deve dar de presente um charuto a outra qualquer e escrever o valor que pagaria por ele ao lado dos números do CPF. O resultado comprova que: quanto maior o número do CPF da pessoa, a tendência é de que maior será o valor agregado ao charuto. A explicação se dá pelo simples fato de muitas pessoas não terem a ancoragem de um charuto na sua vivência e mesmo assim inconscientemente o cérebro busca, por meio de uma ancoragem, a resposta para o preço do charuto. Como o número do CPF é a única ancoragem dada ao cérebro, ele se baseia nela para dar a resposta.

Fonte: https://pt.wikipedia.org/wiki/Efeito_de_ancoragem. Acesso em: 16 out. 2023.

6.4.4 Aversão à perda

Os indivíduos não costumam mudar de opinião, apresentando perseverança da crença, mesmo com nova informação, o que mostra uma tendência a manter a posição inicial inalterada. A aversão à perda está mais ligada à forma (*frame dependence*) como o problema é apresentado, alterando o resultado da decisão. Sua decisão será impactada dependendo do ambiente: se de perda, de ganho, sob certeza ou incerteza, e da grandeza dos valores envolvidos. Em um ambiente de ganhos, os indivíduos tendem a evitar riscos para ganhar e, ao contrário, em um ambiente de perdas, os indivíduos apresentam tendência a correr mais riscos para evitar perdas. Os valores dados à perda e aos ganhos são diferentes. Os investidores têm uma tendência a reter posições perdedoras por mais tempo, preferindo se desfazer de posições ganhadoras.

6.5 VIESES COMPORTAMENTAIS DO INVESTIDOR

Vieses são tendências. Vieses cognitivos são as tendências de pensar de certas maneiras que podem levar a desvios sistemáticos de lógica e a decisões irracionais.

Embora a realidade desses preconceitos seja confirmada pela pesquisa replicável, muitas vezes há controvérsias quanto aos seus entendimentos. Alguns deles são consequências de nossas regras de processamento de informações, conhecidas como atalhos mentais, chamados de heurística, já mencionada anteriormente, em que o cérebro usa para produzir decisões ou julgamentos. Esses efeitos são chamados de tendências cognitivas.

Há os vieses cognitivos ou frios, como o ruído mental, e os vieses cognitivos quentes, que ocorrem quando as decisões são distorcidas pelas crenças e pelos desejos. Um não elimina o outro.

6.5.1 Otimismo e suas influências na decisão de investimento

Muitos investidores se mostram otimistas em demasia, uma tendência sem fundamentos realistas, superestimando os resultados a serem obtidos com os seus investimentos, caindo na armadilha da confirmação dos seus precondicionamentos, acreditando que o seu próprio otimismo influenciará o mercado.

6.5.2 Excesso de confiança

Os indivíduos experimentam "excesso de confiança". Superestimam a habilidade de prever eventos de mercado, com uma convicção de que suas informações são melhores e mais confiáveis do que a dos outros.

Deixam de lado as incertezas e passam a realimentar sua confiança a partir de algumas poucas *performances* positivas que obtiveram no passado recente. Esse fenômeno de excesso de confiança foi explicado nos trabalhos publicados por Tversky e Kahneman como decorrente do fato de as pessoas utilizarem suas estimativas iniciais como âncora.

6.5.3 Armadilha da confirmação

Os investidores tendem a se lembrar, interpretar e focar informações que confirmam os seus pensamentos que sustentam suas decisões, evidenciando uma predisposição a agir conforme sua teoria, sem fundamento racional, acreditando, de forma simplista, que sua teoria é a correta.

6.5.4 Ilusão do controle

Os investidores tendem a acreditar que seus próprios pensamentos podem influenciar no mercado ou em determinados eventos, que ocorrem independentemente da sua teoria simplista e preconcebida sobre alguns fatos ou notícias, confirmando as decisões equivocadas a serem seguidas.

6.6 INFLUÊNCIA DO INVESTIMENTO EM FUNÇÃO DE COMO O PROBLEMA É APRESENTADO (*FRAMING*)

As pesquisas também revelaram que os indivíduos tendem a sobrerreagir a eventos com pequena probabilidade e a sub-reagir a eventos com grande probabilidade de ocorrer. Neste trabalho, os autores evidenciam a *frame dependence* dos investidores, ou seja, suas decisões são influenciadas pela maneira como o problema é apresentado, se sob a forma de ganhos ou perdas. Eles comprovaram que uma perda tem 2,5 vezes mais impacto do que um ganho da mesma magnitude. Se você disser ao cliente, por exemplo, "realizar perdas", ele mostrará muito mais resistência do que se você disser "transferir seus ativos", porque, no seu processo mental, ele não fechará uma conta com perdas.

6.7 CONSIDERAÇÕES FINAIS

Na prática, as finanças comportamentais têm apresentado importantes contribuições em diversas áreas do mercado financeiro, como alguns exemplos a seguir:

- **Relacionamento com clientes**: a partir do conhecimento das tendências dos indivíduos, por exemplo, arrependimento, excesso de confiança e ancoragem, os profissionais podem melhor aconselhar os seus clientes.
- **Analistas fundamentalistas**: os analistas podem incorrer em projeções equivocadas, em razão da tendência a representatividade, perseverança na crença e excesso de confiança.
- **Elaboração de produtos financeiros**: tendo conhecimento das tendências dos indivíduos à aversão a perdas, à ambiguidade e do efeito certeza, os produtos podem se adequar melhor à preferência dos investidores.
- **Contratação de gestores**: habilidades técnicas e psicológicas devem ser requeridas dos gestores para evitarem tomadas de decisão baseadas na representatividade, na ancoragem e no excesso de confiança, por exemplo.

MAPA MENTAL

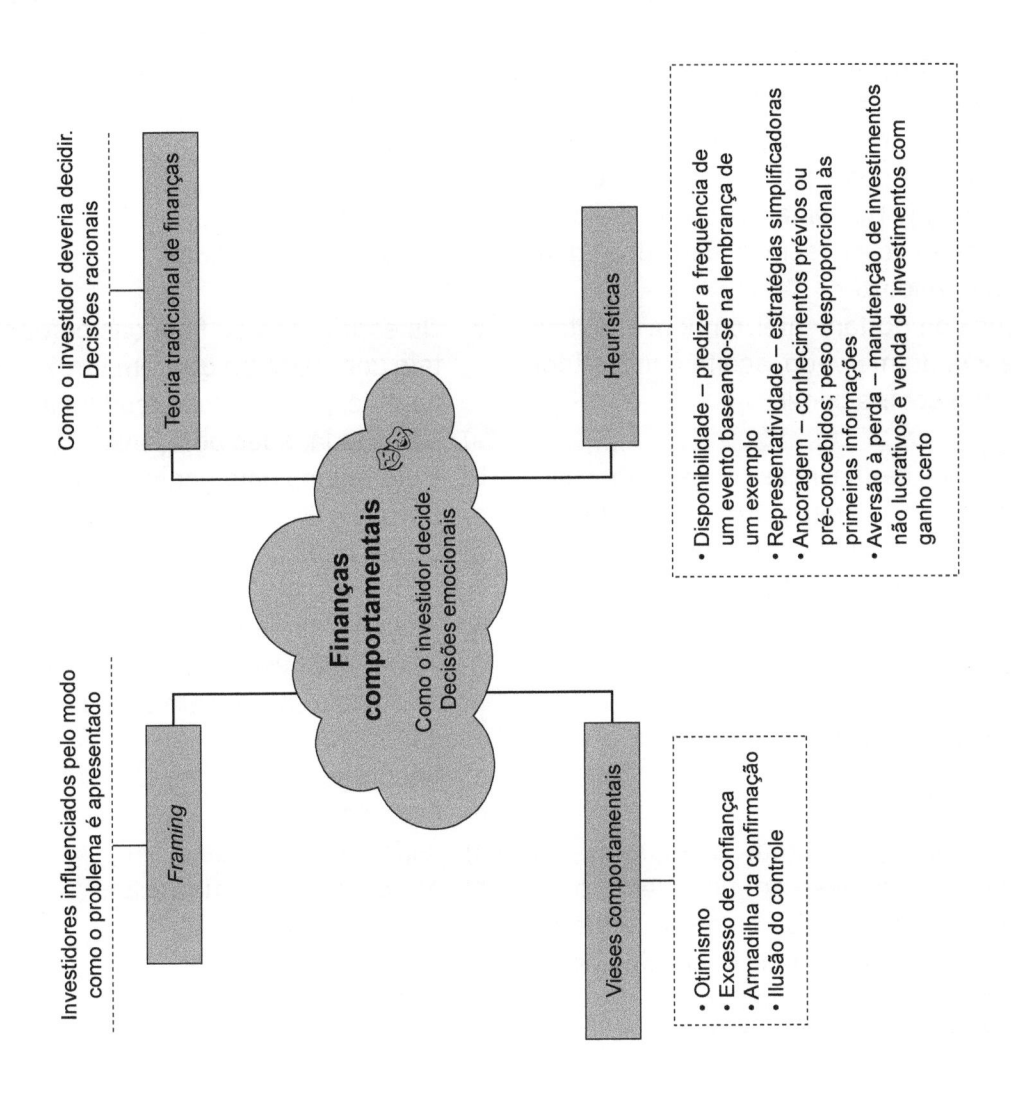

Finanças comportamentais
Como o investidor decide. Decisões emocionais

- **Teoria tradicional de finanças**
  Como o investidor deveria decidir. Decisões racionais

- **Heurísticas**
  - Disponibilidade – predizer a frequência de um evento baseando-se na lembrança de um exemplo
  - Representatividade – estratégias simplificadoras
  - Ancoragem – conhecimentos prévios ou pré-concebidos; peso desproporcional às primeiras informações
  - Aversão à perda – manutenção de investimentos não lucrativos e venda de investimentos com ganho certo

- *Framing*
  Investidores influenciados pelo modo como o problema é apresentado

- **Vieses comportamentais**
  - Otimismo
  - Excesso de confiança
  - Armadilha da confirmação
  - Ilusão do controle

EXERCÍCIOS DE FIXAÇÃO

1. A grande diferença entre as teorias comportamental e tradicional de finanças está no seguinte fato:
   a) A teoria clássica diz que o ser humano é racional e tem controle sobre suas emoções.
   b) A teoria moderna de finanças se baseia na racionalidade dos agentes econômicos.
   c) A teoria comportamental questiona a eficiência do mercado e a racionalidade dos agentes econômicos.
   d) A teoria comportamental, embora admita a eficiência do mercado, aceita o investidor como um ser irracional.

2. Para a teoria das finanças comportamentais, os indivíduos, em situações de incerteza e complexidade, utilizam um procedimento para encontrar respostas, ao que damos o nome de:
   a) Heurística.
   b) Intuição.
   c) Desvios emocionais.
   d) Ilusões.

3. Quando o investidor prediz a frequência de um evento com base em um exemplo de fácil reprodução na sua memória, ele está fazendo uso do fenômeno conhecido pelas finanças comportamentais como:
   a) Heurística da disponibilidade.
   b) Heurística da representatividade.
   c) Ancoragem.
   d) Armadilha da confirmação.

4. Quando um profissional formata um gráfico de rentabilidade de forma a tornar o produto mais atrativo para o cliente, distorcendo de forma visual a informação necessária para a tomada de decisão de investimento, esse profissional está trabalhando qual efeito sobre o investidor?
   a) Aversão à perda.
   b) Otimismo.
   c) *Frame dependence.*
   d) Excesso de confiança.

5. Os estudiosos de finanças comportamentais constataram que, em um ambiente de ganhos, os indivíduos tendem a:
   a) Não mudar suas posições.
   b) Evitar riscos para ganhar mais.
   c) Correr mais riscos para ganhar ainda mais.
   d) Correr mais riscos para evitar perdas.

6. O comportamento de vender ações quando seus preços estão subindo e manter aquelas cujo preço estejam em queda é um exemplo de:
   a) Ancoragem.
   b) Aversão à perda.
   c) Representatividade.
   d) Armadilha da confirmação.

GABARITO

1. c 2. a 3. a 4. c 5. b 6. b

Capítulo 7
Conceitos de ASG

OBJETIVOS

Ao final deste capítulo, você deve ser capaz de:
→ Ter uma visão panorâmica sobre os conceitos de meio ambiente, social e governança corporativa.
→ Conhecer a regulamentação sobre as três questões ambiente, social e governança (ASG), que envolvem decisões de investimento.

CONTEÚDO

7.1 Aspectos ambientais, sociais e de governança corporativa
7.2 Conceitos de investimentos ambiente, social e governança
7.3 Regulação e autorregulação ambiente, social e governança
Mapa mental
Exercícios de fixação

TEMPO ESTIMADO DE ESTUDO

Quatro horas.

7.1 ASPECTOS AMBIENTAIS, SOCIAIS E DE GOVERNANÇA CORPORATIVA

Antigamente, quando os analistas estrangeiros conversavam com os executivos de uma companhia, o assunto girava em torno de saúde financeira, EBITDA[1] e outros assuntos dessa natureza. Isso vem mudando com a nova realidade global. Hoje, os investidores também analisam critérios de responsabilidade ambiental, social e de governança corporativa. O debate sobre sustentabilidade se tornou fundamental para que se possa avaliar questões de longo prazo. Afinal, a discussão conceitual sobre os impactos da atividade humana sobre o ambiente em que nos inserimos é cada vez mais relevante e não pode ser deixada de lado.

Por conta dessa mudança de paradigma mundial, as questões que envolvem aspectos ambientais, sociais e de governança corporativa passaram a ser mais cobradas das instituições e a serem conhecidas como questões

---

1 EBITDA = *Earnings Before Interest, Taxes, Depreciation and Amortization*, ou LAJIDA, em português.

ASG, de meio Ambiente, Social e Governança, ou, do inglês, ESG (*Environment, Social and Governance*).

Segundo o livro *Análise de Investimentos: histórico, principais ferramentas e mudanças conceituais para o futuro*, da Comissão de Valores Mobiliários (CVM), no que se refere às questões ASG no âmbito da atividade corporativa, elas:

> [...] representam o entendimento e consideração de seu contexto de negócios na tomada de decisão estratégica. A consideração dos *stakeholders* (partes interessadas nas atividades e resultados das empresas) e seus impactos sobre as operações das companhias advêm do avanço do debate ambiental, da mudança de comportamento social e do posicionamento do mercado por maiores exigências de transparência nas práticas entre executivos, administradores e demais agentes da governança das empresas.

Em 2005, preocupado com questões de sustentabilidade, o ex-Secretário Geral das Nações Unidas, Kofi Annan, convidou um grupo dos maiores investidores institucionais para fazer parte de um processo para desenvolver Princípios para Investimentos Responsáveis, ao que foi conhecido como UNPRI (*United Nations Principles for Responsible Investment*).

Esse grupo definiu princípios que devem reger o investimento responsável e formou uma rede internacional de instituições financeiras apoiadas pelas Nações Unidas, trabalhando em conjunto para implementar seus seis princípios aspiracionais:

1. Incorporar as questões ASG na análise e no processo de tomada de decisão de investimento.
2. Ser proprietário ativo e incorporar questões ASG em nossas políticas e práticas como acionistas.
3. Procurar transparência adequada das questões ASG nas organizações em que investirmos.
4. Promover a aceitação e a implementação dos Princípios na indústria de investimentos.
5. Trabalhar em conjunto para aumentar a eficiência na implementação dos Princípios.
6. Reportar individualmente nossas atividades e progresso na implementação dos Princípios.

Ao implementar esses princípios, os signatários estarão contribuindo para o desenvolvimento de um sistema financeiro global mais sustentável.

7.2 CONCEITOS DE INVESTIMENTOS AMBIENTAIS, SOCIAIS E DE GOVERNANÇA

Segundo os UNPRI, as questões ASG são relacionadas a:

Aspectos ambientais

Questões relativas à qualidade do funcionamento do meio ambiente e ecossistemas. Incluem:

- Perda da biodiversidade.
- Emissões de gases de efeito estufa (GHG).
- Mudanças climáticas.
- Energias renováveis.
- Eficiência energética.
- Escassez ou poluição da água, ar e outros recursos.
- Mudanças no uso do solo.
- Acidificação dos oceanos.
- Ciclos de nitrogênio e fósforo.

Aspectos sociais

Questões relacionadas aos direitos, ao bem-estar e aos interesses de pessoas e comunidades. Incluem:

- Direitos humanos.
- Direitos trabalhistas na cadeia de valor.
- Trabalho infantil, escravo ou degradante.
- Saúde e segurança no trabalho.
- Liberdade de associação e de expressão.
- Gestão do capital humano e relações trabalhistas.
- Diversidade.
- Relacionamento com comunidades locais.
- Atividades em regiões de conflito.
- Saúde e acesso à medicina.
- HIV/AIDS.
- Proteção aos direitos do consumidor.
- Armas controversas.

Aspectos de governança corporativa

Questões ligadas à governança das empresas investidas. No contexto de empresas listadas, incluem:

- Estrutura, tamanho, diversidade, competências e independência do Conselho de Administração.

- Remuneração de executivos.
- Direitos e interações dos acionistas.
- *Disclosure* de informações ao mercado.
- Ética nos negócios.
- Suborno e corrupção.
- Controles internos e gestão de riscos.
- Relacionamento entre Conselho, executivos, acionistas e *stakeholders*.
- Posicionamento estratégico, abrangendo impactos das questões ASG e implementação de estratégias.

No caso de empresas não listadas, as questões também incluem assuntos relativos à governança do fundo, como os poderes dos Comitês, questões de valoração, estruturas de taxas etc.

7.3 REGULAÇÃO E AUTORREGULAÇÃO AMBIENTAIS, SOCIAIS E DE GOVERNANÇA

Como era de se esperar, signatário de vários acordos internacionais das Nações Unidas, o Brasil regulamentou a matéria e reconheceu que, de acordo com o porte da instituição, o dano envolvendo a má prática nessas três questões pode ser maior ou menor. Foi, então, que o Banco Central do Brasil (BCB), por meio da Resolução BCB n. 4.553/2017, estabeleceu a segmentação do conjunto das instituições financeiras e demais instituições autorizadas a funcionar pelo órgão, visando à aplicação proporcional de sua regulamentação prudencial. A norma separa as instituições em cinco segmentos e leva em consideração, para o enquadramento, o conglomerado como um todo. Conheça os segmentos:

- **Segmento 1 (S1):** composto dos bancos múltiplos, bancos comerciais, bancos de investimento, bancos de câmbio e caixas econômicas que: (i) tenham porte igual ou superior a 10% do Produto Interno Bruto (PIB) brasileiro; ou (ii) exerçam atividade internacional relevante, independentemente do porte da instituição.
- **Segmento 2 (S2):** composto: (i) dos bancos múltiplos, bancos comerciais, bancos de investimento, bancos de câmbio e caixas econômicas, de porte inferior a 10% e igual ou superior a 1% do PIB; e (ii) das demais instituições de porte igual ou superior a 1% do PIB.
- **Segmento 3 (S3):** composto das instituições de porte inferior a 1% e igual ou superior a 0,1% do PIB.
- **Segmento 4 (S4):** composto das instituições de porte inferior a 0,1% do PIB.
- **Segmento 5 (S5):** composto das instituições de porte inferior a 0,1% do PIB que utilizem metodologia facultativa simplificada para apuração dos requerimentos mínimos de Patrimônio de Referência (PR), de Nível I e de Capital Principal, exceto bancos múltiplos, bancos comerciais, bancos de investimento, bancos de câmbio e caixas econômicas.

7.3.1 Resolução CMN n. 4.943

A Resolução CMN n. 4.943/2021 alterou alguns dispositivos da Resolução CMN n. 4.557/2017, que determina às instituições financeiras o dever de implementar a estrutura de gerenciamento contínuo e integrado de riscos e de capital, compatível com o modelo de negócio, com a natureza das operações e com a complexidade dos produtos, dos serviços, das atividades e dos processos da instituição.

Na Declaração de Apetite por Riscos (RAS) preparada pelas instituições, devem ser considerados os tipos e os níveis de riscos que a instituição está disposta a assumir, discriminando por tipo de risco e, quando aplicável, por diferentes horizontes de tempo.

A estrutura de gerenciamento de riscos deve identificar, mensurar, avaliar, monitorar, reportar, controlar e mitigar, além dos riscos de crédito, mercado, liquidez e operacional, os riscos sociais, ambientais e climáticos.

O gerenciamento de riscos deve ser integrado, possibilitando a identificação, a mensuração, a avaliação, o monitoramento, o reporte, o controle e a mitigação dos efeitos adversos resultantes das interações entre todos os riscos.

As políticas de gerenciamento de riscos devem ser compatíveis com as demais políticas estabelecidas pela instituição, incluindo a Política de Responsabilidade Social, Ambiental e Climática (PRSAC) e a política de conformidade.

Essa estrutura de gerenciamento de riscos SAC (Social, Ambiental e Climático) deve prever mecanismos para identificação e monitoramento dos riscos incorridos pela instituição em decorrência de seus produtos, serviços, atividades, processos e as partes relacionadas. Não obstante, deve ser feito um tratamento das interações entre os riscos SAC e os demais riscos incorridos pela instituição, listando, inclusive, mecanismos de avaliação e monitoramento de todas as partes envolvidas.

A Resolução CMN n. 4.943 também inclui definições muito úteis no que se refere a risco SAC, além de exemplificá-los. Confira as definições:

- **Risco social**: possibilidade de ocorrência de perdas para a instituição ocasionadas por eventos associados à violação de direitos e garantias fundamentais ou a atos lesivos a interesse comum. Exemplos: prática relacionado ao trabalho em condições análogas à escravidão; exploração do trabalho infantil; preconceito racial ou religioso.
- **Risco ambiental**: possibilidade de ocorrência de perdas para a instituição ocasionadas por eventos associados à degradação do meio ambiente, incluindo o uso excessivo de recursos naturais. Exemplos: poluição das águas ou do solo; descumprimento de condicionantes do licenciamento ambiental; desmatamento irregular e degradação de biomas.
- **Risco climático**: classificado em duas vertentes:
    1. **Risco climático de transição**: possibilidade de ocorrência de perdas para a instituição ocasionadas por eventos associados ao processo de transição para uma economia de baixo carbono, em que a emissão de gases do efeito estufa é reduzida ou compensada e os mecanismos naturais de captura desses gases são preservados. Exemplo: inovação tecnológica ou alteração em legislação, em regulamentação ou em atuação de instâncias governamentais, associada à transição para uma economia de baixo carbono, que impacte negativamente a instituição.
    2. **Risco climático físico**: possibilidade de ocorrência de perdas para a instituição ocasionadas por eventos associados a intempéries frequentes e severas ou a alterações ambientais de longo prazo, que possam ser relacionadas a mudanças em padrões climáticos. Exemplos: condição climática extrema, como seca, enchente, ciclone; e alteração ambiental permanente, como aumento do nível do mar.

7.3.2 Resolução CMN n. 4.944

A Resolução CMN n. 4.944/2021 do Conselho Monetário Nacional (CMN) altera a Resolução CMN n. 4.606/2017, que dispõe sobre a metodologia facultativa simplificada para apuração do requerimento mínimo de Patrimônio de Referência Simplificado (PRS5), os requisitos para opção por essa metodologia e os requisitos adicionais para a estrutura simplificada de gerenciamento contínuo de riscos.

A Resolução de 2021 traz nova redação ao art. 20, sendo mais enfática aos riscos SAC, uma vez que os separa em itens distintos.

Assim como a Resolução CMN n. 4.943, define riscos SAC, trazendo uma lista de exemplos dos três riscos, e deixa claro que a estrutura simplificada de gerenciamento contínuo de riscos deve prever, adicionalmente para os riscos SAC, mecanismos para sua identificação e monitoramento em decorrência dos seus produtos, serviços, atividades ou processos e das atividades desempenhadas por partes relacionadas à instituição.

Os riscos SAC devem ser identificados, avaliados, classificados e mensurados com base em critérios e informações consistentes e passíveis de verificação, incluindo informações de acesso público.

Devem ser especificados procedimentos para a adequação do gerenciamento dos riscos SAC às mudanças políticas, legais, regulamentares, tecnológicas ou de mercado que possam impactar a instituição de maneira relevante. Por fim, devem ser definidos critérios, que devem estar claramente documentados e passíveis de verificação no que se refere aos três riscos.

7.3.3 Resolução CMN n. 4.945

A Resolução CMN n. 4.945/2021 trata sobre a obrigatoriedade de as instituições (S1 ao S5) estabelecerem a PRSAC e implementarem ações com vistas à sua efetividade.

A PRSAC e as ações devem ser proporcionais ao modelo de negócio, à natureza das operações e à complexidade dos produtos, serviços, atividades e processos da instituição; e adequadas à dimensão e à relevância da exposição ao risco SAC, para instituição enquadrada no S1 ao S4. As instituições enquadradas no S5 devem seguir outras regras, mais brandas e reguladas por outra Resolução.

Definições consideradas na Resolução CMN n. 4.945:

- **Natureza social**: o respeito, a proteção e a promoção de direitos e garantias fundamentais e de interesse comum.
- **Interesse comum**: interesse associado a um grupo de pessoas ligadas jurídica ou factualmente pela mesma causa ou circunstância, quando não relacionada à natureza ambiental ou à natureza climática.
- **Natureza ambiental**: a preservação e a reparação do meio ambiente, incluindo sua recuperação, quando possível.
- **Natureza climática**: a contribuição positiva da instituição na: (i) transição para uma economia de baixo carbono, em que a emissão de gases do efeito estufa é reduzida ou compensada e os mecanismos naturais de captura desses gases são preservados; e (ii) na redução dos impactos ocasionados por intempéries frequentes e severas ou por alterações ambientais de longo prazo, que possam ser associadas a mudanças em padrões climáticos.
- **Partes interessadas**: clientes e usuários, comunidade interna, fornecedores e prestadores de serviços terceirizados, investidores da instituição e demais pessoas impactadas pelos produtos, serviços, atividades e processos da instituição.

No que se refere a questões de governança, a instituição deve indicar um diretor responsável pelo cumprimento das normas relativas aos riscos SAC e o aperfeiçoamento de sua implementação. Além disso, deve constituir um comitê de responsabilidade social, ambiental e climática, vinculado ao conselho de administração que, entre outras funções, deve aprovar e revisar a PRSAC; assegurar a aderência da instituição às políticas definidas e promover a sua disseminação interna.

A PRSAC atualizada deve ser divulgada ao público externo no site da instituição e a documentação relativa ao estabelecimento da PRSAC deve ser mantida à disposição do BCB, por 5 anos.

7.3.4 Resolução BCB n. 139

A Resolução BCB n. 139 traz um conjunto de normas a serem seguidas no que se refere à divulgação do relatório de riscos e oportunidades sociais, ambientais e climáticas no âmbito do sistema financeiro (Relatório GRSAC, cuja sigla significa "gestão de riscos sociais, ambientais e climáticos") e que podem impactar o Sistema Financeiro Nacional (SFN).

Pontos relevantes do Relatório GRSAC:

- Ele deve ser elaborado em bases consolidadas para as instituições integrantes do mesmo conglomerado prudencial e divulgado anualmente no *site* da instituição.
- Deve conter as seguintes informações associadas ao risco SAC, que devem ser divulgadas na forma de tabelas:
  - **Tabela GVR**: governança do gerenciamento dos riscos SAC, incluindo as atribuições e as responsabilidades das instâncias da instituição envolvidas com o gerenciamento do risco SAC, como o conselho de administração, quando existente, e a diretoria da instituição;
  - **Tabela EST**: impactos reais e potenciais, quando considerados relevantes, dos riscos SAC nas estratégias adotadas pela instituição nos negócios e no gerenciamento de risco e de capital nos horizontes de curto, médio e longo prazos, considerando diferentes cenários, segundo critérios documentados; e

- **Tabela GER**: processos de gerenciamento dos riscos SAC.
- Dependendo do enquadramento da instituição, é obrigatória a divulgação de todas as tabelas (S1 e S2) ou apenas da Tabela GVR (S3 e S4).
- Informações facultativas no Relatório GRSAC devem ser divulgadas em tabelas:
  - **Tabela MEM**: indicadores quantitativos utilizados no gerenciamento dos riscos; e
  - **Tabela OPO**: oportunidades de negócios associadas aos temas SAC.

7.3.5 Instrução Normativa BCB n. 153

A Instrução Normativa (IN) BCB n. 153 estabelece as tabelas padronizadas para divulgação do Relatório GRSAC, mencionado na Resolução BCB n. 139 (item anterior): tabelas GVR, EST, GER, MEM e OPO.

> **Dica:** para ter acesso a toda a regulamentação deste capítulo na íntegra, acesse os QRs Codes a seguir.
>
> | Relação dos QR Codes com a regulamentação citada no Capítulo 7. | |
> |---|---|
> | Res. CMN n. 4.943 | [QR Code] |
> | Res. CMN n. 4.944 | [QR Code] |
> | Res. CMN n. 4.945 | [QR Code] |
> | Res. BCB n. 139 | [QR Code] |
> | IN BCB n. 153 | [QR Code] |

MAPA MENTAL

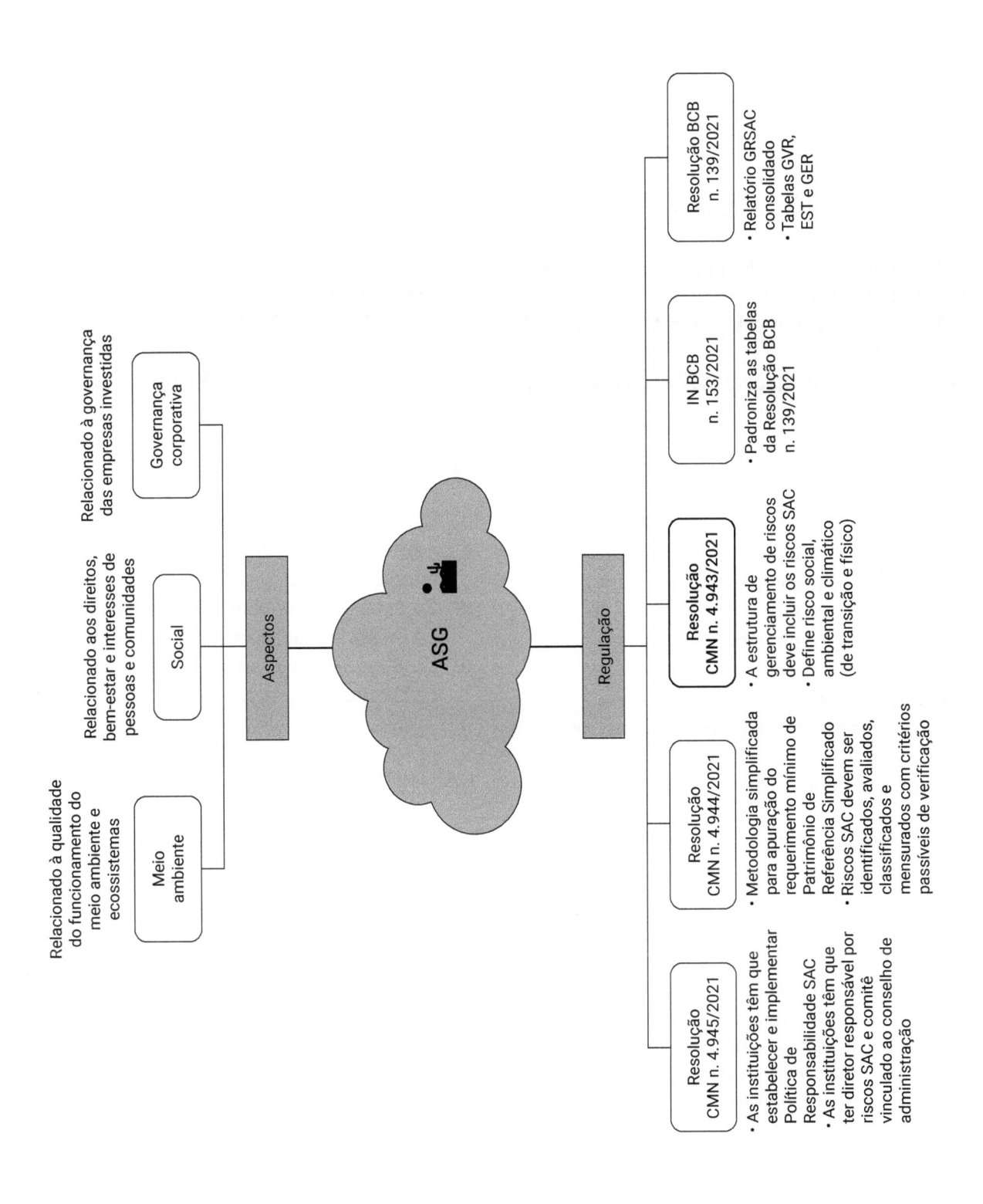

ASG

Aspectos

- **Meio ambiente**: Relacionado à qualidade do funcionamento do meio ambiente e ecossistemas
- **Social**: Relacionado aos direitos, bem-estar e interesses de pessoas e comunidades
- **Governança corporativa**: Relacionado à governança das empresas investidas

Regulação

- **Resolução CMN n. 4.945/2021**
  - As instituições têm que estabelecer e implementar Política de Responsabilidade SAC
  - As instituições têm que ter diretor responsável por riscos SAC e comitê vinculado ao conselho de administração

- **Resolução CMN n. 4.944/2021**
  - Metodologia simplificada para apuração do requerimento mínimo de Patrimônio de Referência Simplificado
  - Riscos SAC devem ser identificados, avaliados, classificados e mensurados com critérios passíveis de verificação

- **Resolução CMN n. 4.943/2021**
  - A estrutura de gerenciamento de riscos deve incluir os riscos SAC
  - Define risco social, ambiental e climático (de transição e físico)

- **IN BCB n. 153/2021**
  - Padroniza as tabelas da Resolução BCB n. 139/2021

- **Resolução BCB n. 139/2021**
  - Relatório GRSAC consolidado
  - Tabelas GVR, EST e GER

EXERCÍCIOS DE FIXAÇÃO

1. Marque a opção que relaciona apenas *stakeholders*.
   a) Clientes, fornecedores e acionistas.
   b) Acionistas, reguladores e colaboradores.
   c) Governo, investidores e colaboradores.
   d) Clientes, sindicato e concorrentes.

2. De acordo com os UNPRI, o investidor responsável deve:
   a) Ser um proprietário passivo com relação às práticas ASG.
   b) Cobrar dos controladores a adesão aos princípios ASG.
   c) Incorporar as questões ASG na análise e no processo de tomada de decisão.
   d) Reportar coletivamente o progresso na implementação de questões ASG.

3. Relacione as colunas conforme os aspectos que representam.
   I. Aspectos ambientais
   II. Aspectos sociais
   III. Aspectos de governançaa

   A. Diversidade
   B. Controles internos e gestão de riscos
   C. Ciclos de nitrogênio e fósforo
   D. Saúde e segurança no trabalho

   a) I.B; II.A e D; III.C.
   b) I.C; II.B; III.A e D.
   c) I.A; II.D; III.B e C.
   d) I.C; II.A e D; III.B.

4. Complete a sentença a seguir.
   "A Resolução BCB n. 4.553/2017 segmentou as instituições conforme alguns critérios. Para ser considerada no Segmento _____, uma das condições é _____."

   a) 1 (S1) – ter porte igual ou superior a 10% do PIB brasileiro.
   b) 5 (S5) – exercer atividade internacional relevante.
   c) 3 (S3) – ter porte (P) compreendido no intervalo 0,1% < P < 1% do PIB brasileiro.
   d) 5 (S5) – ser banco múltiplo, comercial, de investimento ou de câmbio, ou ser caixa econômica.

5. Uma inovação tecnológica traz consigo que tipo de risco?
   a) Risco social.
   b) Risco de governança.
   c) Risco climático físico.
   d) Risco climático de transição.

6. O Relatório GRSAC deve:
   a) Ser apresentado ao mercado semestralmente.
   b) Ser elaborado em bases consolidadas para as instituições integrantes do mesmo conglomerado.
   c) Conter a tabela GVR de governança do gerenciamento de todos os riscos da instituição.
   d) Conter a tabela EST, que contém os processos de gerenciamento dos riscos SAC.

GABARITO

1. b   2. c   3. d   4. a   5. d   6. b

Parte IV

Produtos de Investimento

> **Importância do tema:** conhecer os detalhes dos produtos de investimento é fundamental para quem atuará diretamente com o cliente, fazendo, inclusive, recomendação de investimentos. Além disso, como muitos produtos são distribuídos publicamente, é fundamental compreender de que forma eles podem chegar ao conhecimento do investidor e que informações devem ser passadas para que este tome sua decisão de investimento ciente dos riscos envolvidos.

Nesta parte, você vai aprender informações sobre os principais produtos de investimento.

Esta parte está dividida em:

Capítulo 8 – Instrumentos de Renda Fixa
Capítulo 9 – Instrumentos de Renda Variável
Capítulo 10 – Derivativos
Capítulo 11 – Oferta Pública de Valores Mobiliários

Bom estudo!

→ **Peso na prova:** 17 a 25% ou 10 a 15 questões

Capítulo 8
Instrumentos de Renda Fixa

OBJETIVOS

Ao final deste capítulo, você deve ser capaz de:
→ Diferenciar os títulos de renda fixa públicos e privados, suas características e garantias, disponíveis no mercado financeiro e de capitais.
→ Conhecer os *benchmarks* de renda fixa utilizados no mercado brasileiro.

CONTEÚDO

- **8.1** Introdução à renda fixa
- **8.2** Títulos públicos federais
- **8.3** Títulos privados bancários
- **8.4** Títulos corporativos
- **8.5** Títulos do segmento imobiliário
- **8.6** Títulos do segmento agrícola
- **8.7** Títulos do segmento comercial
- **8.8** Operação compromissada
- **8.9** Caderneta de poupança
- **8.10** Fundo Garantidor de Crédito
- **8.11** *Benchmarks* de renda fixa
- **8.12** Tributação
  Mapa mental
  Exercícios de fixação

TEMPO ESTIMADO DE ESTUDO

Seis horas.

8.1 INTRODUÇÃO À RENDA FIXA

São considerados títulos de renda fixa aqueles que pagam uma remuneração previamente combinada, que pode adquirir duas formas: prefixada ou pós-fixada, como veremos a seguir.

Comprar um título de renda fixa é equivalente a emprestar dinheiro ao emissor do título, que pode ser um banco, uma empresa ou o governo, recebendo os títulos como garantia. Os juros cobrados são a remuneração do dinheiro e podem ser pagos periodicamente ou no final.

Os títulos são emitidos de forma escritural[1] e registrados em sistemas de custódia. Existem no Brasil dois grandes sistemas de custódia de títulos: Sistema Especial de Liquidação e Custódia (Selic) e Brasil, Bolsa, Balcão (B3), já mencionados no Capítulo 1.

8.1.1 Características de um título de renda fixa

- **Data de emissão**: data que o título é creditado na conta de custódia do comprador e começa a contar o tempo para fins de juros e correção do valor nominal.
- **Valor nominal**: é o valor de resgate do título prefixado ou o valor de emissão do título pós-fixado.
- **Juros acruados**: valor acumulado dos juros entre a data de emissão e a data atual.
- **Valor nominal atualizado**: valor do título pós-fixado corrigido pelo indexador ao qual está referenciado (valor de emissão + juros acruados).
- **Preço Unitário (PU)**: é o preço de negociação e liquidação do título em determinada data. Corresponde ao valor presente do fluxo de caixa futuro proporcionado pelo título, descontado pela taxa de juros de mercado.
- **Formas de remuneração**: prefixado e pós-fixado: quando essa remuneração em valor financeiro é acertada no momento da aplicação, trata-se de um título de renda fixa prefixado. No caso de título cujo montante em valor financeiro dos juros a serem pagos só for conhecido no momento do resgate, estamos nos referindo a um título pós-fixado.

Exemplo de um título de renda fixa prefixado:
Certificado de Depósito Bancário (CDB) que paga 10% a.a. Logo, se o investidor aplicar R$ 10.000,00 por 1 ano, ele receberá R$ 1.000,00 (R$ 10.000,00 × 10%) de juros no vencimento da aplicação.

Exemplo de títulos pós-fixados:

i. CDB que paga 96% do Certificado de Depósito Interfinanceiro (CDI). Só se conhecerá a remuneração do investidor no momento do resgate, uma vez que a taxa DI que remunera esse tipo de aplicação só é conhecida *a posteriori*.
ii. Título que paga IPCA + 5%. É considerado um título pós-fixado porque a variação do IPCA só será conhecida no momento da liquidação do papel.

Os investimentos prefixados são recomendados para investidores que acreditam na queda da taxa de juros ou que desejam garantir uma rentabilidade. Já títulos pós-fixados são recomendados para perfis mais conservadores, uma vez que acompanham a taxa de juros do mercado. Além disso, investidores que acreditam na elevação da taxa de juros devem ficar pós-fixados.

8.1.2 Formas de amortização e pagamento de juros

Um título de renda fixa adquire o formato de um fluxo de caixa, uma vez que os juros podem ser pagos periodicamente (normalmente, esse pagamento é semestral). Esse pagamento é chamado **cupom**. Quando os juros são pagos apenas no vencimento, os títulos são chamados de **zero cupom**.

Via de regra, o principal é normalmente pago (amortizado) no vencimento.

Como visto anteriormente, os títulos pós-fixados podem ser de duas formas: sem cupom ou com cupom. No primeiro caso estão, por exemplo, os títulos indexados ao CDI, como os que pagam 96% do

---
[1] Sem emissão de papel, controlado em sistemas eletrônicos.

CDI do exemplo (i) anterior. Já os do exemplo (ii) são títulos com cupom, pois remuneram, além do indexador, uma taxa de juros.[2]

O cupom existe para ajustar (equalizar) a rentabilidade dos diversos títulos. O cupom é uma taxa prefixada, embora o título seja pós-fixado, pois o cupom é um adicional à correção do papel pelo indexador.

O cupom de IGP-M sofre a influência do DI Futuro[3] e do IGPM, e o cupom cambial sofre a influência da expectativa de variação cambial (dólar futuro[4] × dólar *spot*)[5] e do DI futuro.

8.1.3 Resgate antecipado

Como mencionado, os títulos de renda fixa têm data de vencimento, também conhecida no mercado como *maturity*. Quando apresentam liquidez, podem ser negociados antes do vencimento, a valor de mercado.

8.1.4 *Covenant*

Os títulos de renda fixa são associados a títulos de crédito e, portanto, apresentam risco de não pagamento (risco de crédito). Uma forma de mitigar esse risco é acrescentando à emissão do título uma cláusula de *cross default*. Nesse caso, se o emissor (empresa ou governo) ficar inadimplente durante a vida do título, ele ficará impedido de tomar novos empréstimos. Esse é um exemplo dos diversos *covenants* (cláusulas de garantia adicionais) que o emissor pode acrescentar à emissão, visando atrair mais investidores e diminuindo a taxa de juros a ser paga por conta da redução do risco de inadimplência.

O emissor pode, também, oferecer para recomprar os títulos no mercado quando as circunstâncias forem benéficas para a empresa e ele tiver caixa disponível. Essas questões serão estudadas em mais detalhes na Seção 8.4.1, Debêntures.

---

[2] O tema "cupom" é também tratado nas Seções 2.4.3, Cupom cambial, e 3.2, Taxa de juros nominal × real, deste livro.

[3] Preço do contrato de DI negociado no mercado futuro. Será abordado no Capítulo 10, Derivativos.

[4] Preço do contrato de dólar negociado no mercado futuro.

[5] Dólar *spot* = dólar à vista.

8.2 TÍTULOS PÚBLICOS FEDERAIS
8.2.1 Dívida pública federal interna

Títulos públicos federais são títulos emitidos pelo Tesouro Nacional com a finalidade de captar recursos para o financiamento da dívida pública, da educação, da saúde e da infraestrutura do país. A Dívida Pública Mobiliária Federal (DPMF), estudada na Seção 2.3.3, representa exatamente o total de títulos públicos de emissão do Tesouro Nacional, que é o órgão responsável pela administração da dívida pública federal.

A Constituição Federal de 1988 vetou o financiamento do Tesouro pelo Banco Central do Brasil (BCB) e a Lei de Responsabilidade Fiscal de 2000 impediu a emissão de títulos públicos por esse órgão a partir de maio de 2002.

O Tesouro Nacional emite os títulos públicos de duas formas: emissão direta ou oferta pública. As emissões diretas destinam-se, principalmente, à securitização de dívidas da União, à realização de operações financeiras estruturadas e refinanciamento das dívidas de Estados, Municípios e estatais. Já as ofertas públicas são as emissões de títulos por meio de leilão eletrônico competitivo.

Os leilões podem ser na modalidade de **preço único** (todos os compradores pagam o mesmo preço) ou na modalidade de **preços múltiplos** (cada comprador paga o preço ofertado em sua proposta). Podem participar dos leilões as instituições regularmente habilitadas a operar no sistema Selic.

8.2.2 Operações de mercado aberto

O Brasil, como a maioria dos países que adota um regime de metas para a inflação, utiliza a taxa básica de juros como principal instrumento de condução da política monetária. A meta para a taxa Selic é definida a cada 45 dias pelo Comitê de Política Monetária (COPOM). Cabe ao Departamento de Operações de Mercado Aberto (DEMAB) do BACEN manter a taxa Selic próxima da meta estabelecida pelo COPOM, por meio de operações de mercado aberto (ou *open market*, nome em inglês também muito usado).

O BACEN realiza operações compromissadas (compra de títulos públicos com compromisso de revenda ou venda de títulos públicos com compromisso de recompra), por meio de leilões informais eletrônicos, para ajustar a liquidez diária da economia. Dessas operações somente podem participar os *dealers* primários, 22 instituições financeiras (IFs) escolhidas pelo BACEN em função de sua atuação nos mercados primário e secundário de títulos públicos, nas operações compromissadas, e de seu relacionamento com o BACEN.

O BCB acompanha diariamente a liquidez no mercado, monitorando os principais fatores condicionantes da base monetária que provocam oscilações no mercado de reservas bancárias.[6] Os fatores mais importantes que afetam o volume das reservas são os saques e depósitos de moeda manual, as receitas e despesas da União, os recolhimentos compulsórios em moeda, as emissões e resgates de títulos públicos e as compras de vendas de dólares pelo BACEN.

O BCB divulga diariamente o PU dos títulos aceito pelo BACEN como garantia nas operações compromissadas (PU 550), válido como preço de lastro. É divulgado ainda o preço do título na "curva do papel" (PU PAR), que é o valor do título calculado nas mesmas taxas em que foi leiloado. A ANBIMA divulga diariamente o preço médio de negócios com os títulos no mercado secundário. Esse preço é utilizado por diversas instituições para marcar a mercado[7] esses títulos.

8.2.3 Principais títulos públicos

Como abordado anteriormente, títulos públicos federais são os títulos emitidos pelo Tesouro Nacional e vendidos em leilão pelo BCB para financiar a dívida pública ou como instrumento de política monetária. Os títulos são escriturais, nominativos, negociáveis e custodiados na Selic.

---

6   As reservas bancárias são compostas de depósitos compulsórios dos bancos. Tema abordado na Seção 2.2 e subseções deste livro.

7   O tema "marcação a mercado" será abordado no Capítulo 12, Fundos de Investimento.

Os principais títulos públicos federais são: Letra do Tesouro Nacional (LTN), Letras Financeiras do Tesouro (LFT), Notas do Tesouro Nacional série B (NTN-B), Nota do Tesouro Nacional série B Principal (NTN-B Principal) e Notas do Tesouro Nacional série F (NTN-F). Aprenda sobre cada um deles a seguir.

8.2.3.1 Letra do Tesouro Nacional

Título de rentabilidade prefixada, definida no ato da negociação.

Características:

- prazo mínimo na emissão: 28 dias;
- valor nominal: múltiplo de R$ 1.000,00 (mil reais);
- rendimento: definido pelo deságio sobre o valor nominal;
- resgate: pelo valor nominal, na data do vencimento.

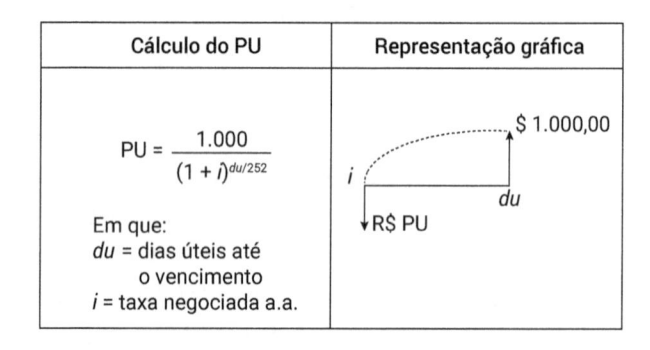

Cálculo do PU	Representação gráfica
$PU = \dfrac{1.000}{(1 + i)^{du/252}}$ Em que: du = dias úteis até o vencimento i = taxa negociada a.a.	$1.000,00 no vencimento, R$ PU no início, com taxa i ao longo de du

Figura 8.1 Letra do Tesouro Nacional.

8.2.3.2 Letra Financeira do Tesouro

As LFT são títulos pós-fixados cuja estrutura é semelhante à das LTN, visto que também não pagam cupom de juros e apresentam um único fluxo de principal na data de vencimento do título. A diferença fica por conta da rentabilidade. Enquanto a LTN é prefixada, o valor do principal da LFT é atualizado pela taxa Selic diária acumulada no período, ou seja, os R$ 1.000,00 pagos no vencimento são corrigidos pelo indexador anteriormente indicado, desde a database até a data de resgate. Você pode acompanhar a taxa Selic diária no *site* do BCB (www.bcb.gov.br).

Características:

- prazo mínimo na emissão: 28 dias;
- forma de colocação: direta, em favor do interessado;
- valor nominal na data base: R$ 1.000,00 (mil reais);
- rendimento: variação da Selic diária;
- forma de pagamento dos juros: no vencimento, junto ao principal.

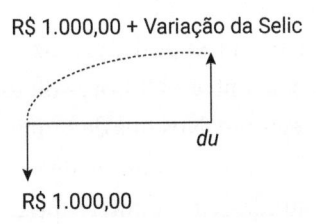

Figura 8.2 Representação gráfica – Letra Financeira do Tesouro.

8.2.3.3 Nota do Tesouro Nacional série B

As NTN-B são títulos pós-fixados em Índice Nacional de Preços ao Consumidor Amplo (IPCA), adicionados de um cupom fixo. Pagam juros semestrais e têm valor nominal de R$ 1.000,00.

Características:

- prazo mínimo na emissão: 12 meses;
- forma de colocação: direta, em favor do interessado;
- valor nominal na data-base: R$ 1.000,00 (mil reais);
- rendimento: atualização pelo IPCA + variação do cupom;
- forma de pagamento dos juros: semestral.

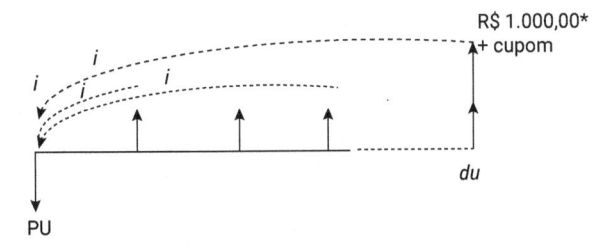

*Obs.: corrigido pelo IPCA.

Figura 8.3 Representação gráfica da Nota do Tesouro Nacional série B.

8.2.3.4 Nota do Tesouro Nacional série B Principal

A NTN-B Principal lembra a LFT, pois tem um único pagamento de juros, que coincide com o vencimento do título. É, portanto, indicada para investidores que acreditam na alta da inflação e não desejam receber juros periodicamente.

Características:

- prazo mínimo na emissão: 12 meses;
- forma de colocação: direta, em favor do interessado;
- valor nominal na data-base: R$ 1.000,00 (mil reais);
- rendimento: atualização pelo IPCA + variação do cupom;
- forma de pagamento dos juros: no vencimento, junto ao principal.

*Obs.: corrigido pelo IPCA.

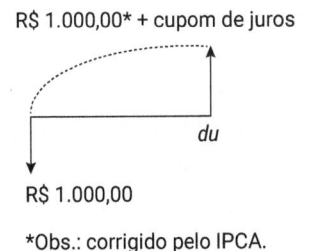

Figura 8.4 Representação gráfica – Nota do Tesouro Nacional série B Principal.

8.2.3.5 Nota do Tesouro Nacional série F

As NTN-F são emitidas prefixadas, pagam cupons de juros (x% a.a.) semestrais, compostos, e apresentam um único fluxo de principal na data de vencimento. Assim como as LTNs, no vencimento, o principal pago será sempre R$ 1.000,00.

Características:

- prazo mínimo na emissão: 12 meses;
- taxa de juros: definida pelo Ministro da Fazenda, quando da emissão, em porcentagem ao ano, calculada sobre o valor nominal;
- modalidade: nominativa;
- valor nominal na data-base: múltiplo de R$ 1.000,00 (mil reais);

Quadro 8.1 Resumo dos principais títulos públicos federais

Título	Remuneração	Pagamento do principal	Pagamento de cupom de juros
LTN	Prefixado	No vencimento	Não há, negociado com deságio
LFT	Pós-fixado em Selic	No vencimento	Não há
NTN-F	Prefixado	No vencimento	Pago semestralmente
NTN-B	Pós-fixado em IPCA	No vencimento	Pago semestralmente
NTN-B Principal	Pós-fixado em IPCA	No vencimento	Pago no vencimento

- rendimento: definido pelo deságio sobre o valor nominal;
- pagamento de juros: semestralmente, com ajuste do prazo no primeiro período de fluência, quando couber. O primeiro cupom de juros a ser pago contemplará a taxa integral definida para 6 meses, independentemente da data de emissão do título;
- resgate: pelo valor nominal, na data do seu vencimento.

8.2.4 Tesouro Direto

Tesouro Direto (TD) é um programa de venda de títulos a pessoas físicas desenvolvido pelo Tesouro Nacional em parceria com a B3.

Com pouco dinheiro é possível iniciar uma aplicação, sem necessidade de sair de casa, pois as transações são feitas pela internet. As compras no TD deverão ser múltiplas de 0,01 título, respeitando um mínimo de R$ 30,00.

No TD é possível gerenciar seus investimentos, que podem ser de curto, médio ou longo prazos. É uma opção para quem quer investir com baixo custo, alta rentabilidade e liquidez quase imediata. Os títulos adquiridos no TD podem ser resgatados antes do vencimento pelo seu valor de mercado, uma vez que o Tesouro Nacional garante a recompra do título diariamente, com liquidação financeira (pagamento na conta) no próximo dia útil para negociações feitas após às 13 horas.

O limite máximo de compra por investidor é de R$ 1 milhão por mês. Esse limite não deve ser considerado para cada título separadamente, e sim para a carteira de títulos adquirida pelo investidor durante o mês.

O *site* do TD (www.tesourodireto.com.br) fica disponível para consulta 24 horas por dia, 7 dias por semana. Os investidores podem realizar compras no TD todos os dias entre as 9 horas de um dia e as 5 horas do dia seguinte. Nos fins de semana, é possível comprar no TD entre as 9 horas de sexta-feira e as 5 horas de segunda-feira, ininterruptamente.

As compras de títulos realizadas no TD estão sujeitas ao pagamento de taxas de serviços. As operações realizadas no TD estão sujeitas à cobrança de duas taxas. Confira quais são:

1. **Taxa de custódia da B3**: 0,2% ao ano sobre o valor dos títulos, referente aos serviços de guarda dos títulos e às informações e movimentações dos saldos, que é cobrada semestralmente, no primeiro dia útil de janeiro e de julho, ou na ocorrência de um evento de custódia (pagamento de juros, venda ou vencimento do título), o que ocorrer primeiro. Essa taxa é cobrada proporcionalmente ao período em que o investidor mantiver o título e é calculada até o saldo de R$ 1.500.000,00 por conta de custódia. No caso em que, no semestre, a soma do valor da taxa de custódia da B3 e da taxa do Agente de Custódia for inferior a R$ 10,00, o valor das taxas será acumulado para a cobrança no semestre seguinte, no primeiro dia útil de janeiro ou de julho, ou na ocorrência de um evento de custódia (pagamento de juros, venda ou vencimento do título), o que ocorrer primeiro.
2. **Taxa cobrada pela IF**: é livremente acordada com o investidor. Para conhecer as taxas cobradas pelos diversos agentes de custódia, entre em: https://www.tesourodireto.com.br/conheca/bancos-e-corretoras.htm. Acesso em: 11 out. 2023.

Quadro 8.2 Preços e taxas de títulos públicos selecionados e disponíveis para compra e venda no Tesouro Direto em 30 de maio de 2023

Título TESOURO	Vencimento	Compra			Venda	
		Rentabilidade anual	Investimento mínimo	Preço unitário	Rentabilidade anual	Preço unitário
Prefixado 2029	1º/01/2029	11,39%	R$ 32,89	R$ 548,27	11,51%	R$ 544,99
Prefixado com juros semestrais 2033	1º/01/2033	11,52%	R$ 38,31	R$ 957,82	11,64%	R$ 951,65
Selic 2029	1º/03/2029	Selic+0,1833%	R$ 131,61	R$ 13.161,53	Selic+0,1933%	R$ 13.154,01
IGPM+ com juros semestrais 2031	1º/01/2031	-	-	-	6,60%	R$ 8.345,18
IPCA+2029	15/05/2029	IPCA+5,36%	R$ 30,27	R$ 3.027,12	IPCA+5,48%	R$ 3.006,75
IPCA+2045	15/05/2045	IPCA+5,76%	R$ 36,33	R$ 1.211,11	IPCA+5,88%	R$ 1.181,42
IPCA+ com juros semestrais 2040	15/05/2040	IPCA+5,63%	R$ 43,66	R$ 4.366,67	IPCA+5,80%	R$ 4.244,81
RendA+ aposentadoria extra 2040	15/12/2040	IPCA+5,73%	R$ 39,66	R$ 991,59	IPCA+5,85%	R$ 726,36
RendA+ aposentadoria extra 2065	15/12/2065	IPCA+5,70%	R$ 30,10	R$ 250,87	IPCA+5,82%	R$ 237,14

Fonte: Tesouro Direto.

Note que a nomenclatura dos títulos no TD é um pouco diferente da mencionada anteriormente. A intenção do governo é facilitar o entendimento do investidor quanto ao rendimento do título.

No Quadro 8.1, você também pode observar que há título para venda que não foi mencionado na Seção 8.2.3, Principais títulos públicos. Trata-se do Tesouro IGPM+ com juros semestrais (NTN-C). Isso porque o Tesouro há tempos não emite mais título indexado ao IGPM, restringindo-se aos títulos indexados ao IPCA (NTN-B e NTN-B Principal).

RendA+

Se você reparar com atenção, verá também que as duas últimas linhas do Quadro 8.2 contemplam o título RendA+, que não está listado no Quadro 8.1. O Tesouro RendA+ foi lançado em parceria do TD com a B3 em 2023 e é voltado para complementar a aposentadoria do investidor.

No *site* do TD você encontra um simulador, no qual é possível fazer um estudo do valor a ser depositado para auferir no futuro uma renda mínima determinada e qual o vencimento adequado ao seu planejamento.

O título não prevê pagamento de juros periódicos até seu vencimento, quando, então, pagará uma renda mensal por 20 anos.

Os investimentos não precisam ser mensais, podendo ser feitos quando há sobra de recursos. O RendA+ tem rentabilidade igual à do Tesouro IPCA+. A principal diferença está no fluxo da renda após seu vencimento.

Tesouro Educação

Em 17 de julho de 2023 foi lançado um novo título no TD: Tesouro Educação. Semelhante ao RendA+, porém com prazos menores, o novo título tem como foco as pessoas que têm planos de utilizar uma renda complementar futura para custear estudos de qualquer nível ou natureza. Portanto, a previsão é que o título de maior prazo terá 18 anos, o tempo esperado entre o nascimento de uma criança e sua entrada na universidade. Dentro do mesmo conceito, a renda mensal no momento do vencimento do título será de 5 anos.

8.3 TÍTULOS PRIVADOS BANCÁRIOS
8.3.1 Certificado de Depósito Bancário

O Certificado de Depósito Bancário, ou CDB, como é mais conhecido, é um certificado emitido por um banco com promessa de pagamento da importância aplicada mais uma remuneração (taxa de juros) na data de seu vencimento.

Ele é emitido por bancos comerciais, múltiplos ou de investimento e conta com a cobertura do Fundo Garantidor de Crédito (FGC). Os bancos utilizam o CDB como um instrumento de captação de recursos para realizar empréstimos aos seus clientes. Oficialmente eles são conhecidos como depósitos a prazo, pois o título tem um vencimento com prazo determinado, quando os recursos têm que, obrigatoriamente, voltar para a conta do cliente, acrescidos dos juros e líquido do imposto de renda (IR).

8.3.1.1 Tipos de certificados de depósito bancário disponíveis

Os CDBs podem ser classificados em dois tipos:

1. **CDB prefixado**: nessa modalidade, o investidor sabe quanto será a valorização do seu investimento, pois a taxa nominal bruta dos juros, que é a taxa de remuneração, é negociada no momento em que ele aplica. Não há prazo mínimo obrigatório para aplicação.
2. **CDB pós-fixado**: no CDB pós-fixado, a remuneração será o resultado da variação de um índice de correção, que pode ser a Taxa Referencial (TR) ou o IGPM, mais a taxa de juros fixa. O investidor só saberá a valorização do seu rendimento à medida que o índice escolhido for se valorizando. O CDB pós-fixado que acompanha o CDI não tem prazo mínimo de aplicação. Já os que seguem outros índices têm prazos diferentes. CDBs pós-fixados, que são corrigidos pela TR ou pela Taxa de Juros de Longo Prazo (TJLP),[8] têm prazo mínimo de 30 dias. Os que são corrigidos pela Taxa Básica Financeira (TBF) têm prazo mínimo de 2 meses, e os que são corrigidos por índices de inflação têm prazo mínimo de 1 ano.

Os CDBs são escriturais, nominativos, negociáveis e transferíveis. Traduzindo, e na respectiva ordem, não há emissão de um título físico, o dono é conhecido, pode ser negociado no mercado secundário (normalmente negocia-se o CDB com o próprio emissor, embora ele possa ser negociado com terceiros) e sua titularidade pode ser transferida para terceiros, permitindo, assim, sua negociação.

A recompra de um CDB pelo banco emissor antes de seu vencimento é facultativa para o Banco, não sendo obrigatória. O CDB pode ser negociado livremente no mercado, com pessoas físicas ou jurídicas, sejam essas financeiras ou não. Não pode haver impedimento por parte do banco à negociação de um CDB de sua emissão com terceiros. Se o resgate antecipado for feito com o banco emissor, o certificado emitido será cancelado.

8.3.1.2 Prazos mínimos

- Prefixados: não há.
- Pós-fixados atrelados ao CDI: não há.
- TR: prazo mínimo de 30 dias.
- Índice de preços: prazo mínimo de 1 ano.

8.3.1.3 Resgate antecipado

O CDB pode ser negociado a qualquer tempo antes do seu vencimento. Se com o banco emissor, ele será resgatado e cancelado. A recompra do CDB pelo emissor é facultativa, podendo o banco emissor se negar a fazê-la. O CDB pode ser negociado livremente no mercado, com pessoas físicas ou jurídicas, sejam essas financeiras ou não.

8.3.2 Letra Financeira

As Letras Financeiras (LF) são títulos emitidos por IFs que consistem em promessa de pagamento. Logo, podem emitir LF os bancos múltiplos, bancos

---

8 A TJLP é calculada pelo BACEN e é utilizada como indexador nos empréstimos do Banco Nacional de Desenvolvimento Econômico e Social (BNDES).

comerciais, bancos de investimento, sociedades de crédito, financiamento e investimento, caixas econômicas, companhias hipotecárias ou sociedades de crédito imobiliário.

Conhecidas como "debêntures bancárias" por terem características semelhantes às debêntures apresentadas neste capítulo, as LF não têm garantia do FGC e o prazo mínimo de emissão é de 24 meses (60 meses para as subordinadas), sendo vedado o resgate total ou parcial antes do vencimento. Entretanto, é permitido que sejam recompradas pelas IFs emissoras, em montante que não ultrapasse 5% de sua emissão. Estamos diante, portanto, de um título praticamente sem liquidez antes de seu vencimento.

8.3.3 Depósito a Prazo com Garantia Especial

O Depósito a Prazo com Garantia Especial (DPGE) foi criado em abril de 2009, durante a crise internacional, para auxiliar as IFs de portes pequeno e médio a captar recursos.

Em 2012 e 2013, com o objetivo de ajustar o investimento às necessidades do mercado, o Conselho Monetário Nacional (CMN) aperfeiçoou o produto, tornando o DPGE elegível à garantia especial do FGC de até R$ 20 milhões e tendo seus prazos ajustáveis aos empréstimos que serão usados como lastro.

Outras características importantes:

- prazo mínimo: 6 meses;
- prazo máximo: 36 meses;
- liquidez antes do vencimento: não permitida;
- remuneração: pode ser prefixada, em % do CDI, CDI + *spread*, ou indexada a um índice de preço, como o IPCA, por exemplo.

8.3.4 Certificado de Depósito Interfinanceiro

Certificado de Depósito Interfinanceiro (CDI) são títulos de emissão das IFs para lastrear as operações de tomada de recursos ou de empréstimos entre elas mesmas. As transações são registradas na B3, sendo a maioria delas realizada por um só dia, apesar de poderem ser de 30 dias, por exemplo.

Quando de um dia, essas operações são denominadas Depósito Interfinanceiro e são tão importantes para o mercado que estabelecem um padrão de taxa média diária, utilizada como o custo básico da taxa de juros no mercado, conhecido como CDI *over*, que refletirá a expectativa de custo das reservas bancárias em D + 1 (dia seguinte). O CDI serve também como principal *benchmark* para os fundos de renda fixa e como indexador de aplicações e empréstimos ao setor privado.

As taxas de CDI (Taxa DI) e Selic são usadas para negócios no *overnight* (de um dia para outro).

O CDI não é lastreado por títulos de qualquer natureza; logo, não tendo garantias, deve operar amparado em limites de crédito fixados individualmente pelos bancos para suas contrapartes. Em termos de comparação, a taxa DI e a taxa Selic caminham bem perto.

Quadro 8.3 Taxas de juros – 29/05/2023

Taxa Selic diária	13,65%
Taxa DI	13,65%

Fonte: www.bcb.gov.br e www.b3.com.br.

8.4 TÍTULOS CORPORATIVOS
8.4.1 Debêntures

Debêntures são títulos de dívida emitidos por sociedades por ações (S.A.) que conferem ao debenturista (detentor do título) um direito de crédito contra a emissora. É um título de crédito representativo de empréstimo que uma empresa faz junto a terceiros e que assegura a seus detentores direitos contra sua emissora, nas condições constantes da escritura de emissão. São valores mobiliários nominativos, negociáveis, emitidos por empresas não financeiras que buscam obter recursos de médio e longo prazos.

As debêntures podem ser emitidas por sociedades por ações, de capital aberto ou fechado, que não sejam sociedades de crédito imobiliário, e IFs que recebem depósito do público. As IFs que recebem depósito do público somente podem emitir cédulas de debêntures, que são títulos que têm como lastro as debêntures emitidas por outras empresas. Companhias hipotecárias e sociedades de arredamento mercantil (*leasing*) podem emitir debêntures.

Somente as sociedades por ações com registro de companhia aberta junto à Comissão de Valores Mobiliários (CVM) podem efetuar emissão de debêntures para colocação junto ao público em geral. Considera-se companhia aberta aquela que tem registro junto à CVM para negociação dos valores mobiliários de sua emissão nas bolsas de valores ou no mercado de balcão.

A assembleia geral de acionistas de empresa (AG) aprova a emissão das debêntures e suas características básicas, como volume, prazo, séries, condições financeiras, juros, garantias etc., que constarão da escritura de emissão. A AG pode delegar ao Conselho de Administração parte da decisão quanto às condições das debêntures.

Uma empresa pode efetuar várias emissões de debêntures, e cada emissão pode ainda ser dividida em séries, de modo a adequar o montante de recursos às necessidades da empresa e demanda do mercado. As séries podem, inclusive, ter vencimentos e indexadores diferentes.

8.4.1.1 Remuneração

As debêntures podem ter por remuneração:

- taxa de juros prefixada ou CDI;
- TR ou TJLP: prazo mínimo de 1 mês para o vencimento ou repactuação;
- TBF: apenas empresas de *leasing* e companhias hipotecárias; têm prazo mínimo de 2 meses para vencimento ou repactuação;
- índices de preços + taxa de juros fixa: atendido o prazo mínimo de 1 ano para vencimento ou repactuação; taxa cambial + taxa fixa: não há prazo mínimo;
- participação nos lucros.

8.4.1.2 Registros

Os atos preliminares à emissão de debêntures são:

- arquivamento e publicação da ata da assembleia geral que deliberou a emissão de debêntures no Registro de Comércio (Junta Comercial);
- inscrição da escritura de emissão no Registro Geral de Imóveis (RGI) do lugar da sede da emissora;
- caso a emissora tenha oferecido garantias reais para a emissão, estas deverão ser previamente constituídas, de acordo com a lei civil.

8.4.1.3 Escritura de emissão

O lançamento da operação exige a celebração de uma escritura de emissão de debêntures por instrumento público ou particular, que é o documento em que é especificado sob quais condições serão emitidas as debêntures, devendo esse instrumento ser registrado em cartório de registro de imóveis.

O agente fiduciário deve firmar referida escritura, iniciando com tal ato a sua função. Quando a emissão de debêntures for com garantia real, deverão ser contratados peritos para proceder à avaliação dela. O procedimento da avaliação é cláusula obrigatória na escritura de emissão. Nos casos em que houver hipoteca como garantia real, torna-se obrigatório, ainda, que a escritura de emissão seja elaborada por meio de instrumento público.

8.4.1.4 Distribuição privada

A distribuição privada de debêntures não precisa de registro na CVM e destina-se exclusivamente aos acionistas da empresa ou a um grupo restrito de investidores com relacionamento junto à emissora.

8.4.1.5 Distribuição pública

A distribuição pública de debêntures só é permitida a empresas de capital aberto e é necessário o registro da empresa e da emissão na CVM. Ao se registrar na CVM, a empresa fornece todas as informações necessárias para que os investidores possam analisar a oportunidade de investimento de forma imparcial. Nesse caso, a empresa emissora contrata os serviços de uma IF para auxiliá-la na colocação dos títulos, bem como na definição de prazos e taxas compatíveis com a situação de mercado. No caso de os investidores já serem acionistas controladores da empresa, esse procedimento não é necessário, pois se pressupõe que já tenham acesso a toda a informação necessária para a tomada de decisão.

8.4.1.6 Formas de debêntures

- **Nominativas**: são debêntures em cujos certificados (documento físico) consta o nome do titular, sendo sua transferência registrada em livro próprio mantido pela companhia emissora. A sua transferência é efetuada somente por endosso em preto (endosso em que se indica o nome do beneficiário), substituindo-se posteriormente o certificado. Não existem debêntures ao portador.
- **Escriturais**: são debêntures que estão em nome de seus titulares (como as debêntures nominativas), mas que não têm certificados, sendo mantidas em conta de depósito em IF depositária designada pela emissora. É o modo mais utilizado.

8.4.1.7 Tipos de debêntures

- **Debêntures simples (não conversíveis)**: são as que não podem ser convertidas em ações, ou seja, são resgatáveis exclusivamente em moeda nacional.
- **Debêntures conversíveis em ações**: em alguns casos, as debêntures podem conter uma opção de conversão em ações de emissão da empresa na data de exercício, nas condições estabelecidas na escritura de emissão (data de exercício e fórmula de conversão). Desse modo, o investidor deixa de ser um credor para ser um acionista da empresa. Contudo, a conversão não é obrigatória, pois, dependendo de quanto estiverem valendo as ações no mercado, pode não valer a pena converter. Ressalte-se que essa característica confere ao título um aspecto de investimento de renda variável após a conversão.
- **Debêntures permutáveis**: são debêntures que podem ser transformadas em ações de emissão de outra companhia que não a emissora dos papéis, ou, ainda, apesar de raro, em outros tipos de bens, como títulos de crédito. Na maioria das vezes, a companhia emissora das ações objeto da permuta é empresa integrante do mesmo conglomerado da companhia emissora das debêntures.

8.4.1.8 Espécies de debêntures

Quando você compra uma debênture, está na verdade emprestando dinheiro para a empresa, correndo risco de que a empresa emissora não venha a honrar seus compromissos. Para tornar suas debêntures mais atrativas para os investidores e, consequentemente, reduzir os juros que devem pagar, algumas empresas dão garantias na emissão de debêntures. Existem basicamente quatro tipos de garantias; a diferença entre elas reside no grau de prioridade que o investidor tem de receber o dinheiro que emprestou, em caso de falência da empresa emissora. A espécie refere-se às garantias dadas à emissão:

- **Debêntures com garantia real**: são garantidas por bens (imóveis ou móveis) dados em hipoteca, penhor ou anticrese, pela companhia emissora, por empresas de seu conglomerado ou por terceiros.[9] O volume de emissão de debêntures com garantia real é limitado pela regulamentação a até 80% do valor dos bens gravados da empresa, quando o valor da emissão ultrapassar o do capital social.
- **Debêntures com garantia flutuante**: são debêntures com privilégio geral sobre o ativo da empresa, o que não impede, entretanto, a negociação dos bens que compõem esse ativo. As debêntures com garantia flutuante têm preferência de pagamento sobre debêntures de emissões anteriores e sobre outros créditos

---

9 A **hipoteca** representa um direito real de garantia sobre bens imóveis (incluindo navios e aeronaves). Já o **penhor** é um direito real de garantia sobre bens móveis entregues pela emissora ou por terceiros, para assegurar o cumprimento de uma obrigação. A **anticrese** é também um direito real de garantia, pelo qual o credor percebe os frutos e os rendimentos de um imóvel, tendo, durante o período que se estender até o cumprimento da obrigação, os poderes de proprietário para fins de arrendamento ou locação do imóvel.

especiais ou com garantias reais, firmados anteriormente à emissão. O volume de emissão das debêntures com garantia flutuante é limitado a até 70% do valor contábil do ativo da emissora, líquido das dívidas garantidas por direitos reais, quando o valor da emissão ultrapassar o do capital social.
- **Debêntures quirografárias (sem preferência):** debêntures que não têm as vantagens dos dois tipos anteriores. Assim, os debenturistas, em caso de falência, equiparam-se aos demais credores quirografários (não privilegiados) da empresa. As emissões de debêntures quirografárias não podem ter valor maior do que o do capital social da companhia.
- **Debêntures subordinadas:** são debêntures sem garantia, que preferem apenas aos acionistas no ativo remanescente, em caso de liquidação da companhia. No caso das debêntures subordinadas, não existem limites máximos para a emissão.

8.4.1.9 Garantias adicionais

Além de poder ter as garantias citadas anteriormente, as debêntures podem ter garantias adicionais, constantes da escritura de emissão, tais como garantia fidejussória ou previsão de *covenants*.

- **Garantia fidejussória:** geralmente é representada por uma fiança conferida por pessoas físicas ou jurídicas (compreendendo geralmente acionistas ou sociedades do mesmo grupo da emissora).
- ***Covenants*:** representam um conjunto de garantias indiretas contratuais acessórias, positivas ou negativas, objetivando o pagamento da dívida. As obrigações positivas (*positive covenants*) são exigências relativas à observância de certas práticas de gestão, consideradas indispensáveis à administração eficiente da empresa. As obrigações negativas (*negative covenants*) são limitações à liberdade de gestão dos administradores da devedora, obrigando-os a não praticar certos atos. Os *covenants* visam mitigar o risco de *performance* do fluxo de caixa da devedora, de modo a dar maior segurança à operação,

e seu fiel cumprimento é fiscalizado pelo agente fiduciário.
  - São exemplos de *covenants* negativos: limitação ao grau de endividamento da empresa; limitação ou impedimento para contrair novas obrigações; manutenção de capital de giro mínimo; limitações do voto dos controladores quanto à alienação de controle ou distribuição de dividendos.
  - São exemplos de *covenants* positivos: prestação regular de informações e comunicação de fatos relevantes; ceder cópia das demonstrações financeiras auditadas; realizar seguro.

8.4.1.10 Vencimento

O mais comum é que as debêntures tenham prazo determinado. Entretanto, também podem ser emitidas por tempo indeterminado, sem prazo de vencimento (debêntures perpétuas). Nesse caso, o resgate fica condicionado apenas a eventos especiais expressos na escritura da emissão ou nos casos de inadimplência do pagamento de juros e dissolução da companhia. A empresa também pode prever casos de resgate parcial ou total das debêntures, situações em que podem ser pagos prêmios, conforme citado anteriormente.

8.4.1.11 Resgate

O resgate de uma emissão de debêntures pode ser realizado de várias formas, que devem estar devidamente descritas na escritura de emissão. O resgate implica a liquidação das debêntures resgatadas. As principais formas de resgate antecipado são mencionadas a seguir.

8.4.1.11.1 Resgate antecipado facultativo – call option

O emissor das debêntures pode, a qualquer momento, promover o resgate total ou parcial dos títulos em circulação. A cláusula da escritura de emissão pode prever o resgate antecipado facultativo sem que esteja explicitado o prazo e as quantidades a serem resgatadas, ficando a cargo do emissor a decisão de quando e quantas debêntures serão resgatadas antecipadamente. Sendo parcial, o resgate deve ser efetuado por sorteio. O resgate antecipado facultativo tira do debenturista a perspectiva de manter a rentabilidade estipulada pelo prazo total definido na escritura de emissão.

Quando não são estipuladas épocas exatas para o resgate antecipado facultativo, fica o emissor com a prerrogativa de resgatar os títulos a qualquer momento, desde que avise os debenturistas de sua intenção com uma pequena antecedência, normalmente de 15 a 30 dias.

Quando estipulada a época exata para o resgate antecipado facultativo, permite-se que o potencial investidor avalie sua perspectiva de prazo de rentabilidade com maior clareza. Optando o emissor pelo resgate programado das debêntures, ele se compromete a pagar um prêmio aos debenturistas previamente descrito na escritura de emissão. Esse prêmio visa recompensar os investidores por terem seus títulos resgatados antecipadamente.

8.4.1.11.2 Resgate obrigatório ou recompra obrigatória – put option

Caberá ao debenturista ter suas debêntures resgatadas ou recompradas pelo emissor em determinadas datas e em quantidades previamente descritas na escritura de emissão. Trata-se de condição bastante comum em debêntures com cláusula de repactuação.

A cláusula de repactuação permite a renegociação das condições de remuneração dos títulos em uma data predeterminada. A repactuação visa adequar as condições de remuneração das debêntures em uma data futura, quando os debenturistas, representados pelo agente fiduciário, e a companhia emissora negociam novos termos de remuneração.

Caso alguns dos debenturistas não concordem com os termos negociados, o emissor é obrigado a resgatar ou recomprar, conforme o caso, as debêntures de sua propriedade, acrescidas das condições de remuneração anteriores à repactuação. No caso de recompra, as debêntures poderão ser canceladas, permanecer em tesouraria ou ser novamente colocadas em mercado.

8.4.1.12 Fundo de amortização

Fundo de amortização é um depósito de recursos cujo destino é o pagamento das amortizações das debêntures. Esse instrumento é utilizado para garantir aos investidores que, no momento da obrigação do pagamento de parcela da dívida, não haverá problemas no fluxo de caixa da empresa emissora que resultem em inadimplemento.

Geralmente, o fundo de amortização é administrado pelo agente fiduciário da emissão e a falta do cumprimento da obrigação da emissora em depositar as parcelas predeterminadas é fato gerador de vencimento antecipado das debêntures.

8.4.1.13 Recompra de debêntures pela emissora

Faculta-se à companhia emissora adquirir debêntures em circulação, por preço não superior ao saldo de seu valor nominal unitário não amortizado, acrescido das condições de remuneração das debêntures. Nessa hipótese, as debêntures que eventualmente vierem a ser adquiridas pela companhia emissora poderão ser canceladas, permanecer em tesouraria ou ser novamente colocadas em mercado. No vencimento final das debêntures, essas devem ser resgatadas na sua totalidade pela emissora.

8.4.1.14 Emissão primária

As emissões primárias são operações de lançamento de novos títulos, nas quais há o aporte de novos recursos para a companhia. As debêntures podem ser ofertadas publicamente e/ou transacionadas no mercado quando a sociedade emissora tiver a condição de companhia aberta, obtida mediante o cumprimento de determinadas normas e exigências expedidas pela CVM. A emissão precisa ser realizada por meio do sistema de distribuição do mercado. A CVM, uma vez autorizada a emissão, mantém o seu registro, com todas as características e condições das debêntures, para que o mercado tenha acesso a essas informações.

8.4.1.15 Emissão pública

Nas emissões públicas, é necessária a nomeação de um agente fiduciário. As emissões de debêntures também podem ser privadas, não havendo a necessidade de registro de distribuição na CVM, podendo ser empresa de capital fechado ou aberto. Quando a companhia aberta realizar emissões privadas de debêntures, deverá informar a CVM sobre a emissão. A colocação privada é direcionada diretamente para um comprador ou grupo limitado de compradores, que geralmente são os próprios acionistas ou investidores selecionados. Essa forma de colocação geralmente implica maior taxa de juros das debêntures, em razão de seu maior grau de risco, além de impossibilitar a sua negociação em mercado secundário.

8.4.1.16 Principais *players* no mercado de debêntures

- Banco líder: coordena todo o processo de distribuição das debêntures.
- Agente fiduciário: representante dos direitos dos debenturistas.
- Consultoria jurídica: *due diligence* e elaboração dos contratos e prospecto.
- Agência de *rating*: classificação de risco da operação.
- Banco mandatário: responsável pelo pagamento aos debenturistas.
- Escriturador: responsável pela escrituração das debêntures.

8.4.1.17 Agente fiduciário

De acordo com a regulamentação, a companhia emissora, em conjunto com o intermediário financeiro, deverá nomear agente fiduciário, credenciado no BCB, que representará a comunhão dos debenturistas perante a companhia emissora. Esse assunto será tratado de forma mais detalhada no Capítulo 11, Oferta Pública de Valores Mobiliários.

De modo resumido, o agente fiduciário é a figura legal e obrigatória para representar a comunhão dos debenturistas perante a companhia emissora. Entre suas funções figuram:

- proteger os direitos e os interesses dos debenturistas;
- assegurar que o emitente cumpra as condições da escritura;
- conservar em boa guarda toda a escrituração, correspondência e demais papéis relacionados com o exercício de suas funções;
- elaborar relatório anual, dentro de 4 meses do encerramento do exercício social da companhia, com descrição e análise dos eventos relevantes ocorridos no período;
- notificar os debenturistas acerca de qualquer inadimplemento, pela companhia, de obrigações assumidas na escritura de emissão;
- manter os bens dados em garantia em custódia (caso previsto na escritura de emissão);
- administrar o fundo de amortização e pagar juros, amortizações e resgates (caso previsto na escritura).

Cabe ao agente fiduciário o acompanhamento das atividades da companhia, de forma a verificar o cumprimento das disposições da escritura de emissão e de outras obrigações assumidas.

Nos casos de inadimplência da companhia emissora, o agente fiduciário pode (observadas as condições constantes na escritura de emissão) declarar antecipadamente vencidas as debêntures, cobrando o valor do principal mais os rendimentos. Caso a companhia permaneça inadimplente, o agente fiduciário poderá executar garantias reais, requerer a falência da companhia emissora e representar os debenturistas nos processos de falência, concordata e intervenção ou liquidação extrajudicial.

8.4.1.18 Subscrição ou *underwriting*

A colocação de valores mobiliários no mercado é feita por bancos de investimento, bancos múltiplos, corretoras e distribuidoras que recebem uma comissão pelo serviço. As emissões podem ter garantia de colocação firme ou melhores esforços. Na garantia firme, a instituição coordenadora da emissão garante a colocação total ou parcial das debêntures por um preço estipulado, assumindo os riscos da operação e se comprometendo a comprar as debêntures caso elas não sejam aceitas pelo mercado. No regime de melhores esforços, a instituição se compromete apenas em se empenhar para garantir as melhores condições de colocação das debêntures no mercado. Independentemente do regime, toda subscrição pública de debênture prescinde de uma nota de *rating*, atribuída por uma agência de *rating* que, como será visto no Capítulo 15, ao se abordar o risco, é uma nota final que avalia a capacidade de recebimento do título.

8.4.1.19 Mercado secundário

Apesar de poderem ser negociadas em bolsa de valores, em grande parte das vezes as debêntures são negociadas em mercado de balcão. O mercado de balcão define a compra e venda de títulos fora do ambiente das bolsas, por meio de contato direto com os bancos de investimentos, bancos múltiplos com carteira de investimento, sociedades corretoras e sociedades distribuidoras.

8.4.1.20 Distribuição secundária

As distribuições secundárias (*block trade*) de debêntures compreendem distribuições públicas de grandes lotes de debêntures que já foram emitidas e que estão nas mãos de controladores/acionistas da empresa ou qualquer outro investidor (debêntures que estão fora de circulação do mercado) e que geralmente compreendem um esforço de vendas sobre esses títulos.

8.4.1.21 Assembleia de debenturistas

Sempre que necessário deliberar sobre os interesses da comunhão dos debenturistas, os titulares de debêntures da mesma emissão, o agente fiduciário, a companhia emissora, a CVM ou debenturistas que representem no mínimo 10% dos títulos em circulação podem convocar a qualquer tempo a assembleia de debenturistas. Qualquer alteração nas características das debêntures constantes na escritura de emissão tem necessariamente que ser aprovada pela assembleia de debenturistas. Para fins de votação da assembleia de debenturistas, cada debênture em circulação representa um voto.

8.4.2 Nota promissória para distribuição pública

Nota promissória (NP, também chamada de *commercial paper*) é um título de curto prazo, emitido por sociedades anônimas não financeiras, pelo qual o investidor se torna credor da empresa emitente. O prazo máximo está limitado a 180 dias.

Título semelhante a uma debênture, porém não pode ser conversível em ações. Pode ter cupom ou não, mas devido à sua característica de curto prazo, normalmente é emitido no critério zero cupom e negociada com deságio, sendo a remuneração do investidor a diferença entre o valor nominal da NP e o preço pago pelo investidor.

Sua emissão deve ser aprovada pelos acionistas da empresa e depende de autorização da CVM quando a companhia for de capital aberto.[10]

O resgate da NP implica a extinção do título, vedada sua manutenção em tesouraria.

8.4.3 Debênture incentivada

A debênture incentivada foi criada em 2011 pela Lei n. 12.431. Trata-se de título privado de longo prazo de emissão de empresas não financeiras que buscam captar recursos para investimentos em projetos de infraestrutura considerados prioritários pelo governo. Estamos falando de projetos de implantação, manutenção, recuperação, adequação ou modernização dos setores de logística, transporte, mobilidade urbana, energia, telecomunicações, radiodifusão, saneamento básico e irrigação.

Para que seja considerada uma debênture de infraestrutura, como também é conhecida a debênture incentivada, é necessária a constituição de uma Sociedade de Propósito Específico (SPE), que será responsável pela parte administrativa de controles e gerida para o exclusivo fim do projeto.

Principais características:

- prazo médio superior a 4 anos;

---

10 Uma companhia é considerada de capital aberto quando tem seus títulos negociados em bolsa.

- negociação em mercado regulamentado;
- obrigatória a divulgação de *rating*;
- remuneração: IPCA ou TR mais um cupom de juros;
- prazo de pagamento periódico de rendimentos: mínimo a cada 180 dias;
- vedada a recompra do papel pelo emissor nos dois primeiros anos após a emissão;
- regras específicas para liquidação dos títulos, incluindo um prêmio para o investidor e somente a partir do intervalo mínimo de emissões estabelecido por lei (cerca de 4 anos);
- inexistência de compromisso de revenda assumido pelo comprador;
- procedimento simplificado que demonstre o objetivo de alocar os recursos captados em projetos de investimento, inclusive os voltados à PD&I;
- rendimentos isentos de IR.

8.5 TÍTULOS DO SEGMENTO IMOBILIÁRIO

8.5.1 Letra de Crédito Imobiliário

A Letra de Crédito Imobiliário (LCI) é um título de crédito nominativo, de livre negociação, lastreada por créditos imobiliários garantidos por hipoteca ou por alienação fiduciária, conferindo aos seus tomadores direito de crédito pelo valor nominal, juros e, se for o caso, atualização monetária nela estipulada.

A LCI é emitida pelo credor do crédito imobiliário e deve representar a totalidade do crédito. São lastreadas somente em créditos imobiliários de empreendimentos de natureza imobiliária.

Vantagens:

- Capta recursos junto ao público, contribuindo para ativação e crescimento do setor imobiliário.
- Ao emitir LCIs, os agentes financeiros não precisam aguardar o vencimento das prestações dos compradores finais para recuperar o capital de um projeto. Desse modo, recuperam o capital investido, ficando livres para reinvesti-lo em novos empreendimentos.
- Isenção de IR para pessoas físicas, baixo risco, visto que o lastro é por hipoteca.

Podem ser registradores/emissores: instituição detentora do crédito imobiliário como banco comercial (inclusive o banco cooperativo), banco múltiplo com carteira de crédito imobiliário ou carteira comercial, a Caixa Econômica Federal, as sociedades de crédito imobiliário, as associações de poupança e empréstimo, as companhias hipotecárias e demais instituições que venham a ser expressamente autorizadas pelo BACEN.

As LCIs são garantidas pelo FGC, até o limite regulamentar e o prazo mínimo de emissão e carência é de 12 meses.

8.5.2 Certificado de Recebíveis Imobiliários

De acordo com o art. 6º da Lei n. 9.514, de 20 de novembro de 1997, o Certificado de Recebíveis Imobiliários (CRI) é um título de crédito nominativo de livre negociação, lastreado somente em créditos imobiliários, e constitui promessa de pagamento em dinheiro, sendo proibida a sua emissão com lastro em títulos de dívida (por exemplo, debêntures) de emissão de companhias abertas não relacionadas ao setor imobiliário. O CRI é de emissão exclusiva das companhias securitizadoras.

A companhia securitizadora é uma companhia especializada que coordena os processos de securitização, qual seja um processo estruturado por meio do qual os créditos imobiliários descontados pelo originador são transformados em CRIs.

Esses certificados, registrados e negociados na B3 são considerados valores mobiliários e, portanto, para sua emissão, precisam de prévia autorização da CVM.

Entre suas aplicações, o CRI atende às exigibilidades de direcionamento, inclusive para operações no âmbito do Sistema Financeiro da Habitação (SFH), dos recursos captados via depósitos de poupança pelas instituições integrantes do Sistema Brasileiro de Poupança e Empréstimo (SBPE). Eles podem apresentar garantia flutuante, que lhes assegura privilégio geral sobre o ativo da companhia securitizadora, mas não impede a negociação dos bens que compõem esse ativo.

O CRI deve ter como lastro créditos imobiliários e somente pode ser emitido com essa única finalidade. Por se tratar de um valor mobiliário, para emissão de um CRI é necessária prévia autorização da CVM.

Podem ser emitidos nas formas simples ou com regime fiduciário;[11] este implica constituição de patrimônio separado, administrado pela companhia securitizadora e composto da totalidade dos créditos submetidos ao regime fiduciário que lastreiem a emissão, além da nomeação de agente fiduciário. Nesse caso, ele também deve ser registrado no Cartório de Registro de Imóveis.

Por oferecer segurança quanto a uma eficiente e ágil execução da garantia, o contrato de alienação fiduciária representa um poderoso estímulo à concessão do crédito imobiliário e, ao mesmo tempo, liquidez ao investimento nos CRIs lastreados em créditos pactuados com tal garantia.

O CRI não conta com a garantia do FGC.

8.5.3 Cédula de Crédito Imobiliário

A Cédula de Crédito Imobiliário (CCI) é um instrumento que tem origem em créditos imobiliários e que visa facilitar e simplificar a cessão do crédito, podendo contar ou não com garantia.

Por permitir que o endosso seja feito no próprio título, sem que se faça necessária a formalização com um contrato de cessão, a CCI é um título que agiliza a negociação dos créditos, dinamizando o mercado financeiro e de capitais, uma vez que sua negociação não depende de autorização do devedor.

A CCI pode contar com garantia ou não e sua remuneração pode ser pré ou pós-fixada, dependendo dos direitos creditórios que representa.

---

[11] Pelo contrato de alienação fiduciária, o devedor transfere, temporariamente, a propriedade do bem imóvel ao credor em garantia ao respectivo financiamento. Até a liquidação total do financiamento, o credor permanece na condição de proprietário, e o devedor, na condição de possuidor direto, a exemplo do que ocorre na aquisição de um automóvel com alienação fiduciária em favor da financeira. Quando da quitação do empréstimo, o possuidor de direito do bem passa também a ter a propriedade de direito.

8.5.4 Letra Imobiliária Garantida

Baseado nos *covered bonds* negociados no mercado internacional, a Letra Imobiliária Garantida (LIG) foi criada em 2014, convertida na Lei n. 13.097 em 2015 e regulamentada pelo BCB em maio de 2018. Trata-se de um crédito nominativo, transferível e de livre negociação cujo prazo de vencimento deve ser compatível com o prazo das operações elegíveis como lastro.

É um título cada vez mais oferecido no mercado de renda fixa, sendo lastreado operações de financiamento de efetiva natureza imobiliária, não sendo admitidas com lastro operações para pessoa jurídica sem conexão com o mercado imobiliário, mesmo que garantidas por imóvel.

A grande vantagem da LIG é a dupla garantia:

1. do próprio balanço do banco emissor; e
2. uma carteira de financiamentos imobiliários, que fica separada do patrimônio do banco.

Se a instituição emissora quebrar, esse conjunto de créditos imobiliários vai honrar os pagamentos aos investidores – seja com os valores que a carteira vai receber pelo crédito concedido, seja com a venda dos empreendimentos.

Características do papel:

- **Liquidez**: tem vencimento mínimo de 2 anos com prazo de carência de 12 meses.
- **Valor mínimo de investimento**: depende da instituição.
- **IR**: isento de IR para pessoas físicas.

Uma diferença latente entre a CCI e a LIG é que a CCI é emitida pelo credor, e a LIG, pelo banco. Porém, ambos os títulos devem atender o direcionamento obrigatório de depósitos de poupança.

8.6 TÍTULOS DO SEGMENTO AGRÍCOLA

8.6.1 Cédula do Produto Rural

A Cédula do Produto Rural (CPR) é um título que pode ser emitido por produtores rurais, suas cooperativas de produção e associações, com a finalidade de obtenção de recursos para desenvolver sua produção ou empreendimento, por meio da venda antecipada (a termo) de certa quantidade de mercadoria, recebendo o valor negociado (ou insumos) no ato da venda e comprometendo-se a entregá-la na qualidade e no local acordados em data futura.

Ela pode ser emitida em qualquer fase do empreendimento pecuário ou agrícola (pré-plantio, desenvolvimento, pré-colheita ou mesmo produto colhido).

É um título que pode ser negociado em mercado secundário, desde que tenha aval de uma IF ou seguro que cubra o seu risco de crédito.

Existe a CPR física (quando a liquidação se dá pela entrega efetiva do produto) e a CPR financeira (quando a liquidação se dá por um preço ou índice de preço estipulado no papel).

A negociação da CPR no mercado financeiro é isenta de Imposto sobre Operações Financeiras (IOF).

As CPRs são registradas no Sistema de Registro de Custódia de Títulos do Agronegócio (SRCA), que permite o registro das negociações e informa todos os dados da CPR. O SRCA é reconhecido e autorizado pelo BACEN para registro de todos os títulos do agronegócio.

8.6.1.1 Liquidação

Na CPR financeira, o emissor recebe determinado volume de recursos no ato da venda. Por ocasião do vencimento, em vez de entregar a mercadoria ao favorecido, o emissor o liquida em dinheiro, ou seja, liquida a CPR pelo preço do dia da mercadoria objeto de negociação, caracterizando assim a equivalência em produto.

8.6.1.2 Negociação

A CPR pode ser negociada no mercado primário, quando o emitente deseja adiantar recursos para utilizar na produção de determinada mercadoria agropecuária; e no mercado secundário, quando o adquirente da CPR deseja negociá-la por meio de sua venda a outro agente interessado.

A negociação pode ser feita por intermédio do mercado de balcão ou da Bolsa Brasileira de Mercadorias. Pode-se utilizar também o leilão eletrônico do Banco do Brasil, que interliga as bolsas de mercadorias regionais.

Lembrando que a CPR não conta com a garantia do FGC.

8.6.2 Letra de Crédito do Agronegócio

A Letra de Crédito do Agronegócio (LCA) é semelhante às LCI, já estudadas neste capítulo, com variação principal apenas no lastro, já que no caso da LCA os créditos são emitidos contra negócios realizados no segmento do agronegócio que não tenham se beneficiado de subvenção econômica da União.

Logo, a LCA é um título de crédito nominativo, de livre negociação, de emissão de IFs públicas ou privadas, que confere direito de penhor sobre os direitos creditórios do agronegócio a ela vinculados.

Representa, portanto, promessa de pagamento em dinheiro emitido com base em lastro de recebíveis originados de negócios voltados exclusivamente ao segmento agropecuário e que tenham relação direta com as prioridades da política agrícola do governo.

As LCIs são garantidas pelo FGC, até o limite regulamentar e seu prazo mínimo de emissão e carência dependem do tipo de remuneração. Se não for atualizada por índice de preço (prefixada, por exemplo), o prazo mínimo é de nove meses. Caso contrário, o prazo aumenta para 12 meses.

8.6.3 Certificado de Direitos Creditórios do Agronegócio

O Certificado de Direitos Creditórios do Agronegócio (CDCA) é um título de crédito nominativo, de livre negociação, representativo de promessa de pagamento em dinheiro emitido com base em lastro de recebíveis originados de negócios entre produtores rurais, ou suas cooperativas, e terceiros, inclusive financiamentos ou empréstimos relacionados com produção, comercialização, beneficiamento ou industrialização de produtos ou insumos agropecuários ou de máquinas e implementos utilizados na produção agropecuária.

O texto nos remete a comparar o CDCA à LCA. Entretanto, enquanto o emissor de uma LCA é uma IF, podem emitir um CDCA as cooperativas de produtores rurais e outras pessoas jurídicas que exerçam a atividade de comercialização, beneficiamento ou industrialização de produtos e insumos agropecuários ou de máquinas e implementos utilizados na produção agropecuária.

Para trazer garantia ao sistema, a regulamentação exige que os lastros de um CDCA devem ser registrados em entidades autorizadas pelo BCB.

8.6.4 Certificado de Recebíveis do Agronegócio

O Certificado de Recebíveis do Agronegócio (CRA) é um título que se assemelha ao CRI, já estudado neste capítulo. A diferença é que o lastro de um CRA tem origem em direitos creditórios originários de negócios realizados por produtores rurais, suas cooperativas ou terceiros, inclusive financiamentos, empréstimos ou securitização, relacionados com produção, comercialização, beneficiamento, processamento, transformação, armazenamento, logística, transporte, distribuição ou industrialização de produtos ou insumos agropecuários ou de máquinas, veículos e implementos utilizados na atividade agropecuária ou florestal, bem como seus subprodutos e resíduos de valor econômico. Não são aceitos como lastro títulos de emissão de companhias abertas não relacionadas aos setores do agronegócio.

Logo, o CRA é um título de crédito nominativo de livre negociação, de emissão exclusiva das companhias securitizadoras que, por se tratar de um valor mobiliário, necessita de prévia autorização da CVM para sua emissão.

O CRA não conta com a garantia do FGC.

8.7 TÍTULOS DO SEGMENTO COMERCIAL[12]

8.7.1 Cédula de Crédito Bancário

A Cédula de Crédito Bancário (CCB) é um título de crédito emitido por pessoa física ou jurídica, em favor de IF ou de entidade equiparada, representando promessa de pagamento em dinheiro, decorrente de operação de crédito de qualquer modalidade.

A CCB é negociável por meio de operações de compra e venda final, bem como por meio de operações compromissadas. A negociação se dá de forma eletrônica, estando as cédulas custodiadas na B3, o que permite que sejam um poderoso instrumento de criação de mercado secundário de crédito.

A CCB não conta com a garantia do FGC.

Quadro 8.4 CCB – Características gerais

Emitente	PF ou PJ
Forma	Física ou escritural e nominativa
Colocação	Diretamente na IF credora
Negociação	Compra e venda final compromissada
Credor original	IF ou equiparada
Valor nominal de emissão	Mínimo R$ 1,00
Cessão parcial	Permitida
Garantia cedular	Com ou sem garantia fidejussória ou real, cedularmente constituída
Coobrigação	Somente a instituição registradora
Moeda	R$ (pode ser emitida em USD)
Investidores	Investidores institucionais e estrangeiros

8.7.2 Certificado de Cédula de Crédito Bancário

O Certificado de Cédula de Crédito Bancário (CCCB) é um certificado representativo de um conjunto de CCB. Nesse caso, a emissora assume as responsabilidades de depositária e mandatária do titular do certificado. Cabe à emissora promover a cobrança dos CCB e entregar o produto da cobrança do seu principal mais juros ao titular do certificado.

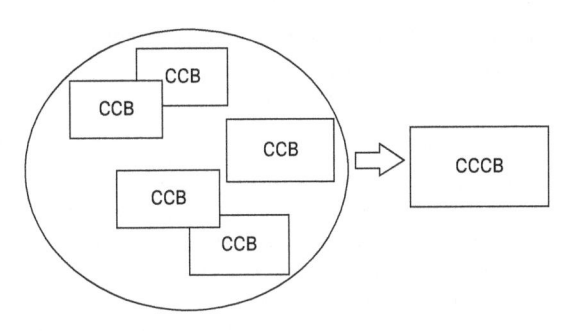

Figura 8.5 Representação da composição de um Certificado de Cédula de Crédito Bancário.

---

12 Embora este item tenha sido removido do programa do CPA-20 versão 10.2, ele foi mantido nesta edição do livro para atender aos universitários, alunos de pós-graduação e investidores que o utilizam como livro didático ou para ampliar seu conhecimento sobre o mercado financeiro.

8.8 OPERAÇÃO COMPROMISSADA

Operações compromissadas são operações de venda de títulos com compromisso de recompra assumido pelo vendedor, conjugadamente com compromisso de revenda assumido pelo comprador. Trata-se, portanto, de um compromisso mútuo entre duas partes.

Muitos bancos oferecem esse produto a seus clientes, tendo um título como lastro da operação. Esse título pode ser um título público ou um título privado. É comum os bancos oferecerem como lastro um título de emissão de uma empresa pertencente ao conglomerado da IF.

Como visto, em uma operação compromissada, o vendedor se compromete a recomprar o título que está servindo de lastro para a operação, a uma taxa pactuada. Essa taxa contratada nada tem a ver com a taxa do papel que está sendo utilizado como lastro da operação. Em outras palavras, não importa a taxa do papel para o detentor do título, o que vale para remuneração é a taxa pactuada entre as partes, o compromisso assumido mutuamente.

8.9 CADERNETA DE POUPANÇA

A caderneta de poupança compõe o SBPE. É uma aplicação dirigida para pequenos investidores, sem incidência de IR, e exclusiva das sociedades de crédito e investimento, bancos múltiplos com carteira imobiliária, associações de poupança e empréstimo e caixas econômicas.

A abertura de uma poupança pode ser feita em qualquer dia do mês; as contas abertas nos dias 29, 30 e 31 começam a contar rendimento a partir do primeiro dia do mês seguinte.[13]

O BACEN define o destino dos recursos captados em poupança pela IF – 56% deles devem ser aplicados em operações no SFH.

---

[13] O aniversário dos depósitos em poupança nos dias 29, 30 e 31 caem dia 1º, por ser um investimento data a data, e dado que há meses que não têm 31 dias, e fevereiro somente 28 dias, sendo 29 dias em ano bissexto. Certos, portanto, somente 28 dias em um mês. Os juros de poupança terão que se ajustar a uma nova fase de juros mais baixos da nossa economia. Em algum momento, essa taxa de 6% a.m. terá que ser revista.

Os bancos, de um modo geral, costumam permitir que o poupador programe sua aplicação, de forma a automatizar o processo, na data que o cliente escolher, debitando da conta-corrente todo mês, no mesmo dia, o valor especificado pelo cliente.

8.9.1 Regras de remuneração da caderneta de poupança

De acordo com a Medida Provisória n. 567, de 03 de maio de 2012, os depósitos efetuados até 03 de maio de 2012 continuam sendo remunerados por TR + 0,5% a.m. Já os depósitos feitos a partir de 04 de maio e contas abertas a partir dessa data, sempre que a taxa Selic ficar em 8,5% ao ano ou abaixo disso, o rendimento da poupança passa a ser de 70% da Selic mais a TR.

Quando o cliente fizer um resgate da poupança e tiver parte dos depósitos sendo remunerados pela regra antiga e parte pela regra nova, a regra é que seja retirado primeiro o saldo dos depósitos novos, efetuados a partir de 04 de maio, e, depois, o saldo dos depósitos antigos, efetuados até 03 de maio.

Para melhor controle dos clientes, os bancos apresentam os saldos da poupança em dois blocos distintos: um para os depósitos feitos até 03 de maio de 2012 e outro para aqueles feitos a partir de 04 de maio de 2012.

Os rendimentos da caderneta de poupança são isentos de IR para as pessoas físicas.

Os depósitos em caderneta de poupança fazem parte do grupo de produtos cobertos pelo FGC. Vale lembrar, entretanto, que a cobertura é por Cadastro de Pessoa Física (CPF), e não por produto. O risco de crédito, portanto, ficará com o excedente não coberto pelo FGC. Por ser um produto pós-fixado, não há risco de mercado. Por permitir saque a qualquer momento, o produto também não apresenta risco de liquidez. Entretanto, o investidor não receberá os rendimentos acruados desde o último aniversário, caso o resgate seja feito antes do próximo aniversário.

8.10 FUNDO GARANTIDOR DE CRÉDITO

O FGC é uma entidade privada, sem fins lucrativos, que tem como objetivo proteger depositantes e investidores no âmbito do SFN, contribuindo para a manutenção da estabilidade do nosso sistema financeiro e ajudando na prevenção de crise bancária sistêmica. Não se trata, portanto, de um título bancário, como o CDB e a LF, por exemplo.

Ele administra um mecanismo de proteção aos correntistas, poupadores e investidores, que permite recuperar os depósitos ou créditos mantidos em IF em caso de falência ou de sua liquidação. São as IFs que contribuem com uma porcentagem dos depósitos para a manutenção do FGC.

São garantidos pelo FGC:

- depósitos à vista ou sacáveis mediante aviso prévio;
- depósitos em caderneta de poupança;
- depósitos a prazo, com ou sem emissão de certificado (CDB/RDB/DPGE);
- depósitos mantidos em contas não movimentáveis por cheques destinadas ao registro e controle do fluxo de recursos referentes à prestação de serviços de pagamento de salários, vencimentos, aposentadorias, pensões e similares;
- Letras de Câmbio (LC);
- Letras Imobiliárias (LI);
- Letras Hipotecárias (LH);
- Letras de Crédito Imobiliário (LCI) e Letras de Crédito do Agronegócio (LCA);
- operações compromissadas que têm como objeto títulos emitidos após 08 de março de 2012 por empresa ligada.

Não são cobertos pela garantia ordinária os demais créditos, incluindo:

- os depósitos, empréstimos ou quaisquer outros recursos captados ou levantados no exterior;
- as operações relacionadas a programas de interesse governamental instituídos por lei;
- qualquer instrumento financeiro que contenha cláusula de subordinação, autorizado ou não pelo BACEN a integrar o patrimônio de referência das IFs e das demais instituições autorizadas a funcionar pela referida autarquia.

O valor máximo garantido de cada CPF ou CNPJ, inclusive não residente, contra a mesma instituição associada ou contra todas as instituições associadas do mesmo conglomerado financeiro, é, em janeiro de 2018, de R$ 250 mil por depositante ou aplicador, limitado ao saldo existente. Nas contas conjuntas, o valor da garantia é limitado a R$ 250 mil, ou ao saldo da conta quando inferior a esse limite, dividido em partes iguais pelo número de titulares da conta. Essa regra é válida independentemente da relação entre os titulares.

Exemplo: suponha quatro investidores (A, B, C e D) que tenham a situação a seguir, no dia da liquidação do banco:

Conta	Saldo em conta	Cobertura FGC/conta	Cobertura titular
A e B	R$ 280.000,00	R$ 250.000,00	A – R$ 125.000,00 B – R$ 125.000,00
A e C	R$ 300.000,00	R$ 250.000,00	A – R$ 125.000,00 C – R$ 125.000,00
A e D	R$ 80.000,00	R$ 80.000,00	A – R$ 40.000,00 D – R$ 40.000,00

Valores a receber do FGC:

- Titular A – R$ 250.000,00;
- Titular B – R$ 125.000,00;
- Titular C – R$ 125.000,00;
- Titular D – R$ 40.000,00.

Além disso, os investimentos contratados a partir de 22 de dezembro de 2017 passam a ter um teto de R$ 1 milhão por CPF ou CNPJ a cada período de 4 anos. Após esse prazo, o teto é restabelecido caso o cliente tenha recebido algum valor do FGC.

O DPGE também conta com a garantia do FGC de até R$ 20 milhões por conta, considerados nesse total o principal mais os juros da aplicação. Mas atenção: as aplicações em DPGE somente podem ser celebradas com um único titular (CPF ou CNPJ), ou seja, não podem ser vinculadas a conta conjunta.

8.11 *BENCHMARKS* DE RENDA FIXA

Conforme abordado na Seção 3.5.5, um *benchmark* é um parâmetro de comparação. São apresentados, a seguir, os *benchmarks* de renda fixa mais utilizados no mercado brasileiro.

8.11.1 Taxa DI

A taxa DI, calculada pela B3, é a média ponderada por volume financeiro das taxas negociadas no CDI de 1 dia, no mercado interbancário de reais, considerando 252 dias úteis. Na formação da taxa DI-*over*, são consideradas apenas as operações realizadas entre instituições diferentes (extragrupo). Ela serve como referência da maioria dos fundos de investimentos e até como indexador de muitas aplicações, como CDB, por exemplo.

8.11.2 Taxa Selic

Já a taxa Selic é a média ponderada por volume financeiro das taxas registradas no sistema Selic. São consideradas na formação da taxa Selic *over* as operações com títulos públicos do Tesouro Federal e do BCB. Lembrando que a LFT é remunerada pela taxa Selic.

8.11.3 Índices de preços: IGP-M e IPCA

O IGP-M e o IPCA são calculados, respectivamente, pela Fundação Getulio Vargas (FGV) e pelo Instituto Brasileiro de Geografia e Estatística (IBGE). Ambos estudados em Economia, são também utilizados para corrigir alguns títulos de renda fixa. Vale ressaltar que muitos fundos de investimento conhecidos como Fundos de Inflação, por contarem em suas carteiras com títulos cuja rentabilidade é indexada a esses índices, utilizam os índices de inflação como *benchmark*.

8.11.4 Índices de Mercado ANBIMA

O **Índices de Mercado ANBIMA** (IMA) é uma família de índices de renda fixa calculados com base na evolução do valor de mercado de carteiras compostas de títulos públicos federais. Esses índices são, atualmente, referência para os investimentos em renda fixa. Conheça a família IMA.

O IMA-Geral, como é conhecido, é formado por todos os títulos públicos que compõem a dívida pública federal, nas mesmas proporções.

IMA-B, por sua vez, é formado por títulos públicos indexados à inflação medida pelo IPCA (NTN-Bs com juros semestrais e NTN-Bs Principal). Ele se subdivide em:

- IMA-B 5: títulos com vencimento em até 5 anos;
- IMA-B 5+: títulos com vencimento maior que 5 anos;
- IMA-B 5 P2: títulos com vencimento em até 5 anos, mas conta com mecanismo de controle de Prazo Médio de Repactuação (PMR). O IMA-B 5 P2 foi criado para atender aos *Exchange Traded Funds* (ETFs), fundos passivos em índice que serão abordados no Capítulo 12. Segundo informado pela ANBIMA, isso acontece porque

[...] o imposto de renda dos ETFs é calculado com base no prazo médio da carteira, diferentemente dos demais fundos em que o imposto de renda é cobrado de acordo com a permanência do investidor no produto. Nesse caso, a carteira do índice mantém sempre prazo médio (acima de 720 dias). Assim, se o fundo replicar integralmente a carteira, garantirá a menor alíquota de imposto de renda.

Já o IRF-M é formado por títulos públicos prefixados (LTNs e NTN-Fs) e se subdivide em:

- IRF-M 1: títulos com vencimento abaixo de 1 ano;
- IRF-M 1+: títulos com vencimento acima de 1 ano;
- IRF-M P2: igual ao IRF-M, mas com um mecanismo de controle de prazo (PMR), assim como no IMA-B 5 P2, permitindo um ganho tributário para o investidor de ETF.

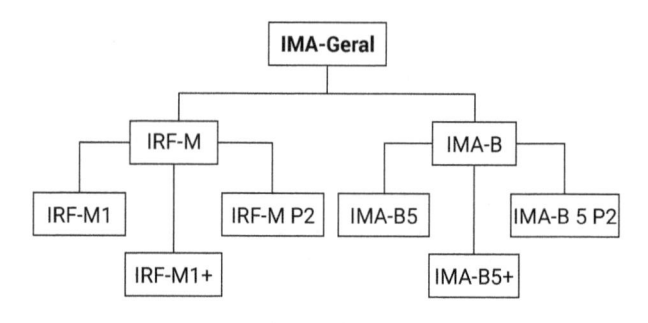

Figura 8.6 Família Índices de Mercado ANBIMA.

8.12 TRIBUTAÇÃO

8.12.1 Imposto sobre renda e proventos de qualquer natureza

Quando uma aplicação financeira apresentar resultado positivo, ou seja, quando os investidores auferirem rendimentos nessas transações, devem pagar o tributo devido, que é o IR.

Antes de abordarmos o IR incidente em aplicações financeiras, é necessário entender melhor o que é **renda** para que se possa identificar em que momento ocorre a incidência desse tributo. A doutrina brasileira conceitua **renda** e **proventos** como os valores que podem ser caracterizados como acréscimo de patrimônio em determinado lapso de tempo. São valores que não pertenciam aos direitos das pessoas anteriormente e que surgem ao compararmos o patrimônio anterior e o atual de determinada pessoa natural ou jurídica, ficando caracterizado o acréscimo de valores ao seu patrimônio, acréscimo este que pode ser consumido ou poupado.

Existem duas figuras essenciais em uma relação de tributação:

1. **Sujeito ativo**: é o titular do direito de exigir o cumprimento da obrigação. Segundo o Código Tributário Nacional (CTN), "sujeito ativo da obrigação é a pessoa jurídica de direito público titular da competência para exigir o seu cumprimento". De modo prático, podemos resumir que o sujeito ativo são os entes governamentais que podem instituir tributos.
2. **Sujeito passivo**: é o devedor da obrigação tributária, ou seja, é a pessoa que tem o dever de prestar ao credor (sujeito ativo) o objeto da obrigação. O CTN, ao definir sujeito passivo, dividiu-o em dois grupos:

    i. sujeito passivo da obrigação tributária principal, que "é a pessoa obrigada ao pagamento de tributo ou penalidade pecuniária";
    ii. sujeito passivo da obrigação tributária acessória, que "é a pessoa obrigada às prestações que constituam seu objeto". Genericamente, sujeito passivo da relação tributária são os contribuintes de determinado tributo ou o responsável/substituto tributário.

A palavra **rendimentos** está ligada ao conceito de renda, que é o aumento patrimonial, nesse caso auferido por aplicações financeiras. Assim, a expressão **rendimentos** indica todo e qualquer acréscimo patrimonial, seja decorrente da remuneração do capital investido, seja o verificado na cessão, liquidação ou resgate da aplicação financeira.

Existem, ainda, dois conceitos que devem ser assimilados pelos interessados na tributação pelo IR. São eles:

1. **Fato gerador**: no caso específico da tributação sobre aplicações financeiras, o fato gerador é a aferição de renda nessas aplicações. Isso significa que uma aplicação financeira que não gere rendimentos para seu titular não está sujeita à tributação pelo IR.
2. **Base de cálculo**: uma vez que a aplicação financeira gerou renda para seu titular, havendo, nesse caso, a presença do fato gerador, resta saber sobre qual valor se deve calcular o IR. Para o IR, essa base de cálculo é o valor do rendimento auferido.

8.12.2 Imposto de renda na fonte

O sistema de retenção na fonte caracteriza-se pela responsabilidade que tem a fonte pagadora de efetuar o cálculo, a retenção e o recolhimento do imposto devido. A essa obrigação dá-se o nome de **responsabilidade tributária**. Ao efetuar o pagamento dos rendimentos devidos, a fonte pagadora retém o valor do tributo, pagando ao beneficiário o valor devido, líquido de IR, tornando-se o sujeito passivo da relação jurídica. Em caso da não retenção, a fonte pagadora fica obrigada a efetuar o pagamento do tributo com seus próprios recursos.

O IR na fonte pode ser:

- definitivo: total do imposto incidente sobre determinado rendimento;
- antecipatório: é cobrado como antecipação de um imposto que será ou não devido no momento da apuração final.

Assim, no caso de aplicação em CDB, considera-se o momento de retenção na fonte aquele em que ocorre a liquidação financeira desse título, ou seja, o momento em que o montante (capital + juros) será disponibilizado ao cliente.

Quem recolhe o IR na fonte? Existe responsável tributário?

A legislação aplicável, atualmente a Instrução Normativa (IN) RFB n. 1.585, identifica a presença do responsável tributário como sendo a pessoa jurídica que efetua o pagamento do rendimento. Nesse caso, o banco que emitiu o CDB e agora está liquidando a operação.

Assim, temos que, para fins do estudo das normas tributárias em aplicações financeiras, rendimentos e ganhos de capital são diferentes, devendo cada situação ser analisada para a correta aplicação da regra pertinente.

Desde 1º de janeiro de 2005, os rendimentos auferidos em aplicações financeiras consideradas de renda fixa são tributados conforme o tempo de cada aplicação, considerando tabela regressiva editada na Lei n. 11.033.

8.12.3 Aplicações financeiras consideradas de renda fixa

O art. 46 da IN RFB n. 1.585 identifica a regra geral da tributação de aplicações financeiras que produzam resultado de renda fixa e define as alíquotas devidas sobre o rendimento para pagamento de IR de acordo com o prazo da aplicação. Veja, a seguir, a tabela aplicável aos investimentos em renda fixa.

Tabela 8.1 Tabela de Imposto de Renda sobre rendimentos de renda fixa

Prazo	Alíquota (%)
Até 180 dias	22,5
181 dias até 360 dias	20
361 dias até 720 dias	17,5
Acima de 720 dias	15

Estão incluídas nesse item as aplicações em CDB, RDB, debêntures, notas promissórias e demais aplicações que produzam resultado de renda fixa.

Necessário registrar que, para o cálculo do IR, é preciso descontar do valor da alienação ou do resgate o IOF incidente, como será visto em seção própria que trata da incidência do IOF.

Como exemplo de cálculo de IR em uma aplicação financeira de renda fixa, podemos considerar a operação que se segue.

Exemplo:

Cliente contrata um CDB com o Banco XXZ no valor de R$ 1.500,00, no dia 03 de agosto de 2010, para vencimento em 03 de abril de 2011. Supondo que o valor do rendimento é R$ 210,00, vamos calcular o IR. Pelo prazo da aplicação, já se verifica que não há incidência de IOF, então:

Rendimento auferido na operação:	R$ 210,00
Prazo da aplicação:	243 dias
Alíquota de IR incidente:	20%
Valor do imposto de renda retido na fonte (IRRF):	R$ 42,00

A IN n. 1.585 determina ainda que o responsável tributário pela retenção do IR é a pessoa jurídica que efetuar o pagamento dos rendimentos. Logo, em atendimento à legislação vigente, o IRRF será retido pela IF, na qualidade de responsável tributário, devendo ser recolhido aos cofres do Tesouro até o 3º dia útil subsequente ao decêndio de ocorrência do fato gerador.

8.12.4 Aplicações de renda fixa com rendimentos isentos de imposto de renda

Os rendimentos gerados por aplicações feitas por pessoas físicas nos ativos relacionados a seguir são ISENTOS do IR. São eles:

- LH;
- Certificados de Recebíveis Imobiliários (CRI);
- LCI e LCA;
- Caderneta de poupança;
- Debênture incentivada.

É preciso que o leitor tenha em mente que, em aplicações financeiras efetuadas por pessoas físicas, o IR retido na fonte incidente é em caráter **definitivo**.

8.12.5 Imposto sobre Operações Financeiras

O IOF é, na realidade, uma sigla que se refere a um imposto incidente sobre cinco tipos diferentes de operações:

- operações de seguro;
- operações de câmbio;
- títulos e valores mobiliários;
- operações de crédito;
- operações com ouro, ativo financeiro ou instrumento cambial.

Para fins do exame da ANBIMA, vamos nos concentrar no tipo de IOF que recai, efetivamente, nas aplicações financeiras, ou seja, que envolvem operações realizadas no mercado financeiro e de capitais, com participação de IFs, que são as operações com títulos ou valores mobiliários.

De acordo com a regra fiscal, o IOF irá incidir somente sobre operações que se constituam em negócios realizados com base em títulos e valores mobiliários. Atualmente, a incidência de IOF está regulamentada pelo Decreto n. 6.306 e suas diversas atualizações. Conforme determina o art. 25 do referido decreto, constitui-se fato gerador do IOF a aquisição, cessão, resgate, repactuação ou pagamento para liquidação de títulos e valores mobiliários. Segundo a norma, ocorre o fato gerador e torna-se devido o IOF no ato da realização das liquidações.

São responsáveis pela cobrança do IOF e pelo seu recolhimento ao Tesouro Nacional:

- as instituições autorizadas a operar na compra e venda de títulos e valores mobiliários;
- as bolsas de valores, de mercadorias, de futuros e assemelhadas, em relação às aplicações financeiras realizadas em seu nome, por conta de terceiros e tendo por objeto recursos destes;
- a instituição que liquidar a operação perante o beneficiário final, no caso de operação realizada por meio do Selic ou da B3;
- o administrador do fundo de investimento;
- a instituição que intermediar recursos, junto a clientes, para aplicações em fundos de investimentos administrados por outra instituição, na forma prevista em normas baixadas pelo CMN;
- a instituição que receber as importâncias referentes à subscrição das cotas do Fundo de Investimento Imobiliário e do Fundo Mútuo de Investimento em Empresas Emergentes.

A cobrança de IOF contempla a Tabela 8.2, zerando no 30º dia da aplicação.

Vale lembrar que o IOF é calculado sobre o valor total do rendimento, e o IR sobre o valor já descontado de IOF. Em outras palavras, primeiro calcula-se o IOF, e sobre esse valor é que incide o IR.

Tabela 8.2 Alíquota de IOF

N. de dias	% Limite do rendimento	N. de dias	% Limite do rendimento
1	96	16	46
2	93	17	43
3	90	18	40
4	86	19	36
5	83	20	33
6	80	21	30
7	76	22	26
8	73	23	23
9	70	24	20
10	66	25	16
11	63	26	13
12	60	27	10
13	56	28	6
14	53	29	3
15	50	30	0

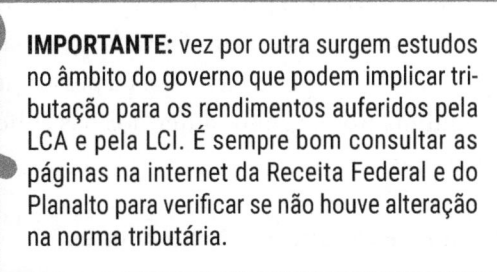

IMPORTANTE: vez por outra surgem estudos no âmbito do governo que podem implicar tributação para os rendimentos auferidos pela LCA e pela LCI. É sempre bom consultar as páginas na internet da Receita Federal e do Planalto para verificar se não houve alteração na norma tributária.

8.12.6 Imposto de renda sobre aplicações para pessoa jurídica

As pessoas jurídicas são tributadas quando auferirem rendimentos em aplicações financeiras às mesmas alíquotas e nos mesmos prazos que as pessoas físicas, conforme determina a IN RFB n. 1.585.

No entanto, o IRRF nem sempre terá caráter definitivo, como vimos nas aplicações efetuadas pelas pessoas físicas, dependendo do tipo de tributação adotado pelas pessoas jurídicas, conforme especificado a seguir.

Pessoas jurídicas tributadas pelo regime de lucro presumido ou arbitrado

O IRRF incidente sobre rendimentos auferidos nas operações de renda fixa e de *swap* e, ainda, o IR incidente sobre os ganhos líquidos auferidos em **operações de renda variável** serão deduzidos do imposto apurado pelas empresas sujeitas ao regime de lucro presumido e/ou arbitrado. Assim, para esses contribuintes, os impostos pagos em razão das operações apontadas são considerados antecipação do devido. Os rendimentos das aplicações financeiras serão adicionados ao lucro somente quando da alienação, cessão ou resgate da aplicação.

Pessoas jurídicas tributadas pelo regime de lucro real

O IRRF incidente sobre rendimentos auferidos nas operações de renda fixa e de *swap* e, ainda, o IR incidente sobre os ganhos líquidos auferidos em **operações de renda variável** serão deduzidos do apurado no encerramento do período. Todo o imposto recolhido durante o período de apuração deve ser considerado antecipação do efetivamente devido. Ou seja, deverão compor o lucro real da pessoa jurídica os rendimentos e ganhos auferidos nas aplicações financeiras.

Pessoas jurídicas isentas e imunes

Considera-se imune a instituição de educação ou de assistência social que se coloque à disposição da população em geral, em caráter complementar às atividades do Estado, sem fins lucrativos. São também considerados imunes os templos religiosos, os partidos políticos e suas fundações e as entidades sindicais dos trabalhadores. Essa imunidade abrange unicamente os impostos incidentes sobre o patrimônio, a renda e os serviços, relacionados com as finalidades essenciais das entidades nelas mencionadas. Resumindo, a IF não recolherá IR sobre os rendimentos das instituições imunes.

São consideradas isentas as instituições de caráter filantrópico, recreativo, cultural e científico e as associações civis que prestem os serviços para os quais houverem sido instituídas e os coloquem à disposição do grupo de pessoas a que se destinam, sem fins lucrativos. A isenção dessas entidades aplica-se, exclusivamente, em relação ao Imposto de Renda da Pessoa Jurídica (IRPJ) e à Contribuição Social sobre o Lucro Líquido (CSLL), não abrangendo os rendimentos e os ganhos de capital auferidos em aplicações financeiras de renda fixa ou de renda variável, os quais serão tributados exclusivamente na fonte, ou seja, sua tributação será definitiva. Em outras palavras, a IF irá recolher o IR e o IOF quando aplicável dos rendimentos auferidos por essas instituições.

Pessoas jurídicas financeiras

As IFs têm por objeto social a realização de operações financeiras. Assim, a legislação vigente prevê que o regime de tributação dado às operações financeiras, bem como nas operações de renda variável, não se aplica às IFs.

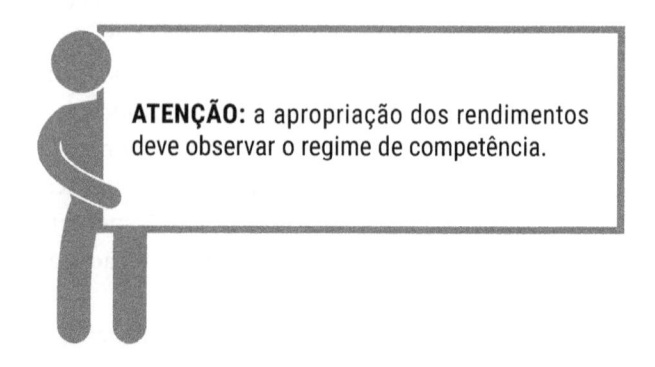

ATENÇÃO: a apropriação dos rendimentos deve observar o regime de competência.

MAPA MENTAL

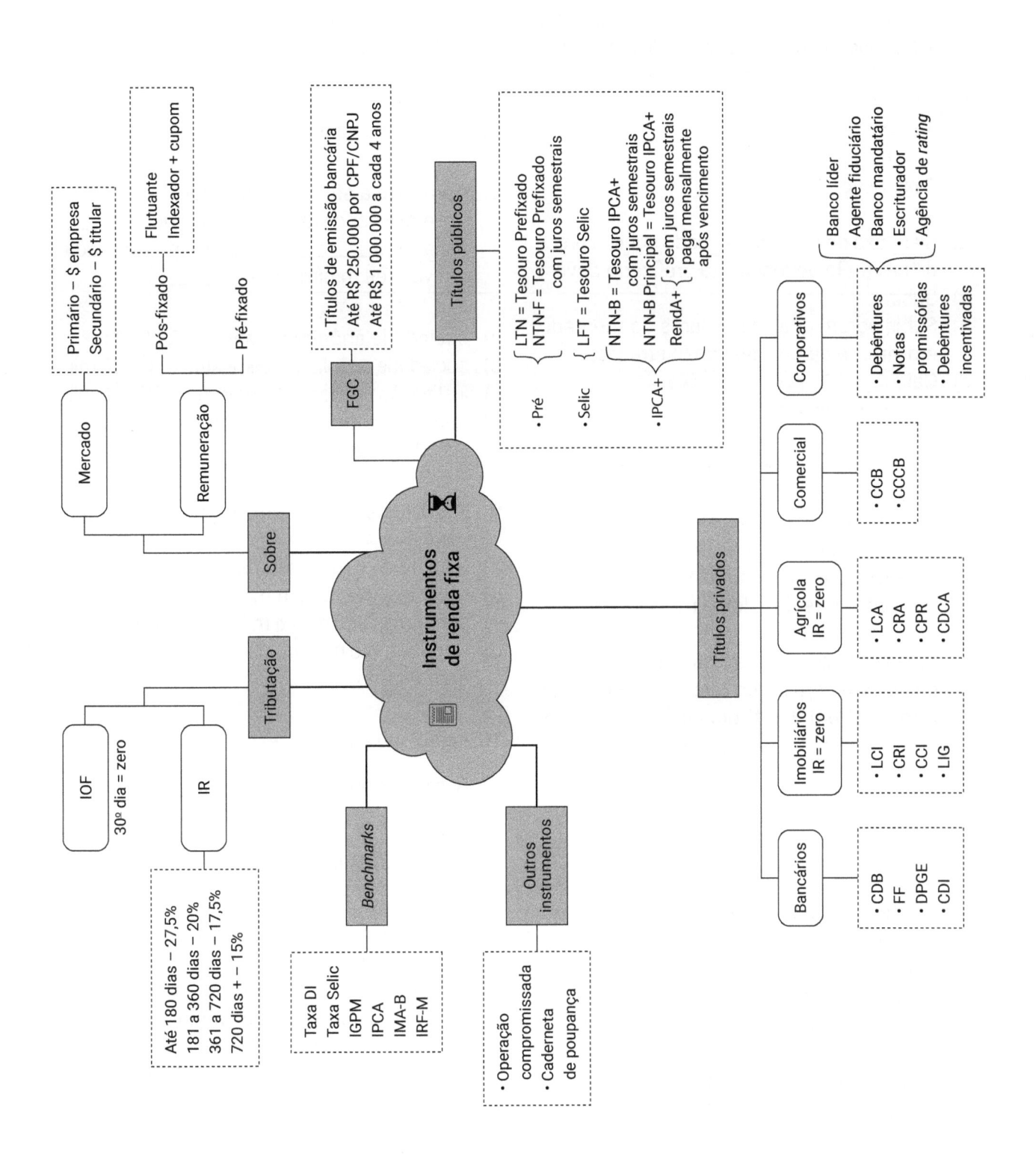

Instrumentos de renda fixa

- **Mercado**
  - Primário – $ empresa
  - Secundário – $ titular

- **Remuneração**
  - Flutuante — Indexador + cupom
  - Pós-fixado
  - Pré-fixado

- **Sobre**
  - Mercado
  - Remuneração

- **FGC**
  - Títulos de emissão bancária
  - Até R$ 250.000 por CPF/CNPJ
  - Até R$ 1.000.000 a cada 4 anos

- **Títulos públicos**
  - Pré
    - LTN = Tesouro Prefixado
    - NTN-F = Tesouro Prefixado com juros semestrais
  - Selic
    - LFT = Tesouro Selic
  - IPCA+
    - NTN-B = Tesouro IPCA+ com juros semestrais
    - NTN-B Principal = Tesouro IPCA+ sem juros semestrais
    - RendA+ — paga mensalmente após vencimento

- **Tributação**
  - IOF — 30º dia = zero
  - IR
    - Até 180 dias – 27,5%
    - 181 a 360 dias – 20%
    - 361 a 720 dias – 17,5%
    - 720 dias + – 15%

- **Benchmarks**
  - Taxa DI
  - Taxa Selic
  - IGPM
  - IPCA
  - IMA-B
  - IRF-M

- **Outros instrumentos**
  - Operação compromissada
  - Caderneta de poupança

- **Títulos privados**
  - **Bancários**
    - CDB
    - FF
    - DPGE
    - CDI
  - **Imobiliários** (IR = zero)
    - LCI
    - CRI
    - CCI
    - LIG
  - **Agrícola** (IR = zero)
    - LCA
    - CRA
    - CPR
    - CDCA
  - **Comercial**
    - CCB
    - CCCB
  - **Corporativos**
    - Banco líder
    - Agente fiduciário
    - Banco mandatário
    - Escriturador
    - Agência de *rating*
    - Debêntures
    - Notas promissórias
    - Debêntures incentivadas

EXERCÍCIOS DE FIXAÇÃO

1. Que índice de renda fixa é composto dos títulos públicos que compõem a dívida pública federal, nas mesmas proporções?
   a) IMA-Geral.
   b) IRF-M.
   c) IMA-B.
   d) Taxa Selic.

2. Se a taxa de juros de mercado subir, o preço de um título de renda fixa prefixado deve:
   a) Subir.
   b) Subir, porém abaixo dos juros do mercado, em virtude da taxa de administração.
   c) Cair.
   d) Manter-se estável.

3. Um Certificado de Recebíveis Imobiliários só pode ser emitido por:
   a) Uma incorporadora de imóveis.
   b) Um banco de investimento.
   c) Uma companhia securitizadora.
   d) Uma corretora de valores mobiliários.

4. Um investidor deseja aplicar em títulos públicos e está com muito medo que a inflação retorne. Qual dos títulos a seguir melhor atende às preocupações desse investidor?
   a) LFT.
   b) LTN.
   c) NTN-F.
   d) NTN-B.

5. O CDB é de emissão do(a):
   a) Banco.
   b) Corretora.
   c) Tesouro Nacional.
   d) Companhia securitizadora.

6. Uma debênture quirografária:
   a) Não paga juros intermediários.
   b) Não dá garantia alguma ao debenturista.
   c) É convertida em ações em seu vencimento.
   d) Está atrelada a uma garantia.

7. Entre as opções de produtos a seguir, qual delas conta com a garantia do Fundo Garantidor de Crédito?
   a) LFT.
   b) DPGE.
   c) CRA.
   d) Fundo de investimento.

8. Complete a afirmação a seguir.
   "A Letra Financeira é de emissão de _____, paga juros _____ e só pode ser negociada em valores mínimos de _____."

   a) sociedade anônima – anual – R$ 250 mil.
   b) sociedade anônima – semestral – R$ 300 mil.
   c) instituição financeira – semestral – R$ 300 mil.
   d) instituição financeira – no vencimento – R$ 20 milhões.

9. Os DPGEs devem ser emitidos por qual prazo?
   a) Mínimo de 6 meses e máximo de 36 meses.
   b) Mínimo de 30 dias e máximo de 360 dias.
   c) Mínimo de 360 dias e máximo de 1.080 dias.
   d) Não há prazo mínimo nem máximo, depende do mercado.

10. Relacione as colunas.

    A. Nota Promissória
    B. CDI
    C. LCI
    D. Debênture incentivada

    ( ) Captação de recursos para projetos de infraestrutura.
    ( ) Tem como lastro créditos imobiliários.
    ( ) Título de curto prazo emitido por sociedade anônima não financeira.

    a) D; B; A.
    b) D; C; A.
    c) A; B; C.
    d) D; A; C.

11. Um investidor aplicou R$ 100 mil no lançamento de uma debênture que foi negociada ao par, paga cupom anual prefixado em 10% e cujo principal será pago junto ao último pagamento de juros, o que ocorrerá no 1.095º dia. Quanto pagará de imposto de renda em cada parcela recebida (1ª; 2ª; 3ª), respectivamente?
a) R$ 1.500,00; R$ 1.500,00; R$ 1.500,00.
b) R$ 2.250,00; R$ 1.750,00; R$ 1.500,00.
c) R$ 2.000,00; R$ 1.500,00; R$ 1.500,00.
d) R$ 2.000,00; R$ 1.500,00; R$ 16.500,00.

GABARITO

1. a	2. c	3. c	4. d
5. a	6. b	7. b	8. c
9. a	10. b	11. c	

Capítulo 9
Instrumentos de Renda Variável

OBJETIVOS

Ao final deste capítulo, você deve ser capaz de:
- → Entender as principais regras e os mecanismos operacionais do mercado de ações.
- → Assessorar um investidor do mercado acionário utilizando fundamentos básicos.
- → Compreender os relatórios dos analistas fundamentalistas sobre as ações negociadas na bolsa.

CONTEÚDO

- **9.1** Conceitos e definições
- **9.2** Direitos dos acionistas
- **9.3** Questões operacionais
- **9.4** Governança corporativa
- **9.5** Índices de referência
- **9.6** Precificação: aspectos relevantes
- **9.7** Tributação
  Mapa mental
  Exercícios de fixação

TEMPO ESTIMADO DE ESTUDO

Seis horas.

9.1 CONCEITOS E DEFINIÇÕES

O principal instrumento de renda variável é a ação, que é considerada renda variável porque, diferentemente de um Certificado de Depósito Bancário (CDB), por exemplo, o emissor da ação não faz nenhum acerto prévio com o investidor quanto à rentabilidade do produto.

Mas o que seria uma ação? Ações são títulos de renda variável emitidos por sociedades anônimas (S.A.), que representam a menor fração do capital social da empresa emitente.

Uma ação está para uma S.A., assim como uma cota para uma empresa limitada. Dessa forma, quando um empresário monta uma loja em um *shopping center*, ele normalmente o faz na forma de uma empresa sob cotas de responsabilidade limitada. Ele é o dono da empresa, detendo X% do capital da loja. O mesmo se dá com ações. Quando um investidor decide comprar ações de uma empresa negociada em bolsa, ele se torna acionista dessa companhia, ou seja, ele passa a ser dono de um pedaço da companhia, mesmo que esse pedaço seja pequeno. Assim, um acionista não é um credor da companhia, mas um coproprietário com direito aos lucros e com responsabilidade junto aos prejuízos. Essa é a diferença básica, por exemplo, entre uma ação e uma debênture, estudada no capítulo anterior. Como visto, uma debênture é um título de crédito, e uma ação, um título de propriedade.

As empresas constituídas sob a forma de S.A. podem ter o capital fechado ou aberto. Diz-se que uma empresa tem capital aberto quando suas ações são negociadas na bolsa de valores e ela tem registro na Comissão de Valores Mobiliários (CVM).

9.1.1 Bolsas de valores

Como já estudado no primeiro capítulo deste livro, as bolsas de valores são de vital importância para uma economia, pois é o lugar no qual as empresas de capital aberto negociam suas ações e encontram novos sócios para seus negócios, capitalizando a companhia e permitindo que ela faça novos investimentos, gerando emprego, renda e impostos.

As bolsas têm uma identidade distinta dentro do setor de serviços financeiros. Por meio delas funcionam os mercados de renda variável e de derivativos. Esses mercados estabelecem o valor dos ativos por meio de um mecanismo eficiente de determinação de preços, permitindo que o público saiba quanto valem as empresas de acordo com as últimas notícias e com os mais recentes cenários econômicos.

Para que possam funcionar de forma eficiente, as bolsas precisam de independência e liberdade para operar dentro das regras de um ambiente regulado. Segundo a Federação Mundial de Bolsas, "muita interferência do governo pode impedir a função do mercado".

Para que o processo de formação de preços seja mais transparente e atraente, existem as assim chamadas **práticas equitativas de mercado**, segundo as quais todos os que comprarem e venderem ações em bolsa terão o mesmo tratamento, obedecerão aos mesmos procedimentos e terão idêntico acesso à informação. Com isso cria-se uma sistematização cada vez mais formal e pública das operações de compra e venda de ações.

9.1.1.1 B3: breve histórico

A história do setor no país começou em 1845 com a criação da Bolsa de Valores do Rio de Janeiro. Posteriormente, surgiram outras bolsas, com destaque para a BOVESPA, criada em 1890 sob a denominação de Bolsa Livre e que, a partir de 1895, passou a se chamar Bolsa de Fundos Públicos de São Paulo, alterando sua denominação em meados dos anos 1960 para Bolsa de Valores de São Paulo (BOVESPA).

Em 2000, foi celebrado um acordo de integração das nove bolsas de valores existentes à época em atividade no Brasil, por meio do qual toda a negociação de renda variável em bolsa no país passou a ser realizada na BOVESPA.

Em 2007, a BOVESPA deixou de ser uma instituição sem fins lucrativos e se tornou uma sociedade por ações (processo de desmutualização, conforme estudado no Capítulo 1 deste livro), a BOVESPA Holding S.A., que tinha como subsidiárias integrais a BOVESPA e a Companhia Brasileira de Liquidação e Custódia (CBLC) – essa última se transformou em um departamento da BM&FBOVESPA.

Assim como a BOVESPA, em 2007, a BM&F (Bolsa de Mercadorias e Futuros) deixou de ser uma instituição sem fins lucrativos para se tornar uma sociedade por ações e em 2008 se uniu à BOVESPA, por intermédio de um processo de fusão, criando a nova bolsa, ou BM&FBOVESPA.

Em 2017, o CADE e o regulador aprovaram a fusão da BM&FBOVESPA com a CETIP, dando origem à Brasil, Bolsa, Balcão (B3).

9.1.2 Tipos de ações

As ações podem ser de dois tipos:

1. **Ordinárias**: conferem ao acionista o direito de voto em assembleias gerais. De acordo com a

Lei das S.A., uma empresa tem que emitir um mínimo de 50% do seu capital social em ações ordinárias. Conforme veremos mais adiante, as exigências do investidor e as boas práticas de governança corporativa vêm contribuindo de forma positiva para aumentar esse percentual.

2. **Preferenciais**: não têm direito a votar nas assembleias da companhia, porém a Lei das S.A. lhes confere a preferência ou vantagens nos seguintes casos: (i) prioridade na distribuição de dividendo, fixo ou mínimo; (ii) prioridade no reembolso do capital em caso de liquidação da companhia, com prêmio ou sem ele; ou (iii) acumulação das preferências e vantagens dos dois itens já mencionados. Além disso, para serem admitidas à negociação, elas têm que ter o direito: (i) de participar do dividendo a ser distribuído, correspondente a, pelo menos, 25% do lucro líquido do exercício; (ii) ao recebimento de dividendo, por ação preferencial, pelo menos 10% maior do que o atribuído a cada ação ordinária; ou (iii) de serem incluídas na oferta pública de alienação de controle, assegurado o dividendo pelo menos igual ao das ações ordinárias.

> **Curiosidade:** é curioso o fato de as ações preferenciais nos Estados Unidos terem lugar, nos livros estadunidenses, no capítulo sobre renda fixa. Essa peculiaridade tem por base o fato de, via de regra, as ações preferenciais naquele país pagarem dividendos fixos, transformando o título em uma anuidade, característica de um papel de renda fixa. Uma ação preferencial nesses moldes pode pagar, por exemplo, US$ X por ação em dividendo por ano ou Y% do valor de subscrição. Esse procedimento, é verdade, transforma o título de renda variável em um papel com totais características de renda fixa, determinando, dessa forma, a inserção do assunto no Capítulo 8, Instrumentos de Renda Fixa.

9.1.3 Formas das ações

As ações são de duas formas:

1. **Nominativas**: ao contrário das ações ao portador, as ações nominativas, como o próprio nome diz, designam o nome do titular da ação. Como a Lei n. 8.021/1990 alterou a redação da Lei das S.A. suprimindo a forma "ao portador", todas as ações emitidas pelas S/As a partir da promulgação desta lei devem ser nominativas. Contudo, como esta lei não revogou as ações ao portador então existentes, o acionista que ainda tenha ações nesta forma deve atualizar sua posição acionária solicitando à SA a conversão de sua posição acionária para a forma nominativa.

2. **Escriturais**: não há emissão de certificados ou movimentação física dos documentos. É a forma usual, controlada por meios eletrônicos, o que não significa que não haja um controle dos proprietários das ações. As ações escriturais emitidas são mantidas apenas em contas de depósito, em nome de seus titulares, sem emissão de certificado, em uma instituição devidamente autorizada a prestar esse tipo de serviço.

9.1.4 Certificados de Depósito

Os Certificados de Depósito (DR), ou *Depositary Receipts*, como são conhecidos em inglês, são recibos que representam uma quantidade de ações predeterminada, emitidos fora do país, onde a empresa tem suas ações registradas e negociadas. Toda vez que um DR é emitido, sua quantidade representativa em ações é bloqueada na custódia do país no qual as ações são negociadas, evitando dupla negociação. Uma vez representando ações, um DR dá ao seu titular os mesmos direitos de um acionista, por exemplo, recebimento de dividendos.

9.1.4.1 *American Depositary Receipt e Brazilian Depositary Receipt*

Existem vários tipos de DR, entre eles podemos citar: *American Depositary Receipt* (ADR) e *Brazilian Depositary Receipt* (BDR).

American Depositary Receipt

Certificado de propriedade (recibo) emitido por um banco norte-americano que representa propriedade indireta de certo número de ações de uma empresa estrangeira específica cujas ações são mantidas em depósito (custódia) no país de origem da empresa. Em outras palavras, cada vez que são emitidos novos ADR em Nova York, um número correspondente de ações fica bloqueado no Brasil. Essa prática evita a negociação da mesma ação duas vezes.

Os detentores de ADR têm os mesmos direitos que um acionista. Eles recebem dividendos, têm direito de subscrição de novos ADR e, quando a empresa faz um *split*, seus ADR passam a representar o novo número correspondente de ações.

Brazilian Depositary Receipt

Recibo de empresa estrangeira que representa uma quantidade determinada de ações, emitido no Brasil por empresa estrangeira. O BDR é como um ADR, pois, enquanto no ADR as empresas que não são negociadas na bolsa norte-americana emitem um DR e passam a ter esses recibos (ADR) negociados nos Estados Unidos, no BDR as empresas que não têm suas ações negociadas nas bolsas brasileiras emitem DR e passam a ter esses recibos (BDR) negociados no Brasil.

9.1.4.2 Níveis de DR

Existem três níveis de DR: nível I, nível II e nível III. Conheça a diferença entre eles.

Nível I

- não precisa atender às normas contábeis norte-americanas;
- negociado no mercado de balcão (fora do mercado autorizado);
- não é lançamento de novas ações;
- ações adquiridas no mercado secundário;
- tem o objetivo simples de colocar ações no mercado norte-americano, preparando o terreno para futuros lançamentos primários;
- é o método mais simples, pois não precisa atender todas as exigências da Securities and Exchange Commission (SEC, órgão regulador norte-americano semelhante à Comissão de Valores Mobiliários - CVM).

Nível II

- deve atender às normas contábeis norte-americanas;
- não é lançamento de novas ações;
- maiores exigências da SEC, por ser obrigatório o registro do ADR em bolsa de valores;
- há negociação em bolsa.

Nível III

- mais completo e oneroso;
- deve atender aos requisitos da SEC e das bolsas;
- deve atender às normas contábeis norte-americanas;
- tem como objetivo o levantamento de recursos para a empresa;
- atendimento total às exigências da SEC;
- como no nível II, deve prever um programa de divulgação institucional de alta qualidade.

Conforme o nível vai aumentando, elevam-se as exigências do órgão regulador e fiscalizador do mercado de DR (SEC nos Estados Unidos e CVM no Brasil), no que tange à questão da profundidade das informações que as empresas têm que enviar, sobre a emissão e a instituição.

Nível 144 A

O **nível 144 A** é muito pouco utilizado pelas empresas brasileiras, porém merece ser mencionado. Ele tem os seguintes atributos:

- menos oneroso que o nível III;
- lançamento privado;
- colocado apenas para investidores institucionais qualificados;
- não há necessidade de formalidades de registro em bolsa.

9.2 DIREITOS DOS ACIONISTAS

Se uma ação é um título de propriedade de uma empresa, ela deve conter alguns direitos. Lembre-se sempre de que o que difere uma empresa de pequeno porte e uma grande e negociada em bolsa é seu porte e a facilidade que as pessoas têm para se tornarem sócias dela, no caso de uma companhia aberta.

Logo, como sócio, um acionista tem direito à participação nos lucros da companhia; a participar de seu acervo em caso de sua liquidação; a votar (no caso de ações ordinárias); a fiscalizar os livros da companhia; e a preferência na subscrição de novas ações, como você verá com mais detalhes a seguir.

9.2.1 Bônus de subscrição

Ao emitir novas ações, para o aumento do capital da empresa, os acionistas têm a preferência na aquisição dessas novas ações, de forma a manter a mesma proporção na participação que detêm na empresa.

Caso não haja interesse por parte do acionista em adquirir as novas ações oriundas da subscrição, ele poderá vender a terceiros, em bolsa, esse direito.

9.2.2 Remuneração do acionista

9.2.2.1 Dividendos

Quando a empresa gera lucro, parte desse lucro é distribuído para seus acionistas na forma de dividendos. O restante é utilizado para reinvestimentos e para constituição de reservas. A distribuição de dividendos – como o percentual a ser distribuído e as datas de pagamento – é definida em assembleia dos acionistas, após o fechamento dos demonstrativos financeiros anuais. A Lei das S.A. menciona que "a companhia somente pode pagar dividendos à conta de lucro líquido do exercício, de lucros acumulados e de reserva de lucros; e à conta de reserva de capital, no caso das ações preferenciais". Logo, só há dividendo se houver lucro.

9.2.2.2 Juros sobre Capital Próprio

Esse tipo de direito do acionista se baseia na reserva de lucros da empresa, não estando diretamente relacionado com o lucro do período, e sim com o lucro de períodos anteriores e que ficaram retidos no caixa da empresa. O pagamento dos Juros sobre Capital Próprio (JCP) traz benefícios fiscais para a empresa que os distribui, pois podem ser classificados no balanço como despesa financeira. Mas, atenção! O Congresso vem discutindo o assunto e, a qualquer momento, esse benefício pode ser eliminado.

9.2.2.3 Bonificação

As bonificações podem ser em ações ou em dinheiro. A bonificação na forma de ações, a mais comum, é o resultado do aumento de capital de uma empresa, mediante a incorporação de reservas e lucros, ocasionando a distribuição gratuita de novas ações a seus acionistas, em número proporcional às já possuídas. Uma empresa pode, também, distribuir bonificações em dinheiro. Isso ocorre excepcionalmente quando a empresa concede a seus acionistas uma participação adicional nos lucros.

9.2.3 Direito de representação: eventos societários

9.2.3.1 Acionista controlador × minoritários e administradores

O art. 116 da Lei das S.A. define um acionista controlador como a pessoa, natural ou jurídica, ou o grupo de pessoas vinculadas por acordo de voto, ou sob controle comum, que:

a. é titular de direitos de sócio que lhe assegurem, de modo permanente, a maioria dos votos nas deliberações da assembleia geral e o poder de eleger a maioria dos administradores da companhia; e

b. usa efetivamente seu poder para dirigir as atividades sociais e orientar o funcionamento dos órgãos da companhia.

Parágrafo único. O acionista controlador deve usar o poder com o fim de fazer a companhia realizar o seu objeto e cumprir sua função social, e tem deveres e responsabilidades para com os demais acionistas da empresa, os que nela trabalham e para com a comunidade em que atua, cujos direitos e interesses deve lealmente respeitar e atender.

Entretanto, no Portal do Investidor, a CVM explica que:

O conceito atual de acionista controlador não mais o associa apenas à pessoa, física ou jurídica, que detém a maioria das ações com direito a voto. Por outro lado, busca-se identificar em uma sociedade quem de fato exerce o poder de controle, seja uma pessoa ou grupo de pessoas. Realmente, na prática, há outras possibilidades para o exercício do poder de controle que não apenas a majoritária, exercida devido à propriedade da maioria absoluta das ações com direito a voto. Pode haver um controle compartilhado, em que o poder é exercido por diversas pessoas em grupo constituído, por exemplo, em acordo de acionistas. Pode ainda existir a figura do controle minoritário, na hipótese de uma companhia com ações dispersas no mercado, em que um acionista ou grupo de acionistas, mesmo com menos da metade do capital votante exerça de fato o poder de controle. E mais, mesmo em uma estrutura societária com um sócio majoritário, pode não ser ele quem de fato exerça o poder de controle.

A importância em caracterizar o acionista controlador como quem tem efetivamente o poder de controle na sociedade está relacionada às implicações disso nos rumos dos negócios. Envolve mais que uma simples questão de direito, ao contrário, torna-se uma questão de fato, no sentido de identificar quem realmente, e de modo permanente, tem poderes para dirigir as atividades sociais e orientar o funcionamento dos demais órgãos. Assim, o acionista controlador deixa de ser visto como apenas mais um dentre todos os acionistas da companhia e passa a ser visto como um próprio órgão da sociedade, integrante da estrutura, com objetivos, direitos e deveres. Torna-se evidente a separação entre acionista minoritário e acionista controlador.

Deveres e responsabilidade

A Lei das S.A. deixa clara a responsabilidade do acionista controlador perante os danos causados por seus atos praticados com abuso de poder e lista os deveres e as obrigações dos administradores da companhia, como deveres de diligência e lealdade, proibição de desvio de poder e intervenção em operação social em que tiver interesse conflitante com o da companhia. Entretanto, o administrador não é pessoalmente responsável pelas obrigações que contrair em nome da sociedade e em virtude de ato regular de gestão. Porém responde civilmente pelos prejuízos que causar quando houver culpa ou dolo ou violar as leis ou o estatuto da empresa.

Ao definir os deveres e as responsabilidades dos acionistas controladores, a Lei das S.A. evidencia sua preocupação em proteger os acionistas minoritários de possíveis abusos de poder dos controladores. Conforme explicado no Portal do Investidor da CVM, isso é demonstrado por:

- evolução do conceito, que mudou o foco da questão de direito, ou seja, do critério exclusivo da propriedade das ações com direito a voto, para a questão de fato, observando quem realmente detém e exerce o poder de controle nas companhias;
- compreensão do fato de que o acionista controlador desempenha um papel específico, como uma unidade própria na organização, com objetivos, direitos e deveres; e
- reconhecimento de que esse poder, caso mal utilizado, pode ser prejudicial aos acionistas minoritários que, por isso, precisam da tutela regulamentar.

9.2.3.2 Acordo de acionistas

O acordo de acionistas é um instrumento jurídico que regula os procedimentos de voto, venda de ações, administração e alienação da sociedade, entre outros aspectos que são de vital importância para o relacionamento estatutário.

Conforme explicado por Carolina Pestana Haddad (2012), o objetivo do acordo é convergir o interesse dos acionistas de uma S.A., possibilitando "o exercício dos direitos provenientes da condição de acionista, especialmente aqueles relacionados aos seus direitos políticos perante a Companhia e patrimoniais sobre suas ações".

Trata-se de um contrato disciplinado tanto pelo Código Civil brasileiro quanto pelo art. 118 da Lei das S.A., sendo de natureza do direito privado.

É normal, por exemplo, a assinatura de um acordo de acionistas quando ocorre o aporte de um grupo gestor de *private equity/venture capital*, sendo a assinatura uma das condições para aportar recursos na empresa.

O que se pretende é disciplinar os interesses individuais dos acionistas de uma companhia, desde que não exista conflito de interesses entre os signatários do acordo e a sociedade, podendo o acordo regulamentar questões relacionadas ao poder de controle da companhia, direito de voto dos acionistas minoritários, alienação de ações e direito de preferência para sua aquisição, ou outras questões consideradas relevantes pelos acionistas.

Quando o acordo estiver devidamente registrado nos livros da sociedade, sua observância torna-se obrigatória perante a companhia e terceiros.

Por se tratar de um acordo de acionistas, as partes desse acordo devem ser os titulares das ações e dos direitos referentes às ações, como os usufrutuários e os fideicomissários, por exemplo, não sendo válidos acordos celebrados entre acionistas e administradores da companhia, pois podem apresentar conflitos de interesse na aprovação de contas irregulares da administração.

9.2.3.3 Assembleia Geral Ordinária e Assembleia Geral Extraordinária

A Lei das S.A. dedica uma seção apenas ao tema "assembleia geral".

Conforme o art. 121 da Lei das S.A., a assembleia geral tem poderes para decidir todos os negócios relativos ao objeto da companhia e tomar as resoluções que julgar convenientes a sua defesa e seu desenvolvimento, sendo competente privativamente à assembleia geral (art. 122):

I – reformar o estatuto social;

II – eleger ou destituir, a qualquer tempo, os administradores e fiscais da companhia;

III – tomar, anualmente, as contas dos administradores e deliberar sobre as demonstrações financeiras por eles apresentadas;

IV – autorizar a emissão de debêntures;

V – suspender o exercício dos direitos do acionista;

VI – deliberar sobre a avaliação de bens com que o acionista concorrer para a formação do capital social;

VII – autorizar a emissão de partes beneficiárias;

VIII – deliberar sobre transformação, fusão, incorporação e cisão da companhia, sua dissolução e liquidação, eleger e destituir liquidantes e julgar-lhes as contas; e

IX – autorizar os administradores a confessar falência e pedir concordata.

Parágrafo único. Em caso de urgência, a confissão de falência ou o pedido de concordata poderá ser formulado pelos administradores, com a concordância do acionista controlador, se houver, convocando-se imediatamente a assembleia geral, para manifestar-se sobre a matéria.

Existem basicamente duas espécies de assembleia geral: ordinária e extraordinária, podendo ser híbrida quando tratar em uma só reunião das matérias ordinárias e extraordinárias.

Assembleia Geral Ordinária

A Assembleia Geral Ordinária (AGO) é a assembleia mais importante da companhia e deve ser realizada anualmente, nos quatro primeiros meses seguintes ao término do exercício social, tendo por finalidades (art. 132):

I – tomar as contas dos administradores, examinar, discutir e votar as demonstrações financeiras;

II – deliberar sobre a destinação do lucro líquido do exercício e a distribuição de dividendos;

III – eleger os administradores e os membros do Conselho Fiscal, quando for o caso;

IV – aprovar a correção da expressão monetária do capital social.

A convocação para a AGO deve ser feita por, no mínimo, três anúncios publicados com 8 dias de antecedência, contendo, além do local, data e hora da assembleia, a ordem do dia. Além disso, é necessário que o relatório da administração sobre os negócios sociais, a cópia das demonstrações financeiras e o parecer dos auditores independentes sejam enviados aos acionistas com um mês de antecedência à reunião, permitindo que os interesses deles sejam atendidos previamente.

Para realização da AGO, é necessário um quórum mínimo de 1/4 do capital social com direito de voto, em primeira chamada e, em uma segunda chamada, não exigindo quórum mínimo.

A ata da AGO deverá ser arquivada no registro do comércio e publicada.

Assembleia Geral Extraordinária

Enquanto a periodicidade da AGO é prevista em Lei, a Assembleia Geral Extraordinária (AGE) se reúne quando é necessário deliberar alguma matéria relevante para a companhia, como uma emissão de debêntures, por exemplo, ou reforma no estatuto, cisão, fusão ou incorporação.

Quando tiver por objeto a reforma do estatuto, é necessária a presença de, no mínimo, 2/3 dos representantes do capital com direito a voto, em primeira convocação, mas poderá instalar-se em segunda chamada, com qualquer quórum.

Convocação

A regra geral determina que a convocação para uma assembleia seja feita pelo Conselho de Administração ou Diretoria. O Conselho Fiscal também pode convocá-la, supletivamente.

Quando os administradores retardarem por mais de 60 dias a convocação, a Lei prevê que qualquer acionista poderá fazê-lo.

9.2.3.4 Tag along

O *tag along* é um mecanismo previsto na Lei das S.A., por meio do qual é assegurado um preço mínimo ao acionista minoritário, em caso de alienação, direta ou indireta, do controle de uma companhia aberta. Veja o que diz a Lei:

> Art. 254-A. A alienação, direta ou indireta, do controle de companhia aberta somente poderá ser contratada sob a condição, suspensiva ou resolutiva, de que o adquirente se obrigue a fazer oferta pública de aquisição das ações com direito a voto de propriedade dos demais acionistas da companhia, de modo a lhes assegurar o preço no mínimo igual a 80% (oitenta por cento) do valor pago por ação com direito a voto, integrante do bloco de controle.

Conforme mencionado, o preço mínimo de 80% é assegurado na Lei, embora esse percentual seja maior no caso das empresas que aderiram ao nível 2 ou façam parte do Novo Mercado da B3.

Na prática, caso um controlador venda seu controle por R$ 50,00 cada ação, o comprador terá que ofertar aos demais acionistas para comprar a posição destes por, pelo menos, R$ 40,00 cada ação. Isso ocorre porque a compra do controle tem valor. Já se a empresa fizer parte do nível 2 ou Novo Mercado da B3, a proposta de compra feita aos minoritários deverá ser de R$ 50,00 por ação.

9.2.3.5 Fontes de informação

Seja acionista de uma padaria na esquina da rua ou de uma grande empresa com ações negociadas em bolsa, para que se tome decisões de investimento ou desinvestimento com sucesso, é fundamental obter informações fidedignas. Por isso, a regulação das S.A. obriga as empresas de capital aberto a disponibilizar informações para seus acionistas. Mas onde encontrá-las? Confira as principais fontes:

- *Site* da empresa: Relações com Investidores – esta é a área responsável por divulgar informações sobre a companhia.
- Notícias de jornais de negócios, como o *Valor Econômico*.
- *Sites* com dados fundamentalistas, como o *Fundamentus*.
- Relatórios fundamentalistas preparados pelas instituições financeiras.
- Reuniões APIMEC, quando as empresas fazem apresentações sobre seus resultados, abrindo espaço para perguntas dos analistas e dos investidores.

9.2.3.6 Split ou desdobramento

Ocorre um *split* quando uma ação se divide em outras ações. Suponhamos, por exemplo, que o preço de mercado de uma ação da empresa XPTO3 seja R$ 50,00, e a empresa decida fazer um *split* de 1 para 5. Desse modo, o detentor dessa ação passaria a ter cinco vezes a mesma quantidade de ações, com o preço de 1/5 por ação (R$ 10,00) do valor original. Em um primeiro momento, seu resultado financeiro é nulo.

Espera-se que, ao reduzir o preço da ação, mais acionistas conseguirão comprá-la. No final, sendo mais atrativa e atraindo mais investidores, pela lei de demanda e oferta, seu preço tende a subir, deixando os acionistas majoritários e controladores mais ricos.

9.2.3.7 Grupamento ou inplit

O *inplit* é o inverso do *split*. Nesse caso, há o grupamento de uma quantidade de ações para formar uma nova ação. Suponha, por exemplo, que uma ação esteja sendo negociada no mercado a R$ 0,50 e que a companhia faça um grupamento de 40:1, ou seja, junte 40 ações em uma só. Nesse caso, uma ação passará a valer R$ 20,00 e o investidor que tinha, digamos, 10 mil ações da companhia, passará a ter 250 ações.

Assim como no *split*, o resultado financeiro da operação é nulo, nesse primeiro momento. O que se espera com o grupamento é, além de facilitar a administração do título na custódia, dar uma embalagem melhor à ação, tornando o título menos depreciado em um primeiro olhar do investidor.

9.2.4 Ofertas primária e secundária

Questões relativas a ofertas públicas serão mais detalhadas no Capítulo 11, Oferta Pública de Valores Mobiliários. Entretanto, dada a relevância do assunto, e tendo em vista a congruência com o mercado acionário, segue um preâmbulo do assunto. E nada melhor que começar pelo começo, compreendendo a diferença entre uma oferta primária e uma oferta secundária.

9.2.4.1 Oferta primária

Ocorre uma oferta primária quando a empresa emite ações novas e as ofertas no mercado a novos investidores. Resumindo, o mercado primário de títulos é utilizado pelas empresas para captação de recursos, com emissão de novos títulos.

Note que quando há emissão de novas ações, o dinheiro captado por meio dessa oferta pública de ações (OPA) – ou mesmo de debêntures – vai para o caixa da companhia, capitalizando a empresa.

Do lado do acionista, a entrada de novos acionistas no capital da empresa dilui o seu percentual sobre o capital total. Veja o exemplo a seguir.

Exemplo:

Suponha que (i) um acionista tenha 1 mil ações de uma empresa e que essa quantidade represente 0,1% sobre o total do capital da empresa; (ii) a empresa vá fazer uma OPA de 500 mil novas ações; e (iii) o acionista mencionado não vá adquirir nenhum lote novo. Pergunta-se: qual será sua nova participação no capital da companhia?

1. Cálculo de quantas ações a empresa tem originalmente:

    Se 0,1% = 1.000 ações
    Logo, 100 % = X ações
    X = (100 × 1.000) / 0,1 = 1.000.000 ações
    Nova participação: 1.000 / 1.000.000

2. Cálculo da nova participação do acionista na nova composição do capital após OPA:

Nova quantidade de ações: 1.000.000 + 500.000 = 1.500.000

1.000 / 1.500.000 = 0,07%

Conclusão: a participação do acionista no capital da companhia diminuiu após a oferta primária.

9.2.4.2 Oferta secundária

Quando o detentor de um título de uma empresa deseja se desfazer de sua posição, ele busca no mercado secundário, por intermédio de um corretor, outro investidor que deseje comprar seus papéis. Essa transferência dos títulos entre investidores se dá por meio das bolsas de valores ou do mercado de balcão, conforme o caso.

Uma oferta secundária é, portanto, uma oferta de um grande lote de ações já existentes e que têm um titular identificado. Por questões regulatórias, grandes lotes não podem ser vendidos em bolsa de uma hora para a outra, pois podem afetar significativamente o preço das ações, penalizando os minoritários. Há regras a serem seguidas.

Como se depreende, em uma oferta secundária, o valor negociado não capitaliza a empresa. O caixa arrecadado na negociação vai diretamente para a conta do ex-titular das ações.

Outro ponto importante é que, uma vez que não foram emitidas novas ações, e sim negociadas ações já existentes, não há alteração na participação acionária dos demais acionistas no capital da companhia.

9.3 QUESTÕES OPERACIONAIS
9.3.1 Mercado à vista

Os preços das ações são formados em pregão, pela dinâmica das forças de oferta e demanda de cada papel. A maior ou menor procura por determinada companhia é função de variáveis como comportamento histórico dos preços e das perspectivas futuras da empresa emissora, incluindo política de dividendos, prognósticos de expansão de seu mercado e dos seus lucros e influências da política macroeconômica sobre o resultado da companhia.

A realização de negócios no mercado à vista requer a intermediação de uma sociedade instituição (corretora ou distribuidora) credenciada pela bolsa. Na B3, as ações são negociadas no sistema eletrônico de negociação desde outubro de 2005, não havendo mais nenhuma negociação no viva-voz. O sistema eletrônico permite às corretoras executarem as ordens de clientes sem sair de seus escritórios.

O pregão da B3 não para no horário do almoço. O sistema eletrônico funciona ininterruptamente. O horário da bolsa varia algumas vezes por ano, em função de alterações de horário de verão nos Estados Unidos, o que permite que o investidor acompanhe as negociações lá e aqui no Brasil ao mesmo tempo. Essa metodologia é importante, pois há um grande número de empresas brasileiras que são negociadas tanto na B3 quanto nas bolsas de Nova York.

A liquidação dos títulos, ou processo de transferência de sua propriedade e do pagamento e recebimento do valor financeiro envolvido na transação de compra e venda de ações, abrange duas etapas:

2. **Liquidação física**: é a entrega dos títulos à bolsa, quando eles entram na custódia do cliente. Os títulos negociados por intermédio da corretora são entregues em D+2 à custódia da bolsa, a antiga CBLC. Entretanto, as ações só ficam disponíveis para o comprador após a liquidação financeira, que ocorre no mesmo dia. Esse procedimento evita que o comprador pague por algo que não existe.
3. **Liquidação financeira**: pelas regras atuais, o pagamento e o recebimento de valores que envolvem a transação ocorrem no segundo dia útil (D+2) após a realização do negócio em pregão.

9.3.2 *Day trade*

Palavra de língua inglesa adotada pelo mercado, que significa negócio (*trade*) no mesmo dia (*day*). Em outras palavras, *day trade* significa comprar e vender, no mesmo dia, o mesmo papel. Exemplo: João comprou ações da ABCD3 pela manhã ao preço de R$ 23,10. Na parte da tarde, notou que a mesma ação estava sendo negociada a R$ 23,80. Notando a valorização de 3,03%, decidiu vender suas ações no mesmo dia, realizando o ganho. Trata-se, portanto, de uma operação de *day trade*, que tem, inclusive, tratamento fiscal diferenciado, conforme você verá mais adiante, ainda neste capítulo.

9.3.3 Mercado a termo

Uma operação a termo é a compra ou venda, em mercado, de determinada quantidade de ações, a um preço fixado, para liquidação em prazo determinado, a contar da data de sua realização em pregão, resultando em um contrato entre as partes.

Os prazos permitidos pela B3 para negociação a termo são de 16 a 999 dias, e todas as ações negociáveis no mercado de ações podem ser objeto de um contrato a termo.

A precificação a termo de uma ação é função das seguintes variáveis:

- valor cotado no mercado à vista; e
- parcela correspondente aos juros fixados livremente em mercado para o prazo até o vencimento.

O mercado a termo será mais bem desenvolvido no Capítulo 10, Derivativos.

9.3.4 Despesas incorridas na negociação

A negociação de ações envolve alguns custos:

- **Taxa de corretagem**: é o valor cobrado pelas corretoras pelo serviço de acesso ao mercado. Existe a corretagem variável, que é calculada sobre o valor em negociação, e a corretagem fixa, paga por operação. Muitos *homebrokers* utilizam a modalidade de cobrança fixa, por negociação (exemplo: R$ 15,00 cada vez que o investidor compra ou vende na bolsa). Entretanto, os investidores que ligam para a corretora e falam com o seu operador pagam corretagem variável. Ao investir, é sempre bom avaliar as duas opções, para ver a que melhor se adequa ao valor que está sendo negociado e à necessidade do investidor.

Vale mencionar que os grandes investidores normalmente não pagam a tabela cheia. É normal as corretoras oferecerem uma devolução na corretagem, que varia a depender do volume que elas costumam negociar.

- **Emolumentos**: os emolumentos são cobrados pela B3 por meio de taxa fixa para cada tipo de operação ou produto, dependendo também do tipo de investidor.
- **Custódia**: a taxa de custódia é cobrada mensalmente pelo serviço de guarda das ações pela bolsa e pelos serviços oferecidos pela corretora. A taxa de custódia varia entre corretoras, podendo até ser gratuita, dependendo do relacionamento que o investidor tem com a sua corretora. Muitas vezes, a corretora repassa apenas o valor cobrado pela bolsa das próprias corretoras pela manutenção de cada conta de custódia.

9.3.5 *Circuit breaker*[1]

Quando a bolsa fica muito volátil e o preço dos ativos cai significativamente, os negócios são paralisados por tempo determinado. A esse mecanismo de controle de oscilação do mercado, mais precisamente do Índice Bovespa (IBOVESPA), que interrompe os negócios na bolsa, chamamos de *circuit breaker*.

Existem três momentos em que esse mecanismo é acionado:

- Regra 1: quando o IBOVESPA varia 10% negativo em relação ao índice de fechamento do dia anterior, o mercado é interrompido por 30 minutos.
- Regra 2: passados os 30 minutos, o mercado reabre. Se o IBOVESPA cair mais 5%, ou seja, 15% em relação ao fechamento do dia anterior, mais uma vez os negócios em todos os mercados da bolsa são interrompidos por mais 1 hora.
- Regra 3: reabertos os negócios, se o IBOVESPA cair mais 5%, ou seja, 20% em relação ao fechamento do dia anterior, os negócios são suspensos em todos os mercados por prazo definido a seu critério.

Além disso, não haverá acionamento do *circuit braker* nos últimos 30 minutos de funcionamento do pregão. Caso o pregão for interrompido na penúltima meia hora de negociação, quando ele reabrir, o horário será prorrogado em, no máximo, mais 30 minutos, sem qualquer outra interrupção, garantindo um período final de negociação de 30 minutos corridos.

9.4 GOVERNANÇA CORPORATIVA

9.4.1 Definições

Para o Instituto Brasileiro de Governança Corporativa (IBGC), governança corporativa é:

> [...] o sistema pelo qual as organizações são dirigidas, monitoradas e incentivadas, envolvendo os relacionamentos entre proprietários, conselho de administração, diretoria e órgãos de controle. As boas práticas de governança corporativa convertem princípios em recomendações objetivas, alinhando interesses com a finalidade de preservar e otimizar o valor da organização, facilitando seu acesso ao capital e contribuindo para a sua longevidade e o bem comum.

Em outras palavras, podemos dizer que a expressão é designada para abranger os assuntos relativos ao poder de controle e direção de uma empresa, bem como as diferentes formas e esferas de seu exercício e os diversos interesses que, de alguma forma, estão ligados à vida das sociedades comerciais.

Governança corporativa pode também ser vista como algo de valor, apesar de, por si só, não criá-lo, uma vez que isso só ocorre quando ao lado de uma boa governança temos também um negócio de qualidade, lucrativo e bem administrado. Nesse caso, a boa governança permitirá uma administração ainda melhor, em benefício de todos os acionistas e daqueles que lidam com a empresa.

Para a CVM, governança corporativa é o conjunto de práticas que têm por finalidade otimizar o desempenho de uma companhia ao proteger todas as partes interessadas, como investidores, empregados e credores, facilitando o acesso ao capital. A análise das práticas de governança corporativa aplicada ao mercado de capitais envolve, principalmente: transparência, equidade de tratamento dos acionistas e prestação de contas.

---

1 Esse item não está no programa da prova de certificação CPA-20, mas é um daqueles tópicos que todo mundo que trabalhará no mercado financeiro deve conhecer.

De acordo com a Organização para Cooperação e Desenvolvimento Econômico (OCDE), um bom regime de governança corporativa busca garantir que as empresas usem seus recursos de forma eficaz. Adicionalmente, procura garantir que as empresas levem em conta os interesses de uma gama maior de agentes (*stakeholders*),[2] incluindo a comunidade em que operam. Isso ajuda a manter a confiança dos investidores – tanto domésticos quanto estrangeiros – e a atrair capitais de longo prazo.

9.4.2 Código do IBGC

O objetivo central do Código do IBGC é indicar caminhos para todos os tipos de sociedade – por ações de capital aberto ou fechado, limitadas ou civis – visando:

- aumentar o valor da sociedade;
- melhorar seu desempenho;
- facilitar seu acesso ao capital a custos baixos;
- contribuir para a perenidade.

Os princípios básicos que inspiram o Código do IBGC são:

- **Transparência**: mais do que "a obrigação de informar", a Administração deve cultivar o "desejo de informar", sabendo que boa comunicação interna e externa, particularmente quando espontânea, franca e rápida, resulta em um clima de confiança, tanto internamente quanto nas relações da empresa com terceiros. A comunicação não deve se restringir ao desempenho econômico-financeiro, mas deve contemplar também os demais fatores (inclusive intangíveis) que norteiam a ação empresarial e que conduzem à criação de valor.
- **Equidade**: caracteriza-se pelo tratamento justo e igualitário de todos os grupos minoritários, sejam do capital, sejam das demais "partes interessadas" (*stakeholders*), como colaboradores, clientes, fornecedores e credores. Atitudes ou políticas discriminatórias, sob qualquer pretexto, são totalmente inaceitáveis.
- **Prestação de contas** (*accountability*): os agentes da governança corporativa devem prestar contas de sua atuação a quem os elegeu e respondem integralmente por todos os atos que praticarem no exercício de seus mandatos.
- **Responsabilidade corporativa**: conselheiros e executivos devem zelar pela perenidade das organizações (visão de longo prazo, sustentabilidade) e, portanto, devem incorporar considerações de ordens social e ambiental na definição dos negócios e das operações. Responsabilidade corporativa é uma visão mais ampla da estratégia empresarial, contemplando todos os relacionamentos com a comunidade em que a sociedade atua. A "função social" da empresa deve incluir a criação de riquezas e de oportunidades de emprego, qualificação e diversidade da força de trabalho, estímulo ao desenvolvimento científico por intermédio de tecnologia e melhoria da qualidade de vida por meio de ações educativas, culturais, assistenciais e de defesa do meio ambiente. Inclui-se nesse princípio a contratação preferencial de recursos (trabalho e insumos) oferecidos pela própria comunidade.

O Código, que em maio de 2023 já estava em sua quinta edição, é dividido em seis capítulos:

I. Sócios;
II. Conselho de Administração;
III. Diretoria;
IV. Órgãos de Fiscalização e Controle;
V. Conduta e Conflito de Interesses.[3]

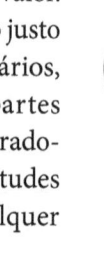

Dica: para conhecer o Código do IBGC atualizado e na íntegra, acesse o QR Code ao lado.

---

[2] *Stakeholders* representam os agentes econômicos que gravitam em torno da empresa nos mais variados campos de interesse, tais como fornecedores, clientes, governo, investidores, entre outros.

[3] Há conflito de interesses quando alguém não é independente em relação à matéria em discussão e pode influenciar ou tomar decisões motivadas por interesses distintos daqueles da sociedade.

9.4.3 Segmentos de listagem da B3

Também preocupada com questões de governança corporativa, a B3 lançou em 2000 o Novo Mercado e mais dois segmentos de listagem: nível 1 e nível 2 de governança corporativa. Com o passar dos anos, foram criados o BOVESPA Mais e o BOVESPA Mais Nível 2, idealizados para empresas que desejam acessar o mercado de forma gradual. Veja a seguir o que significa cada um desses segmentos.

9.4.3.1 Novo Mercado

A entrada de uma empresa no Novo Mercado é feita mediante a adesão a um conjunto de regras societárias, genericamente chamadas "boas práticas de governança corporativa", mais rígidas do que as presentes na legislação brasileira. Essas regras, consolidadas no Regulamento de Listagem, ampliam os direitos dos acionistas, melhoram a qualidade das informações usualmente prestadas pelas companhias e, ao determinar a resolução dos conflitos por intermédio de uma Câmara de Arbitragem,[4] oferecem aos investidores a segurança de uma alternativa mais ágil e especializada.

A principal inovação do Novo Mercado, em relação à legislação, é a proibição de emissão de ações preferenciais. Porém, esta não é a única. Resumidamente, a companhia aberta participante do Novo Mercado tem como obrigações adicionais:

- o capital deve ser composto exclusivamente de ações ordinárias com direito a voto;
- no caso de venda do controle, todos os acionistas têm direito a vender suas ações pelo mesmo preço (*tag along* de 100%);
- em caso de listagem ou cancelamento do contrato com a B3, a empresa deverá fazer oferta pública para recomprar as ações de todos os acionistas no mínimo pelo valor econômico;
- o Conselho de Administração deve ser composto de no mínimo cinco membros, sendo 20% dos conselheiros independentes e o mandato máximo de 2 anos;
- a companhia também se compromete a manter no mínimo 25% das ações em circulação (*free float*);
- divulgação de dados financeiros mais completos, incluindo relatórios trimestrais com demonstração de fluxo de caixa e relatórios consolidados revisados por um auditor independente;
- a empresa deverá disponibilizar relatórios financeiros anuais em um padrão internacionalmente aceito;
- necessidade de divulgar mensalmente as negociações com valores mobiliários da companhia pelos diretores, executivos e acionistas controladores.

9.4.3.2 Nível 1

As companhias listadas no nível 1 de governança corporativa da B3 devem adotar práticas que favoreçam a transparência e o acesso às informações pelos investidores. Para isso, divulgam informações adicionais às exigidas em lei, por exemplo, um calendário anual de eventos corporativos.

O *free float* mínimo de 25% deve ser mantido nesse segmento, ou seja, a companhia se compromete a manter no mínimo 25% das ações em circulação.

9.4.3.3 Nível 2

As empresas listadas no nível 2 da B3, além de seguirem todas as regras do nível 1, seguem regras similares às das que aderem ao Novo Mercado, porém com algumas exceções. As empresas listadas como nível 2 têm o direito de manter ações preferenciais (PN). Além disso, no caso de venda de controle da empresa, é assegurado aos detentores de ações ordinárias ou preferenciais o direito de *tag along*, no mínimo, de 100% do preço pago pelas ações do acionista controlador.

As ações preferenciais ainda dão o direito de voto aos acionistas em situações críticas, como a aprovação

---

[4] A B3 instituiu a Câmara Arbitral, com base nos dispositivos da Lei n. 9.307/1996, que estabelece normas de arbitragem aplicáveis à solução de conflitos que possam surgir no Segmentos Especiais de Listagem da B3.

de fusões e incorporações da empresa e contratos entre o acionista controlador e a companhia, sempre que essas decisões estiverem sujeitas à aprovação na assembleia de acionistas.

9.4.3.4 BOVESPA Mais

Idealizado para empresas que desejam acessar o mercado de forma gradual, esse segmento visa fomentar o crescimento de pequenas e médias companhias via mercado de capitais. A estratégia de acesso gradual permite que a empresa se prepare de forma adequada ao mesmo tempo em que aumenta sua visibilidade para os investidores.

Conforme explicado pela B3, o BOVESPA Mais possibilita a realização de captações menores se comparadas às do Novo Mercado, mas suficientes para financiar o projeto de crescimento da companhia. As empresas listadas no BOVESPA Mais tendem a atrair investidores que visualizem um potencial de desenvolvimento mais acentuado no negócio. As ofertas de ações podem ser destinadas a poucos investidores, e eles geralmente têm perspectivas de retorno de médio e longo prazos.

A empresa que adere a esse segmento de listagem pode efetuar a listagem sem oferta, ou seja, a empresa tem até 7 anos para realizar o IPO, após a listagem na Bolsa. Essa possibilidade é ideal para as empresas que desejam acessar o mercado aos poucos e permite que elas galguem níveis mais elevados de profissionalização ao longo desse tempo. Ao desvincular um momento do outro, o acesso ao mercado tende a ser mais tranquilo; e o nível de preparação da empresa, mais alto.

Companhias listadas no BOVESPA Mais são isentas da taxa de registro (taxa cobrada pela B3 para registro de companhias) e recebem desconto gradual na taxa de manutenção de listagem, sendo 100% no primeiro ano.

As empresas listadas no BOVESPA Mais assumem compromissos de elevados padrões de governança corporativa e transparência com o mercado.

9.4.3.5 BOVESPA Mais nível 2

O segmento de listagem BOVESPA Mais nível 2 é similar ao BOVESPA Mais, porém as empresas podem manter ações preferenciais (PN) e *tag along* de 100% do preço pago pelas ações ordinárias do acionista controlador.

Além disso, pode ter o benefício de ser analisada sem custos semestralmente por duas instituições especializadas, que serão selecionadas pela Associação dos Analistas e Profissionais de Investimento do Mercado de Capitais (APIMEC), associação profissional que congrega os analistas de ações.

Dica: para conhecer as regras de todos os segmentos de listagem da B3 na íntegra, acesse o QR Code ao lado.

9.5 ÍNDICES DE REFERÊNCIA

O índice de ações mais popular é o IBOVESPA, mas ele não está só, dividindo a análise do mercado acionário com outros *benchmarks*. Embora a B3 e outras casas calculem outros tantos índices, nessa fase do estudo serão apresentados somente os índices mencionados no programa do exame CPA-20, versão 10.2.

Como será abordado, cada índice tem sua metodologia de cálculo. Entretanto, todos são formados por uma carteira teórica de ações, a qual está agrupada segundo algum critério, que pode ser o volume de negociações, o tamanho da empresa ou o segmento em que atua.

9.5.1 Índices amplos

9.5.1.1 IBOVESPA

O Índice BOVESPA é o mais importante indicador do desempenho médio das cotações do mercado de ações brasileiro, refletindo liquidez, transparência, segurança, confiabilidade e independência. Além de retratar o comportamento dos principais papéis negociados na B3, é um índice com tradição.

Isso significa que seu valor atual representa, em moeda corrente, uma carteira teórica de ações constituída em 02 de janeiro de 1968 (valor-base: 100 pontos), a partir de uma aplicação hipotética. Supõe-se não ter sido efetuado nenhum investimento adicional desde então, considerando-se somente os ajustes efetuados em decorrência da distribuição de proventos pelas empresas emissoras (tais como reinvestimento de dividendos recebidos e do valor apurado com a venda de direitos de subscrição, e manutenção em carteira das ações recebidas em bonificação). Desse modo, o índice reflete não apenas as variações dos preços das ações, mas também o impacto da distribuição dos proventos, sendo considerado um indicador que avalia o retorno total de suas ações componentes.

Para ser incluída no índice, uma ação tem de atender cumulativamente aos seguintes critérios:

- estar entre os ativos elegíveis que, no período de vigência das três carteiras anteriores, em ordem decrescente de Índice de Negociabilidade (IN), representem em conjunto 85% do somatório total desses indicadores;
- ter presença em pregão de 95% no período de vigência das três carteiras anteriores;
- ter participação em termos de volume financeiro maior ou igual a 0,1%, no mercado à vista (lote-padrão), no período de vigência das três carteiras anteriores;
- não ser classificado como *penny stock*, ou seja, cuja cotação não seja inferior a R$ 1,00.

De modo a manter a sua representatividade ao longo do tempo, a carteira do IBOVESPA é reavaliada ao final de cada quadrimestre, utilizando-se os critérios e os procedimentos de sua metodologia. Dessa forma, as alterações necessárias são feitas em início de janeiro, maio e setembro.

Participação da ação na carteira teórica

A participação de cada ação na carteira tem relação direta com o valor de mercado do seu *free float* (ativos que se encontram em circulação), com limite de participação baseado na liquidez.

Conheça a carteira vigente do IBOVESPA e de todos os índices de bolsa, válida para o quadrimestre atual, acessando o *site* da B3, aba Market Data e Índices.[5]

Os pontos

Às 17:08 horas do dia 31 de maio de 2023, o IBOVESPA estava em 108.335 pontos. Como se calculam esses pontos?

É muito simples. Basta multiplicar a quantidade de cada ação no índice pelo seu valor de mercado, somando cada produto encontrado no final. Em outras palavras, significa quanto em valor monetário (no nosso caso, "reais") teremos que despender para comprar a carteira de ações que compõe o índice. E a variação da bolsa é exatamente a variação dos pontos de um dia para o outro. Fácil, não acha?

E para saber quanto variou a bolsa em um dia? Basta comparar o fechamento do índice de um dia com o fechamento da véspera.

Exemplo:

Em 30 de maio de 2023, o IBOVESPA fechou em 108.967 pontos. Já em 29 de maio de 2023, o fechamento foi de 110.333 pontos. Quanto variou o IBOVESPA de um dia para outro?

Variação = $[(108.967 \div 110.333) - 1] \times 100 = -1,24\%$

9.5.1.2 IBrX

O IBrX – Índice Brasil é um índice que mede o retorno total de uma carteira teórica composta de 100 ações e *units* de ações e tem como objetivo ser o indicador do desempenho médio das cotações dos 100 ativos de maior negociabilidade e representatividade do mercado de ações brasileiro. Assim como o IBOVESPA, o IBrX tem sua carteira reavaliada a cada 4 meses.

---

5 Disponível em: http://www.b3.com.br/pt_br/market-data-e-indices/indices/indices-amplos/indice-ibovespa-ibovespa-composicao-da-carteira.htm. Acesso em: 31 maio 2023.

Critérios de inclusão e ponderação das ações no IBrX

Integrarão a carteira do IBrX os ativos que atenderem cumulativamente aos seguintes critérios:

- estar entre os 100 primeiros ativos em ordem decrescente de IN (*buffer* 90%);
- terem sido negociados em pelo menos 95% dos pregões;
- não serem classificados em *penny stock*.

As ações que atenderem a esses critérios comporão o IBrX 50 e serão ponderadas pelo respectivo valor de mercado (no tipo pertencente à carteira) de suas ações disponíveis para negociação (conhecido como *free float*), ou seja, serão excluídas as ações de propriedade do controlador.

Existe o IBrX 100 e o IBrX 50. A diferença fica por conta da quantidade de ativos que fazem parte do índice, se 100 ou 50, respectivamente.

9.5.2 Índices de Sustentabilidade

9.5.2.1 Índice de Sustentabilidade Empresarial

Já há alguns anos iniciou-se uma tendência mundial entre os investidores de procurarem empresas socialmente responsáveis, sustentáveis e rentáveis para aplicar seus recursos. Essas aplicações, denominadas "investimentos socialmente responsáveis" (SRI), consideram que empresas sustentáveis geram valor para o acionista no longo prazo, pois estão mais preparadas para enfrentar riscos econômicos, sociais e ambientais. Essa demanda veio se fortalecendo ao longo do tempo e hoje é amplamente atendida por vários instrumentos financeiros no mercado internacional. O Índice de Sustentabilidade Empresarial (ISE) foi criado para atender a essa tendência, uma vez que é um índice que mede o retorno total de uma carteira teórica composta de ações de empresas com reconhecido comprometimento com a responsabilidade social e a sustentabilidade empresarial. Tais ações são selecionadas entre as mais negociadas na B3 em termos de liquidez, e são ponderadas na carteira pelo valor de mercado das ações disponíveis à negociação. Assim como o IBOVESPA, a carteira do ISE é reavaliada quadrimestralmente.

Ações elegíveis para o Índice

O ISE é composto de ações das empresas mais bem classificadas em termos de responsabilidade social e sustentabilidade (escolhidas entre as mais líquidas da bolsa brasileira), de acordo com critérios de seleção e classificação referendados pelo Conselho Deliberativo do Índice de Sustentabilidade Empresarial.

Critérios de inclusão de ações no Índice

Integrará a carteira do ISE a ação que atender cumulativamente aos critérios a seguir:

- ser uma das 200 ações com maior IN apurado nos 12 meses anteriores ao início do processo de reavaliação;
- ter sido negociada em pelo menos 50% dos pregões ocorridos nos 12 meses anteriores ao início do processo de reavaliação;
- atender aos critérios de sustentabilidade referendados pelo Conselho do ISE;
- não ser classificada como *penny stock*.

Critério de ponderação

O peso de cada ativo na carteira do ISE é função do valor de mercado do seu *free float* (ativos que se encontram em circulação); o peso máximo admissível é de 15%.

Cumpre ressaltar que companhias que estejam sob regime de recuperação judicial, processo falimentar, situação especial, ou ainda que tenham sofrido ou estejam sob prolongado período de suspensão de negociação, não integrarão o ISE.

9.5.2.2 Índice Carbono Eficiente

Criado em 2010, o Índice Carbono Eficiente (ICO2) foi pensado para ser um instrumento indutor das discussões sobre mudança climática no Brasil. Ao aderir ao índice, a companhia demonstra seu comprometimento com a transparência de suas emissões e antecipa a visão de como estão se preparando para uma economia de baixo carbono. Desde 2020, a B3 vem convidando as companhias do IBrX 100 para compor suas carteiras.

9.5.3 Índices de governança diferenciada

A B3 calcula vários índices, não se limitando aos índices abordados neste item do livro. Há índices que tentam replicar o desempenho de carteiras segmentadas por setores econômicos e os voltados para os quesitos *Environment, Social and Governance* (ESG), como os citados a seguir.

9.5.3.1 Índice de Governança Corporativa Diferenciada

O objetivo do Índice de Governança Corporativa Diferenciada (IGC) é ser o indicador do desempenho médio das cotações dos ativos de empresas listadas no Novo Mercado ou nos níveis 1 ou 2 da B3. Trata-se de um índice de retorno total, não estando incluídos em sua carteira os BDR e os ativos de companhias em recuperação judicial.

9.5.3.2 Índice *Tag Along* Diferenciado

O objetivo do Índice de *Tag Along* Diferenciado (ITAG) é ser o indicador do desempenho médio das cotações dos ativos de emissão de empresas que ofereçam melhores condições aos acionistas minoritários, no caso de alienação do controle. Assim como o IGC, é um índice de retorno total, não estando incluídos na sua carteira os BDR e os ativos de companhias em recuperação judicial.

9.5.3.3 Índice de Governança Corporativa *Trade*

O Índice de Governança Corporativa *Trade* (IGCT) é um índice de retorno total que tem como objetivo ser o indicador do desempenho médio das cotações dos ativos de emissão de empresas integrantes do IGC que atendam aos critérios adicionais descritos nessa metodologia. Não fazem parte da sua carteira os BDR e os ativos de empresas que estejam em recuperação judicial.

9.5.3.4 Índice de Governança Corporativa – Novo Mercado

O Índice de Governança Corporativa – Novo Mercado (IGC-NM) é um índice de retorno total cujo objetivo é ser o indicador do desempenho médio das cotações dos ativos de emissão de empresas que apresentem bons níveis de governança corporativa, listadas no Novo Mercado da B3. Assim como nos demais índices de governança, não estão incluídos BDR e ativos de companhias que estejam em recuperação judicial.

Compare a participação de determinadas ações nos índices apresentados no Quadro 9.1.

Quadro 9.1 Ações selecionadas IBOVESPA, IBrX 50 e ISE – Participação % – 31/05/2023

Ação	Código	IBOVESPA	IBrX 50	ISE	IGC
AMBEV ON	ABEV4	3,318	3,136	1,650	-
B3 ON	AZUL4	3,998	3,778	2,287	4,317
Bradesco PN1	BBDC4	4,221	3,989	2,479	2,279
Brasil ON	BBAS3	3,317	3,135	2,128	3,582
Eletrobras ON	ELET3	3,673	3,471	2,066	1,983
ItaúUnibanco PN1	ITUB4	6,657	6,291	2,139	3,594
Localiza ON NM	RENT3	2,554	2,414	-	2,758
Petrobras PN2	PETR4	6,295	5,949	-	5,098
Vale ON MM	VALE3	13,548	14,116	-	16,128
Weg ON	WEGE3	2,525	2,804	1,830	3,204

Fonte: www.b3.com.br.

Dica: todos os índices da bolsa brasileira estão disponibilizados no QR Code ao lado. Basta clicar na família de índices e, depois, no índice que deseja pesquisar para ter informação detalhada sobre ele.

9.6 PRECIFICAÇÃO: ASPECTOS RELEVANTES

Para muitos, a escolha de ações para compra e venda é uma arte. Entretanto, com a profissionalização do mercado de ações não há mais lugar para pessoas inexperientes. Trata-se de um mercado altamente qualificado, com profissionais muito bem preparados para atender às demandas dos investidores.

Nesse mercado profissionalizado, a decisão de comprar ou vender uma ação tem por base alguma forma de análise, como a análise técnica e/ou análise fundamentalista e/ou análise de múltiplos.

9.6.1 Análise técnica

A análise técnica baseia suas orientações de decisão no exame de dados de preço e volume realizados. A partir de uma análise passada dessas variáveis, o analista técnico define as tendências do mercado, predizendo o comportamento futuro para o mercado como um todo e para ativos específicos. Os analistas que defendem essa ideia, também conhecidos como grafistas, o fazem apoiados nas seguintes premissas:

- O valor de mercado de qualquer produto ou serviço está baseado somente na interação entre a oferta e a demanda.
- A oferta e a demanda são governadas por inúmeros fatores, tanto racionais quanto irracionais, tais como fatores de variáveis econômicas defendidas por analistas fundamentalistas, bem como opiniões, humor e suposições. O mercado pesa todos esses fatores contínua e automaticamente. Não há somente investidores racionais, no sentido econômico da palavra.
- Desprezando flutuações menores, os preços para ativos individuais e o valor total do mercado inclinam-se a se mover de acordo com tendências, que persistem por períodos apreciáveis de tempo.
- Tendências predominantes reagem a mudanças no relacionamento entre oferta e demanda. Essas mudanças, não importa por que ocorram, podem ser detectadas mais cedo ou mais tarde pela ação do próprio mercado.

Apesar de controversas as premissas anteriores – principalmente por se acreditar que o futuro vai repetir o mesmo padrão do passado –, a análise técnica é muito utilizada. Os defensores desse tipo de análise dizem que esse método não é dependente de leituras complicadas de demonstrativos financeiros como na análise fundamentalista. Além disso, muitos fatores psicológicos e outras variáveis não quantificáveis também não aparecem nos demonstrativos financeiros, por exemplo, treinamento e lealdade dos funcionários, boa vontade dos clientes e atitudes gerais dos investidores com relação à empresa. As atitudes dos investidores podem ser importantes quando eles ficam preocupados com o risco das restrições ou dos impostos sobre os produtos, ou quando as empresas negociam com países com risco político significativo.

Na realidade, os que defendem a análise técnica desconfiam da utilidade dos demonstrativos financeiros e acreditam em certos padrões de comportamento do mercado.

A Escola Técnica afirma que não existem estatísticas para esperanças, humor, medo, ganância, atos de Deus (e do governo), estimativas e necessidades, informações secretas.

Os principais objetivos da Escola Técnica são:

- conhecer e mensurar a Lei da Oferta e Procura;
- identificar oportunidades de operações atraentes;
- otimizar ingressos e saídas do mercado;
- determinar limites de oscilação nos preços; e
- estabelecer estratégias de risco.

Para a Escola Técnica, a resposta está nos gráficos de preços e volume. Os gráficos traduzem o comportamento do mercado e avaliam a participação de massas de investidores que influenciam a formação dos preços.

Os principais instrumentos de trabalho da Escola Técnica são os gráficos de linha e de barra, que, em conjunto com diversas linhas traçadas, permitem avaliar:

- tendências em séries de preços ou retornos das ações;
- natureza dos investidores que atuam no mercado;
- natureza cíclica das oscilações de preços; e
- importância dos volumes negociados.

9.6.2 Análise fundamentalista

Enquanto o analista técnico tenta definir o preço de um ativo, a análise fundamentalista vai tentar explicar o porquê de aquele preço ter se comportado como tal. Isso porque a análise fundamentalista tem por base os fundamentos do mercado, segmento ou empresa sob análise. Em outras palavras, uma análise fundamentalista vai buscar explicações para suas recomendações nos fundamentos macro e microeconômicos do objeto em análise, e adota a hipótese da existência de um valor intrínseco para cada ação com base nos resultados apurados pela empresa emitente do ativo.

Uma análise fundamentalista contempla os seguintes itens sobre a empresa:

- análise do impacto das variáveis macroeconômicas;
- análise econômico-financeira;
- análise competitiva;
- análise do fluxo de caixa;
- análise evolutiva;
- análise prospectiva;
- análise da gestão estratégica;
- determinação do valor da empresa e de suas ações.

Essas informações permitem que o analista projete o futuro da companhia, quantificando seus resultados financeiros e determinando preços-alvo para as ações e culminando em uma recomendação de comprar (preço-alvo maior do que o preço de mercado), vender (preço-alvo menor do que o de mercado) ou manter (sem grandes perspectivas de variações no preço de mercado) as ações da empresa.

9.6.3 Determinação de preço por múltiplos

Um múltiplo é um indicador fundamentalista, que relaciona diversas contas das demonstrações financeiras da companhia, e destas com o valor de mercado da ação. Uma vez que sua análise se baseia em dados econômico-financeiros da empresa, a análise de múltiplos é parte integrante da análise fundamentalista.

Além disso, por serem de fácil cálculo, são muito utilizados para determinar de antemão o preço de determinada ação, comparando o resultado encontrado com o de outras companhias.

Embora existam muitos múltiplos, serão apresentados os múltiplos que constam do programa do CPA-20.

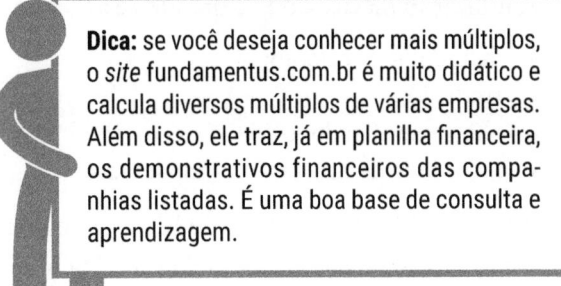

> **Dica:** se você deseja conhecer mais múltiplos, o *site* fundamentus.com.br é muito didático e calcula diversos múltiplos de várias empresas. Além disso, ele traz, já em planilha financeira, os demonstrativos financeiros das companhias listadas. É uma boa base de consulta e aprendizagem.

9.6.3.1 Preço/Lucro

$$P/L = \frac{\text{Cotação}}{\text{Lucro por ação}}$$

O Preço/Lucro (P/L) indica o tempo de retorno do investimento, partindo-se da premissa teórica de que o lucro projetado para um ano se repetirá nos anos seguintes.

Assume ainda um caráter de preço relativo, na medida em que seja disponível uma série de projeções para várias empresas para determinado ano.

Se a série indicar, por exemplo, uma média 10,0 de P/L para o universo considerado, pode ser entendido que o risco médio atribuído ao mercado tem valor 10,0 para aquele ano. Essa média certamente envolve empresas de vários setores, alguns considerados mais arriscados (mais difíceis para definirmos prognósticos para o futuro, em face de características sazonais ou outras). Assim, começamos a atribuir níveis de P/L "justos" para cada setor e para cada empresa.

Então, se entendemos que determinado setor apresenta risco abaixo da média dos setores envolvidos, é lícito supor que nos dispomos a esperar mais tempo pelo retorno em um investimento naquele setor, ou seja, podemos aceitar "pagar" um P/L mais alto por ações de uma empresa atuante em um setor considerado de menor risco.

E o mesmo raciocínio vale para comparações entre empresas do mesmo setor, em face de diferenças nas estruturas de capitais, nos mercados específicos de atuação etc.

A utilização maciça do P/L prende-se a:

- facilidade de cálculo;
- tradição;
- uso generalizado; e
- facilidade de utilização/comparação.

A principal limitação de uso do P/L está no pressuposto da estabilidade e perpetuidade do Lucro por Ação (L/A) estimado.

Exemplo:

Se determinada empresa tem uma cotação atual de R$ 5,00/ação e o lucro projetado é de R$ 1,00/ação, o P/L projetado é de 5,0.

Admitindo que o P/L médio de uma série confiável de projeções para o mesmo período seja 8,0 e que o mercado atribui baixo risco à empresa sob análise, poderia ser atribuído ao valor das suas ações um potencial de valorização mínimo de 60%, que equivale, em nosso exemplo, à valorização necessária para que sua cotação se ajustasse à média de "risco" atribuído ao mercado.

Portanto, o P/L atual de 5,0 vezes indicaria que seus títulos em bolsa estariam subavaliados, de acordo com essa análise.

9.6.3.2 Enterprise Value/Earnings Before Interests, Taxes, Depreciation and Amortization

Para melhor entendimento desse múltiplo, faz-se necessário conhecer cada parte separadamente primeiro. É o que você verá a seguir, antes de chegar às conclusões.

Enterprise Value

Medida, também conhecida como Valor da Firma, dada pelo mercado, do valor de uma empresa, considerando-se o agregado de todas as suas fontes de financiamento: credores, acionistas preferenciais, acionistas minoritários, empresas subsidiárias e acionistas ordinários. Uma vez que o *Enterprise Value* (EV) é neutro em termos de estrutura de capital, ele é útil para comparar empresas com estruturas de capital diversas.

EV = **Capitalização de mercado + dívida onerosa[6] − caixa**

O EV é útil para apurar o custo que a empresa tem para um potencial comprador. Isso porque quem vai adquirir uma empresa terá que pagar o preço de todos os valores mobiliários que a constituem (capitalização bursátil) mais todo o passivo remunerado (dívida onerosa de curto e longo prazos), menos o dinheiro em caixa ou equivalentes.

Earnings Before Interests, Taxes, Depreciation and Amortization

EBITDA = LAJIDA = Lucro Antes de Juros, Impostos, Depreciação e Amortização.

EBITDA = *Earnings Before Interests, Taxes, Depreciation and Amortization*.

EBITDA = lucro operacional próprio ou lucro da atividade + depreciação e amortização.

O EBITDA mensura a capacidade de geração de caixa operacional da empresa, sua atividade principal, pois não leva em conta despesas ou receitas oriundas de decisões com custos de estrutura de capital, planejamento fiscal ou outros aspectos não recorrentes (o que acontece se olharmos exclusivamente para o lucro líquido em um período). Trata-se de um indicador muito usado pelos analistas porque possibilita avaliar o lucro referente apenas ao negócio, descontando qualquer ganho financeiro (derivativos, aluguéis ou outras rendas que a empresa possa ter gerado no período). São também retirados para a apuração do EBITDA os juros dos empréstimos que muitas vezes as empresas contratam para alavancar as suas operações. Consequentemente, é importante levar em conta que o EBITDA pode dar uma falsa perspectiva sobre a efetiva liquidez da empresa.

Essa "purificação" dos números que representam o lucro da empresa vai além da retirada dos acréscimos referentes às rendas acessórias ou amortizações. No entanto, o EBITDA nada diz sobre a qualidade dos lucros.

---

6 Dívida onerosa = dívida que paga juros, como dívida bancária.

Esse indicador é capaz de retirar, também, distorções referentes à maior ou menor incidência de impostos, decorrentes de incentivos ou majorações fiscais, razão pela qual é muito utilizado para comparar empresas de setores ou portes distintos, ou ainda aquelas que residem em países diferentes, cuja carga tributária possa divergir bastante.

Por eliminar os efeitos dos financiamentos e das decisões meramente contábeis, a sua utilização pode fornecer uma boa análise comparativa, pois mede a produtividade e a eficiência do negócio. Por suas características, tem como função, também, determinar a capacidade de geração de caixa operacional da empresa.

Conclusão

O EV/EBITDA é um múltiplo que relaciona os dois indicadores. Entre as suas características, destacam-se:

- a vantagem de ser computado por meio da análise simples de dados dos balanços e demonstrativo de resultado das empresas. Concentra-se apenas no segmento operacional da empresa;
- é amplamente utilizado: esse múltiplo ganhou uma projeção enorme nos últimos 10 anos, tornando-se uma verdadeira vedete do mercado. Por isso, trata-se de um múltiplo comercialmente muito forte;
- substitui fluxo de caixa projetado, facilitando o trabalho do analista.

9.6.4 Fluxo de caixa

Os fluxos financeiros podem ser divididos em três ciclos principais: ciclo de investimento, ciclo operacional e ciclo de operações financeiras.

O ciclo de operações financeiras é composto de operações de capital e operações de tesouraria.

As atividades de investimento englobam a aquisição e a alienação de imobilizados.

Aplicações financeiras não consideradas equivalentes de caixa: pagamentos e recebimentos relativos a aquisição e alienação de imobilizados, pagamentos e recebimentos relativos a aquisição e alienação de partes de capital, de obrigações e de outras dívidas, adiantamentos e empréstimos concedidos e seus reembolsos, pagamentos e recebimentos inerentes a contratos de futuros, opções e de *swap*, exceto quando os contratos constituírem atividade operacional ou forem classificados como atividades de financiamento.

Atividades operacionais são o conjunto de atividades que formam o objeto da empresa e que geram no balanço contas de ativo cíclico e de passivo cíclico, além de contas a receber e a pagar no curto prazo, relacionadas com o negócio da companhia.

As atividades de financiamento resultam de alterações na extensão e composição dos empréstimos obtidos e do capital próprio da empresa.

A determinação do correto fluxo de caixa de uma empresa é fundamental. Como colocado por Tibério Rocha Junior (2013):

> A capacidade de uma empresa gerar fluxos de caixa positivos é uma condição das mais desejadas. Ao longo do tempo, isso praticamente define o valor que ela tem. Comumente para quem analisa e está de fora do cotidiano do negócio, esta capacidade de produzir caixa tem sido associada com o nível do EBITDA, mas como sabemos, por ele ser um indicador apurado sob o regime de competência, não se enquadra exatamente para este fim. Tudo bem que no longo prazo caixa e lucro são iguais, numa espécie de encontro no horizonte da abordagem econômica e da abordagem financeira. Mas, no curto e curtíssimo prazos, os números podem ficar diferentes, a depender dos períodos de pagamento e recebimento, além da taxa de inadimplência.

> Para saber se uma empresa está gerando caixa dentro de um exercício, uma maneira simples é classificar os recebimentos e desembolsos em operacionais e não operacionais. Os primeiros relacionados com as vendas, com o CMV [Custo da Mercadoria Vendida] e com as despesas para manter as operações típicas da empresa, sem as quais ela não funcionaria. Os segundos relacionados com lançamentos que são necessários para a operação do negócio, tais como investimentos, expansão, retiradas de sócios, aplicações e desaplicações financeiras entre outros, mas que são importantes para o seu desenvolvimento. Este grupo depende da decisão de quem administra o negócio em termos estratégicos.

Dada a sua importância, a projeção do fluxo de caixa de uma companhia, que resulta da análise financeira, operacional e de investimentos, é fundamental para a determinação do preço-alvo de uma ação, metodologia conhecida como *Valuation*.

Fluxo de Caixa Descontado (ou *Valuation*)

Existem outras metodologias, mas a utilização do fluxo de caixa é suficientemente divulgada, a ponto de ser um dos pontos cobrados no exame CPA-20.

Na prática, a metodologia conhecida como Fluxo de Caixa Descontado se baseia na teoria de que o valor de um negócio depende dos benefícios futuros que ele irá produzir, descontados para um valor presente, por meio da utilização de uma taxa de desconto apropriada, que reflita os riscos inerentes aos fluxos estimados.

A taxa de desconto utilizada para descontar esse fluxo também merece destaque. Como aprendido no Capítulo 3, deve-se utilizar o Custo Médio Ponderado de Capital (CMePC ou WACC) que leve em conta os custos das diferentes fontes de recursos, ponderados pela estrutura ótima de capital.

Dado que as empresas não têm prazo de vida determinado (princípio da continuidade), consideram-se fluxos infinitos na metodologia.

Quando o preço-alvo (também chamado preço justo ou *target*) encontrado é superior ao preço de mercado, o analista recomenda a compra da ação. Caso contrário, a venda do ativo é o indicado.

9.6.5 Impactos sobre os preços e quantidades das ações do investidor

Há muita dúvida se o pagamento de dividendos, os desdobramentos e grupamentos e até mesmo as bonificações têm influência sobre o preço das ações.

9.6.5.1 Dividendos

Se considerarmos que uma das formas de precificar um ativo é levando em consideração seus fluxos futuros de caixa, poderíamos dizer que empresas que pagam bons dividendos tendem a ter um preço mais elevado do que as que não pagam. Entretanto, ao pagar dividendos, a empresa deixa de reinvestir seu fluxo, ou seja, o acionista fica feliz no curto prazo, mas a empresa perde no longo prazo por não fazer reinvestimentos e crescer.

Olhando por outro ângulo, temos um outro caso quando o assunto é dividendos. Como você aprendeu neste capítulo, os dividendos são uma parcela do lucro líquido que foi distribuído para seus acionistas e esse pagamento foi feito com recursos que a companhia mantinha no seu caixa, um elemento que faz parte do patrimônio da empresa. Uma vez que um dos itens considerados pelos investidores para encontrar o valor da empresa é seu patrimônio e, consequentemente, o preço de suas ações, e tendo em vista que ao distribuir dividendos a empresa está diminuindo seu patrimônio, logo, há de se ajustar o preço da ação, excluindo o valor dos dividendos, ao que se dá o nome de ações ex-dividendos.

Diz-se "ex-dividendos", pois, caso o acionista que receberá os dividendos anunciados decida vender a ação, ele a venderá sem direito àquele dividendo anunciado, retendo o direito ao recebimento do dividendo. Isso ocorre por determinação da bolsa de valores e é baseado na informação fornecida pela empresa. Ou seja, até determinado dia, o dia "ex" determinado pela empresa, esse direito cabe ao acionista que detém as ações naquela data. Após o anúncio, a ação é negociada sem esse direito para aquela distribuição específica, o que reduz o preço da ação durante o período em que estiver sendo negociada ex-dividendo.

No primeiro dia de ex-dividendo, ou seja, na primeira sessão em que a compra da ação deixa de dar direito aos dividendos, o título habitualmente abre com o desconto relativo ao dividendo que será distribuído. Esse ajuste, efetuado pelo mercado, é lógico: imagine que o primeiro dia de ex-dividendos é uma quarta-feira e que no fechamento da terça-feira o título valia R$ 14,32. Imagine ainda que o título será alvo da distribuição de um dividendo de R$ 0,10. Será, pois, natural que o investidor que está disposto a pagar no fechamento da sessão de terça-feira os R$ 14,32, na abertura de quarta-feira esteja disposto a pagar apenas R$ 14,22 (R$ 14,32 – R$ 0,10), pois, nessa altura, o comprador já não tem direito ao referido dividendo. Na terça-feira, a ação dá direito a um dividendo, na quarta-feira não dá. Logo, a ação em si perdeu valor – o valor do dividendo – e o mercado reflete esse fato, por norma.

9.6.5.2 Desdobramento e grupamento

Desdobramento e grupamento de ações também têm impacto sobre o valor de uma ação. Suponha, por exemplo, que uma ação esteja sendo precificada a R$ 100,00 e seja feito um *split* de 1:10, o que significa que uma ação será dividida por 10. Logo, seu preço sairá de 1 ação = R$ 100,00 para 1 ação = R$ 10,00. Lembre-se, porém, de que, no desdobramento, o acionista também ganhará mais ações. Nesse caso hipotético, o investidor terá 10 vezes a quantidade de ações que detinha antes, o que significa, em valores financeiros, o mesmo resultado final, pois 1 ação × R$ 100,00 = 10 ações × R$ 10,00.

O caso de grupamento é exatamente o contrário do desdobramento. Nesse caso, as ações que valem pouco são agrupadas e o resultado final em termos financeiros também vai se manter o mesmo. Como exemplo, imagine um investidor que tenha 1 mil ações de uma empresa cuja ação esteja sendo precificada a R$ 1,00. Ao fazer um grupamento de 20:1, suas 1 mil ações vão se transformar em 50 ações, e cada uma passará a valer R$ 20,00. No todo, embora o preço da ação tenha se alterado, ele continuará ter os mesmos R$ 1.000,00 em ações da empresa, pois 1.000 ações × R$ 1,00 = 50 ações × R$ 20,00.

9.6.5.3 Bonificação

Não poderia ficar fora dessas considerações o caso das bonificações, que nada mais é que a distribuição de novas ações aos acionistas de uma empresa, sem que este tenha que desembolsar dinheiro. Essa divisão se dá em cima do aumento de capital de uma sociedade, mediante a incorporação de reservas e lucros. Logo, não há entrada nem saída de recursos na companhia, acontecendo apenas o aumento na base acionária. O movimento natural é o recuo no preço da ação no mercado. Entretanto, o patrimônio total da empresa fica inalterado.

Ao ser anunciado o pagamento de bonificação, a empresa também informa a data "ex", aquela em que os investidores que se tornarem acionistas após essa data não terão direito à bonificação. Somente aqueles que eram acionistas até a data "ex" terão o direito de receber a bonificação. É um caso semelhante ao "ex-dividendo", em que a ação "ex" tem um preço menor, porque não tem direito ao pagamento, seja do dividendo, seja da bonificação.

9.7 TRIBUTAÇÃO

Como se sabe, o mercado de renda variável compõe-se de ativos de renda variável, quais sejam, aqueles cuja remuneração ou retorno não pode ser dimensionado no momento da aplicação. Como exemplo, podemos citar: as ações, os quinhões de capital, o ouro (ativo financeiro) e os contratos negociados nas bolsas de valores, de mercadorias, de futuros e assemelhadas. Segundo a norma da Receita Federal, nesses mercados a tributação é aplicável quando ocorrerem os ganhos de capital ou ganhos líquidos.

A expressão "ganho de capital" é inerente aos ganhos obtidos na cessão ou transferência de determinada aplicação financeira, independentemente dos rendimentos auferidos nessa aplicação. Já a expressão "ganhos líquidos" traz embutida a ideia de compensação. Assim, ganho líquido é o resultado positivo auferido em um conjunto de operações realizadas em cada mês, em qualquer mercado de bolsa e em operações com ouro (ativo financeiro) realizadas fora de bolsa.

9.7.1 Ações à vista

O mercado à vista é a modalidade de mercado na qual são negociados valores mobiliários e ouro (ativo financeiro), cuja liquidação física (entrega do ativo pelo vendedor) e financeira (pagamento do ativo pelo comprador) ocorrem em até 2 dias após a negociação (D+2).[7]

Nos mercados à vista, o ganho líquido será constituído da diferença positiva entre o valor de alienação do ativo e seu custo de aquisição (corretagem e

---

7 A liquidação financeira era em D+3. Mudou para D+2 para ficar igual à liquidação da bolsa de Nova York.

emolumentos da Bolsa), sendo este calculado pela média ponderada dos custos unitários. Como se vê, é admitida a dedução dos custos e despesas incorridos, necessários à realização das operações, devendo esse cálculo ser realizado ao final de cada mês.

As operações de renda variável realizadas no mercado à vista estão sujeitas ao imposto de renda (IR) calculado de duas formas diferentes:

1. IR de 15% sobre o ganho de capital, apurado e recolhido mensalmente pelo próprio investidor; e
2. Imposto de Renda Retido na Fonte (IRRF): 0,005% sobre o valor da alienação, calculado, retido e recolhido pela instituição que intermediar a operação, na qualidade de responsável tributário. Na linguagem coloquial, chamamos esse valor de "dedo-duro", pois ele serve como um alerta no sistema da Receita Federal.

Isenção

São isentos da apuração e do pagamento do IR as operações cursadas no mercado à vista, cujo valor, calculado no mês, não exceder o valor de R$ 20.000,00, ou seja, o investidor não precisa pagar IR se o total de suas vendas (liquidações) de ações dentro de um mês não ultrapassar R$ 20.000,00, porém mantém-se a tributação na fonte de 0,005%.

9.7.2 Operações de *day trade*

Consideram-se operações de *day trade* aquelas realizadas em um mesmo dia, considerando-se o mesmo ativo, a mesma quantidade, os mesmos corretores. Os rendimentos auferidos nessas operações compreendem o resultado positivo apurado no encerramento da operação, considerando o primeiro negócio de compra com o primeiro de venda, e assim sucessivamente.

As operações de *day trade* estão sujeitas às seguintes regras de tributação:

- IR na Fonte = 1% sobre os rendimentos (o "dedo-duro"), recolhido pela instituição intermediadora da operação.
- Mensalmente = 20% sobre os ganhos líquidos.

Considera-se **rendimento** o resultado positivo apurado no encerramento das operações de *day trade*. Vale lembrar que, também nesse caso, os custos de transação, como taxa de corretagem e emolumentos da bolsa, também devem ser descontados para a apuração do resultado final e cabível de tributação.

Será admitida a compensação de perdas incorridas em operações de *day trade* realizadas no mesmo dia e intermediadas pela mesma instituição, para efeito da apuração da base de cálculo do IR.

Não se aplica às operações de *day trade* o limite de isenção de R$ 20.000,00 mensal.

9.7.3 Pagamento de proventos

Conheça as regras do IR sobre o pagamento de proventos:

- **Dividendos**: o ganho com dividendos é isento de IR até o final de 2023. Alertamos que, sendo a Reforma Tributária aprovada no Congresso ainda em 2023, pode haver alteração. Nesse caso, consulte o *site* da Receita Federal para mais informações.
- **JCP**: o recebimento de JCP é tributado na fonte, à alíquota de 15%, devendo ser retido e recolhido pela instituição que efetuar o pagamento dos JCP.
- **Bonificação**: no caso de ações recebidas como bonificação, elas serão incorporadas ao estoque de ações do investidor, o que irá alterar o seu custo médio. As novas ações serão incorporadas pelo valor definido pela companhia emissora em conjunto com o mercado.

9.7.4 Aluguel de ações

No caso de aluguel de ações, temos duas posições: a do tomador do empréstimo e a do doador. Vejamos as duas em separado.

Posição doadora: quem empresta as ações

Quem emprestou as ações recebe renda tributável pela tabela regressiva de IR, aquela das aplicações de renda fixa, sendo o imposto retido na fonte e ficando a corretora responsável pelo seu recolhimento. Basta declarar esse ganho na sua declaração anual de ajuste.

Posição tomadora: quem pegou emprestadas as ações

Neste caso, funciona como renda variável. Se o ganho for no mesmo dia, é considerado *day trade* e deve ser tributado à alíquota de 20%. Caso o prazo seja maior, a alíquota será de 15%. Lembrando que os custos com o aluguel podem ser abatidos do lucro da operação e que o pagamento deve ser feito pelo Carnê-Leão, até o último dia útil do mês subsequente.

9.7.5 Compensação de perdas

Para fins de apuração e pagamento do IR mensal sobre os ganhos líquidos, as perdas incorridas nas operações cursadas no mercado à vista poderão ser compensadas com os ganhos líquidos auferidos no próprio mês ou em meses subsequentes em operações realizadas em quaisquer das modalidades apontadas, mesmo quando ultrapassarem o exercício fiscal (dezembro).

Lembrando que operações de *day trade* só são compensadas com operações de *day trade*.

Compensação de perdas no caso de pessoas jurídicas

As perdas incorridas em operações de *day trade* não podem ser compensadas no cálculo do lucro real das pessoas jurídicas, conforme estabelece a Lei n. 8.981/1995. Essa lei impede, ainda, que os prejuízos apurados em operações de *swap* e em aplicações financeiras em bolsas sejam dedutíveis do lucro real, ou seja, essas espécies de prejuízos somente podem ser compensadas com lucros da mesma natureza.

Dica: se você deseja saber mais sobre tributação no mercado financeiro, pesquise em: https://www.gov.br/receitafederal/pt-br/centrais-de-conteudo/publicacoes/perguntas-e-respostas/dirpf/pr-irpf-2023/view.

MAPA MENTAL

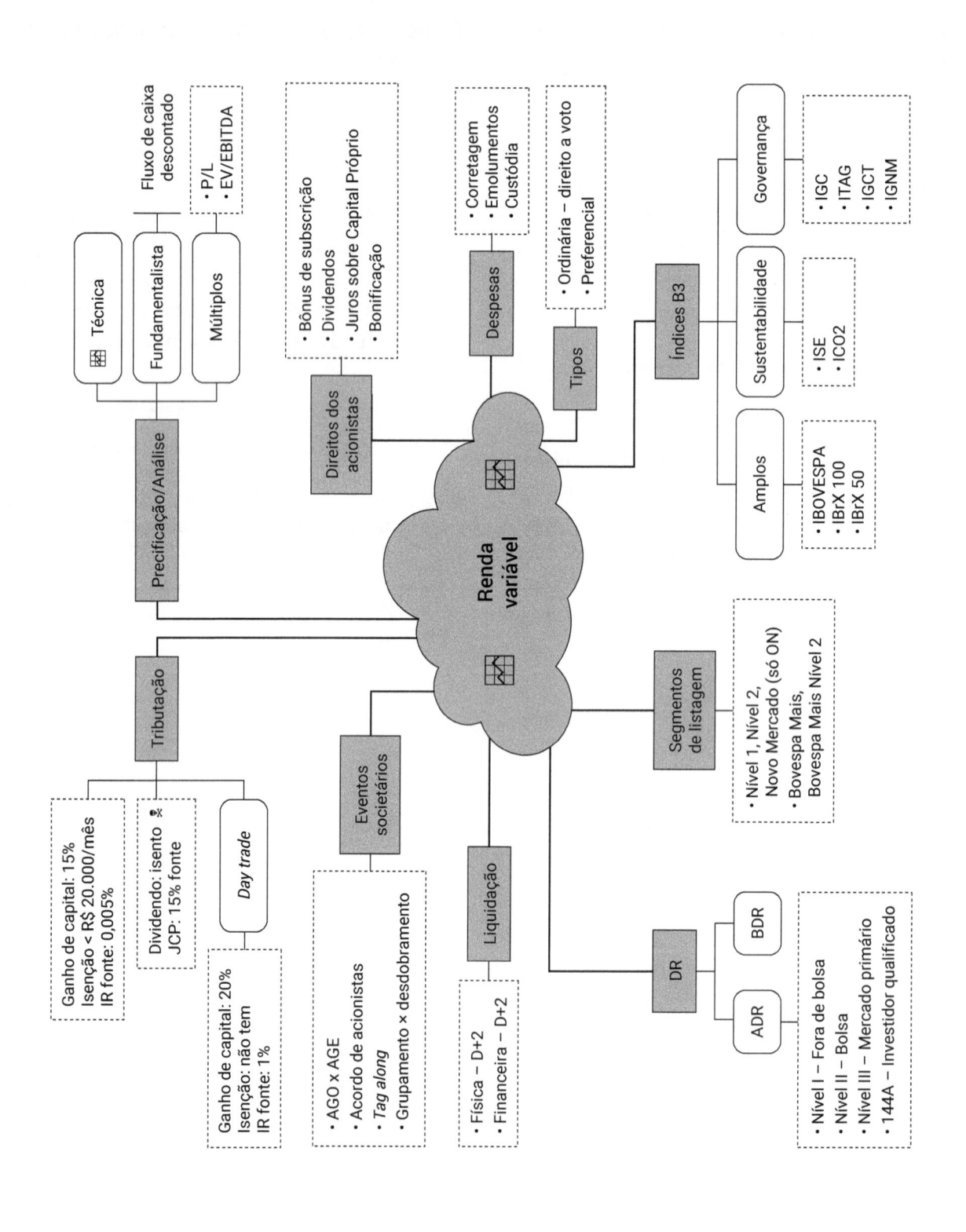

Renda variável

- **Precificação/Análise**
  - Técnica
  - Fundamentalista
    - Fluxo de caixa descontado
  - Múltiplos
    - P/L
    - EV/EBITDA

- **Direitos dos acionistas**
  - Bônus de subscrição
  - Dividendos
  - Juros sobre Capital Próprio
  - Bonificação

- **Despesas**
  - Corretagem
  - Emolumentos
  - Custódia

- **Tipos**
  - Ordinária – direito a voto
  - Preferencial

- **Índices B3**
  - Amplos
    - IBOVESPA
    - IBrX 100
    - IBrX 50
  - Sustentabilidade
    - ISE
    - ICO2
  - Governança
    - IGC
    - ITAG
    - IGCT
    - IGNM

- **Segmentos de listagem**
  - Nível 1, Nível 2, Novo Mercado (só ON)
  - Bovespa Mais, Bovespa Mais Nível 2

- **DR**
  - ADR
    - Nível I – Fora de bolsa
    - Nível II – Bolsa
    - Nível III – Mercado primário
    - 144A – Investidor qualificado
  - BDR

- **Liquidação**
  - Física – D+2
  - Financeira – D+2

- **Eventos societários**
  - AGO x AGE
  - Acordo de acionistas
  - *Tag along*
  - Grupamento x desdobramento

- **Tributação**
  - Ganho de capital: 15%
  - Isenção < R$ 20.000/mês
  - IR fonte: 0,005%
  - Dividendo: isento
  - JCP: 15% fonte
  - *Day trade*
    - Ganho de capital: 20%
    - Isenção: não tem
    - IR fonte: 1%

EXERCÍCIOS DE FIXAÇÃO

1. Um ADR é:
a) Ação estrangeira negociada diretamente nas bolsas norte-americanas.
b) Instrumento negociável que representa a propriedade direta de títulos estrangeiros.
c) Recibo de depósito de ações estrangeiras que são negociadas somente nas bolsas norte-americanas.
d) Recibo de depósito de ações estrangeiras negociado nos mercados norte-americanos.

2. Podemos dizer que uma ação preferencial:
a) Garante ao acionista o direito ao voto.
b) Garante ao acionista a prioridade no recebimento de dividendos e no reembolso de capital, no caso de dissolução da sociedade.
c) Vale 10% a mais do que uma ação ordinária.
d) Tem sempre mais liquidez.

3. A Cia. Arara anuncia um aumento de capital. Um acionista minoritário decide vender seus direitos de subscrição para terceiros e comprar diretamente na Bolsa a mesma quantidade de ações que teria direito a subscrever. Com isso, a participação desse acionista no capital da empresa:
a) Aumentará.
b) Diminuirá.
c) Permanecerá inalterada.
d) Dependerá da relação entre o preço de subscrição e o preço da ação comprada em Bolsa.

4. IBOVESPA significa:
a) Uma carteira teórica das 80 maiores ações, medidas pelo seu tamanho de mercado.
b) Uma carteira teórica das 50 maiores ações, medidas pelo seu tamanho de mercado.
c) Uma carteira teórica das ações mais negociadas em número de negócios e do volume financeiro no mercado à vista.
d) Uma carteira contendo as ações das empresas mais lucrativas da bolsa brasileira.

5. Um investidor fez uma operação de *day trade*. O custo total da operação de compra foi de R$ 50.000,00, e da operação de venda, R$ 55.000,00. Quanto será creditado na conta do investidor no final do dia?
a) Zero.
b) R$ 50,00.
c) R$ 550,00.
d) R$ 5.000,00.

6. Quando ocorrem as liquidações físicas e financeiras das ações no mercado à vista na B3, respectivamente?
a) D+1 e D+2.
b) D+2 e D+2.
c) D+3 e D+3.
d) D+1 e D+3.

7. Qual é o nome do sistema das corretoras que permite que o cliente opere o mercado diretamente de sua casa ou escritório, sem precisar ligar para o assessor?
a) *Stock broker*.
b) *Home system*.
c) *Home broker*.
d) *Puma system*.

8. Um investidor comprou 1 mil ações por R$ 10,00 cada e vendeu por R$ 14,00 cada, todas dentro do mesmo mês. Tanto na compra quanto na venda, os custos de transação foram de R$ 20,00. Quanto o investidor pagou de imposto de renda, sabendo que essa foi a sua única operação dentro do mês?
a) Zero.
b) R$ 594,00.
c) R$ 600,00.
d) R$ 800,00.

9. Complete a afirmação a seguir.
"O pregão da B3 _____ no horário do almoço."
a) para.
b) não para.
c) é interrompido.
d) opera no viva-voz.

10. Complete as lacunas.

"As empresas A e B apresentaram, no último exercício, os respectivos lucros por ação de R$ 1,20 e R$ 0,60. Sabendo que a ação da empresa A está sendo negociada por R$ 36,00, e a da empresa B, por R$ 30,00, podemos dizer que o índice P/L da empresa _____ irá ocorrer no período de _____ anos, sendo, portanto, mais _____ que a da outra empresa."

a) A – 46,8 – cara.
b) B – 18 – cara.
c) A – 30 – barata.
d) B – 50 – barata.

11. Como interpretar o EBITDA?

a) Determina a capacidade de geração de caixa da empresa.
b) Determina a capacidade de geração de caixa operacional da empresa.
c) Mostra a quantidade de anos que o investimento da empresa demora a se pagar.
d) Serve para comparar empresas, pois mede o lucro por ação de cada uma.

12. Complete as lacunas.

"Para encontrar o preço de uma ação, a análise técnica se baseia em _____, e a análise fundamentalista _____."

a) demonstrativos financeiros e estratégias – verifica os preços e os volumes negociados.
b) tendências do mercado – checa preço e volume negociados.
c) preço dos últimos pregões – no EBITDA e no P/L.
d) preço e volume negociados – verifica os demonstrativos financeiros e estratégias da companhia.

13. O múltiplo P/L indica:

a) O número de anos que a empresa leva para ter retorno.
b) Que quanto maior o P/L, mais interessante é a ação.
c) O número de anos que o acionista levará para ter retorno sobre o preço pago pela ação, de uma forma simplificada.
d) O número de anos que a empresa levará para que o patrimônio líquido seja positivo.

14. Se uma empresa é nível 1 de governança corporativa, então:

a) Ela adotou as regras mais rígidas de governança corporativa.
b) Seu *tag along* é de 100% mínimo.
c) Seu *free float* mínimo é de 25%.
d) Ela só tem ações ordinárias.

15. A emissão exclusiva de ações ordinárias é exigência:

a) Do nível 1 da B3.
b) Do nível 2 da B3.
c) Do Novo Mercado.
d) Da BOVESPA Mais.

16. Em relação aos proventos de um acionista, marque a opção correta.

a) Os dividendos são tributados na fonte pela alíquota de 15%.
b) Além dos dividendos, os acionistas também podem receber juros sobre capital próprio, ambos isentos de Imposto de Renda.
c) A bonificação, que pode ser definida como o recebimento de novas ações por meio da incorporação das Reservas e Lucros ao capital da companhia, é tributada na fonte.
d) Uma companhia pode distribuir os seguintes proventos aos seus acionistas: dividendos, bonificação e juros sobre capital próprio, cabendo Imposto de Renda sobre esse último.

GABARITO

1. d	2. b	3. c	4. c
5. a	6. b	7. c	8. a
9. b	10. c	11. b	12. d
13. c	14. c	15. c	16. d

Capítulo 10
Derivativos

OBJETIVOS

Ao final deste capítulo, você deve ser capaz de:
→ Diferenciar os derivativos e suas regras de operação.
→ Compreender as estratégias de alavancagem e *hedge* com derivativos, utilizadas nas carteiras e nos fundos de investimento.

CONTEÚDO

10.1 Mercados derivativos
10.2 Mercado a termo
10.3 Mercados futuros
10.4 Mercado de opções
10.5 Certificado de Operações Estruturadas
10.6 *Swap*
Mapa mental
Exercícios de fixação

TEMPO ESTIMADO DE ESTUDO

Sete horas.

10.1 MERCADOS DERIVATIVOS
10.1.1 Introdução aos derivativos

Em capítulos anteriores do livro, você aprendeu que o mercado de capitais é aquele no qual as empresas constituídas sob a forma de sociedade anônima buscam capital para possibilitar os seus investimentos por meio da emissão de títulos de propriedade (ações) e/ou de dívida (debêntures e notas promissórias). Além do mercado de capitais, há ainda os mercados de derivativos, que, embora não tenham se desenvolvido para o financiamento de recursos, apresentam importantes instrumentos para a gestão financeira.

Logo, o mercado de capitais é o ambiente em que negociam os valores mobiliários, os títulos emitidos pelas empresas, ao passo que o mercado de derivativos nasceu da necessidade de se criar instrumentos financeiros que oferecessem aos produtores agrícolas alternativas de proteção contra perdas financeiras provocadas por oscilações indesejadas nos preços das suas mercadorias. Estes instrumentos alcançaram resultados tão expressivos que foram adaptados para os mercados financeiros. Hoje, os derivativos financeiros representam a maioria absoluta dos negócios realizados nessa modalidade.

Mas como definir mais precisamente um derivativo?

Não há uma definição única e absoluta para um derivativo. De acordo com o *Dicionário de derivativos* de José Evaristo dos Santos, derivativos podem ser definidos como instrumentos financeiros cujo preço de mercado deriva (daí o nome) do preço de mercado de um bem ou de outro instrumento financeiro.

Para P. Kritzman, um instrumento ou produto derivativo é um contrato ou título conversível cujo valor depende integral ou parcialmente do valor de outro instrumento financeiro.

Das definições anteriores, é possível tirar a seguinte conclusão: os derivativos são instrumentos financeiros cujos preços dependem dos preços à vista dos ativos subjacentes. Por exemplo: o mercado futuro de petróleo é uma modalidade de derivativo cujos preços negociados dependem dos preços do mercado à vista de petróleo, seu ativo subjacente, ou instrumento de referência. O contrato futuro de dólar deriva do dólar à vista; o futuro de café, do café à vista, e assim por diante.

Sintetizando, a função do mercado de capitais é permitir que as empresas captem recursos para seus investimentos, enquanto o mercado de derivativos serve para que os seus participantes, incluindo aí as empresas, se protejam contra os riscos financeiros provocados pela oscilação indesejada nos preços dos ativos. Segundo citação em *The Bankers*,[1] encontrada em trabalho da Brasil, Bolsa, Balcão (B3) sobre o tema, "não se pode dizer que uma operação com derivativos é um investimento. Na realidade, representa uma expectativa da direção, dimensão, duração e velocidade das mudanças do valor de outro bem que lhe serve de referência".

Assim, chegamos às seguintes conclusões:

- se a formação de preços no mercado de derivativos está sujeita à variação de preços de outros ativos no mercado à vista, os derivativos não são causa, mas efeito, pois derivam desses mercados;
- os derivativos representam a forma de negociar a oscilação de preços dos ativos, sem haver, necessariamente, a negociação física do bem ou da mercadoria.

Embora haja muita discussão sobre a questão da especulação com derivativos, o que se pode afirmar é que sua utilização aumenta a velocidade com que os agentes de mercado trocam de posição, ou seja, migram do ativo A para o ativo B, sem ter de se desfazer do ativo A. As posições especulativas com derivativos, principalmente aquelas que apresentam baixa liquidez, devem ser muito bem geridas por seus administradores.

Em escala mundial, não se conhece bem a dimensão exata desse mercado, mas sabe-se que a importância do mercado de derivativos é tão grande hoje em dia que caso esses mercados parassem de ser negociados, o sistema financeiro mundial sofreria bastante, pois todo processo de negociação está ancorado em coberturas (*hedge*) contra riscos de preços e de taxas por meio de instrumentos derivativos. Isso quer dizer que o valor de um simples empréstimo negociado junto a um banco pode ter sido anteriormente objeto de uma operação em derivativos. Esses instrumentos fazem parte de uma cadeia de operações que podem estar amparando contratos comerciais em diferentes partes do mundo.

10.1.1.1 As primeiras operações com derivativos

De acordo com material preparado pela B3, é no Japão feudal do século XVII que podemos encontrar a origem da primeira modalidade de derivativo: o contrato a termo (que será abordado ainda neste capítulo, na Seção 10.2). Trata-se do primeiro registro de comércio organizado para entrega de bens no futuro.

---

[1] Martin Mayer, em seu artigo *The next generation*, publicado na revista *The Bankers*, 1997.

Os grandes proprietários rurais e os senhores feudais encontravam-se espremidos entre uma economia monetária em expansão, nas cidades, e sua fonte de recursos, a agricultura primária. Os pagamentos que recebiam dos arrendatários eram feitos na forma de participação na colheita anual de arroz.

Essa renda era irregular e sujeita a fatores incontroláveis, como clima e outros fatores sazonais. Uma vez que a economia monetária exigia que a nobreza tivesse caixa disponível todo o tempo, a instabilidade nas receitas estimulou a prática do embarque marítimo do arroz excedente para os centros principais, Osaka e Tóquio, onde a mercadoria podia ser armazenada e vendida quando conveniente. Para levantar dinheiro com rapidez, os senhores das terras começaram a vender recibos de armazenagem de bens estocados em armazéns urbanos ou rurais.

Os comerciantes, por sua vez, compravam esses recibos como meio de antecipar suas necessidades, pois eles também sofriam com a flutuação de safras incertas. Finalmente, para facilitar as transações, os recibos de arroz tornaram-se amplamente aceitos como moeda corrente. Algumas vezes, as reservas de arroz eram insuficientes para suprir as necessidades da nobreza – situação em que os comerciantes emprestavam dinheiro a juros aos senhores de terras, antes da venda efetiva dos recibos de arroz.

Ao final do século XVII, o mercado de Dojima caracterizava-se pelo fato de ser permitido negociar apenas para liquidação futura. Por volta de 1730, o xogunato Tokugawa (governo imperial) designou e reconheceu oficialmente o mercado como *cho-ai-mai*, literalmente arroz comercializado no livro, ou seja, arroz escritural. Várias normas desse mercado eram surpreendentemente similares às operações atuais a termo.

Futuramente, o mercado a termo foi se sofisticando e deu origem ao mercado futuro, uma modalidade muito interessante de derivativos em que são negociados os contratos que têm por base ativos. Além do mercado a termo e do mercado futuro, existem as opções em que são negociados os direitos sobre os ativos e o *swap*,[2] em que os agentes econômicos concordam em trocar entre si a diferença de variação de preços entre dois ativos ou indexadores.

Outra fonte também conhecida sobre a origem dos derivativos, e talvez mais conhecida, é o caso das tulipas. Segundo outros autores, a origem dos derivativos remonta ao século XVI, quando as tulipas foram introduzidas nos Países Baixos. Suas flores, muito apreciadas por sua beleza, passaram a ser muito procuradas, favorecendo o aumento dos preços e a formação de uma bolha. Com o passar dos anos, os preços aumentavam cada vez mais rápido, tornando o comércio de bulbos de tulipas bastante lucrativo. Pessoas de todas as classes vendiam propriedades para investir em tulipas, e em meados da década de 1630 surgiram contratos futuros para negociar os bulbos antes mesmo da colheita. Em 1637, devido a diversos fatores, houve uma perda de confiança em tais títulos, levando muitos a uma corrida para o resgate de seus investimentos. Consequentemente, os preços caíram subitamente e inúmeros negociantes foram à falência.

10.1.2 Finalidade dos derivativos

Com a sofisticação do mercado, os derivativos no mundo moderno podem ter as seguintes finalidades:

- *Hedge* (**proteção**): proteger os participantes de determinado mercado físico, por exemplo, de um bem, ativo, ou moedas, contra variações adversas nos seus preços. Equivale a ter uma posição em mercado de derivativos oposta à posição assumida no mercado à vista, para minimizar o risco de perda financeira decorrente de alteração adversa de preços.
- **Alavancagem**: diz-se que os derivativos têm grande poder de alavancagem, já que a negociação com esses instrumentos exige menos capital do que a compra do ativo à vista. Assim, ao adicionar posições de derivativos a seus investimentos, você pode aumentar a rentabilidade total deles a um custo menor.
- **Especulação**: tomar uma posição no mercado futuro ou de opções sem uma posição correspondente no mercado à vista. Nesse caso, o objetivo é operar a tendência de preços do mercado.

---

2 *Swap* é um termo em inglês que significa troca. O termo já é comumente aceito no mercado financeiro, que já criou o verbo *swapar*. Esse tema será tratado ainda neste capítulo.

- **Arbitragem**: tirar proveito da diferença de preços de um mesmo produto/ativo negociado em mercados diferentes. O objetivo é aproveitar as discrepâncias no processo de formação de preços dos diversos ativos e mercadorias e entre vencimentos.

É importante entender que os participantes desse mercado atuando conjuntamente, independentemente das suas respectivas finalidades, são imprescindíveis para o sucesso do mercado de derivativos. As funções de uns complementam as de outros em uma relação ativa e permanente. Somente isso garante um mercado de derivativos forte e líquido.

10.1.3 Benefícios oferecidos pelos derivativos

Embora os derivativos tenham sido satanizados durante a crise de 2008, a verdade é que oferecem uma gama de benefícios ao sistema econômico como um todo.

No caso dos derivativos agrícolas, por exemplo, esse mercado responde a uma necessidade genuína da comercialização de determinadas mercadorias. Nos Estados Unidos, a colheita de trigo é realizada apenas durante algumas semanas, enquanto o consumo do cereal ocorre o ano todo. Então, alguém precisa carregar a mercadoria até que seja consumida por inteiro, arcando com os custos de aquisição, armazenagem e transporte, e sujeitando-se aos riscos das variações de preço. Somente o mercado de derivativos pode oferecer ao agricultor (que pretender vender sua produção assim que efetuar a colheita, pelo melhor preço) e ao processador/usuário do produto (que espera comprar o produto no decurso do ano, pelo melhor preço) os meios de garantir sua necessidade de fixação de preço, por meio das operações de *hegde*.

É um mercado que, atraindo grandes volumes de capital de risco, possibilita mecanismos eficientes para que os especuladores forneçam o capital indispensável à absorção das mudanças nos níveis de preços das mercadorias.

Outro benefício é a visibilidade de preços. Embora as alterações nos preços futuros das mercadorias sejam rápidas e contínuas, a interação permanente entre compradores e vendedores em um mercado competitivo e aberto estabelece muito rapidamente quanto cada mercadoria vale, a todo o momento. Como os preços são disseminados instantaneamente para a sociedade, todos ficam sabendo qual o valor exato da mercadoria que pretendem vender ou comprar.

Além disso, o custo da mercadoria para o público tende a se reduzir, uma vez que o *hedge* permite ao produtor e ao processador da mercadoria operar com custos mais baixos. Esse ganho operacional, na maioria das vezes, é repassado ao consumidor.

Por sua vez, o custo de financiamento dos estoques cai, pois as instituições financeiras preferem financiar estoques a taxas menores a quem faça *hedge*.

Você pode estar pensando que as questões levantadas neste item dizem respeito somente aos derivativos agrícolas, mas a questão da proteção (*hedge*) também se aplica à utilização dos derivativos financeiros. Empresas que tenham contratos de exportação, importação ou que, de algum modo, tenham créditos a receber ou obrigações a cumprir em moedas estrangeiras podem proteger-se contra variações adversas na moeda que impactem negativamente seus ativos e passivos.

A mesma situação ocorre com empresas que estejam sujeitas às taxas de juros internacionais ou que queiram proteger-se da volatilidade dessas taxas.

Não só empresas podem se beneficiar da utilização dos derivativos. Investidores individuais e fundos de investimento financeiro possuidores de carteiras de ações podem utilizar os derivativos de índice de ações para proteger o valor de suas carteiras diante das oscilações de preço das ações.

Existem muitas outras aplicações para derivativos, mas o que você precisa saber é que eles são poderosos instrumentos de transferência do risco, permitindo que empresas e indivíduos tenham um fluxo de caixa mais previsível e, portanto, com mais planejamento.

10.1.4 Modalidades dos mercados derivativos

São quatro: a termo, futuro, de opções e de *swap*, embora não haja consenso entre os estudiosos quanto a considerar os *swaps* uma modalidade independente de derivativo, devido a sua semelhança com o mercado a termo. Cada um desses mercados será estudado ainda neste capítulo.

Em todas as modalidades de derivativos, compradores e vendedores assumem compromissos de compra e de venda, respectivamente, posicionando-se na ponta vendedora ou compradora, dependendo de suas expectativas com relação às tendências do mercado. Os contratos em aberto refletem a posição líquida, em determinada data, de todas as operações ainda não liquidadas pelo investidor, isto é, a natureza do compromisso (compra ou venda) de um participante por contrato e vencimento.

10.1.5 Diferença entre derivativos não padronizados e padronizados

Os contratos negociados em balcão, cujas especificações (como preços, quantidades, cotações e locais de entrega) são determinadas diretamente entre as partes contratantes, não são intercambiáveis.

Dificilmente um participante conseguirá transferir sua obrigação a outro porque esse contrato foi negociado para satisfazer às necessidades específicas de cada um que o celebrou, de modo que as partes ficam amarradas umas às outras até a data de vencimento do contrato.

Já os contratos padronizados e negociados em bolsa são muito líquidos porque, sendo uniformes, atendem às necessidades de todos os participantes do mercado. Esses contratos são intercambiáveis, isto é, podem ser repassados a outros participantes a qualquer momento.

10.1.6 Comparação entre os mercados organizados e de *over the counter* (balcão)

Tradicionalmente, as opções eram negociadas em ambiente *over the counter* (OTC), isto é, em balcão. Os negócios eram bilaterais, sendo o risco de contraparte (risco de inadimplência) assumido por ambas as partes.

Com o surgimento dos mercados organizados de opções, na década de 1970, a câmara de compensação passou a interpor-se entre as partes e assumir esse risco.

Confira no Quadro 10.1 as principais diferenças entre as duas formas de negociação de derivativos: balcão e bolsa.

Quadro 10.1 Principais diferenças entre os mercados organizado e de balcão

Características	Mercado organizado	Mercado de balcão organizado	Mercado de balcão não organizado
Contrato	Padronizado pela bolsa	Padronizado pela entidade administradora	Estipulado pelas partes
Flutuação dos preços	Há limites de preço (alta ou baixa) estabelecidos pela bolsa	Não há limites de preço estabelecidos pela entidade administradora	Estipulado pelas partes
Negociação dos preços	Por meio dos sistemas de negócios	Por meio dos sistemas de registro	Direta entre as partes
Liquidez	Ampla	Baixa	Nula
Regulação	Regulamentação governamental e autorregulação	Regulamentação governamental e autorregulação	Regulação governamental
Garantia contra risco de crédito	Assumida pela *clearing*	Assumida pela *clearing* ou direta entre as partes	Direta entre as partes
Risco de contraparte	Não há	Pode ou não haver	Há
Mecanismo de ressarcimento de prejuízos	Obrigatório	Opcional	Inexistente

Fonte: SOUZA FILHO, Gonzaga. *Manual do agente autônomo de investimento.* 8. ed. Rio de Janeiro: G10 Treinamento, 2020. Tabela, p. 337.

O diferencial mais importante entre esses mercados é a existência da câmara de compensação, que, ao se interpor entre os negociantes, reduz o risco de inadimplência.

Nos mercados organizados de derivativos, as opções são negociadas no mesmo sistema eletrônico de negociação. Consequentemente, esses contratos têm alguns pontos em comum, como vencimento, preço de exercício, tipo de opção (*call* ou *put*).

10.1.7 Classificação dos derivativos

Os derivativos podem ser classificados de acordo com os ativos que lhes dão origem. Confira a seguir:

- **Derivativos agropecuários**: têm como ativo-objeto *commodities* agrícolas, como café, boi, milho, soja e outros.
- **Derivativos financeiros**: têm seu valor de mercado referenciado em alguma taxa ou índice financeiro, como taxa de juro, taxa de inflação, taxa de câmbio, índice de ações e outras.
- **Derivativos de energia e climáticos**: têm como objeto de negociação energia elétrica, gás natural, créditos de carbono etc.

10.1.8 Posição em derivativos

Uma posição em derivativos pode ser definida como o saldo líquido dos contratos negociados pelo mesmo contratante para a mesma data de vencimento.

O participante abre uma posição quando assume uma posição comprada ou vendida em determinado vencimento que anteriormente não tinha. Classifica-se um participante em vendido (*short*) ou comprado (*long*) de acordo com sua posição líquida em determinado vencimento. Se o número de contratos vendidos for maior do que o número de contratos comprados, sua posição será vendedora (*short*); caso contrário, a posição será compradora (*long*). É importante frisar que a posição líquida é fixada para um único vencimento do mesmo contrato.

Exemplo 1:

Suponha que o participante tenha comprado 30 contratos futuros de taxa de câmbio reais por dólar para vencimento em abril e vendido a mesma quantidade de contratos para maio. Qual é sua posição líquida? Esse participante assumiu posição comprada para abril em 30 contratos e vendida para maio em 30 contratos.

Se esse participante tivesse comprado 30 contratos de dólar para março e vendido 20 contratos de dólar para esse mesmo vencimento, qual seria sua posição líquida? A posição líquida seria comprada em 10 contratos para março.

O encerramento da posição em derivativos ocorre por meio de uma operação de natureza inversa à original (compra ou venda). Desse modo, o participante transfere seus direitos e obrigações a outro participante.

Exemplo 2:

Suponha que o participante tenha assumido posição comprada em 30 contratos de IBOVESPA futuro para março e que deseja encerrar sua posição antes da data do vencimento. Como esse participante deve proceder?

O participante deve vender 30 contratos de IBOVESPA para março. Sendo a posição igual ao saldo líquido do número de contratos comprados e vendidos para o mesmo vencimento, sua posição será igual a zero.

10.1.9 Liquidação das operações com derivativos

As operações com derivativos não padronizados são liquidadas diretamente entre as partes contratantes, sendo os riscos de não cumprimento das obrigações dos contratos assumidos por ambas as partes, sem o amparo de sistema de garantia que assegure o cumprimento do contrato.

As operações com derivativos padronizados são liquidadas em câmaras de compensação ligadas às bolsas ou a sistemas de negociação cuja estrutura de garantias assegura o cumprimento de todas as obrigações reconhecidas pelas partes.

Independentemente de a operação ser padronizada ou não, há duas formas de liquidação:

1. **Financeira**: é feita por diferença financeira. Utilizando-se o preço de referência, no dia de vencimento do contrato, registram-se uma venda para o comprador original e uma compra para o vendedor original. A diferença apurada é liquidada entre as partes, sem que haja entrega física do ativo negociado.
2. **Física**: o negócio é liquidado mediante a entrega física do ativo negociado. A liquidação física, mais comum nos mercados agropecuários e de energia, consiste na entrega física do ativo em negociação na data de vencimento do contrato.

Considere que um cafeicultor e um torrefador desejem se proteger contra uma oscilação indesejada nos preços de uma saca de café que será negociada entre eles no mercado à vista em 3 meses.

O cafeicultor não está disposto a correr o risco de o preço do café cair, ao passo que o torrefador, por sua vez, tem o interesse contrário, ou seja, não está disposto a que o preço do café suba. O primeiro não quer correr o risco de vender o café a um preço inferior, e o segundo não quer correr o risco de comprar o café a um preço superior.

Para obterem seus objetivos de proteção, ambos optam por realizar um acordo denominado "operação a termo", no qual o cafeicultor assume o compromisso de vender a saca de café ao torrefador daqui a 3 meses a determinado preço. Por sua vez, o torrefador assume o compromisso de comprar a saca de café do cafeicultor na mesma data e pelo mesmo preço.

Três meses após esse acordo, deverá ocorrer a liquidação da operação a termo, que poderá ser física ou financeira: na primeira, a saca de café é entregue ao torrefador; na segunda, ocorre o pagamento em dinheiro por parte daquele que se beneficiou da variação do preço do produto no período da operação.

Em muitas situações, a liquidação física pode ser muito dispendiosa ou, ainda, indesejável, pois o participante pode não ter nenhum interesse pelo ativo-objeto, sendo seu único intuito a obtenção do valor do diferencial entre a compra e a venda desse ativo, com a finalidade de arbitragem ou especulação. Nesses casos, opta pela liquidação financeira.

Alguns contratos admitem ambas as formas de liquidação, mas a maior parte admite apenas a liquidação financeira.

Exemplo de liquidação por diferença financeira:

Considere a negociação de dez contratos a termo de café a R$ 100,00/saca, sendo o tamanho do contrato de 100 sacas de 60 kg e a cotação no final da safra de R$ 90,00.

a) Qual é o resultado da operação para o comprador e para o vendedor?

Para o comprador:
$10 \times (100 \times R\$ 90,00) - 10 \times (100 \times R\$ 100,00) =$
$- R\$ 10.000,00$

Para o vendedor:
$10 \times (100 \times R\$ 100,00) - 10 \times (100 \times R\$ 90,00) =$
$+ R\$ 10.000,00$

Isto é, o comprador pagará R$ 10.000,00 ao vendedor.

b) Se a cotação (preço de referência) no mercado à vista fosse de R$ 110,00, qual seria o resultado?

Para o comprador:
$10 \times (100 \times R\$ 110,00) - 10 \times (100 \times R\$ 100,00) =$
$+ R\$ 10.000,00$

Para o vendedor:
$10 \times (100 \times R\$ 100,00) - 10 \times (100 \times R\$ 110,00) =$
$- R\$ 10.000,00$

Isto é, o vendedor pagará R$ 10.000,00 ao comprador.

10.2 MERCADO A TERMO

Você já sabe que o contrato a termo foi a primeira modalidade de derivativo conhecida pela sociedade. Aqueles contratos, ainda primitivos, já apresentavam o conceito básico das negociações a futuro (contrate agora e acerte o pagamento depois).

Atualmente, os contratos a termo são negociados sobre mercadorias, ações, moedas, títulos públicos, entre outros ativos. Apresentam-se a seguir suas características e aplicações.

10.2.1 Considerações sobre o mercado a termo

10.2.1.1 Definição

Como comprador ou vendedor de um contrato a termo, você se compromete a comprar ou vender certa quantidade de um bem (mercadoria ou ativo financeiro) por um preço fixado, ainda na data de realização do negócio, para liquidação em data futura.

10.2.1.2 Características operacionais

- **Negociação**: os contratos a termo podem ser encontrados em bolsa, mas são mais comumente negociados no mercado de balcão (contratos bilaterais negociados fora das bolsas).
- **Ausência de mobilidade de posições**: em geral, os contratos a termo são liquidados integralmente no vencimento, não havendo possibilidade de sair da posição antes disso. Essa característica impede o repasse do compromisso a outro participante. Em alguns contratos a termo negociados em bolsa, a liquidação da operação a termo pode ser antecipada pela vontade do comprador.

10.2.1.3 Aplicações

Para que você possa entender as aplicações e as funcionalidades do mercado a termo, utiliza-se o exemplo de um cafeicultor e de um torrefador de café.

Exemplo:
Imagine a situação do cafeicultor ainda no início da produção. Ele não tem nenhuma garantia do preço que poderá ser praticado ao final da safra. Examine duas hipóteses possíveis:

1. **Hipótese A**: as condições climáticas favoreceram muito o cultivo de café. Além disso, houve superprodução no período. O excesso de oferta levará à queda acentuada de preços de venda, reduzindo a margem de lucro do produtor. Algumas vezes, o valor de venda é insuficiente para cobrir os custos de produção. Nesse caso, o produtor pode preferir destruir o café a colocá-lo no mercado, pois minimizará seus custos com armazenagem e transporte e, ao mesmo tempo, conterá a pressão da oferta.
2. **Hipótese B**: registrou-se a ocorrência de pragas, geadas ou outras intempéries que dificultaram o cultivo de café, provocando a escassez da mercadoria. Nesse caso, haverá alta nos preços do café e o produtor conseguirá vender sua produção por preço mais elevado do que imaginava anteriormente.

Imagine agora a situação em que o torrefador compra o café do produtor e o vende ao consumidor final. Ele também não sabe por qual preço poderá negociar o café no final da safra, pois, no caso da hipótese B, os preços podem elevar-se drasticamente e atingir nível superior ao que sua atividade lhe permite.

Você já percebeu que, nesse exemplo, o cafeicultor correrá o risco de queda acentuada nos preços, enquanto o torrefador correrá o risco de alta nos preços do café no mercado à vista.

O comprador (torrefador) corre o risco de alta acentuada nos preços. O vendedor (cafeicultor) corre o risco de queda acentuada nos preços.

Agora que você já entendeu a natureza do risco de cada participante do exemplo, monta-se uma operação a termo de maneira a eliminar os riscos associados às atividades de cada um. Para eliminar os riscos de variações adversas de preço, o cafeicultor e o torrefador podem realizar uma operação a termo, tendo como base os pressupostos do exemplo a seguir.

Suponha que, pelo preço de R$ 100,00/saca de 60 kg, o cafeicultor consiga pagar todos os custos de produção e ainda obter lucro razoável em sua atividade. Considere também que R$ 100,00 seja o preço máximo que o torrefador poderá pagar para auferir lucro e não ter prejuízo em sua atividade.

Para ambos, R$ 100,00 é um preço de negociação razoável. Logo, poderão firmar um compromisso de compra e venda, em que o produtor se compromete a vender o café por esse preço no final da safra e o torrefador se compromete a adquiri-lo pelo mesmo preço na data predeterminada.

Observe que, independentemente do resultado da safra e dos preços estabelecidos no mercado à vista no período da entrega, ambos terão seus preços de compra e de venda travados em R$ 100,00/saca.

10.2.1.4 Resultados da operação

- **Hipótese A**: safra recorde e consequente queda nos preços. Suponha que o preço estabelecido no final da safra seja de R$ 90,00/saca. O produtor obterá êxito nessa operação, pois conseguirá vender sua produção por R$ 100,00, preço superior ao estabelecido pelo mercado (R$ 90,00). Os custos de produção serão cobertos, e a lucratividade, garantida. O torrefador pagará preço mais alto do que o estabelecido pelo mercado à vista, mas que ainda lhe convém, posto que R$ 100,00 é preço que considera razoável para sua atividade.
- **Hipótese B**: escassez de café no mercado e consequente alta nos preços. Suponha que o preço estabelecido pelo mercado à vista no final da safra seja de R$ 120,00/saca. Nesse caso, quem obterá êxito será o torrefador, que comprará por R$ 100,00 uma mercadoria cujo valor de mercado é de R$ 120,00. O produtor venderá a mercadoria ao torrefador por preço inferior ao estabelecido pelo mercado, mas que cobre todos os seus custos de produção e garante lucratividade razoável para sua atividade.

10.2.1.5 Conclusão

Tanto para o comprador quanto para o vendedor no mercado a termo e em ambas as situações (alta ou queda de preços), o prejuízo não será visto propriamente como prejuízo, mas sim como algo que se deixou de ganhar, como um prêmio de seguro.

No exemplo, pelo preço de R$ 100,00/saca, o cafeicultor e o torrefador tinham seus custos cobertos e a lucratividade garantida. Quando o participante entra no mercado com a finalidade de obter proteção, abre mão de possível ganho para não incorrer em prejuízo efetivo.

Os participantes do mercado preferem os contratos futuros, dadas algumas dificuldades apresentadas pelos contratos a termo, entre elas:

- impossibilidade de recompra e revenda. Os contratos a termo não oferecem a possibilidade de intercambialidade de posições, isto é, nenhuma das partes consegue encerrar sua posição antes da data de liquidação, repassando seu compromisso a outro participante;
- risco de inadimplência e de não cumprimento do contrato. Os contratos a termo exigem garantias mais altas do que as que são exigidas para os futuros.

Por que comprar a termo?

As operações a termo permitem ao investidor proteger preços de compra, diversificar riscos, obter recursos (operação caixa) e alavancar seus ganhos.

Por que vender a termo?

Para financiar – o investidor compra o ativo no mercado à vista e o vende a termo –, a operação de financiamento tem como objetivo ganhar a diferença existente entre os preços à vista e a termo, ou seja, a taxa de juros da operação.

Preço em função $f(S, i, T)$, em que:

S = preço *spot* ou à vista;
i = taxa de juros no tempo;
T = tempo.

Uma vez que ao comprar uma ação a termo o investidor está contraindo uma obrigação, toda transação nesse mercado requer um depósito de garantia na B3.

As garantias podem ser de duas maneiras:

1. **Cobertura**: neste caso, a garantia é dada em títulos-objeto, dispensando o vendedor de oferecer outras garantias adicionais.
2. **Margem**: exige-se um depósito em dinheiro, a ser calculado pela B3, e igual à diferença entre o preço à vista e o preço a termo do papel, mais o montante que represente a diferença entre o preço à vista e o menor preço à vista possível no pregão seguinte, estimado pela B3, com base na volatilidade histórica do título.

Caso haja uma oscilação acentuada na cotação dos títulos depositados como margem, bem como dos títulos-objeto da negociação, a B3 solicitará o depósito de uma garantia adicional.

Estratégias com termo

- **Alavancagem**:
  - investidor aposta em uma queda da ação, mas não tem o ativo em carteira;

○ investidor aposta em uma alta firme do mercado e deseja comprar uma quantidade de ações superior à que sua disponibilidade financeira permitiria comprar à vista naquele momento.
- **Proteger preços**: investidor espera uma alta no preço de uma ação, mas seus recursos estão aplicados em outro ativo, do qual não pode se desfazer.
- **Aumentar a receita**: investidor quer se desfazer da ação e só vai precisar dos recursos no futuro.
- **Operação caixa**: investidor em ações precisa de recursos para uma aplicação rápida, mas não quer deixar a posição na ação.
- **Operação financiamento**: investidor não está interessado em correr o risco da ação, mas apenas em ganhar a diferença existente entre os preços à vista e a termo, ou seja, os juros da operação.
- **Diversificação**: investidor quer apostar na alta do mercado, mas não quer concentrar todos os seus recursos em apenas um ativo para não assumir riscos muito elevados.

10.2.2 Non Deliverable Forward

Em português, podemos dizer que um *Non Deliverable Forward* (NDF) é um contrato a termo sem a entrega física do ativo-objeto.

Assim como em qualquer operação a termo, o NDF não requer um desembolso inicial. A sua liquidação se dá pela comparação do preço do ativo-objeto acertado inicialmente em relação a sua cotação no encerramento da operação. O resultado final é debitado ou creditado ao cliente de acordo com o total transacionado no instrumento. Geralmente, esse instrumento sofre uma tributação que deverá ser calculada a partir do valor bruto da liquidação e recolhido pelo investidor caso o resultado tenha sido um lucro. Tanto o lucro como o prejuízo são compensados na operação original que gerou a necessidade da proteção.

Um NDF referenciado em uma moeda é útil para quem tem tanto um passivo quanto um ativo em dólares, por exemplo, e quer esterilizar o impacto de uma variação contrária à sua posição na moeda estrangeira.

Imaginemos as seguintes situações:

- passivo em dólar: proteger-se contra uma alta do dólar; e
- ativo em dólar: proteger-se contra uma queda do dólar.

Prazo: 1 ano
Taxa do termo: R$ 2,00
Volume: US$ 100.000,00

Resultados:
1) Passivo – compra de NDF
Cotação do vencimento: R$ 2,20
Resultado bruto = (2,20 – 2,00) × 100.000 = 20.000
2) Ativo – venda de NDF
Cotação de vencimento: R$ (2,00 – 2,20) × 100.000 = –20.000,00

10.2.3 Tributação

A metodologia de cálculo do Imposto de Renda (IR) devido sobre os ganhos em operações no mercado a termo é semelhante à do mercado de ações, sendo 15% a alíquota aplicável sobre os ganhos. Entretanto, a base de cálculo é diferente para o comprador ou para o vendedor a descoberto. Veja a seguir.

10.2.3.1 Situação do comprador

O ganho líquido, neste caso, é a diferença positiva entre o valor de venda à vista do ativo, na data da liquidação do contrato a termo ou posteriormente, e o custo de aquisição. O custo de aquisição, por sua vez, é o preço do ativo estabelecido no contrato de compra a termo.

Exemplo:

Suponha que um investidor comprou um termo de X ações, desembolsando R$ 10.000,00, com vencimento para 30 dias. Neste dia, ou mesmo antes desse prazo, o investidor deseja se desfazer da posição e liquida sua posição. Ato contínuo, ele vende essas mesmas ações por R$ 11.000,00. Calcule o ganho líquido do investidor e o IR devido.

Ganho líquido: R$ 11.000,00 – R$ 10.000,00 = R$ 1.000,00
IR = R$ 1.000,00 × 15% = R$ 150,00

10.2.3.2 Situação do vendedor coberto

No caso do vendedor coberto (que tem as ações no momento da venda), o ganho obtido nas operações de financiamento realizadas no mercado a termo com ações é tributado como aplicação de renda fixa, sendo aplicável a tabela regressiva. Isso ocorre porque ele já sabe quanto vai ganhar na operação.

10.2.3.3 Situação do vendedor descoberto

O ganho líquido é a diferença positiva entre o preço do ativo recebido constante no contrato a termo e o custo de aquisição. Já o custo de aquisição é o preço de compra à vista do ativo-objeto da liquidação do contrato a termo. Veja o exemplo citado pela Receita Federal em seu *site*.

Exemplo:

O investidor vendeu a termo 1 mil ações K, ao preço de R$ 10,00 por ação, totalizando o valor do contrato em R$ 10.000,00, com vencimento para 30 dias. No vencimento, tendo o mercado registrado movimento de baixa no período, o investidor comprou no mercado à vista o lote de 1 mil ações K por R$ 9.500,00, para honrar a liquidação do contrato a termo. Assim, sem considerar a corretagem e outras despesas, temos:

Valor contratual recebido	R$ 10.000,00
Custo de aquisição do ativo	(R$ 9.500,00)
Ganho líquido	R$ 500,00

Nesse caso, sobre o ganho líquido anterior será aplicável a alíquota de 15%, uma vez que a operação é considerada renda variável.

10.3 MERCADOS FUTUROS

10.3.1 Conceituação

Há duas coisas que você precisa saber sobre os futuros antes de entender o seu funcionamento:

1. o mercado futuro é uma evolução do mercado a termo;
2. os contratos futuros são negociados somente em bolsa.

10.3.1.1 Definição

Assim como no contrato a termo, o investidor se compromete a comprar ou a vender certa quantidade de um bem (mercadoria ou ativo financeiro) por um preço estipulado para liquidação em data futura. A principal diferença é que, no mercado a termo, os compromissos são liquidados integralmente nas datas de vencimento; no mercado futuro, esses compromissos são ajustados financeiramente às expectativas do mercado acerca do preço futuro daquele bem, por meio do procedimento de ajuste diário (que apura perdas e ganhos).

O mecanismo de funcionamento do mercado futuro imprimiu característica importante na negociação para liquidação futura: a competitividade. A homogeneidade dos produtos, a transparência e a velocidade das informações e a livre mobilidade de recursos permitem que os preços se ajustem conforme as leis de mercado, ou seja, de acordo com as pressões de oferta e procura. Como os participantes podem entrar e sair do mercado a qualquer momento, os futuros tornaram-se muito importantes para as economias em face de sua liquidez.

10.3.1.2 Contratos padronizados

São contratos que têm estrutura previamente padronizada por regulamentação de bolsa, estabelecendo todas as características do produto negociado, como cotação, data de vencimento, tipo de liquidação e outras.

A padronização dos contratos é condição imprescindível para que a negociação possa ser realizada em bolsa. Imagine um pregão no qual cada um dos participantes negociasse determinado tipo de boi ou café com cotações e unidades de negociação diferentes. A negociação de pregão seria impraticável. Graças à padronização, os produtos em negociação ficam completamente homogêneos, tornando indiferente saber quem está comprando ou vendendo a mercadoria. Todas as condições sob as quais os ativos serão transferidos de uma contraparte para outra são estabelecidas por meio das especificações do contrato, definidas pela bolsa. Apenas dois itens podem variar no Mercado B3: o número de contratos ofertados e o preço negociado entre as partes.

Os contratos padronizados por regulamentação de bolsa são muito mais líquidos, pois, sendo uniformes, atendem às necessidades de todos os participantes do mercado. Assim, nenhum participante precisa carregar sua posição até a data de vencimento, podendo encerrar sua posição a qualquer momento, desde a abertura do contrato até a data de vencimento. Esse encerramento é feito por meio de uma operação inversa à original, o que é o mesmo que transferir sua obrigação a outro participante.

10.3.1.3 Principais especificações dos contratos

- **Objeto de negociação**: é a descrição do ativo cuja oscilação de preços está em negociação. Exemplo: café, dólar, boi.
- **Cotação**: é a unidade de valor atribuída a cada unidade física da mercadoria em negociação. Exemplos: reais por saca, reais por dólares.
- Unidade de negociação: é o tamanho do contrato. Exemplos: o tamanho do contrato de café é de 100 sacas de 60 kg, o do dólar é de US$ 50.000,00.
- **Meses de vencimento**: meses em que serão liquidados os contratos.
- **Liquidação**: forma pela qual o contrato será liquidado.

10.3.1.4 Ajuste diário

Ajuste diário é o mecanismo de equalização de todas as posições no mercado futuro, com base no preço de compensação do dia, resultando na movimentação diária de débitos e créditos nas contas dos clientes, de acordo com a variação negativa ou positiva no valor das posições por eles mantidas.

Assim, os participantes recebem seus lucros e pagam seus prejuízos de modo que o risco assumido pela câmara de compensação das bolsas se dilua diariamente até o vencimento do contrato.

O ajuste diário é uma das grandes diferenças entre os mercados futuro e a termo. Neste, há um único ajuste na data de vencimento, de maneira que se acumula toda a perda para o último dia. Logo, o risco de não cumprimento do contrato é muito maior do que nos mercados futuros, em que os prejuízos são acertados diariamente. O mecanismo de ajuste diário será mais bem ilustrado adiante, com exemplos de operações no mercado futuro.

10.3.1.5 Margem de garantia e sua função

A margem de garantia é um dos elementos fundamentais da dinâmica operacional dos mercados futuros, pois assegura o cumprimento das obrigações assumidas pelos participantes.

Você aprendeu que os preços futuros são influenciados pelas expectativas de oferta e demanda das mercadorias e de seus substitutos e complementares. Essas expectativas alteram-se a cada nova informação, permitindo que o preço negociado em data presente para determinado vencimento no futuro varie para cima ou para baixo diariamente.

Para mitigar o risco de não cumprimento do contrato futuro gerado por eventual diferença entre o preço futuro negociado previamente e o preço à vista no vencimento do contrato, os mercados futuros desenvolveram o mecanismo do ajuste diário, em que vendedores e compradores acertam a diferença entre o preço futuro anterior e o atual, de acordo com elevações ou quedas no preço futuro da mercadoria. A margem de garantia requerida pela câmara de compensação é necessária para a cobertura do compromisso assumido pelos participantes no mercado futuro.

Para que você entenda o conceito de ajuste diário, toma-se como exemplo uma posição vendida no mercado futuro de dólar.

Exemplo:
Considere um exportador que irá receber, em março, a quantia de US$ 30.000,00 e que acredita em possível baixa da moeda norte-americana. Com o intuito de não ficar exposto a essa variação cambial até o vencimento, ele vende minicontratos futuros na B3. Do lado do importador, a operação seria exatamente a inversa à do exportador (compra de contratos futuros mínis).

A operação ocorre da seguinte maneira:

- tamanho do minicontrato na B3: US$ 5.000,00;
- número de contratos: 6 contratos (US$ 30.000,00/US$ 5.000,00);
- taxa de câmbio de abertura de posição no mercado futuro: R$ 2.622,00/US$ 1.000,00;
- taxa de câmbio de ajuste do dia em que a operação foi realizada: R$ 2,621/dólar;
- suposição da taxa de câmbio no mercado à vista no dia do vencimento: R$ 2,400/dólar.

Análise do resultado no caso do exportador:

- Resultado no mercado futuro
  (R$ 2,622/dólar − R$ 2,400/dólar) × US$ 5.000,00 × 6 = R$ 6.660,00
- Resultado da exportação
  R$ 2,400/dólar × US$ 30.000,00 = R$ 72.000,00
- Resultado geral
  R$ 6.660,00 + R$ 72.000,00 = R$ 78.660,00
- Taxa de câmbio da operação
  R$ 78.660,00/US$ 30.000,00 = R$ 2,622/dólar

Caso ocorresse alta na taxa cambial, o resultado do mercado futuro para o exportador seria negativo e, ao mesmo tempo, o resultado da exportação seria maior; no entanto, o resultado geral seria o mesmo, mantendo, assim, a taxa de câmbio da operação. O inverso ocorreria para o importador. Portanto, para ambas as partes, as cotações do dólar foram prefixadas, contendo perdas de preço em suas operações comercias.

10.3.1.6 A *clearing house* ou câmara de compensação

No primeiro capítulo, você estudou sobre as câmaras de liquidação e custódia, as *clearings*, e aprendeu que a B3 é administradora da única *clearing house* dos mercados organizados de derivativos no mercado financeiro nacional.

Até agosto de 2014, as operações dos mercados derivativos do segmento BM&F eram liquidadas pela Câmara (ou *clearing*) de Derivativos, quando suas atividades foram transferidas para a nova câmara denominada Câmara BM&FBOVESPA, que, posteriormente, integrou e consolidou as atividades das antigas quatro câmaras: ações (ex-CBLC), ativos, câmbio e derivativos.

O modelo atual para a *clearing* estabelece que a B3 atua como contraparte central e garante a liquidação das posições líquidas dos membros de compensação; podem atuar como membros de compensação bancos e corretoras que atendam aos requisitos estabelecidos no regulamento do sistema.

Quando ocorre inadimplência, há uma cadeia de responsabilidades estabelecida pela B3 em que:

- cada corretora se responsabiliza pelas posições dos seus clientes finais;
- cada membro de compensação se responsabiliza pelas posições das corretoras relacionadas a ele;
- a *clearing* se responsabiliza pelas posições consolidadas dos membros de compensação.

A *clearing* registra também operações com derivativos, realizadas em mercado de balcão, cuja liquidação pode ou não ser garantida conforme opção das partes contratantes. Quando essas operações são garantidas, a câmara também atua como contraparte central. Se não garantidas, as operações são liquidadas diretamente entre as partes contratantes.

Para assegurar a liquidação das operações realizadas na bolsa, existem mecanismos de proteção embasados em limites operacionais e em chamadas diárias de margem.

No mercado à vista, a entrega da mercadoria ou do ativo está condicionada ao efetivo pagamento. Já no mercado de derivativos, a câmara faz chamadas de margem diárias.

A chamada de margem, inicial ou adicional, é atendida principalmente por depósito em dinheiro, títulos públicos federais, ações da carteira teórica do IBOVESPA, certificados de depósito bancário e certificados de ouro custodiados na própria bolsa.

Em 22 de maio de 2023, o total das garantias depositadas pelos participantes na Câmara B3 foi de R$ 566.855.446.723,12, conforme apresentado no Quadro 10.2.

Você já deve ter percebido os motivos pelos quais os contratos futuros somente são negociados em bolsa. O fluxo diário de pagamentos necessita de controle e de garantias. Daí a importância da câmara de compensação, ou *clearing*, no cumprimento das obrigações assumidas pelos participantes, pois ela se torna compradora de todos os vendedores e vendedoras de todos os compradores, controlando as posições em aberto de todos participantes e realizando a liquidação de todas as operações.

Quadro 10.2 Garantias depositadas na B3

Título Público Federal Selic	R$ 470.825.179.840,35	83,06%
Ação/ETF/UNIT/Outros	R$ 70.377.521.059,83	12,42%
Carta de Fiança	R$ 9.970.250.000,00	1,76%
Título Internacional	R$ 9.406.679.898,32	1,66%
Moeda Nacional	R$ 2.378.534.104,86	0,42%
Título Privado de Renda Fixa	R$ 1.963.553.233,38	0,35%
Moeda Estrangeira	R$ 1.833.844.429,75	0,32%
Fundos de Investimento	R$ 81.546.610,90	0,01%
Ouro	R$ 18.337.545,73	0,00%
Total Requerido	R$ 424.855.729.532,70	74,95%
Total Depositado (BRL)	R$ 566.855.446.723,12	100,00%
Total Depositado (USD)	US$ 114.289.980.790,18	100,00%

Fonte: B3.

Esse sistema de liquidação diária e de garantias permite não só que os *hedgers* utilizem os mercados futuros com eficiência, mas também que outros investidores com objetivos distintos, como especuladores e arbitradores, participem desse mercado por meio de grande variedade de estratégias operacionais.

10.3.1.7 Formação dos preços futuros

Os preços são formados por meio de processo competitivo entre compradores e vendedores nas rodas de negociação dos pregões ou em sistemas eletrônicos. Esses preços revelam as expectativas do mercado quanto ao valor de uma mercadoria ou de um ativo no futuro. Em função da alta volatilidade dos mercados, os preços podem variar bastante de um dia para o outro ou até mesmo durante um dia.

Para que você entenda o processo de formação de preços, explora-se um pouco a relação entre o preço à vista e o futuro, que pode ser explicada pela seguinte expressão:

$$PF = PV \times (1 + i)n + CC + E$$

Em que:
PF = preço futuro;
PV = preço à vista;
i = taxa de juro diária;
n = número de dias a decorrer até o vencimento;
CC = custo de carregamento (frete, estocagem etc.);
E = componente de erro.

Exemplo:

Considere que determinada mercadoria seja negociada por R$ 100,00 no mercado à vista, que a taxa de juro esteja em 20% ao ano, que o custo de estocagem seja de R$ 3,00 por mês para a mercadoria e que o custo de corretagem seja de R$ 0,25 por operação. Quanto deve ser o preço do contrato futuro dessa mercadoria cujo vencimento ocorrerá daqui a 45 dias? Aplicando a fórmula anterior:

$$PF = 100 \times (1,20) \, 45/252 + [3 \times (45/30)] + 2 \times 0,25 = R\$ \, 108,309$$

O contrato futuro deverá ser cotado por R$ 108,309. Se a cotação for diferente, os arbitradores serão atraídos e sua atuação restabelecerá o equilíbrio de preços, levando a cotação a tal ponto que anule qualquer lucro com a arbitragem.

10.3.1.8 Como atuam os arbitradores

Toma-se como exemplo um ativo financeiro puro, ou seja, cujo único custo de carregamento seja a taxa de juro. Para que não haja oportunidade de arbitragem, o preço futuro desse ativo deverá ser o resultado da seguinte expressão:

$$FV = PV \times (1 + i)^n$$

Qualquer desequilíbrio nessa relação gerará oportunidade de arbitragem. A atuação dos arbitradores fará com que a relação anterior seja restabelecida, tal como no Quadro 10.3.

Outro aspecto relevante que você deve conhecer é que a diferença entre o preço à vista e o futuro é conhecida como base e que, à medida que se aproxima a data de vencimento do contrato, o preço à vista e o futuro começam a convergir. Na data de vencimento, serão iguais. Isso é fundamental, uma vez que, sem essa convergência, não há nenhum sentido para a existência de qualquer contrato futuro, dado que o *hedge* não será possível. No caso do mercado agrícola, deverá ser levado em consideração também o local onde será comercializada a mercadoria.

Você pode estar se perguntando como isso acontece. São dois os motivos que fazem com que haja a convergência de preços:

1. possibilidade de haver liquidação por entrega da mercadoria ou do ativo. Quando a liquidação por entrega apresenta altos custos ou impossibilidade de transferência, a liquidação financeira pode ser utilizada, desde que os preços à vista sejam consistentes;
2. arbitragem entre os preços à vista e futuro.

Resumindo:

- o preço futuro e o preço à vista tendem a convergir para a mesma direção, embora não necessariamente na mesma ordem de grandeza e de tempo, pois expectativas diferentes podem afetar cada um dos preços de modo diferente;
- a base tende a zero à medida que se aproxima a data de vencimento do contrato.

10.3.2 Contratos financeiros

10.3.2.1 Mercado futuro de taxa de juros

O mercado futuro de DI (depósito interbancário) de um dia foi idealizado para melhor oferecer cobertura ao risco de oscilação de uma das variáveis mais importantes da economia, a taxa de juros.

As taxas de juros refletem não só a integração entre oferta e demanda, como também o próprio comportamento da economia, desemprego, inflação, recessão etc., sendo mais um mecanismo de controle de política monetária utilizado pelo governo por meio das operações de *open market* do Banco Central.

O risco embutido nos movimentos de oferta e demanda de recursos dentro da economia gera uma extrema volatilidade das taxas de juros, sendo a sua negociação nos mercados futuros um instrumento de fabuloso potencial, proteção e ganhos financeiros.

O contrato futuro de DI de um dia é cotado em preço unitário (PU); o PU reflete a variação na taxa esperada para um período futuro, e é referenciado na taxa média calculada pela CETIP.

Essa taxa reflete o custo médio praticado nas operações de taxa de disponibilidade de recursos entre instituições financeiras para curtíssimo prazo. A negociação é feita de acordo com as expectativas desse custo médio, acumulado desde o dia de negociação até o dia do vencimento do contrato.

A forma de cotação do contrato futuro de DI1

Desde 18 de janeiro de 2002, a forma de cotação do contrato futuro de DI1 foi alterada para taxa de juro efetiva anual, base 252 dias úteis.

Os negócios passaram a ser realizados em taxa de juros e são, depois do pregão, convertidos em PU, com a inversão da natureza das posições. Assim, a compra de um contrato de DI1, negociada em taxa de juros, acontece após o registro da operação, transformada em posição vendida em um contrato de DI1, expressa em PU. Analogamente, a venda em taxa de juros é transformada em posição comprada expressa em PU.

Desse modo, essa mudança não provocou nenhum impacto no cálculo dos ajustes diários.

Quadro 10.3 Atuação dos arbitradores

$PF < PV*(1+i)^n$	$PF = PV*(1+i)^n$	$PF > PV*(1+i)^n$
– Venderá o ativo no mercado à vista pelo preço PV		– Tomará dinheiro emprestado à taxa *i* pelo período *n*
– Aplicará dinheiro da venda à taxa *i* pelo período *n*	Não há oportunidade de arbitragem	– Comprará o ativo no mercado à vista pelo preço PV
– Comprará futuro pelo preço PF		– Venderá futuro pelo preço PF

10.3.2.2 Contrato futuro de Índice BOVESPA

O mercado acionário brasileiro desenvolveu-se muito nos últimos anos. As bolsas de valores ganharam o interesse dos investidores, que vieram atraídos pelas novas oportunidades de ganhos. No entanto, o mercado de ações é essencialmente um mercado de risco que, para efeito de análise, pode ser dividido em dois tipos, listados a seguir, e que serão mais desenvolvidos no Capítulo 15 deste livro.

1. **Risco não sistêmico**: este risco está ligado a fatores que afetam uma empresa ou um setor isoladamente e, para combatê-lo, basta o investidor diversificar o seu patrimônio formando uma carteira com ações de diferentes empresas e setores, minimizando-o.
2. **Risco sistêmico**: é atribuído a todos os fatores que interferem no mercado como um todo, afetando diretamente a formação dos preços de todas as ações. Nesse caso, a diversificação por parte do investidor não é uma forma de proteção, e esse tipo de risco é conhecido como risco do mercado. O único método conhecido para se proteger do risco sistêmico do mercado de ações é operar no mercado futuro de índice.

Como estudado no Capítulo 9, o índice de lucratividade do mercado acionário mais divulgado no Brasil (IBOVESPA) é a relação entre o valor atual e o capital inicialmente investido em uma carteira hipotética de ações, considerada como a mais representativa do mercado. Sua composição deve procurar aproximar-se o máximo possível da real confirmação das negociações à vista na bolsa brasileira.

Operando no mercado futuro de índice, o investimento pode diminuir ou eliminar o risco sistêmico, fazendo seu *hedge* contra uma desvalorização do seu portfólio ou defendendo-se para que uma possível alta de preços não venha a frustrar seus objetivos.

Operações de financiamento no mercado futuro do IBOVESPA

A montagem de operações de financiamento no mercado futuro do IBOVESPA consiste na aquisição de ações no mercado à vista e simultânea venda de contratos futuros sobre o IBOVESPA.

Essas operações têm por objetivo fixar um retorno para valor no mercado à vista, como se fosse uma aplicação em título de renda fixa. Uma operação de financiamento perfeita ocorreria se o investidor adquirisse no mercado todas as ações componentes da carteira teórica do IBOVESPA, na proporção em que elas participam nessa carteira.

Uma conveniente alternativa para o investidor está em montar uma carteira de ações que, embora não complete todas as ações integrantes do IBOVESPA, apresente comportamento semelhante em termos de rentabilidade decorrente dos preços das ações no mercado à vista.

Uma das referências para a montagem dessa carteira é a própria composição da carteira teórica do IBOVESPA e a participação relativa de cada ação.

Conheça, a seguir, as especificações do Contrato Futuro de IBOVESPA informadas pela B3 22/05/2023.

1. Informações do contrato

Objeto: futuro padronizado do Índice BOVESPA (IBOVESPA).

Código de negociação: IND.

Tamanho do contrato: valor do Contrato Futuro de IBOVESPA multiplicado pelo valor expresso em reais (R$) de cada ponto; cada ponto será de R$ 1,00 (um real) Cotação Pontos do índice com até duas casas decimais.

Variação mínima de apregoação (*tick size*): 5,00 pontos de índice.

Meses de vencimento: meses pares. A B3 poderá, a seu critério, quando as condições de mercado assim exigirem, autorizar a negociação de vencimentos em meses ímpares.

Data de vencimento: quarta-feira mais próxima do dia 15 do mês de vencimento. No caso de feriados ou dias em que não ocorrer sessão de negociação, a data de vencimento será o próximo dia útil subsequente.

Último dia de negociação: data de vencimento.

2. Ajuste diário

As posições em aberto ao final de cada sessão de negociação serão ajustadas com base no preço de ajuste (PA) do dia, estabelecido conforme regras da B3, com movimentação financeira no dia útil subsequente. O ajuste diário será calculado até a data de vencimento de acordo com as seguintes fórmulas:

a. Ajuste diário realizado no dia da contratação da operação:

$$ADt = (PAt - PO) \times M \times n$$

b. Ajuste diário das posições em aberto no dia anterior:

$$ADt = (PAt - PAt{-}1) \times M \times n$$

ADt = valor do ajuste diário, em reais, referente à data "t";
PAt = preço de ajuste do contrato, expresso em pontos de Índice, na data "t", para o respectivo vencimento;
PO = preço da operação em pontos;
M = valor em reais de cada ponto do Índice, estabelecido pela B3;
n = número de contratos;
$PAt{-}1$ = preço de ajuste do contrato na data "$t{-}1$" para o respectivo vencimento.

O valor do ajuste diário (ADt), calculado conforme demonstrado anteriormente, se positivo, será creditado ao comprador e debitado ao vendedor. Caso o cálculo apresente valor negativo, será debitado ao comprador e creditado ao vendedor.

3. Condições de liquidação no vencimento

Na data de vencimento, as posições em aberto serão liquidadas financeiramente pela B3, mediante o registro de operações de natureza inversa (compra ou venda) à da posição, na mesma quantidade de contratos, pelo valor do índice de liquidação do IBOVESPA. O valor de liquidação de cada contrato será apurado de acordo com a seguinte fórmula:

$$VL = P \times M$$

VL = valor de liquidação, em reais (R$), de cada contrato;
P = índice de liquidação, referente à data de liquidação do contrato;
M = valor em reais (R$) do ponto de índice, estabelecido pela B3.

Os resultados financeiros da liquidação serão movimentados no dia útil subsequente à data de vencimento.

O índice de liquidação será a média do IBOVESPA à vista, apurada segundo as regras estabelecidas pela B3.

4. Condições especiais

Na hipótese de situações não previstas neste instrumento, inclusive, sem limitação, aquelas decorrentes de atos emanados de entes governamentais, autoridades reguladoras ou órgãos competentes, ou de quaisquer outros fatos, que impactem, direta ou indiretamente, a formação, a maneira de apuração, a representatividade, a divulgação, a disponibilidade ou a continuidade do ativo-objeto ou de quaisquer das variáveis deste contrato, a B3 tomará as medidas que julgar necessárias, a seu exclusivo critério, visando à liquidação, à continuidade ou à prorrogação do contrato em bases equivalentes, com base em seus regulamentos.

10.3.2.3 Mercado futuro de câmbio

O mercado futuro embute no seu preço a expectativa da taxa de juros em reais do período entre a negociação à vista e o vencimento do contrato futuro. Quando se trata do futuro de câmbio, não podemos nos esquecer de que, quando compramos dólares, podemos aplicá-los (no exterior) pelo período que quisermos. Quando vendemos dólares sem tê-los, temos de pedi-los emprestados (também no exterior) pagando juros por esses empréstimos.

O tamanho do contrato futuro de câmbio de reais por dólar comercial é de USD 50.000,00, sendo o lote padrão de cinco contratos, com vencimento todos os meses do ano.

Compra contratos de dólar quem acredita em uma subida da taxa de câmbio e não quer correr esse risco, caso dos importadores. Vende contratos de dólar quem acredita que o dólar pode cair e não quer correr esse risco, como os exportadores, por exemplo.

10.3.3 Tributação

Nos mercados futuros, o IR incide à alíquota única de 15% sobre o ganho líquido, que será o resultado positivo da soma dos ajustes diários, incorridos entre as datas de abertura e de encerramento ou de liquidação do contrato, total ou parcial, por ocasião da liquidação dos contratos ou da cessão ou encerramento da posição, em cada mês, podendo ser compensados os ganhos com as perdas, para fins de cálculo do IR devido.

O responsável tributário pelo recolhimento do IR será o contribuinte, ou seja, o detentor da operação. Conforme o art. 56 da Instrução Normativa RFB n. 1.585/2015, o IR sobre os ganhos líquidos auferidos por qualquer beneficiário, inclusive pessoa jurídica isenta, em operações realizadas nas bolsas de valores, de mercadorias, de futuros e assemelhadas, existentes no País, será apurado por períodos mensais e pago pelo contribuinte até o último dia útil do mês subsequente ao da apuração.

10.4 MERCADO DE OPÇÕES
10.4.1 Considerações iniciais

Opção é um direito de optar por comprar ou vender algum ativo em determinada data, por um preço preestabelecido. Existem dois tipos de opções:

1. **opção de compra (*call*)**: é o direito de comprar o ativo, por determinado preço, se assim desejar o investidor;
2. **opção de venda (*put*)**: é o direito de vender o ativo, por determinado preço, se assim desejar o investidor.

Pode-se:
- comprar opção de compra;
- comprar opção de venda;
- vender opção de compra;
- vender opção de venda;
- combinar opções de compra com opções de venda.

Dado que derivativo é um instrumento financeiro cujo preço depende diretamente do valor do preço no mercado de ativos primários, o preço de uma opção da Petrobras depende (deriva) do preço deste ativo no mercado à vista, ou seja, como veremos mais adiante, depende da probabilidade de exercício desse direito adquirido, cujo preço à vista é um dos principais fatores determinantes.

É importante ressaltar que quando se detém uma opção de compra, detemos o direito, se quisermos, de comprar aquele ativo em determinada data, a determinado preço preestabelecido, se assim o desejarmos. Entretanto, do lado do vendedor, ele é obrigado a vender o ativo, caso o comprador assim o deseje.

Há dois tipos de opções, quanto ao dia do exercício:

1. **opção americana**: permite o exercício do direito a partir do dia útil seguinte ao da abertura da posição, até o dia do vencimento;
2. **opção europeia**: o exercício somente pode ser exercido no dia do vencimento.

As opções de ações negociadas na bolsa brasileira vencem na terceira segunda-feira do mês de vencimento. Para lançar uma opção, o lançador deve pedir autorização à bolsa. O lançamento de opções pode oferecer lucros ao aplicador que acredita em determinada variação no nível de preços. Ganha o lançador de opções de compra quando o preço do ativo variar para baixo, ocorrendo o inverso com uma opção de venda.

Para facilitar o entendimento, apresentam-se, a seguir, os conceitos básicos utilizados no mercado de opções.

- **Titular**: é o proprietário ou comprador da opção, aquele que detém o direito de comprar ou vender. O titular paga um prêmio por esse direito.
- **Ativo-objeto**: refere-se ao ativo que o titular pode comprar, caso tenha uma opção de compra, ou vender, se for detentor de uma opção de venda. Esse ativo é, portanto, o produto que referencia a opção.
- **Opção de compra**: uma opção de compra é aquela que permite ao seu titular o direito de comprar um ativo em determinada data, por um preço predefinido.
- **Opção de venda**: uma opção de venda é aquela que permite ao seu titular o direito de vender um ativo em determinada data, por um preço predefinido.
- **Lançador**: é o vendedor da opção, ou seja, é aquele que cede o direito ao titular; portanto, deve comprar ou vender o ativo ao titular, se este desejar.

- **Prêmio**: é o preço de negociação da opção, definido em mercado. Em outras palavras, é o preço que o titular paga pela opção. O prêmio sempre será pago pelo titular ao lançador da opção. Esse valor é pago no ato da negociação com uma opção, sem direito à devolução, caso não haja exercício.
- **Preço de exercício**: refere-se ao valor futuro pelo qual o bem será negociado, ou ao preço pelo qual o titular pode exercer o seu direito (comprar se tiver uma opção de compra; vender, se tiver uma opção de venda). No mercado, o preço de exercício também é conhecido como *strike price* ou *exercise price*.
- **Data de vencimento**: trata-se do dia em que a posição pode ser exercida ou em que cessam os direitos do titular de exercer sua opção. Na B3, o vencimento das opções ocorre nos meses pares, ou seja, em fevereiro, abril, junho, agosto, outubro e dezembro de cada ano. A data específica de cada vencimento de opções é a terceira segunda-feira de cada mês par.
- **Séries de uma opção**: as bolsas, quando lançam opções sobre determinado ativo, o fazem por séries, em que fixam o preço de exercício para uma mesma data, sendo cada série identificada por um código, conforme veremos mais adiante. As opções de ações na B3 têm séries listadas a cada dois meses.
- **Opção descoberta**: uma opção é considerada descoberta quando o lançador não efetua o depósito da totalidade das ações-objeto. Em outras palavras, ele vende uma opção sem depositar as ações-objeto que terá de entregar, caso a opção seja exercida pelo comprador. Nesses casos, o lançador descoberto deve atender à exigência de margem por meio do depósito de ativos aceitos em garantia pela bolsa. A exigência de margem é reavaliada diariamente. Ter uma posição descoberta é mais aconselhável para aplicadores acostumados a riscos maiores e com capacidade financeira suficiente para atender às chamadas de recomposição de margem e/ou comprar as ações-objeto para cobertura de posição ou entrega definitiva, caso ocorra o exercício. A qualquer tempo, o lançador descoberto pode, à semelhança do coberto, fechar sua posição para encerrar suas obrigações, e apurar o lucro ou prejuízo até então acumulado. Pode, também, cobrir sua posição, depositando as ações-objeto da opção.

Como em todos os mercados, as regras sempre trazem benefícios para o entendimento e as transações harmônicas, sem que haja necessidade de muitas explicações e perda de energia dos operadores. Assim, para serem negociadas em mercados organizados, as opções devem ser padronizadas no que se refere ao ativo-objeto, preço do exercício, data do exercício etc. No entanto, o mercado é livre para negociar o valor do prêmio pelo qual as opções vão ser negociadas.

No Brasil são negociados os seguintes contratos de opções:

- opções de ações;
- opções sobre o IBOVESPA;
- opções sobre o IBrX;
- ouro;
- futuro do IBOVESPA;
- taxa de câmbio;
- taxa de juros.

Uma opção é um instrumento financeiro que transpassa o nível da renda variável. Não é raro empresas emitirem títulos de dívida com uma cláusula de opção atrelada a eles. Podem ser opções de compra, quando o emissor tem o direito de recomprar o título se assim o desejar, em data e com preço predefinidos, ou opções de venda, quando o investidor adquire o direito de vender o título à empresa emitente, se assim desejar, em data e com preço predefinidos.

Denominação das opções na bolsa brasileira

As séries de opções autorizadas pela B3 são identificadas pelo símbolo do ativo-objeto associado a uma letra e a um número. A letra identifica se é uma opção de compra ou de venda e o mês de vencimento (ver Quadro 10.4), e o número indica determinado preço de exercício.

Quadro 10.4 Denominação das opções na B3

Opção		Vencimento
Compra	Venda	
A	M	Janeiro
B	N	Fevereiro
C	O	Março
D	P	Abril
E	Q	Maio
F	R	Junho
G	S	Julho
H	T	Agosto
I	U	Setembro
J	V	Outubro
K	W	Novembro
L	X	Dezembro

10.4.2 Tipos de opções

Há dois tipos de opções: opção de compra ou *call* e opção de venda ou *put*. Dado que a negociação de uma opção envolve duas pontas – compradora e vendedora –, passamos a ter quatro possibilidades, que serão abordadas a seguir.

10.4.2.1 Titular de opção de compra

Como já visto, um titular de opção de compra tem o direito de comprar um ativo específico a determinados preço e data. Veja os exemplos que se seguem.

Exemplo 1:

Um investidor pagou R$ 3,00 de prêmio por uma opção de compra a R$ 34,50. No dia do exercício, o valor da mesma ação no mercado à vista era R$ 38,00. A opção deve ser exercida?

A resposta correta é sim, pois ele pode comprar (tem a opção de comprar) a R$ 34,50, abaixo do preço no mercado à vista.

E qual o ganho com a operação, dado que ele vendeu as ações?

Preço de venda da ação	R$ 38,00
(−) Preço de exercício	R$ 34,50
(−) Prêmio pago anteriormente quando da aquisição da opção	R$ 3,00
Resultado da operação	R$ 0,50

Exemplo 2:

Um investidor pagou R$ 3,00 de prêmio por uma opção de compra a R$ 34,50. No dia do exercício, o valor da mesma ação no mercado à vista era R$ 35,00. A opção deve ser exercida?

Depende. Deve-se exercer caso o investidor aposte na alta do mercado, pois tem a opção de comprá-la por R$ 34,50, mais barato que os R$ 35,00. Também, como já havia pagado R$ 3,00 por ação para garantir o preço de R$ 34,50, o preço final da ação passou a ser R$ 37,50 (34,50 + 3,00).

Exemplo 3:

Um investidor pagou R$ 3,00 de prêmio por uma opção de compra a R$ 34,50. No dia do exercício, o valor da mesma ação no mercado à vista era R$ 32,00. A opção deve ser exercida?

A resposta é não, pois o investidor tem a opção de comprá-la por R$ 32,00, mais barato que os R$ 34,50. Não exercendo seu direito, o investidor estará minimizando seu prejuízo, que monta a R$ 3,00, equivalente ao prêmio pago na aquisição da opção.

Como verificado, ele irá exercer seu direito a partir de determinado patamar, que pode ser definido como um valor no qual, a partir desse ponto, o titular passa a ter retorno com a operação.

Em termos de *hedge*, essa estratégia é a maneira mais simples e eficaz de proteger um investidor que tenha uma posição vendida em determinado ativo. Em outras palavras, alguém que necessitará comprar esse ativo em algum momento no futuro.

Esse é o caso, por exemplo, de uma empresa que tenha dívidas em dólares e faturamento em reais, havendo, portanto, o descasamento entre ativo e passivo. Nessa hipótese, uma opção de dólar vem atender a sua necessidade, pois ao comprar uma opção de dólar, ela estará travando um preço de compra da moeda. Essa estratégia atende ao investidor que:

i. não tem caixa para fazer o pagamento de sua dívida de imediato; e
ii. crê em uma tendência de alta do ativo.

Nesse caso, a empresa desembolsará apenas um valor pequeno pelo prêmio da opção e terá a oportunidade de travar um preço, caso a taxa de câmbio suba acima desse valor.

Observe o gráfico da Figura 10.1.

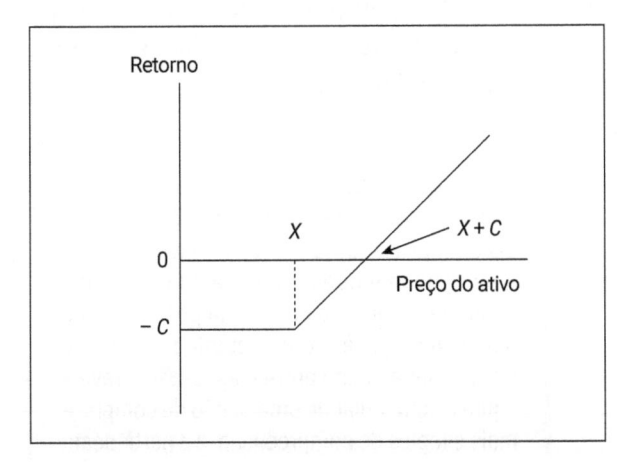

Figura 10.1 Retorno de um titular de opção de compra.

Em que:
X = preço de exercício;
C = prêmio da opção de compra (*call*).

Como se pode notar, a partir do preço de exercício, a opção é exercida e começam os ganhos do investidor, ficando entre X e $X + C$ o intervalo em que ele estará apenas compensando o prêmio pago pela aquisição da opção. A partir de zero, encontram-se os ganhos efetivos da operação, os quais se elevam à medida que o preço no mercado à vista seja maior.

10.4.2.2 Lançador coberto de opção de compra

Do lado oposto do comprador de uma opção de compra, encontra-se o vendedor, que tem expectativas contrárias. Ele visualiza uma tendência de queda no ativo, conforme demonstrado no gráfico da Figura 10.2.

Note que o ganho do investidor está limitado ao prêmio que recebeu pela venda da opção de compra, e que esse ganho vai diminuindo à medida que há o exercício da opção por parte do titular. A partir desse ponto, o investidor começa a diminuir seu retorno, que fica zerado no ponto representado pela soma do preço de exercício com o prêmio recebido. Então inicia-se o seu prejuízo, que se torna maior à medida que o preço do ativo aumenta além desse ponto.

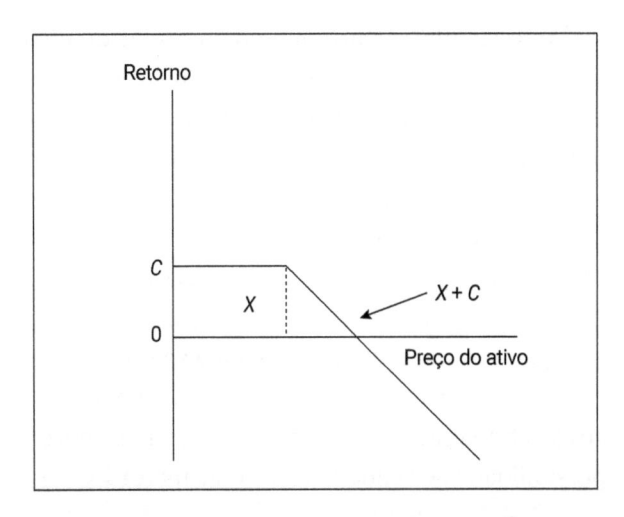

Figura 10.2 Retorno de um lançador de opção de compra.

Em que:
X = preço de exercício;
C = prêmio da opção de compra (*call*).

10.4.2.3 Titular de opção de venda

O titular de uma opção de venda tem o direito de vender determinado ativo a um preço definido, em determinada data, se assim desejar. Nesse caso, seu retorno vai diminuindo à medida que o preço do ativo-objeto vai aumentando, conforme demonstrado na Figura 10.3.

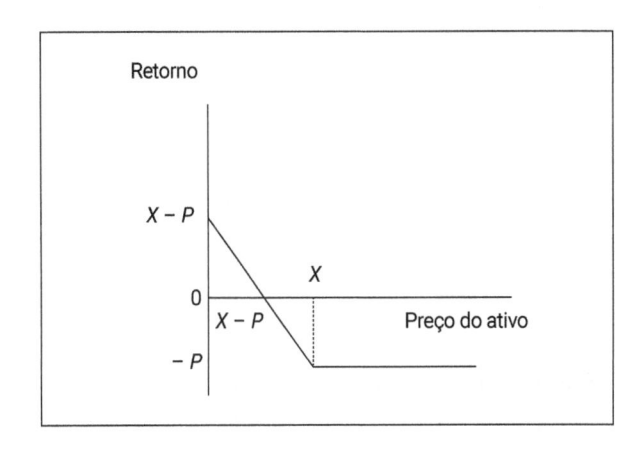

Figura 10.3 Retorno de um titular de opção de venda.

Em que:
X = preço de exercício;
P = prêmio da opção de venda (*put*).

Pode-se inferir, portanto, que o titular de uma opção de venda somente exercerá seu direito enquanto o preço de exercício for maior do que o preço de mercado do ativo-objeto. Essa pode ser uma estratégia de *hedge* eficaz de uma posição comprada em determinado ativo, pois quem carrega uma posição comprada corre o risco de desvalorização do preço do ativo. Desse modo, comprar opção de venda permite garantir um preço mínimo para vender o ativo, caso este se desvalorize. No caso de valorização do ativo, o titular de uma opção de venda tem sempre a possibilidade de vendê-lo a preço de mercado.

10.4.2.4 Lançador de opção de venda

De modo análogo ao lançador de opção de compra, o lançador de opção de venda busca retorno, limitando ao mesmo tempo seu ganho. Essa estratégia é adequada a investidores que estejam correndo o risco por carregarem posições vendidas.

Dessa maneira, se o preço do ativo subir, o investidor sofrerá perdas. Nesse caso, o lançador de uma opção de venda ficará com o prêmio se a opção for exercida, no caso de valorização do ativo. O gráfico da Figura 10.4 demonstra a situação.

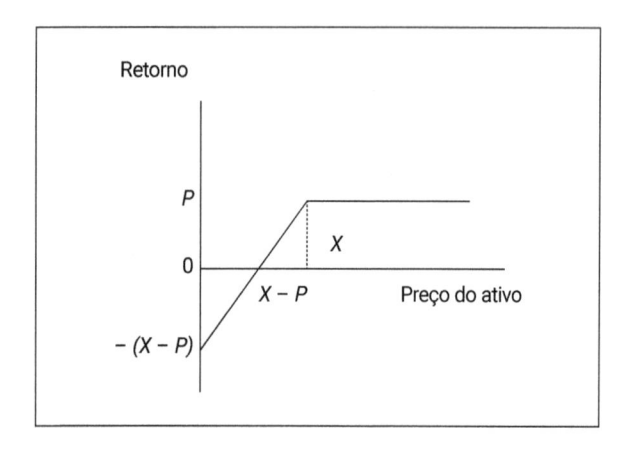

Figura 10.4 Retorno de um lançador de opção de venda.

Em que:
X = preço de exercício;
P = prêmio da opção de venda (*put*).

A Figura 10.4 ilustra que, após o exercício da opção por parte do titular da opção de venda, o ganho do lançador fica limitado. Já em qualquer ponto no qual se encontre o preço de mercado, e desde que abaixo do preço de exercício, o investidor estará sempre elevando seu retorno.

> **Dica:** na hora da prova, se cair uma questão de opção, desenhe imediatamente a Figura 10.5. Ela é muito ilustrativa e ajuda a raciocinar sobre quem ganha e quem perde, e quanto ganha ou perde, de acordo com a sua posição. Note que as figuras são todas rebatidas, como se tivesse um espelho entre elas. Então, grave a figura de um titular de uma opção de compra, a mais simples de compreensão, e a partir desta desenhe as demais. Lembre-se de que no eixo x está a linha do preço do ativo, no eixo y, o retorno, a linha horizontal escura representa o prêmio pago ou recebido, e o ponto de inflexão (em que muda o ângulo), o preço de exercício. A linha inclinada é o ganho ou a perda, de acordo com o preço do ativo, e o retorno total é zerado quando a linha inclinada corta o eixo x.
>
> **Figura 10.5** O "espelho" das opções.

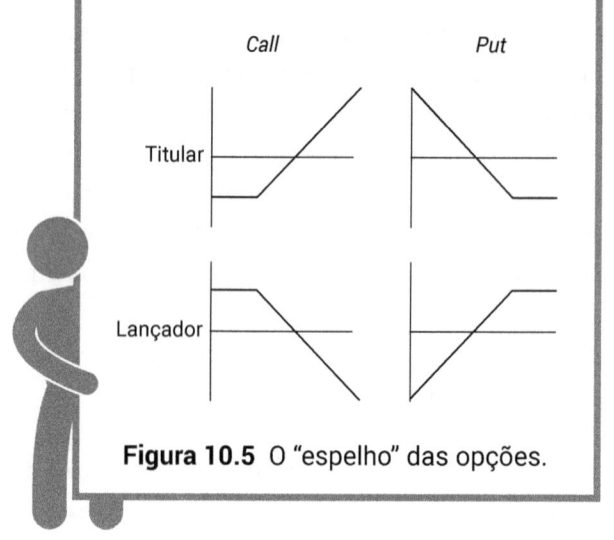

10.4.3 Determinação do preço do prêmio de uma opção

Vários fatores contribuem para a determinação do preço do prêmio a ser pago pela opção, que será dado pelo mercado. São determinantes na precificação do prêmio itens como:

- preço de mercado e volatilidade do ativo-referência do contrato de opção;
- prazo de vencimento. Em outras palavras, podemos dizer que todos esses fatores nada mais são

que variáveis que afetam a probabilidade de exercício da opção e de ganho com a operação. Quanto maior for a probabilidade de exercício e maior a possibilidade de ganho com a operação, maior será o prêmio exigido pelo mercado.

Antes de avançarmos na questão da precificação de uma opção e dos modelos disponíveis para esses cálculos, é importante conhecer alguns conceitos que ajudarão na compreensão do cálculo do prêmio de uma opção. São eles:

i. classificação das opções;
ii. valor intrínseco;
iii. valor tempo.

Classificação das opções

As opções podem ser, portanto, classificadas de acordo com a relação que existe entre o preço de exercício da opção e o preço do ativo-objeto, conforme demonstrado no Quadro 10.5 e no gráfico da Figura 10.6.

Quadro 10.5 Classificação das opções

Classificação	Opção de compra	Opção de venda
Dentro do dinheiro (*In the money*)	Preço de exercício menor que o preço do ativo-objeto	Preço do exercício maior que o preço do ativo-objeto
No dinheiro (*At the money*)	Preço de exercício igual ao preço do ativo-objeto	Preço de exercício igual ao preço do ativo-objeto
Fora do dinheiro (*Out of the money*)	Preço de exercício maior que o preço do ativo-objeto	Preço de exercício menor que o preço do ativo-objeto

Valor intrínseco

Outro conceito importante é o **valor intrínseco da opção**, que é definido como a diferença entre o valor atual do ativo-objeto em negociação no mercado à vista e o preço de exercício da opção, sendo uma medida intuitiva do seu valor.

Exemplos de opção de compra (*call*):

Valor atual	Preço de exercício	Valor intrínseco	Classificação
73	63	10	Dentro do dinheiro
68	63	5	Dentro do dinheiro
63	63	0	No dinheiro
58	63	0	Fora do dinheiro
53	63	0	Fora do dinheiro

Nos últimos dois casos, o valor intrínseco da opção é zero (não é exercida, pois irá causar prejuízo ao titular). É só pensar na pergunta: Quanto vale a opção de comprar algo que vale R$ 53,00 pelo valor de R$ 63,00? Para um investidor racional, vale zero, pois ninguém irá exercer uma opção de compra por preço maior do que o oferecido pelo mercado.

No caso de opção de venda (*put*), o raciocínio é exatamente o contrário, ou seja:

Valor atual	Preço de exercício	Valor intrínseco	Classificação
73	63	0	Fora do dinheiro
68	63	0	Fora do dinheiro
63	63	0	No dinheiro
58	63	5	Dentro do dinheiro
53	63	10	Dentro do dinheiro

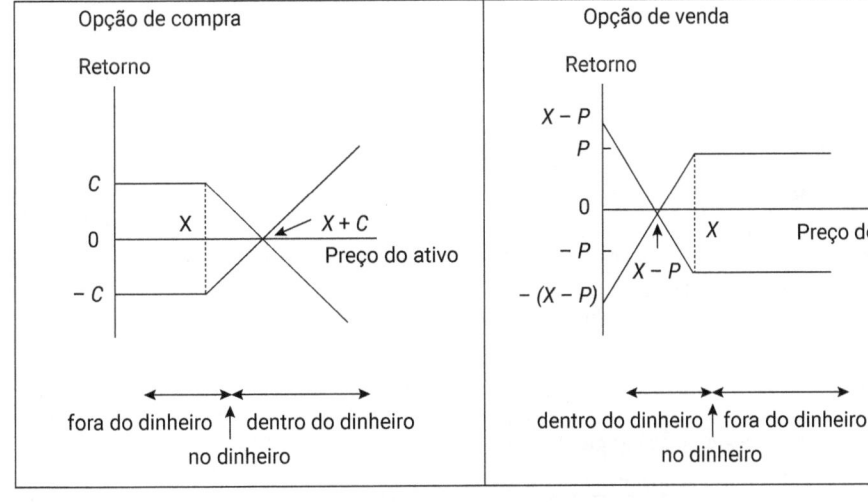

Figura 10.6 Classificação das opções.

Nesse caso, o titular da opção de venda tem o direito de vender a opção por R$ 63,00, e o fará toda vez que o preço do ativo-objeto no mercado à vista estiver menor, ou dentro do dinheiro, conforme mostrado nas duas últimas alternativas apresentadas no quadro anterior. Caso contrário, se o preço no mercado à vista estiver maior do que o preço de exercício, ele abrirá mão desse direito, valendo, portanto, zero a sua opção. Isso porque, nessa hipótese, é melhor o titular ir ao mercado à vista e vender os ativos-objetos pelo valor que está sendo oferecido.

As observações apresentadas anteriormente nos remetem à seguinte conclusão: **o valor intrínseco de uma opção não pode ser negativo, uma vez que o titular não está obrigado a exercê-la.**

Valor tempo

Como visto anteriormente, o prêmio de uma opção é função da probabilidade de exercício desta opção. Pode-se dizer também que o valor do prêmio de uma opção é tanto maior quanto maior for o prazo a decorrer até o seu vencimento. Isso ocorre em função do **valor tempo**, que corresponde à parcela que decresce com a aproximação do vencimento, sendo zero no vencimento da opção.

O valor tempo tem um componente de juros e de risco, sendo este dado pela probabilidade de exercício da opção, que é tanto maior quanto maior for a volatilidade dos preços do ativo-objeto e o prazo até o vencimento. Pode-se dizer que, quanto maior a volatilidade ou o prazo das opções, maior será o prêmio.

Com base no que foi apresentado, pode-se resumir dizendo que:

- Quanto ao preço de exercício:

	Quanto maior o preço de exercício	Logo
Opção de compra	Menor a probabilidade de exercício	Menor o valor do prêmio
Opção de venda	Maior a probabilidade de exercício	Maior o valor do prêmio

- Quanto à taxa de juros:

	Quanto maior a taxa de juros
Opção de compra	Maior o valor do prêmio
Opção de venda	Menor o valor do prêmio

- Quanto ao preço do ativo-objeto:

	Quanto maior o preço do ativo-objeto
Opção de compra	Maior o valor do prêmio
Opção de venda	Menor o valor do prêmio

Pode-se dizer, portanto, que para calcular o valor do prêmio de uma opção, basta trazer a valor presente o valor intrínseco da opção no dia do vencimento. Entretanto, essa é uma informação que não temos *a priori* e, para obtê-la, a teoria financeira desenvolveu algumas abordagens, como o Modelo Binomial e o Modelo de Black & Scholes (MBS), o mais conhecido e disseminado, que leva em consideração certa probabilidade de exercício da opção. Ambos trazem conceitos sofisticados e são abordados de forma introdutória a seguir.

10.4.3.1 Introdução ao Modelo de Black & Scholes e suas limitações[3]

Apesar de exclusivo para precificação de opções de compra ou de venda europeias, o MBS do mercado de opções é de ampla utilização e vem sendo aplicado com sucesso nos mercados de opções de diferentes ativos-objeto. É utilizado para precificar opções de compra americanas somente quando os prêmios são iguais às do tipo europeu. Por ele calcula-se a esperança de ganho no vencimento que, trazida a valor presente do dia da avaliação da opção, será o prêmio justo. Pressupõe volatilidade constante durante o período de existência da opção, o que na prática não se verifica; ações sem pagamento de dividendos até o vencimento da opção e liquidez absoluta.

Vantagens

Tem a vantagem de ter aplicação direta na medida em que depende basicamente de um parâmetro não

---

[3] Há algum tempo, a ANBIMA suprimiu do programa do CPA-20 essa parte dos modelos de precificação de opções, como Black & Scholes e Binomial. Porém, os autores decidiram mantê-lo, pois: (i) este livro também é utilizado como livro-texto; (ii) como vez por outra os temas vão e vêm, esse tema pode ser reintroduzido; e (iii) obviamente, sempre há um aluno que deseja aprender mais.

observável, a volatilidade; os prêmios justos das opções são obtidos a partir de fórmulas derivadas desse modelo.

Desvantagens

Tem a desvantagem de ter aplicação mais restrita e é inadequado para opções americanas, dado que, se a opção puder ser exercida antes do vencimento, o modelo é impraticável.

10.4.3.2 O Modelo Binomial para cálculo do preço de uma opção[4]

O método conhecido como Modelo Binomial parte do princípio que o ativo-objeto subirá ou cairá em valores fixos, e o seu preço só poderá assumir um entre dois valores a cada movimento. Considere uma opção de compra cujo preço de exercício é de R$ 100,00 e seu ativo-objeto é negociado no mercado à vista ao mesmo preço. Para se estimar o prêmio, vamos estabelecer que o preço do ativo no vencimento só poderá alcançar dois valores: ou subirá R$ 5,00 ou cairá R$ 5,00. Assim, no vencimento da opção, o preço à vista do ativo será de R$ 105,00 ou R$ 95,00. Como estabelecemos que o mercado não apresenta tendência, o prêmio será zero ou cinco, com chances iguais de 50% de probabilidade, quando o comprador tem 50% de chances de ganhar R$ 0,00 e 50% de chances de ganhar R$ 5,00. O prêmio da opção será calculado da seguinte maneira:

$$\text{Prêmio} = (0{,}50 \times R\$\ 5{,}00) + (0{,}50 \times R\$\ 0{,}00) = R\$\ 2{,}50$$

10.4.4 Letras gregas[5]

Como observado, vários fatores impactam o prêmio da opção no mercado. Entre eles temos o preço do ativo-objeto, o componente tempo até o vencimento da opção, a volatilidade do ativo-objeto e a taxa de juros embutida na formação do prêmio da opção.

Uma das maiores colaborações dos modelos de precificação de opções é a possibilidade de explicar como o valor de uma opção varia em função de cada uma das variáveis citadas anteriormente. Essa característica influencia a montagem das estratégias com opções, pois pela sua análise o gestor pode montar cenários para avaliar como os ganhos e as perdas de uma posição podem evoluir, dada uma mudança nessas variáveis.

As variáveis que evidenciam essa relação com o preço da opção são classificadas por meio de letras gregas. A medida desse impacto se dá de forma isolada, mantidas todas as outras variáveis constantes em seus valores. O Quadro 10.6 apresenta um resumo dessa classificação e a explicação de cada uma delas.

Quadro 10.6 Letras gregas[6]

Delta	Δ	Mede a variação do prêmio em relação à variação do ativo-objeto
Gama	Γ	Mede a variação do delta da opção em relação ao preço do ativo-objeto
Theta	Θ	Mede a variação do prêmio da opção em relação à contagem do tempo que falta para o exercício
Lambda	Λ	Mede a variação do prêmio em relação à variação da volatilidade do ativo-objeto
Rô	ρ	Mede a variação do prêmio em relação à variação da taxa de juros até o exercício

---

4 Idem nota anterior.

5 Idem notas de rodapé 3 e 4.

6 Enquanto os termos **delta**, **gama** e **theta** são encontrados na maioria dos textos que tratam de opções, não há um termo único aceito universalmente para expressar a sensibilidade do valor teórico de uma opção para mudanças na volatilidade do ativo-objeto.
Por exemplo, a alternativa utilizada na literatura acadêmica estadunidense para expressar sensibilidade do valor teórico de uma opção para mudanças na volatilidade do ativo-objeto é a 11ª letra do alfabeto grego, o **kappa**, ou **capa**.
O mercado financeiro, tanto lá quanto cá, não adotou essa prática. Nos Estados Unidos, os textos não acadêmicos que tratam do assunto optam pela expressão **vega**, que não compõe o alfabeto grego. O máximo que se encontrará lá é um **vega** expresso em V maiúsculo e itálico. Mas cá, nas terras ao Sul do Equador, fizemos um contrabando: como o símbolo do lambda maiúsculo se assemelha a um V invertido, ele se popularizou, aqui, como expressão do **vega**.

10.4.5 Tributação

Por ser uma aplicação de renda variável, a alíquota devida nos rendimentos no mercado de opções é fixada em 15%. O imposto deve ser apurado mensalmente e, como no mercado de ações, pago até o último dia útil do mês subsequente, com a emissão de DARF.

No caso de não exercício da opção e venda das opções antes do seu vencimento, o ganho líquido será apurado e sobre este valor será devido 15% a título de IR.

As semelhanças entre a apuração do IR sobre ganhos com opções e o mercado de ações não param por aí. Há ainda o famoso "dedo-duro" de 0,005% retido na fonte, que pode ser incluído como despesa de operação para apuração do seu custo.

Vale lembrar que deve ser levado em consideração o valor do prêmio pago para cálculo do ganho líquido da operação, em caso de exercício da opção, e que todo ganho com opção deve ser tributado. A única concessão da Receita Federal com relação a esse produto é que as perdas nesse mercado podem ser compensadas com outros produtos de renda variável, exceto *day trade*.

O pagamento sobre os ganhos auferidos no mercado de opções é de responsabilidade do investidor, que deve fazê-lo mediante pagamento de DARF até o último dia útil do mês subsequente. Já o recolhimento do citado "dedo-duro" é de reponsabilidade do intermediário, ou seja, a corretora ou outro intermediário.

10.5 CERTIFICADO DE OPERAÇÕES ESTRUTURADAS

10.5.1 Definição

Criado em 2010 com a finalidade de captação de recursos para os bancos, o Certificado de Operações Estruturadas (COE) é um investimento estruturado com base em opções, mas que dá uma natureza de renda fixa ao produto.

O COE pode ser comercializado em duas modalidades: valor nominal protegido e valor nominal em risco. Saiba mais a seguir.

10.5.1.1 Valor nominal protegido

Neste caso, se o investidor atingir a barreira de variação do *benchmark* em x%, ele leva a rentabilidade total e, se não o atingir, recebe o capital investido. Em outras palavras, o valor investido está garantido, protegido.

Exemplo:
Suponha um investimento de R$ 100.000,00 com referência no IBOVESPA.
Hipótese: se o IBOVESPA variar 10% até a data XX/07/201X, atingindo determinada quantidade de pontos previamente definidos, o investidor leva a rentabilidade total (os 10%). Caso contrário, recebe o capital investido.

Cenário 1: IBOVESPA supera o valor de referência e varia 12%.

- Investidor recebe antes do IR: R$ 100.000,00 × (1 + 0,12) = R$ 112.000,00.

Cenário 2: IBOVESPA fica abaixo da barreira estabelecida de pontos e varia 8,5%, ou até mesmo tem variação negativa.

- Investidor recebe o capital investido (R$ 100.000,00) e não aufere rendimento.

10.5.1.2 Valor nominal em risco

Já nesta modalidade, o investidor tem risco de perder até o limite do seu capital. Ou seja, ele pode perder 100% do capital investido, mas não corre o risco de perder mais do que tem e acabar com dívidas.

10.5.2 Distribuição via oferta pública: Resolução CVM n. 8

A Resolução CVM n. 8, de 14 de outubro de 2020, é uma norma da Comissão de Valores Mobiliários (CVM) do Brasil que trata dos COEs. Essa resolução tem como objetivo estabelecer regras e diretrizes para a emissão, a distribuição e a divulgação desses instrumentos financeiros, e apresenta os seguintes pontos principais:

- **Registro e autorização**: as instituições financeiras que desejam emitir e distribuir COEs devem obter registro na CVM e obter autorização prévia para cada emissão.
- **Divulgação de informações**: as instituições emissoras devem fornecer informações claras e adequadas sobre os COEs, incluindo características, riscos, custos e demais informações relevantes para que os investidores possam tomar decisões informadas.
- **Perfil do investidor**: é necessário que as instituições classifiquem os investidores em diferentes perfis de acordo com sua experiência, conhecimento e tolerância ao risco, para assegurar que os COEs sejam adequados aos investidores.
- **Adequação e recomendação**: as instituições devem avaliar a adequação dos COEs aos investidores e fornecer recomendações compatíveis com o perfil de cada investidor.

Essa resolução tem como objetivo aumentar a transparência e a proteção aos investidores, promovendo uma distribuição mais adequada dos COEs no mercado brasileiro.

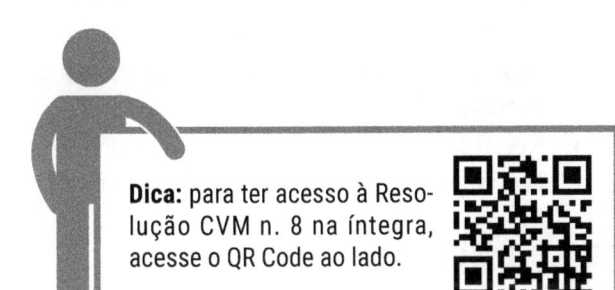

Dica: para ter acesso à Resolução CVM n. 8 na íntegra, acesse o QR Code ao lado.

10.5.3 Tributação

Tendo em vista sua natureza de uma aplicação na qual já se conhece previamente a rentabilidade, os ganhos de aplicações em COE serão tributados como um investimento em renda fixa, seguindo, portanto, a tabela regressiva do IR, conforme o prazo transcorrido entre a data de aplicação e a liquidação da operação, cabendo IOF quando auferidos antes de completar 30 dias.

A instituição financeira será a responsável tributária do IR sobre os ganhos do investidor auferidos nessa aplicação, retendo o IR do investidor na fonte.

10.6 SWAP

Swap significa troca. É um instrumento de *hedge* e gestão de risco, não tendo como finalidade o levantamento de fundos, sendo uma das formas mais conhecidas de mercado derivativo. Os *swaps* são normalmente usados como instrumentos para casamento de prazos e indexadores de dívidas, permitindo essa cobertura a custos menores.

Suponhamos, por exemplo, que um investidor tenha uma dívida em dólares e uma aplicação em Certificado de Depósito Interfinanceiro (CDI). Ele pode ir ao banco e solicitar que seja feito um *swap* de indexador, de CDI para dólares. Nesse caso, ele está apostando que o dólar vai valorizar mais do que a taxa de juros DI e o banco estará na posição inversa. Fazer *swap* é uma forma de se *hedgear* contra movimentos inesperados.

Veja este exemplo de *swap*: um indexador tem um ativo que rende 98% do CDI e uma dívida indexada ao IGPM. Ele tem medo que o IGPM dê uma grande subida e descole do CDI, ocasionando perdas no seu patrimônio. Dirige-se então ao banco e faz um *swap* de CDI para IGPM. Com isso, ele troca uma rentabilidade em CDI por outra em IGPM.

Esse procedimento pode acarretar ganhos menores, caso o CDI renda acima do IGPM. Entretanto, ele se encontra *hedgeado* caso ocorra o oposto, não tendo perdas.

10.6.1 Aspectos gerais referentes à negociação dos swaps

Os *swaps* podem ser realizados diretamente entre duas empresas não financeiras, entre uma instituição financeira e uma empresa não financeira, ou ainda entre duas instituições financeiras. Nos casos em que há a participação de instituição financeira, o *swap* poderá ser realizado como estratégia da instituição, ou para repassar posições de *swap* assumidas com outras empresas (ou instituições financeiras).

Os *swaps* entre empresas podem ser realizados no mercado de balcão informal, em que não há registro da operação em órgãos específicos, ou poderão ser efetuados no mercado de balcão formal, quando terão que ser registrados na B3.

Os *swaps* que envolvem a participação de instituições financeiras têm a obrigatoriedade de ser registrados na B3. Além disso, é preciso que designem um diretor como o responsável pelas operações de *swap*.

A intermediação dos *swaps* por instituições financeiras tem sido comum, na medida em que o intermediador presta os serviços de procurar as contrapartes apropriadas, estruturar financeira e juridicamente as operações e, quando uma parte apresenta risco maior do que a outra, absorver o diferencial de risco.

Do mesmo modo que é extremamente improvável que um aplicador de recursos encontre um tomador que deseje captar a mesma quantidade de recursos, pelo mesmo prazo que ele deseja aplicar, também é bastante difícil que haja coincidência de desejos entre as partes que desejam realizar os *swaps*. Surge, aí, a importância das instituições financeiras como intermediadoras dessas operações.

Entre as modalidades de *swaps* previstas pela B3, temos os contratos envolvendo os indexadores de DI *over*, de taxa prefixada, de dólar, de ouro, de taxa referencial (TR), entre outras. Em termos de volume, há destaque para os *swaps* envolvendo os indexadores DI *over*, taxa prefixada e dólar.

Os contratos podem ter garantias ou não por parte das contrapartes dos *swaps*. Caso não tenham garantias, há o risco de crédito, de a contraparte perdedora "quebrar" e não pagar o diferencial entre as curvas do *swap* à parte ganhadora.

Quando têm garantias, a B3 exige das contrapartes depósitos de garantias, que são ajustáveis em função do risco. As garantias poderão ser executadas em caso de inadimplência da parte perdedora, para pagar à parte ganhadora.

Nas operações sem garantias, os contratantes poderão estabelecer, entre si, as garantias que julgarem necessárias à realização das operações.

Os *swaps* diferenciam-se quanto à possibilidade de serem prorrogáveis ou canceláveis. Em um *swap* prorrogável, uma parte tem o direito de prorrogá-lo, por determinado prazo, além do especificado. Em um *swap* cancelável, uma das partes tem o direito de encerrá-lo antes do prazo preestabelecido.

10.6.2 *Swap* de taxa de juros

Contrato entre empresas, no qual os pagamentos de juros se baseiam em um saldo devedor de referência, o qual jamais é pago ou recebido. O *swap* de taxa de juros envolve taxas fixas *versus* taxas variáveis ou flutuantes.

Por que utilizar o *swap* de taxa de juros?

- Promover casamentos mais adequados de ativos e passivos de uma empresa ou de um banco.
- Uma empresa com ativo de taxa variável e passivo de taxa fixa (e vice-versa).
- Eliminar o risco de variação de taxas de juros, evitando perder se as taxas do ativo caírem e continuarem aplicando as mesmas taxas sobre o passivo.
- Buscar possibilidades de vantagens comparativas em captar no mercado de taxas fixas trocando (*swapping*) com empresas que tenham vantagens comparativas no mercado de taxas flutuantes.
- A operação é estruturada e intermediada por uma instituição financeira.
- Obter recursos a taxas inferiores às normalmente disponíveis ao tomador.
- Prover fontes alternativas de recursos à taxa flutuante.
- Reestruturar dívida sem refinanciar débitos.
- Mudar a composição de fluxo de um ativo.

10.6.3 Tributação

Os rendimentos positivos auferidos na liquidação do contrato de *swap* estão sujeitos à tributação do IR, conforme tempo de permanência na operação, considerando-se tabela regressiva aplicável aos investimentos em renda fixa, sendo o imposto retido pela pessoa jurídica que efetuar o pagamento do rendimento na data da liquidação do respectivo contrato.

Alguns cuidados devem ser tomados quando um cliente aplica, por exemplo, em um título de renda fixa e, concomitantemente, faz um *swap* de mesmo prazo e mesmo valor do título para outro indexador, normalmente o CDI.

Nesse caso, é importante compreender que são duas operações distintas. O investidor comprou um título e, por ele, vai pagar IR normalmente e, na liquidação do título, vai também liquidar o *swap* que pode ter ajuste positivo ou negativo.

No caso de ajuste positivo, não há problemas. O investidor paga o IR no título e no ajuste. Entretanto, no caso de ajuste negativo no *swap*, o investidor desavisado vai ter uma rentabilidade menor do que esperava. Veja o caso que se segue, ilustrado na Tabela 10.1.

Se olharmos com cuidado a demonstração anterior, vamos notar que o investidor desavisado esperava receber:

Valor reajustado DI	R$ 106.500,00	100.000 + (100.000 × 6,5%)
Ganho hipotético	R$ 6.500,00	106.500 − 100.000
IR a recolher hipotético	R$ 1.300,00	6.500 × 20%
Líq. a receber hipotético	R$ 105.200,00	106.500 − 1.300
Valor líquido recebido	R$ 105.100,00	Conforme cálculo da tabela anterior
Perda no IR	R$ 100,00	1.400 − 1.300

Os cálculos anteriores nos levam a concluir que, ao se fazer uma operação de *swap*, o investidor deve ter muita cautela e procurar se informar sobre a possibilidade de haver um *swap* negativo na operação que gere perdas como as demonstradas. No caso de *swap* com ajuste positivo, não há perda com o IR, pois haverá cobrança de IR sobre o ganho da primeira operação e sobre a diferença no ajuste, que vem para agregar aos ganhos, havendo, portanto, uma tributação sobre a totalidade do ganho com a operação.

Tabela 10.1 *Swap* pré × DI com ajuste negativo

Valor aplicado	R$ 100.000,00	
Taxa pré	7% a.a.	
Valor no resgate	R$ 107.000,00	100.000 + (100.000 × 7%)
Rendimento	R$ 7.000,00	107.000 − 100.000
Alíquota IR*	20%	
(−) Valor IR recolhido	R$ 1.400,00	7.000 × 20%
Valor a receber bruto	R$ 105.600,00	107.000 − 1.400
Rentabilidade DI	6,5% a.a.	
(+) Ajuste	−R$ 500,00	(100.000 × 7%) − (100.000 × 6,5%)
Líquido a receber	R$ 105.100,00	

* Supondo 400 dias após a aplicação.

MAPA MENTAL

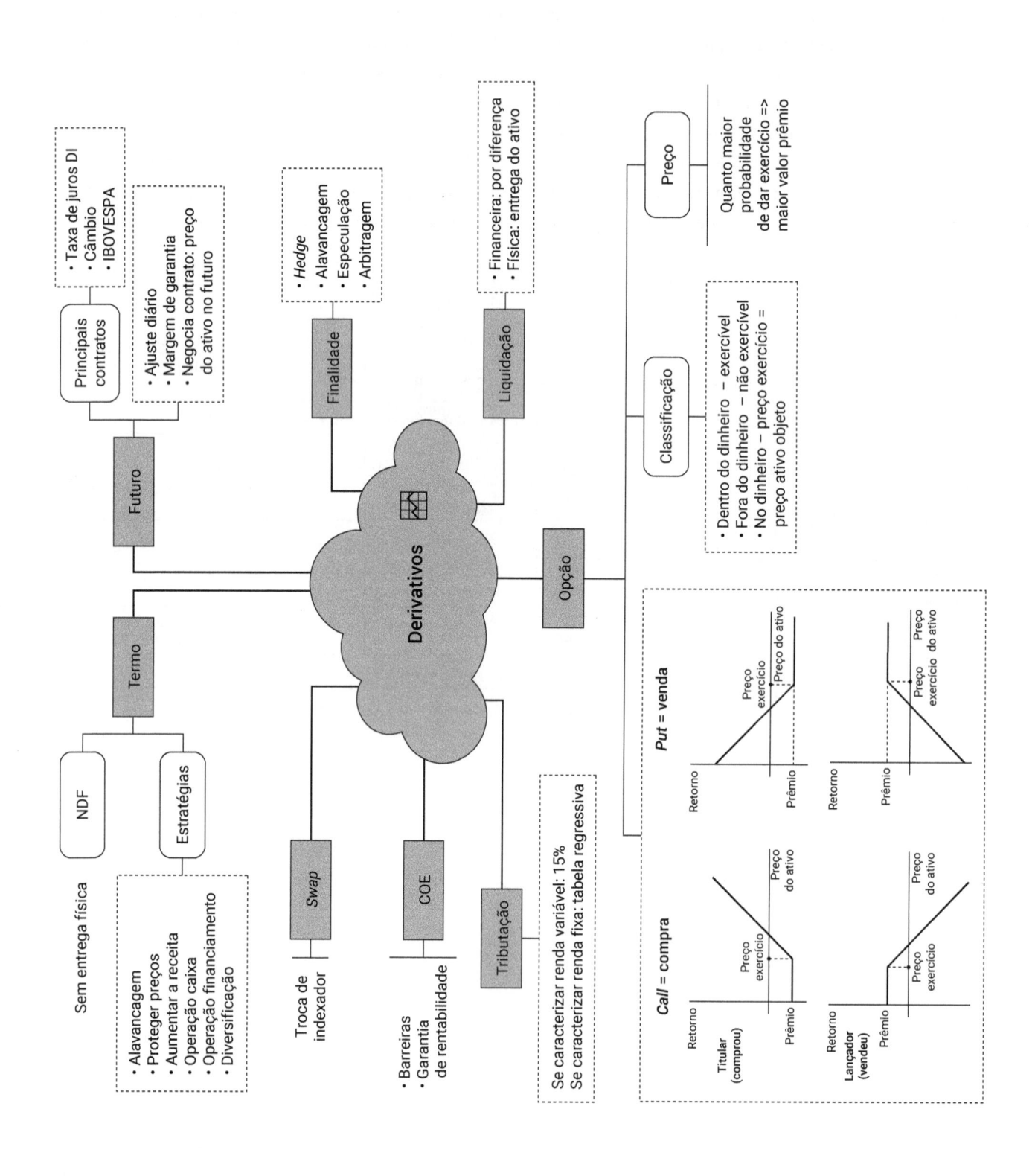

Derivativos

- **Futuro**
  - Principais contratos
    - Taxa de juros DI
    - Câmbio
    - IBOVESPA
  - Ajuste diário
  - Margem de garantia
  - Negocia contrato: preço do ativo no futuro
- **Termo**
  - NDF — Sem entrega física
  - Estratégias
    - Alavancagem
    - Proteger preços
    - Aumentar a receita
    - Operação caixa
    - Operação financiamento
    - Diversificação
- **Swap**
  - Troca de indexador
- **COE**
  - Barreiras
  - Garantia de rentabilidade
- **Tributação**
  - Se caracterizar renda variável: 15%
  - Se caracterizar renda fixa: tabela regressiva
- **Opção**
  - Finalidade
    - *Hedge*
    - Alavancagem
    - Especulação
    - Arbitragem
  - Liquidação
    - Financeira: por diferença
    - Física: entrega do ativo
  - Classificação
    - Dentro do dinheiro – exercível
    - Fora do dinheiro – não exercível
    - No dinheiro – preço exercício = preço ativo objeto
  - Preço
    - Quanto maior probabilidade de dar exercício => maior valor prêmio

Call = compra (Titular comprou / Lançador vendeu)
Put = venda

EXERCÍCIOS DE FIXAÇÃO

1. Assinale a alternativa que indica corretamente uma função dos mercados derivativos.
   a) Permitir que as empresas captem recursos.
   b) Alternativa para a realização de investimentos.
   c) Proteção contra riscos operacionais.
   d) Proteção contra riscos financeiros.

2. Operar a tendência de preços do mercado é uma das finalidades dos derivativos denominada:
   a) *Hedge*.
   b) Especulação.
   c) Alavancagem.
   d) Arbitragem.

3. Assinale a característica que se refere ao mercado de balcão.
   a) Padronizado pela bolsa.
   b) Ampla liquidez.
   c) Sujeito à autorregulação.
   d) Garantia entre as partes.

4. O saldo líquido dos contratos negociados pelo mesmo contratante para a mesma data de vencimento é definido como:
   a) Posição.
   b) Liquidação.
   c) Ajuste.
   d) Garantia.

5. A entrega do ativo em negociação na data de vencimento do contrato é denominada:
   a) Liquidação financeira.
   b) Liquidação física.
   c) Ajuste.
   d) Margem de garantia.

6. Assinale a característica que se refere aos contratos NDF.
   a) Contrato a termo sem a entrega física do ativo-objeto.
   b) Contrato futuro sem a entrega física do ativo-objeto.
   c) Contrato no qual não incide tributação.
   d) Contrato utilizado para a realização de estratégias com opções.

7. Assinale a característica exclusiva dos mercados futuros.
   a) Exigência de margem de garantia.
   b) Padronização pela bolsa.
   c) Existência do ajuste diário.
   d) Sujeição ao mecanismo de ressarcimento de prejuízos.

8. Uma opção de compra na qual o preço de exercício é menor que o preço do ativo-objeto é classificada como:
   a) Dentro do dinheiro (*In the money*).
   b) No dinheiro (*At the money*).
   c) Fora do dinheiro (*Out of the money*).
   d) Binomial.

GABARITO

1. d   2. b   3. d   4. a
5. b   6. a   7. c   8. a

Capítulo 11
Oferta Pública de Valores Mobiliários

OBJETIVOS

Ao final deste capítulo, você deve ser capaz de:
→ Compreender o processo de abertura de capital de uma companhia e os principais *players* e aspectos legais e operacionais relacionados a uma oferta pública de valores mobiliários.

CONTEÚDO

11.1 Introdução
11.2 Principais instituições: funções e principais características
11.3 Aspectos legais e normativos
11.4 Código ANBIMA de Ofertas Públicas
Mapa mental
Exercícios de fixação

TEMPO ESTIMADO DE ESTUDO

Seis horas.

11.1 INTRODUÇÃO

11.1.1 Emissão de valores mobiliários

Em diversos momentos do estudo foi abordada a questão do mercado de capitais, local em que as empresas emitem títulos para captação de recursos. Esses títulos podem ser de dívida, caso das debêntures, por exemplo, ou de propriedade, caso das ações.

No caso das companhias de capital aberto, essa emissão de títulos é regulamentada pela Comissão de Valores Mobiliários (CVM), a xerife do mercado.

Toda emissão de títulos (*underwriting*) de uma companhia de capital aberto é denominada oferta pública, e toda primeira vez que as ações de uma companhia serão negociadas em bolsa, chamamos de um *Initial Public Offering* (IPO), que nada mais é que a primeira Oferta Pública de Ações (OPA) da companhia.

Lembrando que para a CVM uma companhia aberta é aquela que, por meio de registro apropriado junto a esta autarquia, está autorizada a ter seus valores mobiliários negociados junto ao público, tanto em bolsas de valores quanto no mercado de balcão, organizado ou não.

Para que uma empresa possa se candidatar ao processo de abertura de capital, deve estar constituída na forma jurídica de uma sociedade anônima, de acordo com o que preceitua a Lei n. 6.404, de 15 de dezembro de 1976.

O que são valores mobiliários?

O mercado de valores mobiliários brasileiro negocia, predominantemente, ações, debêntures e cotas de fundos de investimento. Entretanto, existem vários outros tipos de valores mobiliários. O art. 2º da Lei n. 6.385, de 07 de dezembro de 1976, com alterações feitas pela Lei n. 10.303, de 31 de outubro de 2001, define como valores mobiliários:

- as ações, as debêntures e os bônus de subscrição;
- os cupons, direitos, recibos de subscrição e certificados de desdobramento relativos aos valores mobiliários;
- os certificados de depósito de valores mobiliários;
- as cédulas de debêntures;
- as cotas de fundos de investimento em valores mobiliários ou de clubes de investimento em quaisquer ativos;
- as notas comerciais;
- os contratos futuros, de opções e outros derivativos, cujos ativos subjacentes sejam valores mobiliários;
- outros contratos derivativos, independentemente dos ativos subjacentes.

11.1.2 Processo de abertura de capital

Muitas empresas negociadas em bolsa hoje em dia começaram como companhias limitadas (Ltda.). Com o passar do tempo, e dado o desejo de seus proprietários de crescer ainda mais, decidiram buscar novos sócios. Resolveram, então, transformar suas companhias em sociedades por ações e abrir o capital. Afinal, o mercado de capitais era uma nova fonte de capital para seu crescimento.

Segundo Casagrande (2000), a decisão da abertura de capital está atrelada à decisão de investimento e financiamento da companhia. Enquanto a decisão de investimento determina o risco empresarial de uma firma, a decisão de financiamento define o seu risco financeiro, que vai desde a variabilidade do lucro até a situação de insolvência.

Suponha que uma empresa de capital fechado deseje crescer e busque financiamento no Banco Nacional de Desenvolvimento Econômico e Social (BNDES), o que parece adequado no momento. Entretanto, ela se tornou mais alavancada, endividada, certo? Se toda vez que a empresa desejar crescer ela se endividar, chegará um momento que estará tão endividada que o custo do financiamento mediante empréstimo não compensará ou lhe será negado. Será hora, portanto, de buscar novas fontes de capital e uma delas é encontrar novos sócios abrindo seu capital.

O *chief financial officer* (CFO)[1] de uma companhia tem como objetivo maximizar a riqueza do acionista, que é medida pelo valor de seus bens. Ele estará constantemente envolvido nessas questões e definindo uma estrutura "ótima" de capital, conforme estudado no Capítulo 3, Seção 3.6 – Custo de capital. Caberá ao CFO, portanto, balancear de modo adequado a utilização de recursos próprios e de terceiros.

Trata-se de decisão muito importante e que envolve dois aspectos: técnico e subjetivo. O aspecto técnico engloba os cálculos de viabilidade de projetos, taxas de retorno, fontes de financiamento, custos, disponibilidade de recursos, preço de emissão etc. Já o aspecto subjetivo corresponde aos assuntos ligados à cultura empresarial, ou seja, a disposição dos acionistas controladores em assumir riscos, prestar informações ao público, aceitar a presença de novos acionistas e respeitar os direitos dos acionistas minoritários.

---

1 O CFO é o responsável pela área financeira de uma companhia.

A abertura plena do capital se dá com o lançamento de ações junto ao público, dado o volume de negócios resultante e as transformações por que passa a companhia.

Poderia se dizer que a abertura de capital por meio dos outros valores mobiliários aqui considerados, sobretudo as debêntures conversíveis e os bônus de subscrição, seria um estágio preliminar à plena abertura.

As razões que levam uma empresa a considerar a abertura de seu capital são determinantes na escolha do tipo de valor mobiliário a ser emitido, do tipo de lançamento a ser feito e do tipo de investidor mais apropriado aos seus objetivos.

O *status* de companhia aberta não se restringe apenas às grandes companhias. A CVM vem, inclusive, envidando esforços no sentido de regulamentar, criar e incentivar uma estrutura específica para negociação de títulos emitidos por empresas de pequeno e médio portes, o chamado Mercado de Balcão Organizado, como também o Fundo Mútuo de Investimento em Empresas Emergentes e o Fundo de Ações – Mercado de Acesso.[2]

As companhias de capital aberto têm, ainda, direito de obter junto à CVM o registro de seus programas de lançamento de recibos de depósito (DRs) negociáveis no exterior, para captação de recursos em mercados estrangeiros.

11.1.3 Definições

Para facilitar o estudo dessa matéria, é bom conhecer alguns termos recorrentes quando o assunto tratado é oferta pública.

- **Oferta pública**: considera-se pública a oferta quando forem realizados esforços de aquisição ou utilizado qualquer meio de publicidade, inclusive correspondência ou anúncios eletrônicos.
- **Oferta primária**: ocorre quando há capitalização da companhia ofertante, por meio de emissão de novos valores mobiliários pela empresa.
- **Oferta secundária**: ocorre quando o titular do valor mobiliário coloca à venda os seus valores mobiliários, havendo apenas a troca de titularidade, sem entrada de recursos para a empresa.
- *Follow on*: se a empresa já tiver ações negociadas em mercado secundário, a OPA será denominada oferta subsequente, também conhecida como *follow on*.
- **Block trade**: ocorre um *block trade* quando é ofertado um grande lote de ações já existentes, em posse de algum acionista, com colocação junto ao público, por meio de bolsa ou mercado de balcão; a empresa emissora dos títulos não tem participação direta nessa operação.
- **Acionista controlador**: pessoa, natural ou jurídica, fundo ou universalidade de direitos ou o grupo de pessoas vinculadas por acordo de voto, ou sob controle comum, direto ou indireto, que: (i) seja titular de direitos de sócio que lhe assegurem, de modo permanente, a maioria dos votos nas deliberações da assembleia geral e o poder de eleger a maioria dos administradores da companhia; e (ii) use efetivamente seu poder para dirigir as atividades sociais e orientar o funcionamento dos órgãos da companhia.
- **Ações em circulação**: todas as ações emitidas pela companhia objeto, excetuadas as ações detidas pelo acionista controlador, por pessoas a ele vinculadas, por administradores da companhia objeto, e aquelas em tesouraria.

11.1.4 Riscos

Toda oferta pública é acompanhada dos riscos de rateio e de não concretização. Conheça mais sobre eles.

11.1.4.1 Risco de rateio

No que se refere ao risco de rateio, ele ocorre quando há a incerteza de que o investidor potencial poderá adquirir os valores mobiliários na quantidade desejada. Em outras palavras, quando há mais solicitação

---

2 O Mercado de Acesso da Brasil, Bolsa, Balcão (B3) é voltado para empresas que desejam entrar no mercado de capitais de forma gradual.

de compra do que valor mobiliário disponível para venda. Esse fato ocorreu por ocasião da privatização da Vale, no IPO da hoje B3 e de tantas outras companhias. Ocorre que, em virtude do grande número de interessados em participar da OPA, e não havendo ações suficientes a disponibilizar para esses interessados em participar do processo na quantidade desejada, o emissor se vê obrigado a dividir/ratear as ações disponíveis para negociação. Nesses casos, as companhias fixam um teto máximo de ações que pode ser adquirido pelos investidores.

11.1.4.2 Risco de não concretização

O risco de não concretização refere-se ao risco de alguma das condições necessárias para a concretização do negócio não ser satisfeita, por exemplo, o preço mínimo exigido pelo emissor estar em desacordo com o solicitado pelo mercado. Além disso, alguma questão de ordem regulamentar pode adiar ou simplesmente tirar de negociação o valor mobiliário. Em 2009, algumas corretoras foram punidas por não obedecerem a critérios de silêncio exigidos pela regulamentação. Nesse caso específico, os clientes que haviam feito suas reservas para participar da OPA não efetivaram suas compras.

11.1.5 Regimes de distribuição

A distribuição dos valores mobiliários pode se dar de três formas, conforme descrito a seguir.

1. **Garantia firme**: a instituição financeira mediadora ou o consórcio de instituições responsável pela distribuição garante a subscrição da emissão. Isso significa que no tipo firme de *underwriting* a instituição financeira assume o risco de mitigá-los no mercado junto aos demais investidores, garantindo à empresa o recebimento da totalidade dos recursos previstos.
2. ***Residual* ou *stand-by underwriting***: a instituição financeira se compromete a negociar as novas ações dentro de certo prazo. Quando o prazo termina, a instituição financeira subscreve a parcela que o mercado não absorveu, garantindo à empresa o recebimento da totalidade dos recursos.
3. **Melhores esforços**: o risco da não colocação dos títulos corre exclusivamente por conta da empresa emissora. A instituição mediadora compromete-se apenas a fazer o melhor esforço na venda.

11.2 PRINCIPAIS INSTITUIÇÕES: FUNÇÕES E PRINCIPAIS CARACTERÍSTICAS

11.2.1 Banco coordenador

É exigência da legislação que a operação de lançamento de valores mobiliários seja coordenada por uma instituição financeira – banco de investimento, banco múltiplo, sociedade corretora ou sociedade distribuidora de títulos e valores mobiliários.

É aconselhável que a companhia analise as suas alternativas antes de efetuar a escolha e informe-se sobre a capacidade de cada uma das candidatas. As instituições não escolhidas, muitas vezes, acabam por participar do lançamento com outras funções.

O coordenador é também responsável pelo registro dos valores mobiliários na bolsa de valores, no mercado de balcão organizado e pelos processos de registro na CVM, tanto da companhia quanto da emissão.

11.2.2 Agência de *rating*

Uma agência de *rating* é uma empresa independente que, por conta própria ou de um ou vários clientes, qualifica determinada empresa ou emissão de valor mobiliário, atribuindo notas segundo o grau de risco de que a empresa não pague sua dívida daquela emissão específica, no prazo fixado. Esse assunto será mais bem tratado no Capítulo 15.

Cada agência de *rating* tem sua própria notação conforme o risco. As notas variam em uma escala de A a D, podendo assumir AAA (caso da S&P) e Aaa (caso da Moody's), entre outras.

A regulamentação exige que uma oferta pública de renda fixa seja classificada por uma agência de *rating*.

11.2.3 Agente fiduciário

O agente fiduciário, também chamado de agente de notas, é o representante legal da comunhão de interesses dos detentores dos títulos, protegendo seus direitos junto à emissora, verificando as informações fornecidas pelo emissor e suas garantias, solicitando auditoria quando necessário. No caso de inadimplemento da companhia, o agente fiduciário deverá usar de toda e qualquer ação para proteger direitos ou defender interesses dos detentores dos títulos. Sua presença é obrigatória nas emissões públicas.

Segundo a regulamentação, somente podem ser nomeados agentes fiduciários:

- pessoas naturais que satisfaçam os requisitos para o exercício de cargo em órgão de administração de companhia; e
- instituições financeiras.

De modo resumido, não pode ser agente fiduciário pessoa física ou instituição financeira que, de alguma forma, seja ligada ao emissor, já que, nesse caso, haveria conflito de interesse.

11.2.4 Banco escriturador

O banco escriturador é o responsável pela escrituração e pela guarda dos livros de registro e transparência de valores mobiliários. Em uma emissão de debêntures, portanto, deve haver um agente escriturador, que normalmente assume também a função de banco mandatário.

11.2.5 Banco mandatário

O banco mandatário tem a função de processar as liquidações físicas e financeiras entre sua tesouraria e a instituição custodiante, que pode ser a CETIP, atual B3, por exemplo. Além disso, o banco mandatário verifica existência, autenticidade, validade e regularidade da emissão da debênture, a quantidade emitida, série e emissão delas, e atua como fiel depositário das debêntures.

Quando há a ocorrência de repactuação, o banco mandatário confere os registros das debêntures que não serão repactuadas ou que tenham sido objeto de exercício de opção de venda, se houver.

11.2.6 Banco liquidante

O papel do banco liquidante é prestar serviços de liquidação financeira das operações registradas no Sistema de Distribuição de Títulos (SDT), no Sistema Nacional de Debêntures (SND) ou no Sistema Integrado de Administração de Corretoras (Sinacor), conforme o caso, além de ser responsável pelo pagamento das taxas relativas ao uso do sistema.

Por meio da conta de liquidação, o banco permite aos participantes do sistema liquidarem suas operações junto às *clearings* e ao mercado de balcão organizado. Os participantes da operação indicam as suas contas na B3 e, dessa forma, o liquidante liquida as operações registradas no SDT e no SND, ficando assegurado que o vendedor tem os títulos para vender e que o comprador tem os devidos recursos para comprá-los.

11.2.7 Depositário

A instituição depositária é responsável por:

- registrar os valores mobiliários;
- custodiar os valores mobiliários;
- emitir os certificados.

As seguintes instituições podem se habilitar para exercer essas atividades: bancos comerciais e de investimento, sociedades corretoras e distribuidoras e bolsas de valores, mas precisam comprovar que têm condições técnicas, operacionais e econômico-financeiras adequadas.

A instituição depositária deve ser autorizada pela CVM para prestar esse serviço, devendo empenhar-se para que todas as etapas do processo – emissão, substituição de certificados, transferências e averbações nos livros – sejam praticadas no menor prazo possível. Deve fornecer também aos titulares dos valores mobiliários o extrato da sua conta de depósito ou de custódia, periodicamente.

11.2.8 Custodiante

O custodiante é a instituição responsável pela guarda e pela manutenção das informações dos ativos componentes da carteira do investidor. Ele guarda, por exemplo, dividendos, direitos de subscrição, desdobramentos, repactuação de desdobramentos, repactuações de debêntures, juros, amortizações etc.

Para ser custodiante, a instituição deve ser credenciada pela entidade reguladora Banco Central do Brasil (BCB) para a prestação desse serviço. Via de regra, a instituição custodiante exerce o papel de liquidante da operação, ou seja, o responsável pelo pagamento e pelo recebimento financeiro das transações.

No caso das debêntures, normalmente a custódia é feita pela CETIP ou pela B3, apenas uma empresa em processo de integração.

11.2.9 Formador de mercado (*market maker*)

O *market maker*, também chamado de provedor de liquidez, é uma entidade contratada para dar liquidez no mercado para determinado papel, principalmente no caso de ações estreantes na bolsa.

Conforme explicado no *site* Finance:

> [...] o objetivo do *market maker* é basicamente formar preço, para que outros investidores se interessem pelo papel, e não tenham medo de ficar com um ativo sem liquidez na mão. Baseado em cálculos fundamentalistas, o *market maker* oferece ao mesmo tempo ofertas de compra e ofertas de venda. Por exemplo, se um papel tem *market maker*, então, se o investidor desejar vender seu papel e não encontrar comprador, o *market maker* proverá essa liquidez ao papel, adquirindo o mesmo. O mesmo ocorre no caso de haver oferta de compra e não haver vendedor.

Espera-se que, com o tempo, o papel forme uma "comunidade" de investidores suficientemente grande para que sempre haja compradores e vendedores naquele papel, e o *market maker* não seja mais necessário. Sem o *market maker*, demoraria muito mais para formar mercado, principalmente no caso de ações estreantes de que ninguém sabe bem o preço justo.

O *market maker*, obviamente, quer ter lucro pelo seu trabalho. Porém, esse lucro não é auferido por conta das oscilações do papel, e sim pela diferença entre preço de compra e de venda (*bid/ask spread*). Nesse sentido, ele age como um corretor, comprando barato e vendendo caro. No final do dia, o *market maker* sempre quer ficar "zerado", para evitar prejuízos maiores no caso de queda brusca do papel.

A principal dificuldade do *market maker* é justamente manter-se zerado, particularmente quando a pressão de compra ou de venda está muito grande. Em mercados muito desenvolvidos, o *market maker* pode lançar ou comprar opções. Quando isso não é possível, o jeito é zerar a posição comprando ou vendendo ao preço que o mercado aceitar, mesmo que haja perda na operação.

11.2.10 Companhia securitizadora

No Capítulo 8, você aprendeu sobre CRI e CRA, dois títulos de emissão exclusiva das companhias securitizadoras, sociedades anônimas classificadas como instituições não financeiras que têm por finalidade a aquisição de recebíveis e sua securitização, por meio de emissão e colocação, no mercado financeiro e de capitais, dos certificados.

A securitização é uma tecnologia financeira que converte uma carteira relativamente homogênea de ativos em títulos mobiliários passíveis de negociação. Desse modo, consegue transformar ativos relativamente ilíquidos em títulos mobiliários líquidos, transferindo os riscos associados a eles para os investidores que os adquirem.

Pode-se dizer, portanto, que os títulos resultantes de um processo de securitização são caracterizados por um compromisso de pagamento futuro, de principal e juros, a partir de um fluxo de caixa proveniente de carteira de ativos selecionados.

Estamos diante, portanto, de uma mudança do modelo clássico de intermediação financeira, quando os bancos atuavam como intermediários, para um novo modelo, em que as funções passam a ser executadas por diversas instituições do mercado de capitais. Em outras palavras, o mercado de crédito começa a migrar para o mercado de capitais.

11.3 ASPECTOS LEGAIS E NORMATIVOS

11.3.1 Ofertas públicas primárias e secundárias: Resolução CVM n. 160

A Resolução CVM n. 160 de 2022 substituiu as antigas Instruções CVM n. 400 e n. 476. Ela tem por finalidade regular as ofertas públicas de distribuição de valores mobiliários, a negociação dos valores mobiliários ofertados nos mercados regulamentados. Seus objetivos são assegurar a proteção dos interesses do público investidor em geral e promover a eficiência e o desenvolvimento do mercado de valores mobiliários. Em virtude da extensão do seu conteúdo, são apresentados, a seguir, os principais pontos da referida Instrução.

A distribuição pública de valores mobiliários somente pode ser efetuada com intermediação das instituições integrantes do sistema de distribuição de valores mobiliários ("Instituições Intermediárias"), que devem garantir: (i) que o tratamento aos investidores seja justo e equitativo; (ii) a adequação do investimento ao perfil de risco dos clientes; e (iii) que o pessoal da área comercial seja treinado pelo líder da operação e tenha conhecimento sobre os detalhes da oferta.

11.3.1.1 Publicidade

Após o início do período de oferta a mercado, a publicidade pode ser feita por meio da disseminação do prospecto, da lâmina da oferta, de material explicativo e educacional que ajude na tomada de decisão, apresentações para investidores e entrevistas na mídia.

O prospecto deve ser elaborado pelo ofertante em conjunto com o coordenador líder e conter a informação necessária, apresentada de maneira clara e objetiva, de modo que os investidores possam formar criteriosamente a sua decisão de investimento. Além de informação sobre os termos e as condições da oferta, o emissor e as garantias, deve conter os principais fatores de risco relacionados com o emissor, com o valor mobiliário, com a oferta e com o terceiro garantidor.

No processo de oferta pública, existem o prospecto preliminar e o definitivo. A única diferença entre eles é que o preliminar não contém o número de registro da oferta na CVM, nem o preço ou a taxa de remuneração definitivos. Por não ser definitivo, deve conter *disclaimers* informando que as informações ali contidas estão sob análise da CVM.

A lâmina é um documento mais sintético que o prospecto e apresenta as características essenciais da oferta, a natureza e os cinco principais fatores de risco associados ao emissor, às garantias e aos valores mobiliários.

No caso de apresentação para investidores, como em um *road show*, todos os documentos utilizados na apresentação devem estar disponíveis na internet para os investidores até um dia após a sua utilização.

O responsável pelas informações contidas nos documentos da oferta é o ofertante, embora ao coordenador líder caiba tomar todas as cautelas para assegurar que as informações prestadas pelo ofertante, inclusive quanto ao estudo de viabilidade econômico-financeira do empreendimento, se aplicável, são verdadeiras e atuais, permitindo aos investidores uma tomada de decisão fundamentada a respeito da oferta.

11.3.1.2 Registro de distribuição

A oferta pode acontecer sem análise prévia da CVM, ao que se chama de **rito de registro automático de distribuição**. Quando é exigida a análise prévia, chamamos de **rito de registro ordinário de distribuição**. Neste caso, o registro é precedido da análise prévia da CVM. Com poucas exceções, o rito automático pode ser adotado para qualquer oferta destinada a investidores profissionais ou qualificados.

Quando é observada uma demanda grande pelo valor mobiliário objeto da oferta, a norma permite que seja lançado um lote adicional de até 25% da quantidade inicialmente requerida, sem que seja feito um novo requerimento ou registro. Além disso, visando à estabilização do preço do título, é permitido que os coordenadores distribuam um lote suplementar de até 15% da quantidade inicialmente ofertada.

11.3.1.3 Formação de preço

Este é um tópico especial e merece um destaque especial. O art. 170 da Lei das S.A. define que o preço de emissão deve ser fixado sem que haja diluição injustificada da participação dos antigos acionistas, ainda que tenham direito de preferência na subscrição do aumento de capital. O preço fixado deverá decorrer, alternativa ou conjuntamente:

- da perspectiva de rentabilidade da empresa;
- do valor do patrimônio líquido da ação;
- da cotação de suas ações em bolsa de valores ou mercado de balcão organizado, admitidos ágio ou deságio em função das condições de mercado.

Independentemente do método, a Resolução CVM n. 160 deixa claro que o preço da oferta é único e o procedimento de precificação em ofertas com ou sem o recebimento de reservas somente pode ter início a partir da divulgação do aviso ao mercado.

É permitida a consulta a potenciais investidores pelo ofertante e pela instituição líder da distribuição para apurar a viabilidade ou o interesse de uma eventual oferta pública. A consulta deve ser mantida em sigilo. Também é possível fazer uma coleta de intenções de investimento, com ou sem o recebimento de reservas, a partir da divulgação de prospecto preliminar e do protocolo do pedido de registro de distribuição na CVM.

O processo de precificação pode se dar de duas formas:

1. **Bookbuilding**: neste caso, a empresa emissora, com base em aconselhamento e assessoria do banco coordenador, fixa uma faixa de preço ou taxa (mínimo ou máximo), a qual flutuará de acordo com a demanda dos participantes na posição de suas garantias, até a fixação final do preço ou taxa de subscrição a ser realizada. Quando da fixação do preço final, os participantes tornam-se garantidores da colocação dos lotes que indicaram tal preço.
2. **Leilão em bolsa**: a B3 realiza inúmeros leilões diariamente em seus ambientes de negociação. É prática comum a realização de leilões na condução dos negócios admitidos à negociação em bolsa de valores, conforme preveem os regulamentos operacionais da B3. Por se tratar de oferta pública, as sociedades anônimas devem elaborar um edital da oferta para os leilões a serem realizados na bolsa. O edital deverá ser elaborado pelo ofertante, que é o responsável por estabelecer as regras a serem seguidas no processo.

11.3.1.4 Recebimento das reservas

Assim como se faz reserva em um hotel para garantir que o apartamento esteja disponível na data combinada, é normal que os investidores façam uma reserva para garantir a aquisição do título sendo ofertado, o que pode requerer um depósito em dinheiro em conta indicada. Isso é possível desde que: (i) tenha sido requerido o registro da distribuição; (ii) a oferta esteja a mercado; e (iii) a reserva tenha sido divulgada na lâmina da oferta.

11.3.1.5 Revogação, modificação, suspensão e cancelamento da oferta

Por vezes, torna-se necessário revogar a oferta. Nesse caso, deve-se restituir integralmente aos aceitantes os valores. No caso de modificação, todos os participantes do consórcio de distribuição e potenciais investidores devem estar cientes das novas condições da oferta.

A qualquer momento, a Superintendência de Registro de Valores Mobiliários (SRE) pode suspender ou cancelar a oferta pública de distribuição que esteja em desacordo com as normas ou o registro. Nesse caso, o ofertante deve divulgar imediatamente, por meios ao menos iguais aos utilizados para a divulgação da oferta, comunicado ao mercado informando sobre a suspensão ou o cancelamento, além de restituir as reservas que tenham sido feitas.

Os investidores também podem revogar a aceitação da oferta caso essa hipótese esteja expressamente prevista nos documentos da oferta e no prospecto.

11.3.1.6 Distribuição parcial

O ato que deliberar sobre a oferta pública deve dispor sobre o tratamento a ser dado no caso de não haver a distribuição total dos valores mobiliários previstos ou a captação integral do montante previsto, especificando, se houver previsão de distribuição parcial, a quantidade mínima de valores mobiliários ou o montante mínimo de recursos para os quais será mantida a oferta pública.

Caso esse valor mínimo não tenha sido atingido e não tenha sido autorizada a distribuição parcial, os valores dados em contrapartida aos valores mobiliários ofertados devem ser integralmente restituídos aos investidores.

11.3.1.7 Instituições intermediárias

É normal que as instituições intermediárias se organizem na forma de consórcio. Isso acontece porque as ofertas costumam assumir valores muito altos, como centenas de milhões ou bilhões. Logo, fica mais fácil encontrar compradores para os títulos quando há mais distribuidores. Todas as instituições intermediárias devem zelar para que as informações divulgadas e a alocação da oferta não privilegiem pessoas vinculadas, o que poderia caracterizar informação privilegiada.

O coordenador líder tem mais obrigações que os demais distribuidores. Por ser líder, e ser responsável por maior fatia da oferta, ele deve, entre outras obrigações, avaliar, em conjunto com o ofertante, a viabilidade da distribuição, suas condições e o tipo de contrato de distribuição a ser celebrado. Além disso, deve solicitar o registro da oferta e formar o consórcio de distribuição, quando o caso. Ele é o elo entre a CVM e a oferta e deve comunicar ao regulador qualquer alteração no contrato de distribuição, enviar relatórios mensais, suspender a oferta em caso de irregularidade e guardar os documentos da oferta por 5 anos após o seu encerramento.

11.3.2 Ofertas Públicas de Aquisição de Ações: Resolução CVM n. 85

Muitas Instruções CVM foram revogadas, entre elas a Instrução CVM n. 361, que deu lugar à Resolução CVM n. 85, que regula: (i) o procedimento aplicável a quaisquer ofertas públicas de aquisição de ações de companhias abertas; e (ii) o processo de registro das ofertas públicas.

A OPA pode ser de uma das seguintes modalidades:

- **OPA para cancelamento de registro**: OPA obrigatória, realizada como condição do cancelamento do registro para negociação de ações nos mercados regulamentados de valores mobiliários.

Dica: para ter acesso à Resolução CVM n. 160 na íntegra, basta acessar o QR Code ao lado.
O programa da prova menciona os seguintes artigos:
   Art. 1º – Âmbito, definições e finalidade
   Art. 3º – Definição de atos de distribuição pública
   Arts. 12 e 13 – Publicidade
   Arts. 16 e 17 – Prospecto
   Art. 19 – Fatores de risco
   Art. 20 – Prospecto preliminar
   Art. 23 – Lâmina da oferta
   Art. 24 – Responsabilidade sobre as informações
   Art. 26 – Rito de registro automático de distribuição – Emissores e valores mobiliários elegíveis
   Art. 28 – Rito de registro ordinário de distribuição – Emissores e valores mobiliários elegíveis
   Arts. 50 e 51 – Lote adicional e lote suplementar
   Art. 60 – Apresentações para investidores
   Arts. 61 a 63 – Formação de preço
   Art. 64 – Adequação do perfil do investidor e restrições ao investimento
   Art. 65 – Recebimento de reservas
   Arts. 68 e 69 – Efeitos da Revogação e da Modificação da Oferta
   Arts. 70 e 71 – Suspensão e Cancelamento da Oferta de Distribuição
   Art. 72 – Revogação da aceitação
   Arts. 73 e 74 – Distribuição parcial
   Arts. 77 a 82 – Instituições intermediárias
   Art. 83 – Obrigações do líder

- **OPA por aumento de participação:** OPA obrigatória, realizada em consequência de aumento da participação do acionista controlador no capital social de companhia aberta.
- **OPA por alienação de controle:** OPA obrigatória, realizada como condição de eficácia de negócio jurídico de alienação de controle de companhia aberta.
- **OPA voluntária:** OPA que visa à aquisição de ações de emissão de companhia aberta, que tem regras específicas em outra norma.
- **OPA para aquisição de controle de companhia aberta:** OPA voluntária, conforme descrita na Lei das S.A.
- **OPA concorrente:** é a OPA formulada por um terceiro que não o ofertante ou pessoa a ele vinculada, e que tenha por objeto ações abrangidas por OPA já apresentada para registro perante a CVM, ou por OPA não sujeita a registro cujo edital já tenha sido divulgado.

Por fim, e ainda não mencionado em itens anteriores deste capítulo, vale a pena conhecer alguns termos referentes a OPAs:

- **Ofertante:** o proponente da aquisição de ações em uma OPA.
- **OPA parcial:** aquela que não tenha por objeto a totalidade das ações em circulação de uma mesma classe e espécie.
- **Período da OPA:** período compreendido entre a data em que a OPA for divulgada ao mercado e a data de realização do leilão ou da revogação da OPA.

Dica: para ter acesso à Resolução CVM n. 85 na íntegra, basta acessar o QR Code ao lado. O programa da prova menciona os arts. 1º ao 3º.

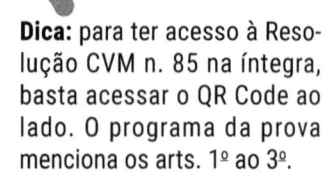

11.4 CÓDIGO ANBIMA DE OFERTAS PÚBLICAS

Preocupada com as práticas de mercado e sabedora de que um alto padrão de conduta é importante para desenvolver o mercado de capitais, a ANBIMA criou um código que regula as práticas para as ofertas públicas. O Código de Ofertas Públicas se preocupa, portanto, com regras que propiciem transparência e o adequado funcionamento do mercado. Em virtude da extensão do seu conteúdo, ele é apresentado, a seguir, de forma resumida.

O Código tem por objetivo buscar a proteção dos interesses do público investidor, promover a eficiência, a transparência e o desenvolvimento do mercado de valores mobiliários. Ele se destina às instituições participantes que atuam nas atividades de estruturação, coordenação e distribuição de ofertas públicas.

11.4.1 Princípios de conduta

Todo Código leva em conta princípios de conduta, e esse Código não poderia ser diferente. Portanto, é esperado que as instituições participantes, ou seja, instituições associadas à ANBIMA ou aderentes ao Código, exerçam suas atividades com boa-fé, transparência, diligência e lealdade, cumprindo com suas obrigações e empregando o cuidado que toda pessoa prudente e diligente costuma dispensar à administração de seus próprios negócios, respondendo por quaisquer infrações ou irregularidades que venham a ser cometidas durante o período em que prestarem as atividades autorreguladas por esse Código.

Não obstante, devem nortear a prestação de suas atividades pelos princípios da liberdade de iniciativa, da livre concorrência e da livre negociação, evitando a adoção de práticas caracterizadoras de concorrência desleal e/ou de condições não equitativas, cumprindo as exigências estabelecidas pelas normas e buscando desenvolver suas atividades visando incentivar o mercado secundário de valores mobiliários.

Devem, ainda, zelar pela veracidade e precisão das informações da oferta pública e da OPA e manter confidencialidade das informações a que tiverem acesso em decorrência da participação na oferta.

11.4.2 Regras gerais

Toda instituição participante deve, entre outras atribuições, participar apenas de ofertas autorreguladas pelo Código de Ofertas Públicas cujos coordenadores, agentes fiduciários e/ou agentes de notas sejam instituições participantes ou integrantes de grupo econômico de instituições participantes.

Além disso, as instituições participantes devem enviar à ANBIMA cópia da carta-conforto dos auditores independentes da emissora sobre a consistência das informações financeiras base dos documentos da oferta; e informar à ANBIMA se tem parecer legal dos advogados contratados para assessorar a instituição participante nas ofertas sobre a consistência das informações fornecidas.

Visando elevar o padrão da oferta, também faz parte de suas atribuições estimular a contratação, pela emissora e/ou pelos ofertantes, de instituição para desenvolver a atividade de formador de mercado (*market maker*) e incentivar as emissoras a adotar sempre padrões mais elevados de governança corporativa.

11.4.3 Documentos da oferta

No formulário de referência, deve constar uma descrição de práticas Ambiental, Social e Governança (ASG) eventualmente adotadas pela emissora, incluindo a adesão da emissora a padrões internacionais de proteção ambiental; a análise e os comentários da administração sobre as demonstrações financeiras da emissora; razões que fundamentam variações das contas das demonstrações financeiras; e pendências judiciais e administrativas relevantes.

Do prospecto devem constar informações sobre o relacionamento entre o coordenador e a emissora e/ou ofertantes, bem como a destinação de recursos e conflitos de interesses. As instituições participantes podem elaborar, também, um material de suporte à venda para os *road shows*, contendo um resumo das informações da oferta. Nesse caso, deve conter aviso, de forma destacada, recomendando ao investidor que, antes de tomar a decisão de investimento, leia o prospecto, a lâmina da oferta, o formulário de referência, o memorando de ações, a lâmina da nota promissória ou o sumário de debêntures, conforme aplicável, especialmente a seção relativa aos fatores de risco.

11.4.4 Publicidade e selo ANBIMA

Considera-se que foi dada publicidade a uma oferta quando for promovido, por qualquer meio ou forma, ato de comunicação que busque despertar interesse na subscrição ou na aquisição de determinados valores mobiliários. Todo *link* ou *banner* de material publicitário veiculado na internet deve dar acesso ao prospecto e à lâmina da oferta pública.

Por fim, como nos demais códigos, a veiculação do selo ANBIMA tem por finalidade exclusiva demonstrar o compromisso das instituições participantes com o cumprimento e a observância das disposições do Código.

> **Dica:** para ter acesso ao Código ANBIMA de Ofertas Públicas na sua integralidade, acesse o QR Code ao lado. Constam do programa os seguintes capítulos do Código:
> Capítulo I – Definições
> Capítulo II – Objetivo e abrangência
> Capítulo IV – Princípios gerais de conduta
> Capítulo V – Regras gerais
> Capítulo VI – Documentos da oferta
> Capítulo VII – Publicidade
> Capítulo X – Selo ANBIMA

MAPA MENTAL

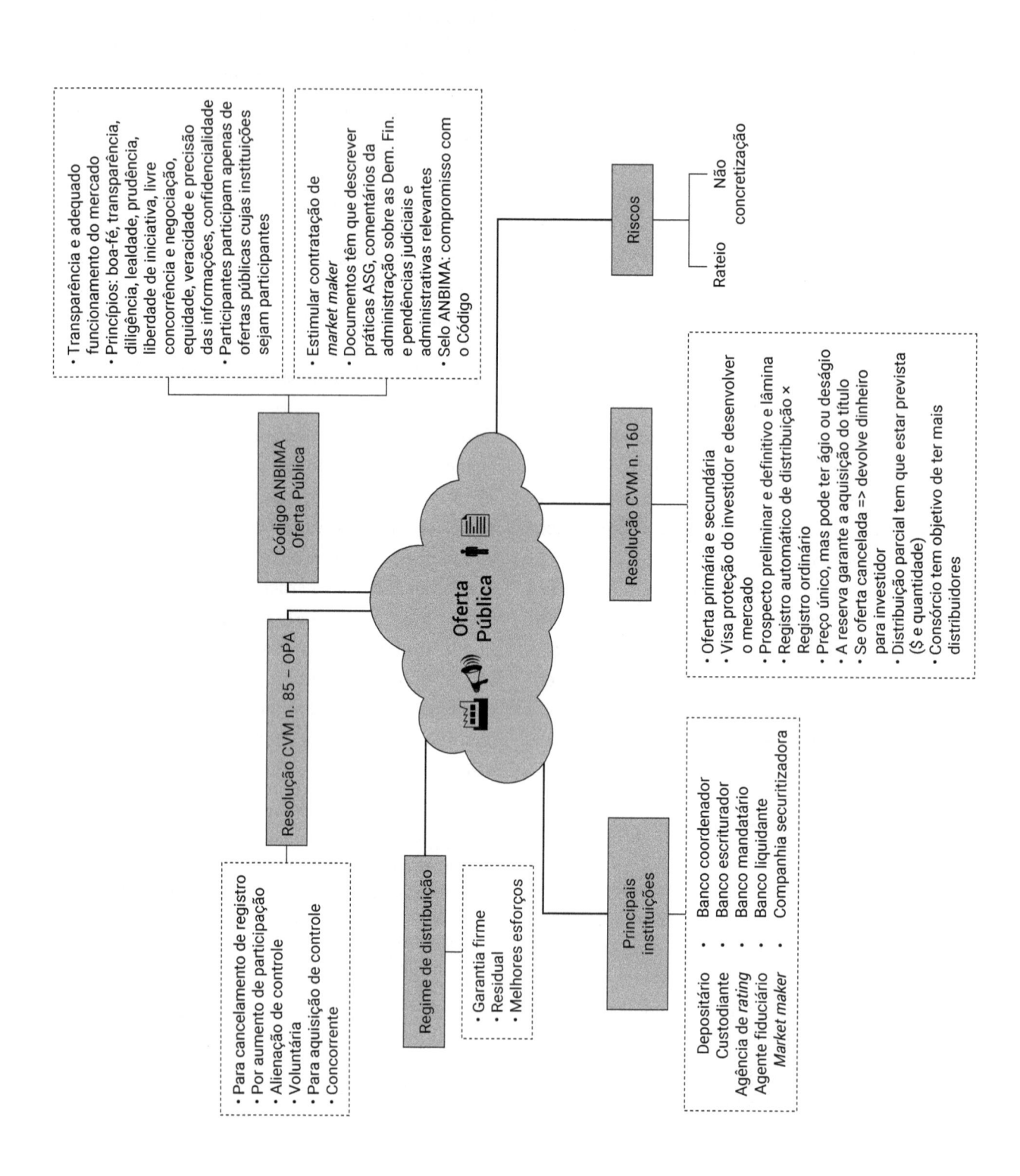

Oferta Pública

Código ANBIMA Oferta Pública
- Transparência e adequado funcionamento do mercado
- Princípios: boa-fé, transparência, diligência, lealdade, prudência, liberdade de iniciativa, livre concorrência e negociação, equidade, veracidade e precisão das informações, confidencialidade
- Participantes participam apenas de ofertas públicas cujas instituições sejam participantes
- Estimular contratação de *market maker*
- Documentos têm que descrever práticas ASG, comentários da administração sobre as Dem. Fin. e pendências judiciais e administrativas relevantes
- Selo ANBIMA: compromisso com o Código

Resolução CVM n. 85 – OPA
- Para cancelamento de registro
- Por aumento de participação
- Alienação de controle
- Voluntária
- Para aquisição de controle
- Concorrente

Resolução CVM n. 160
- Oferta primária e secundária
- Visa proteção do investidor e desenvolver o mercado
- Prospecto preliminar e definitivo e lâmina
- Registro automático de distribuição × Registro ordinário
- Preço único, mas pode ter ágio ou deságio
- A reserva garante a aquisição do título
- Se oferta cancelada => devolve dinheiro para investidor
- Distribuição parcial tem que estar prevista ($ e quantidade)
- Consórcio tem objetivo de ter mais distribuidores

Riscos
- Rateio
- Não concretização

Regime de distribuição
- Garantia firme
- Residual
- Melhores esforços

Principais instituições
- Depositário
- Custodiante
- Agência de *rating*
- Agente fiduciário
- *Market maker*
- Banco coordenador
- Banco escriturador
- Banco mandatário
- Banco liquidante
- Companhia securitizadora

EXERCÍCIOS DE FIXAÇÃO

1. Entre as alternativas a seguir, quais se aplicam às ofertas de ações?
   I. Nas ofertas primárias, a empresa emite novas ações e capta recursos no mercado, capitalizando a empresa.
   II. Nas ofertas primárias, os acionistas que não exercerem o direito de preferência na subscrição terão a sua participação no capital social diluída.
   III. Nas ofertas secundárias, não há capitalização da empresa, sendo caracterizadas pela venda de ações já em mãos de acionistas.
   a) Apenas I e II.
   b) Apenas II e III.
   c) Apenas I e III.
   d) I, II e III.

2. O banco mandatário tem a função de:
   a) Processar as liquidações físicas e financeiras entre a sua tesouraria e a instituição custodiante.
   b) Zelar pelos direitos dos debenturistas.
   c) Realizar a análise econômico-financeira da empresa e definir o preço do título a ser emitido.
   d) Realizar o marketing da operação.

3. O que significa um *rating* na emissão de um título?
   a) Uma nota que exprime o tamanho da empresa na bolsa.
   b) Uma nota que exprime a capacidade e a vontade do emissor de pagar o instrumento de dívida e a severidade da perda em caso de inadimplência.
   c) O valor do rateio que será feito por investidor.
   d) O percentual da taxa de administração cobrada na emissão de um título.

4. Em um *underwriting* firme:
   a) O risco não é inteiramente do intermediário financeiro que executa a operação.
   b) As instituições financeiras se comprometem a subscrever, elas próprias, qualquer quantidade dos títulos que não tenha sido vendida ao público.
   c) Todos os títulos devem ser vendidos ao público e não podem ser adquiridos pelos intermediários financeiros.
   d) As instituições financeiras farão todo o esforço possível para vender ao público todos os títulos.

5. De acordo com a Lei das S.A., o preço de emissão de uma oferta pública deve ser fixado para o ativo decorrer, alternativa ou conjuntamente, de acordo com os seguintes métodos, **exceto**:
   a) Perspectiva de rentabilidade da empresa.
   b) Consulta em bolsa.
   c) Valor do patrimônio líquido da ação.
   d) Cotação de mercado, admitidos ágio ou deságio.

6. Quando uma empresa deseja melhorar a liquidez de suas ações na bolsa, formando preço para o ativo, ela contrata:
   a) Um *trader*.
   b) Um *market maker*.
   c) Um banco de investimento.
   d) Uma corretora de valores.

7. Securitizar é um processo no qual:
   a) Os ativos ilegais são transformados em legais.
   b) Se converte uma carteira de ativos em títulos mobiliários negociáveis.
   c) A CVM autoriza a negociação de novos valores mobiliários.
   d) O agente fiduciário assume o comando da oferta.

8. Se uma oferta de ações for cancelada ou suspensa, o ofertante terá direito a:
   a) Restituição integral dos valores depositados com o fim de participar da oferta.
   b) Restituição de 67% dos valores depositados com o fim de participar da oferta.
   c) Restituição de 80% dos valores depositados com o fim de participar da oferta.
   d) Manter os recursos depositados, aguardando nova oferta, desde que do mesmo emissor.

9. Qual dos participantes de uma oferta pública tem a obrigação de avaliar a viabilidade da distribuição dos títulos?
   a) Custodiante.
   b) Agente fiduciário.
   c) Líder da operação.
   d) Banco mandatário.

10. Complete as lacunas.
    "De acordo com a Resolução CVM n. 85, o preço da oferta é único e o procedimento de precificação em ofertas com ou sem o recebimento de reservas somente pode ter início a partir da divulgação do aviso ao mercado". A sentença está _____ porque _____.
    a) correta – primeiro o mercado tem que ser avisado como um todo e só depois ocorre a precificação.
    b) incorreta – a norma que regula as ofertas públicas é a Resolução CVM n. 160.
    c) correta – caso haja mais de um preço na oferta, caracteriza-se prática não equitativa.
    d) incorreta – no caso de *bookbuilding*, pode haver mais de um preço na oferta.

11. Complete a afirmativa a seguir.
    "Às vezes, a oferta pública é anunciada, mas acaba não acontecendo. Isso ocorre porque há risco _____."
    a) soberano.
    b) de rateio.
    c) de liquidez.
    d) de não concretização.

12. Complete a lacuna.
    "Quando o registro de uma oferta pública é precedido de análise prévia da CVM, estamos diante de um rito de registro _____ de distribuição.
    a) automático.
    b) especial.
    c) ordinário.
    d) prévio.

13. Se uma empresa de capital aberto deseja fechar o capital, ela deve:
    a) Fazer uma OPA.
    b) Cancelar todas as ações emitidas.
    c) Recomprar as ações negociadas em bolsa quando houver liquidez.
    d) Estipular um preço das ações maior do que o seu valor patrimonial.

14. Quais documentos são obrigatórios e auxiliares na tomada de decisão sobre uma OPA?
    a) Relatório de auditoria e prospecto.
    b) Prospecto e formulário de referência.
    c) Prospecto, lâmina, formulário de referência e memorando de ações.
    d) Relatório de auditoria e formulário de referência.

GABARITO

1. d	2. a	3. b	4. b
5. b	6. b	7. b	8. a
9. c	10. b	11. d	12. c
13. a	14. c		

Parte V

Fundos de Investimento

Importância do tema: os fundos de investimento se tornaram um dos principais produtos para o mercado de investimento, quiçá o que recebe mais recursos. Logo, conhecer em detalhes a indústria de fundos é ponto pacífico para quem deseja atuar no mercado financeiro, seja como profissional de mercado, seja como investidor.

Nesta parte, você vai aprender informações sobre os diferentes tipos de fundo de investimento e a regulação sobre o tema.

Esta parte está dividida em:

Capítulo 12 – Fundos de Investimento

Bom estudo!

Nota: tendo em vista que:
i. a Resolução CVM n. 175 entra em vigor em outubro de 2023, em substituição à Instrução Normativa CVM n. 555;
ii. o programa do CPA-20 versão 10.8 já não mais menciona a ICVM n. 555;
iii. o objetivo deste livro é promover o aprendizado para que o estudante não apenas passe no exame de certificação, mas também que possa usar o livro para consultas futuras, toda referência utilizada neste capítulo será com relação à Resolução CVM n. 175. É importante mencionar, entretanto, que muitas regras da ICVM n. 555 foram mantidas na Resolução CVM n. 175, inclusive a classificação de fundos.

Peso na prova:
18 a 25% ou
11 a 15 questões

Capítulo 12
Fundos de Investimento

OBJETIVOS

Ao final deste capítulo, você deve ser capaz de:
- Diferenciar os diversos tipos de fundo de investimento (FI).
- Explicar o funcionamento e as regras de um FI.

CONTEÚDO

- 12.4 Aspectos gerais
- 12.5 Cota
- 12.6 Encargos
- 12.7 Segregação de funções e responsabilidades
- 12.8 Divulgação de informações
- 12.9 Aplicações por conta e ordem
- 12.10 Principais estratégias de gestão
- 12.11 Principais modalidades de fundos de investimento
- 12.12 Código ANBIMA de Administração de Recursos de Terceiros
- 12.13 Clube de Investimento
- 12.14 Tributação
    Mapa mental
    Exercícios de fixação

TEMPO ESTIMADO DE ESTUDO

Nove horas e meia.

> **Observação:** se você já estudou para o CPA-10, notará que muito do que verá aqui já aprendeu lá atrás. Entretanto, dado o peso dessa parte na prova e a diferença no nível de dificuldade das perguntas, sugiro que você se dedique com especial atenção a esta parte. Afinal, ele representa de 16 a 25% do exame.

12.1 ASPECTOS GERAIS

12.1.1 Conceito de condomínio

De acordo com a regulamentação, um FI é uma comunhão de recursos, constituída sob a forma de condomínio destinado à aplicação em ativos financeiros, quais sejam:

- títulos da dívida pública;
- contratos derivativos;
- desde que a emissão ou negociação tenha sido objeto de registro ou de autorização pela Comissão de Valores Mobiliários (CVM), ações, debêntures, bônus de subscrição, cupons, direitos, recibos de subscrição e certificados de desdobramentos, certificados de depósito de valores mobiliários, cédulas de debêntures, cotas de fundos de investimento, notas promissórias e quaisquer outros valores mobiliários, que não os referidos no item a seguir;
- títulos ou contratos de investimento coletivo, registrados na CVM e ofertados publicamente, que gerem direito de participação, de parceria ou de remuneração, inclusive resultante de prestação de serviços, cujos rendimentos advêm do esforço do empreendedor ou de terceiros;
- certificados ou recibos de depósitos emitidos no exterior com lastro em valores mobiliários de emissão de companhia aberta brasileira;
- o ouro, ativo financeiro, desde que negociado em padrão internacionalmente aceito;
- quaisquer títulos, contratos e modalidades operacionais de obrigação ou coobrigação de instituição financeira; e
- *warrants*,[1] contratos mercantis de compra e venda de produtos, mercadorias ou serviços para entrega ou prestação futura, títulos ou certificados representativos desses contratos e quaisquer outros créditos, títulos, contratos e modalidades operacionais desde que expressamente previstos no regulamento.

Um fundo tem vida própria. O que significa dizer que tem contabilidade própria, segregada do banco ou instituição financeira que o administra ou distribui. Logo, como não poderia deixar de ser, seu balanço é composto de:

- **Ativo**: papéis que compõem a carteira do fundo.
- **Passivo**: obrigações (custos a pagar).
- **Patrimônio líquido (PL)**: diferença entre ativo e passivo.

Ao aplicar em um fundo, o investidor compra cotas desse fundo. Seu dinheiro não vai "gerar *funding*" para o banco. Ou seja, não vai para o caixa do banco para ser emprestado, pois não faz parte do balanço do banco. Um investimento em fundo não conta, portanto, com a garantia do Fundo Garantidor de Crédito (FGC), como o Certificado de Depósito Bancário (CDB), poupança, conta-corrente e Letras de Crédito Imobiliário (LCI), por exemplo.

A menos que o regulamento diga o contrário, os cotistas respondem por eventual PL negativo do fundo, sem prejuízo da responsabilidade do administrador e do gestor, se houver, em caso de inobservância da política de investimento ou dos limites de concentração previstos nas normas da CVM que o regulamenta.

Preste atenção nesse exemplo. Suponha que um investidor abriu uma conta em um banco com seu gerente e irá fazer uma série de aplicações. É claro que o banco terá que registrar esse dinheiro que está captando e as aplicações. Acompanhe o passo a passo dos registros:

---

1 **Warrant** é um título de garantia, emitido pela empresa encarregada da guarda e da conservação de mercadorias que poderão ser vendidas ou negociadas, e que atesta ao seu portador a propriedade do objeto em custódia. Além disso, é um instrumento de crédito, que permite ao depositante contrair empréstimo por meio de sua caução ou desconto.

1. **Cliente abre a conta com R$ 10.000,00**: na contabilidade do banco, esse dinheiro entrará no Caixa (conta do Ativo) e no Depósito à vista/Conta-corrente (conta do Passivo).

Para quem nunca estudou Contabilidade ou não se lembra mais, vai aí um refresco: Ativo = ficam os bens e direitos de uma empresa; Passivo = ficam as obrigações com terceiros; PL = parte que cabe aos acionistas, donos da empresa.

O dinheiro do cliente entrará no Passivo do banco porque esse dinheiro não é do banco, é do cliente. O banco usará esse dinheiro para emprestar para terceiros e terá que devolver o dinheiro do cliente no futuro, quando este solicitar.

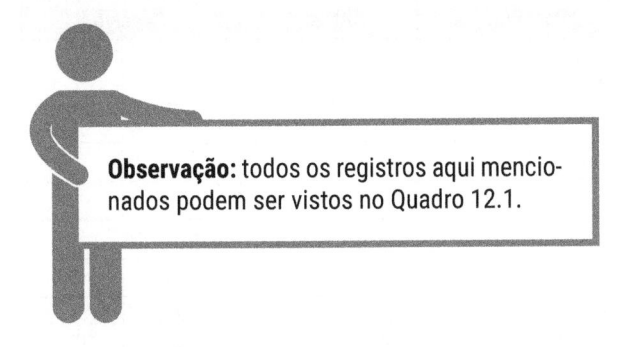

Observação: todos os registros aqui mencionados podem ser vistos no Quadro 12.1.

2. **Cliente aplica R$ 2.000,00 no CDB**: sai dinheiro da conta-corrente do cliente e entra no CDB. Note que não mexeu no Caixa do banco.
3. **Cliente aplica R$ 2.500,00 na Caderneta de Poupança**: outra vez sai dinheiro da conta-corrente do cliente e entra na Poupança.
4. **Cliente aplica R$ 1.500,00 na LCI de emissão da mesma instituição**: pela terceira vez, sai dinheiro da conta-corrente do cliente e entra na LCI. Até aqui nada aconteceu no Caixa do banco, certo?
5. **Cliente aplica R$ 3.000,00 no FI Multimercado administrado pelo banco**: em vez da resposta ser dada de forma passiva, gostaria que você fizesse uma pausa na leitura para refletir e refletisse bem sobre a pergunta, antes de passar para o próximo parágrafo.

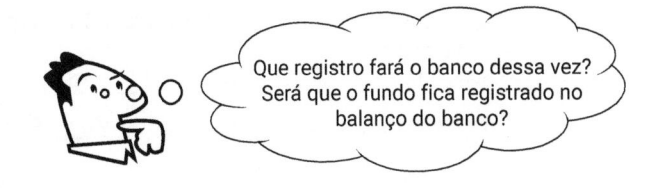

A resposta correta é "não", porque o fundo tem vida própria, CNPJ próprio, e os "donos" do fundo são os cotistas. Logo, o dinheiro da aplicação no fundo vai sair do banco e ir para a contabilidade do fundo.

Esse é o motivo por que o dinheiro aplicado em fundos não conta com a garantia do FGC, pois o dinheiro sai do balanço do banco.

Que registro fará o banco dessa vez? Será que o fundo fica registrado no balanço do banco?

Em um momento seguinte, o gestor do fundo pegará o caixa do fundo (os R$ 3.000,00) e comprará os ativos (ações, títulos públicos, CDB, debêntures, outros), de acordo com a política de investimento do fundo. Vale ressaltar que os ativos que comporão a carteira do fundo ficarão na custódia em nome do fundo. Em outras palavras, o banco irá apenas prestar serviço de administração para o fundo, e o balanço do banco e o do fundo não se misturarão.

12.1.2 Principais características

Aplicar em um FI é diferente de ter uma carteira própria. Entenda o porquê. Suponha que Rogério tenha R$ 400.000,00 e esse seja todo o dinheiro dele. Rogério deseja investir seus recursos e vai conversar com um profissional certificado CPA-20. Após estudar suas necessidades, horizonte de investimento, seu perfil de risco, questões macroeconômicas e a tendência do mercado, o profissional lhe recomenda a seguinte carteira: 20% em CDB da instituição que ele trabalha + 30% em ações (10% em ações da Empresa A, 10% em ações da Empresa B e 10% em ações da Empresa C) + 35% em NTN-B + 15% em LTN.

Passados seis meses, Rogério se pergunta: "Será que o mercado mudou? Deveria fazer uma realocação na minha carteira? Devo esperar mais um pouco? Terei aproveitado todas as oportunidades do mercado? O balanceamento da minha carteira de investimentos estava correto?".

Para se evitar todo esse questionamento, foram criados os fundos de investimento, que englobam em um só produto vários investimentos que são comandados por profissionais especializados e que se dedicam em tempo integral a avaliar todas as questões que podem afetar a rentabilidade do fundo, realocando os investimentos conforme as estratégias definidas e questões táticas de curto e longo prazos.

Quadro 12.1 Registros contábeis

1					2					3				
Banco					Banco					Banco				
Ativo		Passivo			Ativo		Passivo			Ativo		Passivo	
Caixa	10.000	Conta-corrente	10.000		Caixa	10.000	Conta-corrente	8.000		Caixa	10.000	Conta-corrente	5.500
							CDB	2.000				CDB	2.000
												Poupança	2.500
		PL					PL					PL		
		-	-				-	-				-	-
Total Ativo	10.000	Total Passivo	10.000		Total Ativo	10.000	Total Passivo	10.000		Total Ativo	10.000	Total Passivo	10.000

4					5									
Banco					Banco					Fundo				
Ativo		Passivo			Ativo		Passivo			Ativo		Passivo	
Caixa	10.000	Conta-corrente	4.000		Caixa	7.000	Conta-corrente	1.000		Caixa	3.000		
		CDB	2.000				CDB	2.000					
		Poupança	2.500				Poupança	2.500					
		LCI	1.500				LCI	1.500					
		PL					PL					PL		
		-	-				-	-				Cotas	3.000
Total Ativo	10.000	Total Passivo	10.000		Total Ativo	7.000	Total Passivo	7.000		Total Ativo	3.000	Total Passivo	3.000

Fonte: GALLAGHER. *Exame de Certificação ANBIMA CPA-10:* teoria. 2. ed. São Paulo: Atlas, 2016.

Os fundos de investimento, portanto, agregam diversas características, sendo as principais:

- **Acessibilidade ao mercado financeiro:** ao fazer parte de um grande bolo, o investidor passa a ter acesso a investimentos e mercados que não seria possível com menos recursos. Há investimentos que exigem um mínimo muito alto de aplicação, por exemplo. Porém, fazendo parte do bolo, é possível investir nesses produtos de forma indireta.
- **Diversificação:** em razão da grande massa de recursos, é possível diversificar a carteira de ativos do fundo de forma a minimizar riscos. Se o investidor, por exemplo, tiver R$ 1.000,00, ele não poderá aplicar em diferentes ações. Uma vez participando de um fundo de ações, ele pode comprar um conjunto grande de ações, por meio das cotas que detém no fundo. A consequência é que, ao diversificar, diminui-se o risco não sistemático, aquele que não depende de questões macro. É possível provar matematicamente que, ao juntar ativos em uma carteira, o risco da carteira, medido pelo desvio-padrão, diminui mais que a simples média do desvio-padrão ponderada pela quantidade de cada ativo. Logo, um fundo é uma forma moderna de diversificar riscos.
- **Liquidez:** os fundos de investimento permitem uma liquidez que muitas vezes não é possível. Suponha que um investidor tenha uma debênture em sua carteira de títulos, que cada debênture tenha o valor unitário de R$ 100.000,00 e que ele deseje resgatar apenas R$ 10.000,00. Nesse caso, o investidor terá que vender o título integralmente. Já se o mesmo valor for aplicado em um FI, ele poderá resgatar apenas o volume desejado, uma vez obedecendo às regras do fundo.

Órgão regulador

De acordo com a Lei n. 6.385/1976 e demais atualizações (Leis n. 10.303/2001 e n. 10.411/2002), cabe à CVM disciplinar e fiscalizar a emissão e a distribuição de valores mobiliários. A mesma legislação, em seu art. 2º, define as cotas de fundos de investimento em valores mobiliários ou de clubes de investimento em quaisquer ativos como valores mobiliários. Por conseguinte, a edição de normas, a concessão de autorizações e de registros e a supervisão dos fundos de investimento são de competência da CVM.

12.1.3 Fundo de investimento × ativos individuais

A seção anterior mostrou as vantagens do investimento em fundos de investimento. Entretanto, alguns investidores preferem, em vez de aplicar em um fundo, adquirir os ativos individualmente.

Lembre-se que, ao investir em um FI, o cliente compra cotas desse fundo e se torna cotista. Nesse caso, o titular dos títulos é o fundo e o cliente é o cotista, sendo proprietário indireto dos investimentos. Já quando o cliente opta por ter uma carteira de investimentos, ele se torna dono dos investimentos diretamente.

No caso de pessoas físicas, uma carteira de investimentos não tem de obedecer a regras rígidas da CVM na sua montagem e política de investimento, dependendo do cliente as decisões de investimento.

Exemplo de carteira de investimentos:

Ativo	Posição em D+0
1. 90.325,098564 cotas do ABC Fundo Referenciado DI	R$ 142.327,02
2. CDB do Banco XPT com vencimento para 05/09/201X	R$ 35.046,22
3. 500 ações da Vale – VALE5	R$ 18.790,00
4. 1.000 ações da Cemig – CMIG4	R$ 26.300,00
5. 185 NTN-B com vencimento para 15/08/20XX	R$ 398.391,95
Total da carteira	R$ 620.855,19

Os ativos de uma carteira também são impactados por variações nas taxas de juros, câmbio e inflação, assim como sofrem riscos de mercado, liquidez e crédito. A diferença é que o fundo compensa ganhos com perdas, resumindo em uma única informação – a cota – o somatório da valorização e da desvalorização de todos os ativos.

Uma carteira de investimentos é como um FI que contém vários ativos, só que não há cálculo de cota. Logo, assim como em um fundo, deve utilizar a técnica de diversificação como forma de diminuir o seu risco da carteira.

Em razão da liberdade de investimento, uma carteira permite sua realocação de acordo com especificidades do cliente, o que não ocorre no fundo, que é gerido de acordo com sua rígida política de investimento, não podendo ser alterada sem consentimento dos cotistas em uma assembleia.

Vale lembrar, por fim, que a tributação aplicável a uma carteira de investimentos é diferente da tributação de um fundo. Enquanto no fundo a valorização da cota é o fato gerador do imposto de renda, em uma carteira de investimentos, a metodologia de imposto de renda (IR) depende das regras de cada investimento em separado, não se compensando os ganhos com as perdas e sendo devido quando da liquidação de cada ativo.

12.1.4 Fundo de Investimento × Fundo de Investimento em Cotas de Fundos de Investimento

Os fundos podem ser estruturados de duas formas:

1. **FI**: compra títulos e valores mobiliários negociados no mercado financeiro e de capitais.
2. **Fundo de Investimento em Cotas de Fundos de Investimento (FICFI ou FIC)**: compra cotas de FI e pode ter no máximo 5% de cotas de outros FI na sua carteira.

Os FICs foram criados basicamente por dois motivos:

1. Permitir que o gestor escolhesse os melhores fundos do mercado, juntando todos em um único fundo. É conhecido como "fundo de fundos".

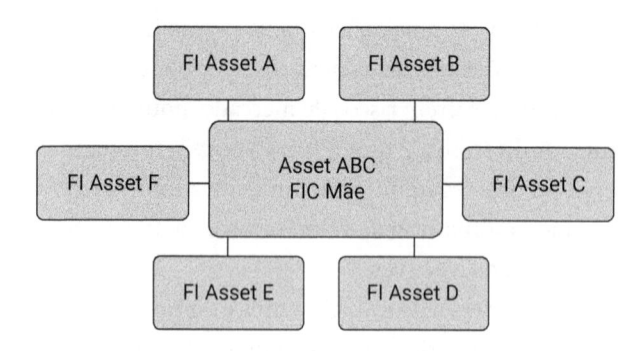

Figura 12.1 Estrutura hipotética de um fundo de fundos.

2. Permitir que os administradores criassem vários fundos com a mesma política de investimento e que se diferenciassem apenas pela taxa de administração. Isso permite que o gestor administre apenas uma carteira e que os FICs que estão embaixo de seu guarda-chuva sirvam apenas para gerenciar a parte dos cotistas e custos de cada fundo em separado. Veja o exemplo na Figura 12.2.

Na Figura 12.2, note que os quatro FICs compram cotas do FI DI. Essa metodologia costuma ser usada por grandes bancos, que querem diferenciar a taxa de administração cobrada dos cotistas de acordo com o volume investido, para não matar produtos como poupança e CDB, atraindo, ao mesmo tempo, grandes investidores.

De acordo com a norma da CVM, a carteira dos FICs deve ser composta de, no mínimo, 95% do PL, a serem aplicados em cotas de fundos de investimento de uma mesma classe, exceto os fundos de investimento em cotas classificados como "Multimercado", que podem investir em cotas de fundos de classes distintas. Os restantes 5% do patrimônio do fundo poderão ser mantidos em depósitos à vista ou aplicados em:

- títulos públicos federais;
- títulos de renda fixa de emissão de instituição financeira;
- operações compromissadas;
- cotas de fundos de renda fixa passivos em Certificado de Depósito Interbancário (CDI) ou Selic, ou *Exchange Traded Funds* (ETF) de renda fixa.

Não estão autorizadas aplicações em cotas de fundos que tenham regulamentação própria, como Fundos de Investimento em Participações (FIP), Fundos de Investimento em Direitos Creditórios (FIDC) e outros, exceto quando o FIC for de Renda Fixa ou Multimercado. Nesses casos, pode ter até 20% do PL do fundo em Fundos Imobiliários, FIDC e FIC FIDC, que serão abordados mais adiante, neste capítulo.

Quando o FIC não for destinado exclusivamente a investidores qualificados, é possível investir até 20% do PL do fundo em FI e FIC de FI destinado exclusivamente a investidores qualificados. Dentro desse limite, pode alocar até 5% do PL em FI e FIC de fundos destinados exclusivamente a investidores profissionais.

12.1.5 Tipos de fundos: abertos e fechados

12.1.5.1 Fundos abertos

Os fundos abertos emitem cotas indefinidamente, como os fundos que normalmente investimos nos bancos. Eles também fazem a recompra das cotas, quando o investidor deseja resgatar os recursos aplicados.

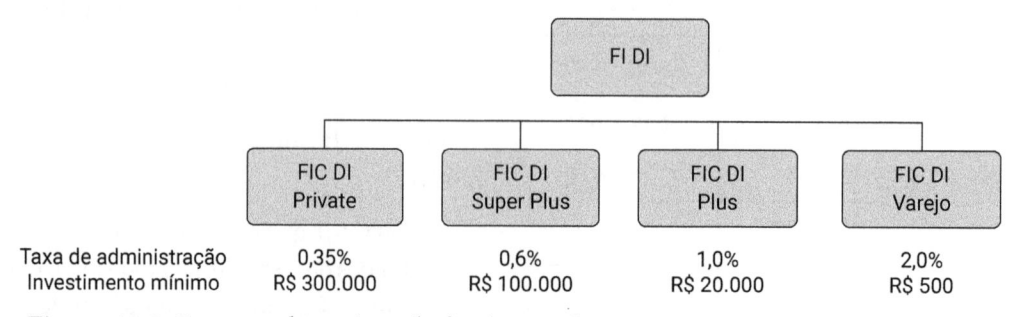

	FIC DI Private	FIC DI Super Plus	FIC DI Plus	FIC DI Varejo
Taxa de administração	0,35%	0,6%	1,0%	2,0%
Investimento mínimo	R$ 300.000	R$ 100.000	R$ 20.000	R$ 500

Figura 12.2 Estrutura hipotética de fundos DI de uma mesma instituição financeira.

12.1.5.2 Fundos fechados

Já os fundos fechados emitem uma quantidade determinada de cotas ao serem lançados, quantidade esta previamente especificada. Após o lançamento do fundo, suas cotas só podem ser negociadas no mercado secundário, ficando seu preço determinado por oferta e demanda.

A cota dos fundos fechados tem dois valores:

1. **Patrimonial**: dado pelo valor do PL do fundo dividido pelo número de cotas, como nos fundos abertos.
2. **Valor de mercado**: dado pelo mercado secundário. Este é o valor que interessa ao cotista que deseja vender suas cotas ou comprar mais cotas antes da liquidação do fundo.

A forma fechada é ideal para fundos que aplicam em ativos de baixíssima liquidez, como empresas de capital fechado, imóveis ou *small caps*,[2] pois desobriga o gestor de vender ativos quando algum cotista deseja resgatar as cotas do fundo.

O resgate das cotas dos fundos fechados só ocorre ao término do prazo de duração do fundo.

12.1.6 Política de investimento

Assim como um jogo de futebol tem suas regras, um FI tem uma política de investimento, que é um conjunto de regras que define como o gestor vai alcançar seu objetivo, que pode ser superar ou acompanhar determinado *benchmark*.

Os objetivos são parâmetros que guiam o gestor na sua função, o norte de trabalho, que determinam onde o fundo deseja chegar e qual o parâmetro de comparação que o fundo deseja seguir ou ultrapassar, quando houver.

Política = conjunto de regras.

Logo, a política de investimento de um fundo é o conjunto de regras do fundo, que determina quais os investimentos que ele fará, em que proporção e que risco tomará para atingir seu objetivo.

---

[2] Como será abordado mais a seguir, os fundos *small caps* aplicam em empresas menos capitalizadas, ou seja, menores, que têm baixa liquidez na bolsa.

12.1.7 Direitos e obrigações dos condôminos

Ao comprar cotas de determinado fundo, o investidor está concordando com suas regras de funcionamento, passando a ter os mesmos direitos e deveres dos demais cotistas, independentemente da quantidade de cotas adquiridas.

Para que possa tomar conhecimento dessas regras e dos riscos do fundo antes de investir, o distribuidor tem que entregar o regulamento do fundo ao investidor que, inclusive, tem que assinar o Termo de Adesão e Ciência de Risco, um documento que deixa claro que o cliente: (i) teve acesso ao inteiro teor do regulamento e, se for o caso, ao anexo da classe investida e ao apêndice da subclasse investida; e (ii) que tem ciência dos fatores de risco do fundo; que não há garantia contra eventuais perdas patrimoniais que possam ser incorridas pela classe de cotas; que a CVM não garante nada; e que o cotista pode ser chamado a aportar recursos adicionais em caso de o fundo ter PL negativo.

Porém, existem fundos de investimento que limitam a responsabilidade dos cotistas ao valor por eles subscrito. Nesse caso, deve-se acrescer à denominação do fundo o sufixo "Responsabilidade Limitada".

Além disso, o cotista deve receber, periodicamente, os relatórios sobre as atividades do fundo e as informações relevantes, assim que ocorrerem. Em outras palavras, as informações que possam influenciar a decisão de permanecer investindo devem ser divulgadas ampla e imediatamente.

Em contrapartida, o cotista deve manter seu cadastro atualizado junto ao administrador e acompanhar todas as informações relativas ao fundo e participar das assembleias. Ele pode, inclusive, destituir o gestor e o administrador do fundo, caso julgue que o trabalho destes não está a contento. Para que isso ocorra, ele precisa chamar uma assembleia de cotistas e ter sua reivindicação votada e aprovada.

12.2 COTA

A cota é o valor mínimo que se pode adquirir de um fundo. Na maioria dos fundos, a cota é calculada diariamente, tendo por base a divisão do PL do fundo pela sua quantidade de cotas. É pela quantidade de cotas que tem no fundo que o investidor toma conhecimento do rendimento que está auferindo. Isso porque, ao investir em um FI, divide-se o valor aplicado pelo valor da cota do fundo, encontrando-se a quantidade de cotas adquiridas. Assim, a qualquer momento, para saber sua posição no fundo, basta o cotista multiplicar sua quantidade de cotas pelo valor da cota.

Exemplo:
Valor aplicado: R$ 100.000,00
Valor da cota na aplicação: R$ 1,34567800
Quantidade de cotas adquiridas: R$ 100.000,00 ÷ R$ 1,34567800 = 74.311,98250993 cotas
Valor da cota em data futura: R$ 1,87654320
Valor atualizado bruto:[3] 74.311,98250993 cotas × R$ 1,87654320 = R$ 139.449,65

É importante mencionar também que há dois tipos de cotas:

1. cota de abertura;
2. cota de fechamento.

12.2.1 Cota de abertura

No caso dos fundos que trabalham com cota de abertura, o valor da cota já é conhecido no início do dia. Em outras palavras, a divulgação da cota de abertura do dia válida para aplicação e resgate naquele dia é feita antes de o fundo abrir para captação ou resgate. Ao se fazer uma aplicação ou um resgate no fundo, já é conhecida a cota que se vai obter.

A cota de abertura é calculada tendo por base o fechamento dos preços dos ativos do dia anterior, atualizado por um dia. Mas, será possível atualizar o valor de um ativo antes de o mercado abrir?

Esse é o problema dos fundos que trabalham com cota de abertura, uma vez que essa metodologia pode não ser justa quando ocorrerem oscilações bruscas no mercado, afetando os papéis da carteira do fundo. Desse modo, pode haver o caso de algum cotista que

---

[3] Antes do cálculo do IR devido.

conheça a carteira do fundo e, sabedor do que aconteceu no mercado naquele dia e de como esse evento vai influenciar a variação da cota do fundo, solicitar resgate ou aplicação no fundo antes dele fechar para movimentação, já tendo em mente as possíveis variações na sua cota, desfrutando das vantagens e deixando perdas para os cotistas que ficarem no fundo.

Dadas as dificuldades aqui comentadas, somente fundos com baixa volatilidade podem trabalhar com cota de abertura, tais como fundos de renda fixa que não sejam tributados como longo prazo, ou registrados como exclusivos ou previdenciários.

12.2.2 Cota de fechamento

No caso de fundo que trabalha com cota de fechamento, a cota divulgada no dia é relativa ao dia anterior, como no caso dos fundos de ações e multimercado. Ao aplicar nesses fundos, o investidor compra ou resgata a cota que será anunciada no dia seguinte, mas que tem a data da véspera. A cota de fechamento é apurada e conhecida apenas no fechamento do dia, ou seja, após o encerramento dos mercados, e seu cálculo tem por base o valor de mercado dos ativos no fechamento do dia, não sendo necessário, portanto, atualizar o valor do ativo antes de o mercado abrir.

12.2.3 Marcação a Mercado

Para o cálculo do PL do fundo – e posteriormente da cota –, todos os ativos que compõem sua carteira devem ser marcados a mercado, o que significa que todo título deve ser precificado pelo preço atribuído a eles pelo mercado, e não pelo seu valor histórico.

A Marcação a Mercado (MaM) consiste em registrar todos os ativos, para efeito de valorização e cálculo de cotas dos FI, pelos respectivos preços negociados no mercado em casos de ativos líquidos ou, quando esse preço não é observável, por uma estimativa adequada de preço que o ativo teria em uma eventual negociação feita no mercado.

O conceito de MaM permite conhecer o valor atual real de fluxos futuros esperados que compõem uma carteira de títulos, ou seja, o valor que se poderia obter no mercado, na hipótese de realização dos ativos. Em outras palavras, no caso, por exemplo, dos títulos de renda fixa, o valor a mercado de um ativo é encontrado trazendo-se a valor presente o valor de vencimento dele, por meio de um fator de desconto (correspondente à data de vencimento do ativo) obtido da curva de juros.

Já as ações são valorizadas a mercado diariamente pelas cotações de fechamento do pregão da bolsa. Não havendo negociação no dia, é mantido o preço médio do último pregão em que houve negociação. Todo título que é negociado em bolsa é de fácil precificação, pois, via de regra, oferece relativa liquidez.

Os títulos de renda fixa privados, por sua vez, têm precificação mais elaborada. Na verdade, eles valem um fluxo de caixa descontado, conforme estudado no Capítulo 3 e mencionado em parágrafo anterior.

A MaM tem como principal objetivo **evitar a transferência de riqueza entre os cotistas** do fundo, além de dar maior transparência aos riscos embutidos nas posições, uma vez que as oscilações de mercado dos preços dos ativos, ou dos fatores determinantes destes, estarão refletidas nas cotas, melhorando assim a comparabilidade entre suas *performances*.

Dada a importância do tema, o Código ANBIMA de Fundos dedica especial atenção à MaM, estabelecendo a responsabilidade do Conselho de Regulação e Melhores Práticas de expedir diretrizes que devem ser observadas pelas instituições participantes no que se refere à MaM para cada tipo de fundo disciplinado por esse Código.

É importante que se compreendam os efeitos da não MaM dos ativos na cota de um fundo. Suponha, por exemplo, que você tenha uma aplicação em um fundo que não segue a metodologia de MaM. Um dia, outro investidor deseja resgatar suas cotas e o fundo precisa fazer caixa para pagar esse resgate, vendendo títulos no mercado. Pode ocorrer de o gestor não conseguir se desfazer do papel pelo mesmo preço que ele esteja contabilizado na carteira do fundo, dado que ele está precificado pelo seu valor histórico. Se for um fundo cujo resgate seja feito pela cota de abertura, o cotista que está resgatando sairá *overpriced* (com um valor de cota mais alto), enquanto os que ficaram arcarão com a possível perda que possa ter havido com a venda dos papéis. Do outro lado, quem está aplicando também compraria uma cota que não refletiria sua real situação de mercado. Supondo que esse investidor tivesse a possibilidade de comprar os títulos em separado, a preço de mercado, que podem estar mais caros ou mais baratos que seus valores históricos, é justo que ele compre uma cota que reflita o mais fielmente possível a realidade.

Com base no valor diário da cota, o investidor pode calcular, ainda, seu patrimônio no fundo, bem como a rentabilidade que vem obtendo. Para saber o valor atualizado investido em um fundo, basta multiplicar a quantidade de cotas pelo valor da cota.

Tendo em vista a complexidade que pode alcançar o processo de MaM, a regulamentação prevê a necessidade de as instituições manterem uma área de Controle de Risco que seja responsável pela qualidade do processo e metodologia de MaM, bem como sua formalização em um manual que deve estar publicamente disponível aos investidores interessados. Por fim, o processo e a metodologia de MaM devem buscar seguir as melhores práticas de mercado, particularmente aquelas divulgadas pela ANBIMA.

12.2.4 Fatores que afetam o valor da cota

Uma vez que a cota reflete o PL do fundo, e sendo este o resultado do ativo menos o passivo, logo, qualquer evento que afete um desses dois grupos de contas sem contrapartida correspondente no PL irá afetar o valor da cota. Entre as possíveis causas, podemos citar principalmente:

- Quanto maior o risco do fundo, maior a taxa de administração. Essa afirmativa tem por base o fato de que fundos com maiores riscos requererem mais trabalho de análise dos seus gestores. Logo, tendo em vista que o risco do fundo é o resultado do risco dos papéis que compõem o ativo do fundo, quanto mais arriscados forem esses títulos, mais arriscado é o fundo, o que significa dizer que tem maior volatilidade e necessita de maior controle de risco.

- Quanto menor o valor mínimo de aplicação aceito por um fundo, maior costuma ser sua taxa de administração. Tal prática busca incentivar a captação de volumes maiores, bem como não matar produtos concorrentes como poupança, por exemplo.
- A *performance* de fundos passivos, principalmente os de baixo risco, como os fundos de renda fixa referenciados DI, sofre grande influência da taxa de administração. Em outras palavras, para fundos com carteira de risco baixo e semelhantes, o que irá definir a rentabilidade do fundo será sua taxa de administração. Quanto maior a taxa, menor a rentabilidade.

Veja, a seguir, a influência da taxa de administração na *performance* de um fundo. Suponha um fundo DI com taxa de administração de 2% a.a. e analise o Quadro 12.2.

Quadro 12.2 Variação anual do CDI e seu efeito na rentabilidade do fundo

Variação anual do CDI	15%	10%
(−) Taxa de administração	2%	2%
Rentabilidade	13%	8%
Rentabilidade % do CDI	87%	80%

O Quadro 12.2 mostra a variação de 87 para 80% do CDI, devido apenas à variação na taxa de juros de 15 para 10%, sem qualquer interferência da qualidade da gestão. Esse quadro ilustra bem a impossibilidade de garantir uma rentabilidade percentual do CDI em um fundo para o investidor, dado que as mudanças no nível da taxa de juros podem ocorrer com certa frequência.

Outros fatores, além da taxa de administração, são também importantes na valorização da cota, tais como: a composição da carteira do fundo; a metodologia para a contabilização de ativos (se MaM ou não); nível das despesas diversas dos fundos, como de auditoria; e movimentos repentinos de grande volume de saque e aplicação, obrigando o gestor a vender papéis da carteira do fundo de uma hora para outra, em um mercado não favorável.

12.2.5 Múltiplas classes de cotas, subclasses e segregação patrimonial

A Resolução CVM n. 175/2022 trouxe modernização ao mercado de fundos, que ficou em consonância com a Lei da Liberdade Econômica. Entre essas alterações na norma da CVM, trouxe a possibilidade de existência de diferentes classes de cotas, com direitos e obrigações distintas.

Para não entrar em choque com a Receita Federal (RFB) em questões tributárias, se o fundo tiver diferentes classes de cotas, ele deve constituir patrimônio segregado para cada classe, conceito conhecido como *segregated portfolio*, não sendo permitida a criação de classes híbridas, pelo mesmo motivo.

12.2.6 Dinâmica de aplicação e resgate de cotas

Na emissão das cotas do fundo, deve ser utilizado o valor da cota do próprio dia ou do dia seguinte ao da efetiva disponibilidade dos recursos investidos, segundo o disposto no regulamento.

O resgate de cotas de fundo obedecerá às seguintes regras:

- O regulamento estabelecerá o prazo entre o pedido de resgate e a data de conversão de cotas, que se dará pelo valor da cota do dia na data de conversão, observada, se for o caso, o modo de cálculo da cota de abertura para fundos de curto prazo, renda fixa e referenciado.
- O pagamento do resgate deverá ser efetuado em cheque, crédito em conta-corrente ou ordem de pagamento, no prazo estabelecido no regulamento, que não poderá ser superior a 5 dias úteis, contados da data da conversão de cotas.
- O regulamento poderá estabelecer prazo de carência para resgate, com ou sem rendimento.
- Salvo na hipótese de ocorrência excepcional de iliquidez, será devida ao cotista uma multa de 0,5% do valor de resgate, a ser paga pelo administrador do fundo, por dia de atraso no pagamento do resgate de cotas.

- Os fundos de ações trabalham com cota de fechamento de D+1 na aplicação e D+3 no resgate. Isso porque, ao solicitar o resgate, o gestor terá que vender ações (o que ocorre, via de regra, em D+1) para fazer face ao pagamento. Como a liquidação financeira de ações é em D+2, logo serão necessários 3 dias para proceder ao pagamento do cotista (1 para vender + 2 para liquidar os ativos).

12.2.6.1 Fundos com carência

De acordo com a norma, o regulamento de um FI poderá estabelecer prazo de carência para resgate, com ou sem rendimento. Nesse caso, o regulamento e demais documentos do fundo devem informar o período de carência e a ocorrência de penalidades no caso de resgates antes do prazo. Isso acontece porque o resgate antecipado é incongruente com a estratégia do gestor, podendo atrapalhar a rentabilidade do fundo.

De qualquer modo, caso se trate de classe aberta, o prazo de carência, se houver, em conjunto com o prazo total entre o pedido de resgate e seu pagamento, não podem totalizar um prazo superior a 180 dias.

12.2.6.2 Casos excepcionais de iliquidez

Em casos excepcionais de iliquidez dos ativos componentes da carteira do fundo, inclusive em decorrência de pedidos de resgates incompatíveis com a liquidez existente, ou que possam implicar alteração do tratamento tributário do fundo ou do conjunto dos cotistas, em prejuízo desses últimos, o administrador poderá declarar o fechamento do fundo para a realização de resgates, sendo obrigatória a convocação de assembleia geral extraordinária, no prazo máximo de 1 dia, para deliberar, no prazo de 15 dias, a contar da data do fechamento para resgate, sobre as seguintes possibilidades:

- reabertura ou manutenção do fechamento do fundo para resgate;
- possibilidade do pagamento de resgate em títulos e valores mobiliários;
- cisão do fundo; e
- liquidação do fundo.

O fechamento do fundo para resgate deverá, em qualquer caso, ser imediatamente comunicado à CVM.

A assembleia deverá realizar-se mesmo que o administrador delibere reabrir o fundo antes da data marcada para sua realização.

12.2.6.3 Fechamento temporário do fundo

O administrador pode suspender, a qualquer momento, novas aplicações no fundo, desde que tal suspensão se aplique indistintamente a novos investidores e cotistas atuais.

A suspensão do recebimento de novas aplicações em um dia não impede a reabertura posterior do fundo para aplicações.

O administrador deve comunicar imediatamente aos distribuidores e à CVM o fechamento temporário do fundo.

12.2.7 Transferência de titularidade

Caso o cliente tenha aplicação em FI custodiado em determinada instituição financeira e deseje transferir a custódia para outra instituição, isso é possível, sem necessidade de realizar o resgate e, portanto, sem incidência de IR, assim como se faz a transferência das ações de corretora para outra. Trata-se apenas de uma transmissão da carteira de investimentos de determinada instituição financeira para outra. O que não é permitido é a transferência das cotas de um titular para outro sem resgatar e pagar IR.

Entretanto, no caso de fundos abertos, a cota não pode ser objeto de cessão ou transferência de titularidade, exceto nos casos que envolvam, entre outros, decisão judicial ou arbitral; execução de garantia; sucessão; portabilidade de planos de previdência; integralização de participações acionárias em companhias ou no capital social de sociedades limitadas.

12.3 ENCARGOS

12.3.1 Taxa de administração

A taxa de administração é a remuneração do gestor e do administrador, sendo calculada e provisionada diariamente, tendo por base 1/252 de x% sobre o PL do fundo e paga, em geral, mensalmente. Entenda como funciona.

Suponha um fundo que tenha uma taxa de administração de 2% e um PL conforme a seguir:

PL dia 1 – R$ 320.000.000,00
PL dia 2 – R$ 320.128.000,00

Cálculo da taxa de administração devida:

Dia 1: R$ 320.000.000,00 × 2% x = R$ 25.393,83
Dia 2: R$ 320.128.000,00 × 2% x = R$ 25.406,98

E segue assim todo dia, até o último dia útil do mês, provisionando diariamente o valor da taxa de administração. No primeiro dia útil do mês subsequente, o fundo terá provisionado um valor significativo, referente a todos os dias úteis do mês anterior, e o gestor terá que vender papéis do fundo para fazer frente a esse custo.

Em outras palavras, diariamente o fundo estava apenas contabilizando esse custo e o pagamento dele só ocorreu após fechado o mês. Desse modo, apesar de ocorrido o efeito no caixa do fundo com o pagamento, não houve desvalorização da cota por conta desse pagamento, uma vez que o PL do fundo já estava diminuído devido à provisão.

12.3.2 Taxa de *performance*

O regulamento poderá estabelecer a cobrança da taxa de *performance*, em função do resultado da classe ou do cotista, podendo ser cobrada por três métodos diferentes:

1. **método do ativo**: com base no resultado da classe ou subclasse de cotas;
2. **método do passivo**: com base no resultado de cada aplicação efetuada por cada cotista;
3. **método do ajuste**: com base na classe ou subclasse de cotas, acrescida de ajustes individuais, exclusivamente nas aplicações efetuadas posteriormente à data da última cobrança de taxa de *performance*, até o primeiro pagamento de taxa de *performance* como despesa do fundo, provendo a correta individualização dessa despesa entre os cotistas.

A cobrança da taxa de *performance* deve atender aos seguintes critérios:

- vinculação a um parâmetro de referência compatível com a política de investimento do fundo e com os títulos que efetivamente a componham;
- vedação da vinculação da taxa de *performance* a percentuais inferiores a 100% do parâmetro de referência;
- cobrança por período, no mínimo, semestral;
- cobrança após a dedução de todas as despesas, inclusive da taxa de administração.

É vedada a cobrança de *performance* quando o valor da cota do fundo for inferior ao seu valor por ocasião da última cobrança efetuada, exceto para os fundos destinados exclusivamente a investidores qualificados e profissionais, que poderão cobrá-la de acordo com o que dispuser o seu regulamento.

Em outras palavras, a taxa de *performance* cobrada pelos fundos segue um critério conhecido como **linha d'água**, ou seja, sua cobrança fica condicionada a que o valor atual da cota seja superior ao valor da cota referente ao último pagamento da taxa de *performance*.

Fundos que podem cobrar taxa de *performance*

De acordo com a norma, além da classe ou subclasse de cotas exclusivamente destinada à aplicação de investidores qualificados, os fundos podem cobrar taxa de *performance*, desde que especificada em seus regulamentos. No caso de fundos de renda fixa, é possível cobrar *performance* quando forem classificados como de longo prazo ou de dívida externa.

12.3.3 Taxa de entrada

A taxa de entrada é cobrada no momento da aplicação no fundo. Um exemplo vivo de taxa cobrada na aplicação é a taxa de carregamento, cobrada pelos fundos de previdência privada (PGBL e VGBL). Essa taxa de carregamento é um percentual cobrado sobre o valor de cada aplicação no fundo, e serve para constituir um tipo de fundo de resgate ou para remunerar o distribuidor.

12.3.4 Taxa de saída

A taxa de saída é devida no momento do resgate do fundo e, normalmente, é cobrada com a finalidade de ressarcir o prejuízo que o resgate pode causar aos demais cotistas, o que acaba sendo visto pelo mercado como uma penalidade ao investidor que solicita o resgate antes do prazo de liquidez previsto no regulamento do fundo.

Os fundos que têm resgate em D+30, por exemplo, normalmente têm no regulamento a previsão de cobrança de taxa de saída caso o investidor solicite a liquidação antes desse prazo (período de carência). Isso ocorre porque esses fundos têm ativos com liquidez menor. Então, se o gestor tiver que vender os papéis do fundo com pressa, poderá não obter um preço que favoreça a cota do fundo e prejudique os demais cotistas. Nesses casos, a taxa de saída é devida e paga ao fundo.

Outra família de fundos que cobra taxa de saída é a dos fundos que garantem o principal investido no resgate (os chamados Fundos de Capital Protegido ou Garantido). Isso ocorre porque as operações desses fundos têm data de vencimento e sua liquidação antecipada pode acarretar perdas consideráveis.

12.3.5 Outros encargos

Constituem encargos do fundo, além das taxas de administração, *performance*, entrada e saída, diversas outras despesas, que podem ser debitadas diretamente do fundo:

- taxas, impostos ou contribuições federais, estaduais, municipais ou autárquicas, que recaiam ou venham a recair sobre os bens, direitos e obrigações do fundo;
- despesas com o registro de documentos em cartório, impressão, expedição e publicação de relatórios e informações periódicas previstas na norma;
- despesas com correspondência de interesse do fundo, inclusive comunicações aos cotistas;
- honorários e despesas do auditor independente;
- emolumentos e comissões pagas por operações do fundo;
- honorários de advogado, custas e despesas processuais correlatas, incorridas em razão de defesa dos interesses do fundo, em juízo ou fora dele, inclusive o valor da condenação imputada ao fundo, se for o caso;
- parcela de prejuízos não coberta por apólices de seguro e não decorrente diretamente de culpa ou dolo dos prestadores dos serviços de administração no exercício de suas respectivas funções;
- despesas relacionadas, direta ou indiretamente, ao exercício de direito de voto do fundo pelo administrador ou por seus representantes legalmente constituídos, em assembleias gerais das companhias nas quais o fundo detenha participação;
- despesas com custódia e liquidação de operações com títulos e valores mobiliários, ativos financeiros e modalidades operacionais;
- despesas com fechamento de câmbio, vinculadas às suas operações ou com certificados ou recibos de depósito de valores mobiliários;
- no caso de fundo fechado, a contribuição anual devida às bolsas de valores ou às entidades do mercado de balcão organizado em que o fundo tenha suas cotas admitidas à negociação.

Quaisquer despesas não previstas como encargos do fundo, inclusive as relativas à elaboração das lâminas e formulário de informações complementares, correm por conta do administrador, devendo ser por ele contratadas.

12.3.6 Regras de alteração

A taxa de administração deve constar claramente do regulamento do fundo e somente pode ser elevada por decisão da assembleia geral de condôminos. Além de remunerar o administrador, deve servir também para pagar as despesas decorrentes de serviços de consultoria relativamente à análise e seleção de ativos para integrarem a carteira do fundo e àquelas decorrentes da delegação de poderes para administrar referida carteira, mediante terceirização de gestão.

Importante relembrar, por fim, que os FIC têm que expressar em seus regulamentos todas as taxas cobradas pelos FIs em que aplicam, bem como a taxa cobrada pelo FIC para administrar seu patrimônio.

12.4 SEGREGAÇÃO DE FUNÇÕES E RESPONSABILIDADES

12.4.1 Disposições gerais

Há várias entidades trabalhando para os FIs, todas remuneradas pelo serviço que prestam. São elas: gestor, administrador, custodiante, distribuidor e auditor independente, conforme comentado a seguir.

12.4.1.1 Prestadores de serviços essenciais

- **Administrador**: é o representante do fundo, tendo que ser uma pessoa jurídica autorizada a prestar esse tipo de serviço pela CVM. Compete a ele efetuar as contratações dos prestadores de serviços, inclusive do gestor.

O administrador, observadas as limitações legais e as previstas na norma, tem poderes para praticar todos os atos necessários ao funcionamento do FI, sendo responsável pela constituição do fundo e pela prestação de informações à CVM. Entre suas atividades práticas, podemos citar: cálculo da cota do fundo ou contratação de serviços de controladoria e envio de informações periódicas ou relevantes para os cotistas.

- **Gestor**: administra a carteira do fundo. Decide que papéis comprar ou vender, de acordo com a política de investimento do fundo. Sua remuneração é a taxa de administração, que é dividida com o administrador e com o distribuidor. Pode ser pessoa física ou jurídica, mas tem que ser credenciado junto à CVM para prestar esse tipo de serviço.

12.4.1.2 Demais prestadores de serviços

- **Custodiante**: responsável pela guarda dos títulos que compõem a carteira do fundo e por controlar as posições do fundo e contabilizá-las pelo seu valor de mercado.
- **Distribuidor**: intermediário contratado pelo administrador ou gestor em nome do fundo para realizar a distribuição de suas cotas. Em outras palavras, é ele quem se relaciona no dia a dia com o investidor, vendendo as cotas do fundo. Esse é o papel dos bancos, de Distribuidoras de Títulos e Valores Mobiliários (DTVMs) e de assessores de investimento (antigos agentes autônomos de investimento).

No caso de o distribuidor não dar mais continuidade aos serviços de distribuição, o cotista pode, mesmo assim, manter seu investimento no fundo.

- **Auditor independente**: responsável pela conferência da metodologia contábil adotada pelo fundo.

Observe que gestor e distribuidor são figuras diferentes. Nem sempre quem vende é a mesma instituição que faz a gestão da carteira.

Nota: a Resolução CVM n. 175 reforçou a importância do administrador e do gestor do fundo, caracterizando ambos como "prestadores de serviços essenciais" e, por serem essenciais, atribui a eles maiores responsabilidades. Os gestores, enquanto estruturadores de FIDC, devem verificar os lastros dos direitos creditórios que está comprando para o fundo. Além disso, a norma instituiu que não há solidariedade entre administrador e gestor do fundo no âmbito do exercício de suas funções, exceto quanto ao gerenciamento de liquidez. Neste caso, ocorre pela complementariedade da atividade de ambos para a consecução do objetivo final de proteção aos cotistas. Entretanto, a norma dá flexibilidade negocial entre o administrador e o gestor, que podem delimitar a responsabilidade de cada um no âmbito de suas atividades.

Essa questão de segregação de funções (*chinese wall*) é muito importante, pois atribui responsabilidades bem definidas e evita conflitos de interesse. Essa norma foi instituída em 1995 pelo Banco Central do Brasil (BCB). Na época, havia uma grande preocupação com relação a quem cuidava dos recursos da carteira do banco e dos clientes. Foi nesse mesmo período que muitos bancos criaram as empresas de *asset management*. Hoje em dia, muitas *assets* são empresas independentes operacional e fisicamente da tesouraria dos bancos. Isso evita possíveis problemas de conflito de interesse entre a administração da carteira do banco e os recursos de clientes, preservando, desse modo, o investidor.

Conheça como está dividido esse mercado de gestão e administração de recursos por meio dos Quadros 12.3 e 12.4.

12.4.2 Vedações ao administrador e ao gestor

De acordo com a regulamentação, é vedado ao administrador e ao gestor praticar os seguintes atos em nome do fundo:

- receber depósito em conta-corrente;
- contrair ou efetuar empréstimos, salvo em modalidade autorizada pela CVM;
- prestar fiança, aval, aceite ou coobrigar-se sob qualquer outra forma, exceto nos fundos destinados exclusivamente para investidores profissionais;
- vender cotas a prestação, sem prejuízo da integralização a prazo de cotas subscritas;
- prometer rendimento predeterminado aos cotistas;
- realizar operações com ações fora de mercado organizado, ressalvadas as hipóteses de distribuições públicas, de exercício de direito de preferência e de conversão de debêntures em ações, exercício de bônus de subscrição, negociação de ações vinculadas a acordo de acionistas e nos casos em que a CVM tenha concedido prévia e expressa autorização;
- utilizar recursos do fundo para pagamento de seguro contra perdas financeiras de cotistas; e
- praticar qualquer ato de liberalidade.

Quadro 12.3 Maiores administradores de recursos – maio 2023

Ranking	Administrador	Total de ativos (R$ milhões)	Market share
1	BB DTVM	1.461.863,90	19,0%
2	ITAÚ UNIBANCO	749.633,30	9,8%
3	BTG PACTUAL	617.556,50	8,0%
4	INTRAG	605.159,20	7,9%
5	CAIXA	604.673,50	7,9%
6	BRADESCO	519.664,40	6,8%
7	BEM	513.755,70	6,7%
8	BANCO SANTANDER (BRASIL)	420.189,60	5,5%
9	BRL DTVM	366.520,80	4,8%
10	BNY MELLON SERVIÇOS FINANCEIROS DTVM	333.876,10	4,3%
	Outros	1.488.397,90	19,4%
	TOTAL	**7.681.290,80**	**100,0%**

Fonte: ANBIMA.

Quadro 12.4 Maiores gestores de recursos – maio 2023

Ranking	Gestor	Total de ativos (R$ milhões)	Market share
1	BB ASSET MANAGEMENT	1.459.866,61	19,0%
2	ITAÚ UNIBANCO ASSET MANAGEMENT LTDA.	821.809,77	10,7%
3	BRADESCO	592.766,00	7,7%
4	CAIXA ASSET	491.932,25	6,4%
5	BANCO SANTANDER (BRASIL) S.A.	311.994,25	4,1%
6	BTG PACTUAL	297.766,01	3,9%
7	BRL DTVM	233.281,89	3,0%
8	XP ASSET MANAGEMENT	155.573,73	2,0%
9	BW GESTÃO DE INVESTIMENTO LTDA.	111.494,09	1,5%
10	REAG INVESTIMENTOS	103.130,34	1,3%
	Outros	3.101.675,90	40,4%
	TOTAL	**7.681.290,80**	**100,0%**

Fonte: ANBIMA.

12.4.3 Obrigações do administrador

São obrigações do administrador:

- verificar, após a realização das operações pelo gestor, a compatibilidade dos preços praticados com os preços de mercado, bem como informar ao gestor e à CVM sobre indícios materiais de incompatibilidade;
- verificar, após a realização das operações pelo gestor, em periodicidade compatível com a política de investimentos da classe, a observância da carteira de ativos aos limites de composição, concentração e, se for o caso, de exposição ao risco de capital, devendo informar ao gestor e à CVM sobre eventual desenquadramento, até o final do dia seguinte à data da verificação; e
- contratar o custodiante.

Além disso, o administrador e o gestor devem, conjuntamente, adotar as políticas, os procedimentos e os controles internos necessários para que a liquidez da carteira do fundo seja compatível com os prazos previstos no regulamento para pagamento dos pedidos de resgate.

12.4.4 Normas de conduta

O administrador e o gestor, cada um na sua respectiva esfera de atuação, obrigam-se a adotar as seguintes normas de conduta:

- Exercer suas atividades buscando sempre as melhores condições para o fundo, empregando o cuidado e a diligência que todo ser humano ativo e probo costuma dispensar à administração de seus próprios negócios, atuando com lealdade em relação aos interesses dos cotistas e do fundo, evitando práticas que possam ferir a relação fiduciária com eles mantida, e respondendo por quaisquer infrações ou irregularidades que venham a ser cometidas sob sua administração ou gestão.
- Exercer, ou diligenciar para que sejam exercidos, todos os direitos decorrentes do patrimônio e das atividades do fundo, ressalvado o que dispuser o regulamento sobre a política relativa ao exercício de direito de voto do fundo.
- Empregar, na defesa dos direitos do cotista, a diligência exigida pelas circunstâncias, praticando todos os atos necessários para assegurá-los, e adotando as medidas judiciais cabíveis.

É vedado ao administrador, ao gestor e ao consultor o recebimento de qualquer remuneração, benefício ou vantagem, direta ou indiretamente por meio de partes relacionadas, que potencialmente prejudique a independência na tomada de decisão de investimento pelo fundo.

12.4.5 Substituição do administrador e do gestor

O administrador e o gestor da carteira do fundo devem ser substituídos nas hipóteses de descredenciamento para o exercício da atividade de administração de carteiras de valores mobiliários, por decisão da CVM, renúncia ou destituição, por deliberação da assembleia geral.

No caso de renúncia ou descredenciamento, fica o administrador obrigado a convocar imediatamente assembleia geral para eleger seu substituto. Se houver renúncia, o administrador deve permanecer no exercício de suas funções até sua efetiva substituição, que deve ocorrer no prazo máximo de 30 dias. Na hipótese de descredenciamento, a CVM deve nomear administrador temporário até a eleição de nova administração.

12.5 DIVULGAÇÃO DE INFORMAÇÕES

12.5.1 Divulgação de informações para venda e distribuição

A regulamentação lista uma série de documentos obrigatórios que visam divulgar informações sobre as regras do fundo e sua rentabilidade, que devem ser abrangentes, equitativas e simultâneas para todos os cotistas.

Nenhuma informação sobre o fundo pode assegurar ou sugerir a existência de garantia de resultados futuros ou isenção de risco para o investidor.

Quando forem citados fatos de terceiros, estes devem vir acompanhados da indicação de suas fontes e ser diferenciadas de interpretações, opiniões, projeções e estimativas. Caso as informações divulgadas, ou quaisquer materiais de divulgação do fundo, apresentem incorreções ou impropriedades que possam induzir o investidor a erros de avaliação, a CVM pode exigir a cessação da divulgação da informação e a veiculação, com igual destaque e pelo mesmo veículo utilizado para divulgar a informação original, de retificações e esclarecimentos, devendo constar, de forma expressa, que a informação está sendo republicada por determinação da CVM.

12.5.1.1 Regulamento

Quando do ingresso do cotista no fundo, o agente que tiver realizado a distribuição de cotas deve disponibilizar a versão vigente do regulamento, o que inclui o anexo da classe investida e o apêndice da subclasse investida, se for o caso.

O regulamento é o documento que rege o fundo. Nele se encontram, obrigatoriamente, as seguintes informações:

- identificação e qualificação dos prestadores de serviços do fundo, com informação sobre seus registros na CVM;
- espécie do fundo, se aberto ou fechado;
- definição sobre se o fundo conta com classe única de cotas ou diferentes classes de cotas e, caso conte com classes diferentes, definição das despesas que são comuns às classes;
- modo de rateio das despesas em comum entre as classes;
- modo de rateio das contingências que recaiam sobre o fundo;
- prazo de duração, se determinado ou indeterminado;
- exercício social do fundo.

Por sua vez, os anexos descritivos de cada classe devem dispor sobre:

- público-alvo;
- responsabilidade dos cotistas, determinando se está limitada ao valor por eles subscrito ou se é ilimitada;
- regime da classe, se aberta ou fechada;
- prazo de duração, que deve ser compatível com o prazo de duração do fundo;
- categoria da classe (tipo de fundo): se aberto ou fechado; exclusivo (um único investidor, profissional); previdenciário (aceita aplicação de fundos de previdência fechados ou abertos; Regime Próprio da Previdência Social - RPPS - e Fundo de Aposentadoria Programada Individual - FAPI); ou restrito (destinado a investidores qualificados e profissionais);
- política de investimento aderente à categoria;
- a possibilidade ou não de futuras emissões de cotas de classe fechada e eventuais condições;
- condições para a aplicação e o resgate de cotas;
- condições para a utilização de barreiras aos resgates;
- procedimentos aplicáveis a amortização e resgate compulsórios de cotas;
- taxa máxima de distribuição, ingresso e saída, se houver;
- taxas de administração e de gestão em separado;
- distribuição de resultados compreendendo os prazos e as condições de pagamento;
- intervalo para a atualização do valor da cota da classe aberta;
- modo de comunicação que será utilizada pelo administrador;
- procedimentos aplicáveis às manifestações de vontade dos cotistas por meio eletrônico;
- eventos que obrigam o administrador a verificar se o PL da classe está negativo;
- procedimentos aplicáveis à liquidação da classe.

Se a denominação do fundo contiver referência a fatores ambientais, sociais e de governança, como "ESG", "ASG", "ambiental", "verde", "social", "sustentável" ou quaisquer outros termos correlatos às finanças sustentáveis, deve estabelecer:

- quais metodologias, princípios ou diretrizes são seguidas para a qualificação do fundo ou da classe, conforme sua denominação;
- qual a entidade responsável por certificar ou emitir parecer de segunda opinião sobre a qualificação, se houver, bem como informações sobre a sua independência em relação ao fundo; e
- especificação sobre a forma, o conteúdo e a periodicidade de divulgação de relatório sobre os resultados ambientais, sociais e de governança

alcançados pela política de investimento no período, assim como a identificação do agente responsável pela elaboração do relatório.

> **Nota**: caso a política de investimento integre questões ASG às atividades relacionadas à gestão da carteira, mas não busque originar benefícios socioambientais, a norma veda a utilização dos termos que façam menção a questões ASG.

Qualquer alteração do regulamento depende da prévia aprovação da assembleia geral de cotistas, sendo eficazes a partir da data deliberada pela assembleia.

O regulamento pode ser alterado, independentemente da assembleia geral, sempre que tal alteração:

- decorrer exclusivamente da necessidade de atendimento a exigências expressas da CVM ou de adequação a normas legais ou regulamentares;
- for necessária em virtude da atualização dos dados cadastrais do administrador ou dos prestadores de serviços do fundo; e
- envolver redução da taxa de administração ou da taxa de *performance*.

12.5.1.2 Lâmina de informações básicas

O administrador de fundo aberto que não seja destinado exclusivamente a investidores qualificados deve elaborar uma lâmina de informações básicas (antigamente chamada de lâmina de informações essenciais), um documento que contém informações padronizadas pela regulamentação.

A lâmina pode até receber formatação diferente daquela prevista na regulamentação, desde que a ordem das informações e o conteúdo previsto sejam mantidos. Além disso, os logotipos e a formatação não podem dificultar o entendimento das informações. Quaisquer informações adicionais devem ser acrescentadas ao final do documento e não podem dificultar o entendimento das informações contidas na lâmina. Ademais, têm que ser consistentes com o conteúdo da própria lâmina e do regulamento.

12.5.1.3 Demonstração de desempenho

A demonstração de desempenho do fundo é um relatório padronizado, cujo modelo constitui o Suplemento C da Resolução CVM n. 175. Ela deve ser preparada para todas as classes abertas em operação há, no mínimo, um ano.

O administrador pode formatar a demonstração de desempenho livremente, desde que o conteúdo do Suplemento C seja mantido e que as informações adicionais sejam acrescentadas ao final do documento e não dificultem o entendimento das informações ali contidas.

De modo resumido, a referida demonstração deve conter, para os últimos 12 meses e para os últimos 5 anos, a rentabilidade mensal e anual do fundo ou da classe de cotas, respectivamente, além da variação percentual do *benchmark* e quantos por cento do *benchmark* essa rentabilidade representa. Além disso, tem que listar as despesas do fundo: taxa de administração fixa e de *performance*; taxa de custódia; outras despesas (inclui auditoria); despesas pagas ao grupo econômico do administrador e do gestor, sempre percentualmente ao PL diário médio em destacado mês.

O relatório deve trazer também a seguinte comparação de rentabilidade (exemplo apresentado na norma):

Rentabilidade: Se você tivesse aplicado R$ 1.000,00 (mil reais) no fundo no primeiro dia útil de [ano a que se refere a demonstração] e não houvesse realizado outras aplicações, nem solicitado resgates durante o ano, no primeiro dia útil de [ano a que se refere a demonstração + 1], você poderia resgatar R$ [•], já deduzidos impostos no valor de R$ [•]. [*adicionar, quando houver*] A taxa de ingresso teria custado R$ [•], a taxa de saída teria custado R$ [•], o ajuste sobre *performance* individual teria custado R$ [•].

Despesas: As despesas do fundo, incluindo a taxa de administração, a taxa de *performance* (se houver) e as despesas operacionais e de serviços teriam custado R$ [•].

Em adicional, deve trazer uma simulação de despesas, conforme a seguir:

Assumindo que a última taxa total de despesas divulgada se mantenha constante e que o **fundo** tenha rentabilidade bruta hipotética de 10% ao ano nos próximos 3 e 5 anos, o retorno após as despesas terem sido descontadas, considerando a mesma aplicação inicial de R$ 1.000,00 (mil reais), é apresentado na Tabela 12.1.

Tabela 12.1 Simulação

Simulação das despesas	[• + 3 anos]	[• + 5 anos]
Saldo bruto acumulado (hipotético – rentabilidade bruta anual de 5%)	R$ 1.331,10	R$ 1.610,51
Despesas previstas (se a TAXA TOTAL DE DESPESAS se mantiver constante)	R$ [•]	R$ [•]
Retorno bruto hipotético após dedução das despesas (antes da incidência de impostos, de taxas de ingresso e/ou saída, ou de taxa de *performance*)	R$ [•]	R$ [•]

A simulação apresentada não implica promessa de que os valores reais ou esperados das despesas ou dos retornos serão iguais aos aqui apresentados.

O último item da demonstração fica por conta de esclarecimentos adicionais em texto sobre questões de investimento de longo prazo, despesas de FICs, rentabilidade e impostos.

12.5.1.4 Termo de adesão e ciência de risco

O termo de adesão e ciência de risco é o documento que o cotista tem que assinar antes de aplicar no fundo. Ao assiná-lo, o cotista afirma que teve acesso ao inteiro teor do regulamento, à lâmina e ao formulário de informações complementares e que tomou ciência:

- dos fatores de risco relativos ao fundo (devem ser listados os cinco principais fatores de risco);
- de que não há qualquer garantia contra eventuais perdas patrimoniais que possam ser incorridas pelo fundo;
- de que a concessão de registro para a venda de cotas do fundo não implica, por parte da CVM, garantia de veracidade das informações prestadas ou de adequação do regulamento do fundo à legislação vigente ou julgamento sobre a qualidade do fundo ou de seu administrador, gestor e demais prestadores de serviços; e
- se for o caso, de que as estratégias de investimento do fundo podem resultar em perdas superiores ao capital aplicado e a consequente obrigação do cotista de aportar recursos adicionais para cobrir o prejuízo do fundo.

Caso o cotista efetue um resgate total do fundo e volte a investir no mesmo fundo em intervalo de tempo durante o qual não ocorra alteração do respectivo regulamento, é dispensada a formalização de novo termo de adesão.

O termo de adesão deve ter no máximo 5.000 caracteres.

12.5.1.5 Política de voto

Dado que o gestor é o responsável pela rentabilidade do fundo, cabe a ele exercer o direito de voto decorrente de ativos detidos pela classe, realizando todas as ações necessárias para tal exercício, observado o disposto na política de voto da classe e disponibilizada no regulamento do fundo.

Como forma de controle, o administrador deve encaminhar eletronicamente à CVM o Suplemento D – Perfil mensal, no qual, entre outras informações, justifica ao regulador os votos proferidos em assembleias sobre os ativos que façam parte da carteira do fundo.

12.5.2 Divulgação de informações e resultados

12.5.2.1 Divulgação da cota e rentabilidade

O administrador do fundo é responsável por calcular e divulgar o valor da cota e do PL do fundo aberto diariamente. No caso de fundos que não ofereçam liquidez diária a seus cotistas, a periodicidade deve ser compatível com a liquidez do fundo, desde que expressamente previsto em seu regulamento.

Mensalmente, o extrato de conta com seu saldo e valor das cotas no início e no final do período e a movimentação ocorrida ao longo do mês deve ser disponibilizado aos cotistas, bem como a rentabilidade do fundo auferida entre o último dia útil do mês anterior e o último dia útil do mês de referência do extrato.

12.5.2.2 Balancetes e demonstrações contábeis

Como já mencionado no início deste capítulo, o fundo deve ter escrituração contábil própria, segregada da do administrador. As demonstrações contábeis devem ser auditadas por auditor independente e colocadas à disposição de qualquer interessado no prazo de 90 dias após o encerramento do período, a cada 12 meses.

Já os balancetes devem ser disponibilizados pelo administrador mensalmente, até 10 dias após o encerramento do mês, no sistema da CVM.

12.5.2.3 Assembleias gerais

Assim como no condomínio do nosso prédio há assembleia de condôminos, os fundos de investimento também têm assembleias para resolver questões de interesse do fundo. Compete privativamente à assembleia geral de cotistas deliberar sobre:

- as demonstrações contábeis apresentadas pelo administrador;
- a substituição do administrador, do gestor ou do custodiante do fundo;
- a fusão, a incorporação, a cisão, a transformação ou a liquidação do fundo;
- o aumento da taxa de administração;
- a alteração da política de investimento do fundo;
- a emissão de novas cotas, no fundo fechado;
- a amortização e o resgate de cotas, caso não estejam previstos no regulamento; e
- a alteração do regulamento.

A convocação da assembleia geral deve ser encaminhada a cada cotista e disponibilizada na internet, com 10 dias de antecedência, no mínimo, da data de sua realização, contendo a pauta da assembleia, dia, local e hora de realização.

Independentemente disso, a assembleia geral só pode ocorrer 15 dias depois de as demonstrações contábeis auditadas estarem disponibilizadas na internet.

Anualmente, a assembleia geral deverá deliberar sobre as demonstrações contábeis do fundo, fazendo-o até 120 dias após o término do exercício social. Além disso, o administrador, o gestor, o custodiante ou o cotista ou grupo de cotistas que detenha, no mínimo, 5% total de cotas emitidas poderão convocar a qualquer tempo assembleia geral de cotistas, para deliberar sobre ordem do dia de interesse do fundo ou dos cotistas.

A assembleia geral se instalará com a presença de qualquer número de cotistas, sendo suas deliberações tomadas por maioria de votos, cabendo a cada cota 1 voto.

Os cotistas também poderão votar por meio de comunicação escrita ou eletrônica, desde que recebida pelo administrador antes do início da assembleia, observado o disposto no regulamento.

Na busca de evitar conflito de interesses, não podem votar nas assembleias gerais do fundo:

- seu administrador e seu gestor;
- os sócios, diretores e funcionários do administrador ou do gestor;
- os prestadores de serviços do fundo, seus sócios, diretores e funcionários;
- partes relacionadas ao prestador de serviço, seus sócios, diretores, funcionários;
- o cotista que tenha interesse conflitante com o fundo, classe ou subclasse no que se refere à matéria em votação; e
- o cotista, na hipótese de deliberação relativa a laudos de avaliação de bens de sua propriedade.

O resumo das decisões da assembleia geral deverá ser enviado a cada cotista no prazo de até 30 dias após a data de realização da assembleia, podendo ser utilizado para tal finalidade o extrato de conta mensal.

12.5.2.4 Composição e diversificação de carteira

O administrador do fundo é responsável por divulgar mensalmente, e equanimemente entre todos os cotistas, a composição da carteira do fundo, por meio do sistema da CVM, em até 10 dias após o encerramento do mês.

Se o fundo de "ações – ativo" tiver posições ou operações que possam vir a ser prejudicadas pela sua divulgação, o demonstrativo da composição da carteira pode omitir sua identificação e quantidade, registrando somente o valor e a percentagem sobre o total da carteira.

12.5.2.5 Informações periódicas e comunicação com os cotistas

Qualquer material de divulgação do fundo deve ser consistente com o regulamento e ser elaborado em linguagem serena e moderada, advertindo seus leitores para os riscos do investimento.

A regulamentação determina que esse material seja identificado como material de divulgação e que seja mencionada a existência da lâmina, se houver, e do regulamento, bem como os endereços na internet nos quais esses documentos podem ser obtidos.

Qualquer divulgação de informação sobre os resultados do fundo só pode ser feita, por qualquer meio, após um período de carência de seis meses, a partir da data da primeira emissão de cotas.

Toda informação divulgada por qualquer meio, na qual seja incluída referência à rentabilidade do fundo, deve obrigatoriamente:

- mencionar a data do início de seu funcionamento;
- contemplar a rentabilidade mensal e a rentabilidade acumulada nos últimos 12 meses;
- ser acompanhada do valor do PL médio mensal dos últimos 12 meses ou desde a sua constituição, se mais recente;
- divulgar a taxa de administração e a taxa de *performance*, se houver; e
- destacar o público-alvo do fundo e as restrições quanto à captação, de forma a ressaltar eventual impossibilidade, permanente ou temporária, de acesso ao fundo por parte de investidores em geral.

A divulgação de rentabilidade deve ser acompanhada de comparação, no mesmo período, com índice de mercado compatível com a política de investimento do fundo, se houver.

No caso de divulgação de informações que tenham por base análise comparativa com outros FIs, devem ser informados simultaneamente as datas, os períodos, a fonte das informações utilizadas, os critérios de comparação adotados e tudo o mais que seja relevante para possibilitar uma avaliação adequada, pelo mercado, dos dados comparativos divulgados.

Sempre que o material de divulgação apresentar informações referentes à rentabilidade ocorrida em períodos anteriores, deve ser incluída advertência, com destaque, de que a rentabilidade obtida no passado não representa garantia de resultados futuros e que os investimentos em fundos não são garantidos pelo administrador ou por qualquer mecanismo de seguro ou, ainda, pelo FGC.

Ao aplicar em um fundo, o investidor deve ser avisado, por escrito, de todos os riscos que está correndo, como mencionado em itens anteriores.

> **Dica:** se você trabalha em uma instituição financeira, recomendo fortemente que solicite um regulamento e uma lâmina de um Fundo de Renda Fixa com baixo risco e de um Fundo Multimercado que tenha bastante risco. Depois, com os dois em mãos, procure compará-los.
> Se você não trabalha em instituição financeira, os prospectos e regulamentos de todos os fundos estão disponíveis no *site* da CVM (www.cvm.gov.br) em Participantes do Mercado / Fundos de Investimento / Consulta Pública / Regulamentos e Documentos Relacionados. Outra possibilidade é entrar no *site* de um banco, na aba Investimentos / Fundos de Investimentos / Tabela de Rentabilidade. Em muitos *sites* de instituições financeiras, ao clicar no nome do fundo abre-se uma página em que os documentos dos fundos estão disponíveis, além do total das aplicações e dos resgates, da quantidade de cotistas e do valor diário das cotas.

Além do material de venda, ao se tornar cotista o investidor tem direito a informações sobre o fundo, que devem ser disponibilizadas, inclusive as relativas à composição da carteira, prazo e teor das informações, de forma equânime entre todos os cotistas.

A regulamentação da CVM obriga os administradores a disponibilizarem as seguintes informações aos cotistas:

- **diariamente**: divulgar o valor da cota e do PL do fundo aberto;
- **mensalmente**: disponibilizar o extrato de conta, contendo, além de sua posição, a rentabilidade do fundo, exceto para os cotistas que expressamente concordarem em não receber o documento;
- **semestralmente**: divulgar no *site* do fundo a demonstração de desempenho relativa aos 12 meses findos em 31 de dezembro e 30 de junho.

12.5.2.6 Informações eventuais: fato relevante

Todo fato relevante ocorrido ou relacionado ao funcionamento do fundo ou aos ativos financeiros integrantes de sua carteira deve ser divulgado imediatamente a todos os cotistas da classe afetada. No caso de fundos negociados em bolsa, as entidades administradoras desses mercados organizados também devem ser avisadas. Além disso, deve ser divulgado no *site* da CVM e mantido nos *sites* dos prestadores de serviços essenciais (gestor e administrador) e do distribuidor.

Mas o que é um fato relevante? Trata-se de qualquer ato ou fato que possa influir de modo ponderável no valor das cotas ou na decisão dos investidores de adquirir, alienar ou manter tais cotas. Como exemplos de fatos potencialmente relevantes pode-se citar:

- alteração no tratamento tributário conferido ao fundo, à classe ou aos cotistas;
- mudança na classificação de risco atribuída à classe ou subclasse de cotas;
- fusão, incorporação, cisão ou transformação da classe de cotas.

A divulgação deve ser feita por meio do Sistema de Envio de Documentos disponível na página da CVM e na página da internet do administrador e do distribuidor do fundo.

O administrador fica obrigado a divulgar imediatamente fato relevante na hipótese de a informação escapar ao controle ou se ocorrer oscilação atípica na cotação, no preço ou na quantidade negociada de cotas.

12.6 APLICAÇÕES POR CONTA E ORDEM

Você conhece algum agente autônomo de investimento ou instituição financeira que vende fundos de terceiros? Tipo o Banco XPTO que vende o fundo gerido por uma *asset* qualquer? Ou uma corretora que vende um fundo gerido pelo Banco Itaú, por exemplo? Mas isso é possível?

Sim, muitos gestores procuram distribuidores para seus produtos e é isso que ocorre. Nesses casos, é comum que o distribuidor não queira informar ao administrador do fundo quem é o cliente. O que acontece formalmente é uma autorização do FI para o distribuidor realizar o investimento no fundo (a subscrição de suas cotas) por sua conta e ordem. Nesse caso, o distribuidor deve criar registro complementar de cotistas, específico para cada fundo em que ocorra tal modalidade de subscrição de cotas, de modo que cada cotista terá um código de cliente, que será informado ao administrador do fundo.

O administrador irá, portanto, escriturar as cotas de maneira especial no registro de cotistas do fundo, adotando, na identificação do titular, o nome do distribuidor, acrescido do código de cliente fornecido pelo distribuidor, e que identifica o cotista no registro complementar.

Vale ressaltar que tal prática não implica comunicação dos bens e direitos integrantes do patrimônio de cada um dos clientes, bem como seus frutos e rendimentos, com o patrimônio do distribuidor. É a segregação do fundo.

O distribuidor que esteja atuando por conta e ordem de clientes assume todos os ônus e responsabilidades relacionadas aos clientes, inclusive quanto a seu cadastramento, identificação e demais procedimentos. Além disso, pode comparecer e votar nas assembleias gerais de cotistas dos fundos, representando os interesses de seus clientes, desde que munido de procuração com poderes específicos, discriminando inclusive o dia, hora e local da referida assembleia.

O administrador que estiver atuando por conta e ordem de clientes deve disponibilizar ao distribuidor, por meio eletrônico, a nota de investimento que atesta a efetiva realização do investimento e extratos.

O contrato firmado entre o fundo e o distribuidor pode prever, entre outras matérias, que na hipótese de sua rescisão os clientes que sejam cotistas do fundo até a data da rescisão manterão o seu investimento por conta e ordem até que os próprios clientes decidam pelo resgate de suas cotas, desde que o administrador do fundo e o distribuidor mantenham, em relação a tais clientes, todos os direitos e obrigações definidos nessa norma, pelo período em que esses clientes mantiverem o investimento.

12.7 PRINCIPAIS ESTRATÉGIAS DE GESTÃO

12.7.1 Gestão passiva × ativa

Os fundos podem ter gestão ativa ou passiva, de acordo com os seus objetivos.

- **Fundos ativos**: buscam ultrapassar o *benchmark*. Exemplo: Fundo de Ações Ibovespa Ativo.
- **Fundos passivos**: buscam acompanhar o *benchmark*. Exemplos: Fundo de Renda Fixa Referenciado DI e ETFs.

Em tese, parece simples acompanhar o *benchmark*. Porém, a sua replicação é tarefa difícil, dado que os fundos têm custos (taxas de administração, taxas de fiscalização e corretagem, entre outros). Além disso, as regras de contabilização a mercado (MaM) contribuem para a maior volatilidade de um fundo. Mesmo quando o gestor consegue acompanhar a rentabilidade do *benchmark*, no resgate do fundo há incidência de IR, diminuindo ainda mais os ganhos do investidor.

Entre as estratégias de gestão utilizadas para manter a adesão do fundo à rentabilidade do *benchmark*, além da simples constituição da carteira com ativos que sejam rentabilizados pelo *benchmark*, pode-se citar a utilização de derivativos, como *swaps* e mercado futuro, além de técnicas de imunização da carteira, como explicado na Seção 15.2.1.3 deste livro.

12.7.2 Fundos de investimento com gestão passiva

12.7.2.1 Renda fixa

Existem três tipos de fundos com gestão passiva em renda fixa bem conhecidos: Fundos DI, Fundos de Inflação e os ETFs de renda fixa.

O objetivo do fundo DI é seguir a variação da Taxa DI, comumente conhecida como CDI, e já estudada no Capítulo 8. Os fundos de inflação seguem a variação de algum índice de inflação, normalmente o Índice Nacional de Preços ao Consumidor Amplo (IPCA), mas não necessariamente. Já cada ETF tem seu *benchmark* bem definido no seu regulamento.

Conceito e finalidade dos *benchmarks* e índices de referência

Todo investidor aplica seu dinheiro para ter retorno. Mas como saber se o retorno que obteve pode ser considerado alto ou baixo? É aí que entram os *benchmarks*.

Um *benchmark* é um parâmetro de comparação entre o investimento e um índice. Estamos falando de uma rentabilidade relativa. Logo, é importante que o *benchmark* seja da mesma classe do ativo que foi investidor. Afinal, uma laranja deve ser comparada com outra laranja e não com uma banana. Por isso, é fundamental a escolha de um *benchmark* correto. Caso contrário, você pode ter ilusões de ganhos ou perdas que não reflitam a real situação do seu investimento e quiçá estará perdendo outras oportunidades mais rentáveis.

No caso de FIs, deve-se empregar todo cuidado na escolha do *benchmark*. Afinal, o intuito do investidor deve ser avaliar se a estratégia que o gestor do fundo empregou na gestão da carteira está surtindo os resultados planejados.

Outro objetivo do *benchmark* é permitir a comparação entre diferentes investimentos para entender qual deles vale mais a pena. Afinal, é possível ter um histórico do índice e seu desempenho atual.

Confira, no Quadro 12.5, os *benchmarks* de renda fixa mais utilizados no mercado de fundos de renda fixa.

Quadro 12.5 *Benchmarks* de renda fixa mais utilizados em fundos

Para comparar fundos de renda fixa	O *benchmark* mais utilizado é
Referenciados	Taxa DI e Taxa Selic
Inflação	IPCA, IGP-M e IMA-B
Ativos e Multimercados	Taxa DI, IMA Geral ou IRF-M
Outros fundos	Depende da estratégia de gestão

12.7.2.2 Renda variável

Assim como a escolha do *benchmark* da classe renda fixa é importante, o mesmo vale para a classe de renda variável.

O Quadro 12.6. traz os *benchmarks* de renda variável mais utilizados no mercado de fundos de ações.

Quadro 12.6 *Benchmarks* de renda variável mais utilizados em fundos

Para comparar fundos de ações	O *benchmark* mais utilizado é
Passivos, inclui ETF	IBOVESPA, IBrX ou outro índice que reflita a estratégia do fundo
Governança corporativa	IGC-NM B3, IGC B3, ITAG B3, IGCT B3
Sustentabilidade	ISE B3, ICO2 B3
Outros fundos	Depende da estratégia de gestão

12.7.3 Estratégias para manter aderência aos índices de referência e as respectivas limitações

Uma das estratégias para manter aderência aos índices de referência é comprar para a carteira do fundo ativos cuja rentabilidade esteja atrelada ao índice de referência. Por exemplo, um fundo de renda fixa cujo objetivo seja seguir a inflação medida pelo IPCA pode só ter em sua carteira NTN-Bs. Em tese, assim estaria protegendo os ativos de variação diferente do índice. Entretanto, a NTN-B rende IPCA + uma taxa, e esta taxa varia ao longo do tempo conforme as expectativas futuras do mercado. Como você aprendeu no Capítulo 3, Conceitos Básicos de Finanças, essa taxa varia na direção contrária no mercado. Logo, quando a taxa de juros no mercado sobe, o *yield* do papel cai, de modo que reflita a rentabilidade demandada pelo mercado. Este é, portanto, um limitador para manter atrelada à variação da cota do fundo ao *benchmark*.

Um segundo limitador, e que anda em conjunto com a limitação mencionada anteriormente, é a regra de MaM dos ativos que compõem a carteira do fundo. Logo, voltando ao caso de um fundo de inflação, por exemplo, se o cupom da NTN-B subir muito no mercado, pode ser que o ativo tenha, inclusive, rentabilidade negativa, mesmo com uma alta da inflação, o que impede a aderência do fundo ao *benchmark*, que pode ser o IMA-B.

A seguir, pode-se mencionar a questão dos encargos do fundo, entre eles a taxa de administração e o patrimônio do fundo. Patrimônios pequenos são muito afetados pelos custos fixos e parte da rentabilidade do fundo é comida pela taxa de administração.

A utilização de derivativos, embora seja uma estratégia para proteger a carteira do fundo contra oscilações adversas, tem um custo, e quando o custo é maior que o ganho potencial, não vale a pena fazer *hedge*.

A regulamentação também permite que o gestor invista 5% do patrimônio do fundo em ativos não relacionados ao *benchmark*. Embora esse percentual possa parecer pequeno, se o gestor alocar constantemente esses 5% em algum outro ativo cuja rentabilidade não esteja atrelada ao índice de referência, pouco a pouco vai contribuir, junto a outros fatores, a distanciar a rentabilidade do fundo do *benchmark*.

Por fim, no caso dos fundos de ações, o que as instituições financeiras mostram como índice na sua planilha de rentabilidades é o IBOVESPA com preço de fechamento dos ativos. Entretanto, a norma da CVM institui que as ações devem ser precificadas no fundo pelo seu valor médio. Há, portanto, uma discrepância entre a precificação do índice e dos ativos do fundo.

12.7.4 Fundos de investimento com gestão ativa

Como mencionado anteriormente, fundos com gestão ativa têm por objetivo ganhar do *benchmark*. É verdade que é uma tarefa difícil, pois para render mais que o *benchmark*, é necessário correr mais riscos que o mercado, o que nem sempre é premiado. Até mesmo gestores famosos têm dificuldade de apresentar altos retornos de forma consistente. Mas analisemos, a seguir, as possibilidades que se apresentam para quem deseja bater o *benchmark*.

12.7.4.1 Renda fixa

- **Fundos de crédito privado**: composto de mais de 50% em crédito privado, modalidade de investimento que tem mais risco que os títulos do Tesouro e, portanto, pagam taxas de juros mais altas.
- **FIDC**: por serem compostos de direitos creditórios, costumam ter retorno mais elevado. Entretanto, o nível de risco é maior que os demais fundos de renda fixa.
- **Fundos multimercados**: embora não sejam da classe de renda fixa para a CVM, a RFB os classifica como renda fixa para fins de tributação. Esses fundos têm sua carteira composta de muitas classes de ativos e, portanto, seu objetivo é ganhar do *benchmark*. Afinal, não faria sentido ter tanto trabalho para gerir um fundo dessa classe e correr mais risco se não fosse com o objetivo de obter um retorno maior que dos fundos passivos.
- Estratégia macro: bastante utilizada em fundos multimercados, a gestão dos fundos com estratégia macro é baseada em uma criteriosa análise de fundamentos macroeconômicos, quando são acompanhadas as diversas variáveis das economias local e internacional, focando em explorar as oportunidades dos mercados de juros, câmbio, ações e mercado internacional e, dessa forma, capturar alfa[4] por meio de operações que tenham assimetria positiva, inclusive nos *hedges* das posições. Os gestores desses fundos buscam suporte da área macroeconômica das instituições em que trabalham para definir as estratégias e as posições dos fundos com estratégia macro. A estratégia busca obter retornos absolutos, sem vínculo direto com qualquer mercado, mantendo liberdade na alocação dos ativos dos fundos. Naturalmente, o objetivo de retorno de cada fundo varia conforme o seu respectivo nível de risco e critério de liquidez, que podem ser balizadores para a execução de determinadas operações.

12.7.4.2 Renda variável

- **Estratégia *long only*, valor**: o investimento em valor busca comprar ações subavaliadas pelo mercado. Essa é a estratégia de Warren Buffet, o conhecido investidor americano. Um exemplo de fundo com estratégia em valor são os fundos de dividendos. Eles buscam empresas que apresentem uma alta relação entre dividendo (presente ou futura) e preço e sólidos fundamentos de valor (*valuation*). Vale ressaltar que, em se falando de um fundo aberto, as análises devem estar sempre diretamente associadas a critérios de liquidez e diversificação.
- **Estratégia *long only*, crescimento**: o investidor em crescimento (*growth*, em inglês) busca ações que ainda não foram percebidas pelo mercado, mas que têm alto potencial de crescimento. Por vezes, são papéis com menos liquidez, aqueles que não fazem parte do índice nem estão presentes nos noticiários com frequência. Assim como no fundo com estratégia de valor, os fundos de crescimento também prescindem da análise fundamentalista para selecionar empresas com sólido fundamento. Por não ter a preocupação em adquirir papéis que estão no índice, essa estratégia gera,

---

4 Quando um gestor **entrega alfa** significa que ele obteve retorno acima do *benchmark*.

no curto prazo, um descolamento de *performance* em relação ao índice da bolsa e, no longo prazo, tende a gerar retornos superiores, quando a seleção de ativos for bem-feita.

- **Estratégia *long biased*:**[5] enquanto o fundo *long only* está sempre comprado, o fundo *long biased*, além de manter posições compradas em ativos, pode ter posições vendidas por intermédio do aluguel de ações.[6] Os fundos *long biased* são semelhantes aos fundos *long & short*, porém estes tendem a ter uma exposição menor à bolsa, tendo sempre uma parcela comprada e outra vendida, podendo até assumir posições neutras, sem exposição à bolsa. Já os fundos *long biased* podem não ter nada vendido. Esse caso só ocorrerá se o gestor acreditar que determinada ação pode cair no médio prazo por estar cara ou porque surgirão notícias que derrubarão o papel. Logo, o fundo *long biased* tem apenas a tendência de estar exposto à bolsa.

- **Estratégia *equity hedge*:** o objetivo dessa estratégia é superar o CDI no longo prazo utilizando uma administração ativa na alocação de seus recursos, sem correr risco de crédito, buscando aproveitar as melhores oportunidades de investimento que o mercado oferecer. O foco desses fundos é, via de regra, no longo prazo e muitos que adotam essa estratégia têm regras de carência para resgate, existindo uma maior tolerância com a travessia de algumas operações e, portanto, não existindo preocupação com a volatilidade de curto prazo. A estratégia procura obter ganhos com posições de longo prazo montadas gradualmente a partir de uma análise das variáveis macroeconômicas e dos fundamentos das empresas selecionadas. Pode usar derivativos, muitas vezes não sendo limitada ao seu PL, tanto para *hedge*, arbitragem, como para apostas direcionais para potencialização de resultados.

- **Fundos quantitativos:** um fundo quantitativo baseia seu processo de seleção de ativos em modelos de análise quantitativa. O conceito centra-se no desenvolvimento de tecnologias capazes de compreender ou antecipar o comportamento dos ativos, por meio de complexos modelos matemáticos e estatísticos. Nos chamados "*Quant* puros" a decisão final sobre a venda ou compra de um ativo cabe exclusivamente ao modelo, entretanto, são também muito comuns estratégias híbridas, em que a capacidade de julgamento do gestor é adicionada ao modelo quantitativo.

- **Estratégia *long & short*:** a estratégia *long & short* busca obter retornos absolutos, não correlacionados com índices de mercado, por meio da exposição a fatores de risco específicos, combinando posições compradas e vendidas em ações. A composição do portfólio se dá por uma carteira de ações comprada *versus* uma carteira de ações vendida adicionada à venda de índice futuro, além de uma estratégia de pares de ações (classe de ações, estrutura de capital e *risk arbitrage*). Os ativos podem ser escolhidos tanto por distorções que o gestor acredite que no longo prazo se corrigem, quanto por eventos que possam acelerar tal convergência.

12.7.5 Posicionamento, *hedge* e alavancagem

12.7.5.1 Posicionamento

Fundos que se posicionam são aqueles que fazem apostas. Fica aqui entendido que apostar não é algo de jogo, e sim uma estratégia diante de um cenário esperado.

Exemplo de fundos posicionados: fundo de renda fixa prefixado; fundo de renda fixa indexado ao IPCA. Note que esses fundos tomam uma posição definitiva, independentemente do cenário. Caberá ao investidor analisar o cenário e escolher em qual aplicar.

Existem, também, os fundos que não se posicionam declaradamente em uma estratégia. Nesse caso, caberá ao gestor do fundo tomar um posicionamento diante de um cenário esperado. Tome como exemplo

---

5 *Bias* = tendência.

6 É possível alugar um título. O aluguel de ações é feito em bolsa. Quem aluga as ações recebe um percentual sobre o aluguel e não pode vendê-lo, assim como quem aluga um apartamento. Já quem toma alugado o papel paga esse aluguel, podendo inclusive vendê-lo para fazer caixa. Entretanto, após findo o prazo, ele terá que devolver o título e pagar o aluguel.

um fundo multimercado que tenha como objetivo ganhar da taxa de juros no longo prazo. Se o gestor acreditar que existem condições de ganhar dinheiro investindo em ações, ele venderá renda fixa e aumentará sua posição em ações. Caso contrário, ele venderá ações e aumentará sua posição em juros ou câmbio. O investidor que aplica nesse tipo de fundo entrega ao gestor a decisão de se posicionar diante do cenário.

12.7.5.2 Hedge

Hedge, em inglês, significa **proteção**. Logo, fundo de *hedge* é, teoricamente, um fundo que tem por objetivo proteger suas operações do risco da volatilidade de preço dos ativos. Uma das formas de fazer *hedge* é por meio de operações no mercado de derivativos, como utilizando o mercado de opções e futuros. Outra forma é assumindo uma posição em um ativo que tenha comportamento contrário ao do ativo que você pretende se proteger.

Vale aqui ressaltar que, embora essa estratégia seja de proteção, se não for muito bem estruturada, pode acabar gerando perdas. Foi o que aconteceu no exterior em 2008, quando os *hedge funds* não conseguiram se proteger da crise internacional.

Aqui no Brasil, em que "nem sempre o que acontece é o que deveria ser", os fundos com essa estratégia são aqueles que adotam posições mais arrojadas que os fundos tradicionais, tendo mais liberdade para alocar seus recursos, sem se limitar a políticas rígidas. Desse modo, buscam rentabilidades mais elevadas por meio de investimentos em operações de arbitragem, derivativos, operações *day trade* e aluguel de ativos.

12.7.5.3 Alavancagem

Muitos fundos de investimento e posições de carteira de investimento trabalham alavancados. Alavancar significa operar com recursos de terceiros. Quando um FI ou um investidor está alavancado, está buscando ganhar mais dinheiro do que o custo do dinheiro que teve que tomar com terceiros. Na prática, quem opera alavancado investe mais do que, de fato, tem. Em outras palavras, podemos definir alavancagem como a realização de investimentos em montantes superiores aos que o investidor tem, utilizando capitais de terceiros.

O dicionário financeiro *DocSlide* dá um bom exemplo do que é alavancagem:

> Imagine que um investidor queira comprar R$ 50 mil em determinada ação e disponha de apenas R$ 30 mil. Esse investidor tem tanta certeza de que vai obter lucro com o papel que pede um empréstimo de R$ 20 mil para cobrir o restante da operação. Se as previsões dele se concretizarem, ao fim de determinado período poderá vender o papel e apurar dinheiro suficiente para pagar o empréstimo e ainda lucrar. Mas, se a ação se desvalorizar, ele terá que conseguir mais dinheiro para cobrir o prejuízo. A isso, o mercado dá o nome de alavancagem.

Trabalhar com recursos de terceiros – alavancar – é sempre arriscado, pois só se consegue êxito quando as expectativas efetivamente se confirmam. Em outras palavras, os ganhos obtidos com os investimentos e aplicações têm de superar os custos do capital obtido.

Como muitos fundos multimercados trabalham com algum grau de alavancagem, investindo um montante acima do seu patrimônio e se endividando para obter maiores ganhos, é muito importante informar o cliente sobre seus riscos antes de fazer o investimento. Conforme explicado pelo referido dicionário:

> Quem aplica em um fundo de investimentos que opera alavancado tem que ter consciência do risco. Se as expectativas do gestor se confirmarem, a alavancagem pode resultar em um rendimento extraordinário. No entanto, se ocorrer o inverso, o fundo dará prejuízo e os cotistas podem até mesmo ser obrigados a colocar mais dinheiro para cobrir o prejuízo. Por isso, é importante ler com atenção o regulamento (e o prospecto) dos fundos antes de aplicar. Se o fundo puder operar alavancado, esta informação, por lei, deve constar no regulamento.

Vale lembrar que os cotistas dos fundos de investimento podem ser chamados a colocar recursos no fundo para cobrir eventuais prejuízos.

Quando um fundo é alavancado duas vezes, o investidor pode perder duas vezes o PL que tem aplicado no fundo, conforme exemplo a seguir.

Exemplo:
Valor aplicado em 05/07/2021: R$ 100.000,00
Valor do patrimônio valorizado em 12/05/2023: R$ 120.000,00
Supondo que o fundo seja alavancado duas vezes, o investidor pode perder até R$ 240.000,00. Logo, ele pode ser chamado a aportar até R$ 120.000,00 para cobrir eventuais prejuízos do fundo, conforme cálculo apresentado a seguir:

Perda máxima: R$ 240.000,00
PL do investidor: R$ 120.000,00
Valor a colocar: R$ 120.000,00

12.8 PRINCIPAIS MODALIDADES DE FUNDOS DE INVESTIMENTO

12.8.1 Classificação CVM

Como regulador do mercado de fundos de investimento, a CVM, visando facilitar o entendimento sobre os riscos dos fundos e facilitar a comparação entre eles, criou classificações que devem, inclusive, compor a nomenclatura dos fundos. Conheça quais são.

12.8.1.1 Fundo de renda fixa

Para que o fundo seja classificado como renda fixa, ele deve atender aos seguintes requisitos:

- principal fator de risco de sua carteira: variação da taxa de juros, de índice de preços, ou ambos;
- deve ter, no mínimo, 80% da carteira em ativos relacionados diretamente, ou sintetizados via derivativos, ao fator de risco que dá nome à classe, ou em cotas de fundos de renda fixa;
- pode utilizar a cota de abertura para conversão de cotas em aplicações e resgates. Porém, os fundos classificados como longo prazo devem utilizar a cota de fechamento;
- só pode cobrar taxa de *performance* quando for destinado a investidor qualificado, ou for de longo prazo ou de dívida externa, que será apresentado mais adiante;
- a margem bruta (somatório das coberturas e margens de garantia em relação às operações da carteira do fundo) está limitada a 20% do patrimônio líquido da classe.

Os fundos de renda fixa são subdivididos nas seguintes subcategorias:

- **Curto prazo:** aplica em títulos públicos federais ou privados com baixo risco de crédito e utiliza derivativos só para proteção da carteira. Os títulos devem ter prazo máximo de 375 dias e o prazo médio da carteira deve ser inferior a 60 dias. Só pode utilizar derivativos para proteção da carteira.
- **Referenciado:** a política de investimento assegura que ao menos 95% do seu PL esteja investido em ativos que acompanham, direta ou indiretamente, determinado índice de referência. Exemplo: Fundo DI. Só pode utilizar derivativos para proteção da carteira.
- **Simples:** a carteira tem que ter 95% no mínimo de título público federal ou privado de emissão ou coobrigação de instituições financeiras que tenham classificação de risco atribuída pelo gestor como equivalente aos títulos públicos federais, utilizando como comparação a taxa Selic e tendo como estratégia proteger o fundo de riscos de perdas e volatilidade. Além disso, investe somente no Brasil, sendo vedada a cobrança de taxa de *performance*. Dispensa a assinatura do termo de adesão e ciência de risco e da verificação do *suitability*. Só pode utilizar derivativos para proteção da carteira.
- **Dívida externa:** aplica, no mínimo, 80% em títulos da dívida externa da União, sendo permitida a aplicação de até 20% do PL em outros títulos de crédito transacionados no mercado internacional.
- **Crédito privado:** quando o PL do fundo ultrapassar 50% em créditos privados, a expressão "crédito privado" deverá constar na denominação do fundo. Lembrando que crédito privado é tudo que não seja título público. Vale ressaltar que a expressão "crédito privado" não se restringe apenas aos fundos de renda fixa.
- **Incentivados em Infraestrutura:** os FI-Infra, como são conhecidos, têm por objetivo o enquadramento no regime de benefício tributário, estabelecido no art. 3º da Lei n. 12.431/2011 e podem ser fechados ou abertos. A concentração máxima por emissor é de 20% e cada SPE é considerada um emissor. Pode aplicar em Certificado de Recebíveis Imobiliários (CRI) e cotas de classe fechada de FIDC.

12.8.1.2 Fundo de ações

O PL de um fundo de ações é composto de, no mínimo, 67% dos seguintes ativos:

a. ações admitidas à negociação em bolsa de valores ou entidade do mercado de balcão organizado;
b. bônus ou recibos de subscrição e certificados de depósito de ações admitidas à negociação;[7]
c. cotas de fundos de ações e cotas dos fundos de índice de ações (ETF de ações);
d. BDR-Ações e BDR-ETF de ações.

Os fundos de ações podem ser classificados como **Fundo de Ações – Mercado de Acesso**. Neste caso, ele tem que ter 2/3 do seu PL investido em ações de companhias listadas no mercado de acesso da bolsa brasileira.[8] Aplicações nesse fundo estão isentas de IR até julho de 2024.

A regulamentação limita a margem bruta (somatório das coberturas e margens de garantia em relação às operações da carteira do fundo) dos fundos de ações a 40% do patrimônio líquido da classe.

12.8.1.3 Fundo cambial

A carteira do fundo cambial deve ser constituída de, no mínimo, 80% de ativos cujo principal fator de risco seja a variação de preços de moeda estrangeira (euro, dólar ou outra) ou a variação cambial do cupom cambial.

A moeda que constitui o fator de risco do fundo deve fazer parte da denominação do fundo e o limite da margem bruta é de 40% do patrimônio líquido da classe.

---

7   Os bônus ou recibos de subscrição e certificados de depósito de ações são valores mobiliários oriundos de uma ação. Os recibos ou bônus de subscrição foram estudados no Capítulo 9 e são direitos dos acionistas sobre novas subscrições das empresas. Os certificados de depósito de ações são também originários de ações, pois são emitidos com base nas ações que ficam bloqueadas na custódia.

8   O Mercado de Acesso da Brasil, Bolsa, Balcão (B3) se materializa no BOVESPA Mais, que foi idealizado para empresas com faturamento abaixo de R$ 500 milhões e que desejam acessar o mercado de forma gradual, permitindo que a empresa se prepare de forma adequada e ao mesmo tempo a coloca na "vitrine" do mercado, aumentando sua visibilidade para os investidores.

12.8.1.4 Fundo multimercado

A política de investimento de um fundo multimercado envolve vários fatores de risco, sem o compromisso de concentração em nenhum fator em especial, com margem bruta limitada a 70% do patrimônio líquido da classe. Por isso, a leitura dos documentos do fundo, como o regulamento, a lâmina e o formulário de informações complementares, antes de o cliente aplicar em um fundo multimercado, torna-se ainda mais importante do que de um fundo de renda fixa com baixo risco, como o fundo referenciado DI.

12.8.1.5 Fundo Destinado à Garantia de Locação Imobiliária

O fundo destinado à garantia de locação imobiliária deve ser constituído em regime aberto, sendo vedado o resgate das cotas objeto de cessão fiduciária.

Trata-se de uma garantia locatícia facultada ao locatário, que passa a disfrutar de uma possibilidade de investimento, na medida em que terá seus rendimentos auferidos ao logo da vigência do contrato de locação.

O locador figurará como credor fiduciário e o administrador fará o papel de agente fiduciário.

A cessão fiduciária de cotas em garantia de locação imobiliária deve ser realizada mediante requerimento do cotista-cedente ao administrador, acompanhado do termo de cessão fiduciária e de uma via do contrato de locação, devidamente averbado pelo administrador no registro do cotista-cedente.

Toda comunicação enviada aos cotistas deve ser também enviada ao cotista-cedente e ao proprietário fiduciário das cotas.

12.8.2 Fundos de curto e longo prazo segundo regulamentação fiscal

Além da CVM, a RFB também trata da questão de prazo em FIs. Segundo a regulamentação fiscal, para que um fundo (exceto fundo de ações) seja classificado como de longo prazo e receba o benefício fiscal, tem que ter o prazo médio da carteira superior a 365 dias.

Conheça o que diz a CVM com relação a prazo de fundo:

- **Curto prazo:** o prazo médio da carteira de um fundo de curto prazo tem que ser inferior a 60 dias e ele não pode ter nenhum título com vencimento superior a 375 dias.
- **Longo prazo:** somente os fundos que atendem às exigências da RFB como longo prazo podem escrever em seu título "longo prazo". Ou seja, para ter no nome do fundo o termo "longo prazo", o prazo médio da carteira tem que ser superior a 365 dias.

> **Nota:** o fundo que mencionar ou sugerir, em seu regulamento, prospecto ou em qualquer outro material de divulgação, que tentará obter o tratamento fiscal previsto para fundos de longo prazo, mas sem assumir o compromisso de atingir esse objetivo, ou que irá fazê-lo apenas quando considerar conveniente para o fundo, deverá incluir no prospecto e em seu material de divulgação, em destaque, a seguinte advertência: "Não há garantia de que este fundo terá o tratamento tributário para fundos de longo prazo".

12.8.3 Classes restritas, previdenciárias e socioambientais

12.8.3.1 Classes restritas

Segundo a norma da CVM, considera-se "restrita" a classe ou subclasse exclusivamente destinada à aplicação de recursos de investidores qualificados e profissionais. Podem ser cotistas de uma classe ou subclasse restrita os empregados ou sócios dos prestadores de serviços essenciais e partes relacionadas, desde que expressamente autorizados pelo diretor responsável do administrador ou gestor. A aplicação em classes restritas também é permitida a investidores relacionados a investidor profissional por vínculo familiar ou vínculo societário familiar, desde que no mínimo 90% das cotas da classe ou subclasse em que se pretenda ingressar sejam detidas por tais investidores.

As classes restritas, quando previsto no regulamento, podem:

- admitir a utilização de ativos financeiros na integralização e no resgate de cotas, com o estabelecimento de critérios detalhados e precisos para adoção desses procedimentos;
- admitir que os pedidos de resgate de cotas sejam aceitos somente em determinadas datas ou períodos, hipótese na qual as datas ou os períodos de resgate devem estar expressamente definidos no regulamento;
- calcular e cobrar as taxas previstas na regulamentação consoante qualquer critério estabelecido em seu regulamento;
- admitir a prestação de fiança, aval, aceite ou qualquer outra forma de coobrigação, em nome da classe, relativamente a operações relacionadas à sua carteira de ativos; e
- permitir que o gestor contraia empréstimos em nome da classe de cotas para fazer frente ao inadimplemento de cotistas que deixem de integralizar as cotas que subscreveram, observado que o valor do empréstimo está limitado ao valor necessário para assegurar o cumprimento de compromisso de investimento previamente assumido pela classe ou para garantir a continuidade de suas operações.

12.8.3.2 Classes exclusivas

A legislação permite a montagem de classes exclusivas, cujo objetivo seja receber aplicações exclusivamente de um único investidor profissional, de cotistas que tenham vínculo societário familiar ou de cotistas vinculados por interesse único e indissociável.

Essa modalidade de investimento muitas vezes se dá por meio de um FIC. Nesse caso, o investidor compra cotas de um FIC só dele, que aplica nos mais variados Fundos de Investimento Financeiro (FIF) disponíveis no mercado. Pode também ocorrer de um investidor ter um FIF exclusivo, comprando títulos e não cotas de fundos.

Confira a seguir as vantagens de um fundo exclusivo.

- **Liberdade na definição da estratégia**: um fundo exclusivo permite a montagem de uma estrutura que atenda a objetivos e estratégias de investimento que satisfaçam as necessidades específicas daquele cliente.
- **IOF**: uma vez que a operação (compra ou venda de títulos, no caso de FI de renda fixa, ou cotas, no caso de FIC de renda fixa), está sendo feita pelo fundo, não há incidência de IOF, quando do resgate do título antes de 30 dias, o que ocorreria em um resgate de cotas por parte de um investidor pessoa física ou jurídica.
- **IR**: como FIC não paga impostos (quem paga é o investidor final, pessoa física ou jurídica), então, ao trocar de posição, resgatando de um fundo e investindo em outro, o fundo fica isento de IR. Lembro, entretanto, que o IR e come-cotas será aplicável ao investidor final, que aplicou no FIC.
- **Confidencialidade**: a identidade do investidor fica preservada, pois os investimentos nos FIs são feitos em nome do FIC, e nunca do cliente.
- **Visão integrada**: por meio de um FIC exclusivo, o investidor pode aplicar nos mais variados tipos de fundos do mercado, preservando uma visão integrada de todos os seus investimentos, facilitando, desse modo, o acompanhamento de sua rentabilidade.
- **Sucessão**: no caso de falecimento do cotista, o FIC continua sendo administrado, não tendo que aguardar o término do inventário, podendo trocar de posição quando o mercado indica.

12.8.3.3 Classes previdenciárias

Considera-se "previdenciária" a classe ou subclasse constituída para a aplicação de recursos de:

- entidades abertas ou fechadas de previdência privada;
- regimes próprios de previdência social instituídos pela União, pelos Estados, pelo Distrito Federal ou por Municípios;
- planos de previdência complementar aberta e seguros de pessoas, de acordo com a regulamentação editada pelo Conselho Nacional de Seguros Privados (CNSP); e
- Fundo de Aposentadoria Programada Individual (FAPI).

12.8.3.4 Fundos socioambientais

A Resolução CVM n. 175, que entrou em vigor em outubro de 2023, estabelece critérios mínimos para que os fundos de investimento possam ter em sua denominação referência a fatores ASG. Segundo a norma, não basta a política de investimento do fundo mencionar que integra fatores ambientais, sociais e de governança às atividades relacionadas à gestão da carteira para que tenha em sua denominação, por exemplo, Fundo ASG. Para que isso seja possível, é necessário que o fundo busque originar benefícios socioambientais em suas aplicações.

12.8.4 Limites por emissor

O fundo observará os seguintes limites de concentração por emissor, sem prejuízo das normas aplicáveis à sua classe:

- até 20% do PL do fundo quando o emissor for instituição financeira autorizada a funcionar pelo BCB;
- até 10% do PL do fundo quando o emissor for companhia aberta;
- até 10% do PL do fundo quando o emissor for FI;
- até 5% do PL do fundo quando o emissor for pessoa física ou pessoa jurídica de direito privado que não seja companhia aberta ou instituição financeira autorizada a funcionar pelo BCB;
- não haverá limites quando o emissor for a União Federal;
- os fundos destinados a investidores profissionais não precisam seguir essas regras, desde que o regulamento assim especifique;
- o fundo não poderá deter mais de 20% (vinte por cento) de seu PL em títulos ou valores

mobiliários de emissão do administrador, do gestor ou de empresas a ele ligadas, observando-se, ainda, cumulativamente, que:

[...] é vedada a aquisição de ações de emissão do administrador, exceto no caso do fundo cuja política de investimento consista em buscar reproduzir índice de mercado do qual as ações do administrador ou de companhias a ele ligadas façam parte, caso em que tais ações poderão ser adquiridas na mesma proporção de sua participação no respectivo índice.

> **Notas:**
> 1. Consideram-se de um mesmo emissor os ativos financeiros de responsabilidade de emissores integrantes de um mesmo grupo econômico (controladores, controlados, coligados ou submetidos a controle comum).
> 2. Caso a política de investimento do fundo permita a aplicação em cotas de outros fundos, o administrador deverá assegurar-se de que, na consolidação das aplicações do fundo investidor com os fundos investidos, os limites de aplicação referidos não serão excedidos.

12.8.5 Limites por modalidade de ativo financeiro

A regulamentação também define os limites por modalidade de ativo financeiro. Conheça as regras quanto a esse quesito.

De modo resumido, o FI pode investir:

- até 20% do PL do fundo, para o conjunto dos seguintes ativos:
  a. cotas de FIF destinadas exclusivamente a investidores qualificados, sendo de 5% o limite para aplicação em cotas de FIF destinadas exclusivamente a investidores profissionais;
  b. cotas de Fundos de Investimento Imobiliário (FII);
  c. cotas de FIDC ou FIC FIDC;
  d. cotas de fundos de índice admitidos à negociação em mercado organizado;
  e. Certificados de Recebíveis.

- até 15% do PL no conjunto dos seguintes ativos:
  a. cotas de FIP; e
  b. cotas de Fundos de Investimento nas Cadeias Produtivas Agroindustriais (FIAGRO), sendo de 5% o limite para aplicação em cotas de FIAGRO cujas políticas de investimento admitam a aquisição de direitos creditórios não padronizados;

- até 10% do PL para o conjunto dos seguintes ativos:
  a. títulos e contratos de investimento coletivo;
  b. CBIO e créditos de carbono;
  c. criptoativos; e
  d. valores mobiliários emitidos por meio de plataformas eletrônicas de investimento participativo, desde que sejam objeto de escrituração realizada por escriturador autorizado pela CVM.

> **Nota:** não há limite de concentração por modalidade de ativo financeiro para o investimento em títulos públicos federais, operações compromissadas lastreadas nesses títulos, ouro financeiro negociado em mercado organizado, debêntures, ações, bônus e recibos de subscrição, cotas de classe de FIF destinadas ao público em geral, ETF, BDR-Ações, entre outros.

12.8.6 Ativos financeiros no exterior

É permitido que os fundos invistam no exterior parte ou o total de sua carteira. Para tanto, os ativos a serem adquiridos devem ser registrados em sistema de registro, ser objeto de escrituração de ativos, objeto de custódia ou objeto de depósito central, em todos os casos, por instituições devidamente autorizadas em seus países de origem e supervisionadas por autoridade local reconhecida, ou ter sua existência diligentemente verificada pelo administrador ou pelo custodiante do fundo, e desde que tais ativos sejam escriturados ou custodiados, em ambos os casos, por entidade devidamente autorizada para o exercício da atividade por autoridade de países signatários do Tratado de Assunção (Mercosul) ou em outras jurisdições, desde que, nesse último caso, seja supervisionada por autoridade local reconhecida.

Ressalta-se que os ativos financeiros negociados em países que fazem parte do Mercosul equiparam-se aos ativos financeiros negociados no mercado nacional.

Os BDR classificados como Nível I equiparam-se aos ativos financeiros no exterior, exceto quando o fundo tiver em seu nome a designação "Ações – BDR Nível I".

Confira, no Quadro 12.7, o percentual que cada modalidade de fundo pode aplicar em ativos no exterior.

As aplicações em ativos financeiros no exterior não são cumulativamente consideradas no cálculo dos correspondentes limites de concentração por emissor e por modalidade de ativo financeiro aplicável aos ativos domésticos.

12.8.7 Outros fundos com regulamentação específica

12.8.7.1 Fundo de Investimento em Direito Creditório

Antes de comentar o FIDC, deve-se entender o que é um direito creditório. Segundo a CVM, um direito creditório é um direito ou título representativo de crédito, originário de operações realizadas nos segmentos financeiro, comercial, industrial, imobiliário, de hipotecas, de arrendamento mercantil e de prestação de serviços, e os *warrants*, contratos e títulos referidos no § 8º do art. 40 da referida regulamentação.

Já os FIDC ou fundos de recebíveis, como também são conhecidos, são fundos que têm por finalidade capitalizar a instituição ou empresa que vendeu esses direitos creditórios, já que, quando um banco ou uma indústria cede (vende) seus créditos ao fundo de recebíveis, libera espaço para novas operações, aumentando a liquidez desse mercado.

As empresas e as instituições que cedem os créditos ao fundo têm que colocar como garantia ativos adicionais de forma a criar um "colchão" de segurança para cobrir algum problema no recebimento de certos créditos.

Quadro 12.7 Percentual por classe de fundo que pode ser aplicado no exterior

Até 100%	• Renda fixa – dívida externa;
	• Fundos exclusivamente destinados a investidores profissionais que incluam em sua denominação o sufixo "Investimento no Exterior";
	• Fundos exclusivamente destinados a investidores qualificados desde que:
	  ○ sua política de investimento determine que, no mínimo, 67% de seu PL seja composto de ativos financeiros no exterior;
	  ○ sejam de renda fixa, ações, multimercado ou cambiais;
	  ○ o gestor e o administrador assegurem que condições de conflito de interesse foram atendidas;
	  ○ disponham pormenorizadamente, em seu regulamento, sobre os diferentes ativos que pretendem adquirir no exterior, indicando a região geográfica em que foram emitidos; se a sua gestão é ativa ou passiva; se é permitida compra de cotas de fundos e veículos de investimento no exterior; o risco a que estão sujeitos e qualquer outra informação que julguem relevante.

Até 40%	• Fundos exclusivamente destinados a investidores qualificados não citados no item anterior.

Até 20%	• Fundos destinados ao público em geral. IMPORTANTE: o regulamento pode extrapolar esse limite, desde que todos os investimentos ocorram por meio de fundos ou veículos de investimento no exterior que, entre outros fatores:
	  i. seja direcionado para o público em geral;
	  ii. liquidez, no mínimo, semanal;
	  iii. não permita patrimônio líquido negativo; e
	  iv. siga os limites de até 10% do patrimônio líquido (PL) em ativos que não sejam negociados em bolsa; até 20% do PL em depósito bancário em uma única instituição; e até 20% do PL em ativos de um mesmo emissor.

De acordo com a regulamentação, as carteiras desses fundos:

- Têm que ser compostas de, no mínimo, 50% do PL em direitos creditórios, podendo esse enquadramento ocorrer até 90 dias do início das atividades do fundo.
- Podem também realizar operações compromissadas e operações em mercado de derivativos, desde que para proteger posições detidas à vista, até o limite destas.
- Limite máximo por emissor: 20%, que poderá ser elevado quando:
  i. o devedor ou coobrigado for uma companhia aberta, instituição financeira ou

equiparada ou empresa cujas demonstrações financeiras forem preparadas conforme a Lei das S.A. (Lei n. 6.404) e regulamentação da CVM e auditadas por auditor independente;
ii. as aplicações forem em títulos públicos federais, operações compromissadas lastreadas em títulos públicos federais ou cotas de fundos com alocação exclusiva em um desses dois ativos.

- Podem operar com derivativos somente para *hedge* de suas posições à vista.
- No caso dos FIC-FIDC, é exigido um mínimo de 95% do PL em cotas de FIDC e um máximo de 5% em títulos públicos federais, títulos de renda fixa de emissão de instituições financeiras e operações compromissadas.

Outras informações:

- Podem ser abertos ou fechados.
- Público alvo: investidores qualificados somente.
- Tipos de cotas:
  - **cota sênior**: não se subordina às demais para efeito de amortização e resgate. São as compradas pelos investidores;
  - **cota subordinada**: subordina-se à cota sênior ou a outras cotas subordinadas para efeito de amortização e resgate. Em outras palavras, seu resgate só pode ser feito depois de resgatadas as cotas seniores. Essas cotas destinam-se normalmente aos cedentes dos créditos.
- Cota de aplicação: D+0 ou D+1, conforme regulamento.
- As cotas do FIDC devem ter seu valor calculado pelo menos por ocasião das demonstrações financeiras mensais e anuais.
- Os ativos têm que ser avaliados no mínimo trimestralmente por agência classificadora de risco em funcionamento no país.
- Valor mínimo para aplicação = R$ 25.000,00.
- Se o fundo for aberto e o PL médio dos últimos 3 meses ficar abaixo de R$ 500.000,00, o fundo deve ser liquidado ou incorporado a outro.
- Obrigatória a confecção de um prospecto.

12.8.7.2 Fundos de Investimento Imobiliário

Os fundos imobiliários estão voltados para empreendimentos imobiliários, como construção de imóveis, aquisição de imóveis prontos, ou investimentos em projetos visando viabilizar o acesso à habitação e serviços urbanos, inclusive em áreas rurais, para posterior alienação, locação ou arrendamento.

Outras observações:

- O administrador é apenas o proprietário fiduciário dos bens imóveis adquiridos com os recursos do fundo.
- Comercializados na forma de fundos fechados, com duração determinada ou não.
- A emissão de cotas poderá ser dividida em séries, com o fim específico de estabelecer, para cada série, datas diversas de integralização, sem prejuízo da igualdade dos demais direitos conferidos aos cotistas.
- A assembleia geral dos cotistas pode nomear um ou mais representantes para exercer as funções de fiscalização dos empreendimentos ou investimentos do fundo, em defesa dos direitos e interesses dos cotistas.
- Pelo menos 95% dos rendimentos oriundos das aplicações nos FII são distribuídos na forma de dividendos (calculados pelo regime de caixa) para os cotistas.

De acordo com a regulamentação da CVM, os FII podem investir em:

- Quaisquer direitos reais sobre bens imóveis.
- Ações, debêntures, bônus de subscrição, seus cupons, direitos, recibos de subscrição e certificados de desdobramentos, certificados de depósito de valores mobiliários, cédulas de debêntures, cotas de FIs, notas promissórias, e quaisquer outros valores mobiliários, desde que se trate de emissores cujas atividades preponderantes sejam permitidas aos FII e negociadas em bolsa ou mercado de balcão organizado.
- Cotas de FIP que tenham como política de investimento, exclusivamente, atividades permitidas aos FII ou de FIs em ações que invistam exclusivamente em construção civil ou no mercado imobiliário.

- Certificados de potencial adicional de construção emitidos com base na Resolução CVM n. 84/2022.
- Cotas de outros FII.
- CRI e FIDC que tenham como política de investimento, exclusivamente, atividades permitidas aos FII e desde que sua emissão ou negociação tenha sido registrada na CVM.
- Letras hipotecárias.
- Letras de crédito imobiliário (LCI).
- Letras imobiliárias garantidas (LIG).
- O FII pode manter parcela do seu patrimônio permanentemente aplicada em cotas de fundos de investimento ou títulos de renda fixa, públicos ou privados, para atender a suas necessidades de liquidez.
- Operações com derivativos somente para *hedge*.

12.8.7.3 Fundos de Investimento em Índice de Mercado (fundos de índice)

Os fundos de índice, conhecidos como ETF, são fundos espelhados em índices de ações ou de renda fixa (fundos passivos) e suas cotas são negociadas em bolsa da mesma forma que as ações.

Além de ter taxa de administração menor do que um FI normal, o ETF tem uma peculiaridade positiva sobre os demais fundos: os ETFs são negociados como uma ação, a qualquer momento durante o horário normal de um dia de pregão, por intermédio de uma corretora (*home broker* ou não). Dessa forma, todas as estratégias de negociação associadas a ações, como ordens a mercado, ordens limitadas, ordens *stop* etc., são permitidas.

Entre os ETFs disponíveis para negociação no Brasil, podem-se citar o BOVA11, o mais negociado e que espelha a carteira do IBOVESPA, e o PIBB (Papéis de Índice Brasil BOVESPA), o primeiro ETF brasileiro, e que segue o IBrX 50.

As negociações dos ETFs são compensadas e liquidadas pela Câmara de Liquidação e Custódia da B3, conhecida como CBLC.

Em junho de 2023, havia um total de 93 ETFs sendo negociados na B3, sendo 10 de renda fixa e 83 de renda variável.

12.8.7.4 Fundos de Investimento em Participações

De acordo com regulamentação da CVM, os fundos em participação são constituídos na forma de condomínio fechado, podendo ter suas cotas negociadas em mercados regulamentados, como a bolsa.

O FIP tem como objetivo a aquisição de ações, debêntures, bônus de subscrição ou outros títulos e valores mobiliários conversíveis ou permutáveis em ações de emissão de companhias, abertas ou fechadas, participando do processo decisório da companhia investida, com efetiva influência na definição de sua política estratégica e na sua gestão, notadamente pela indicação de membros do Conselho de Administração.

A regulamentação divide os FIPs em cinco categorias:

1. **Capital semente**: investe em empresas menores, com limitação de receita anual (até R$ 16.000.000,00) e tem governança menos exigente.
2. **Empresas emergentes**: investe em empresas com receita bruta anual de até R$ 300.000.000,00.
3. **Infraestrutura (FIP-IE)**: investe em empresas que desenvolvem projetos de infraestrutura ou de produção econômica intensiva em pesquisa, desenvolvimento e inovação no território nacional nos setores de energia, transporte, água e saneamento básico, irrigação e outras áreas tidas como prioritárias pelo governo federal.
4. **Produção Econômica Intensiva em Pesquisa, Desenvolvimento e Inovação (FIP-PD&I)**.
5. **Multiestratégia**: investe em empresas que não se classificam nas demais categorias.

Ao aderir ao fundo, o investidor assinará o Instrumento Particular de Compromisso de Investimento ("Termo de Adesão") junto ao administrador e a duas testemunhas.

De modo resumido, o FIP não pode aplicar:

- na aquisição de bens imóveis;
- na subscrição ou aquisição de ações de sua própria emissão;
- em direitos creditórios;

- em recursos do fundo em títulos e valores mobiliários de companhias nas quais participem o administrador, o gestor, os membros de comitês ou conselhos criados pelo fundo e cotistas titulares de cotas representativas de 5% do patrimônio do fundo, seus sócios e respectivos cônjuges, individualmente ou em conjunto, com porcentagem superior a 10% do capital social votante ou total;
- em derivativos, exceto se para proteção da carteira (*hedge*).

O FIP pode investir até 20% no exterior.

12.8.8 Classificação ANBIMA

A ANBIMA, como instituição autorreguladora e visando facilitar o processo de decisão de investimento, contribuindo para aumentar a transparência no mercado e permitindo uma adequada comparação entre os FIs, criou a sua própria classificação de FIs, adicional àquela da CVM. Enquanto a regulamentação da CVM se baseia na classe de ativos da carteira do fundo, a lógica da classificação da ANBIMA é o processo de investimento.

Foram criados três níveis:

- **1º nível**: reflete a classe de ativos, conforme regulamentação CVM: renda fixa, ações, multimercado e cambial;
- **2º nível**: tipo de gestão e riscos: se ativo, indexado (passivo), outras;
- **3º nível**: principais estratégias: se soberano, crédito privado, macro, dividendos, outras.

O tipo ANBIMA é o resultado da concatenação dos três níveis, conforme apresentado no Quadro 12.8.

Quadro 12.8 Níveis AMBIMA de fundos de investimento

Regulação	Autorregulação	
Nível 1 Classe de ativos	Nível 2 Tipo de gestão e riscos	Nível 3 Estratégias
Renda fixa Ações Multimercados Cambial	Indexados Ativos Investimento exterior	Conforme a estratégia

Como explica a entidade, a decisão é em etapas: em cada escolha o investidor é levado para um caminho, reduzindo suas opções.

O resultado da combinação das possibilidades nos três níveis é mostrado no Quadro 12.9.

> **Dica:** para ter acesso à Resolução CVM n. 175 na íntegra, acesse o QR Code ao lado.

12.9 CÓDIGO ANBIMA DE ADMINISTRAÇÃO DE RECURSOS DE TERCEIROS

Como já mencionado em outros capítulos, a ANBIMA tem diversos códigos de regulação e melhores práticas para diversas atividades do mercado, sendo uma delas o de Administração de Recursos de Terceiros, cujo conteúdo é parte do programa da prova. Para facilitar o aprendizado, é apresentado, a seguir, um resumo com os principais pontos do referido Código.

O Código de Administração de Recursos de Terceiros tem por objetivo estabelecer princípios e regras para as atividades que envolvem a administração de recursos de terceiros, como gestão e administração fiduciária, visando promover os mais elevados padrões éticos e a consagração da institucionalização de práticas equitativas no mercado financeiro e de capitais.

Dada sua relevância para a indústria, há uma seção específica para tratar da segregação das atividades de administração de recursos de terceiros das demais atividades das instituições participantes que possam gerar conflitos de interesse. Essa segregação deve ser funcional e física, inclusive de instalações. Deve-se, também, estabelecer mecanismos que permitam o controle de informações confidenciais dos clientes.

Quadro 12.9 Combinação dos três níveis da classificação ANBIMA

1. Regulação: classe de ativos RENDA FIXA	1. Regulação: classe de ativos CAMBIAL		
Autorregulação	Autorregulação		
2. Categoria	3. Subcategoria	2. Categoria	3. Subcategoria
Simples	Renda fixa simples		
Indexado	Índices		
Ativo baixa duração Ativo média duração Ativo alta duração Ativo livre duração	Soberano Grau de investimento Crédito livre	Cambial	Cambial
Investimento exterior	Investimento exterior Dívida externa		

1. Regulação: classe de ativos MULTIMERCADO	1. Regulação: classe de ativos AÇÕES		
Autorregulação	Autorregulação		
2. Categoria	3. Subcategoria	2. Categoria	3. Subcategoria
Alocação	Balanceados Dinâmico	Indexado	Índices
Estratégia	Macro *Trading* *Long and short* neutro *Long and short* direcional Juros e moedas Livre Capital protegido Estratégia específica	Ativo	Valor crescimento Dividendos Sustentabilidade/governança *Small caps* Índice ativo Setoriais Livre
Investimento exterior	Investimento no exterior	Específicos	FMP_FGTS Fechados de ações Monoações
		Investimento exterior	Investimento exterior

O Código deixa bem claras as obrigações do administrador e do gestor. Em linhas gerais, o administrador fiduciário é o responsável pela parte administrativa do fundo, como sua constituição, administração, funcionamento, supervisão dos terceiros contratados e divulgação de informações dos fundos. Ele é corresponsável, junto ao gestor, pela gestão do risco de liquidez. Já o gestor é quem gere profissionalmente os ativos financeiros das carteiras, sendo responsável pelas decisões de investimento; ordens de compra e venda de ativos; pelo enquadramento aos limites de investimento; pelo processo de prevenção à lavagem de dinheiro; e pelo controle de risco das carteiras.

Assim como nos demais Códigos, se um documento do produto tiver um selo ANBIMA, isso indica apenas o compromisso da instituição participante em atender às disposições ao Código e não responsabiliza a ANBIMA pelas informações constantes no documento.

O Anexo I ao Código trata dos fundos conhecidos como 555 (da antiga Instrução CVM n. 555, revogada pela Resolução CVM n. 175) e menciona a obrigatoriedade da elaboração da lâmina de informações essenciais de acordo com a regulamentação da CVM. Além disso, deixa claro que o material publicitário e o material técnico devem buscar a transparência, a clareza e a precisão das informações em linguagem clara, objetiva e adequada aos investidores-alvo, informando *links* nos quais é possível encontrar informações técnicas detalhadas sobre o produto.

Há regras de divulgação de rentabilidade, como incluir anos anteriores; períodos de 12 meses (acumulado e mensal); data de constituição do fundo; valor do PL médio mensal do fundo e nos últimos 12 meses; entre outras.

Assim como no Código de Distribuição de Produtos de Investimento, quando a rentabilidade é divulgada, é necessário fazer menção às afirmações de que a rentabilidade obtida no passado não representa garantia de resultados futuros; de que não é líquida de impostos (nem taxas de entrada e saída quando aplicável); e nem garantida pelo FGC. Ainda nessa seara de informações relevantes, o material técnico por si só não basta. É preciso estar escrito: "Leia a lâmina de informações essenciais, se houver, e o regulamento antes de investir".

Há uma seção sobre apreçamento de ativos que menciona a Deliberação ANBIMA n. 80, que trata da marcação a mercado dos ativos que compõem a carteira dos fundos de investimento. Seu objetivo é estabelecer normas e critérios para a correta precificação dos ativos financeiros dos fundos 555, ETFs, FIDCs e fundos imobiliários.

Do seu teor constam princípios que devem nortear a precificação dos ativos, como melhores práticas, comprometimento, equidade, objetividade e consistência, sendo o administrador fiduciário responsável pela precificação, podendo contratar terceiros para essa atividade.

Outro detalhe importante é a obrigatoriedade de que haja um manual de apreçamento devidamente registrado na ANBIMA e publicado em sua versão simplificada no *site* do administrador fiduciário, na internet. O manual deve conter uma descrição da governança adotada pelo administrador; da constituição do comitê de apreçamento; processo adotado; fontes utilizadas; hierarquia de critérios adotados para mensurar o valor justo; método primário para cada ativo, entre outras questões.

Se o fundo tiver cota diária, então seus ativos deverão ser precificados diariamente, não devendo ser alterados para refletir os custos de transação. No caso de títulos públicos federais, deve-se usar a taxa indicativa da ANBIMA e projeções dos índices de preços para essa classe de ativos.

Os ativos de renda fixa devem ser classificados em: ativos para negociação; ou ativos mantidos até o vencimento (caso aplicável somente a fundos exclusivos ou reservados). Caso o ativo não tenha sido negociado há muito tempo, pode-se usar um ativo semelhante ou uma cesta de ativos (com mesmo risco e indexador) para sua precificação.

Os ativos de renda variável devem usar como fonte primária os preços negociados na B3 ou no mercado em que o ativo apresentar maior liquidez. No caso de ativos no exterior, é necessária a conversão da moeda estrangeira para moeda nacional, utilizando a taxa de câmbio referencial (D2) divulgada pela B3.

O Anexo I do Código de Administração de Terceiros traz as regras adicionais que se aplicam aos fundos 555, e o Anexo II se dedica aos FIDC, que, em virtude de suas características, devem apresentar um prospecto. O referido Anexo traz a relação do que deve constar desse documento, bem como que tipo de informação deve ser disponibilizada mensalmente no *site* do administrador. O Anexo III trata dos fundos imobiliários, que também necessitam ter um prospecto. Já as regras dos fundos em índice de mercado (ETF) encontram-se no Anexo IV, que lista o que deve ficar disponibilizado no *site* do administrador do fundo.

Dica: o conteúdo integral do Código ANBIMA de Regulação e Melhores Práticas para Administração de Recursos de Terceiros, pode ser acessado no QR Code ao lado. O programa da prova indica os seguintes itens do Código:
- Capítulo I – Definições
- Capítulo II – Objetivo e Abrangência
- Capítulo IV – Princípios Gerais de Conduta
- Capítulo V – Regras e Procedimentos: Seção II e III
- Capítulo VII – Administração Fiduciária: Seção I
- Capítulo VIII – Gestão de Recursos de Terceiros: Seção I
- Capítulo XIII – Selo ANBIMA
- Anexo I – Fundos de Investimento 555: Capítulos I; III (Seção I) e VI (Seção I; II; III; VI e VII)

12.10 CLUBE DE INVESTIMENTO

Um clube de investimento é uma aplicação financeira criada por um grupo de **pessoas** que desejam investir dinheiro em ações. Ele pode ser criado por empregados ou contratados de uma mesma entidade ou empresa ou, ainda, por um grupo de pessoas que têm objetivos em comum, como professores, metalúrgicos, donas de casa, médicos, aposentados, ou simplesmente amigos.

Ele é parecido com um FI, só que tem regras específicas. Conheça algumas delas, conforme Resolução CVM n. 11/2020:

- Deve ter, no mínimo, três cotistas fundadores e pode ter no máximo 50 membros.
- Nenhum cotista pode ter mais do que 40% das cotas do clube.
- Sua carteira pode ser constituída de, no mínimo, 67% de ações, bônus ou recibos de subscrição, debêntures conversíveis em ações, cotas de ETF ou certificado de depósitos de ações.
- Tem que ter um administrador.
- Pode ter auditoria (os fundos são obrigados a ter auditor independente).
- Pode ter uma regra definida pelos seus membros, por exemplo, ter um plano de investimento, com contribuições periódicas dos cotistas para formação de seu patrimônio.

O clube de investimento tem regras mais simples que os fundos de investimento e seu registro é feito diretamente na bolsa. Para registrar um clube, os participantes devem preparar um estatuto e contar com os três sócios fundadores, pelo menos.

Clube × fundo de investimento

Confira no Quadro 12.10 as diferenças básicas entre um clube de investimento e um fundo de ações.

12.11 TRIBUTAÇÃO

O IR sobre os rendimentos produzidos por aplicações em FIs é considerado como devido exclusivamente na fonte – IRRF – e tem caráter definitivo, ou seja, esses rendimentos não integram a base de cálculo do IR na Declaração de Ajuste Anual, quando auferidos por pessoas físicas. Assim, nem o valor do IR retido na fonte será compensável na Declaração de Ajuste Anual da Pessoa Física, nem os rendimentos auferidos na aplicação serão considerados como valores a serem tributados no ato da formalização da Declaração, diferentemente, como já visto, de alguns tipos de pessoas jurídicas.

Quadro 12.10 Clube de investimento × fundo de ações

	Clube de investimento	Fundo de ações
Estrutura	Menos rígida	Mais rígida
Carteira	Mínimo de 67% em ações, bônus ou recibos de subscrição, debêntures conversíveis em ações, cotas de ETF ou certificado de depósitos de ações	Mínimo de 67% em ações, bônus ou recibos de subscrição e certificados de depósito de ações, cotas de FIC e de FI, BDR
Auditoria	Facultativa	Obrigatória
Mínimo de cotistas	Três	Um
Máximo de cotistas	50	N.A.
Gestão	Pode ser feita pelos cotistas	Tem que ser feita por gestor credenciado pela CVM
Valor mínimo do PL	N.A.	R$ 1.000.000,00
Prospecto	N.A.	Obrigatório nos fundos de varejo
Venda para terceiros	Não pode ter distribuição pública	Permitida
IR	15% no resgate	15% no resgate
Publicação diária em jornal	N.A.	Tem que ser publicada cota e rentabilidade diariamente

12.11.1 Fundos de ações

Existe, ainda, um tipo de FI que não está sujeito a prazo médio de carteira, tendo em vista que seus ativos principais não apresentam vencimento. São os Fundos de Investimento em Ações, que devem manter, no mínimo, 67% de sua carteira aplicada em ações ou ativos compatíveis, como definidos na norma. A RFB, por meio da IN RFB n. 1.585, conceitua os fundos de investimento em ações aqueles que obedecem à definição da regra da CVM para esse tipo de fundo.

Logo, os cotistas dos FIs em ações que atenderem aos requisitos da norma serão tributados apenas por ocasião do RESGATE, à alíquota de 15% sobre os rendimentos auferidos.

Os FIs em ações não apresentam cobrança de IOF, nem de come-cotas, que será abordado adiante.

12.11.2 Fundos de renda fixa

Primeiramente, é necessário estabelecer que os FIs considerados de renda fixa são classificados pela RFB conforme seu prazo médio da carteira, assim determinando:

- **fundos de longo prazo**: são aqueles cuja carteira de títulos tenha prazo médio **superior** a 365 dias;
- **fundos de curto prazo**: são aqueles cuja carteira de títulos tenha prazo médio **igual** ou **inferior** a 365 dias.

Uma vez estabelecido o tipo tributário do FIs, aplica-se a tabela de alíquotas constantes da IN RFB n. 1.585, reproduzida na Tabela 12.3, tendo como base de cálculo o valor do rendimento auferido na época do resgate ou incidência de come-cotas.

Note que a tabela aplicável aos FIs de longo prazo é a mesma aplicável aos títulos de renda fixa.

Os administradores dos FIs deverão avaliar o prazo médio da carteira diariamente, pois alterações na composição ou no prazo médio da carteira dos FIs de longo prazo implicam modificação de seu regime tributário. Devem ser observadas as seguintes disposições:

I. O Imposto de Renda Retido na Fonte (IRRF) incidirá no último dia útil do mês de maio ou novembro imediatamente posterior à ocorrência, à alíquota de 15% (quinze por cento) sobre o rendimento produzido até o dia imediatamente anterior ao da alteração de condição, e à alíquota de 20% (vinte por cento) sobre o rendimento produzido a partir do dia do desenquadramento.
II. Caso haja resgate, a alíquota aplicável será aquela correspondente ao prazo da aplicação, para o rendimento produzido até o dia imediatamente anterior ao da alteração de condição, e de acordo com a tabela de curto prazo para o rendimento produzido a partir do dia do desenquadramento.

Tabela 12.2 Alíquotas de tributação em fundos de investimento considerados de renda fixa pela Receita Federal

Longo prazo	22,5% em aplicações com prazo de até 180 dias
	20% em aplicações com prazo de 181 a 360 dias
	17,5% em aplicações com prazo de 361 a 720 dias
	15% em aplicações com prazo superior a 720 dias
Curto prazo	22,5% em aplicações com prazo de até 180 dias
	20% em aplicações com prazo superior a 180 dias

O FI de longo prazo, cujo prazo médio da carteira de títulos permaneça igual ou inferior a 365 dias por mais de 3 vezes ou por mais de 45 dias, no ano-calendário, ficará desenquadrado, sujeitando seus cotistas a eventual aumento de alíquota de IR por ocasião do resgate ou do come-cotas.

12.11.3 Sistema de come-cotas

O come-cotas é a incidência de IRRF sobre os rendimentos auferidos em FIs apurados no último dia útil dos meses de maio e de novembro de cada ano. Por essa sistemática, o administrador de fundos de investimento deverá abater do saldo de cotas dos aplicadores a quantidade de cotas relativa ao valor do IR a ser retido, à alíquota de 15 ou 20%, conforme seja fundo longo prazo ou curto prazo, respectivamente. Deve-se imaginar uma "conta-corrente" de cotas. Vejamos o exemplo a seguir.

Exemplo:

Valor de aplicação	R$ 1.000,00
Total de cotas adquiridas	1.000
Rendimento em 31/05	R$ 23,00
IR incidente	R$ 4,60
(supondo-se alíquota de 20%)	
IR em cotas	4,4965
Saldo final de cotas	995,5034

Por ocasião do resgate, será cobrada alíquota adicional conforme tempo de permanência no FI. Tomando-se por base o exemplo anterior, podemos representar, genericamente, o cálculo do IR por ocasião do resgate de uma aplicação em FIs após o come-cotas:

Valor de aplicação	R$ 1.000,00
Total de cotas adquiridas	1.000
Data da aplicação	1º/03/2011
Rendimento em 31/05/2011	R$ 13,00
IR incidente	R$ 1,95
(supondo-se alíquota de 15%)	
IR em cotas	4,4965
Saldo final de cotas	995,5034
Resgate total em 14/11/2011	
Saldo da aplicação	R$ 1.445,48
Rendimento sujeito à tributação	R$ 445,48
Valor do IRRF	R$ 89,09
IR já cobrado no come-cotas	R$ 1,95
Valor a pagar	R$ 87,14

Vale ressaltar que a única modalidade de aplicação financeira que utiliza o sistema de come-cotas são os FIs classificados como renda fixa pela RFB. Entretanto, desde 2017, o governo vem mencionando incluir nesse sistema de come-cotas os fundos fechados, como os FIPs e outros mais, criando um problema de liquidez muito grande para esses fundos cuja política de investimento prevê ativos ilíquidos na composição de suas carteiras. Logo, como o governo está sempre ávido de arrecadação, vale a pena conferir se alguma regra tributária já foi alterada nesse sentido.

Época da incidência do come-cotas

A IN RFB n. 1.585 determina que a incidência do IRRF sobre os rendimentos auferidos por qualquer beneficiário, inclusive pessoa jurídica isenta, nas aplicações em FIs, classificados como de curto ou de longo prazo, ocorrerá:

- **Regra geral**: no último dia útil dos meses de maio e novembro de cada ano, ou no resgate, se ocorrido em data anterior.
- **Fundos com carência**: na data em que se completar cada período de carência para resgate de cotas, conforme estabelecido no regulamento do fundo e que haja rendimento, ou no resgate de cotas, se ocorrido em outra data, no caso de fundos com prazo de carência de até 90 dias.

12.11.4 Compensação de perdas em fundos de investimento

Como "prejuízo em resgate de cotas" entende-se a diferença negativa entre a cota de aplicação e a cota de resgate.

Como exemplo, vejamos a seguinte situação:

Cota de aplicação:	R$ 1,5000	Aplicação:	R$ 1.500,00
Cota de resgate:	R$ 1,3880	Resgate:	R$ 1.388,00
Valor do prejuízo a compensar:	R$ 112,00		

Quando houver resgate total das cotas, as perdas ocorridas deverão ser utilizadas até o final do ano seguinte ao do evento.

Resgate total com perda:	18/08/20X1
Prazo final para compensação:	31/12/20X2

A compensação de perdas em FIs obedece ao critério da mesma alíquota, ou seja, a partir de janeiro de 2005, somente são compensadas as perdas apuradas em fundos com a mesma classe tributária e administrados pelo mesmo administrador.

Importante ressaltar que existem regras a serem cumpridas para a compensação de perdas em FIs:

- somente poderá ocorrer em FIs do mesmo tipo tributário, ou seja, perdas ocorridas em FIs de curto prazo somente poderão ser efetuadas em FIs de curto prazo, e assim por diante;
- as compensações somente poderão ocorrer entre FIs administrados pelo mesmo administrador ou administradores pertencentes ao mesmo grupo econômico;
- deverá ser observado o prazo para permanência da perda nos sistemas do administrador, que é o final do ano-calendário seguinte ao do resgate.

12.11.5 Responsável tributário

O responsável tributário, no caso de aplicações em FIs, é:

- o administrador do fundo; ou
- a instituição que intermediar recursos junto a clientes para aplicações em FIs administrados por outra instituição

12.11.6 Clubes de investimento

Aplicam-se aos Clubes de Investimento as mesmas regras aplicáveis aos FIs em ações, ou seja, o cotista é tributado em 15% sobre o rendimento no momento do resgate de suas cotas.

12.11.7 Fundos de investimento em índices de mercado

ETF de renda variável

A tributação aplicada aos cotistas desse tipo de FI dá-se em quatro situações distintas:

1. **Quando da integralização das cotas por meio da entrega de ações**: incide IR sobre o ganho de capital que deverá ser apurado e recolhido pelo investidor, à alíquota de 15%. Para esses efeitos, considera-se ganho de capital a diferença positiva entre o preço de fechamento de mercado das ações utilizadas na integralização e seus custos de aquisição aplicando-se o limite de isenção de R$ 20.000,00. Como exemplo, temos o início do fundo PIBB, que foi capitalizado com ações que constavam da carteira do BNDESPAR. Em outras palavras, o BNDESPAR, que tinha em sua carteira ações que compunham o IBrX 50, contratou um administrador para o ETF (que, na época, foi o Banco Itaú), integralizou o PIBB com essas ações, tornou-se cotista do fundo e, ato contínuo, negociou suas cotas no PIBB com terceiros.

    Nesse caso, o administrador do fundo deverá efetuar a retenção do IR, à alíquota de 0,005%, sobre o valor das ações apurado quando da integralização.

2. **Quando do resgate das cotas em ações**: haverá incidência do IR sobre a diferença positiva apurada entre o valor da cota no fechamento do dia do resgate e o valor integralizado ou de aquisição das cotas, quando da aquisição no mercado secundário. O IR deverá ser calculado, retido e recolhido pelo administrador do fundo.

3. **Quando o cotista alienar suas cotas**: haverá incidência de IR sobre o ganho apurado pela diferença entre o valor da alienação da cota e o valor de integralização ou de aquisição no mercado secundário, da seguinte forma:
    i. No caso de alienação em bolsa ou mercado de balcão organizado: 15% sobre o ganho de capital apurado e recolhido pelo investidor.
    ii. No caso de alienação fora de bolsa ou de mercado de balcão: as mesmas regras do item (i) anterior; caso o investidor não apresente o comprovante de pagamento do IR incidente, a instituição responsável pela escrituração de cotas deverá informar o fato à RFB, por meio da Declaração de Transferência de Titularidade de Ações (DTTA).

3. **Quando do resgate de cotas em moeda**: o IR será apurado e retido como um FI em ações comum, ou seja, 15% sobre o rendimento apurado.

Na hipótese de cotas adquiridas no mercado secundário, o administrador do fundo deverá exigir do cotista a apresentação da nota de aquisição da cota ou declaração informando o custo médio da aquisição. Caso o cotista não apresente tais documentos, o custo de aquisição será igual a zero, implicando uma apuração de ganho muito maior, visto que não haverá custo de aquisição.

ETF de renda fixa

Os ETFs que seguem um *benchmark* de renda fixa e que determinem que suas carteiras sejam compostas, no mínimo, de 75% de ativos financeiros que integrem o índice de renda fixa de referência são tributados conforme Lei n. 13.043/2014, ou seja, os ganhos do investidor residente devem seguir a Tabela 12.3.

Tabela 12.3 Tabela de imposto de renda – ETF renda fixa

Prazo médio de repactuação da carteira	Alíquota
até 180 dias	25%
181 a 720 dias	20%
Superior a 720 dias	15%

Base de cálculo:

- **No resgate de cotas**: a diferença entre o valor da cota efetivamente utilizado para resgate e o valor de integralização ou de aquisição da cota no mercado secundário, líquido de IOF e dos custos e despesas incorridos.
- **Na alienação de cotas em mercado secundário**: a diferença entre o valor da alienação e o valor de integralização ou de aquisição da cota no mercado secundário, líquido de IOF e dos custos e despesas incorridos.
- **Na distribuição de qualquer valor**: o valor distribuído.

Responsáveis pelo recolhimento do IR:

- **Na alienação de cotas em mercado secundário**: a instituição que faça o pagamento dos rendimentos ou ganhos ao beneficiário final, ainda que não seja a fonte pagadora original.
- **No resgate de cotas e na distribuição de qualquer valor**: o administrador do fundo.

12.11.8 Fundos de Investimento Imobiliário

Os FII são, atualmente, o único tipo de FI cujos rendimentos auferidos pelos ativos integrantes de sua carteira de investimentos são tributados. No entanto, não haverá essa incidência tributária no caso em que os ativos componentes da carteira sejam LH, LCI ou CRI.

A legislação pertinente determina que os FII deverão distribuir a seus cotistas, no mínimo, 95% dos lucros auferidos apurados segundo o regime de caixa, com base nos balanços ou balancetes semestrais. Esses rendimentos serão isentos de tributação caso as cotas sejam admitidas à negociação, **exclusivamente**, em bolsas de valores ou mercado de balcão organizado. Para tanto, deverão ser atendidas duas condições:

i. o FII deve ter, no mínimo, 50 cotistas;
ii. a isenção não será concedida ao cotista, pessoa física, titular de quotas que representem 10% ou mais da totalidade das cotas emitidas pelo FII ou cujas cotas lhe derem direito ao recebimento de rendimento superior a 10% do total de rendimentos auferidos pelo fundo.

No caso de não satisfazer as condições anteriores, os rendimentos serão tributados em 20%.

Caberá também IR de 20% sobre o ganho de capital auferido na alienação das cotas e no resgate.[9]

---

[9] Lembrando que o FII é um fundo fechado e não há resgate de cotas, somente no final do fundo ou em casos especiais.

MAPA MENTAL

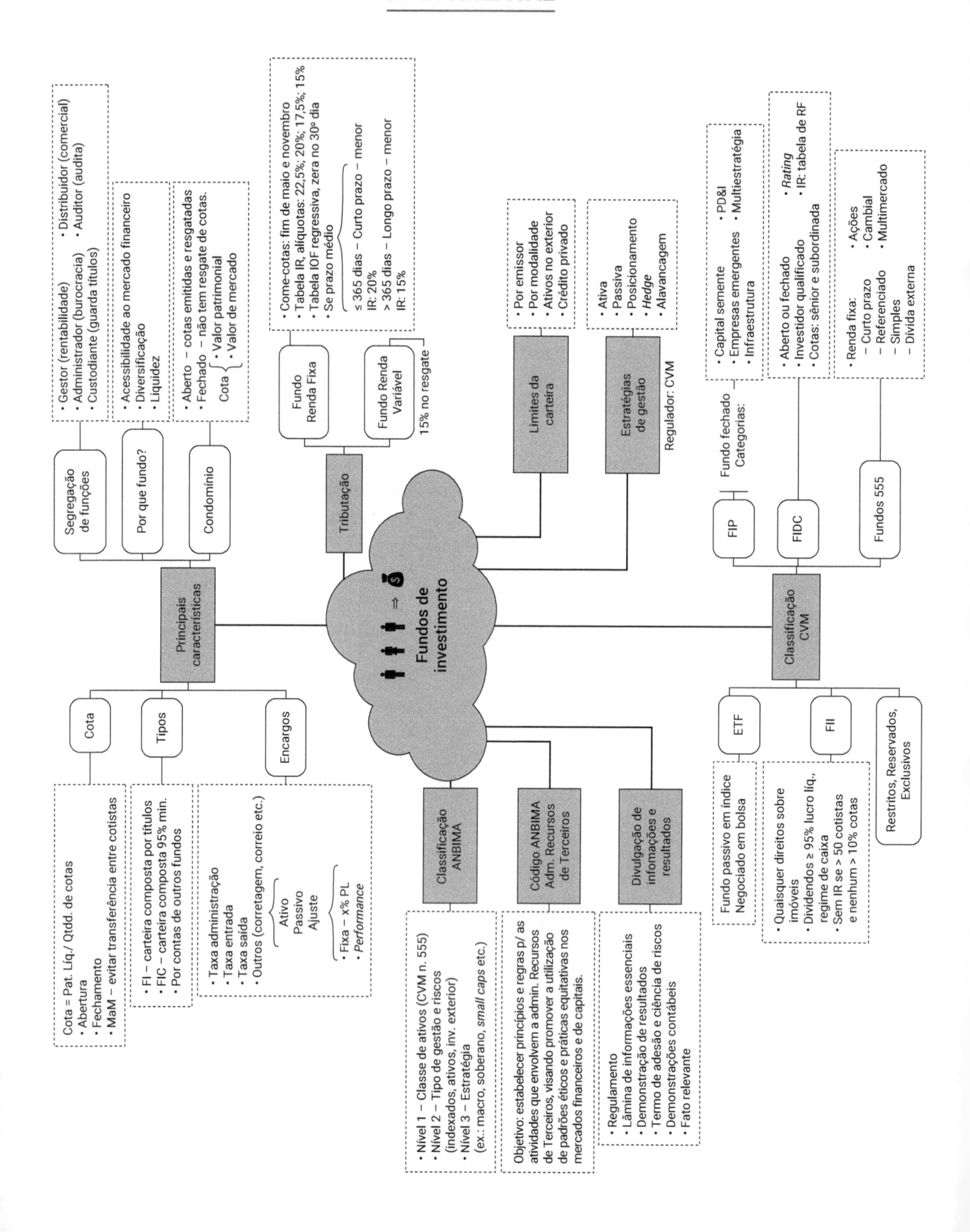

Fundos de investimento

Principais características

Segregação de funções
- Gestor (rentabilidade)
- Administrador (burocracia)
- Custodiante (guarda títulos)
- Distribuidor (comercial)
- Auditor (audita)

Por que fundo?
- Acessibilidade ao mercado financeiro
- Diversificação
- Liquidez

Condomínio
- Aberto – cotas emitidas e resgatadas
- Fechado – não tem resgate de cotas.
- Cota – Valor patrimonial / Valor de mercado

Cota
- Cota = Pat. Líq./ Qtdd. de cotas
- Abertura
- Fechamento
- MaM – evitar transferência entre cotistas

Tipos
- FI – carteira composta por títulos
- FIC – carteira composta 95% mín. por contas de outros fundos

Encargos
- Taxa administração
- Taxa entrada
- Taxa saída
- Outros (corretagem, correio etc.)
  - Ativo
  - Passivo
  - Ajuste
- Fixa – x% PL
- Performance

Tributação

Fundo Renda Fixa
- Come-cotas: fim de maio e novembro
- Tabela IR, alíquotas: 22,5%; 20%; 17,5%; 15%
- Tabela IOF regressiva, zera no 30º dia
- Se prazo médio
  - ≤ 365 dias – Curto prazo – menor IR: 20%
  - > 365 dias – Longo prazo – menor IR: 15%

Fundo Renda Variável
- 15% no resgate

Limites da carteira
- Por emissor
- Por modalidade
- Ativos no exterior
- Crédito privado

Estratégias de gestão
- Ativa
- Passiva
- Posicionamento
- Hedge
- Alavancagem

Regulador: CVM

Classificação CVM

FIP — Fundo fechado Categorias:
- Capital semente
- Empresas emergentes
- Infraestrutura
- PD&I
- Multiestratégia

FIDC
- Aberto ou fechado
- Investidor qualificado
- Cotas: sênior e subordinada
- Rating
- IR: tabela de RF

Fundos 555
- Renda fixa:
  - Curto prazo
  - Referenciado
  - Simples
  - Dívida externa
- Ações
- Cambial
- Multimercado

ETF
- Fundo passivo em índice
- Negociado em bolsa

FII
- Quaisquer direitos sobre imóveis
- Dividendos ≥ 95% lucro liq, regime de caixa
- Sem IR se > 50 cotistas e nenhum > 10% cotas

Restritos, Reservados, Exclusivos

Classificação ANBIMA
- Nível 1 – Classe de ativos (CVM n. 555)
- Nível 2 – Tipo de gestão e riscos (indexados, ativos, inv. exterior)
- Nível 3 – Estratégia (ex.: macro, soberano, small caps etc.)

Código ANBIMA Adm. Recursos de Terceiros
Objetivo: estabelecer princípios e regras p/ as atividades que envolvem a admin. Recursos de Terceiros, visando promover a utilização de padrões éticos e práticas equitativas nos mercados financeiros e de capitais.

Divulgação de informações e resultados
- Regulamento
- Lâmina de informações essenciais
- Demonstração de resultados
- Termo de adesão e ciência de riscos
- Demonstrações contábeis
- Fato relevante

EXERCÍCIOS DE FIXAÇÃO

1. Marque a alternativa correta sobre FI.
   a) É um produto de emissão do banco.
   b) São regulamentados pelo BCB.
   c) Contam com a garantia do FGC.
   d) São um condomínio com um objetivo comum de investimento.

2. Um fundo de ações comercializado no varejo pode aplicar:
   a) Até 67% do seu PL em ações.
   b) Até 20% do seu PL no exterior.
   c) Até 100% do seu PL no exterior.
   d) Até 20% do seu PL em ações do administrador.

3. O extrato de um investidor em fundo de ações informa que o seu patrimônio pessoal no fundo, após 120 dias de aplicação, é de R$ 120.000,00 bruto e R$ 117.000,00 líquido. Quanto aplicou o investidor?
   a) R$ 100.000,00.
   b) R$ 102.857,14.
   c) R$ 105.000,00.
   d) R$ 113.333,33.

4. Como é calculada a cota do fundo?
   a) Dividindo-se o PL do fundo pela quantidade de cotas.
   b) Dividindo-se o total da carteira do fundo pelo PL.
   c) Diminuindo-se o total do ativo do fundo pelo PL.
   d) Dividindo-se o PL do fundo pela quantidade de cotistas.

5. As ações são precificadas nos fundos por qual preço?
   a) Médio.
   b) De fechamento.
   c) Mais negociados no dia.
   d) Mais alto.

6. Assinale a afirmativa **correta**.
   a) Os fundos classificados como renda fixa e cambial deverão ter, no mínimo, 67% da carteira em ativos relacionados diretamente ao fator de risco que dá nome à classe ou sintetizados via derivativos.
   b) Os fundos classificados como ações deverão ter, no mínimo, 51% da carteira em ações admitidas à negociação no mercado à vista.
   c) Um fundo multimercado não pode estar, em momento algum, com 90% da carteira comprada em títulos públicos, caso em que teria que trocar de classificação.
   d) Um fundo de dívida externa tem que estar comprado em, pelo menos, 80% do PL em títulos da dívida externa da União.

7. Um fundo classificado como de renda fixa curto prazo é composto de títulos cujo prazo máximo a decorrer é de:
   a) 252 dias.
   b) 360 dias.
   c) 365 dias.
   d) 375 dias.

8. Qual é o papel do gestor de um FI?
   a) Analisar a adequação dos diversos fundos disponíveis aos perfis de seus clientes, considerando o seu estatuto, os títulos negociados, os riscos e a alavancagem.
   b) É o responsável pelas decisões de investimento do fundo, sempre dentro dos parâmetros definidos em seu regulamento.
   c) Tem a função específica de se relacionar com o cliente no dia a dia, tirando suas dúvidas e informando sobre risco.
   d) É o responsável por efetuar a marcação a mercado dos papéis que compõem a carteira do fundo.

9. Um fundo que tem na sua carteira cotas de outros fundos é:
   a) Um fundo alavancado.
   b) Um fundo ativo.
   c) Um fundo em cotas de fundos de investimento.
   d) Um fundo multimercado.

10. Marque a afirmativa correta.
    a) Qualquer fundo de renda fixa pode cobrar taxa de *performance*.
    b) Os fundos cambiais podem aplicar 80% de seu patrimônio em títulos no exterior.
    c) Um FI em participações só pode ser oferecido a investidores qualificados.
    d) Um fundo multimercado só pode cobrar taxa de *performance* se for direcionado a investidores qualificados.

11. Quanto ao ETF, pode-se afirmar que:
a) É um fundo ativo e de ações.
b) Deve ser constituído na forma de condomínio aberto.
c) Só pode receber aplicação de investidor qualificado.
d) Suas cotas não podem ser objeto de empréstimo.

12. Um investidor necessita receber renda periódica e deseja aplicar em um FI. O que seria recomendável nesse caso, entre as opções a seguir?
a) Fundo referenciado DI.
b) Fundo de ações que tem como *benchmark* o IDIV.
c) Fundo de renda fixa que aplique em NTN-B.
d) Fundo imobiliário.

13. Um fundo que só tenha investidores qualificados como cotistas:
a) Não precisa ter regulamento.
b) Não precisa exigir do investidor a assinatura de um termo de adesão e ciência de risco.
c) Basta autorização da ANBIMA para sua abertura.
d) Pode cobrar taxa de administração e *performance* diferente do previsto na CVM n. 175.

14. Relacione as colunas.
A. Classe restrita
B. Classe exclusiva
C. Fundo aberto
D. Fundo fechado
( ) Tem um cotista apenas ou pessoas com vínculo familiar ou profissional.
( ) Cotas são resgatadas somente no encerramento do fundo.
( ) Tem somente cotistas qualificados ou profissionais.

a) A; B; D.
b) A; D; B.
c) B; D; A.
d) B; C; A.

15. Qual é a importância de marcar os títulos a mercado na carteira de um FI?
a) Aumentar a rentabilidade do fundo.
b) Evitar a transferência de riqueza entre cotistas.
c) Aumentar a transparência nas informações do fundo.
d) Evidenciar os riscos dos ativos que fazem parte da carteira do fundo.

16. Relacione as colunas, ligando as definições que melhor se adequam ao cálculo da taxa de *performance* nos fundos de investimento.
A. Método do ativo
B. Método do passivo
C. Método do ajuste
( ) Utiliza o resultado de cada aplicação do cotista.
( ) Utiliza o resultado do fundo, mas faz compensações individuais.
( ) Utiliza o resultado do fundo.

a) A; C; B.
b) B; C; A.
c) A; B; C.
d) C; B; A.

17. Estando muito insatisfeito com a *performance* de um FI, determinado cotista organiza uma reunião com diversos outros cotistas do fundo. Que força eles têm para alterar a regulamentação do fundo ou destituir o gestor?
a) Como cada cotista tem direito a um voto, se fizerem maioria, podem trocar o gestor do fundo, bastando enviar uma ata da assembleia de cotistas para a alteração.
b) Como cada cotista tem direito a um voto, se fizerem maioria, podem trocar o gestor do fundo, desde que sigam os procedimentos estabelecidos na regulamentação da CVM.
c) Independentemente dos votos dos cotistas em assembleia, somente o administrador tem poder para destituir um gestor.
d) Para destituir um gestor de FI, basta o administrador do fundo alterar no regulamento do fundo.

18. Que documentos são obrigatórios entregar ao cotista antes de sua primeira aplicação?
a) Basta entregar o regulamento e a demonstração de desempenho, dispensada qualquer formalização.
b) É necessário entregar a lâmina de informações básicas, e o cotista precisa assinar o termo de adesão e ciência de risco.
c) É necessário entregar o regulamento do fundo, e o cotista precisa assinar o termo de adesão e ciência de risco.
d) É necessário entregar o regulamento e a lâmina de informações básicas, e o cotista precisa assinar o termo de adesão e ciência de risco.

19. Em relação a fundos de investimento, marque a alternativa correta.
a) As demonstrações financeiras do FI têm que ser aprovadas pelos cotistas em assembleia geral de cotistas.
b) O gestor do fundo é responsável por calcular e divulgar o valor da cota e do PL do fundo aberto diariamente.
c) Para amortização e resgate de cotas de fundos fechados, basta o cotista enviar uma solicitação formal ao administrador do fundo.
d) Se o gestor do fundo for também cotista, a regulamentação lhe dá todo direito de votar nas assembleias do fundo.

20. Quando um fundo está alavancado três vezes, então:
a) O cotista pode perder até três vezes o que aplicou no fundo.
b) O cotista pode perder até três vezes o seu valor atualizado no fundo.
c) O cotista pode ganhar até três vezes o que aplicou no fundo.
d) O cotista pode ser chamado a pagar o prejuízo do fundo três vezes.

21. A finalidade da estruturação de um FIDC é:
a) Ter retorno elevado.
b) Capitalizar a instituição ou empresa que vendeu os direitos creditórios.
c) Permitir que investidores qualificados tenham acesso ao mercado de direitos creditórios.
d) Trazer mais opções para o mercado, permitindo que se compre cotas subordinadas.

22. O ETF é um fundo:
a) Ativo.
b) Fechado.
c) Negociado em bolsa.
d) De ações.

23. Em relação ao FIP, está **incorreto** afirmar:
a) Ele só pode aplicar em ações e debêntures de companhias abertas.
b) O "termo de adesão" do FIP requer a assinatura do cotista e de duas testemunhas.
c) Ele só pode aplicar em derivativos para *hedge* da carteira.
d) Ele pode investir até 20% no exterior.

24. Complete a afirmação a seguir.
"A classificação de fundos da CVM se baseia no(a) _____ da carteira do fundo, mas a classificação da ANBIMA se baseia no(a) _____."

a) classe de ativos – risco do fundo.
b) risco do fundo – classe de ativos.
c) classe de ativos – processo de investimento.
d) risco do fundo – processo de investimento.

25. Marque falso (F) ou verdadeiro (V).
O Código ANBIMA de Administração de Recursos de Terceiros tem por objetivo estabelecer princípios e regras para a administração de recursos de terceiros, visando promover, principalmente:
( ) Padrões éticos e práticas equitativas no mercado financeiro e de capitais.
( ) Concorrência leal, mas com flexibilidade na padronização de procedimentos.
( ) Maior qualidade e disponibilidade de informações.
( ) Elevação dos padrões fiduciários e promoção das melhores práticas de mercado.

a) V; F; V; F.
b) V; F; V; V.
c) V; V; V; V.
d) F; V; F; V.

26. Segundo o Código ANBIMA de Administração de Recursos de Terceiros, é obrigatório:
a) Segregar a área de administração de recursos de terceiros de todas as áreas do banco.
b) Segregar a área de administração de recursos de terceiros da Tesouraria do banco.
c) Evitar conflitos de interesse quando a área de administração de recursos de terceiros compartilhar o mesmo espaço físico da área de destruição.
d) Manter, em documento escrito, regras e procedimentos que possam gerar conflito de interesse entre o distribuidor e o auditor do fundo.

27. Se o documento do fundo tiver um Selo ANBIMA, então:
a) O risco do fundo está em consonância com o que está designado no documento do fundo.
b) A ANBIMA se responsabiliza pelo conteúdo do documento.
c) A ANBIMA está atestando a qualidade da prestação de serviços da instituição que preparou o documento.
d) As instituições que prestam serviço ao fundo atendem às disposições do Código ANBIMA de Administração de Recursos de Terceiros.

28. Complete a afirmação a seguir.
"Segundo a regulamentação, um clube de investimento deve ter no máximo _____ cotistas, e nenhum deles pode ter mais do que _____ das cotas, sendo a auditoria do clube _____."
a) 50 – 51% – facultativa.
b) 50 – 40% – facultativa.
c) 50 – 40% – obrigatória.
d) 150 – 67% – obrigatória.

GABARITO

1. d	2. b	3. c	4. a
5. a	6. d	7. d	8. b
9. d	10. c	11. b	12. d
13. d	14. c	15. b	16. b
17. b	18. c	19. a	20. b
21. b	22. c	23. a	24. c
25. b	26. b	27. d	28. b

Parte VI
Previdência Complementar Aberta

Importância do tema: os debates calorosos sobre a previdência oficial mostraram ao público a relevância de se acumular para o período não laboral. Logo, conhecer as regras e especificidades dos produtos de previdência privada é fundamental para auxiliar o investidor a fazer a melhor escolha, a fim de que possa ter uma aposentadoria sem sobressaltos.

Nesta parte, você vai aprender informações sobre a previdência complementar aberta, especificamente PGBL e VGBL.

Esta parte está dividida em:

Capítulo 13 – Fundos de Previdência Privada

Bom estudo!

Peso na prova:
5 a 10% ou
3 a 6 questões

Capítulo 13
Fundos de Previdência Privada

OBJETIVOS

Ao final deste capítulo, você deve ser capaz de:
- → Diferenciar um fundo de investimento de um fundo de previdência.
- → Diferenciar um PGBL de um VGBL, indicando ao público-alvo correto.
- → Entender a tributação sobre os produtos de previdência complementar aberta.

CONTEÚDO

13.1 Ciclo laboral
13.2 Regimes de previdência
13.3 Características técnicas que influenciam o produto
13.4 Plano Gerador de Benefícios Livres
13.5 Plano Vida Gerador de Benefícios Livres
13.6 Tributação
   Mapa mental
   Exercícios de fixação

TEMPO ESTIMADO DE ESTUDO

Duas horas e meia.

13.1 CICLO LABORAL

A caminhada profissional, que envolve estágio, primeiro emprego, emprego de formação, de carreira e aposentadoria, chama-se ciclo laboral. Para não corrermos o risco de o nosso ciclo laboral terminar antes do nosso ciclo vital, aquele que vai do nascimento até a morte, temos que planejar com antecedência nossas finanças. Uma forma de nos precavermos desse risco é contribuindo para uma previdência.

13.2 REGIMES DE PREVIDÊNCIA

Para melhor entender a previdência no Brasil, é importante tomar ciência que, no nosso país, existe mais de um regime de previdência, cada um seguindo uma regra.

- **Regime Geral de Previdência Social (RGPS):** filiação obrigatória para os servidores públicos titulares de cargos efetivos da União, dos Estados, do Distrito Federal e dos Municípios. Tem caráter contributivo e solidário, mediante contribuição do respectivo ente federativo, de servidores ativos, de aposentados e pensionistas, observados critérios que preservem o equilíbrio financeiro e atuarial.
- **Regime Próprio de Previdência Social (RPPS):** operado pelo Instituto Nacional do Seguro Social (INSS), é de filiação obrigatória para os trabalhadores regidos pela Consolidação das Leis do Trabalho (CLT), aqueles que têm carteira assinada e trabalham em empresas privadas ou de capital misto. Também tem caráter contributivo e solidário.
- **Regime de Previdência Privada Complementar (RPPC):** ao contrário dos outros regimes, a filiação a essas previdências é facultativa e visa complementar a renda na aposentadoria, sendo operado por Entidades Abertas e Fechadas de Previdência Complementar, em regime privado.

Sem fazer juízo de valor aos regimes e regras vigentes, é importante compreender que, de modo geral no mundo, o valor das aposentadorias não costuma custear o mesmo padrão de vida de um trabalhador na ativa.

Para se ter uma ideia, em julho de 2023, a maior pensão que um trabalhador da iniciativa privada poderia auferir era de R$ 7.507,49 bruto, mesmo para quem tinha renda dez vezes maior enquanto na sua vida laboral. É necessário, portanto, que o cidadão se planeje e se prepare com toda atenção e antecedência.

É importante ressaltar que os custos na terceira idade são diferentes da idade adulta. Alguns caem, como escola dos filhos, por exemplo, já outros ficam muito altos, principalmente os que se referem aos gastos com saúde.

Para chegar a essa idade sem baixar muito o padrão de vida e se manter independente dos filhos, é necessário poupar com disciplina e antecedência. Por isso, é recomendável fazer um planejamento que contemple ter uma renda de, pelo menos, 70% da renda no período laboral.

13.2.1 Regime de Previdência Complementar

A previdência privada permite que um indivíduo possa fazer uma previsão antecipada da etapa da vida em que irá perder sua renda do período laboral, por meio de contribuições regulares que lhe permitam complementar as rendas que porventura tiver e que advenham de outras fontes, como previdência oficial, aluguéis ou juros de investimentos financeiros.

A previdência privada brasileira surgiu em janeiro de 1835, com a criação da Montepio Geral de Economia dos Servidores do Estado (MONGERAL). Ao longo dos anos, a legislação da previdência foi alterada para se adequar às novas realidades atuariais, inclusive quanto aos valores pagos em caso de aposentadoria.

As previdências abertas são comercializadas por bancos, seguradoras e corretoras de seguro e previdência, e qualquer pessoa pode participar, basta aderir e contribuir para uma previdência. Elas podem, também, ser criadas diretamente por empresas e voltadas exclusivamente aos seus funcionários, não permitindo a participação de quem não é funcionário daquela empresa.

Como exemplo de Entidades Fechadas de Previdência Complementar (EFPC), podemos citar a PREVI e a PETROS, os fundos de pensão dos funcionários do Banco do Brasil e da Petrobras, respectivamente, ambos fiscalizados pela Superintendência Nacional de Previdência Complementar (PREVIC). As previdências abertas são fiscalizadas e reguladas pela Superintendência de Seguros Privados (SUSEP).

Neste capítulo do livro, nosso foco será no regime de previdência complementar aberta, tema do exame de certificação.[1]

Rentabilidade das previdências abertas

A escolha do tipo de previdência vai determinar a rentabilidade da aplicação. Como se sabe, os fundos de

---

1 Em 2019, o governo estudava a possibilidade de as previdências fechadas e abertas ficarem sob um guarda-chuva apenas: a SUSEP, que englobaria as atividades da PREVIC.

previdência aplicam em fundos de investimento destinados a esse tipo de cotista (previdência). A expectativa é que os fundos que têm ações na carteira rendam mais no longo prazo que os fundos que só têm títulos públicos federais; porém, suas cotas serão mais voláteis. A conjugação de expectativas do investidor com prazo até a aposentadoria e o perfil do investidor é fundamental na hora de decidir em que tipo de fundo a poupança deve ser investida. Lembre-se de seguir o processo de *suitability*, já comentado no Capítulo 5.

13.3 CARACTERÍSTICAS TÉCNICAS QUE INFLUENCIAM O PRODUTO

Os planos de previdência aberta, no modo como são concebidos, são oferecidos na modalidade de contribuição definida, quando o benefício não é fixo, e sim as contribuições. Dessa maneira, o valor do benefício que o participante receberá no momento de sua aposentadoria dependerá da *performance* do administrador do fundo e do valor acumulado pelo participante, por meio dos aportes realizados ao longo dos anos.

As principais características que influenciam os produtos de previdência aberta podem, então, ser resumidos em:

- **Taxa de administração**: quanto maior a taxa de administração do produto, menor deverá ser sua rentabilidade.
- **Taxa de carregamento**: a taxa de carregamento é cobrada toda vez que o participante aplica no fundo. Alguns fundos não cobram carregamento, dependendo do valor do aporte. Por diminuírem o valor sendo investido, quanto maior a taxa de carregamento, menor a rentabilidade do investidor.
- **Portabilidade**: a portabilidade entre Entidades Abertas de Previdência Complementar (EAPCs) é permitida. É importante verificar se há taxas cobradas nesse momento. Note que a portabilidade só é permitida entre planos iguais: Plano Gerador de Benefícios Livres (PGBL) para PGBL ou Plano Vida Gerador de Benefícios Livres (VGBL) para VGBL.
- **Transferência entre planos**: é possível transferir entre planos com riscos diferentes. Em outras palavras, pode-se transferir entre os três planos (soberano, renda fixa e multimercado). Espera-se que, no longo prazo, os fundos com maiores riscos tenham uma rentabilidade mais elevada. Entretanto, nada se pode garantir.
- **Resgate**: no momento do resgate há incidência de imposto de renda (IR), seja pela tabela regressiva ou progressiva, conforme opção do investidor. Logo, dependendo do prazo de aplicação ou valor sendo resgatado, diferentes alíquotas serão cobradas, o que afetará a rentabilidade do investidor.
- **Regime de tributação**: como você verá ainda neste capítulo com mais detalhes, há dois regimes de tributação: compensável e definitivo. No momento de adesão à previdência, o participante deve optar por um dos regimes, cuja metodologia afeta significativamente a rentabilidade do produto. A decisão é difícil, pois o melhor regime dependerá de suas condições financeiras futuras.

13.4 PLANO GERADOR DE BENEFÍCIOS LIVRES

O PGBL é um plano de previdência complementar com cobertura por sobrevivência que permite ao participante escolher o risco que deseja correr durante o período de acumulação, ou seja, não há garantia de rentabilidade mínima durante a fase de acumulação dos recursos ou período de diferimento, sendo a rentabilidade da provisão o resultado da rentabilidade do fundo (FIE) no qual os recursos são aplicados.

O FIE, por sua vez, é um fundo de investimento ou um fundo de investimento em cotas de FIE especialmente constituído, cujos únicos cotistas sejam, direta ou indiretamente, sociedades seguradoras e EAPCs ou, no caso de fundo com patrimônio segregado, segurados e participantes de planos de previdência aberta.

A data de concessão do benefício será determinada pelo participante na sua proposta de inscrição.

13.4.1 Como funciona

O participante, no momento de contratação do plano, define o perfil de risco que deseja correr, escolhe os beneficiários e deposita periodicamente certa quantia no fundo. O gestor administra esses recursos de acordo com o objetivo de investimento do fundo, de forma a agregar rentabilidade para o investidor, mas sem garantia de rendimento mínimo. No momento da aposentadoria, o investidor pode decidir por:

- resgatar o total dos recursos acumulados; ou
- transferir esse valor para outra empresa de previdência que lhe conceda melhores condições; ou
- receber o benefício mensalmente e por prazo certo; ou
- receber o benefício vitalício e mensalmente.

A decisão quanto às alternativas mencionadas é, certamente, complicada. Não existe uma melhor opção, pois cada caso é um caso. Tudo dependerá do momento da aposentadoria, das condições de saúde da pessoa e das apostas que faz quanto à sua longevidade.

No que se refere ao valor do benefício, a SUSEP explica que este será calculado com base na "provisão matemática de benefícios a conceder, a rentabilidade da carteira de investimentos do FIE no(s) qual(is) esteja(m) aplicada(s) a totalidade dos respectivos recursos, sem garantia de remuneração mínima e de atualização de valores e sempre estruturados na modalidade de contribuição variável".

No momento da contratação da previdência, o participante deve escolher entre as três modalidades distintas de aplicação do FIE, sendo permitida a alteração durante o período de acumulação:

- Aplica 100% dos recursos em títulos de emissão do Tesouro Nacional e/ou Banco Central do Brasil (BCB) e créditos securitizados do Tesouro Nacional. É recomendada para investidores muito conservadores ou que já estejam perto da aposentadoria.
- Mescla títulos públicos federais, mencionados anteriormente, com outros investimentos de renda fixa, verificados critérios de diversificação admitidos pela regulamentação vigente.
- Aplica em FIE multimercados; os investimentos de renda variável obedecerão aos limites mínimo e máximo de aplicação sobre o patrimônio líquido do FIE, nos termos estabelecidos em normativo específico do Conselho Monetário Nacional (CMN).

Nos planos com renda mensal vitalícia com prazo mínimo garantido e nos planos com renda vitalícia transferível a um beneficiário indicado, a regulamentação permite, no caso de falecimento do participante, que a renda mensal seja reversível a um beneficiário indicado.

Uma característica muito importante no PGBL é sua vantagem fiscal. A regulamentação permite que o investidor abata o total da sua contribuição na sua Declaração de Ajustes Anual do Imposto de Renda, limitado a 12% da sua renda bruta, trazendo uma economia fiscal bem interessante. É, portanto, recomendável para quem preenche a Declaração de Ajuste Anual no formulário completo.

13.5 PLANO VIDA GERADOR DE BENEFÍCIOS LIVRES

O VGBL tem características semelhantes ao PGBL, diferenciando-se deste em alguns aspectos. Para começar, o VGBL é, legalmente, um plano de seguro de vida isento de IOF, e não um plano de previdência. Essa estrutura favorece, em questões tributárias, aqueles indivíduos que preenchem o IR no modelo simplificado, não se utilizando dos benefícios de abatimentos permitidos nos planos de previdência.

Outra característica que distingue um produto do outro é a base de cálculo para o IR. Enquanto no PGBL a tributação incide sobre todo o valor sendo resgatado, no VGBL a incidência é somente sobre os rendimentos.

Tirando essas diferenças, o VGBL, assim como o PGBL, também pode ser usado em planejamento sucessório, e os recursos dos cotistas podem ser aplicados em fundos de investimento que obedeçam aos perfis de risco soberano, renda fixa e composto, sendo permitida a portabilidade para outra EAPC.

Resumindo, o VGBL é semelhante ao PGBL, porém é indicado para quem preenche o IR no formulário simplificado ou deseja contribuir o excedente a 12% de sua renda bruta anual para um plano de previdência.

13.6 TRIBUTAÇÃO

Os rendimentos auferidos no PGBL e no VGBL não sofrem cobrança antecipada de IR, como nos fundos de investimento, que têm come-cotas. Isso é uma vantagem fiscal muito grande da previdência sobre acumulação em fundos de investimento, uma vez que o investidor deixa de receber rentabilidade sobre o valor cobrado no come-cotas.

13.6.1 Base de cálculo

A base de cálculo do IR nos fundos de previdência depende do produto aplicado.

- **PGBL**: o IR incide sobre o valor resgatado ou o benefício recebido.
- **VGBL**: o IR incide sobre o rendimento auferido.

13.6.2 Tabela regressiva × progressiva

Ao contratar um fundo de previdência, o investidor deve definir qual metodologia de cobrança de IR ele deseja seguir no momento do resgate, como será abordado a seguir.

13.6.2.1 Tabela regressiva

Segundo a tabela regressiva (Quadro 13.1), quanto mais tempo o investidor deixar os recursos, menos IR pagará. A tabela inicia com 35% de alíquota sobre os rendimentos para resgates em até 2 anos da aplicação, caindo para 10% para prazos superiores a 10 anos. Não há isenção de imposto quando se utiliza a tabela regressiva, sendo o valor do imposto descontado na fonte e de forma definitiva. Ela é indicada para quem deseja deixar por mais de 10 anos seus recursos aplicados e está na faixa tributável de IR. É sempre importante comparar com a tabela progressiva aplicável à renda na ocasião da definição da metodologia a ser adotada.

13.6.2.2 Tabela progressiva

Aplicada sobre a renda, a alíquota a ser utilizada depende do valor sendo resgatado e varia de 7,5 a 27,5% (em 2019), isentando valores até certo nível.

Quadro 13.1 Tabela regressiva de imposto de renda previdência

Prazo de acumulação em anos	Alíquota de IR
Inferior ou igual a 2	35%
Superior a 2 e inferior a 4	30%
Superior a 4 e inferior a 6	25%
Superior a 6 e inferior a 8	20%
Superior a 8 e inferior a 10	15%
Superior a 10	10%

A tabela aplicável, nesse caso, é a mesma que incide sobre os salários e encontra-se disponível no *site* da Receita Federal. Vale lembrar que, nesse caso, o imposto recolhido no momento do resgate ou recebimento do benefício pode ser compensado na Declaração de Ajuste Anual do Imposto de Renda, ou seja, o participante pode ter sido descontado no recebimento e conseguir devolução parcial ou integral do que pagou. Dependerá de vários outros fatores.

Veja, no Quadro 13.2, a tabela válida para rendimentos mensais em 2019.

Vale lembrar que aplicações em PGBL que não excedam 12% da renda bruta anual do investidor são passíveis de dedução na Declaração de Ajuste Anual do Imposto de Renda. Dito de outro modo, o valor aplicado durante o ano em PGBL pode ser deduzido na Declaração de Ajuste Anual do Imposto de Renda, até o limite de 12% da renda bruta anual.

Aos investidores que desejam contribuir para a previdência com mais de 12% da sua renda bruta anual para um plano de previdência e que preencham o formulário detalhado da Declaração de Ajuste do Imposto de Renda, é indicado que aloquem o limite máximo em um PGBL e o restante em um VGBL.

Quadro 13.2 Tabela progressiva mensal do imposto de renda válida a partir de maio de 2023

Base de cálculo (R$)	Alíquota	Parcela a deduzir do IR (R$)
Até 2.112,00	Isento	–
De 2.112,01 até 2.826,65	7,5%	158,40
De 2.826,66 até 3.751,05	15%	370,40
De 3.751,06 até 4.664,68	22,5%	651,73
Acima de 4.664,68	27,5%	884,96

Fonte: Secretaria da Receita Federal.

MAPA MENTAL

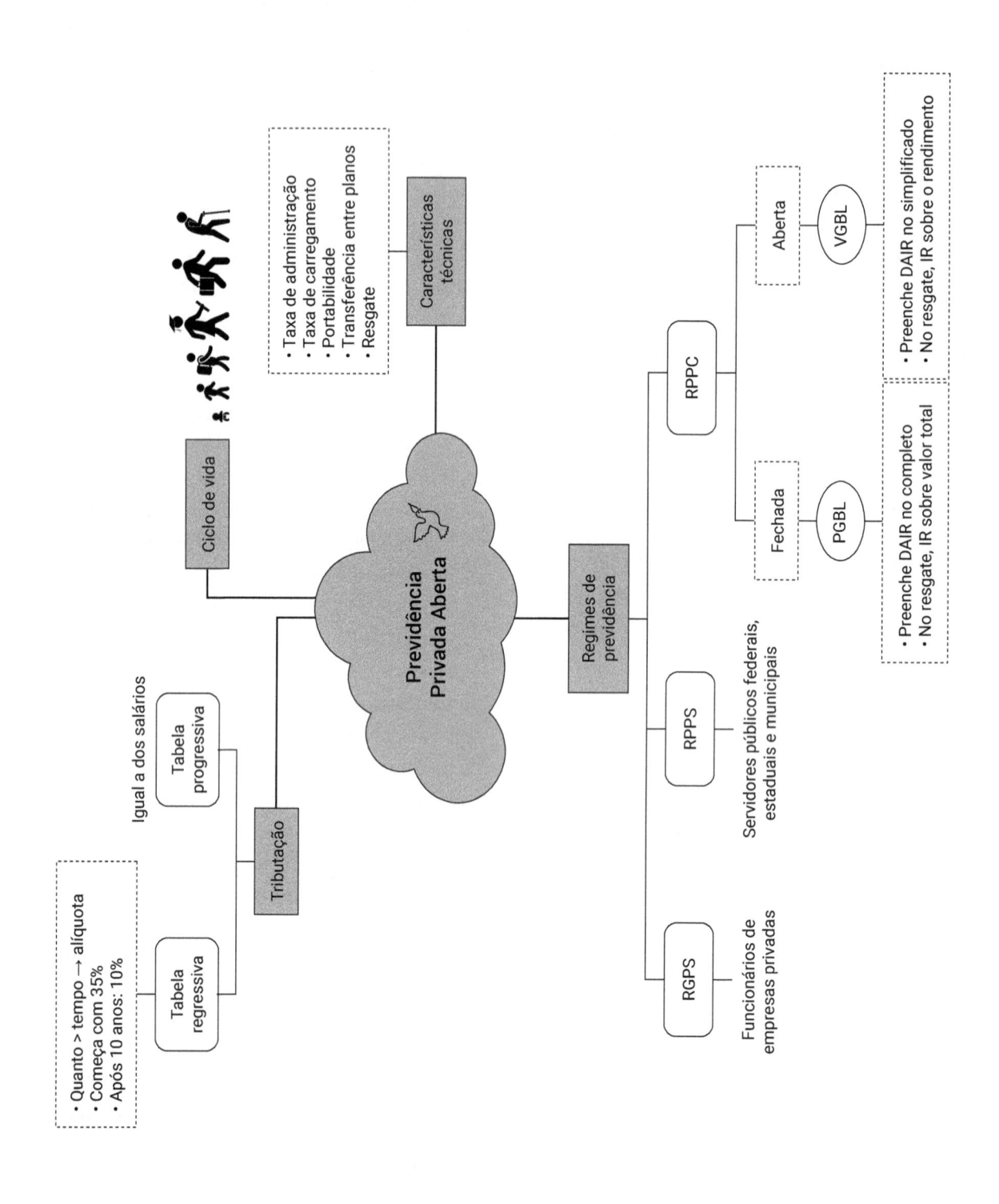

Previdência Privada Aberta

- **Ciclo de vida**
  - **Características técnicas:**
    - Taxa de administração
    - Taxa de carregamento
    - Portabilidade
    - Transferência entre planos
    - Resgate

- **Tributação**
  - **Tabela progressiva** — Igual a dos salários
  - **Tabela regressiva**
    - Quanto > tempo → aliquota
    - Começa com 35%
    - Após 10 anos: 10%

- **Regimes de previdência**
  - **RGPS** — Funcionários de empresas privadas
  - **RPPS** — Servidores públicos federais, estaduais e municipais
  - **RPPC**
    - Fechada
      - PGBL
        - Preenche DAIR no completo
        - No resgate, IR sobre valor total
    - Aberta
      - VGBL
        - Preenche DAIR no simplificado
        - No resgate, IR sobre o rendimento

EXERCÍCIOS DE FIXAÇÃO

1. Qual é o produto indicado para um jovem que deseja juntar para sua aposentadoria, com 35 anos, salário bruto de R$ 15.000,00, sem filhos, que preenche a Declaração Anual de Ajuste do Imposto de Renda no simplificado?
   a) PGBL.
   b) VGBL.
   c) CDB.
   d) Ações.

2. A tributação na forma regressiva de cobrança de imposto de renda nos produtos de previdência complementar aberta é na forma:
   a) Portável.
   b) Definitiva.
   c) Resgatável.
   d) Compensável.

3. Um cliente não está satisfeito com a gestão de seu PGBL e deseja mudar de instituição. Isso é possível?
   a) Não, somente as aplicações em VGBL permitem a portabilidade.
   b) Não, fundos de previdência aberta não permitem a portabilidade.
   c) Sim, independentemente de ser PGBL ou VGBL.
   d) Sim, desde que tenha optado pela tributação progressiva.

4. Um investidor tem uma renda bruta anual de R$ 200.000,00 e preenche sua Declaração de Ajuste Anual do Imposto de Renda no formulário completo. Ele deseja contribuir para uma previdência complementar aberta no valor de R$ 50.000,00 anuais. Qual é a melhor aplicação para esse investidor?
   a) R$ 24.000,00 por ano em um PGBL e R$ 26.000,00 em um VGBL.
   b) R$ 26.000,00 por ano em um VGBL e R$ 24.000,00 em um PGBL.
   c) Deve aplicar todo o dinheiro em um PGBL.
   d) Deve dividir igualmente entre o PGBL e o VGBL.

5. Um participante de um PGBL decidiu resgatar da sua única contribuição em um PGBL que mantinha há cinco anos e meio, e cuja tributação seguia a tabela regressiva. Quanto esse participante pagará de imposto de renda?
   a) 25% sobre todo o valor sendo resgatado.
   b) 15% sobre todo o valor sendo resgatado.
   c) 27,5% sobre o rendimento obtido na sua aplicação.
   d) 25% sobre o rendimento obtido na sua aplicação.

6. Um cliente deseja deixar dinheiro para sua afilhada de tal forma que, após o falecimento do padrinho, a moça seja capaz de receber os recursos em até 30 dias sem interferência da justiça e com a menor tributação possível no momento do recebimento dos recursos. Que produto financeiro seria mais adequado para atender a essa necessidade do cliente?
   a) PGBL.
   b) NTN-B.
   c) DPGE.
   d) VGBL.

7. Entre as opções a seguir, qual delas é a que tem a menor alíquota de tributação no momento do resgate de R$ 10.000,00, feito após 20 anos de aplicação?
   a) VGBL com metodologia da tabela regressiva.
   b) PGBL com metodologia da tabela regressiva.
   c) VGBL com metodologia da tabela progressiva.
   d) PGBL com metodologia da tabela progressiva.

GABARITO

1. b   2. b   3. c   4. c   5. a   6. d   7. a

Parte VII

Gestão de *Performance* e Risco

Importância do tema: tendo em vista que todo investimento envolve diferentes graus e tipos de riscos, é fundamental saber identificá-los e mensurá-los. Para quem vai atuar junto ao investidor ou deseja cuidar de sua carteira própria de investimentos, é muito importante compreender os relatórios das instituições financeiras no que se refere, entre outras coisas, aos riscos envolvidos nos produtos. Só assim a alocação dos recursos será feita de modo a tirar o máximo proveito da relação risco × retorno e obedecerá ao perfil de risco desejado.

Nesta parte, você vai aprender sobre os diferentes tipos de riscos que estão atrelados a um investimento e as principais métricas utilizadas no mercado financeiro para mensurá-los.

Esta parte está dividida em:

Capítulo 14 – Estatística Aplicada

Capítulo 15 – Mensuração, Gestão de *Performance* e Risco

Bom estudo!

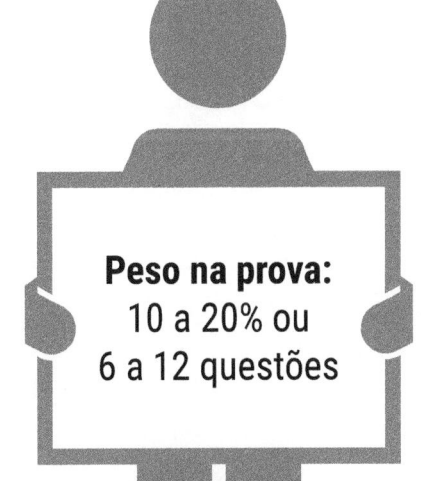

Peso na prova:
10 a 20% ou
6 a 12 questões

Capítulo 14
Estatística Aplicada

OBJETIVOS

Ao final deste capítulo, você deve ser capaz de:
→ Compreender os principais conceitos estatísticos utilizados na mensuração de *performance* e risco dos produtos financeiros.

CONTEÚDO

- **14.1** Medidas de posição
- **14.2** Medidas de dispersão
- **14.3** Análise de correlação
- **14.4** Distribuição normal
- **14.5** Intervalo de confiança
- **14.6** Aplicação dos conceitos estatísticos básicos
  Mapa mental
  Exercícios de fixação

TEMPO ESTIMADO DE ESTUDO

Três horas e meia.

Observação: talvez sua experiência passada com estatística não tenha sido das melhores, mas não se exaspere. Todo o conceito desenvolvido neste capítulo parte de exemplos da vida prática. Além disso, não cai conta na prova. Logo, aquelas fórmulas cheias de letras gregas podem passar batidas. Mas não deixe de acompanhar o raciocínio dos cálculos, dispostos nas planilhas.

14.1 MEDIDAS DE POSIÇÃO

Quando alguém afirma que a variação média da rentabilidade de um fundo de investimento nos últimos 252 dias úteis é 0,004% ao dia, está querendo dizer que todo o conjunto de variações dos últimos 12 meses foi representado por um único valor que, nesse caso, foi a média aritmética dessas temperaturas. A média aritmética é uma das medidas de tendência central que serão abordadas neste capítulo.

14.1.1 Média

Trata-se de uma medida de tendência central. Um único valor que resume um conjunto de dados. Ele se localiza no centro dos valores.

14.1.1.1 Média de uma população

$$\text{Média} = \frac{\text{Soma de todos os valores da população}}{\text{Quantidade de valores da população}}$$

$$\mu = \frac{\sum x}{N}$$

Em que:
μ = média da população;
N = número de itens na população;
x = valores em estudo;
Σ = soma dos valores de x.

Qualquer característica mensurável de uma população é chamada de **parâmetro**. A média de uma população é um parâmetro.

Exemplo:
A rentabilidade observada do Fundo Diamond (fictício) nos últimos 12 meses foi a apresentada na Tabela 14.1.

Tabela 14.1 Dados de rentabilidade

(%)					
mês 1	mês 2	mês 3	mês 4	mês 5	mês 6
1,29	1,35	1,45	1,37	1,33	1,51
mês 7	mês 8	mês 9	mês 10	mês 11	mês 12
1,54	1,23	1,38	1,42	1,41	1,39

Calcule a média mensal das rentabilidades nos últimos 12 meses:

$$\mu = \frac{1{,}29\% + 1{,}35\% + \ldots + 1{,}41\% + 1{,}39}{12} = 1{,}39\%$$

14.1.1.2 Média de uma amostra

$$\overline{X} = \frac{\sum x}{n}$$

Em que:
$\overline{X}$ = média de uma amostra;
n = número de itens na amostra.

Exemplo:
O Fundo Pink Panther só compra títulos de renda fixa prefixados. Estamos estudando as taxas de juros dos papéis da carteira do fundo. Uma amostra aleatória de cinco títulos revelou o apresentado na Tabela 14.2.

Tabela 14.2 Dados para exemplo de cálculo de média

Título	Taxa de juros (%)
LTN	15,89
Debênture Petrobras	16,09
Debênture Telemar	16,75
CDB Banco Santos	15,84
CDB Banco do Brasil	15,75

Qual a média aritmética da taxa de juros dessa amostra de títulos de renda fixa prefixados?

$$\overline{X} = \frac{15{,}89\% + 16{,}09\% + 16{,}75\% + 15{,}84\% + 15{,}75\%}{5}$$

$$= \frac{80{,}32\%}{5} = 16{,}06\%$$

A média aritmética é a única medida cuja soma dos desvios de cada observação em relação à média será sempre zero, ou:

$$\Sigma\left(x - \overline{x}\right) = 0$$

Por exemplo:
A média entre 3, 8 e 4 é 5, pois (3 + 8 + 4)/3 = 5.
Logo:

$$\Sigma\left(x - \overline{x}\right) = (3-5) + (8-5) + (4-5) = 0$$

14.1.1.3 Média ponderada

A média ponderada é um caso especial de média aritmética. Ela ocorre quando há várias observações do mesmo valor. Isso pode ocorrer quando agrupamos os dados em uma distribuição de frequência. Nesse caso, a frequência é o peso de cada observação. Há experimentos em que os eventos têm diferentes probabilidades de ocorrência e assim a possibilidade associada a cada evento será seu peso na média ponderada. Há ainda outras situações de nosso cotidiano que requerem atribuir pesos diferentes para os dados de uma série.

A média ponderada é calculada pela seguinte fórmula:

$$\overline{X} = \frac{\sum w_i x_i}{\sum w_i}$$

Em que:
w_i = peso (*weight*) atribuído a cada valor de x.

Imagine, por exemplo, o caso de um restaurante que vende refrigerantes nos tamanhos P, M e G. Ao estudar o consumo de seus clientes, o proprietário observou que no dia 4 de abril, um típico dia do restaurante, o consumo de refrigerantes foi de:

- P (200 mL): 250 copos
- M (300 mL): 134 copos
- G (500 mL): 52 copos

Ele deseja saber o consumo médio de refrigerante por cliente:

$$\overline{X} = \frac{(200 \times 250) + (300 \times 134) + (500 \times 52)}{250 + 134 + 52} =$$

$$\frac{50.000 + 40.200 + 26.000}{436} = 266,51 \text{ mL}$$

Conclusão: O consumo médio de refrigerante por cliente é de 266,51 mL.

Outro exemplo de média ponderada é o cálculo do valor médio de valores agrupados em classes e cada uma delas com determinada frequência, como podemos ver na Tabela 14.3.

Tabela 14.3 Dados para exemplo numérico de média

Tempo de auditoria Entre ... dias		Ponto médio da classe (M)	Frequência (f_i)	$f_i M_i$
10	14	12	4	48
15	19	17	8	136
20	24	22	5	110
25	29	27	2	54
30	34	32	1	32
			20	380

Nesse caso, tomamos o valor médio de cada classe como o valor que representa os eventos e a frequência como o peso de cada classe. Assim:

$$\overline{X} = \frac{\sum f_i M_i}{\sum f_i} = \frac{380}{20} = 19 \text{ dias}$$

14.1.2 Mediana

Mediana é mais uma medida de posição central de uma população ou amostra. É o ponto que fica no meio da sequência dos dados, arrumados em ordem ascendente. Para um número ímpar de dados, a mediana é o valor central. Para um número par de elementos em um conjunto de dados, os acadêmicos sugerem a utilização da média entre os dois valores centrais.

Exemplo:
Uma concessionária de automóveis vende vários produtos, cujos preços encontram-se listados a seguir, em ordem crescente.

R$ 15.500
22.000
37.000 → mediana
78.600
93.000

14.1.3 Moda

A moda é o valor da observação que aparece com maior frequência.

Exemplo:

Após corrigir as provas de seus alunos, um professor observou as seguintes frequências para os conceitos dados:

Conceito	Frequência
A	5
B	70
C	22
D	8
E	0

A moda, nesse caso, foi "B", pois foi o valor observado com mais frequência.

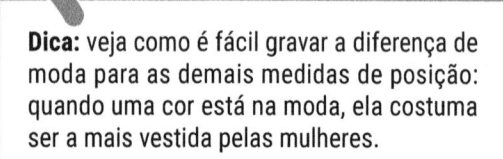

> **Dica**: veja como é fácil gravar a diferença de moda para as demais medidas de posição: quando uma cor está na moda, ela costuma ser a mais vestida pelas mulheres.

Podem ocorrer situações em que a maior frequência apareça em dois ou mais valores. Nesses casos, há mais de uma moda. Se os dados têm exatamente duas modas, dizemos que a série é bimodal. Se os dados têm mais de duas modas, dizemos que a série é multimodal. Em uma série com várias modas, essa medida não seria particularmente útil para descrever a posição dos dados.

A moda é muito importante para dados qualitativos.

14.2 MEDIDAS DE DISPERSÃO

Por que estudar dispersão?

Na prática, medidas como média, moda e mediana localizam apenas o centro dos dados. É importante para começar, mas a média não informa nada sobre a dispersão dos pontos estudados. Por exemplo, suponha que seu gerente do banco lhe apresentou dois fundos de investimento, e que ambos possuem uma rentabilidade média de 1,21% ao mês. Em qual dos dois você aplica?

Para um investidor racional, dada uma rentabilidade igual, há de se supor que ele prefira o investimento com menor risco.

As medidas de dispersão, também chamadas de medidas de variabilidade, permitem que se faça uma análise da dispersão dos pontos observados para a média. Quanto mais dispersos os pontos da média, mais volátil é esse fundo. Se, por um lado, é mais arriscado, por outro, permite que se obtenham retornos mais elevados.

14.2.1 Amplitude

A amplitude é uma das mais simples medidas de dispersão de dados, definida como a distância entre o menor e o maior valor da série.

$$\text{amplitude} = \text{menor valor} - \text{maior valor}$$

Exemplo:

Observe, na Figura 14.1, as rentabilidades de dois fundos que apresentam a mesma rentabilidade média.

Pode-se observar nos gráficos que os valores do Fundo A estão mais próximos da média, enquanto no Fundo B os resultados observados se distanciam bastante da média. As rentabilidades do Fundo B apresentam maior dispersão do que as do Fundo A. Isso significa que, no futuro, as chances de o investidor obter um resultado muito diferente do esperado são maiores no Fundo B, para mais ou para menos. Na hora de escolher em qual fundo aplicar, o investidor poderá optar conforme o seu perfil de tolerância ao risco, pois já sabe que os dois fundos têm dispersões diferentes, apesar de suas rentabilidades médias serem de mesmo valor.

14.2.2 Variância

A variância indica o quanto os dados estão dispersos em torno da média. Matematicamente, a variância é a média aritmética dos quadrados dos desvios entre os pontos observados e a média dos pontos.

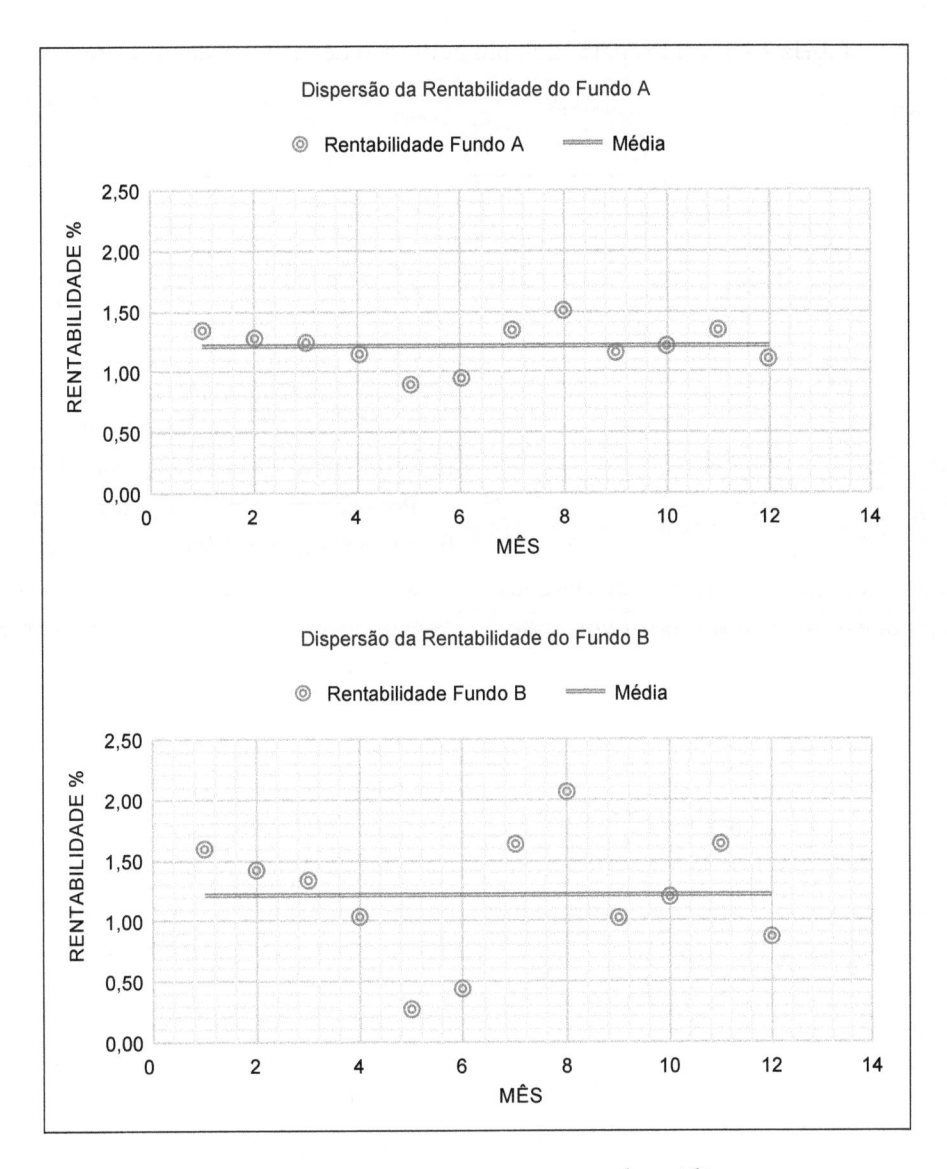

Figura 14.1 Dispersão em torno da média.

Para uma população:

$$\sigma^2 = \frac{\sum(x_i - \mu)^2}{N}$$

Em que:
σ² = variância da população;
x_i = valor de uma observação na população;
μ = média aritmética da população;
N = número total de observações na população;

Para uma amostra:

$$S^2 = \frac{\sum(x_i - \overline{x})^2}{n-1}$$

Em que:
S² = variância da população;
x_i = valor de uma observação na população;
x = média aritmética da população;
n = número total de observações na população.
O termo (– 1) é utilizado para que S² seja um estimador não tendencioso do verdadeiro σ² da população.

Exemplo:

Suponha um fundo de renda fixa que apresentou, nos últimos quatro anos, os retornos anuais de 15, 14, 16 e 14%. Calcule a variância desse investimento.

Tabela 14.4 Dados para exemplo numérico de medidas de posição

Período	Taxa de retorno (R_i)	Diferença entre o observado e a média (R_i – média de R_i)	Quadrado da diferença (R_i – média de R_i)^2
1	0,15	0,0025	0,00000625
2	0,14	–0,0075	0,00005625
3	0,16	0,0125	0,00015625
4	0,14	–0,0075	0,00005625
Média dos retornos	0,1475	Soma	0,000275

A variância será dada por:

$$\sigma^2 = \frac{\sum(x_i - \mu)^2}{N} = \frac{0,000275}{4} = 0,00006875$$

Observe que os valores dos desvios estão elevados ao quadrado, o que os torna todos positivos, independentemente de seu sinal original.

14.2.3 Desvio-padrão

O desvio-padrão é igual à raiz quadrada da variância.

$$\sigma = \sqrt{\sigma^2} = \sqrt{\frac{\sum(x-\mu)^2}{N}}$$

Com base na Tabela 14.4, pode-se calcular o desvio-padrão:

$$\sigma = \sqrt{\sigma^2} = \sqrt{\frac{\sum(x-\mu)^2}{N}} = \sqrt{\sigma^2} = \sqrt{0,00006875} = 0,00829 = 0,829\%$$

Observação: é recomendável expressar o desvio-padrão na mesma unidade dos valores observados.

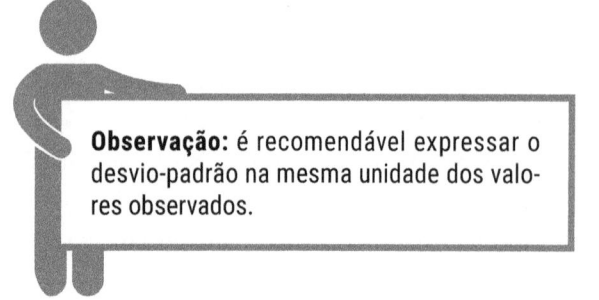

Interpretação e uso do desvio-padrão

O desvio-padrão é uma medida normalmente utilizada para comparar a dispersão entre dois ou mais conjuntos de observações. Seu valor é expresso na mesma unidade dos dados da série e na mesma ordem de grandeza. Por isso, o desvio-padrão oferece um valor comparável, que dá ao analista noção do tamanho (ordem de grandeza) da variabilidade da série.

Por exemplo, o desvio-padrão dos valores que os funcionários da Boa Sorte S.A. investem em um fundo de pensão é R$ 7,51. Suponha que esses empregados estejam localizados no Sul do país. Se o desvio-padrão para um grupo de empregados do Nordeste for R$ 10,47, e a média das contribuições dos funcionários das duas regiões for a mesma (supondo R$ 51,54), pode-se dizer que as contribuições dos funcionários do Sul são mais parecidas entre si do que as dos funcionários do Nordeste. Em outras palavras, os valores das contribuições dos funcionários do Nordeste são mais dispersos do que os do pessoal do Sul.

Teorema de Chebyshev

Para qualquer conjunto de observações (média ou população), a proporção dos valores que ficam dentro de k desvios-padrões da média é pelo menos $1 - (1/k)^2$, em que k é qualquer constante maior do que 1.

Graficamente, podemos descrever o teorema anterior como a probabilidade de os valores da variável aleatória localizarem-se na região destacada sob a curva de distribuição de probabilidade, na Figura 14.2.

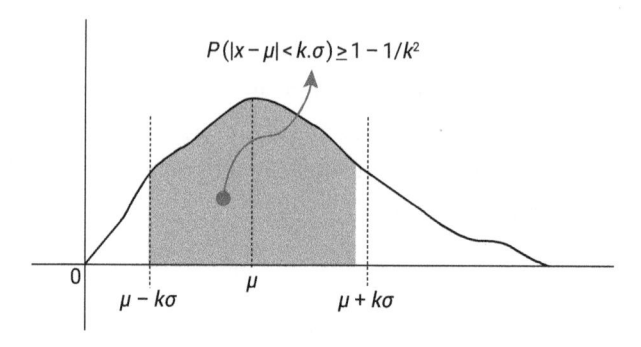

Figura 14.2 Teorema de Chebyshev – distribuição qualquer.

Exemplo:

No caso das contribuições dos empregados da Boa Sorte S.A., pergunta-se: quantos por cento dos funcionários da companhia contribuem com uma diferença entre a média e 3,5 desvios-padrões para cima e para baixo? No Nordeste, isso seria entre (51,54 − 3,5 × 10,47 = 14,90) e (51,54 + 3,5 × 10,47 = 88,19).

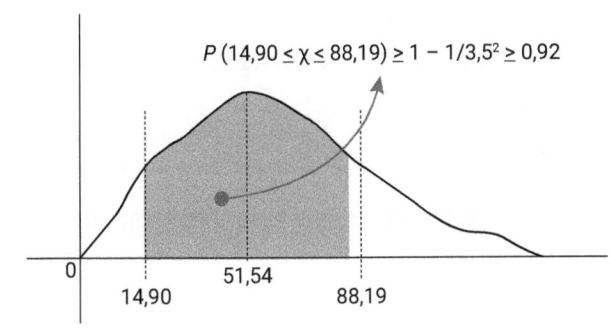

$$1 - (1/k)^2 \geq 1 - (1/3,5)^2 \geq 0,92 \text{ ou } 92\%$$

$$P(14,90 \leq \chi \leq 88,19) \geq 1 - 1/3,5^2 \geq 0,92$$

Figura 14.3 Teorema de Chebyshev – exemplo.

A área abaixo da curva é a probabilidade de ocorrência que se deseja estimar. Observe que o teorema de Chebyshev é uma desigualdade, ou seja, pode-se afirmar que a probabilidade será maior ou igual a determinado valor, mas não se pode afirmar que será igual a esse valor.

14.3 ANÁLISE DE CORRELAÇÃO

14.3.1 Introdução

O que é análise de correlação?

Suponha que o Diretor Comercial do Banco Star deseje determinar se há relação entre o número de visitas que seus gerentes fazem a clientes e a quantidade de negócios fechados. O diretor seleciona uma amostra aleatória de dez gerentes e verifica o número de visitas feitas no último mês e o número de negócios fechados. A amostra selecionada é demonstrada na Tabela 14.5.

Parece haver alguma relação entre o número de visitas e o número de negócios fechados. Isto é, o gerente que fez mais visitas fechou mais negócios. A relação não é "perfeita" ou exata, entretanto. Por exemplo, Íris Frankenberg fez menos visitas do que Alberto Garcia, mas Íris fechou mais negócios.

Tabela 14.5 Dados para exemplo numérico de regressão linear

Gerentes de negócios	Número de visitas	Negócios fechados
Ricardo Fonseca	20	30
Alberto Garcia	40	60
Leilane Silva	20	40
Teresa Rodrigues	30	60
Isabela Garcia	10	30
Roberto Teixeira	10	40
Carlos Fogueira	20	40
Ramiro Tavares	20	50
Adriana Cid	20	30
Íris Frankenberg	30	70

Em vez de falar assim por alto, a ciência estatística desenvolveu uma medida para retratar mais precisamente a relação entre duas variáveis, no nosso caso: "número de visitas" e "negócios fechados". Esse grupo de técnicas estatísticas é chamado de **análise de correlação**.

Alguns conceitos relacionados:

- **Variável dependente**: a variável que está sendo estimada ou projetada.
- **Variável independente**: a variável que tenta explicar a estimativa.

14.3.1.1 Diagrama de pontos

É um gráfico que retrata a relação entre duas variáveis. Veja o exemplo na Figura 14.4, que tem por base a Tabela 14.5, que mostra o número de visitas e a quantidade de negócios fechados pelos gerentes.

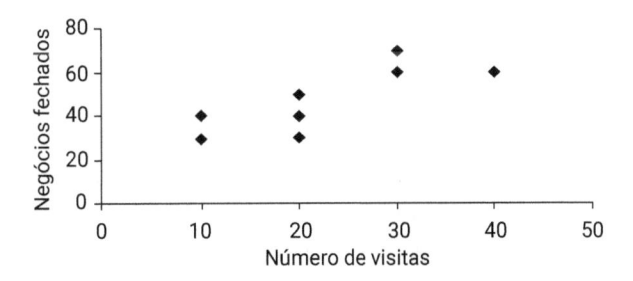

Figura 14.4 Diagrama de pontos.

O gráfico da Figura 14.4 mostra que o gerente que faz mais visitas tende a fechar mais negócios. É razoável, portanto, que Mauro Leme, diretor do Banco, diga aos seus gerentes que quanto mais visitas eles fizerem, mais negócios espera-se que eles fechem. Repare que, apesar de parecer haver uma relação positiva entre as duas variáveis, todos os pontos não formam uma linha reta.

Quando existirem duas séries de dados, e não apenas uma, existirão várias medidas estatísticas que poderão ser usadas para capturar como as duas séries se movem juntas através do tempo. As duas mais largamente usadas são a **correlação** e a **covariância**. Para duas séries de dados, X (X_1, X_2, ...) e Y (Y_1, Y_2, ...), a covariância fornece uma medida não padronizada do grau no qual elas se movem juntas, e é estimada tomando o produto dos desvios da média para cada variável em cada período.

14.3.2 Covariância

A função de covariância dá uma medida física do caráter aleatório de um sinal. A covariância é uma medida importante quando a finalidade de um experimento for confrontar duas ou mais variáveis a fim de verificar se existe algum tipo de variação proporcional entre elas, seja esta direta ou inversa.

Dá-se o nome de **covariação** a esse tipo de variação simultânea entre duas ou mais variáveis, e de **covariância** à grandeza estatística que serve para medi-la.

Em outras palavras, a covariância indica como determinados valores se inter-relacionam. Ou seja, a covariância avalia como duas variáveis se movimentam ao mesmo tempo em relação a suas médias.

O sinal na covariância indica o tipo de relação que as duas variáveis têm. O sinal positivo indica que elas se movem juntas na mesma direção, e o negativo, que elas se movem em direções opostas, na maioria das vezes. Enquanto a covariância cresce com o poder do relacionamento, ainda é relativamente difícil fazer julgamentos sobre o poder do relacionamento entre as duas variáveis observando a covariância, pois ela não é padronizada.

Em outras palavras, a covariância mede a inter-relação de duas variáveis. Alternativamente, essa relação pode ser reformulada em termos da **correlação** entre as duas variáveis. Ou seja, a covariância e a correlação representam maneiras de verificar se duas variáveis estão associadas, e como.

Trazendo para a situação de mercado de capitais, se os retornos de dois títulos apresentam covariância com valor positivo (COV > 0), admite-se que as taxas de retorno apresentam comportamento de mesma tendência. Já a covariância negativa (COV < 0) indica que os ativos apresentam relação inversa. Dessa forma, a combinação de ativos que tenham covariância negativa reduz o risco da carteira. Essa situação é característica de operações de *hedging*.

> A covariância é uma medida absoluta da sequência com que dois números se movem juntos, acima ou abaixo de suas médias, e a correlação é uma medida relativa.

14.3.3 Coeficiente de correlação

O coeficiente de correlação é uma medida de força da relação linear entre duas variáveis e pode ser calculado com base em uma amostra ou para a população. De modo a facilitar o entendimento do conceito e tendo em vista o foco na prova, será utilizado o mínimo possível de fórmulas, partindo-se do exemplo citado na Tabela 14.5.

Geralmente representado pela letra r ou R, ou ainda pela letra grega ρ (rô), o coeficiente de correlação é uma grandeza que varia de −1 a +1. Quando igual a 1 ou −1, significa correlação perfeita entre a variação de uma variável e a variação da outra. Quando positivo, as duas variáveis se movimentam na mesma direção, e quando negativo, significa que variam em direções opostas.

> Enquanto a covariância é uma medida absoluta da sequência com que dois números se movem juntos, acima ou abaixo de suas médias, a correlação é uma medida relativa e adimensional.

Fórmula do cálculo do coeficiente de correlação:

$$r_{xy} = \frac{n\sum x_i y_i - \left(\sum x_i y_i\right)}{\sqrt{n\sum x_i^2 - \left(\sum x_i\right)^2}\sqrt{n\sum_i^2 - \left(\sum y_i\right)^2}} (A)$$

Olhando essa fórmula, até parece que o conceito aqui estudado é de difícil cálculo. Esse monte de letras gregas pode assustar, a princípio, mas acompanhe o exemplo a seguir e você verá como é fácil o entendimento.

Exemplo:

Com base no caso "número de visitas × negócios fechados", calcule o coeficiente de correlação entre as duas variáveis.

Aplicando a fórmula do coeficiente de correlação (A):

$$r = \frac{10 \times 10.800 - 220 \times 450}{\left[(10 \times 5.600 - 220^2)(10 \times 22.100 - 450^2)\right]^{\frac{1}{2}}} = 0,759$$

Como interpretar uma correlação de + 0,759

Primeiramente, é positiva; logo, se pode concluir que existe uma relação positiva entre o número de visitas e o número de negócios fechados. Isso confirma nossas suspeitas quando visualizamos o gráfico de pontos (Figura 14.4). O valor 0,759 é perto de 1,00; logo, também podemos concluir que a associação é forte entre as duas variáveis.

Em outras palavras, um aumento de 25% em visitas deve aumentar os negócios fechados em torno de 25%.

A ausência completa de correlação entre as variáveis confrontadas é indicada pelo valor zero do coeficiente de correlação ($r = 0$). Os valores positivos do coeficiente de correlação ($0 < r < +1$) indicam a existência de uma relação diretamente proporcional entre as variáveis, enquanto os valores negativos ($-1 < r < 0$) traduzem uma relação inversamente proporcional entre as variáveis em estudo. Por sua vez, o valor numérico de r traduz o grau de correlação entre elas, sendo tanto mais significativo quanto mais próximo de + 1 (correlação direta), ou de – 1 (correlação inversa).

14.3.4 Coeficiente de determinação – r^2 ou R^2

No exemplo anterior, pode-se observar que o coeficiente de correlação de 0,759 foi interpretado como sendo "forte". Ser *fraco*, *médio* e *forte*, entretanto, não tem um significado preciso.

Para melhorar a interpretação, foi desenvolvido o **coeficiente de determinação**, que permite uma interpretação mais fácil com relação a esse julgamento. Ele é calculado pelo quadrado do coeficiente de correlação.

Tabela 14.6 Dados para exemplo numérico de coeficiente de correlação

Gerentes de negócios	Número de visitas (X_i)	Negócios fechados (Y_i)	X_i^2	Y_i^2	$X_i Y_i$
Ricardo Fonseca	20	30	400	900	600
Alberto Garcia	40	60	1.600	3.600	2.400
Leilane Silva	20	40	400	1.600	800
Teresa Rodrigues	30	60	900	3.600	1.800
Isabela Garcia	10	30	100	900	300
Roberto Teixeira	10	40	100	1.600	400
Carlos Fogueira	20	40	400	1.600	800
Ramiro Tavares	20	50	400	2.500	1.000
Adriana Cid	20	30	400	900	600
Íris Frankenberg	30	70	900	4.900	2.100
Total	220	450	5.600	22.100	10.800

Exemplo:

Com base no caso "número de visitas × negócios fechados", calcule o coeficiente de determinação.

$$r^2 = 0{,}759^2 = 0{,}576$$

Esse número, 0,576, é uma proporção ou uma percentagem. Pode-se dizer que 57,6% da variação no número de negócios fechados é explicado pela variação no número de visitas feitas.

Logo, pode-se definir coeficiente de determinação como o total da variação na variável dependente Y que é explicada pela variação na variável independente X.

Esse número oscila sempre entre 0 e 1.

Atenção: um coeficiente de determinação forte não significa que a variação em uma variável causa a mudança na outra, e sim que existe uma relação forte entre as duas variáveis.

14.3.5 Beta

Para completar a análise, falta definir o quanto as variações do número de visitas influenciam as variações no número de negócios, e o conceito que falta para fazer esse estudo é o Beta.

O objetivo do gerente em nosso exemplo é definir um modelo estatístico que relacione a quantidade de visitas com a de negócios fechados.

Desse modo, procura-se definir a equação da reta que melhor se ajuste aos pontos do gráfico de dispersão, conforme se vê no gráfico da Figura 14.5.

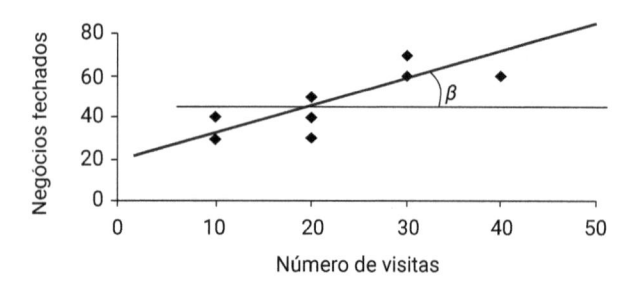

Figura 14.5 Regressão Linear Simples.

Esse modelo, chamado de Regressão Linear Simples, assume que o comportamento da variável y pode ser aproximado pela reta que passa o mais próximo possível dos pares ordenados (x_i, y_i).

Toda reta pode ser definida por sua inclinação e pelo intercepto. A inclinação é dada pela tangente do ângulo que a reta forma com a horizontal, e o intercepto é o ponto em que a reta corta o eixo y.

A reta de regressão e seus parâmetros podem ser calculados pelas fórmulas a seguir.

Em que α (alfa) é o intercepto e β (beta) é o coeficiente angular (de inclinação) da reta.

Interpretação do significado de β (beta): quando a variável x cresce uma unidade, espera-se que a variável y cresça β unidades. Beta estabelece a regra da relação linear entre x e y. Mede a proporção entre os movimentos de x e y.

Interpretação de α (alfa): quando a variável x assume o valor zero, espera-se que a variável y assuma o valor de α (alfa).

Beta e alfa do exemplo podem ser calculados pelas seguintes fórmulas:

$$\beta = \frac{\sum\left[(x-\bar{x})(y-\bar{y})\right]}{\sum(x-\bar{x})^2} = \frac{900}{760} = 1{,}18$$

$$\alpha = \bar{y} - \beta \times \bar{x} = 45 - 1{,}18 \times 22 = 18{,}94$$

Podemos dizer que, para cada 100 visitas a mais, espera-se que sejam realizados mais 118 negócios. Com essa informação será possível ao Diretor da Companhia planejar a quantidade de visitas adequada para atingir o número de negócios desejado.

Analisando o valor de alfa, podemos concluir que são esperados aproximadamente 19 negócios quando nenhuma visita for realizada.

A definição do modelo se concretiza com os cálculos de alfa e beta. O poder de explicação desse modelo é de aproximadamente 57,6%, dado pelo valor de R^2. Quanto maior o valor de R^2, melhor será o modelo e maior será a sua precisão ou poder preditivo.

14.4 DISTRIBUIÇÃO NORMAL
14.4.1 Regra empírica

O Teorema de Chebyshev, apresentado na Seção 14.2.3, é válido para qualquer conjunto de valores, o que significa que é aplicável para qualquer tipo de distribuição. Entretanto, para uma distribuição simétrica, em formato de sino, como é o caso da Figura 14.6, pode-se ser mais preciso ao explicar a dispersão sobre a média. Essas relações envolvendo o desvio-padrão e a média estão incluídas na Regra Empírica, conhecida como Regra Normal.

A regra: para uma distribuição simétrica, em formato de sino, aproximadamente 68% das observações ficam entre mais e menos um desvio-padrão da média; cerca de 95% das observações ficarão entre mais e menos dois desvios-padrões da média; e praticamente tudo (99,7%) ficará entre mais e menos três desvios-padrões da média.

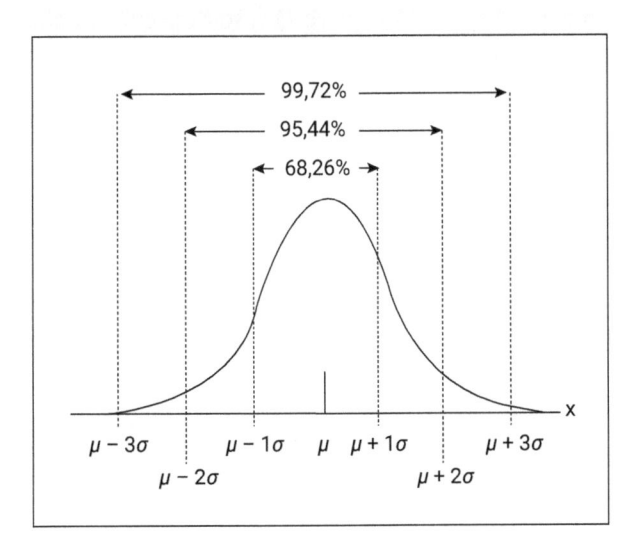

Figura 14.6 Curva Normal ou de Gauss.[1]

Essa curva foi traçada com base nas observações dispostas em forma de histograma.

14.4.2 O que é uma distribuição simétrica ou normal?

As distribuições normais foram descobertas no século XVIII, quando astrônomos e outros cientistas observaram que mensurações repetidas de uma mesma quantidade tendiam a variar. Pelo fato de essa forma gráfica estar associada aos erros de mensuração, a distribuição começou a ser conhecida como *Distribuição Normal dos Erros*.

Posteriormente, Karl F. Gauss (1777-1855) fez importantes contribuições matemáticas à distribuição, em 1809. No entanto, Laplace e De Moivre já haviam estudado essa distribuição nos anos de 1774 e 1773, respectivamente.

Características de uma Curva Normal ou de Gauss:

- é suave, com forma de sino;
- unimodal;
- simétrica em relação à sua média;
- é determinada pela sua média e seu desvio-padrão;
- a área sob a curva é sempre igual a 1 ou 100%;
- a probabilidade de ocorrer um valor específico é ZERO;
- teoricamente, vai de $-\infty$ a $+\infty$ de forma assintótica.

Revendo: em uma distribuição normal, a relação entre as observações e a média está descrita no Quadro 14.1, em valores aproximados.

Quadro 14.1 Valores empíricos aproximados da Curva de Distribuição Normal

Entre a média e ± "X" desvios-padrões	Encontram-se "Y" observações
1	68%
2	95%
3	99,7%

14.5 INTERVALO DE CONFIANÇA

Intervalo de confiança é uma expressão típica para o estatístico, que reconhece que a realidade tem azar e aleatoriedade, e não acredita em nada com 100% de confiança.

Quando o gestor de um fundo de investimento ou da área de risco de um banco diz que o VaR do fundo ou do banco é de R$ X, ele sempre especifica qual o nível de confiança desse número. Esse nível de confiança está associado à quantidade de casos em que as perdas poderão ser maiores do que o valor estimado. Assim como no caso do VaR, todas as medidas obtidas de forma estatística têm um erro de amostragem.

---

1 Fonte: ANDERSON, David R.; SWEENEY, Dennis J.; WILLIAMS, Thomas A. *Estatística aplicada à administração e economia*. São Paulo: Cengage Learning, 2006.

O estudo desse erro leva à construção de intervalos de confiança, que estão sempre associados a certo nível de confiança (95%, por exemplo). Dentro do intervalo de confiança localiza-se o valor estimado estatisticamente.

Quando dissemos nas definições das estatísticas aqui estudadas (média, desvio-padrão e outras) que o valor calculado a partir de uma amostra é uma estimativa do verdadeiro valor referente à população, induzimos o conceito de que existe erro no valor estimado. Assim, se a média da amostra é x e o verdadeiro valor da média da população é μ, podemos dizer que:

$$Erro = |\bar{x} - \mu|$$

Na prática, o valor do erro de amostragem não pode ser determinado porque a verdadeira média da população não é conhecida. No entanto, se repetíssemos vários cálculos de médias de várias amostras de tamanho n, teríamos um conjunto de médias com a mesma forma de distribuição da população da qual foram extraídas.

Assim, estudos estatísticos e exercícios matemáticos realizados com essas amostras demonstram que o desvio-padrão dessas médias de diversas amostras é igual ao desvio-padrão da população dividido por raiz quadrada de n.

Matematicamente:

$$\sigma_{\bar{x}} = \frac{\sigma}{\sqrt{n}}$$

Além disso, a distribuição dessas amostras segue a mesma distribuição de probabilidade da população, ou seja, normal.

$$\bar{x} \approx N\left(\frac{\sigma}{n'}, \bar{x}\right)$$

14.5.1 O que significa intervalo de confiança?

Veja o exemplo que se segue.

Supondo normalidade[2] e dado certo nível de confiança escolhido em termos de percentagem menor que 100% (quase sempre se usa 95 ou 99%), quais são o limite inferior (l_i) e o limite superior (l_s) calculados de uma amostra, em que deve ficar o valor da média desconhecida da população?

$$P(l_i < \mu < l_s) = 0,95 \text{ (ou } 0,99)$$

Essa expressão significa que em 95% das amostras aleatórias a média populacional ficará entre os limites inferior e superior, e em 5% das amostras, a média da população estudada ficará fora desses limites.

Esse conceito é utilizado para melhor embasar o VaR.[3] No caso dos fundos e de bancos, o que estão dizendo é que, dadas condições normais de mercado, e com X% intervalo de confiança, o fundo ou o banco pode perder até R$ X (o VaR) caso as previsões não se confirmem.

Intervalo de confiança é muito usado, por exemplo, para calcular estatísticas sobre pesquisa eleitoral, dado que não há uma pesquisa da população, e sim de uma amostra. Há, portanto, uma preocupação com a lisura dos resultados. Daí a utilização do conceito de intervalo de confiança, que permite a definição do tamanho da amostra para fazer as pesquisas.

Quando definimos uma amostra, a média desta estará situada em algum lugar na distribuição das médias de amostras da população.

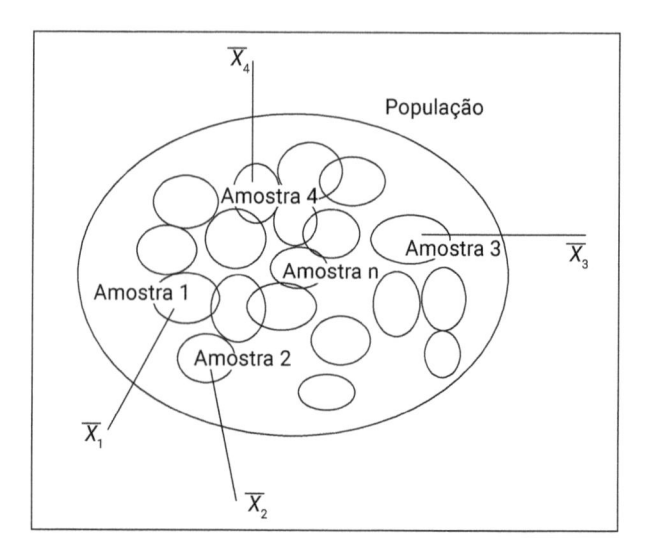

Figura 14.7 Esquema de escolha de uma amostra.

---

2 Curva de distribuição de probabilidade normal.

3 O VaR, ou *Value at Risk*, tenta medir, com determinado grau ou nível de confiança, qual a perda esperada em condições normais de mercado. Esse conceito será mais estudado no Capítulo 15, deste livro.

Dado um caso de normalidade, o intervalo entre −2 e +2 desvios-padrões inclui 95% das possíveis médias de amostras da população (Figura 14.7).

Pode-se então afirmar que com 95% de confiança a média da amostra observada encontra-se nesse intervalo.

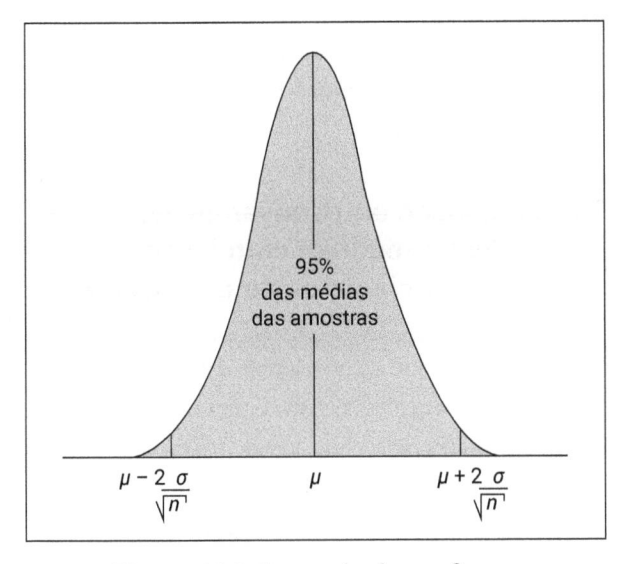

Figura 14.8 Intervalo de confiança.

Dizer que a média da amostra se encontra no intervalo referido é equivalente a afirmar, com 95% de certeza, que a média da população se encontra no intervalo $\bar{x} - 2\sigma/\sqrt{n}$ e $\bar{x} + 2v/\sqrt{n}$. A este dá-se o nome de intervalo de confiança a 95% para a média.

Dito de outra maneira, quando estamos nos referindo ao nível de confiança ou significância, estamos falando da probabilidade de rejeitar a hipótese nula quando ela é verdadeira.

Mas o que é "hipótese nula"?

Hipótese é uma afirmativa sobre uma população desenvolvida com o objetivo de testá-la. Muitas vezes não é possível estudar toda a população, por isso seleciona-se uma amostra que seja representativa da população para ser estudada e fazer inferências com base nessa amostra.

A hipótese nula é uma afirmativa sobre um parâmetro da população. Por exemplo: um cientista está fazendo um estudo que tem como hipótese nula a seguinte afirmativa: "A pele do jacaré é eficiente no tratamento contra câncer de pele humana". O que ele está dizendo é que acredita que essa hipótese é verdadeira, em determinado nível de significância. Essa é a hipótese que será testada.

Já a hipótese alternativa é uma afirmativa que será aceita se os dados da amostra mostrarem evidência suficiente de que a hipótese nula é falsa.

Retornando ao VaR, quando o gestor de um fundo X diz que o VaR do fundo é de R$ 5 milhões em um intervalo de confiança de 95%, ele está afirmando que existe apenas 5 (100 − 95) possibilidades em 100, sob condições normais de mercado, de ocorrer um prejuízo acima de R$ 5 milhões em determinado intervalo de tempo.

14.6 APLICAÇÃO DOS CONCEITOS ESTATÍSTICOS BÁSICOS

14.6.1 Relação entre variância, desvio-padrão e valores esperados

Nas seções anteriores, você aprendeu sobre variância, desvio-padrão e retorno esperado. É hora de interpretar a relação entre esses conceitos.

Relembrando: a variância é uma medida de dispersão, desenvolvida para indicar a intensidade com que uma variável se desvia do valor esperado. A variância média de uma série de valores observados pode ser utilizada para previsões de como será o comportamento médio desses desvios, um ou mais passos à frente.

Sua aplicação será de grande ajuda para a descrição dos caminhos aleatórios em processos de estimação de valores futuros. Com o seu emprego é possível, por exemplo, gerar grandes quantidades de cenários para a construção dos modelos para avaliação de opções (*Black & Scholes*) e para avaliação de riscos (VaR por Simulação de Monte Carlo).

Se considerarmos que os movimentos dos valores de uma variável são independentes e têm todos a mesma probabilidade de ocorrerem novamente, poderemos afirmar que a variância esperada ao final de eventos consecutivos será proporcionalmente maior do que a variância estimada para um evento.

O valor da variância é expresso pelo quadrado do desvio em relação à média dos valores observados. Portanto, a unidade original passa a ser expressa também ao quadrado. Por esse motivo, não podemos realizar soma algébrica entre o valor esperado da variável e sua variância.

Por exemplo: se estivermos analisando uma variável cuja unidade seja expressa em metros (m), sua média será igualmente expressa em metros; e sua variância, em metros ao quadrado (m²). Nesse caso específico, é como se a média representasse uma medida de comprimento e a variância representasse uma área. Não podemos somar (ou subtrair) um comprimento e uma área.

Outra medida de grande valia para a análise de riscos é o desvio-padrão, calculado a partir da raiz quadrada da variância. Ao extrair a raiz da variância, sua unidade volta a ter a mesma potência dos valores observados nos dados originais. Essa característica é especialmente conveniente para a realização de cálculos de avalição de risco, pois podemos somar e subtrair seu valor da média dos valores observados (valor esperado), o que não estaria correto se estivéssemos trabalhando com a variância.

Portanto, o que podemos dizer sobre a relação entre essas medidas é que o desvio-padrão é a raiz quadrada da variância.

O valor do desvio-padrão poderá ser negativo ou positivo, pois a raiz de um número real será sempre expressa por dois valores de igual módulo (número) e sinais opostos (+/−). Desse modo, podemos afirmar também que o desvio-padrão representa um padrão para a variação em torno da média.

O desvio-padrão é de fundamental importância para a definição de intervalos de confiança de nossas estimativas de valores para um próximo evento. Além disso, é muito utilizado na divulgação de pesquisas de opinião e outros estudos estatísticos em relação ao comportamento de uma população.

Por exemplo: quando um órgão de pesquisa divulga um resultado, o valor esperado é anunciado acompanhado da informação "podendo variar para cima e para baixo em...". Isso significa que a amostra apresentou variância e que esta, transformada primeiramente em desvio-padrão e, depois, em intervalo de confiança, representa um possível "erro" de previsão, que necessita ser informado junto ao valor esperado.

14.6.2 Intervalo de confiança

O gráfico da Figura 14.9 mostra o histórico de retornos do índice IBOVESPA, a média dos retornos e o intervalo de confiança correspondente a 2,33 desvios-padrões, para cima e para baixo. Teoricamente, considerando que a distribuição de probabilidade dos retornos segue a curva normal, a probabilidade de se observar um novo retorno dentro do intervalo de confiança é de 98%.

14.6.3 Relação entre covariância, desvio-padrão, correlação e coeficiente de determinação

Você aprendeu que a covariância é a medida estatística utilizada para avaliar como uma variável influencia ou é influenciada pelas variações de outra variável. Essa medida é calculada sempre entre duas séries de dados. Quando os cálculos estatísticos englobam mais de duas séries de dados, os valores das covariâncias formarão uma matriz quadrada simétrica, com tantas linhas e colunas quantas forem as variáveis.

Por exemplo: uma carteira com três ações diferentes tem três séries de retornos, uma série para cada ação. Os retornos combinados das três ações geram uma nova série de retornos, que, nesse caso, é a carteira de ações.

No exemplo anterior, podem-se representar as ações por A1, A2 e A3; e seus retornos, por R1, R2 e R3. Para formar o valor de uma quarta variável que é a carteira, exigirá a utilização de uma matriz quadrada de ordem 3, com as covariâncias entre os retornos dessas ações, como mostrado a seguir.

$$\begin{matrix} \sigma^{1.1} & \sigma^{2.1} & \sigma^{3.1} \\ \sigma^{1.2} & \sigma^{2.2} & \sigma^{3.2} \\ \sigma^{1.3} & \sigma^{2.3} & \sigma^{3.3} \end{matrix}$$

Observe que $\sigma^{1.1}$, $\sigma^{2.2}$ e $\sigma^{3.3}$ representam a covariância de uma variável com ela mesma e são a própria variância dessa variável. Portanto, a diagonal da matriz traz os valores das variâncias dos retornos de A1, A2 e A3. Por esse motivo, é comum se referir a essa matriz como a matriz de variâncias-covariâncias.

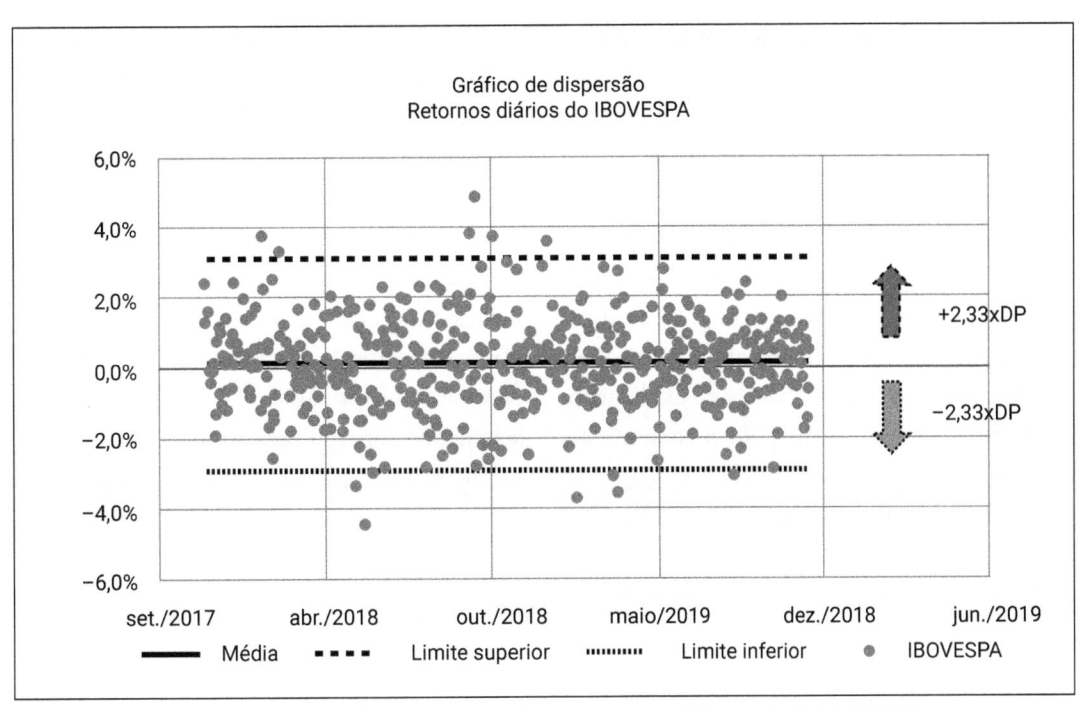

Figura 14.9 Gráfico de dispersão – retornos diários do IBOVESPA.

Por definição matemática, as covariâncias resultam da multiplicação dos desvios de uma variável pelos desvios de outra. O resultado será dado pela multiplicação das unidades dessas variáveis, e o valor poderá atingir números muito altos (no caso de valores originais maiores que um) ou muito baixos (no caso de valores originais menores do que a unidade).

Já o coeficiente de correlação é igual à covariância entre duas variáveis dividida pelos seus respectivos desvios-padrões.

Ao ser dividida pelos desvios-padrões, dois efeitos importantes modificam a covariância para a formação do coeficiente de correlação: primeiro ocorre a eliminação das unidades originais das duas séries e, depois, o valor resultante situa-se entre –1 e +1, sempre. Quanto maior for a força que vincula uma variável à outra, maior será o valor absoluto do coeficiente de correlação.

O sinal do coeficiente de correlação é herdado diretamente da covariância e indica a tendência dos movimentos de uma variável em relação à outra. O sinal negativo significa que, na maioria das vezes, os movimentos observados ocorreram em direções opostas, indicando tendência de movimentos invertidos. Já o sinal positivo aponta para a tendência de movimentos na mesma direção.

Por exemplo, nos países em desenvolvimento e com baixa estabilidade econômica, observa-se que, nos momentos de quedas continuadas dos valores das ações negociadas nas bolsas de valores, as moedas de países desenvolvidos, como o dólar e o euro, tendem a se valorizar. Esse é um exemplo de sinal negativo de correlação. Ao se calcular a covariância entre uma ação (ou índice de ações) e uma dessas moedas, provavelmente será observado sinal negativo, indicando que, na maioria das vezes, os movimentos desses dois retornos foram contrários.

Ao prevermos o valor de uma variável a partir das variações observadas no seu passado ou em outra variável, estamos realizando um processo chamado de inferência. Por meio de técnicas estatísticas, uma delas conhecida como método dos mínimos quadrados, podemos definir o modelo que relaciona duas variáveis, na forma de uma equação estatística.

Esse método estatístico, quando relaciona apenas duas variáveis, é chamado de Regressão Linear Simples. É o caso do *Capital Asset Priceing Model* (CAPM). Quando a relação envolve mais de duas variáveis (uma variável explicada e duas ou mais variáveis explicativas), é chamado de Modelo de Regressão Linear Múltipla, que é o caso da *Arbitrage Pricing Theory* (APT).

Os modelos estatísticos utilizados para realizar previsões de valores para uma variável não têm a pretensão de acertar com precisão, mas de aproximar-se do valor verdadeiro, com certo grau de confiança. Por isso, os modelos melhoram as previsões baseadas em médias simples. O poder de explicação desses modelos pode ser medido pelo coeficiente de determinação, R^2.

No caso de modelos simples, com apenas duas variáveis, o R^2 é igual ao coeficiente de correlação elevado ao quadrado, daí o motivo de seu símbolo ser este.

Seu significado está associado à qualidade preditiva do modelo estatístico. Quanto mais próximo de 1, maior o poder do modelo em determinar os valores estimados. No caso extremo no qual R^2 é igual a 1, temos um modelo determinístico, com o qual não se observam erros de previsão. Esse, de fato, não é o caso dos modelos probabilísticos, que, por melhores que sejam, não conseguirão explicar 100% dos movimentos de uma variável a partir dos movimentos de outra.

MAPA MENTAL

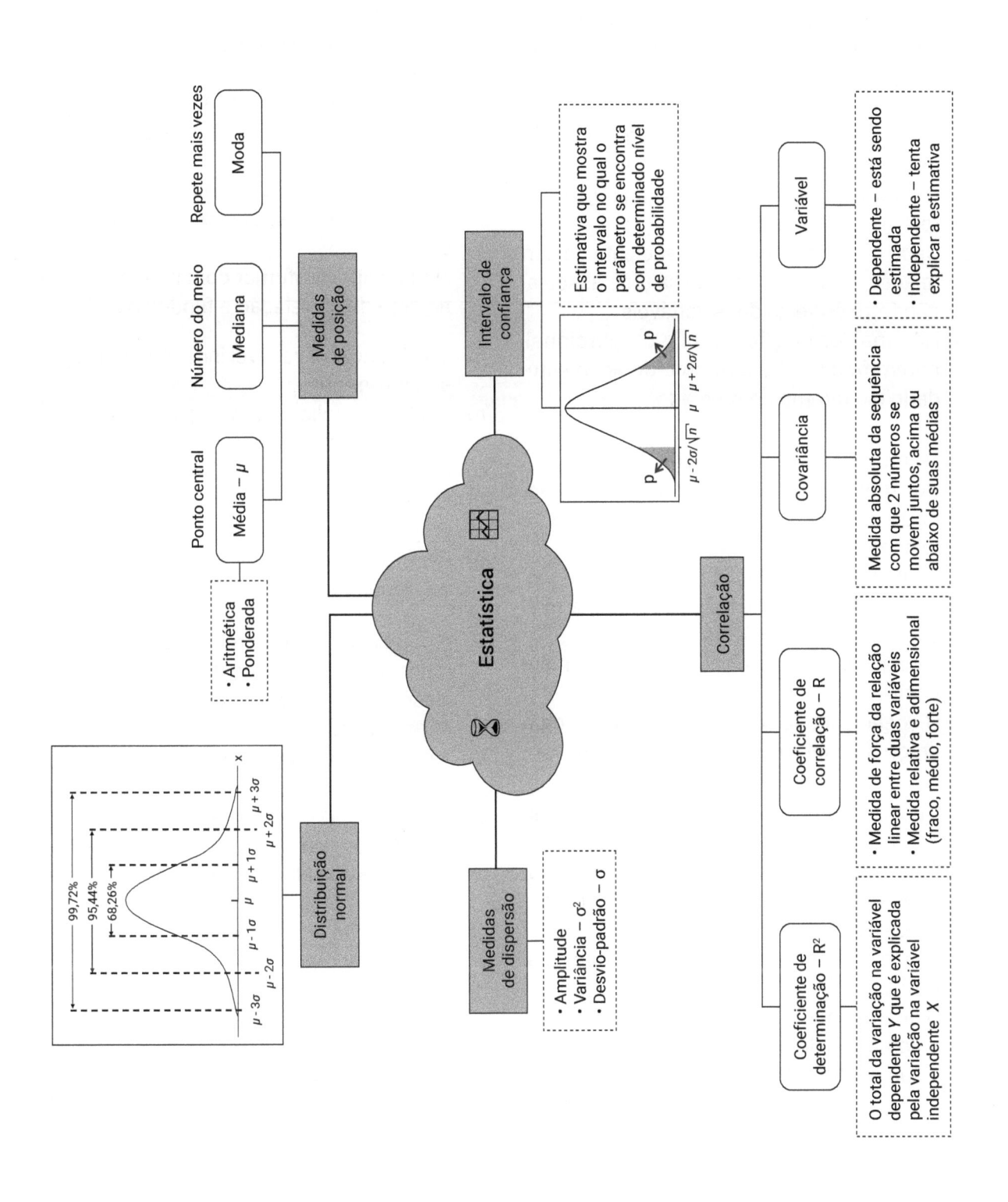

Estatística

Medidas de posição
- **Média – μ** (Ponto central)
  - Aritmética
  - Ponderada
- **Mediana** (Número do meio)
- **Moda** (Repete mais vezes)

Distribuição normal
- 68,26% ($\mu - 1\sigma$ a $\mu + 1\sigma$)
- 95,44% ($\mu - 2\sigma$ a $\mu + 2\sigma$)
- 99,72% ($\mu - 3\sigma$ a $\mu + 3\sigma$)

Medidas de dispersão
- Amplitude
- Variância – σ^2
- Desvio-padrão – σ

Intervalo de confiança
Estimativa que mostra o intervalo no qual o parâmetro se encontra com determinado nível de probabilidade

$\mu - 2\sigma/\sqrt{n} \quad \mu \quad \mu + 2\sigma/\sqrt{n}$

Correlação

- **Variável**
  - Dependente – está sendo estimada
  - Independente – tenta explicar a estimativa

- **Covariância**
  Medida absoluta da sequência com que 2 números se movem juntos, acima ou abaixo de suas médias

- **Coeficiente de correlação – R**
  - Medida de força da relação linear entre duas variáveis
  - Medida relativa e adimensional (fraco, médio, forte)

- **Coeficiente de determinação – R²**
  O total da variação na variável dependente Y que é explicada pela variação na variável independente X

EXERCÍCIOS DE FIXAÇÃO

1. Ao analisar o retorno de um ativo em relação ao retorno do mercado, verifica-se uma correlação de 0,247. Isso nos permite concluir que:
a) Não há correlação entre o retorno do ativo estudado e o retorno do mercado.
b) O retorno do ativo estudado varia 0,247 do retorno do mercado.
c) Dado o sinal positivo do coeficiente de correlação, pode-se dizer que há uma associação forte entre as duas variáveis.
d) Há uma correlação direta e proporcional, porém fraca, entre o retorno do ativo estudado e o retorno do mercado.

2. Marque a alternativa correta.
a) Por meio de uma análise de correlação, pode-se retratar com precisão o grau de relação que existe entre duas variáveis.
b) A análise de correlação é um grupo de técnicas estatísticas que busca retratar a relação entre duas variáveis.
c) O coeficiente de correlação tem sinal sempre positivo.
d) O coeficiente de correlação é igual ao quadrado do coeficiente de determinação.

3. Qual das afirmativas a seguir **não** corresponde à realidade?
a) Supondo-se normalidade, 95% das observações encontram-se entre ± 2 desvios-padrões da média.
b) A área sob uma curva normal é sempre igual a 1.
c) O desvio-padrão é o quadrado da variância.
d) A soma dos desvios dos pontos em relação à sua média aritmética é sempre zero.

4. Assinale a alternativa correta em relação ao fundo passivo.
a) Se um fundo é passivo em IBOVESPA, sua correlação com esse índice deve ser próxima de zero.
b) Se um fundo é passivo em IBOVESPA, sua correlação com esse índice deve ser próxima de +1.
c) Se um fundo é passivo em IBOVESPA, sua correlação com esse índice deve ser próxima de −1.
d) Nada se pode afirmar com relação ao coeficiente de correlação e fundos passivos.

5. Com relação à variável independente, pode-se afirmar que:
a) Ela tenta explicar as variações observadas na variável dependente.
b) Ela não influencia o modelo de análise.
c) Ela é a variável que está sendo estimada ou projetada.
d) Ela é fortemente correlacionada com a variável dependente.

6. A correlação entre os retornos de dois ativos mede a intensidade com a qual estão associados. Em relação a essa questão, podemos afirmar que:
a) A correlação negativa indica que os retornos dos ativos não estão relacionados.
b) Os benefícios decorrentes da diversificação dos ativos em uma carteira só ocorrem quando a correlação entre seus retornos é negativa.
c) A correlação entre os retornos de dois ativos está no intervalo entre −1 e +1.
d) O benefício resultante da diversificação dos ativos presentes em uma carteira não depende da correlação entre os retornos dos ativos que a compõem.

7. Em relação à mediana, pode-se afirmar que:
   a) Ela é sempre maior do que a média.
   b) Ela é o ponto mediano entre a moda e a média.
   c) Ela é igual à média dos valores.
   d) 50% das observações encontram-se acima da mediana e 50% abaixo.

8. Marque a alternativa correta.
   a) A covariância indica como determinados valores se inter-relacionam, podendo assumir valores positivos ou negativos.
   b) Enquanto a covariância é uma medida relativa da sequência com que dois números se movem juntos, acima ou abaixo de suas médias, a correlação é uma medida absoluta e adimensional.
   c) O coeficiente de correlação varia de −1 a +1; quanto mais próximo de +1, mais forte a correlação entre as duas variáveis, e quanto mais perto de −1, mais fraca.
   d) O coeficiente de determinação indica o total da variação na variável independente, que é explicada pela variação na variável dependente, e esse número é sempre positivo.

9. Qual das medidas a seguir pode ser considerada uma medida de dispersão?
   a) Moda.
   b) Covariância.
   c) Desvio-padrão.
   d) Coeficiente de determinação.

GABARITO

1. d 2. b 3. c 4. b 5. a 6. c 7. d 8. a 9. c

Capítulo 15
Mensuração, Gestão de *Performance* e Risco

OBJETIVOS

Ao final deste capítulo, você deve ser capaz de:
- Avaliar de forma preliminar os riscos envolvidos em um investimento financeiro.
- Compreender os relatórios de *performance* e risco emitidos pelas áreas de Gestão de Risco das *assets*.
- Tomar decisões de investimento com base no risco dos produtos de investimento.

CONTEÚDO

15.1 Risco, retorno e diversificação
15.2 Administração e gerenciamento de risco
  Mapa mental
  Exercícios de fixação

TEMPO ESTIMADO DE ESTUDO

Oito horas.

15.1 RISCO, RETORNO E DIVERSIFICAÇÃO

15.1.1 Introdução

O aumento da volatilidade nos mercados financeiros mundiais e o avanço da teoria financeira contribuíram enormemente para o aumento da demanda por produtos de gerenciamento de risco, que pode ser visto como um processo pelo qual as várias exposições ao risco de uma empresa ou carteira de investimento são detectadas, medidas e controladas.

Antes de sua implementação, qualquer sistema de gerenciamento de risco tem que necessariamente identificar os tipos de riscos aos quais uma corporação financeira está exposta. Além disso, para atingirmos um bom gerenciamento de risco, devemos ter um razoável investimento inicial em equipamentos, sistemas de análise de informações e pessoas com qualificação especializada. Um bom gerenciamento de risco agrega valor às corporações, tornando-as mais seguras. Eleva o nível da cultura de controle na instituição, agrega conhecimento e habilita os gestores para assumir posições ganhadoras perante situações de risco, colocando a instituição em uma posição favorável diante das suas concorrentes.

Mas o que é exatamente risco? No mundo dos investimentos, risco é a volatilidade de resultados não esperados ou uma estimativa para as possíveis perdas de um investimento ou instituição financeira, em razão das incertezas que envolvem suas atividades diárias. Sistema de gerenciamento de risco compreende o conjunto de pessoas, equipamentos, *softwares*, normativos, processos, metodologias e bancos de dados utilizados para medir e controlar os riscos inerentes às atividades diárias de uma instituição.

No mercado financeiro, conforme Duarte (2015), usamos três conceitos muito importantes sobre investimento: retorno, incerteza e risco. O retorno pode ser entendido como medida numérica da apreciação do capital investido, ao final de um horizonte de tempo. Obviamente, no momento da decisão de investimento existem incertezas ligadas ao retorno que se espera obter ao final do período. Chamamos de "risco" a avaliação numérica dessa incerteza. Resumindo, risco é a medida da incerteza em relação ao retorno esperado.

Para Gitman (2001), "risco é a chance de perda financeira", ou seja, quanto maior a possibilidade de realização de perda financeira em um investimento, maior é o seu risco. Ainda para o mesmo autor, o termo "risco" está relacionado à incerteza e à variabilidade dos retornos de um ativo.

Ao investir em um título público federal, que pague renda fixa prefixada, como as Letras do Tesouro Nacional (LTN), o investidor já sabe de antemão quando e quanto irá receber de juros, que será a remuneração de seu investimento. Nesse caso, a incerteza é praticamente nula, ou seja, seu nível de certeza é muito elevado. Logo, seu risco é baixo.

Por outro lado, ao investir seus recursos na compra de ação de uma companhia, o valor dos dividendos e da valorização desse ativo é incerto, pois a companhia poderá ter lucro elevado, nenhum lucro, prejuízo e até mesmo falir. Esse seria um caso de risco elevado, pois a incerteza sobre os retornos do investimento é muito elevada.

Ainda buscando definições clássicas para o conceito de riscos, para Solomon (1981, *apud* SECURATO, 2007), "risco é o grau de incerteza a respeito de um evento". Ou então, Melagi Filho e Ishikawa (2008) definem o risco no mercado de ações "simplesmente como a variância ou o desvio padrão dos retornos [...]".

Como você aprenderá nas próximas seções, uma das maneiras de diminuir esse risco nos investimentos financeiros é por meio da diversificação. Diversos estudos comprovaram, inclusive matematicamente, que, ao diversificar os investimentos, a volatilidade de carteira diminui. É o famoso "não colocar todos os ovos na mesma cesta". E, tendo em vista que os conceitos estatísticos são muito utilizados para calcular risco, é importante uma revisão dos seus principais conceitos, sempre de forma aplicada aos investimentos.

15.1.2 Risco de ativos

15.1.2.1 Ativos livres de riscos e ativos com risco de crédito

Quando nos referimos aos riscos dos ativos, de forma geral nos referimos ao risco financeiro, que engloba o conceito de várias fontes de risco, entre elas o risco de crédito e os riscos de mercado. Ao abordarmos especificamente os riscos financeiros, a ideia é obter uma medida de risco a partir dos fatores de riscos de mercado aos quais o ativo está sujeito. Há de se acrescentar ao preço cobrado pelo risco de mercado o fator de risco de crédito, decorrente do risco específico de cada emitente de título.

A separação dos dois riscos, mercado e crédito, não é trivial. Há controvérsias quanto à definição do título que poderia representar o ativo livre de risco dentro de uma economia. É costume utilizarem-se os títulos soberanos como referência para esse conceito, porém alguns especialistas em risco afirmam que mesmo os títulos soberanos têm alguma parcela de risco de crédito incluída no seu retorno. Via de regra, esses títulos são os papéis com os menores riscos do crédito e também de mercado, sendo aceitos como sinônimo de ativos livre de risco. Desse modo, as taxas de juros pagas por esses títulos são referenciadas como taxa livre de risco (de crédito).

A questão do tempo é outro fator importante na definição das taxas de juros e, como não poderia deixar de ser, utiliza-se a estrutura a termo[1] também para a definição das taxas livres de risco, como base de taxa de juros da economia. Assim, essas taxas representarão a menor remuneração que um investidor estaria disposto a receber para emprestar seus recursos, sem risco, durante determinado período.

No Brasil, costumamos utilizar os derivativos (sem caixa) para a definição das taxas livres de risco (contratos de DI Futuro), uma vez que esses ativos têm sua liquidação garantida pela *clearing* da bolsa na qual são negociados, o que os livra do prêmio por risco de crédito. Os agentes do mercado financeiro entendem que esses derivativos, no caso do Brasil, representam melhor o ativo livre de risco que os próprios papéis prefixados emitidos pelo Governo (LTN e NTN-F).

Outro fator importante na definição da taxa livre de risco é a existência de prêmio pelo risco de liquidez, normalmente embutido nas taxas de juros cobradas pelo mercado. Nesse aspecto, os derivativos costumam apresentar melhor liquidez do que os títulos públicos federais brasileiros, favorecendo sua escolha para a montagem da estrutura a termo da taxa básica de juros da economia.

Assim, é de se concluir que qualquer ativo no mercado terá risco superior ao ativo livre de risco e qualquer emitente no país terá risco de crédito igual ou superior ao crédito do Governo Federal.

15.1.2.2 Relação entre risco e retorno e o princípio da dominância entre ativos

Para variações de preços de mercado, é normal ouvirmos falar em volatilidade dos preços. No mercado financeiro, segundo Jorion (2003), "Grosso modo, existem quatro tipos distintos de riscos financeiros: de taxa de juro, de câmbio, de ações e de *commodities*". Ainda para o autor, "o risco é mensurado por meio do desvio-padrão dos resultados inesperados ou *sigma* (σ), também chamado de volatilidade".

Em renda fixa, o risco é estimado usando-se a *duration*, a **duração modificada** (DM) e a convexidade, conceitos que serão abordados ainda neste capítulo. No mercado acionário, o risco pode ser definido a partir da volatilidade (desvio-padrão) dos retornos em relação ao retorno médio do próprio título e ainda pelo *Beta* (β) desse ativo em relação ao mercado. No mercado de derivativos, o risco de flutuação de preço é medido pela exposição do derivativo às flutuações no preço do ativo-objeto pela medida de sensibilidade *Delta* (Δ), que representa a primeira aproximação para cálculo da variação no preço do derivativo. Essa medida é equivalente à DM dos ativos de renda fixa, como poderá ser confirmado no decorrer deste capítulo.

O desvio-padrão assume posição primordial para a avaliação de risco dos ativos, principalmente por se tratar de medida estatística objetiva, que pode ser obtida a partir da análise do comportamento dos preços no mercado.

O gráfico da Figura 15.1 relaciona os retornos esperados de quatro ativos com seus respectivos riscos, medidos a partir da volatilidade dos seus retornos passados. A plotagem foi realizada com diferentes tamanhos para identificar os ativos que seriam preferidos por um investidor. Quanto maior o tamanho do ponto, melhor é a relação entre retorno e risco do ativo.

Observando a Figura 15.1, podemos afirmar que o ativo A representa a melhor opção de investimento entre os quatro ativos, pois apresenta o maior retorno e o menor risco. Entre os ativos B e D, podemos dizer que o investidor racional irá preferir o ativo B, pois apresenta maior retorno para o mesmo nível de risco. Entre C e D, mais uma vez D seria preterido, pois C apresenta menor risco para o mesmo nível de retorno esperado.

---

[1] A estrutura a termo das taxas de juros é uma representação gráfica de como o mercado está precificando o risco. Sabe-se que a taxa de juros representa, na teoria, o preço de abrir mão de consumir no presente para fazê-lo no futuro. Logo, é de se esperar que, quanto maior o prazo, maior será a taxa de juros. Entretanto, essa lógica nem sempre é aplicada. Pode ocorrer de as taxas de juros de curto prazo estarem mais altas. Isso acontece em razão de uma inversão nas expectativas, demonstrando uma disfunção momentânea da economia.

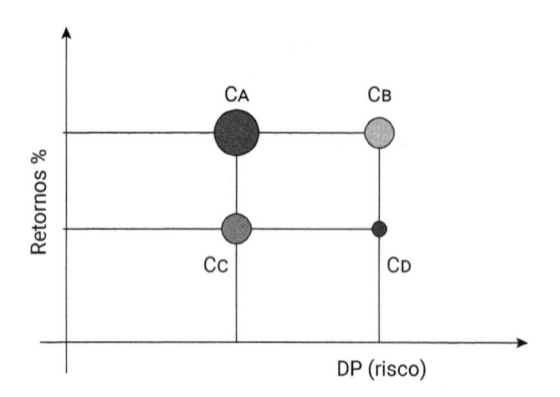

Figura 15.1 Risco × retorno e o princípio da dominância.

As carteiras C e B não seriam tão facilmente comparáveis, pois se, por um lado, C tem menor risco, por outro, B tem maior retorno. Para uma análise mais consistente precisaremos lançar mão de medidas de avaliação de desempenho, tais como o Índice de Sharpe, muito utilizado pelo mercado para comparação de carteira. Estudo mais detalhado desse índice poderá ser visto mais à frente.

Ainda sobre a Figura 15.1, podemos dizer que o ativo A tem domínio sobre os demais, considerando suas relações de risco e retorno. Pelo princípio da dominância entre ativos (ou entre carteiras), um investidor racional irá preferir investimentos de menor risco e de maior retorno. Isso pode ser traduzido da seguinte forma: entre dois investimentos de mesmo retorno esperado, o investidor racional irá escolher o de menor risco, e entre dois ativos de mesmo risco, o investidor irá preferir o de maior retorno. O gráfico da Figura 15.2 mostra as regiões dominadas por cada ativo.

Fronteira eficiente

A fronteira eficiente é uma linha que representa um conjunto de carteiras com as melhores combinações entre risco e retorno. O formato curvilíneo é o resultado do efeito da diversificação visto no conceito anterior.

Considerando o princípio da dominância, podemos concluir que essas carteiras sobre a linha da fronteira eficiente não são dominadas por nenhuma outra e que todas as carteiras dentro dos limites serão dominadas por uma carteira da fronteira eficiente.

Relação entre risco e retorno

Vamos considerar que tenhamos identificado a fronteira eficiente de diversos ativos, em número suficiente para permitir afirmar que representam o próprio mercado. Agora vamos acrescentar a essa carteira a possibilidade de se adquirir também partes adequadas de um ativo livre de risco, cujo retorno represente a menor remuneração que um investidor aceitaria para aplicar seus recursos. O gráfico da Figura 15.4 ilustra essa situação.

Haverá uma linha reta, que passa pelo Ativo Livre de Risco e tangencia a curva da fronteira eficiente, no ponto que chamaremos de C_m (carteira de mercado). Essa linha representa os pares de risco e retorno para todas as carteiras possíveis com as combinações entre R_f e C_m e é chamada Linha do Mercado de Capitais. Nesse caso, não há o efeito diversificação, pois o risco vem apenas da carteira de mercado, uma vez que R_f não tem risco.

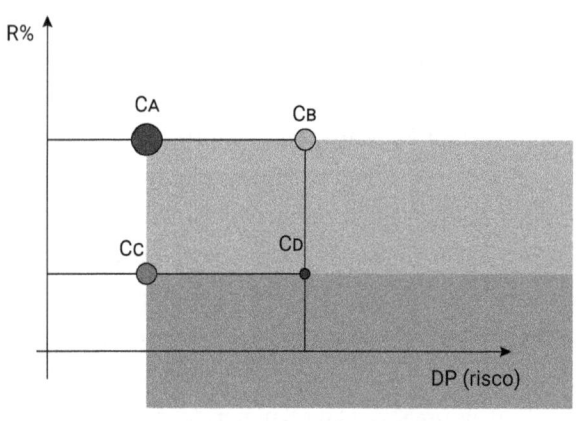

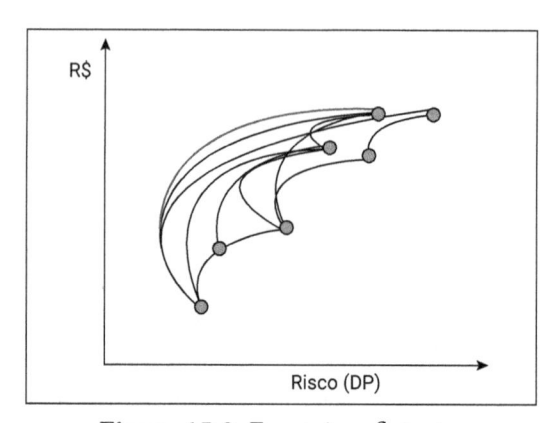

Figura 15.2 Princípio da dominância.

Figura 15.3 Fronteira eficiente.

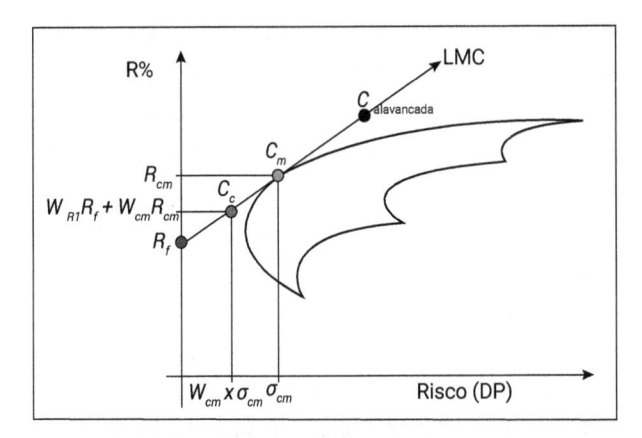

Figura 15.4 Linha do Mercado de Capitais.

Qualquer ponto dessa linha, conforme se observa no gráfico, terá retorno acima da linha da fronteira eficiente, exceto no ponto C_m, em que a carteira será composta 100% de uma carteira localizada sobre a fronteira.

A carteira C_c, localizada entre R_f e C_m, é uma carteira mais conservadora que C_m, pois tem parte dos recursos aplicada no mercado e parte aplicada em R_f, de modo que o risco será tanto menor quanto mais próxima de R_f se encontrar a carteira. Um investidor mais agressivo poderia montar uma carteira com maior percentual de C_m.

Outros investidores, mais atraídos pelo risco, poderiam investir em carteiras à direita de C_m. As carteiras localizadas nessa região da **Linha do Mercado de Capitais** são ditas alavancadas, pois o investidor aplica mais recursos do que tem na carteira C_m, tomando emprestado à taxa livre de risco (R_f). O risco aumenta na mesma proporção dos investimentos.

Essa teoria tem alguns pressupostos fortes e pouco prováveis de serem observados na prática. Por exemplo, o modelo admite que qualquer investidor pode tanto emprestar quanto tomar emprestado à taxa livre de risco. Outra premissa é que se poderia comprar qualquer quantidade de qualquer ativo, fracionária ou inteira. Há ainda que se considerar que nas relações entre ativos, supomos que as variâncias e covariâncias são constantes, os retornos dos ativos seguem a distribuição normal de probabilidade e todos os agentes atuantes no mercado têm as mesmas expectativas e informações sobre os ativos de mercado.

Desconsiderar que existem premissas simplificadoras, utilizadas na elaboração dos modelos, pode levar o analista a cometer enganos na avaliação dos riscos de investimentos.

15.1.3 Risco de uma carteira

Alguns ativos têm comportamento parecido, ou seja, quando um apresenta ganho o outro também apresenta. Outros ativos se comportam de forma independente ou pouco relacionada com os demais, ou seja, quando o mercado ou determinado ativo altera seu retorno para cima, o outro não se movimenta ou se movimenta na direção oposta.

É intuitivo perceber que nem sempre todos os ativos apresentam resultados de mesmo sinal (só perdas ou só ganhos). Desse modo, eventuais perdas em determinado ativo de uma carteira serão parciais ou totalmente compensadas por ganhos em outros ativos e vice-versa. Assim, é esperado que as variações dos retornos de uma carteira sejam menores do que a média das variações dos ativos.

As métricas estatísticas que avaliam essa correlação entre os ativos são a covariância e a correlação, já estudadas no Capítulo 14.

Recordando os conceitos dessas duas medidas, temos:

- Covariância é uma medida estatística que identifica como duas variáveis (no nosso caso, os retornos dos ativos) se comportam conjuntamente, ou seja, indica como as variações em uma podem induzir variações na outra variável.
- A correlação nos dá a medida de intensidade da força de interferência de uma variável sobre a outra. Enquanto a covariância tem valores que envolvem as unidades das dimensões das duas variáveis analisadas, a correlação não tem unidade, ou seja, é adimensional e seu valor situa-se entre −1 e +1.
- Quanto mais próximo de 1, mais forte é a correlação entre as variáveis. Quanto mais perto de zero, mais fraca é essa correlação.

Quando o valor da correlação é −1, significa que as variáveis têm correlação perfeita negativa, isto é, quando uma varia para cima a outra varia para baixo. No caso de ativos financeiros, sendo as variáveis os retornos desses ativos, podemos dizer que se a correlação é –1, então o risco da carteira formada por esses dois ativos poderá ser anulado.

15.1.3.1 Desvio-padrão da carteira e o benefício da diversificação

A variância e o desvio-padrão são medidas de dispersão e quando tomadas em relação aos retornos de um ativo ou de uma carteira podem ser entendidos como uma medida de risco desse ativo ou carteira.

Diferentemente dos retornos, a variância de uma carteira não é a média ponderada das variâncias de seus ativos, pois, como veremos na Seção 15.10, ao juntarmos dois ou mais ativos obteremos o benefício da diversificação na redução do risco total, até o limite do risco sistemático. Isso se deve à definição estatística dessas medidas, cuja combinação em carteira leva em consideração a correlação existente entre os ativos e está em linha com o processo intuitivo no qual percebemos que os resultados adversos de um ativo são parcialmente anulados por resultados positivos de outros ativos da mesma carteira, reduzindo parte dos riscos.

Veja no exemplo da Figura 15.5.

Os gráficos da Figura 15.5 reproduzem a variação dos retornos de cinco ativos (PETR4, USIM5, VALE3, ITUB4 e EMBR3). Ao observarmos que ITUB4 tem o menor desvio-padrão (1,73%) e USIM5 o maior desvio (2,83%), é de se esperar que o risco (desvio-padrão) da carteira composta dos cinco papéis esteja compreendido dentro desse intervalo. Entretanto, o resultado obtido com a diversificação é uma carteira cujo desvio-padrão é 1,62%, abaixo do menor desvio-padrão entre as ações que compõem a carteira. Esse resultado é fruto do benefício da diversificação.

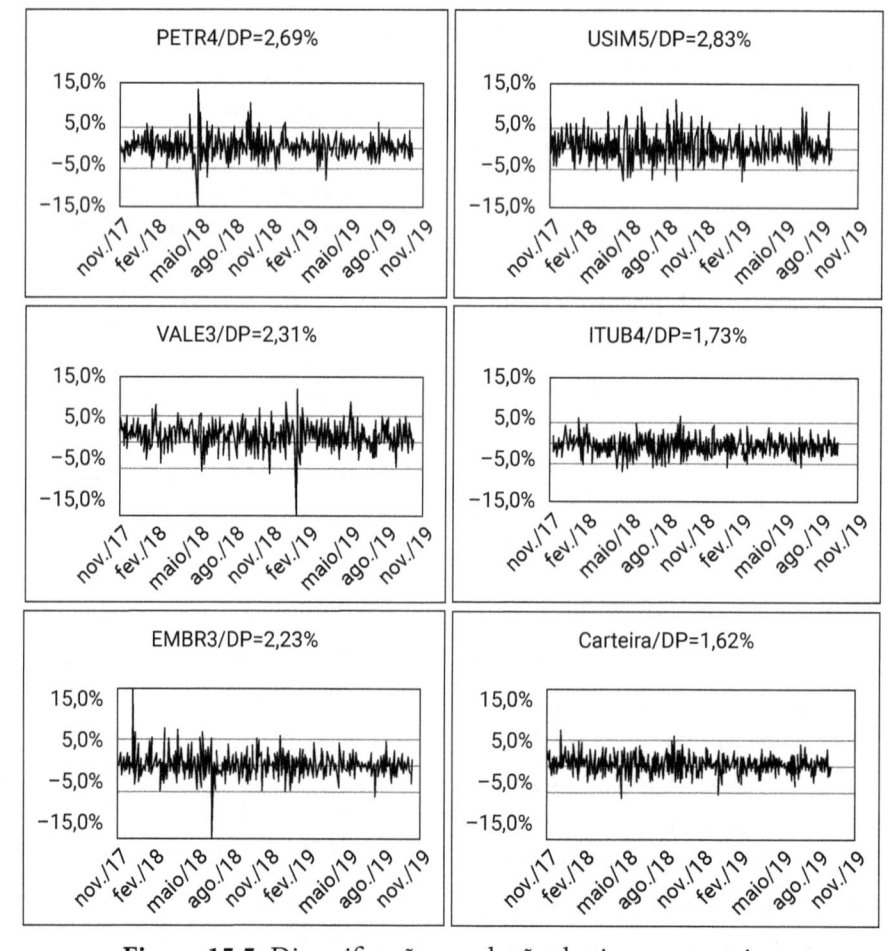

Figura 15.5 Diversificação – redução de risco na carteira.

Dentro desse mesmo raciocínio, mas visto por outro ângulo, em uma carteira de dois ativos, eventuais perdas em um deles podem ser parcial ou totalmente compensadas por ganhos simultâneos no outro ativo. Isso faz com que as perdas e os ganhos na carteira sejam menos voláteis, ou seja, tenham variações menores. Esse mesmo conceito pode ser estendido a vários ativos, tantos quanto queiramos combinar. O gráfico da Figura 15.6 mostra esse efeito para dois ativos quaisquer, com correlação fraca (menor que 0,5).

Na Figura 15.6, observe que a carteira 2 apresenta o menor desvio-padrão entre todas elas. No entanto, seu retorno esperado é maior do que o retorno de A. Portanto, um investidor racional de perfil conservador, conhecendo esse efeito, iria preferir investir em uma combinação de A e B, semelhante à carteira 2.

Quando a correlação entre dois ativos é igual a 1, ou seja, correlação perfeita positiva, não haverá efeito na redução de risco. Nesse caso particular, o risco será igual à média ponderada dos riscos dos ativos. A relação risco × retorno para esse caso é mostrada pela linha pontilhada nos gráficos da Figura 15.7.

O gráfico (a) mostra o efeito de redução do risco para correlação igual a 0,5. Observe que a curva de risco e retorno se desloca para a esquerda, mostrando a redução do risco. O gráfico (b) mostra o efeito para correlação igual a zero. À medida que o valor da correlação cai, a curva se desloca mais para a esquerda (maior redução de risco).

Os valores negativos de correlação provocam os maiores efeitos na redução do risco, conforme pode ser observado nos gráficos (c) e (d) da Figura 15.8.

O máximo efeito de redução é observado quando a correlação é igual a −1, gráfico (d). Nesse caso particular haverá uma carteira cujo risco será zero. Teoricamente, equivale ao *hedge*. Funciona como se os retornos fossem sempre opostos.

15.1.3.2 Relação entre risco e retorno e o princípio da dominância entre carteiras

O mesmo que foi dito para o princípio da dominância entre ativos vale para carteiras. Podemos considerar que uma carteira é a combinação de dois ou mais ativos e pode ser considerada um novo ativo que, por sua vez, pode ser combinado com outros ativos ou carteiras. Desse modo, não há limite para as combinações possíveis.

Também aqui vale o princípio da dominância. Basta considerarmos que CA, CB, CC e CD, mostrados nas Figuras 15.2 e 15.3, podem ser carteiras ou ativos individuais, e tudo o que foi dito para um ativo individual valerá também para uma carteira de ativos.

15.1.3.3 *Beta* da carteira e sua interpretação

O coeficiente *Beta* (β) mede a sensibilidade das taxas de retorno de um portfólio ou de um título individual em relação aos movimentos do mercado. Revela quanto do risco da carteira de mercado é absorvido pelo ativo. Sua definição vem do *Capital Asset Pricing Model* (CAPM), que já foi estudado no Capítulo 3, seção 3.6.2.4.

Podemos definir o *Beta* (β) como sendo o risco sistemático de um título expresso em unidades do risco de mercado.

Matematicamente:

$$\beta = \frac{\sigma_{Rm,Ri}}{\sigma^2_{Rm}}$$

Em que:

$\sigma_{Rm,Ri}$ = covariância entre o retorno do portfólio de mercado e o retorno do ativo *i*.

σ^2_{Rm} = variância dos retornos do portfólio do mercado.

Observações:

- O *Beta* do mercado é igual a 1.

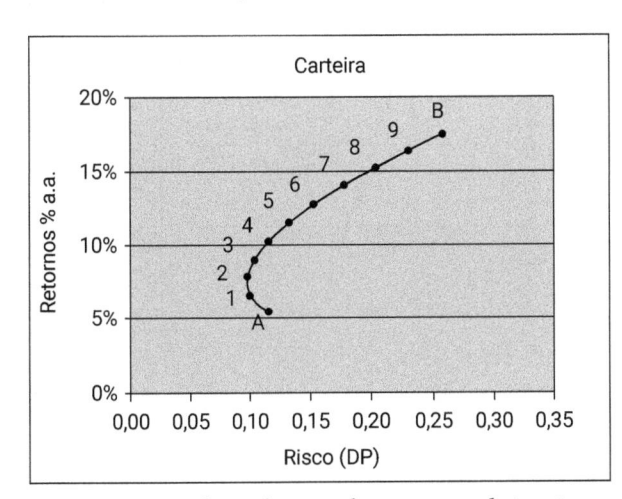

Figura 15.6 Efeito da correlação entre dois ativos.

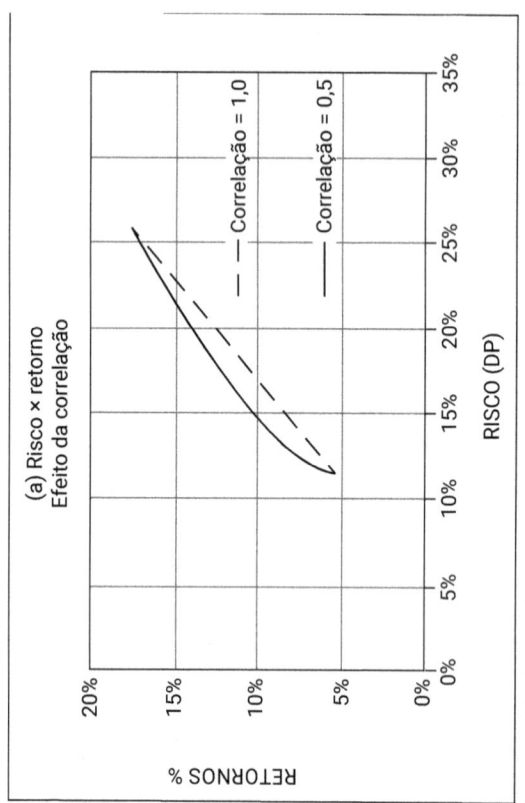

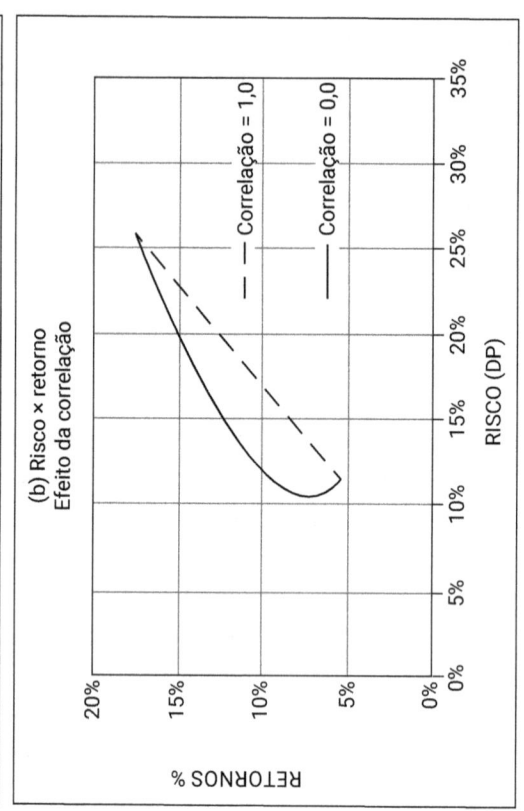

Figura 15.7 Gráficos de risco × retorno.

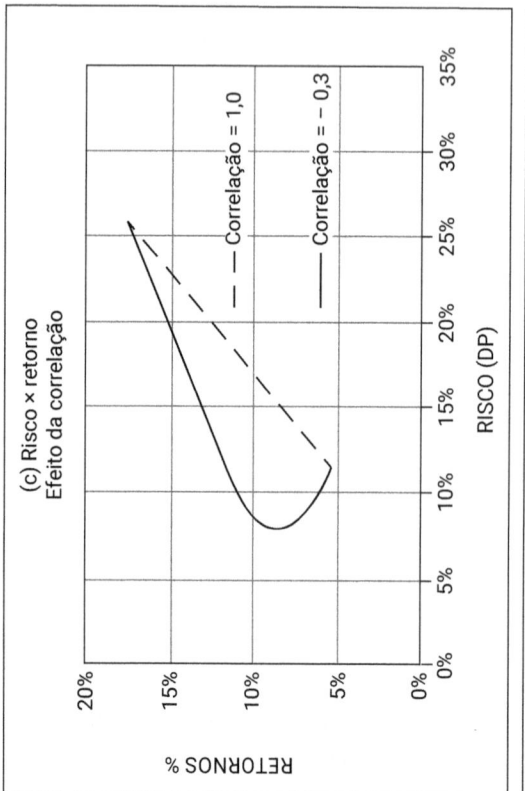

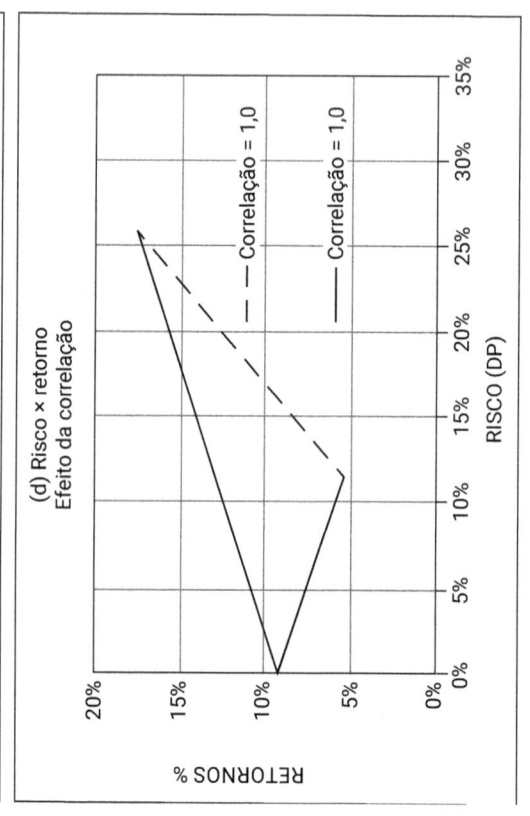

Figura 15.8 Gráficos de risco × retorno com correlações negativas.

- O valor de *Beta* mede a volatilidade (sensitividade) ou capacidade de reação.
- O *Beta* do título ou portfólio vai determinar o seu comportamento em relação ao mercado.
- O *Beta* tem o mesmo sinal da covariância entre o ativo e o mercado, que é também o mesmo sinal da correlação.
- Quanto maior o *Beta*, maior o risco do ativo, comparado com o mercado.

Tomando-se por base os valores de *Beta*, um portfólio pode ser classificado da seguinte maneira:

- Neutro: *Beta* igual a 1. Isso significa que há uma correlação perfeita entre os retornos do título e o retorno do mercado.
- Agressivo: *Beta* maior que 1. Isso significa que, quando o mercado estiver em alta de 7%, o título terá seu preço elevado em mais de 7%.
- Defensivo: *Beta* menor que 1. Do mesmo modo, um título com *Beta* igual a 0,7 significa que, se o mercado cair 9%, o título deverá sofrer uma baixa de 6,3%.

Como já visto em itens anteriores, o retorno de uma carteira é calculado pela média ponderada dos retornos dos diversos ativos que a compõem. Da mesma forma que os retornos esperados, o *Beta* é um coeficiente linear e, quando aplicado a uma carteira, tem seu valor obtido pela simples média ponderada dos *Betas* de todos os ativos dessa carteira.

Já o risco depende da correlação existente entre os retornos desses ativos, dois a dois, de modo que precisamos gerar uma matriz de covariância ou uma matriz de correlação para possibilitar a aplicação da fórmula de cálculo do risco de uma carteira.

15.1.3.4 Risco absoluto e risco relativo

Há basicamente duas maneiras de se analisar um ativo ou carteira em relação a seu nível de risco: medindo seu risco relativo ou dimensionando seu risco absoluto. Quando levantamos medidas da variação de retornos de um ativo em relação à sua própria média histórica de retornos, estamos realizando análise de risco absoluto, pois não entra nessa conta nenhum outro ativo, carteira ou índice de mercado. Quando calculamos o *Beta* de um ativo, estamos realizando uma análise de comportamento dos retornos de um ativo em relação a uma carteira de mercado. Nesse caso, estamos calculando uma medida de risco relativo, pois como visto anteriormente, o *Beta* é uma medida de sensibilidade ao risco de mercado.

Há algumas métricas para cálculo de risco absoluto, entre elas a volatilidade, representada pelo desvio-padrão, e o *Value-at-Risk* (VaR), que será estudado ainda neste capítulo e que pode ser calculado de modos diferentes. Para o risco relativo podemos citar, por exemplo, o VaR de *benchmark* para fundos de investimento e carteiras de modo geral.

A escolha da melhor maneira para avaliação de risco depende dos objetivos do investidor. Para carteiras ativas, cujo objetivo é a obtenção de retornos acima de determinado patamar, é indicada a utilização de medidas de risco absoluto, como o VaR absoluto. Para o investidor que deseja neutralizar o risco de seu passivo, caso dos fundos de pensão, empresas de comércio exterior e outras que têm parte significativa de seus ativos indexados em moedas ou índices, o ideal é buscar medidas de risco relativo, por meio das quais poderá ser avaliado o risco de descasamento entre sua carteira de títulos e seu passivo.

15.1.4 Risco sistemático e risco não sistemático

Ao observarmos o comportamento do preço de um ativo ao longo do tempo, comparado com a variação de um índice de mercado que represente o movimento médio de todos os demais ativos do mercado, podemos notar que em muitos momentos o preço do ativo segue a mesma tendência do mercado e eventualmente toma direções erráticas, divergindo do movimento dos demais ativos.

Os gráficos da Figura 15.10 mostram dois ativos que, na época em que foram impressos, seguiam o mercado na maioria do tempo, como é o caso mostrado na figura do lado esquerdo, em que temos as cotações da ação BBAS3 (linha superior) e o índice da Bolsa de São Paulo (IBOVESPA).

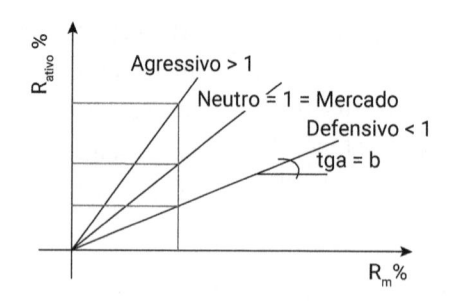

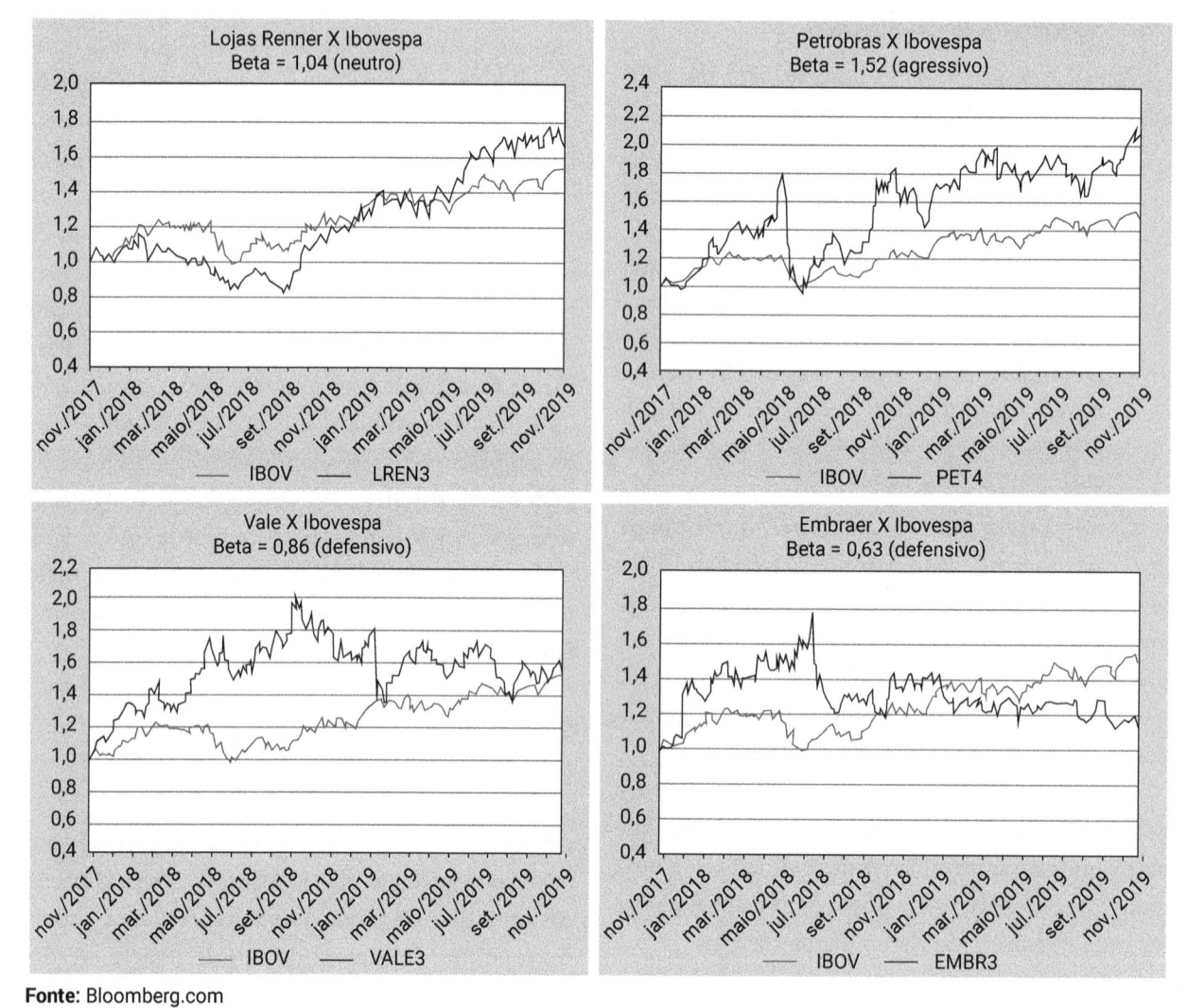

Figura 15.9 *Beta* na reta de regressão dos retornos do ativo contra os retornos do mercado.

Porém, se nos detivermos nos detalhes, poderemos notar que os movimentos pequenos não são exatamente iguais aos movimentos do mercado. Isso fica mais evidente no gráfico da Figura 15.10, em que temos as cotações da ação EMBR3, comparado ao IBOVESPA no mesmo período.

Com base na observação dos comportamentos dos preços, os cientistas financeiros resolveram aceitar a divisão dos riscos que afetam determinado ativo em duas partes, de modo que o risco total seja a soma de risco sistemático e risco não sistemático. Temos então a seguinte equação de risco:

- **Risco sistemático** (ou sistêmico, ou não diversificável): é devido ao risco global do mercado e resultante de mudanças na economia do país ou em fatores que afetam todos os agentes do

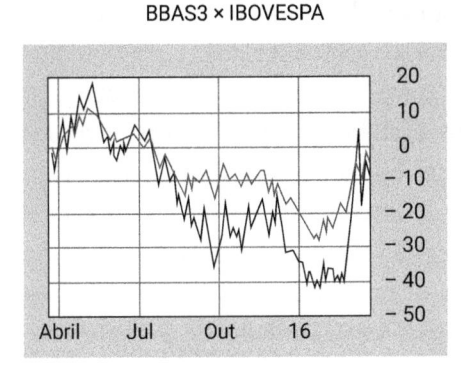

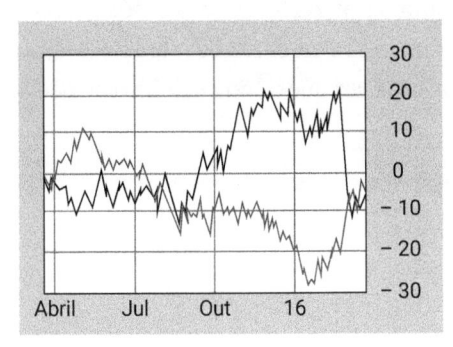

Figura 15.10 Retorno do mercado × ativos.

mercado ao mesmo tempo. São os chamados riscos de conjuntura, econômico e financeiro. Exemplo: alterações de alíquotas de imposto pelo governo, mudanças na situação de energia mundial etc.

Conforme já apresentado no modelo CAPM no Capítulo 3, o risco proveniente do mercado é dado pelo coeficiente Beta (β) e não pode ser eliminado por meio de diversificação. Beta (β) reflete o grau de sensibilidade do título ao risco da economia como um todo.

- **Risco não sistemático** (ou diversificável): é único para cada empresa, sendo independente da economia política. Equivale aos fatores associados aos riscos do negócio e às estratégias da empresa. Exemplos: entrada de um novo concorrente, novas tecnologias que podem tornar determinado produto obsoleto etc.

O risco não sistemático pode ser reduzido ou minimizado se a diversificação for eficiente.

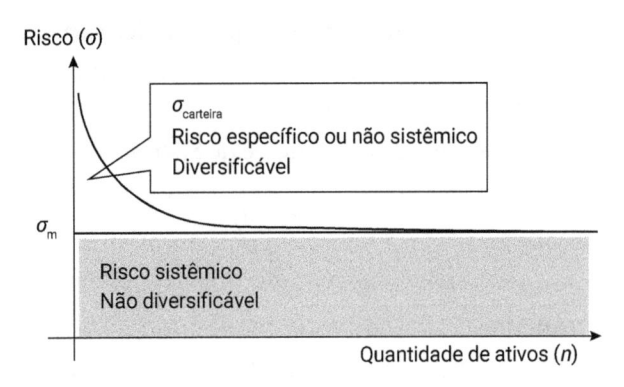

Figura 15.11 Risco sistemático e não sistemático.

15.1.5 Medidas de *performance*

15.1.5.1 Índice de Sharpe

O processo de seleção de um fundo de investimento pode ser dividido em duas partes. A primeira verifica a qualidade do gestor e se ele realmente adiciona valor à carteira. A segunda verifica se a carteira é adequada para o investidor. O Índice de Sharpe, que tem sido amplamente utilizado na indústria de fundos de investimento, concentra-se na primeira parte do problema e avalia a qualidade e a contribuição do gestor do fundo, segundo diversos procedimentos estatísticos. Apesar da sua importância prática, sua utilização depende da validade das hipóteses do CAPM,[2] da estimação dos seus parâmetros e da aplicação que se pretende.

Desenvolvido por William F. Sharpe, em 1966, o Índice de Sharpe procura avaliar a *performance* dos fundos de investimentos, tendo como medida de risco o desvio-padrão dos retornos. Utilizando dados passados, o índice avalia o gestor da carteira com base em retorno e diversificação. Em outras palavras, o Índice de Sharpe mede se o risco assumido em um investimento foi compensado com maior rentabilidade, isto é, se a *performance* de um fundo está condizente com o nível de risco assumido.

O Índice de Sharpe é uma medida que permite a classificação do fundo em termos de desempenho global, sendo considerado melhor quanto maior for o

---

2 O *Capital Asset Pricing Model* já foi abordado na Seção 3.6.2.4.

seu Sharpe. Vale lembrar ainda que o índice varia se o resultado for calculado com base em rentabilidades semanais, mensais ou anuais.

Observe a fórmula do Índice de Sharpe:

$$IS_i = \frac{R_i - R_f}{\sigma_i}$$

Em que:
R_i = média dos retornos da carteira i em um período t;
R_f = média dos retornos de um título sem risco em um período t;
σ_i = desvio-padrão do retorno da carteira i num período t.

Observe o exemplo que se segue.

Assumindo que a taxa livre de risco é 18,25%, examine os portfólios do Tabela 15.1.

Tabela 15.1 Portfólios selecionados

Portfólio	Retorno médio mensal	Desvio-padrão dos retornos
Mercado	21,14	7,39
D	19,45	6,97
E	22,34	7,52
F	20,96	7,12

Aplicando a fórmula:
$S_M = (21,14 - 18,25) / 7,39 = 0,391$
$S_D = (19,45 - 18,25) / 6,97 = 0,172$
$S_E = (22,34 - 18,25) / 7,52 = 0,544$
$S_F = (20,96 - 18,25) / 7,12 = 0,381$

Pode-se concluir que o portfólio D teve o prêmio de risco menor por unidade de risco total, inclusive menor do que o mercado. O portfólio E performou melhor do que o mercado.

Dado que, quanto maior o Índice de Sharpe, melhor a *performance* do fundo no período em análise, pode-se concluir, com base nos dados anteriores, que o portfólio E foi o que teve a melhor *performance*.

Veja o gráfico da Figura 15.12, no qual o tamanho das bolhas é proporcional ao Índice de Sharpe.

A simplicidade do Índice de Sharpe, responsável por sua popularidade, não o livra, entretanto, de inúmeras utilizações inadequadas, como muitas vezes observado, inclusive na mídia em geral e até mesmo em trabalhos especializados.

Um grave erro é a sua utilização quando apresenta valores negativos, em razão da ocorrência de prêmios negativos, ou retornos médios inferiores ao retorno médio do ativo livre de risco. O Índice de Sharpe negativo não tem significância para identificação da carteira de melhor desempenho. A mídia especializada, ao divulgar *rankings* de classificação de fundos de investimento, apresenta os valores negativos substituídos por zeros. Nesses casos, a classificação de desempenho desses fundos será baseada em outra métrica, uma vez que o Índice de Sharpe não se aplica.

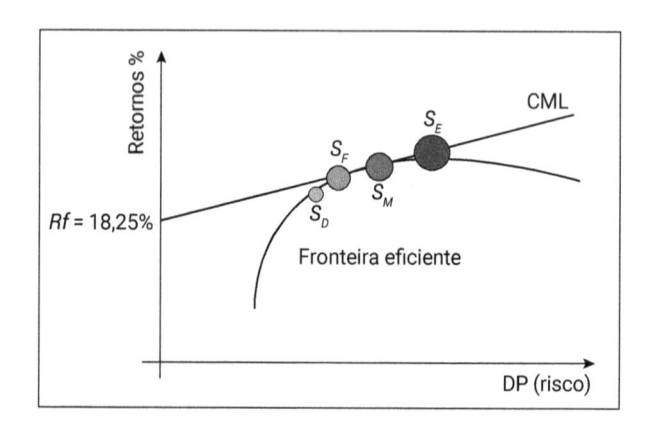

Figura 15.12 Gráficos de correlação entre variáveis.

Sharpe modificado

A ideia original de Sharpe considera que o menor retorno aceito por um investidor é igual ao retorno do ativo livre de risco. No entanto, algumas vezes a referência do investidor é outro ativo ou carteira. Se o seu custo de oportunidade for, por exemplo, o índice de renda fixa IMA-B ou o IRFM, ou ainda a caderneta de poupança, estes devem passar a ser o *benchmark* da carteira. Nesse caso, o Índice de Sharpe deve ser adaptado para refletir o desempenho acima do índice escolhido.

A fórmula a seguir traduz matematicamente o conceito financeiro dessa variação do Índice de Sharpe, em que a principal mudança é a substituição do *risk-free* pelo retorno do *benchmark*. Em consequência, o risco também deverá ser modificado para capturar apenas o risco agregado e não o risco total como no Índice de Sharpe original.

$$ISG_b = \frac{R_i - R_b}{\hat{\sigma}'_{Ri-Rb}}$$

Em que:

R_i = média dos retornos da carteira i em um período t;

R_b = média dos retornos de um índice ou ativo de referência (*benchmark*) em um período t;

$\hat{\sigma}'_{Ri-Rb}$ = desvio-padrão da diferença entre o retorno do *benchmark* e o retorno da carteira i em um período t.

Observe que a relação passa a ser calculada entre o retorno agregado (acima do retorno do *benchmark*) e o risco agregado (desvio-padrão do retorno agregado).

15.1.5.2 Índice de Treynor

O Índice de Treynor, assim como o de Sharpe, mede a relação entre retorno (prêmio de risco) e risco, porém considera apenas o risco sistêmico. Dessa forma, no lugar do desvio-padrão é utilizado o *Beta* do ativo (ou carteira) em relação ao mercado. Esse índice é indicado para ações ou carteiras de ações.

A formulação do índice é dada por:

$$IT_i = \frac{R_i - R_f}{\beta_i}$$

Em que:

R_i = média dos retornos da carteira i em um período de tempo t;

R_f = média dos retornos de um título sem risco no mesmo período;

β_i = Beta da carteira que estamos avaliando, relativo ao mesmo período.

Assim como no Índice de Sharpe, quanto maior o índice, melhor, pois indica que o gestor agregou mais unidade de retorno ($R_i - R_f$) por risco de mercado incorrido (β_i).

15.2 ADMINISTRAÇÃO E GERENCIAMENTO DE RISCO

Dado que não há como evitar todos os riscos, o bom gestor é aquele que não somente agrega retorno à carteira, mas que consegue gerenciá-los e evitar grandes perdas em momentos de crise. Nesse processo, tomar ciência dos riscos é o primeiro passo, seguido da utilização de técnicas que permitem administrá-los. É o que será abordado a seguir.

15.2.1 Risco de taxa de juros

15.2.1.1 *Duration* de Macaulay e *duration* modificada

O conceito de *duration* foi introduzido por Macaulay em 1938. Nesse trabalho foi mostrado que o prazo do título até o seu vencimento era uma medida inadequada do elemento tempo contido no título, pois poderia estar omitindo algumas informações de extrema importância sobre algum pagamento anterior ao vencimento do título.

Veja, por exemplo, o caso dos três títulos de renda fixa com um mesmo prazo de vencimento e mesma taxa de juros anuais, um sem pagamento de cupons e os outros dois pagando juros periódicos até o vencimento, conforme ilustrado na Figura 15.13.

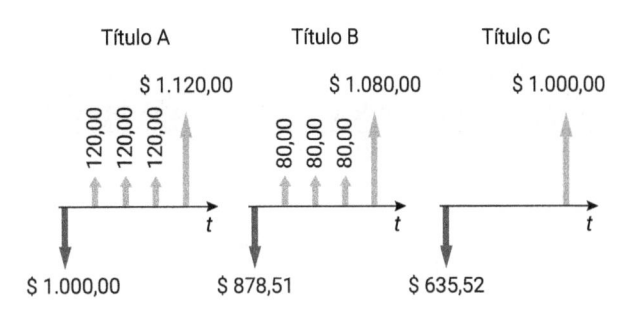

Figura 15.13 Fluxos de caixa – YTM = 12%.

Os valores de face desses títulos são iguais (R$ 1.000,00). As taxas de juros (*yield to maturity* – YTM) de mercado também são as mesmas: 12% a.a. O prazo de vencimento (*maturity date*) também é igual a 4 anos para os três títulos.

Apesar de tantas semelhanças, há uma diferença fundamental sob o aspecto de risco: a velocidade com que o capital investido retorna ao investidor. Intuitivamente podemos perceber que o ativo A tem menor risco, e que o ativo C tem o maior risco entre os três. Isso porque, no primeiro fluxo, o capital começa a ser resgatado mais cedo, o que reduz o tempo de exposição médio ao fator de risco. Esse é o motivo por que esses fluxos devem ser analisados sob óticas diferentes em termos de risco.

A busca científica por um valor calculado financeiramente para indicar o mesmo resultado intuitivo levou Macaulay a desenvolver uma série de métricas que nos permite avaliar o risco desses ativos. Para considerar adequadamente as características dos fluxos de renda fixa, o fator de risco "taxa de juros" foi incluído por Macaulay nessa análise. Sua proposta utiliza os valores presentes como pesos no cálculo dos prazos médios. Dessa forma, esse prazo médio recebe a influência do fator de risco. Assim, quanto maior a *duration*, maior o risco do ativo, pois a *duration* reflete o prazo médio de exposição ao risco.

Vejamos o exemplo anterior representado na Tabela 15.2.

Considerando a definição da *duration* segundo Macaulay – "*duration* é a média ponderada dos prazos a decorrer dos títulos de uma carteira de títulos de renda fixa em função de seus fluxos de caixa (rendimentos + valores de resgate), trazidos a valores presentes" –, podemos calcular o seu valor para cada título, conforme mostrado na Tabela 15.3.

Tabela 15.2 Fluxo de caixa dos títulos

	Título A	Título B	Título C
Yield	12%	12%	12%
Cupom anual	12%	8%	0%
Valor Presente	R$ 1.000,00	R$ 878,51	R$ 635,52
Fluxos de caixa			
1 ano	R$ 120,00	R$ 80,00	R$ 0,00
2 anos	R$ 120,00	R$ 80,00	R$ 0,00
3 anos	R$ 120,00	R$ 80,00	R$ 0,00
4 anos	R$ 1.120,00	R$ 1.080,00	R$ 1.000,00

Tabela 15.3 Cálculo da *duration* do título A

n = prazos	Fluxo R$	VP dos fluxos	VP/VP total	Duration
A	B	C = B/(1 + 0,12)^A	D = C/ soma C	A D
1	120	107,14	0,11	0,11
2	120	95,66	0,10	0,19
3	120	85,41	0,09	0,26
4	1120	711,78	0,71	2,85
Somatório = Preço		1.000,00	Duration	3,40 anos

A coluna A informa o prazo em anos de cada fluxo, na coluna B encontram-se os fluxos de recebimento dos cupons de juros, na coluna C temos os valores presentes dos fluxos. Na coluna D podemos observar o peso de cada fluxo, que nada mais é do que a relação (divisão) entre o seu valor presente e o somatório dos valores presentes do ativo. Por fim, na última coluna, temos o valor da contribuição de cada fluxo para a *duration*, cuja soma resulta na *duration* de Macaulay.

Para o ativo A foi encontrada uma *duration* de 3,4 anos. Nas Tabelas 15.4 e 15.5, podemos observar a repetição do cálculo para os dois outros fluxos.

Comparando os três ativos pela *duration* de Macaulay, podemos perceber que o menor prazo médio é do título A (3,4 anos), significando que é o título de menor risco entre os três, confirmando nossa análise intuitiva. O mais arriscado é seguramente o título C, que não paga cupons intermediários. Nesse último, a *duration* é igual ao prazo total do título (4 anos).

Tabela 15.4 Cálculo da *duration* do título B

n = prazos	Fluxo R$	VP dos fluxos	VP/VP total	Duration
A	B	C = B/(1 + 0,12)^A	D = C/ soma C	A × D
1	80	71,43	0,08	0,08
2	80	63,78	0,07	0,15
3	80	56,94	0,06	0,19
4	1080	686,36	0,78	3,13
Somatório = Preço		878,51		3,55 anos

Tabela 15.5 Cálculo da *duration* do título C

n = prazos	Fluxo R$	VP dos fluxos	VP/VP total	Duration
A	B	C = B/(1 + 0,12)^A	D = C/ soma C	A × D
1	0	0,00	0,00	0,00
2	0	0,00	0,00	0,00
3	0	0,00	0,00	0,00
4	1000	635,52	1,00	4,00
Somatório = Preço		635,52		4,00 anos

O conceito de *duration* representa uma medida muito mais confiável para mensurar o risco de mercado do papel do que o seu prazo de vencimento, pois considera, além do prazo final do título, o valor presente de cada fluxo, a taxa de juros e o momento do recebimento de cada parcela (juros ou capital). Desse modo, dois títulos com a mesma data de vencimento e a mesma data de pagamento de juros intermediários podem ter riscos diferentes, perfeitamente capturados pela *duration*.

Note também que, para um mesmo fluxo de pagamentos, quanto maior for a taxa de juros do mercado (YTM), menor será a *duration*, pois o aumento da taxa tem maior efeito sobre os fluxos mais longos, reduzindo seu peso relativo. Para confirmarmos essa afirmação, veja o que ocorreria com o ativo A se a taxa de juros aumentasse para 16% a.a., na Tabela 15.6.

Como podemos observar, ao aumentar a taxa de juros de 12 para 16% a.a., a *duration* reduziu de 3,4 para 3,36 anos.

Por outra análise, entre dois fluxos diferentes, quanto maiores os valores dos cupons (fluxos iniciais e intermediários), menor será a *duration*, pois os pesos dos fluxos mais curtos serão maiores. Isso pode ser facilmente observado ao compararmos o fluxo A com o fluxo B.

Duração modificada

Por que tanto interesse em expressar o prazo médio considerando a taxa de juros? Já que a *duration* de Macaulay confirmou nosso conceito intuitivo de risco, por que não ficamos apenas com nossa intuição?

A resposta é muito simples: muitas vezes pequenas diferenças na taxa de juros podem causar grandes mudanças nos valores presentes de alguns ativos e alterações menores em outros. O gestor de carteiras precisa ser capaz de estimar que mudanças serão essas e em que intensidade elas ocorrerão em cada ativo. Considerando prazo de um ativo o conceito de *duration* proposto por Macaulay, podemos derivar a função de valor presente e definir a intensidade das alterações nos preços provocadas por alterações na taxa de juros.

A métrica que nos informa a intensidade da mudança de valor de um ativo decorrente de alteração na taxa de juros é conhecida como DM ou *modified duration*, cujo significado e utilização veremos a partir deste ponto.

No Capítulo 3, você aprendeu que o preço de um ativo varia conforme a variação na taxa de juros, dado que o preço do ativo é o valor presente do fluxo de caixa desse ativo. Veja na Figura 15.14 o que ocorre com o valor presente de um fluxo de caixa quando a taxa de juros varia.

Suponha que o preço de um título de renda fixa de *duration* igual a um ano seja R$ 909,09, quando a taxa de juros de mercado é igual a 10% a.a. Ao se elevar a taxa de juros para 10,2% a.a. o valor do título cairá para R$ 907,44. Essa mudança na taxa de juros provoca uma redução de cerca de R$ 1,65 no valor de mercado do título. Esse é o risco de taxa de juros em um título de renda fixa: redução de seu valor de mercado em razão do aumento na taxa.

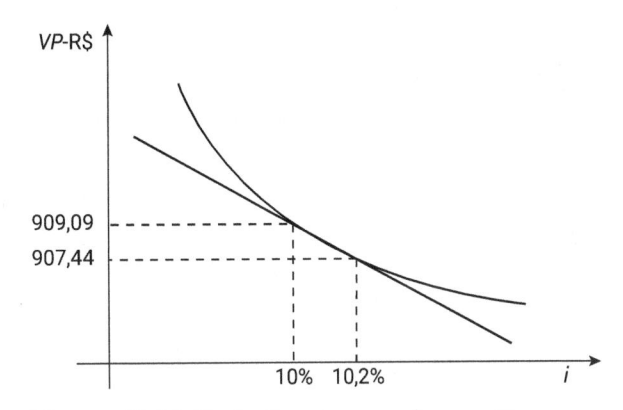

Figura 15.14 Variação no preço de um ativo com base no cálculo do seu Valor Presente Líquido.

Tabela 15.6 Tabela de cálculo da *duration* do título A, para taxa de juros de mercado igual a 16%

Cupom anual	12%	(A)	(C)	(D)	(A) × (D)
	Fluxos	n = prazo	VP dos fluxos	VP/VP total	Duration
Fluxo 1 ano	R$ 120,00	1	R$ 103,45	0,12	0,12
Fluxo 2 anos	R$ 120,00	2	R$ 89,18	0,10	0,20
Fluxo 3 anos	R$ 120,00	3	R$ 76,88	0,09	0,26
Fluxo 4 anos	R$ 1.120,00	4	R$ 618,57	0,70	2,79
		Somatório	R$ 888,07	1,00	3,36 anos

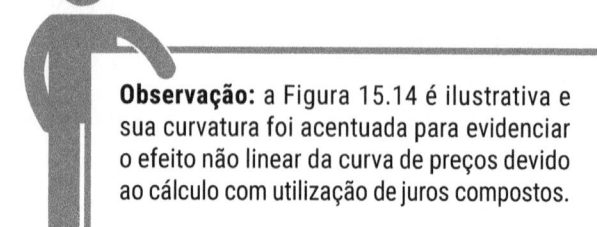

Observação: a Figura 15.14 é ilustrativa e sua curvatura foi acentuada para evidenciar o efeito não linear da curva de preços devido ao cálculo com utilização de juros compostos.

Utilizando o conceito de *duration* de Macaulay, torna-se fácil estimar a variação no preço do ativo, por meio de uma derivada de primeira ordem do valor presente (a linha reta da Figura 15.14). O resultado dessa derivada é a estimativa aproximada da variação no preço do ativo, conhecida como *DM*, bastando dividir a *duration* pelo fator (1 + taxa de juros), conforme a fórmula a seguir.

Fórmula matemática da *DM*:

$$MD = -\frac{D}{(1+i)} \therefore$$

Em que:
D = *Duration* de Macaulay;
i = taxa de juros, dada pelo YTM.

Observações:
1. Quanto maior for o prazo de vencimento do título, maior será a sua *duration* (D), desde que o cupom se mantenha constante. Nos títulos que não têm cupom, a *duration* é igual ao prazo final (*maturity date*) do título.
2. Quando dividimos a *duration* por (1 + i), chegamos à fórmula de cálculo da *modified duration*, ou *DM*, que é a medida de sensibilidade do preço do título a pequenas variações na taxa de juros.
   i é o YTM do título, estudado no Capítulo 3. O *yield* é o rendimento efetivo dos títulos de renda fixa até o seu vencimento. A sua determinação considera o preço de mercado do título e os fluxos de rendimentos (cupons e principal) associados. Sua metodologia é equivalente à medida da taxa interna de retorno (TIR), conforme abordado no Capítulo 3.
3. Usando a *DM* é possível avaliar o impacto das variações da taxa de juros sobre o valor presente de uma carteira de títulos de renda fixa.
4. Usando tanto a *DM* quanto a *duration* é possível montar estratégias para imunização de carteira ao risco de taxa de juros.
5. *Duration* é uma medida de tempo e, portanto, deverá ser expressa na mesma unidade de tempo utilizada nos cálculos.
6. Enquanto a *duration* nos informa o prazo médio, a *DM* nos diz o quanto o valor do título varia em razão das mudanças na taxa de juros.

Assim sendo, podemos definir a variação percentual do preço de um ativo da seguinte forma:

$$\frac{\Delta VP}{VP} = -D \times \frac{\Delta i}{(1+i)}$$

Ou seja, a variação em moeda, do valor de mercado de um ativo ou carteira, pode ser dada por:

$$\Delta VP = -D \times \frac{\Delta i}{(1+i)} \times VP$$

Em que:
ΔVP = variação do valor presente dos fluxos do ativo ou da carteira;
VP = valor presente do ativo ou da carteira (valor marcado a mercado);
Δi = variação da taxa de juros de mercado;
D = *duration* do ativo ou da carteira.

Observe o sinal negativo na fórmula da *DM*, que resultará, por sua vez, em valores também negativos, mostrando que a variação de preço é contrária à variação da taxa de juros.

Exemplos:
1. Vamos estimar, por exemplo, a variação do valor do ativo do exemplo das Figuras 15.15 e 15.16, para uma variação de 0,2% na taxa de juros, para cima.

$$\Delta VP = -D \times \frac{\Delta i}{(1+i)} \times VP =$$
$$-1 \times \frac{0,2\%}{(1+10\%)} \times 909,09 = -R\$\ 1,82$$

Novo valor do ativo:

VP2 = VP + ΔVP = 909,09 − 1,82 = R$ 907,27

Representação gráfica:

A Figura 15.15 mostra a linha reta do *VP*, estimada pela *DM*, que tangencia a curva de valores reais no ponto do valor atual e sua taxa correspondente. Observe graficamente que os valores aproximados pela *DM* são dispostos em uma linha reta, ou seja, a aproximação por esse método despreza o efeito da convexidade presente no cálculo financeiro do *VP* pelo método de juros compostos.

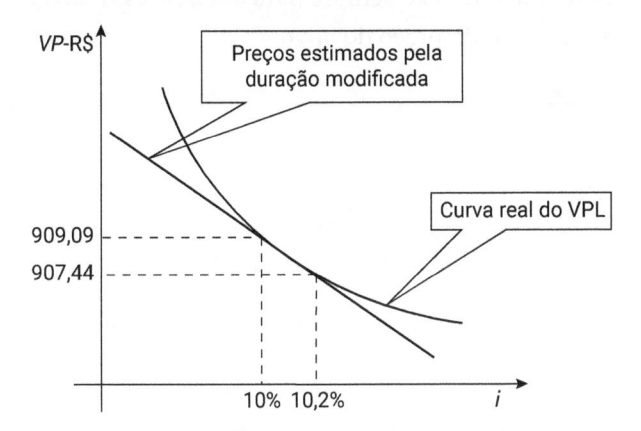

Figura 15.15 Variação estimada do preço com base na duração modificada.

2. Considere que uma carteira de ativos tenha duração de Macaulay igual a 1,2 ano, YTM igual a 16,25% a.a. e Valor Presente (pela marcação a mercado) igual a R$ 2.850.000,00. Há a expectativa de que a taxa de juros ao ano para o prazo de 1,2 ano aumente de 16,25 para 16,50% (aumento de 25 pontos base). Quanto poderá variar o valor de mercado da carteira se essa expectativa se confirmar?

- Cálculo do valor da *DM*:

$$MD = -\frac{D}{(1+i)} = -\frac{1,2}{(1+0,1625)} = -1,03226$$

- Cálculo do valor estimado da variação no preço:

$$\Delta VP = MP \times \Delta i \times VP$$
$$25\ p.b. = 0,25\% = 0,0025$$

$\Delta VP = -1,03226 \times 0,0025 \times 2.850.000 = -R\$\ 7.354,84$

Resposta: espera-se uma redução de R$ 7.354,84 no valor total da carteira.

Observações:

- Vale lembrar que esse resultado encontrado é um valor aproximado, válido para pequenas variações na taxa de juros. A variação verdadeira seria de menos R$ 1,65 sobre o valor de mercado do título, enquanto a variação estimada foi maior que isso: menos R$ 1,82.
- Devemos observar também que a *DM* é um coeficiente de sensibilidade do preço em relação às variações na taxa de juros. Ao multiplicarmos variações da taxa de juros pela *DM*, transformamos esses valores em variação percentual do preço do ativo.
- Observe que, para variações pequenas da taxa de juros, a reta tangente se confunde com a própria curva e a diferença observada é desprezível. Dessa forma, podemos afirmar que, para pequenas variações na taxa de juros, a variação pela *DM* é uma boa estimativa para os efeitos do risco de taxa de juros sobre o valor de um título de renda fixa.

15.2.1.2 Convexidade

Podemos observar que a função que define o valor de mercado de um título de renda fixa não varia linearmente com a taxa de juros, uma vez que a fórmula do valor presente utilizada para esse cálculo é função da taxa elevada à potência *n*, sendo *n* o número de períodos de capitalização.

A *DM* é uma função linear do tempo e da taxa de juros, conforme foi possível observar em sua definição matemática. Porém, a relação entre o percentual de variação da taxa de juros não é linearmente proporcional à variação percentual no valor presente da carteira. Quanto maior a taxa de juros, menor será o valor da carteira, e essa queda do valor da carteira forma uma curva convexa. O gráfico da Figura 15.16 mostra as variações do preço de mercado de um ativo de renda fixa para variações no valor da taxa de juros de mercado.

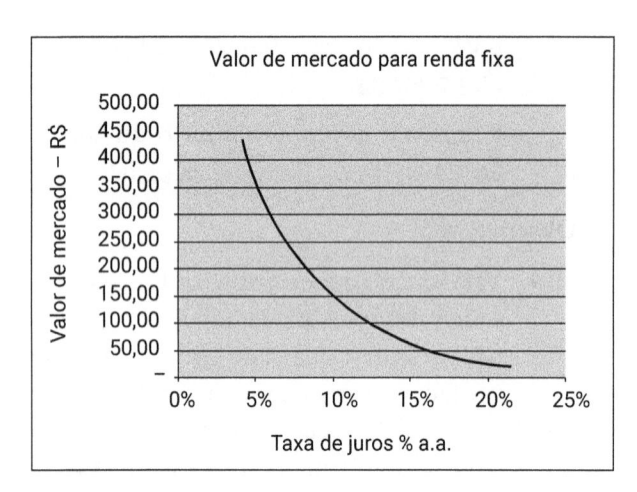

Figura 15.16 Gráfico do valor de mercado × taxa de juros.

O grau de convexidade da curva que relaciona as variações do valor da carteira em relação a várias taxas de juros pode ser maior ou menor, dependendo de:

- valor da taxa de juros;
- pesos relativos (valores presentes dos fluxos) dos prazos mais longos;
- prazos de cada fluxo.

Por exemplo, tomemos um título cujos valores presentes estão listados na Tabela 15.8, em função da taxa de juros. Os valores calculados pela aplicação da *DM* resultam em uma linha reta, o que leva a erros de aproximação que podem atingir valores significativos, caso a variação na taxa de juros seja grande (por exemplo, maior do que 1%). A tabela mostra também os valores calculados precisamente (*full valuation*) e os valores aproximados (*DM*).

Para minimizar esse erro, podemos lançar mão de uma segunda aproximação para cálculo da variação de preço de um ativo de renda fixa, dada uma variação na taxa de juros. Esse termo é uma aproximação de segunda ordem, obtida pela segunda derivada do valor presente, que captura, ainda de forma aproximada, o efeito da convexidade.

Seu valor é dado pela fórmula:

$$Convx = \frac{1}{P} \frac{1}{(1+i)^2} \sum_{t=1}^{T} \frac{t(t+1)C^t}{(1+i)^t}$$

Em que:

P = valor presente do título pela taxa original;
C^t = representa os valores nominais dos fluxos de caixa nos momentos t;
i = taxa de juros inicial;
t = prazo de recebimento de cada fluxo.

Reformulando a definição matemática de variação de preço em razão da variação na taxa de juros, podemos reescrever a próxima equação matemática:

$$\frac{\Delta VP}{VP} = -D \times \frac{\Delta i}{(1+i)} + \frac{1}{2} Convx \times \Delta i^2$$

Observe que o sinal da convexidade será sempre positivo. Desse modo, qualquer que seja a direção da variação na taxa de juros, a convexidade provocará uma correção sempre para cima na estimativa de variação do preço do ativo.

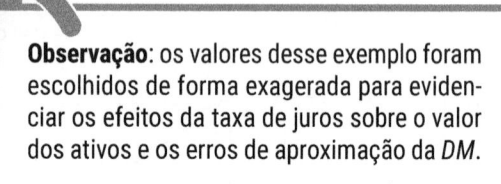

Observação: os valores desse exemplo foram escolhidos de forma exagerada para evidenciar os efeitos da taxa de juros sobre o valor dos ativos e os erros de aproximação da *DM*.

Tabela 15.7 Valor de mercado de renda fixa

VF =	1.000,00
I =	11,25% a.a.
N =	20
Variações em *i*	**VP**
4,25%	434,99
5,25%	359,38
6,25%	297,45
7,25%	246,63
8,25%	204,85
9,25%	170,44
10,25%	142,05
11,25%	**118,58**
12,25%	99,15
13,25%	83,03
14,25%	69,64
15,25%	58,50
16,25%	49,22
17,25%	41,47
18,25%	34,99
19,25%	29,57
20,25%	25,02
21,25%	21,20

15.2.1.3 Imunização

Imunizar significa proteger-se de algum efeito danoso. Dentro do estudo de renda fixa, significa neutralizar os efeitos negativos de uma eventual alteração das taxas de juros sobre o valor de mercado das carteiras. Podemos afirmar que uma carteira de títulos de renda fixa está 100% imunizada quando uma alteração na taxa de juros de mercado resultar em variação nula no valor da carteira.

Diz-se que uma carteira está imunizada quando as variações das posições compradas (ativos) são anuladas pelas variações das posições vendidas (passivos). Ou seja, o que se perde eventualmente com a desvalorização do ativo se ganha com a desvalorização igual do passivo.

Hedge

Os fundos de investimento, por princípio, não podem realizar operações de tomar recursos emprestados. O passivo desses fundos tem apenas as cotas dos investidores.

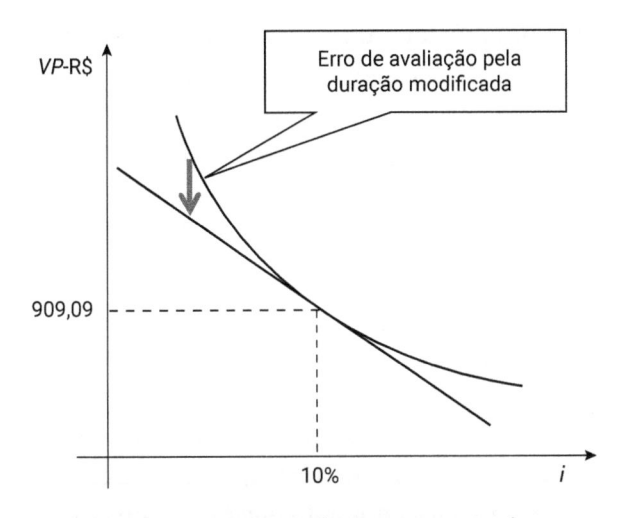

Figura 15.17 Erro de aproximação da duração modificada.

Recalculando o título do exemplo anterior, acrescentando o valor da convexidade aos valores já calculados pela aproximação da *DM*, obtemos valores mais próximos dos verdadeiros valores do título, porém ainda com algum erro cometido, conforme pode ser observado na Tabela 15.9 e na Figura 15.18.

Tabela 15.8 Comparação entre valores verdadeiros e a aproximação pela duração modificada

Variações em *i*	VPL – R$	
	Full valuation	Duração modificada
1,40%	8.609,28	6.094,51
2,70%	7.547,43	5.779,11
4,00%	6.661,92	5.463,71
5,30%	5.918,76	5.148,32
6,60%	5.291,15	4.832,92
7,90%	4.757,88	4.517,52
9,20%	4.302,06	4.202,12
10,50%	3.910,17	3.886,73
11,80%	**3.571,33**	**3.571,33**
13,10%	3.276,75	3.255,93
14,40%	3.019,28	2.940,53
15,70%	2.793,11	2.625,13
17,00%	2.593,44	2.309,74
18,30%	2.416,34	1.994,34
19,60%	2.258,55	1.678,94
20,90%	2.117,34	1.363,54
22,20%	1.990,46	1.048,15
23,50%	1.876,00	732,75

Tabela 15.9 Comparação entre a aproximação da duração modificada e a convexidade

Variações em *i*	VPL – R$		
	Full valuation	Duração modificada	Convexidade
1,40%	8.609,28	6.094,51	7.311,24
2,70%	7.547,43	5.779,11	6.710,67
4,00%	6.661,92	5.463,71	6.148,12
5,30%	5.918,76	5.148,32	5.623,60
6,60%	5.291,15	4.832,92	5.137,10
7,90%	4.757,88	4.517,52	4.688,62
9,20%	4.302,06	4.202,12	4.278,17
10,50%	3.910,17	3.886,73	3.905,74
11,80%	**3.571,33**	**3.571,33**	**3.571,33**
13,10%	3.276,75	3.255,93	3.274,94
14,40%	3.019,28	2.940,53	3.016,58
15,70%	2.793,11	2.625,13	2.796,24
17,00%	2.593,44	2.309,74	2.613,92
18,30%	2.416,34	1.994,34	2.469,62
19,60%	2.258,55	1.678,94	2.363,35
20,90%	2.117,34	1.363,54	2.295,10
22,20%	1.990,46	1.048,15	2.264,87
23,50%	1.876,00	732,75	2.272,67

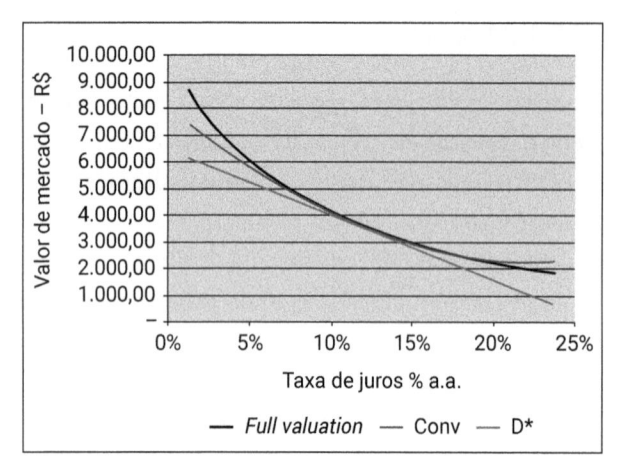

Figura 15.18 Gráfico da *duration*, convexidade e curva real.

Porém, pode-se aplicar o conceito de imunização para proteger uma carteira de títulos de renda fixa utilizando-se operações realizadas no mercado futuro de DI da Bolsa, Brasil, Balcão (B3), com derivativos de taxa de juros, sem que seja necessário vender ativos de renda fixa. Essas operações são chamadas de *hedge*.

O *hedge* nada mais é do que uma operação realizada para ajustar ativo e passivo de forma a tornar a carteira resultante imune a algum fator de risco, reduzindo ou eliminando a exposição do investidor a esse determinado fator do qual deseja se proteger.

Apesar de esse assunto ter sido tratado no módulo sobre derivativos, vamos aqui expor um exemplo de *hedge* de taxa de juros, muito comum em fundos de investimento.

Suponha que determinado fundo de investimento tenha investido grande parte de seus recursos em LTN, que são negociadas com desconto (deságio), de modo a gerar o rendimento suficiente para compensar seus riscos. A taxa de juros básica da economia é o principal fator de risco desse ativo, uma vez que o risco de crédito soberano pode ser considerado nulo, no mercado interno.

Assim, esse fundo está sujeito a risco de taxa de juros e seu valor de mercado flutuará conforme as variações da estrutura a termo das taxas de mercado.

Ao analisar as condições de mercado e previsões da equipe macroeconômica, o gestor do fundo concluiu que haveria alta probabilidade de a taxa de juros subir nos próximos dias. Para se proteger de perdas contábeis que se refletiriam nas cotas do fundo decorrentes dessas condições, o investidor decidiu neutralizar os efeitos da taxa de juros sem vender os ativos.

Uma vez que o fundo de investimento tem em seu passivo apenas as cotas, ou seja, não é permitido aos fundos de investimento tomar recursos emprestados, resta ao gestor apenas a possibilidade de gerar passivo de forma artificial, por meio de operações com derivativos. Alguns fundos de investimento podem realizar operações ativas com derivativos, ou seja, podem usar os derivativos para criar exposição a risco. Esses fundos são obrigados a divulgar esse fato em seus prospectos. No caso presente, nosso interesse é mostrar a utilização do derivativo em operações de *hedge*. Esse tipo de operação é permitido pelos normativos da Comissão de Valores Mobiliários (CVM) para a maioria dos fundos de investimento e não representa risco adicional para os cotistas, pelo contrário, permite a redução ou até mesmo a eliminação dos riscos de mercado. Vejamos a seguir o esquema contábil de um fundo de investimento, totalmente investido em taxa prefixada.

Ativo	Passivo
1.000 LTNs R$ 965.000,00	Cotas: 100.000 cotas Valor cota = R$ 9,6500 Total = R$ 965.000,00

O gestor pretende proteger seu ativo das variações da taxa de juros. Sendo assim, uma das formas de obter essa proteção é colocar no passivo do fundo (de forma hipotética) o mesmo valor da exposição em LTN, com o mesmo vencimento. Qualquer variação de preço no ativo em razão da taxa de juros será compensada por uma variação igual no valor do passivo. Por serem de naturezas contrárias, as alterações no passivo anularão a alteração do ativo.

Para criar o efeito de lançar no passivo o valor correspondente a um empréstimo, é necessário comprar taxa de juros (vender preço unitário – PU), no mercado de derivativos de taxa de juros (DI Futuro). Esse mercado funciona sem caixa, ou seja, nenhuma das partes desembolsa ou embolsa recursos no momento da contratação. Apenas entram no contrato, vendido ou comprado em taxa de juros. Para o fim de análise de risco, o efeito é semelhante a tomar recursos emprestados ou emprestar à taxa prefixada. Vejamos como ficariam as contas do balanço do fundo, considerando a presença de posição comprada em taxa de juros para o fundo anterior, com o mesmo valor financeiro e prazo.

Ativo	Passivo
1.000 LTNs R$ 965.000,00	10 contratos DI Futuros R$ 965.000,00
	Cotas: 100.000 cotas Valor cota = R$ 9,6500 Total = R$ 965.000,00

Supondo que no decorrer do dia a taxa de juros subiu, de forma que provocou uma diminuição no valor presente das LTNs equivalente a R$ 500,00, essa mesma variação da taxa de juros provocaria uma redução de mesmo valor nos PU dos contratos de DI Futuros. Assim, como a redução do ativo representa uma perda, haverá redução do passivo, o que representa um ganho, que terá o mesmo valor da variação do ativo, conforme representado a seguir.

Ativo	Passivo
1.000 LTNs R$ 965.000,00 (−) R$ 500,00	10 contratos DI Futuros R$ 965.000,00 (−) R$ 500,00 (ajuste DI Fut.)
R$ 964.500,00	R$ 964.500,00
Caixa: (+) R$ 500,00 (recebimento de ajuste do DI Futuro)	Cotas: 100.000 cotas Valor cota = R$ 9,6500 Total = R$ 965.000,00

O movimento de redução de valor do contrato DI Futuro gera ajuste a favor do fundo, que terá uma entrada de caixa de R$ 500,00. Esse ajuste compensa a alteração contábil no valor das LTNs, de modo que o valor das cotas não sofre alteração.

No dia seguinte, o fundo inicia com novos valores presentes para as LTNs, pois esses títulos terão um dia a menos de prazo para o vencimento. Como o valor presente depende do prazo, o fundo terá sua cota valorizada pelo carregamento das LTN por um dia. O novo valor das LTNs corresponderá ao valor de fechamento (R$ 964.500,00), carregado por um dia, pela taxa de juros de fechamento, a mesma que gerou o valor de R$ 964.500,00.

Pelo lado do passivo, as cotas acompanharão a valorização das LTNs. Já os contratos de DI Futuro não provocam nenhuma alteração contábil, pois o valor do PU é utilizado apenas para cálculo dos ajustes diários. No dia seguinte, os contratos de DI Futuro recomeçarão com valores reajustados por um dia, pela taxa de fechamento do DI. Se a taxa de juros de fechamento do mercado das LTNs for igual à taxa de fechamento do DI, os novos valores das duas posições continuarão iguais. Eventuais diferenças entre esses dois mercados poderão criar a necessidade de ajuste na quantidade dos contratos futuros, para igualar os valores financeiros.

Os novos valores das LTNs representam uma remuneração pós-fixada, sempre pelo valor da taxa de juros desses ativos, a mesma que foi utilizada para sua marcação a mercado. A tabela a seguir mostra os novos valores de passivos e ativos em D+1.

Ativo	Passivo
1.000 LTNs R$ 964.500,00 × (1 + t × LTN)$^{(1/252)}$ = R$ 964.901,50	10 contratos DI Futuros R$ 964.500,00 × (1 + DI)$^{(1+252)}$ = R$ 964.902,10
Caixa: R$ 500,00 × (1 + TMS)$^{(1/252)}$	Cotas: 100.000 cotas Valor cota = R$ 9,6500 Total = R$ 965.000,00

Vejamos a seguir alguns esquemas de proteção contra os principais fatores de risco de mercado.

Taxa de juros

1. **Pré × Pós**

    1. a. Caso do investidor que adquiriu títulos remunerados por taxa de juros prefixada.
    Risco → taxa de juros subir (provoca queda no valor de mercado do ativo).
    Hedge → comprar taxa de juros ou vender contrato de DI no mercado futuro.

    1. b. Caso do tomador de recursos que captou no mercado a taxa de juros prefixada. Por exemplo, uma empresa que tem dívida em juros prefixados e ativos à taxa de juros pós-fixados.

Risco → taxa de juros cair.

Hedge → vender taxa de juros ou comprar contrato de DI no mercado futuro.

2. **Pós × Pré**

   2. a. Caso do investidor que tem títulos pós-fixados e acredita que a taxa de juros irá cair.

   Risco → taxa de juros cair.

   Hedge → vender taxa de juros ou comprar contrato de DI no mercado futuro.

   2. b. Caso do tomador de recursos que captou a taxa de juros pós-fixada e acredita que a taxa de juros irá subir. Por exemplo, um banco.

   Risco → taxa de juros subir.

   Hedge → comprar taxa ou vender contrato de DI no mercado futuro.

Renda variável

3. Caso do investidor de bolsa com carteira diversificada, que acredita que a bolsa irá cair.

   Risco → queda no valor das ações.

   Hedge → venda de contratos de índice futuro de IBOVESPA.

   O ajuste dos valores é feito considerando-se o *Beta* da carteira do cliente em relação ao índice IBOVESPA, da seguinte maneira:

   N. de contratos = (valor da carteira, em R$) × β / (valor do índice futuro, em R$)

Cambial

4. **a.** Caso de instituições que têm passivo (dívida) em moeda estrangeira. Por exemplo, um importador.

   Risco → desvalorização do real, ou seja, valorização da moeda estrangeira perante o real.

   Hedge → comprar futuro de moeda.

   4. b. Caso da instituição que tem ativos em moeda estrangeira. Por exemplo, um exportador no Brasil.

   Risco → valorização do real perante o dólar ou euro, ou seja, uma valorização da nossa moeda.

   Hedge → vender futuro de moeda.

   N. de contratos = (valor da operação × taxa de juros) / (valor do contrato)

15.2.2 Risco de liquidez

O risco de liquidez tem duas formas: (i) liquidez do mercado (ou de produto) e (ii) liquidez de fluxo de caixa (ou de fundos).

15.2.2.1 Mercado

O risco de liquidez de mercado/produto surge quando uma operação não pode ser conduzida ao preço de mercado prevalecente por insuficiência de atividade do mercado. Como exemplo, pode-se citar o caso da venda de um grande lote de ações, bem acima do que o mercado está acostumado a negociar. Se a oferta for de venda, poderá influenciar os preços para baixo, impondo perdas ao vendedor.

15.2.2.2 Fluxo de caixa

A liquidez, ou sua falta, exerce grande influência sobre os preços dos ativos de renda variável, que são papéis sem vencimento (ações). Os investidores dependem da venda desses títulos para reaver o capital investido e para realizar os rendimentos acumulados.

A liquidez das ações é uma das variáveis utilizadas pela B3 nas revisões quadrimestrais dos ativos que compõem a carteira teórica do índice IBOVESPA. A métrica utilizada nessa avaliação é o índice de negociabilidade dos ativos, que leva em conta a quantidade de negócios do ativo e o volume financeiro de cada transação realizada no prazo de 1 ano, em relação ao total de negócios e volume de todas as transações realizadas com ações na B3 no mesmo período. Quanto maior o número de negócios e volume, maior a liquidez do ativo.

Já os títulos de dívida (renda fixa) têm seus rendimentos e vencimentos fixados previamente, e, portanto, sua liquidez se concretiza nos pagamentos dos bônus, nas parcelas de principal e ao final do prazo de vencimento, com o resgate total, mediante sua liquidação pelo emissor.

Mesmo no caso de renda fixa, muitas vezes o investidor não quer permanecer com o título até o vencimento e precisa vendê-lo a mercado. Nesses casos, a liquidez torna-se importante e influencia no valor de venda desses ativos.

O problema se agrava com títulos sem liquidez. Esse risco está especialmente relacionado com contratos OTC (*over-the-counter* = contratos de gaveta), contratados no mercado de balcão, uma vez que, para encerrar sua posição, uma das partes dependerá da concordância da outra parte contratada. Ainda que o mercado se apresente com boa liquidez, o ativo em questão não desfruta da liquidez do mercado, pois não está registrado em ambiente de negociação regular.

Por exemplo, essa situação é comum quando se formaliza contrato de *swap* visando à estratégia de *hedging* dinâmico, isto é, quando uma das partes tem necessidade de se ajustar à razão de *hedge* durante o período de proteção. Nesse último caso, a parte que necessita do ajuste poderá não encontrar a mesma disposição da contraparte, e assim ficar exposta a um risco não desejado.

O risco de liquidez de fluxo de caixa/fundos aparece quando há falta de capacidade para manter as obrigações do fluxo de caixa. É um risco potencial que se apresenta quando uma instituição não tem condições de manter os fluxos de seus pagamentos (obrigações) e seus recebimentos (direitos) com a mesma frequência. Esse descasamento entre *inflows* (fluxos de entrada) e *outflows* (fluxos de saída) pode trazer problemas para a empresa, tais como necessidade de empréstimos repentinos a taxas elevadas, multas contratuais por atraso de pagamentos ou até mesmo uma venda de um ativo ou bem patrimonial por um preço abaixo do mercado para quitação de dívidas assumidas.

Os bancos, em especial, preocupam-se demasiadamente com o risco de liquidez, uma vez que o sucesso de suas operações depende totalmente da confiança de seus clientes. A falta sistemática de recursos para fechamento diário da tesouraria de um banco é um indício de falta de liquidez da instituição e pode prejudicar a confiança dos clientes e das demais instituições financeiras. Além de atingir de forma danosa a própria instituição, a falta de liquidez em um banco pode contagiar o mercado e provocar a falta de confiança em relação a outras instituições semelhantes, prejudicando todo o sistema financeiro.

15.2.2.3 Consequências sobre precificação

O risco de liquidez é de difícil quantificação, podendo variar de acordo com as condições de mercado, o tipo de ativo e as características da carteira.

Os preços dos ativos negociados no mercado sofrem influência da liquidez, que se reflete na volatilidade dos retornos diários desses ativos. Quanto menor o nível de liquidez do ativo (ou do mercado), maiores serão as variações dos preços desses ativos.

Observe os dois gráficos das Figuras 15.19 e 15.20. No caso da ação GOLL4, o volume médio diário é de R$ 27 mil, para um período de cerca de 2 anos (maio/2013). A faixa de variação de preço atinge cerca de 7% em torno do preço médio. Acima de certo volume, aproximadamente R$ 35 mil, os preços apresentam variações maiores que 7% (acima e baixo do preço médio).

Observe agora a ação VALE3, cuja liquidez é bem superior, com volume médio diário em torno de R$ 167 mil, no mesmo período. A variação é menor, cerca de 4% em torno do preço médio e apenas após um volume de R$ 300 mil os preços saem da faixa de 4%.

Menor liquidez resulta em maior dispersão dos preços, que resulta em maior risco para o investidor. Esse risco influencia no retorno esperado pelo investimento. O investidor irá exigir maior retorno para investir na ação GOLL4, pois esta apresenta maior risco (menor liquidez).

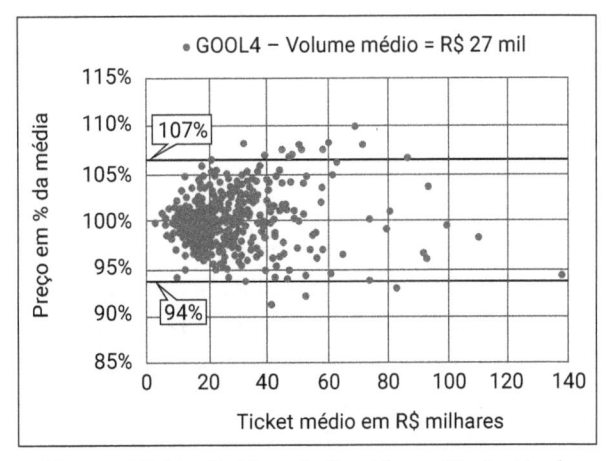

Figura 15.19 Gráfico de liquidez – Variação de preço × volume – GOLL4.

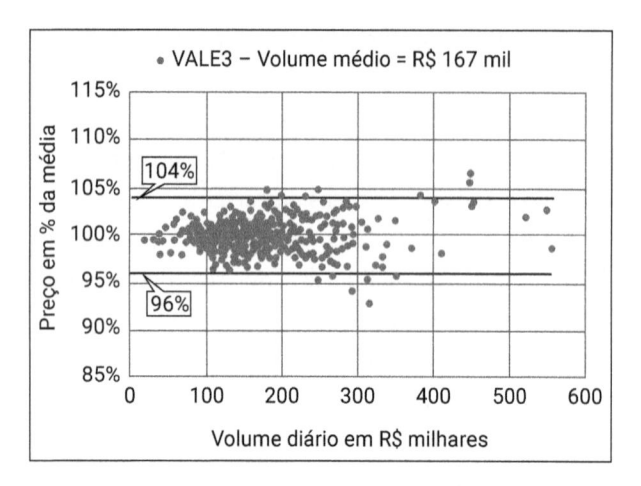

Figura 15.20 Gráfico de liquidez – Variação de preço × volume – VALE3.

15.2.3 Risco de crédito

Esse modo de risco pode ser considerado a dominante no mercado financeiro nos dias de hoje. Relaciona-se a prováveis perdas quando um dos contratantes não consegue honrar seus compromissos. As perdas, nesse caso, correspondem aos recursos que não serão mais recebidos. O alcance desse risco vai depender do tamanho da posição tomada, do tamanho do negócio em relação ao fechamento de um dia particular e se existem mecanismos contratados que garantam o cumprimento dos compromissos assumidos. O efeito dessa operação é sentido pelo custo de reposição do fluxo de caixa, que será suportado pela parte lesada.

Há quatro maneiras de visualizar o risco de crédito, descritas a seguir.

1. **Risco País**: também conhecido como **Risco Soberano**, representa a probabilidade de um país deixar de pagar os juros e o principal de sua dívida externa, e declarar moratória. Ocorrendo esse evento, o país fica impedido de captar recursos no mercado internacional e tem o montante de sua dívida aumentado em razão das altas taxas de juros que passa a incorrer. Todos os empréstimos do próprio país e de suas empresas no exterior são influenciados pelo Risco País.
2. **Risco Político**: quando há restrições ao fluxo de capitais entre países, estados ou municípios. Isso impede a contraparte de honrar as suas obrigações. Pode ocorrer em consequência de golpes militares, novos planos econômicos, reformas tributárias ou resultados eleitorais.
3. **Risco de Falta de Pagamento**: também conhecido como risco de inadimplência, pode-se visualizar essa forma de risco de crédito como sendo o **risco de contraparte**, isto é, quando uma das partes, em um contrato, não pode mais honrar os seus compromissos assumidos, e o **risco de repetição**, que é a perda potencial existente no caso de a transação ter que ser repetida periodicamente até o seu vencimento, o que ocorre nos contratos de *swap*.
Operações que usam derivativos geralmente envolvem um risco de crédito menor do que aquelas feitas no mercado tradicional, pois os valores dos contratos envolvidos na negociação não são trocados efetivamente. Nas operações com derivativos, os contratos futuros são aqueles que têm o menor risco. Isso é devido ao ajuste diário de margens e ao papel financeiro de assunção de risco desempenhado pela *clearing house*. As operações com o maior risco são os contratos de *swap*, por serem operações de balcão e se prolongarem por um longo período. O gerenciamento do risco de crédito ficou mais eficaz após o surgimento dos derivativos de crédito, uma vez que esses instrumentos financeiros apresentam grande versatilidade.
4. **Risco de Concentração**: representa a possibilidade de perda decorrente de elevado nível de concentração na concessão de crédito a uma única empresa, ou grupo empresarial, ou segmento de indústria, ou região geográfica, ou mercado específico. Esse tipo de risco fragiliza a instituição financeira e é fortemente combatido pelo Banco Central do Brasil (BCB), pela SPC e pela CVM, que impõem normas às instituições por elas reguladas, de forma a mitigar esse risco.

15.2.3.1 Insolvência e inadimplência

Embora superficialmente os termos "insolvência" e "inadimplência" possam parecer sinônimos, a literatura os diferencia. De acordo com Borges (2001):

> [...] enquanto insolvência tem um caráter de incapacidade de uma empresa liquidar seu passivo, traduzido pelos eventos de concordata e falência, a inadimplência

é entendida como um conjunto de eventos, considerados graves, que podem levar uma empresa à situação de insolvência. Esse conjunto de eventos abrange desde apontamentos negativos como protestos, cheques sem fundos, ações executivas, até a situação de dívida atrasada por um determinado período.

O interessante é notar que a questão de uma empresa estar ou não inadimplente depende da cultura de cada empresa, pois a definição do termo carece de concordância. Segundo SECURATO (2007), "enquanto o conceito de insolvência, traduzido pelos eventos de concordata e falência, é claramente entendido por todos, o de inadimplência não, pois está ligado à cultura de crédito de cada instituição".

Desse modo, enquanto uma instituição pode definir como inadimplente uma empresa que não paga o crédito que tomou na data de seu vencimento, outra pode definir como inadimplente a companhia que não paga os compromissos assumidos há mais de 30 dias.

15.2.3.2 Mensuração de risco de crédito

A mensuração de risco de crédito é o processo de quantificar a possibilidade de a instituição financeira (entendida como bancos, fundos de investimento, outros) incorrer em perdas, caso os fluxos de caixa esperados com as operações de crédito não se confirmem.

Na busca de classificar o risco de *default*, que pode ser definido como a incerteza em relação à capacidade de o devedor honrar os compromissos assumidos nas datas previstas, foram desenvolvidos alguns modelos de risco de crédito. Esses modelos utilizam índices econômico-financeiros como forma de avaliar a deterioração (ou não) da situação da empresa.

Os modelos de previsão de insolvência costumam se basear em técnicas estatísticas de análise multivariada, como a regressão linear. E uma das maneiras que o mercado financeiro encontrou para expressar esse risco é por meio de um sistema de classificação de risco de crédito, como será visto no próximo item.

15.2.3.3 Classificação de risco de crédito – *rating*

A avaliação do risco antes da emissão de um título de dívida, seja de empresas, seja do governo, é essencial tanto para calibrar as características do título quanto para definir prazo e taxa máxima de remuneração, além do processo de colocação desses títulos no mercado.

As agências de *rating* fornecem uma análise fundamentalista com base em crédito para todo tipo de emissão. Elas analisam a companhia emissora do título, bem como a emissão específica, para determinar a probabilidade de *default*[3] e informar o mercado dessa probabilidade pelos *ratings*, que se resumem em uma nota final.

Rating pode ser definido, portanto, em uma nota final que resulta na emissão de opinião que uma agência de *rating* tem sobre o risco relativo da emissão e do emissor, empresa ou governo, baseada:

I. na capacidade e na vontade do emissor para pagar completamente e no prazo acordado, principal e juros, durante o período de vigência do instrumento de dívida;
II. na severidade da perda, em caso de inadimplência.

Para dar essa classificação ao título, a agência de *rating* considera a expectativa de capacidade de pagamento da empresa emissora, durante a vida do título, junto ao histórico e à posição financeira da companhia. Dado que quanto maior o prazo do título, maior a imprevisibilidade, pode-se dizer que o fator tempo influencia consideravelmente a classificação do *rating* da empresa.

Uma classificação de risco de crédito leva em consideração tanto técnicas quantitativas quanto análise de balanço, fluxo de caixa e projeções estatísticas, como análises de elementos qualitativos, por exemplo, o ambiente externo, a qualificação do seu corpo gerencial, das tecnologias utilizadas, questões jurídicas e percepções gerais sobre a empresa e seus processos. Outro fator a considerar na avaliação do *rating* é a questão das garantias oferecidas pelo emissor. Desse modo, uma mesma empresa pode apresentar títulos de dívida com diferentes notas, de acordo com as garantias oferecidas e os prazos dos títulos.

---

3 Ocorre o *default* quando a empresa não honra sua dívida. É um termo comumente utilizado no mercado financeiro.

As agências de *rating* são uma importante fonte de informação de crédito sobre as companhias emissoras dos títulos. Hoje em dia, dificilmente algum título de dívida consegue atrair investidores sem uma classificação de risco. Logo, muitas vezes, o emissor tem todo o interesse de ter a sua classificação de risco publicada, apesar de as agências de *rating*, algumas vezes, superestimarem o risco de *default*, atendendo ao princípio do conservadorismo na análise de riscos, o que pode resultar em prêmios de risco acima do necessário.

As agências de *rating* instaladas no Brasil dão notas tanto em escala global quanto em escala nacional, fornecendo uma diferenciação máxima entre os créditos brasileiros. Conforme explica a Moody's em seu *site*, isso é alcançado:

1. comparando-se as entidades brasileiras somente com outras entidades brasileiras;
2. excluindo certos riscos sistêmicos que afetariam todos os emissores igualmente.

Vale mencionar que geralmente a escala de notas no Brasil é mais alta do que as notas globais, embora não seja comparável internacionalmente, dado que a escala nacional, que avalia apenas as emissões em moeda local, não incorpora todos os parâmetros de inadimplência estabelecidos na escala global.

No Brasil, as principais agências de *rating* são: Standard & Poor's (S&P), Moody's e Fitch, as três de origem americana. Além delas, a Serasa e o BCB também fazem um trabalho de *rankeamento*, mas não da mesma magnitude que as três agências citadas. Temos também a LF Rating, empresa 100% brasileira que se originou da Lopes Filho Consultoria, empresa de consultoria que faz serviço de análise fundamentalista de ações.

Somente como exemplo, segue a classificação de *rating* da Moody's e da Fitch Ratings em escala nacional. Quanto mais próximo do topo da classificação, melhor o *rating* do emissor. O conceito de *investment grade*, ou grau de investimento, é relacionado às maiores notas. Isso significa dizer que as emissões ou emissores que apresentam esse *rating* têm baixo risco de crédito.

Quadro 15.1 *Rating* nacional – correspondência

Fitch Rating		Moody's	
Curto prazo	Longo prazo	Curto prazo	Longo prazo
F1	AAA	ST-1	Aaa
F2	AA	ST-2	Aa
F3	A	ST-3	A
B	BBB	ST-4	Baa
C	BB		Ba
D	B		Caa
	CCC		Ca
	CC		C
	C		
	DDD		
	DD		
	D		

Grau de investimento
Especulativo/*High Yield*

Notas para *ratings* nacionais de longo e curto prazos

Um identificador especial para o país em questão será adicionado a todos os *ratings* nacionais. No caso do Brasil, utiliza-se (bra) ou (br), dependendo da agência de *rating*.

Os símbolos "+" ou "–" podem ser adicionados a um *rating* para denotar sua posição relativa em uma categoria de *rating*. Esses sufixos não são adicionados à categoria de *rating* nacional de longo prazo "AAA(bra)", e categorias abaixo de "CCC(bra)", ou a *ratings* de Curto Prazo "F1(bra)".

Um *rating* pode ser retirado quando a agência de *rating* considerar inadequada a quantidade ou qualidade da informação disponível, quando uma obrigação vencer ou a pedido do emissor. O motivo da retirada, exceto no caso de vencimento de uma emissão, no entanto, não é comunicado ao mercado.

Observação

Ratings são colocados sob observação para notificar investidores de que há razoável probabilidade de uma mudança de *rating* e da provável direção de tal mudança. Esta pode ser positiva, indicando uma potencial elevação, negativa, para um potencial rebaixamento, ou é indefinida, se os *ratings* puderem ser elevados, rebaixados ou mantidos. A observação é tipicamente resolvida em um período relativamente curto.

Uma perspectiva de *rating* indica em qual direção um *rating* é provável de ser alterado em um prazo entre 1 e 2 anos. Perspectivas podem ser positivas, estáveis ou negativas. Quando não puder ser identificada a tendência fundamental, a perspectiva de *rating* pode ser descrita como indefinida.

Por fim, quanto melhor o *rating*, menor o risco de crédito do emissor. Então, emissões de prazo idêntico com *rating* alto pagam taxas de juros menores que títulos cujo *rating* é baixo. O mesmo ocorre com alterações no *rating*, que influenciam negativamente no preço do título em caso de piora no *rating* e positivamente no caso de melhora na nota ao longo da vida do título.

15.2.3.4 *Spread* de crédito e probabilidade de inadimplência

Uma das maneiras que o mercado tem de demonstrar o risco de crédito e a probabilidade de inadimplência é por meio do *spread*, que pode ser entendido como a diferença de custo entre uma aplicação em uma instituição financeira e a taxa cobrada por esta para emprestar dinheiro ao tomador dos recursos. É de se esperar que quanto maior o risco de *default*, maior o custo para o tomador dos recursos, que precisa pagar taxas de juros maiores que tomadores com *ratings* melhores para empréstimos de prazos idênticos.

15.2.3.5 Capacidade de pagamento

A falta de capacidade de pagamento é o principal motivo para a inadimplência, modo clássico de manifestação do risco de crédito. Muitas são as técnicas para avaliação do risco de inadimplência, mas todas passam por um ponto comum: a avaliação da capacidade de pagamento do tomador de recursos.

A avaliação do nível de risco das companhias é traduzida em nota de risco, chamada de *rating*, como vimos anteriormente e que é determinada de modo comparativo entre as companhias. Para avaliação e definição da nota de risco, os analistas especialistas em risco de crédito utilizam diversas informações sobre a instituição, o setor de indústria, o mercado e sobre a economia local e global. Técnicas de regressão e projeções de resultados também são utilizados em conjunto com avaliações subjetivas.

Entre as informações contábeis utilizadas na avaliação de risco de crédito podemos destacar a estrutura de capital, o nível de alavancagem, a qualidade de suas dívidas e a capacidade de geração de caixa com suas operações.

A estrutura de capital de uma companhia é analisada a partir da relação entre capital próprio e capital oneroso de terceiros e define a forma como a empresa financia suas atividades. Os gestores buscam a estrutura de capital ideal entre recursos próprios e recursos de terceiros para otimizar o retorno dos acionistas. Quanto maior essa relação, maior o risco de crédito da companhia.

A alavancagem financeira pode ser resumida, de acordo com Gitman (2001), na "capacidade da empresa de usar encargos financeiros fixos para maximizar os efeitos de variações no lucro antes de juros e imposto de renda (LAJIR) sobre o lucro por ação".

Isso significa que os recursos onerosos empregados para alavancar os negócios da companhia deveriam aumentar (maximizar) o retorno do acionista. Os índices a seguir estão relacionados com essa avaliação e podem ser obtidos a partir de dados contábeis.

- **Endividamento geral**: avalia o total da dívida de uma companhia e relaciona-se diretamente com o grau de risco. Quanto maior o percentual de endividamento, maior o risco de crédito.
- **Grau de alavancagem financeira**: avalia a qualidade do capital oneroso de terceiro, que é utilizado pela companhia para alavancar seus resultados. Esse índice representa quociente entre o retorno sobre o Patrimônio Líquido e o retorno sobre o Ativo Total. Quando maior que 1, indica que o capital oneroso beneficiou o acionista aumentado. Quanto maior, melhor.

Cobertura financeira é o conceito ligado à capacidade da companhia de gerar recursos financeiros com suas atividades operacionais em volume suficiente para assegurar o pagamento de suas dívidas.

Outro indicador de capacidade de pagamento é a liquidez corrente, resultado da divisão do ativo circulante (inclui caixas, bancos, estoques, clientes) pelo passivo circulante (empréstimos, financiamentos, impostos, fornecedores). A informação contida nesse indicador é complementar ao grau de endividamento e informa sobre o prazo da dívida em comparação com o prazo dos ativos. Um valor maior que a unidade indica que a companhia tem capacidade para quitar suas obrigações de curto prazo utilizando-se apenas do caixa que será gerado a partir dos realizáveis de curto prazo. A eventual presença de ativos com vencimentos mais longos que os passivos aumenta o risco de crédito da companhia.

15.2.4 Risco País – risco de crédito de natureza soberana

O risco de crédito, em geral, é avaliado por empresas especializadas em analisar a capacidade de pagamento do emissor de um título, seja ele empresa, seja ele o governo. Essas empresas recebem o nome de agências de *rating*, pois, após avaliarem o emissor, concedem uma nota ou *rating* para a emissão. Com base nessa nota que reflete o risco do título é que o investidor define a remuneração que ele aceita para correr esse risco.

Além de avaliar o risco das emissões de títulos de renda fixa, as agências de *rating* também avaliam a situação econômico-financeira de seus emissores. O mercado financeiro presta atenção na classificação de *rating* que as principais empresas do mercado fazem dos países (Fitch, Standard & Poor's etc.). Isso é devido ao caráter profissional e minucioso com que são efetuadas essas análises. São verificadas as principais variáveis econômicas do país relacionadas à sua capacidade de honrar compromissos internos e externos. Algumas dessas variáveis observadas são a relação dívida/PIB e a relação saldo exportado/dívida externa, entre outras.

Conforme visto até aqui, a classificação de risco de crédito atribuída aos emissores de títulos de dívida pode variar de A a D. Quanto mais próximo da letra A no topo da classificação, menor é o risco. Isso mostra que países que ocupam a parte de cima da classificação têm risco inferior aos países que ocupam a parte de baixo da classificação. Todos os países que estão situados acima de determinado nível de classificação (BBB–) são considerados de baixo risco de crédito ou *investment grade*. Ser um país classificado em *investment grade* representa maior facilidade para realizar captações de recursos via emissão de títulos no mercado internacional, pagando uma taxa de juros menor. O Brasil teve sua classificação de risco elevada para grau de investimento, pela agência de classificação de risco Standard & Poor's, em 30 de abril de 2008, quando o *rating* da dívida externa e de longo prazo do Brasil passou de BB+ para BBB–. Segundo o jornal *O Globo*, "O Brasil foi o último país do chamado bloco dos BRICS – grupo de países de economias emergentes, formado por Brasil, Rússia, Índia e China – a receber a nota. Rússia é BBB+, China é A e Índia também é BBB–". Infelizmente, no final de 2015, o país retornou ao grupo especulativo, dos países com elevado risco soberano. Em junho de 2023, a classificação do *rating* soberano do Brasil estava avaliada pela S&P como BB+.

Mas o que são o Risco Brasil e a **Taxa EMBI**?

O risco país ou *Emerging Market Bonus Index* (EMBI) foi criado pelo Banco J. P. Morgan em 1995, quando passou a ser divulgado diariamente ao público. Desde a sua criação, esse índice ganhou grande destaque no mercado financeiro como medida de risco de crédito implícita dos títulos soberanos emitidos por países emergentes. Isso significa que o Risco País representa uma forma numérica de se comparar, entre países emergentes, a capacidade de determinado país honrar seus compromissos externos, que compreendem o pagamento do principal e dos juros da dívida externa.

Para esse cálculo, são levados em consideração todos os títulos de prazo superior a 2,5 anos emitidos por determinado país no exterior ponderando a participação de cada título no índice pelo seu volume negociado. No caso do Brasil, todos os títulos de emissão do governo federal com vencimento até 2040 que fazem parte da dívida externa são considerados para o cálculo do risco país brasileiro.

A interpretação do risco país é bastante simples: quanto menor o índice, menor é o risco e vice-versa. Sempre que o risco país sobe, significa que os investidores internacionais passaram a considerar que investir em títulos do país ficou mais arriscado. Esse índice, no caso brasileiro, já chegou a atingir 2.436 pontos, o que significa dizer que um título brasileiro estava pagando no mercado secundário, em média, 24,36% a.a. de juros acima do título emitido pelo governo americano de mesmo prazo. Taxa de remuneração impensável para a situação atual do Brasil. Essa taxa de juros acima da taxa do governo americano é também conhecida no mercado por sua denominação, em inglês, *spread over treasury*.

Por exemplo, no caso citado anteriormente, com índice de 2.436 pontos: se um título americano de determinado prazo estivesse pagando 3% a.a., o título brasileiro de mesmo prazo estaria pagando uma remuneração de 27,36% a.a., tornando bastante cara qualquer emissão do governo ou de empresas brasileiras no exterior.

15.2.5 Risco de contraparte

O risco de contraparte é um tipo de risco que depende da existência de um contrato ou obrigação que surge de uma relação comercial, no entanto não está vinculado à obrigação de um pagamento financeiro. Nesse aspecto, é diferente do risco de crédito, no qual pressupõe-se a existência de uma obrigação de pagar. No caso do risco de contraparte, a obrigação descumprida pode ser qualquer outra. Como exemplo, podemos citar o risco de uma das partes não entregar um bem ou serviço em determinado prazo. De qualquer modo, o descumprimento de uma obrigação contratual irá gerar um prejuízo a outra ou outras partes de um acordo.

Veja essa situação hipotética, que pode ocorrer no mercado financeiro: um investidor tem uma dívida (passivo) e uma aplicação (ativo) em renda fixa pós-fixada em CDI diário. Para se proteger do risco de descasamento entre essas duas formas de juros, esse investidor procura uma instituição e realiza com ela um contrato de *swap*, no qual ambos trocam de taxa (o investidor pagará para a instituição a taxa em CDI, e a instituição pagará para o investidor a taxa de juros prefixada). Isso inverte a remuneração do ativo desse investidor, fazendo com que ativo e passivo passem a ser remunerados à mesma taxa, mitigando seu risco. A instituição não deve recursos ao investidor, nem o investidor deve à instituição, pois eles não realizaram nenhuma operação de crédito ou de depósito remunerado. No entanto, ao final do prazo do contrato, uma das partes terá que pagar o ajuste para a outra parte (a diferença de remuneração observada entre as duas moedas: CDI e taxa prefixada). Se a parte devedora, ao final do *swap*, não o fizer, a outra parte terá uma perda decorrente do seu risco original, o qual ela queria proteger. Nessa operação de *swap*, o risco de uma das partes não honrar o combinado é chamado de risco de contraparte.

Não devemos confundir com o risco de crédito, no qual efetivamente uma parte deve um valor à outra, desde o momento inicial do contrato. No caso de risco de contraparte, a obrigação irá produzir um efeito de perda financeira, mas a obrigação não necessariamente será um pagamento em moeda. Veja o seguinte exemplo: um empresário do ramo de construção civil tem um contrato de obra no qual deverá entregar uma fachada de vidro de um luxuoso edifício comercial em 6 meses, para o que contratou com uma grande fornecedora todos os vidros de que precisará. O prazo de entrega do material estava combinado para ser feito em três etapas, uma parte a cada mês. As duas primeiras entregas foram realizadas nas datas combinadas, porém a última entrega atrasou 20 dias. Como estava na última etapa, não havia tempo hábil para substituir o fornecedor ou ajustar a velocidade de instalação de forma a compensar o atraso. Nesse caso, o construtor entregou a obra com atraso e foi obrigado a pagar multa contratual por essa ocorrência. Vejam que o material foi entregue, porém fora do prazo, caracterizando o descumprimento de uma obrigação contratual, o que gerou prejuízo para a outra parte. Esse também é um caso de risco de contraparte.

No mercado financeiro, é comum que investidores procurem realizar operações de compra e venda de ativos e de derivativos em mercados organizados, nos quais as transações são registradas e liquidadas por meio de *clearings*. Fazem isso para se proteger do risco de contraparte, pois se uma das partes não cumprir o acordado, a *clearing* o fará. Eventuais prejuízos sofridos pela outra parte, decorrentes diretamente da operação não honrada, serão cobertos pelos ativos depositados em garantia pela parte ofensora ou, se estes não forem suficientes, a cobertura será feita por fundos da própria *clearing*. No Brasil, é a B3, por meio de sua *clearing*, que garante a liquidação das operações realizadas em bolsa, tendo, portanto, proteção contra o risco de contraparte.

15.2.6 Risco de liquidação

O BACEN define esse risco como a possibilidade "de que uma liquidação em um sistema de transferência não se realize segundo o esperado". Ainda segundo o BACEN, os riscos de crédito e de liquidez estão incluídos dentro do risco de liquidação.

A maioria das operações realizadas em mercado de capitais, mesmo aquelas ditas à vista, precisa de prazo para liquidação. Por exemplo, na compra de um lote de ações à vista, realizada na B3, o comprador terá que realizar a liquidação financeira da operação em D+3. Em contrapartida, o vendedor terá até D+3 para entregar (transferir a titularidade da custódia) as ações ao comprador.

Desse modo, há o risco de uma das partes não honrar o seu compromisso. O vendedor poderá não ter o título que vendeu, assim como o comprador pode não ter os recursos financeiros necessários para o pagamento do valor negociado. Isso representa risco de crédito, que, no caso de operações na B3, é absorvido pelas garantias. Para minimizar o risco de uma das partes não honrar a operação, a antiga CBLC (hoje B3), responsável pela liquidação física e financeira das transações realizadas nos pregões da bolsa, analisa o risco de crédito das corretoras de valores mobiliários, estabelece limites operacionais para cada uma e exige o depósito de garantias para que as operações possam ser registradas. Em caso de inadimplência de uma das partes, a B3 pode lançar mão das garantias para cobrir o prejuízo causado à outra parte.

15.2.7 Riscos de mercado externo

Com o mundo globalizado e a possibilidade de investimentos no exterior, as preocupações com outras variáveis que afetam os preços dos ativos veio à baila, tais como as que veremos a seguir.

- **Oscilações na taxa de câmbio**: imagine um fundo multimercado que tem 20% do seu patrimônio líquido investido no exterior. Essa situação põe em risco a precificação desses ativos que estão em outras moedas, pois a variação na taxa de câmbio agrega volatilidade na precificação desses ativos, que deve ser feita em reais para o cálculo da cota.
- **Mudanças no cenário macroeconômico mundial**: como se não bastassem as mudanças de taxa de juros, câmbio e humores dos investidores, questões no cenário macroeconômico mundial, como queda na atividade econômica, também afetam os investimentos no Brasil. Isso ocorre porque o dinheiro no mundo é ávido por oportunidades e se move com tamanha facilidade. Logo, dificuldades econômicas em países desenvolvidos acabam afetando as decisões dos investidores, que passam a assumir uma posição vendida no Brasil, levando os indicadores de mercado para baixo.
- **Riscos geopolíticos específicos de cada país investido**: questões políticas afetam de forma expressiva a vida de um país, trazendo consigo a incerteza, que é inimiga dos investidores, e aumentando a exigência de retorno. Nesse cenário, a busca por um porto seguro é grande, e a queda no preço dos ativos, a consequência.
- **Questões legais, regulatórias e tributárias específicas de um país**: as incertezas geradas por alterações nas regras do jogo são também perniciosas para o ambiente dos investimentos, principalmente quando ocorrem no exterior,

onde, pelo menos aparentemente, temos menos controle e informação.

15.2.8 Formas de controle de risco

Para que o controle de exposição a riscos seja eficiente, alguns requisitos devem ser observados. Inicialmente, a avaliação dos ativos sob controle de riscos de mercado deve ser marcada a mercado (*Mark to Market – MtM*). Somente conhecendo-se o valor de mercado de um ativo será possível analisar o risco de variação desse preço e estimar a possibilidade de perda decorrente de uma possível venda.

Além disso, o controle efetivo dos riscos deve se basear em sistemas complexos que incluem procedimentos, métricas de avaliação de exposição e de nível de risco, limites e alçadas decisórias relativos a essas exposições e estrutura independente para avaliação, acompanhamento e controle dos riscos.

O cálculo dos riscos de mercado deve considerar pelo menos duas formas de avaliação: uma avaliação em situação normal de mercado (por exemplo, o *VaR*) e outra para estimativa de perdas extremas em situação de crises (por exemplo, o Teste de *Stress*).

As instituições devem ter registro desses métodos e sistemas de controle, bem como divulgar seu manual de precificação, para tornar o sistema transparente e verificável pelos órgãos reguladores.

Geralmente, nas instituições financeiras e *assets*, a área de risco realiza sua própria precificação de ativos, para o fim de cálculo dos riscos de mercado, garantindo, assim, independência operacional em relação ao gestor da carteira. O ideal é que a estrutura de gestão de riscos não sofra qualquer influência da área de gestão de carteiras, quer seja sob aspectos funcionais e administrativos, quer seja sob aspectos técnicos operacionais.

Limites de exposição em relação ao mercado e à sua carteira

Uma das principais funções da avaliação de risco é sua utilização como ferramenta para a gestão, como auxílio na tomada de decisão e nas análises das relações entre risco e retorno.

Carteiras e fundos entregues a gestores profissionais ensejam a contratação de serviço com mandato para atuação em nome do contratante. Entre os documentos que regem a prestação do serviço de gestão, geralmente constam a política de investimento e regras restritivas quanto à alocação de recursos. O mandato nada mais é do que um documento formal, no qual o investidor expressa as normas de gestão que deverão ser seguidas pelo contratado, tais como limites para os percentuais de participação na carteira, por ativos, por fator de risco, por risco de crédito, limites de VaR, Limite de Teste de *Stress*, limites de perdas etc.

Muitas vezes, o regulamento do próprio fundo já traz esses limites expressos em sua redação. Quando se trata de fundos de investimento destinados ao varejo, geralmente a própria instituição administradora dos recursos criará as normas de gestão, que irão orientar a formação da carteira.

Esses limites são importantes ferramentas de controle de risco. Vale a pena dar uma lida em um prospecto e regulamento de um fundo de investimento, a fim de conhecer os cuidados tomados em relação aos limites de exposição de um fundo. Esses documentos podem ser encontrados nos *sites* das instituições financeiras ou na CVM. A leitura de um prospecto é uma aula prática de risco e ajuda a fixar os conceitos aqui aprendidos.

Em síntese, há dois tipos de limites: os regulatórios e legais, exigidos pela CVM e que, no caso dos fundos de investimento, podem ser revisados no Capítulo 12 deste livro; e os gerenciais, determinados pelos clientes investidores e pela própria instituição.

Como exemplo de limite legal, pode-se citar a classificação dos fundos. Segundo a Instrução CVM n. 409, os fundos referenciados devem ter, no mínimo, 95% de seu portfólio em ativos ou derivativos sujeitos ao risco de referência, os fundos em ações devem ter no mínimo 67% de seus recursos investidos nessa classe de títulos, fundos de renda fixa deverão ter no mínimo 80% de ativos de renda fixa, e assim por diante.

Além das limitações impostas pela CVM a fundos de investimento, órgãos reguladores das instituições de previdência, seguradoras e fundos de pensão também impõem limites em determinadas aplicações.

De modo a monitorar os limites impostos, as instituições administradoras e gestoras deverão ter sistema de controles internos, incluindo a geração de relatórios administrativos e gerenciais.

Limites baseados em métricas de avaliação de risco

Os limites operacionais poderão ser acrescidos de limites de VaR, limites de *stress*, limites de *traking error* e outras métricas de que os gestores de risco disponham. Esses limites servirão para que o gestor possa se orientar em relação à sua estratégia. O acompanhamento diário das métricas de risco e do consumo de limite permite o monitoramento por parte dos gestores, dos investidores (contratantes), do gerente de risco, dos diretores, dos membros dos comitês, dos auditores e da autoridade supervisora. Eventuais desvios poderão ser rapidamente corrigidos, antes que oscilações mais agudas imponham perdas significativas à carteira.

Para isso, os limites de risco deverão ser estabelecidos em conformidade com as normas de gestão, regulamentos e o risco de mercado dos ativos permitidos para alocação na carteira.

Controlando as extrapolações

Para uma gestão eficiente dos riscos de mercado (oscilação nos preços), os relatórios de risco devem ser diários e dirigidos aos gestores responsáveis pelas carteiras. A informação tempestiva deve trazer, no mínimo, a carteira fechada do dia imediatamente anterior. Informações muito antigas serão úteis para a análise do comportamento do fundo e avaliação de desempenho do gestor, mas não terão utilidade prática para as decisões de investimento. Ao iniciar o dia, o gestor deverá conhecer o nível de risco de sua carteira atual. Assim, poderá planejar sua estratégia de negociação de acordo com o nível de risco em relação aos limites.

Também em prol da eficiência dos controles de risco, eventuais extrapolações de limites devem ser reportadas diretamente ao gestor e simultaneamente aos níveis hierárquicos superiores, conforme definido nas normas de gestão de risco da instituição, sempre com o objetivo de controlar e evitar excessos por parte dos gestores de ativos.

Os sistemas de gestão deverão ser utilizados para armazenar e controlar as extrapolações, cujos registros devem permanecer disponíveis mesmo depois de sanadas as pendências, inclusive com a trilha de auditoria devidamente armazenada e disponível para fiscalização da integridade dos dados do sistema.

Planejamento das necessidades de caixa

Uma das formas de controle de risco é o planejamento das necessidades de caixa. Imagine, por exemplo, um fundo de investimento oferecido para o varejo. Esses fundos têm muitas solicitações de aplicação e resgate durante o dia. O gestor deve, então, comprar ativos que possam ser alienados ou resgatados facilmente, em quantidade suficiente para atender a essa necessidade de liquidez (caixa), evitando correr riscos desnecessários no dia a dia da gestão.

Do mesmo modo, deve um executivo de relacionamento cuidar da carteira de investimento de seus clientes. Como estudado na Capítulo 5 deste livro, é necessário avaliar a necessidade de caixa do investidor antes de sugerir qualquer investimento.

15.2.9 Gestão de risco de carteiras

Conscientes do risco de desestabilização do sistema financeiro, também chamado risco sistêmico, os órgãos reguladores esforçam-se por estabelecer regras e procedimentos que assegurem mais transparência nas atividades dos participantes dos mercados e mais proteção contra possíveis problemas.

Mediante exigência de cumprimento de padrões de operação, conduta e manutenção de capital mínimo para cobertura de eventuais perdas, os órgãos reguladores esperam conferir mais segurança para o sistema financeiro como um todo.

O uso de técnicas e ferramentas adequadas de gestão de risco pode evitar grande parte das perdas financeiras e até mesmo impedir a instalação de crises globais. Essas técnicas são utilizadas pelos reguladores dos mercados financeiros ao redor do mundo e vêm adquirindo maior importância nos últimos tempos, para o equilíbrio desses sistemas.

É conveniente ressaltar que esse novo enfoque de risco de mercado representa uma grande evolução, se comparado aos tradicionais conceitos de risco de crédito e risco de descasamento entre ativos e passivos anteriormente utilizados durante décadas. Como o desenvolvimento dos produtos financeiros, as técnicas de controle tradicionais tornaram-se obsoletas. O conceito de administração de risco de mercado está, portanto, nascendo das necessidades de controle impostas pelo próprio desenvolvimento do mercado.

As regras do Comitê da Basileia que já estão sendo exigidas dos bancos europeus e americanos desde o início de 1998, uma vez que representam grande mudança na cultura de gestão financeira, exigem uma frenética movimentação de vários setores (instituições financeiras, consultorias, auditorias, empresas de tecnologia de informação, provedores de informação e até mesmo instituições acadêmicas) para aproveitar as novas oportunidades que vão aparecer em um segmento ainda incipiente, mediante oferta de soluções para participantes do mercado financeiro.

De modo resumido, podemos dizer que as técnicas e as ferramentas de avaliação e gestão de riscos são utilizadas para:

- **Divulgação de informação**: permite informar aos investidores o nível de risco financeiro que envolve determinado investimento. Pode referir-se ao risco de uma instituição, dos seus títulos negociados no mercado, de um fundo de investimentos, de um país ou de um índice mercado específico (IBOVESPA, por exemplo).
- **Alocação de recursos**: as informações sobre os riscos dos investimentos disponíveis permitem ao investidor tomar a decisão de investimento mais adequada ao seu perfil (conservador, moderado ou agressivo) e alocar seus recursos com mais confiança.
- **Avaliação de *performance***: neste caso, a avaliação de risco é usada para ajustar a *performance* de uma operação em função do risco assumido. Resultados de retornos elevados não são necessariamente os melhores. É mais justo considerar que a melhor *performance* é aquela que oferece maior resultado por unidade de risco assumida.
- **Regulação**: a regulamentação das instituições que atuam ativamente nos mercados financeiro, segurador, capitalização e previdência complementar exige a manutenção de uma reserva mínima de capital contra os riscos de crédito, mercado, liquidez, operacional e outros. Os reguladores utilizam-se das ferramentas de avaliação de riscos para definir o nível de perda que poderia afetar as instituições reguladas para calcular o valor mínimo do capital que o regulado deve manter, de forma que seja suficiente para cobrir eventuais perdas financeiras sem causar danos relevantes para o mercado.

Uma das exigências da regulamentação é a obrigação das instituições financeiras de divulgar as medidas de avaliação de risco. Em complemento às diretrizes de 1988 sobre risco de crédito (Resolução BCB n. 2.009), o Comitê da Basileia emitiu, em abril de 1995, um documento sugerindo o uso de uma metodologia de mensuração de risco de mercado, definido como risco de perdas financeiras decorrentes de flutuações dos parâmetros de mercado, por exemplo, taxa de câmbio, taxa de juros e preço de ativos. De lá para cá novos conceitos foram sendo incorporados aos normativos regulamentares e a gestão sistêmica de riscos não para de evoluir, incluindo hoje outros mercados, por exemplo, o mercado segurador.

Por se tratar de uma ferramenta de gestão de caráter corporativo, a administração de risco de mercado exige grande esforço para sua implementação, o que inclui:

- envolvimento da alta administração;
- criação de estrutura específica de gestão de risco;
- modelo matemático-financeiro para análise de preço e risco;
- interligação eficiente e completa dos sistemas de informação das instituições financeiras;
- rápido acesso a informações de mercado;
- formas padronizadas de controle de operações: auditoria de posições segundo critérios contábeis para fins legais;

- critérios de marcação a mercado para objetivos gerenciais etc.

Devemos ver as métricas e técnicas de avalição de risco como procedimentos necessários para o controle eficaz dos riscos em qualquer instituição, não só nas instituições financeiras. A confiança na estimativa final dos riscos está relacionada diretamente à qualidade dos dados que foram usados, à robustez das métricas e modelos empregados e à eficiência dos sistemas computacionais utilizados no processo.

15.2.9.1 Value at Risk

Value at Risk ou Valor sob Risco pode ser definido como perda máxima, em determinado período, sob condições normais de mercado, com determinado grau de confiança.

A escolha do nível de confiança varia em função de questões técnicas e de regulação de mercado. Pelas regras do Comitê da Basileia, o nível de confiança a ser utilizado pelas instituições financeiras na avaliação de riscos deve ser de 99%, enquanto o modelo *RiskMetrics*, do J. P. Morgan Bank, adota um nível de 95% bicaudal. Cabe ressaltar que níveis de confiança muito elevados podem dificultar a estimação do VaR em algumas séries de retornos, pelo fato da ocorrência de eventos raros com difícil verificação.

O período de tempo adotado para estimação do VaR, seja 1 ano, seja 1 mês, seja 1 dia, é arbitrado de acordo com as perspectivas de tempo necessário para a venda dos ativos. O Comitê da Basileia determina um período de 10 (dez) dias úteis, entretanto isso depende da liquidez das operações financeiras de cada empresa. Podemos considerar que, para uma instituição financeira que tenha um portfólio com alta liquidez, seria aceitável um período de 1 (um) dia.

Resumindo, o *VaR* é uma medida numérica, dada em unidades financeiras, que representa a perda máxima provável que uma posição ou carteira pode vir a sofrer em determinado período. Seu valor pode ser expresso em percentual do montante investido.

Por exemplo, se o relatório anual do banco J. P. Morgan indicar que o VaR das posições de tesouraria do banco, em 1 dia, com 95% de confiança, é de US$ 15 milhões, isso significa que a perda potencial máxima que a posição de tesouraria poderia sofrer de um dia para o outro não excederia US$ 15 milhões, com 95% de probabilidade. Ou seja, só haveria 5% de chance de a perda na posição ser superior a US$ 15 milhões.

A Mobil, uma empresa não financeira atuante no setor petroquímico, apresentou em seu relatório anual de 1995 uma seção específica sobre operações com derivativos e administração de risco de mercado. Em nota explicativa, a Mobil estimou que seu VaR, no dia 31 de dezembro de 1995, era de US$ 5 milhões com 99% de confiança. Ou seja, a perda da Mobil, decorrente de flutuações de taxas de juros e taxa de câmbio no dia 1º de janeiro de 1996, não excederia US$ 5 milhões, com 99% de probabilidade. De outro modo, há uma chance em 100, em condições normais de mercado, de que ocorra uma perda maior que US$ 5 milhões.

O exemplo da Mobil é um caso extremamente interessante: como já dissemos, até mesmo corporações não financeiras estão buscando novas formas de divulgação de grau de risco aos seus acionistas. A SEC, órgão regulamentador do mercado americano de capitais, também pretende incorporar em suas exigências o *disclosure* do risco de mercado a que as empresas cotadas em bolsas de valores estão expostas.

A maioria das corporações não financeiras acredita, por enquanto, que o VaR é irrelevante para a análise do risco de mercado de suas posições. Algumas delas estão desenvolvendo modelos próprios ou variações do VaR para atender às suas necessidades específicas, uma vez que, em geral, não registram mutações constantes em suas posições nem necessidades de informações *on-line* sobre variações de preços.

Mesmo estando o VaR cada vez mais difundido entre as instituições financeiras, há uma polêmica sobre o melhor método para o seu cálculo. Para determinarmos a melhor metodologia a ser utilizada para a obtenção do VaR temos que considerar diversos fatores como quantidade de ativos, seus tipos e certas características peculiares de cada portfólio.

Modelos de VaR

Verificamos que os preços das *commodities*, ações, índices etc. são variáveis aleatórias não previsíveis e, portanto, não se pode calcular a **exata** distribuição futura de probabilidades de seus retornos. No máximo, pode-se estimar uma distribuição de probabilidades, o que, desde já, nos revela ser impossível se ter uma medida *exata* do risco para uma carteira.

Determinar a distribuição de probabilidades dos retornos dos ativos é de extrema importância para o cálculo do VaR. Existem algumas técnicas disponíveis para esse cálculo, cada uma com as suas vantagens e desvantagens. Entretanto, nenhuma delas nos permitirá calcular com exatidão o risco. Assim, é importante, ao decidir qual dessas técnicas empregar, escolher a de melhor grau de acerto para o seu portfólio, ciente de suas limitações.

Desse modo, podemos afirmar que existem dois caminhos básicos para se determinar a distribuição de probabilidades do retorno de uma carteira e calcular o seu VaR. Eles são determinados pelos modelos adotados, que podem ser paramétricos ou não paramétricos (*full valuation*).

Nos modelos paramétricos ou analíticos, cada um dos fatores de risco é isolado. Calcula-se o risco pressupondo determinada distribuição de probabilidade (normal ou log-normal) e agrega-se o risco da carteira com base nas correlações existentes entre cada um de seus componentes.

Nos modelos não paramétricos (*full valuation*), ou de simulação, as ferramentas são tratadas em bloco, não tendo a obrigação de pressupor determinada distribuição de probabilidade nem correlações.

De acordo com o que foi dito anteriormente, cada forma apresenta vantagens e desvantagens, o que torna a decisão sobre qual delas empregar estritamente pessoal. Os modelos não paramétricos vêm ganhando espaço, apesar de terem custos mais elevados e de demandarem mais tempo de processamento. Sua principal vantagem sobre os paramétricos é que eles se adaptam melhor a ativos cuja distribuição de retornos foge muito da normalidade, com relações não lineares entre preços, retorno e com derivativos complexos.

Qualquer que seja a maneira escolhida para calcular o VaR, o valor obtido indica o mesmo: um valor de perda máxima para o nível de confiança anunciado, ou seja, um divisor de perdas acima do qual

a probabilidade de ocorrer um retorno pior é relativamente pequena. O gráfico da Figura 15.21 ilustra esse conceito.

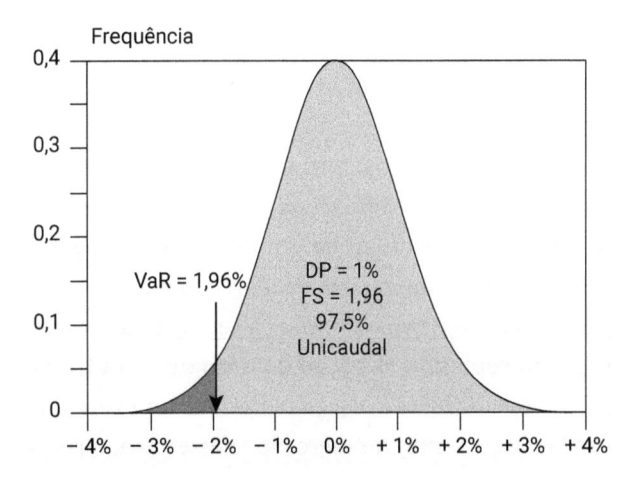

Figura 15.21 Exemplo de VaR e a sua localização na distribuição de retornos.

Em todos os casos, o cálculo do VaR leva em consideração os choques que ocorreram no passado, nos preços dos ativos ou nos fatores de risco. Esses choques são aplicados sobre os valores dos ativos e fatores de risco atuais. Portanto, não é o valor do ativo no passado que é reproduzido hoje, mas é a sua variação ocorrida no passado que é aplicada sobre os valores de hoje.

15.2.9.2 *Stop loss*

É um método de gestão de riscos muito utilizado em mercados de ações e posições de grande volatilidade. Funciona como uma ordem automática de venda de um ativo, que é disparada no momento em que a desvalorização desse ativo atinge um limite de perda predefinido.

Por exemplo, digamos que um investidor observou que determinado papel de bolsa está subindo e quer aproveitar o movimento para realizar ganhos imediatos, mas não acredita que os preços irão se sustentar durante muito tempo. Então emite uma ordem de compra e após sua concretização emite uma ordem de venda do tipo *stop loss*, com a seguinte regra: "se o preço do ativo cair mais de 5% entre um preço e outro, ou entre um pregão e outro, venda a totalidade da posição a mercado". Essa perda deve ser parada antes de consumir recursos elevados do capital investido. Nesse caso, o investidor aceita realizar a perda de 5% para evitar perdas maiores.

Esse conceito utilizado no mercado de compra e venda de ativos pode ser também adaptado às técnicas de gestão de riscos, com a definição de limites de risco. Toda vez que o nível de risco de uma carteira (ou de um ativo) atingir determinado valor, o gestor deverá realizar operações de mercado para reduzir o risco. Essa operação pode ser a venda do ativo que está apresentando elevação de risco ou a contratação de operação de *hedge* para neutralizar eventuais perdas decorrentes do mercado. Nesse caso, o risco ainda não se materializou. Apenas se elevou.

15.2.9.3 *Stress test*

O teste de *stress*, também chamado de análise de cenários extremos, observa os efeitos que grandes movimentos nas variáveis financeiras causam em carteiras relacionadas com as mesmas variáveis. Esse método consiste em gerar cenários hipotéticos que venham a causar grandes variações no valor total da carteira. A partir desses cenários, é possível obter a medida de perda extrema que poderia ocorrer quando o sistema se afasta das condições de normalidade.

A vantagem do teste de *stress* está em poder trabalhar em situações que estejam totalmente fora dos dados históricos. De uma maneira geral, devemos considerar esse método um complemento, e não um substituto dos outros métodos, anteriormente mencionados.

15.2.9.4 Validação do modelo (*back testing*)

O modelo *back testing* permite que os administradores de recursos saibam se os modelos quantitativos de análise podem oferecer retornos ajustados ao risco acima da média. Isso se dá porque:

- eles esperam que o futuro seja similar ao passado, porque as estratégias quantitativas foram *backtested*;

- examinam se a composição e o retorno das carteiras teriam funcionado a contento no passado, por meio da utilização de dados históricos.

Back testing busca avaliar a consistência entre o resultado do VaR e o resultado efetivo do fundo, avaliando empiricamente a robustez dos modelos utilizados para estimar o risco do fundo. Ele compara as oscilações efetivamente ocorridas com os valores do VaR calculados historicamente.

Como risco da ferramenta, pode-se dizer que as relações existentes no passado não são garantias de repetição no futuro.

15.2.9.5 *Tracking error* × erro quadrático médio

Tracking error

Assim como na avaliação do risco, podemos medi-lo de forma relativa ou absoluta, também na avaliação de *performance* podemos medir o desempenho de uma carteira de forma relativa ou absoluta. Enquanto o Índice de Sharpe avalia a *performance* absoluta e é indicado para carteiras ativas, o *tracking error*, ou erro de rastreamento, avalia a capacidade do gestor de acompanhar o desempenho de determinado índice ou carteira de referência. Nesse caso, estamos tratando de fundos passivos, que são aqueles que buscam replicar um indicador de mercado, que pode ser IBOVESPA, IBRX, IMA, IRFM ou outro qualquer. Cabe ressaltar que o investidor que procura esse tipo de investimento deseja fazer frente a alguma obrigação (passivo) cujas características se aproximam do índice de referência. Portanto, o objetivo do gestor é entregar ao investidor o resultado mais parecido possível com a referência do fundo, não importando se esse resultado não representa ganhos elevados nem mesmo se apresenta perdas. O que interessa é se os resultados da carteira de investimento (fundo) acompanham os resultados da carteira de referência (índice).

Algumas técnicas de avaliação do desempenho de fundos passivos estão disponíveis, sendo o *tracking error* uma das mais utilizadas.

Na literatura editada no Brasil, encontramos referências ao *tracking error* como sendo a volatilidade dos desvios da carteira em relação aos retornos do *benchmark*. Nesse caso, *benchmark* é definido como a meta de resultados a ser perseguida e não necessariamente ultrapassada.

Encontramos, portanto, duas fórmulas na literatura para avaliação de erro de rastreamento: (i) *tracking error*, como definido na literatura brasileira, e (ii) erro quadrático médio (EQM). Esse último é definido na literatura internacional como sendo o próprio *tracking error*. Vejamos então as duas fórmulas de cálculo:

$$TE = \sigma_{(Rc - Rb)}$$

Em que:

$\sigma_{(Rc - Rb)}$ = representa a volatilidade das diferenças entre os retornos da carteira e os retornos do *benchmark*;
R_c = retorno da carteira que está sendo avaliada;
R_b = retorno da carteira utilizada como *benchmark*.

Sendo assim definido, o *tracking error* mede a capacidade do gestor de acompanhar os movimentos dos retornos do *benchmark*. O valor do TE não nos informa se o resultado médio do fundo foi superior ou inferior ao *benchmark*, nem a que distância (na média) o resultado do fundo se afastou do *benchmark*.

Deve-se observar que para calcular a volatilidade (desvio-padrão) precisamos antes escolher um período de observação, ou seja, o número de amostras para compor a série histórica sobe a qual serão feitas as análises. Sendo assim, pode-se escolher medir a *performance* levando-se em consideração o período de 1 mês (22 dias úteis), 44 dias úteis ou 60 dias corridos, 90 dias corridos (3 meses) ou qualquer outro período, cuidando sempre para que o tamanho da amostra seja suficientemente grande para permitir qualidade nos resultados estatísticos e não tão grande para não permitir contaminação dos resultados por períodos atípicos ou nos quais o fundo e o mercado se apresentavam de forma muito diferente da atual.

Erro quadrático médio

A medida de *performance* conhecida no Brasil pelo nome de EQM é calculada pela seguinte fórmula:

$$EQM = \sqrt{\frac{\sum_{1}^{n}\left(R_{cj} - R_{bj}\right)^2}{n}}$$

Em que:
R_{cj} = representa os retornos históricos da carteira;
R_{bj} = representa retornos do *benchmark* para as mesmas datas;
n = quantidade de observações utilizadas.

Ambas as fórmulas, do *tracking error* e do EQM, avaliam o quanto os resultados da carteira se afastaram dos resultados do *benchmark*. A diferença entre eles é que o EQM informa a distância média entre os resultados do fundo e os retornos do *benchmark*, enquanto o TE informa se essa distância variou durante o período de análise. Para fundos passivos, o resultado desejado é a menor variação possível (TE igual a zero) e a menor distância possível (EQM igual a zero).

Assim, quanto menor o valor do TE ou do EQM, melhor o desempenho do gestor (ou da carteira). O ideal é buscar valores nulos, ou seja, ausência de erros em relação ao *benchmark*.

Como todo índice de *performance*, o *tracking error* e o EQM são indicados para comparar desempenho e auxiliar o investidor na escolha de uma carteira ou de um gestor para suas carteiras. Sendo assim, há de se tomar o cuidado de comparar apenas fundos de mesma classe, cujos valores dos índices de *performance* tenham sido calculados com os mesmos parâmetros básicos, ou seja, mesmo período (n), mesma fórmula e mesmo *benchmark*.

MAPA MENTAL

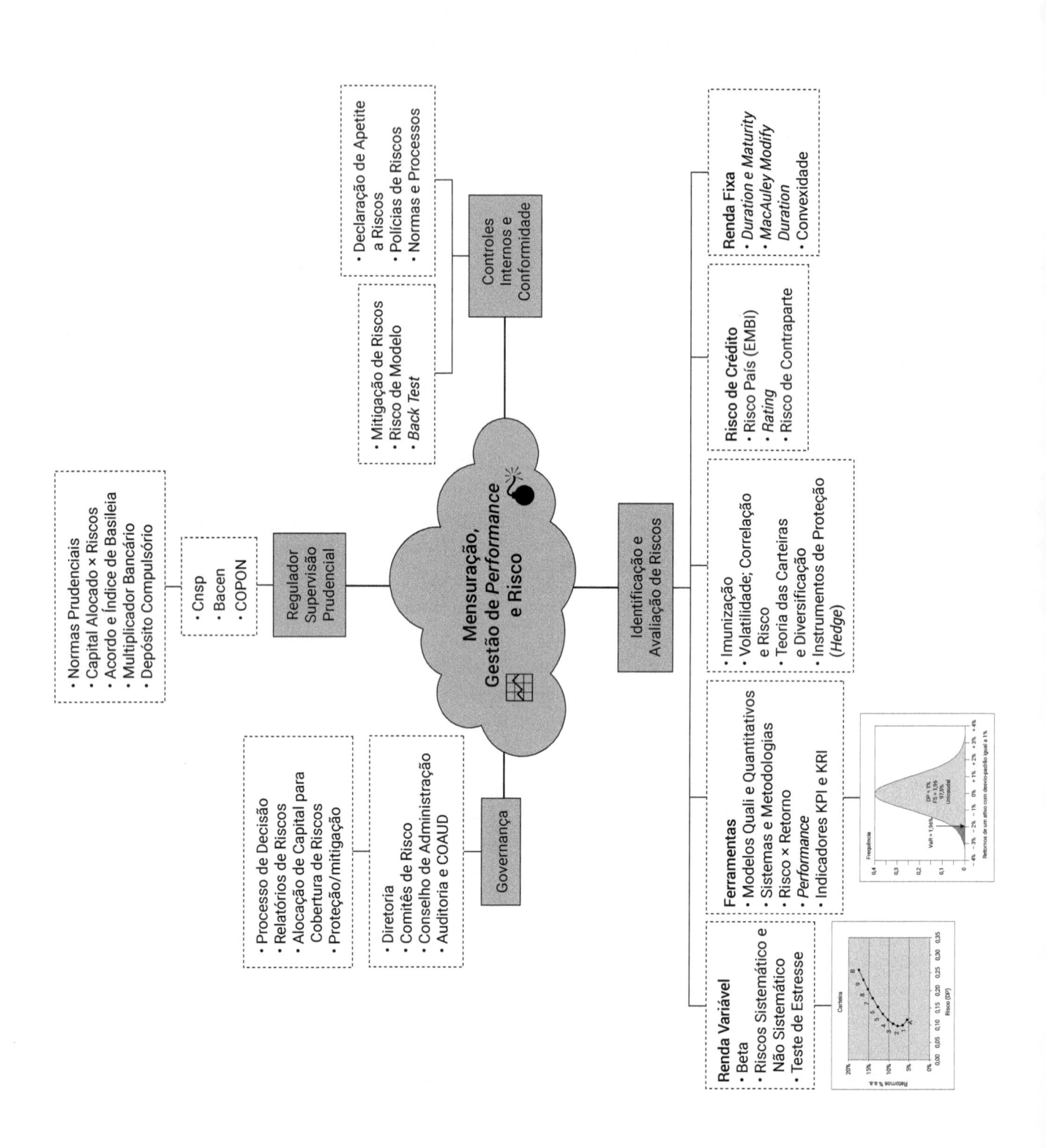

Mensuração, Gestão de Performance e Risco

Regulador Supervisão Prudencial
- Cnsp
- Bacen
- COPON

Normas Prudenciais
- Capital Alocado × Riscos
- Acordo e Índice de Basileia
- Multiplicador Bancário
- Depósito Compulsório

Controles Internos e Conformidade
- Mitigação de Riscos
- Risco de Modelo
- *Back Test*

- Declaração de Apetite a Riscos
- Políticas de Riscos
- Normas e Processos

Governança
- Processo de Decisão
- Relatórios de Riscos
- Alocação de Capital para Cobertura de Riscos
- Proteção/mitigação

- Diretoria
- Comitês de Risco
- Conselho de Administração
- Auditoria e COAUD

Identificação e Avaliação de Riscos

- Imunização
- Volatilidade; Correlação e Risco
- Teoria das Carteiras e Diversificação
- Instrumentos de Proteção (*Hedge*)

Risco de Crédito
- Risco País (EMBI)
- *Rating*
- Risco de Contraparte

Renda Fixa
- *Duration e Maturity*
- *MacAuley Modify Duration*
- Convexidade

Ferramentas
- Modelos Quali e Quantitativos
- Sistemas e Metodologias
- Risco × Retorno
- *Performance*
- Indicadores KPI e KRI

Renda Variável
- Beta
- Riscos Sistemático e Não Sistemático
- Teste de Estresse

EXERCÍCIOS DE FIXAÇÃO

1. Um CDB é um ativo com risco de crédito porque existe a possibilidade:
a) De o banco não honrar o compromisso no valor e na data acordada.
b) De o sistema do banco errar na conta dos juros.
c) De o cliente não concordar com a taxa que está sendo paga.
d) De o COPOM alterar a Taxa SELIC.

2. Uma carteira é formada, em proporções iguais, por duas ações, A e B, com retornos esperados de 12% a.a. e 24% a.a., respectivamente. O risco-padrão das ações A e B, medido pelo desvio-padrão de seus retornos, é de 18% a.a. e 26% a.a., respectivamente. Se as ações A e B apresentam correlação perfeita positiva, o retorno esperado e o risco da carteira serão, respectivamente, iguais a:
a) 36% a.a. e 44% a.a.
b) 18% a.a. e 22% a.a.
c) 18% a.a. e 44% a.a.
d) 36% a.a. e 22% a.a.

3. Em relação ao Risco Brasil, NÃO se pode afirmar que:
a) Ele é o prêmio de risco que o investidor exige, além da taxa do governo norte-americano, considerada sem risco.
b) Ele é o prêmio de risco que o governo está disposto a pagar, além da taxa livre de risco.
c) Ele tem por base um ativo livre de risco para seu cálculo.
d) Ele tem uma relação inversa com o preço dos títulos emitidos pelo governo brasileiro.

4. De acordo com orientações do Banco Central do Brasil (BACEN), as instituições financeiras devem utilizar a ferramenta de *back testing* periodicamente. Essa medida visa:
a) Arrecadar recursos para manutenção dos sistemas computacionais de controle do sistema financeiro, gerido pelo BACEN.
b) Avaliar a precisão e a aferição dos modelos utilizados pelas instituições financeiras na precificação e avaliação de riscos dos ativos por elas geridos.
c) Classificar as instituições financeiras de acordo com o desenvolvimento tecnológico dos modelos estatísticos e financeiros por elas utilizados.
d) Controlar os investimentos futuros com base nos investimentos passados.

5. Assinale a afirmativa FALSA.
a) Risco de mercado está associado a mudanças nas condições de mercado, tais como preços dos ativos, taxas de juros e taxas de câmbio.
b) Risco de base está relacionado aos riscos que ocorrem quando falham ou mudam as relações entre os produtos usados para *hedge*.
c) Risco de crédito está relacionado a possíveis perdas quando as contrapartes não desejam ou não são capazes de cumprir suas obrigações contratuais.
d) Risco operacional está relacionado ao volume negociado e à volatilidade de preços.

6. Sobre gerenciamento de riscos, é incorreto dizer que:
a) O nível de exposição da carteira é uma informação gerencial necessária à alta gestão.
b) É desejável a fixação de limites operacionais e a avaliação de desempenho dos operadores.
c) A incorreta gestão de riscos pode ser perigosa, pois pode levar à falsa sensação de segurança e controle das posições da carteira.
d) Não é necessária a transparência interna das políticas e dos procedimentos em relação ao controle de risco, já que os funcionários não devem achar brechas e espaços para aumentar o risco das carteiras.

7. Se o VaR de um fundo é de R$ 5 milhões, com nível de confiança de 99%, pode-se dizer que:
a) Há apenas uma possibilidade em 100 de ocorrer uma perda acima de R$ 5 milhões, em condições normais de mercado.
b) Não há como o fundo perder mais de 99% de R$ 5 milhões.
c) O gestor do fundo garante com 99% de certeza que o fundo irá rentabilizar acima de R$ 5 milhões seu patrimônio líquido.
d) O retorno do fundo irá variar entre 99% acima e abaixo de R$ 5 milhões.

8. Um jornal de grande circulação faz uma reportagem sobre corrupção envolvendo parlamentares, executivos de grandes companhias e diretores de instituições financeiras, podendo representar para essas empresas a possibilidade de perdas decorrentes do desgaste de suas marcas junto ao mercado ou às autoridades, em razão de publicidade negativa, verdadeira ou não. A que tipo de risco as referidas empresas se encontram expostas?
a) Legal.
b) Imagem.
c) Crédito.
d) Tecnologia.

9. Assinale a afirmativa FALSA.
a) Elevando, de maneira diversificada, o número de títulos de uma carteira, é possível promover a redução de seu risco.
b) A partir de determinado número de títulos, a redução do risco de uma carteira praticamente deixa de existir, conservando a carteira apenas certo nível de risco, denominado sistemático.
c) O risco de uma carteira depende não somente do risco de cada ativo que a compõe, mas também da forma como esses ativos se relacionam entre si.
d) O risco de uma carteira é igual à média ponderada dos riscos dos ativos que a compõe.

10. Quanto ao Índice de Sharpe, NÃO podemos afirmar que:
a) Depende da rentabilidade do ativo considerado livre de risco.
b) Mede o prêmio recebido por risco assumido.
c) Se diminui o retorno do ativo livre de risco, aumenta o Índice de Sharpe.
d) Se aumenta a rentabilidade do ativo analisado, diminui o Índice de Sharpe.

11. Em um diagrama retorno × risco, para um dado retorno, o risco de uma carteira formada por dois ativos:
a) Aumenta à medida que a correlação entre eles diminui.
b) Independe da correlação entre eles.
c) Diminui à medida que a correlação entre eles também diminui.
d) Diminui à medida que a correlação entre eles aumenta.

12. O princípio básico de controle de risco de mercado de uma carteira de ativos é:
a) Medir e controlar a exposição da carteira, uma vez que a volatilidade do mercado não é controlável.
b) Medir e controlar a volatilidade da carteira, uma vez que a exposição ao mercado não é controlável.
c) Manter constante o valor da carteira, uma vez que o objetivo é ganhar a longo prazo.
d) Aumentar o número de operações da carteira, por meio de operações de bolsa, câmbio e juros, pois a correlação diminui pela diversificação.

13. Quando há restrições ao fluxo de capitais entre países, graças ao resultado de novas eleições, estamos diante de um:
a) Risco de crédito.
b) Risco operacional.
c) Risco de liquidez.
d) Risco tecnológico.

14. Um fazendeiro toma um empréstimo rural no valor de R$ 2 milhões para financiar o cultivo de soja a uma taxa pós-fixada de CDI + 2,5% a.a. pelo prazo de 12 meses. Quais são os fatores de risco de mercado que podemos observar nessa operação?
a) Moratória da dívida interna brasileira e inadimplência no pagamento do empréstimo.
b) Controle da quantidade do produto plantado e sua consequente armazenagem.
c) Insuficiência de atividade no mercado de soja na época da colheita da safra.
d) Preço praticado na negociação da soja e a taxa de juros do financiamento.

GABARITO

			14. d	
6. d	7. a	8. b	9. d	10. d
1. a	2. b	3. b	4. b	5. d

11. c 12. a 13. a

REFERÊNCIAS

ALEXANDER, C. *Modelos de mercado*: um guia para a análise de informações financeiras. São Paulo: Bolsa de Mercadorias e Futuros, 2005.

ALMGREN, R.; NEIL, C. Value under liquidation. *Risk*, 1º dez. 1999.

ALVES, M. E. G. R.; TOSTES, F. P. Análise e mensuração do risco de crédito: o modelo em uso no Banco Nacional de Desenvolvimento Econômico e Social – BNDES. *Revista de Contabilidade do Mestrado em Ciências Contábeis da UERJ*, v. 8, n. 1, 2003, p. 21.

ANBIMA. Disponível em: https://www.anbima.com.br/pt_br/index.htm. Acesso em: 18 jul. 2023.

ANBIMA. Índices de Renda Fixa IMA. Disponível em: https://www.anbima.com.br/pt_br/informar/precos-e-indices/indices/ima.htm. Acesso em: 18 jul. 2023.

ANDERSON, D. R.; SWEENEY, D. J.; WILLIAMS, T. A. *Estatística aplicada à administração e economia*. São Paulo: Cengage Learning, 2006.

ANDRADE, L. R. D. *Estimação de Beta para ações com pouca liquidez*: mercado de capitais brasileiro. 1996. Dissertação (Mestrado) – COPPEAD, Universidade Federal do Rio de Janeiro, Rio de Janeiro, 1996.

ASSAF NETO, A. *Mercado financeiro*. 4. ed. São Paulo: Atlas, 2001.

ASSOCIAÇÃO DE ANALISTAS E PROFISSIONAIS DE INVESTIMENTOS NO MERCADO DE CAPITAIS (APIMEC); COMISSÃO DE VALORES MOBILIÁRIOS (CVM). *Análise de investimentos: histórico, principais ferramentas e mudanças conceituais para o futuro*. Rio de Janeiro: CVM, 2017. Disponível em: https://www.gov.br/investidor/pt-br/educacional/publicacoes-educacionais/livros-cvm/livro_top_analise_investimentos.pdf. Acesso em: 18 jul. 2023.

B3. *Índice Bovespa (Ibovespa)*. Disponível em: http://www.b3.com.br/pt_br/market-data-e-indices/indices/indices-amplos/indice-ibovespa-ibovespa-composicao-da-carteira.htm. Acesso em: 18 jul. 2023.

B3. *Listagem*. Disponível em: https://www.b3.com.br/pt_br/produtos-e-servicos/solucoes-para-emissores/segmentos-de-listagem/sobre-segmentos-de-listagem/. Acesso em: 18 jul. 2023.

BANCO CENTRAL DO BRASIL. Disponível em: www.bcb.gov.br. Acesso em: 18 jul. 2023.

BANCO CENTRAL DO BRASIL. *Metodologia de cálculo dos títulos públicos federais em mercado*. Disponível em: https://www.tesourodireto.com.br/. Acesso em: 23 out. 2023.

BANCO CENTRAL DO BRASIL. *Sistema de Pagamentos Brasileiro (SPB)*. Disponível em: https://www.bcb.gov.br/. Acesso em: 23 out. 2023.

BB DTVM. *Manual de marcação a mercado*. Disponível em: https://www.bb.com.br/docs/pub/siteEsp/sitedtvm/dwn/MarcacaoMercado.pdf. Acesso em: 22 ago. 2020.

BM&FBOVESPA. *Cartilha Institucional*. Disponível em: http://www.b3.com.br/pt_br/regulacao/regulacao-de-emissores/atuacao-orientadora/cartilhas-e-orientacoes.htm. Acesso em: 18 jul. 2023.

BORGES, O. Rating de crédito: considerações sobre os modelos. *Revista Tecnologia de Crédito*, São Paulo, n. 24, matéria 133, 2001.

CAETANO ADVOGADOS. Assembleia geral. Disponível em: http://caetanoadvogados.blogspot.com.br/2012/12/sociedade-anonima-assembleia-geral.html. Acesso em: 29 jul. 2015.

CIBRASEC. Disponível em: https://www.isecbrasil.com.br/. Acesso em: 23 out. 2023.

COMISSÃO DE VALORES MOBILIÁRIOS (CVM). Disponível em: www.cvm.gov.br. Acesso em: 22 ago. 2020.

COSTA, C. L. da. *Opções*: operando a volatilidade. São Paulo: De Cultura/Bolsa de Mercadoria e Futuros, 1998.

DAMODARAN, A. *Avaliação de investimentos*: ferramentas e técnicas para a determinação de valor de qualquer ativo. Rio de Janeiro: Qualitymark, 1997.

DOCSLIDE. *Alavancagem*. Disponível em: http://docslide.com.br/documents/dicionariofinanceirjf2.html. Acesso em: 7 abr. 2016.

DUARTE JÚNIOR, A. M. *Risco*: definições, tipos, medição e recomendações para seu gerenciamento. Disponível em: http://files.estudantededicada.webnode.com/200000001-c5fc8c6f8c/%5Bartigo%5D_risco_-_definicoes_ti.pdf. Acesso em: 22 ago. 2020.

ENDLER, L. Avaliação de empresas pelo método de fluxo de caixa descontado e os desvios causados pela utilização de taxas de desconto inadequadas. *ConTexto*, Porto Alegre, UFRGS, v. 4, n. 6, 1º sem. 2004.

FERREIRA, L. F. R. *Manual de gestão de renda fixa*. Porto Alegre: Bookman, 2004.

FONSECA, R. M. Guaritá. Apostila de Gestão de Risco para CPA20. Curso Preparatório para Certificação Anbid da LMG Consultorias. Rio de Janeiro, 2008.

FORTUNA, E. *Mercado financeiro*: produtos e serviços. 13. ed. Rio de Janeiro: Qualitymark, 1999.

FUNDAMENTUS. Disponível em: fundamentus.com.br. Acesso em: 22 ago. 2020.

GALLAGHER, L. *Exame de Certificação ANBIMA CPA-10*: teoria. 4. ed. São Paulo: Atlas, 2019.

GALLAGHER, L. *Investimento para leigos*. Rio de Janeiro: Alta Books, 2023.

GALLAGHER, L. *Planeje seu futuro financeiro*. Rio de Janeiro: Alta Books, 2020.

GARTNER, I. R.; MOREIRA, T. B. S.; GALVES, H. M. A análise do risco setorial como instrumento de controle gerencial em instituições financeiras. *RAM – Revista de Administração Mackenzie*, São Paulo, v. 10, n. 5, set./out. 2009.

GASTINEAU, G. L.; KRITZMAN, M. P. *Dicionário de administração de risco financeiro*. São Paulo: Bolsa de Mercadorias e Futuros, 2004.

GITMAN, L. J. *Princípios de administração financeira*. 2. ed. Porto Alegre: Bookman, 2001.

GUJARATI, D. N. *Econometria básica*. São Paulo: Pearson Education do Brasil, 2000.

HADDAD, C. P. Acordo de acionistas: aspectos práticos e teóricos. *Jus.com.br*, set. 2012. Disponível em: http://jus.com.br/artigos/22682/acordo-de-acionistas-aspectos-praticos-e-teoricos#ixzz3hIPVQLOB. Acesso em: 22 ago. 2020.

HUDSON, R. G. *Manual do engenheiro*. 2. ed. Rio de Janeiro: Livros Técnicos e Científicos, 1977.

HULL, J. C. *Mercados futuros e de opções*. 4. ed. São Paulo: Bolsa de Mercadorias e Futuros, 2005.

IBGC. Disponível em: http://www.ibgc.org.br/. Acesso em: 18 jul. 2023.

IBGE. *Tabela 1846*. Disponível em: https://sidra.ibge.gov.br/tabela/1846#/n1/all/v/all/p/all/c11255/90687,90691,90696,90705,90706,90707,93404,93405,93406,93407,93408,102880/l/v,c11255,t+p/resultado. Acesso em: 18 jul. 2023.

JORION, P. *Value at risk*. 2. ed. São Paulo: Bolsa de Mercadorias e Futuros, 2003.

LEMGRUBER, E. F. *Avaliação de contratos de operações*. São Paulo: Bolsa de Mercadorias e Futuros, 1995.

LION, O. M. B. *Um estudo sobre a modelagem da estrutura a termo da taxa de juros e a precificação de operações sobre títulos de renda fixa*. 2002. Dissertação (Mestrado) – COPPE, Universidade Federal do Rio de Janeiro, Rio de Janeiro, 2002.

MANKIW, N. Gregory. *Introdução à economia*. São Paulo: Cengage Learning, 2009.

MARINS, A. C. *Mercados derivativos e análise de risco*. Rio de Janeiro: AMS Editora, 2004. v. 1.

MASON, R. D.; LIND, D. A.; MARSCHAL, W. G. *Statistical techniques in business and economics*. 10. ed. New York: Irwin McGraw-Hill, 1999.

MATIAS, A. B.; DAUBERMANN, E. C.; PIMENTA, A. B. M. *Inadimplente não é insolvente*: um estudo de caso com a instituição de microcrédito Crescer – Crédito Solidário. Disponível em: https://www.researchgate.net/publication/228776963_Inadimplente_nao_e_insolvente_um_estudo_de_caso_com_a_instituicao_de_microcredito_Crescer-Credito_Solidario. Acesso em: 22 ago. 2020.

MAYER, M. *The bankers*: the next generation. New York: Truman Talley Books, 1997.

MEIRELLES, H. de C. COPOM e o avanço das instituições brasileiras. Eu & Fim de Semana, *Valor Econômico*, ano 6, n. 297, p. 2-4 jun. 2006.

MELLAGI FILHO, A.; ISHIKAWA, S. *Mercado financeiro e de capitais*. 2. ed. São Paulo: Atlas, 2008.

MINISTÉRIO DA ECONOMIA. Disponível em: https://www.gov.br/economia/pt-br. Acesso em: 20 ago. 2020.

MONKKONEN, H. Margining the spread. *Risk*, 1º Oct. 2000.

PORTAL DO CONHECIMENTO – IBGC. Disponível em: https://conhecimento.ibgc.org.br/Paginas/default.aspx. Acesso em: 24 jun. 2023.

PORTAL DO INVESTIDOR. *Acionista controlador*. Disponível em: http://www.portaldoinvestidor.gov.br/menu/Menu_Investidor/acionistas/acionista_controlador.html. Acesso em: 07 jun. 2023.

PUCCINI, E. de L. *Matemática financeira objetiva e aplicada*. 5. ed. São Paulo: Saraiva, 1998.

RECEITA FEDERAL. Disponível em: www.receita.economia.gov.br. Acesso em: 22 ago. 2020.

REILLY, F.; BROWN, K. C. *Investment analysis and portfolio management*. 5. ed. Fort Worth: Dryden Press, 1997.

ROSS, S. A.; WESTERFILD, R. W.; JAFFE, J. F. *Administração financeira*: corporate finance. São Paulo: Atlas, 1995.

SANTOS, J. E. dos. *Dicionário de derivativos*. São Paulo: Atlas, 1998.

SECRETARIA DA RECEITA FEDERAL. *Aplicações financeiras*: renda fixa e renda variável. Disponível em: http://www.receita.fazenda.gov.br/pessoafisica/irpf/2012/perguntao/assuntos/aplicacoes-financeiras-renda-fixa-e-renda-variavel.htm. Acesso em: 07 jun. 2023.

SECURATO, J. R. *Cálculo financeiro das tesourarias*: bancos e empresas. São Paulo: Saint Paul Institute of Finance, 1999.

SECURATO, J. R. *Decisões financeiras em condições de risco*. 2. ed. São Paulo: Saint Paul Institute of Finance, 2007.

SERASA. *Rating de crédito*: considerações sobre os modelos. 24. ed. Disponível em: http://www.serasaexperian.com.br/serasaexperian/publicacoes/revista/2001/24/revista_0133.htm. Acesso em: 26 jun. 2013.

SHOR, A.; BONOMO, M. A.; PEREIRA, P. L. V. Arbitrage Pricing Theory (APT) e variáveis macroeconômicas: um estudo empírico sobre o mercado acionário brasileiro. *Ensaios Econômicos EPGE/FGV(RJ)*, Rio de Janeiro, Editora da FVG-Escola de Pós-Graduação em Economia, n. 344, 1999.

SOUZA FILHO, G. *Manual do agente autônomo de investimentos*. 8. ed. Rio de Janeiro: G10 Treinamento, 2020.

TCHOCKYS, F. Alavancagem financeira e alavancagem operacional. Blog *Aprendiz de Administração*. Disponível em: http://aprendizadm.blogspot.com.br/2010/09/alavancagem-financeira-e-alavancagem.html. Acesso em: 22 ago. 2020.

TESOURO NACIONAL. Disponível em: https://www.gov.br/tesouronacional/pt-br. Acesso em: 14 maio 2023.

TESOURO NACIONAL. *O que é a dívida pública federal?* Disponível em: https://www.gov.br/tesouronacional/pt-br/divida-publica-federal/sobre-a-divida-publica/o-que-e-a-divida-publica-federal. Acesso em: 23 out. 2020.

UNIVERSIDADE CORPORATIVA DO BANCO DO BRASIL; FGV. *Economia e finanças*: Programa de Certificação Interna de Conhecimentos do Banco do Brasil. Brasília, 2008.

VALÉRIO, M. R. G. *Teste do valor em risco ajustado pela liquidez no mercado nacional*. 2002. Dissertação (Mestrado) – Pontifícia Universidade Católica do Rio de Janeiro, Rio de Janeiro, 2002.

SIMULADO – CPA-20

- A seguir, as siglas indicadas em cada questão referentes aos capítulos da obra.

Cap. 1	SFN	Cap. 9	RV
Cap. 2	EC	Cap. 10	DER
Cap. 3	FIN	Cap. 11	OP
Cap. 4	CO	Cap. 12	FD
Cap. 5	API	Cap. 13	PR
Cap. 6	FCO	Cap. 14	EST
Cap. 7	ASG	Cap. 15	RI
Cap. 8	RF		

1. (API) De acordo com a Resolução CVM n. 30, o processo de *suitability* requer a verificação dos seguintes itens junto ao cliente, **exceto**:
a) Se o produto é adequado aos objetivos de investimento do cliente.
b) Se a situação financeira do cliente é compatível com o produto.
c) Se o cliente tem conhecimento necessário para compreender os riscos do produto.
d) Se ele é Pessoa Politicamente Exposta.

2. (FCO) As teorias de finanças têm por base que o investidor é averso à perda. Logo, com relação ao seu comportamento, podemos dizer que:
a) Em um ambiente de ganhos, os indivíduos tendem a evitar riscos para ganhar.
b) Em um ambiente de ganhos, os indivíduos tendem a correr mais riscos para ganhar mais.
c) Em um ambiente de perdas, os indivíduos tendem a correr menor riscos para evitar perdas.
d) Em um ambiente de perdas, os indivíduos tendem a correr mais riscos para reverter as perdas.

3. (FIN) Ao utilizar o Custo Médio Ponderado de Capital de uma empresa para encontrar o valor de uma ação, o analista está considerando:

a) A utilização de pesos-meta na estrutura de capital.
b) Que o valor de mercado da ação é maior que seu valor de livro.
c) Que sua utilização maximiza a riqueza do acionista.
d) O CAPM como referência de comparação.

4. (FD) As ações são precificadas nos fundos pelos seus preços:
a) Médios.
b) De fechamento.
c) Mais negociados no dia.
d) Mais altos.

5. (FD) O que se espera de um fundo passivo?
a) Que sua rentabilidade acompanhe o *benchmark*.
b) Que sua rentabilidade ultrapasse o *benchmark*.
c) Que sua carteira tenha somente títulos públicos.
d) Que sua rentabilidade não oscile muito.

6. (OP) "A Oferta Pública de Ações – OPA da Cia. IT ocorreu no mercado secundário." Podemos dizer que essa afirmação:
a) Está correta, se foram negociadas ações já existentes, sem entrada de recursos para a Cia. IT.
b) Está correta, se foram negociadas ações já existentes, com entrada de recursos para a Cia. IT.
c) Está errada, pois não existe OPA em mercado secundário.
d) Está errada, pois toda OPA é no mercado primário.

7. (PR) Um assalariado de empresa privada, com renda bruta anual de R$ 100.000,00, deseja acumular recursos para sua aposentadoria. Ele consegue poupar R$ 800,00

por mês para essa finalidade. Que produto é mais adequado nesse caso?
a) RendA+, caso ele se aposente daqui a 30 anos e porque é um produto não tributado.
b) PGBL, porque ele pode abater a contribuição na sua declaração do imposto de renda.
c) VGBL, porque ele pode abater a contribuição na sua declaração do imposto de renda.
d) VGBL ou PGBL; depende se ele declara seu imposto de renda no simplificado ou não.

8. (FIN) Marque a afirmativa **incorreta**.
a) O preço de mercado de um título é obtido em função do valor futuro dos fluxos presentes de caixa.
b) O preço de mercado de um título é obtido em função do valor presente dos fluxos futuros de caixa.
c) Quando a taxa de juros sobe, o preço de mercado de um título de renda fixa cai.
d) Quando a taxa de juros cai, o preço de mercado de um título de renda fixa sobe.

9. (FD) Um fundo de ações (FIA) tem que ter em sua carteira:
a) Um mínimo de 51% do total de ativos em ações.
b) Um mínimo de 67% do total de ativos em ações.
c) Um mínimo de 67% do patrimônio líquido em ações.
d) Um mínimo de 80% do patrimônio líquido em ações.

10. (FD) Um cliente investiu em um mesmo dia R$ 100.000,00 em um fundo de ações e o mesmo valor em um fundo de renda fixa referenciado DI. Após três anos, ele resolve resgatar dos dois fundos. Supondo que a rentabilidade acumulada de ambos foi idêntica, qual deles terá um valor líquido de imposto de renda maior?
a) O fundo de ações, porque não tem IOF.
b) O fundo de renda fixa, porque é menos volátil.
c) O fundo de ações, porque não tem come-cotas.
d) O valor será o mesmo, porque a alíquota de imposto de renda é idêntica.

11. (ASG) Complete a frase: Segundo a *United Nations Principle for Responsible Investment* (UNPRI), questões sobre eficiência energética estão relacionadas a aspectos _____.
a) ambientais.
b) sociais.
c) de governança corporativa.
d) econômicos.

12. (FD) Em um fundo de investimento, qual o limite máximo permitido de concentração de recursos em CDB de uma mesma instituição financeira?
a) 20%.
b) 30%.
c) 15%.
d) 10%.

13. (DER) Uma operação a termo caracterizada como NDF (*Non Deliverable Forward*) tem a seguinte característica:
a) Não exige margem de garantia.
b) O ativo subjacente faz parte da categoria de derivativos agropecuários.
c) A liquidação é exclusivamente financeira.
d) A liquidação é exclusivamente por entrega física.

14. (FCO) Quando um investidor toma decisões de investimento sobre dois eventos com características semelhantes, mas sem levar em conta o tamanho da amostra e a probabilidade de ocorrência de um evento, estamos diante de que heurística?
a) Da representatividade.
b) Da disponibilidade.
c) Da aversão à perda.
d) Do excesso de confiança.

15. (FIN) Um cliente investiu R$ 100.000,00 em um CDB prefixado com vencimento em 1 ano e taxa de 8% a.a. Ao resgatá-lo 52 dias úteis antes do vencimento, a taxa de mercado vigente é de 10% a.a. O valor de resgate será equivalente a:
a) $100.000/1,08^{(1/200)}$.
b) $108.000/1,10^{(52/252)}$.
c) $108.000/1,08^{(52/252)}$.
d) $100.000/1,10^{(52/360)}$.

16. (FD) Os fundos de curto prazo:
a) Têm prazo médio dos papéis da carteira de, no máximo, 375 dias.
b) Têm prazo médio dos papéis da carteira de, no máximo, 120 dias.
c) Só podem ter papéis com vencimento em, no máximo, 375 dias.
d) Podem ter risco CDI, Selic, IGPM ou PTAX.

17. (OP) Indique a afirmativa **incorreta**.
a) A figura do agente fiduciário somente é obrigatória em emissões públicas.
b) Tanto emissões públicas como privadas de debêntures precisam de registro na CVM.
c) O agente fiduciário é responsável por fiscalizar o cumprimento de *covenants*.
d) O agente fiduciário é responsável por zelar pelos direitos dos debenturistas.

18. (RV) Ao analisar a Cia. Sucesso (SUCS3), você verificou que a relação Preço/Lucro (P/L) é de 5,71. Esse número significa:
a) O tempo estimado de retorno do investimento, partindo-se da premissa teórica de que o lucro do último ano crescerá à mesma taxa do P/L.
b) O tempo estimado de retorno, com base na premissa de que o lucro projetado para 1 ano se repetirá nos seguintes e que será integralmente distribuído.
c) O retorno sobre o valor pago pela ação, tendo em vista o lucro projetado para os próximos 5 anos.
d) O valor que o investidor terá que desembolsar por ação para atingir o *break-even* sobre o valor investido.

19. (EC) Qual desses órgãos é responsável pela execução da política monetária do país?
a) Banco Central do Brasil.
b) Conselho Monetário Nacional.
c) Ministério da Fazenda.
d) Tesouro Nacional.

20. (RI) Assinale a afirmativa **incorreta**.
a) A possibilidade de perda decorrente da falência de uma empresa pode ser classificada como risco de crédito.
b) Perdas prováveis em transações de mercado por falta de capacidade de liquidez desse mercado ou do ativo podem ser classificadas como risco de contraparte.
c) Multas decorrentes do não cumprimento de dispositivos legais, cobradas pelas instituições reguladoras do mercado contra uma instituição financeira, podem ser classificadas como risco legal.
d) Possibilidade de perda em um fundo de investimento de renda fixa devido ao aumento na taxa de juros pode ser classificada como risco de mercado.

21. (FIN) Para o cálculo do YTM, utiliza-se a mesma metodologia de cálculo:
a) Da taxa de juros simples.
b) Do valor presente líquido.
c) Da taxa interna de retorno.
d) Da taxa de desconto comercial.

22. (API) Se o cliente desejar investir em um produto que não se adequa ao seu perfil, o gerente de relacionamento deve adotar as seguintes posturas, **exceto**:
a) Alertar o cliente sobre a inadequação, com a indicação das causas da divergência.
b) Obter declaração expressa do cliente de que está ciente da inadequação de perfil.
c) Aceitar o investimento quando, comprovadamente, esteja implementando recomendações de consultor de valores mobiliários autorizado pela CVM.
d) Exigir que o cliente entregue outra análise de perfil feita nos últimos 24 meses por outro participante do mercado de valores mobiliários.

23. (DER) Em um contrato a termo:
a) O preço de liquidação é estabelecido no vencimento do contrato.
b) O preço de liquidação pode ser alterado pelas contrapartes.
c) O preço de liquidação deve ser previamente aprovado pela B3.
d) O ativo não troca de mãos até a data de entrega acordada entre as partes.

24. (EC) A valorização da taxa de câmbio pode acarretar vários efeitos, **exceto**:
a) Ajuste no balanço de pagamentos.
b) Redução da taxa Selic.
c) Pressão inflacionária.
d) Aumento da PTAX.

25. (RI) Julgue os itens que se seguem e assinale a alternativa correta.
I. O VaR é uma medida de risco de mercado que indica a perda máxima potencial de um investimento, dados um grau de confiança e um intervalo de tempo.
II. O VaR não representa o pior cenário de perda.
III. O teste de *stress* tem por objetivo avaliar o impacto de situações adversas de mercado sobre o ativo.
a) Somente o item I está correto.
b) Somente os itens II e III estão corretos.
c) Somente os itens I e III estão corretos.
d) Os itens I, II e III estão corretos.

26. (FD) Os fundos de investimento:
a) Podem ser considerados um produto de ativo do banco.
b) Podem ser considerados um produto de passivo do banco.
c) São um condomínio de investidores com objetivo comum de investimento.
d) São fiscalizados pela ANBIMA em conjunto com a CVM.

27. (FD) A taxa de *performance* dos fundos de investimento pode ser cobrada por três métodos:
a) Pelo método do ativo, a taxa é calculada com base no resultado do fundo.
b) Pelo método do passivo, a taxa tem por base o resultado do fundo, acrescida de ajustes individuais.
c) Pelo método do ajuste, a taxa tem por base o resultado de cada aplicação efetuada por cada cotista.
d) Pelo método do ajuste, a taxa é calculada com base no resultado do fundo.

28. (OP) Analise a afirmativa que se segue: "De acordo com a regulamentação da CVM, toda oferta pública de renda fixa tem que ser classificada por uma agência de *rating*." A frase está:
a) Correta, pois a classificação do rating por empresa independente indica o grau de risco da emissão.
b) Correta, pois a classificação do *rating* pelo banco mandatário indica o grau de risco da emissão.
c) Incorreta, pois a classificação do *rating* só é mandatória quando dirigida para investidores de varejo.
d) Incorreta, pois a classificação do *rating* é obrigatória para toda oferta de renda fixa e variável.

29. (PR) No Brasil existem os seguintes regimes de previdência, **exceto**:
a) Regime Próprio de Previdência Social, de filiação obrigatória para os servidores públicos titulares de cargos efetivos.
b) Regime Geral de Previdência Social, de filiação obrigatória para os trabalhadores regidos pela CLT.
c) Regime de Previdência Privada Complementar, de filiação facultativa, visa complementar a renda na aposentadoria.
d) Regime de Previdência Privada Aberta, de filiação facultativa, visa complementar a renda na aposentadoria.

30. (RV) Quando uma empresa é listada no BOVESPA Mais Nível 2, significa que:
a) Ela só terá ações ordinárias.
b) Ela poderá ter ações preferenciais.
c) Seu *tag along* mínimo será de 80%.
d) A B3 providenciará uma análise da empresa.

31. (RI) Considerando um conjunto de diversos ativos diferentes negociados em determinado sistema econômico, a fronteira eficiente representa:
a) O conjunto de carteiras possíveis, resultante da combinação desses ativos, que não é dominado por nenhuma outra carteira formada por qualquer outra combinação desses mesmos ativos.
b) O conjunto das possíveis carteiras para se investir, com o menor risco de crédito, porém com risco de liquidez elevado.
c) O conjunto das carteiras de maior liquidez dentro do sistema econômico-financeiro no qual os ativos são negociados.

d) A melhor forma de se realizar proteção natural contra todos os riscos do mercado, incluindo o risco sistêmico.

32. (CO) A resposta brasileira ao movimento internacional de combate à lavagem de dinheiro veio com a edição da Lei n. 9.613 e a criação, no âmbito do seguinte órgão:
a) Receita Federal.
b) Polícia Federal.
c) COAF.
d) Banco Central.

33. (API) Com base na situação do cliente a seguir, indique a alternativa correta.

Conta-corrente	R$ 12.000,00
Investimentos em renda fixa	R$ 1.500.000,00
Investimentos em fundos de ações	R$ 300.000,00
PGBL	R$ 508.000,00
Fundos imobiliários	R$ 180.000,00
Imóveis próprios	R$ 2.700.000,00
Dívida de cartão de crédito	R$ 100.000,00
Saldo devedor de imóveis	R$ 900.000,00
Gasto médio mensal	R$ 64.000,00
Renda média mensal líquida de IR	R$ 80.000,00

a) Seu índice de endividamento é 19,2%.
b) Seu índice de endividamento é 8,3%.
c) O patrimônio líquido do cliente é de R$ 2.500.000,00.
d) O patrimônio líquido do cliente é de R$ 5.200.000,00.

34. (CO) Podemos considerar o *insider trading* como sendo uma atividade em que:
a) O *insider* realiza operações com uma empresa da qual teve acesso a informações privilegiadas.
b) O administrador de uma empresa toma recursos junto da mesma devido à sua influência interna e hierarquia.
c) O diretor de uma empresa concede fiança sem aprovação do comitê executivo.
d) O órgão regulador sabe o que aconteceu, mas não toma nenhuma providência.

35. (FD) Segundo a classificação de fundos da ANBIMA, um fundo é considerado alavancado quando:
a) A sua carteira do fundo é formada por títulos com elevado risco de crédito.
b) Existe a chance de que se perca mais que o seu patrimônio líquido.
c) Ele opera com derivativos buscando retornos acima do *benchmark*.
d) A instituição financeira administradora desse fundo coloca recursos próprios nele.

36. (FD) O conceito de linha d'água na cobrança de taxa de *performance* significa que:
a) É vedada a cobrança de taxa de *performance* quando o valor da cota do fundo for superior ao seu valor por ocasião da última cobrança efetuada.
b) É vedada a cobrança de taxa de *performance* quando o valor do índice de referência for inferior ao seu valor por ocasião da última cobrança efetuada.
c) É vedada a cobrança de taxa de *performance* quando o valor da cota do fundo for inferior ao seu valor por ocasião da última cobrança efetuada.
d) Toda vez que a variação da cota do fundo for superior à variação do *benchmark*, a *performance* é devida.

37. (PR) O valor do benefício a ser pago na aposentadoria, por uma previdência complementar aberta, é calculado com base:
I. Na provisão matemática de benefícios a conceder.
II. Na rentabilidade da carteira de investimentos dos investimentos no(s) FIE(s) investidos.
III. Na contribuição variável.
IV. Na correção do IPCA.
a) Os itens I e II estão corretos.
b) Os itens II e III estão corretos.
c) Todos os itens estão corretos.
d) Os itens I, II e IV estão corretos.

38. (RF) O Depósito a Prazo com Garantia Especial conta com a garantia:
a) Do FGC de até R$ 250.000,00.
b) Do FGC de até R$ 20.000.000,00.
c) Do Tesouro Nacional de até R$ 250.000,00.
d) Do emissor de até R$ 20.000.000,00.

39. (RF) Com relação à emissão do Certificado de Recebíveis Imobiliários (CRI), pode-se afirmar que:
a) Ao adquirir um CRI, o investidor está adquirindo um título que não tem garantia do FGC.
b) Ao adquirir um CRI, o investidor está correndo o risco da empresa securitizadora que estruturou a operação.
c) A emissão de CRIs dispensa o registro prévio na CVM, se os papéis forem destinados a investidores qualificados ou institucionais.
d) O registro de um CRI na B3 só é exigido quando tem lastro em contratos imobiliários ainda não performados.

40. (RV) A emissão exclusiva de ações ordinárias é exigência:
a) Do Nível 1 da B3.
b) Do Nível 2 da B3.
c) Do Novo Mercado.
d) Da BOVESPA Mais.

41. (CO) A lavagem de dinheiro consiste fundamentalmente em:
a) Um processo em que clientes estabelecem alternativas financeiras para reduzir a carga tributária em suas operações.
b) Um conjunto de operações financeiras realizadas exclusivamente em paraísos fiscais, visando inibir a ação e o controle fiscal.
c) Operações ilícitas que buscam otimizar seus rendimentos por meio de investimentos em paraísos fiscais.
d) Um processo pelo qual o criminoso transforma recursos ganhos de forma ilícita em ativos com origem aparentemente legal.

42. (ASG) De acordo com a Resolução CMN n. 4.943, as instituições sob fiscalização do Banco Central do Brasil devem identificar, mensurar, avaliar, monitorar, reportar, controlar e mitigar que tipo de riscos?
a) Crédito, mercado, liquidez, operacional, sociais, ambientais e climáticos.
b) Crédito, mercado, liquidez, sociais, ambientais e de governança corporativa.
c) Crédito, mercado, liquidez, ambientais, climáticos e de governança corporativa.
d) Crédito, mercado, operacional, sociais, ambientais, climáticos e de governança.

43. (FD) Um fundo de investimento é composto 90% por títulos públicos e 10% por operações compromissadas. Do total da carteira, 95% tem sua rentabilidade atrelada ao *benchmark*. Esse fundo deve ser um fundo:
a) Cambial.
b) Multimercado.
c) Renda fixa referenciado.
d) Renda fixa simples.

44. (FD) De acordo com a regulamentação de fundos de investimentos, podemos afirmar que:
a) Somente os fundos dedicados a investidores profissionais podem aplicar 100% no exterior.
b) Somente os fundos dedicados a investidores qualificados ou profissionais podem aplicar 100% no exterior.
c) Nenhum fundo pode aplicar 100% no exterior, nem mesmo os dedicados a investidores profissionais.
d) Todos os fundos podem aplicar 100% no exterior, desde que tenham em seu nome o sufixo "Investimento no Exterior".

45. (RV) Os ADR são:
a) Ações estrangeiras que são negociadas diretamente nas bolsas americanas.
b) Instrumentos negociáveis que representam a propriedade direta de títulos estrangeiros.
c) Recibos de depósito de ações estrangeiras que são negociados somente nas bolsas americanas.
d) Recibos de depósito de ações estrangeiras que são negociados nos mercados norte-americanos.

46. (RI) Sobre diversificação de carteira, podemos afirmar que:
a) Não importa quantos ativos se coloque em uma carteira, haverá sempre um nível mínimo de risco que não poderá ser eliminado.
b) O risco sistêmico pode ser eliminado desde que o número de ativos na carteira supere a quantidade de ativos que compõe a carteira de mercado.
c) Quanto maior a correlação entre um ativo e os demais, maior será o seu efeito na redução dos riscos.
d) O risco diversificável, também chamado de sistêmico, representa o risco próprio de cada ativo.

47. (FD) O imposto de renda dos fundos de renda fixa deve ser pago:
a) A cada 6 meses.
b) Após descontado o IOF.
c) Antes de descontar o IOF.
d) Somente no resgate.

48. (RI) Sobre a convexidade, podemos afirmar que:
a) Os investidores de renda fixa evitam títulos com convexidade elevada, pois indica aumento de risco com baixo retorno.
b) Seu efeito sobre o valor presente do ativo será sempre negativo, independentemente do movimento na taxa de juros.
c) Terá efeito contrário à *modified duration*, já que esta indica o tempo médio de retorno para receber de volta o valor pago pelo título.
d) Seu efeito é desejado pelo investidor de renda fixa, pois compensará parte das perdas e aumentará os ganhos advindos das variações negativas da taxa de juros.

49. (SFN) O Conselho Monetário Nacional, dentro do Sistema Financeiro Nacional, tem função:
a) Fiscalizadora.
b) Executora.
c) Operacional.
d) Deliberativa.

50. (EST) Marque a alternativa correta.
a) Por meio de uma análise de correlação, pode-se retratar com precisão o grau de relação que existe entre duas variáveis.
b) A análise de correlação é um grupo de técnicas estatísticas que busca retratar a relação entre duas variáveis.
c) O coeficiente de correlação tem sinal sempre positivo, pois é o quadrado do coeficiente de determinação.
d) O coeficiente de determinação é igual ao quadrado do desvio-padrão entre duas variáveis que se movem juntas.

51. (RI) Taxas de juros, taxas de câmbio e preço de *commodities* são variáveis cujas variações podem causar impacto nos resultados das empresas e se constituem em fatores de:
a) Risco de mercado.
b) Risco de crédito.
c) Risco operacional.
d) Risco de base.

52. (RI) Julgue os itens que se seguem e assinale a alternativa correta.

I. Risco operacional consiste na dificuldade de determinado instrumento financeiro ser vendido no tempo desejado.
II. Risco de mercado consiste na possibilidade de perdas causadas pelo impacto de flutuações de preços, índices ou taxas sobre os instrumentos financeiros que compõem o patrimônio de uma empresa.

a) Somente a alternativa I é correta.
b) Somente a alternativa II é correta.
c) As alternativas I e II estão corretas.
d) As alternativas I e II estão incorretas.

53. (CO) Um cliente que não movimenta sua conta bancária há mais de dois anos tenta depositar dinheiro no banco e fazer uma aplicação financeira. O gerente, entretanto, diz que não pode acatar sua solicitação, a menos que ele atualize seu cadastro. O cliente fica, então, indignado. À luz da regulamentação vigente, quem tem razão?
a) O banco, pois após um ano sem o cliente movimentar sua conta, a regulamentação vigente obriga que esta seja encerrada.
b) O banco, pois a regulamentação vigente deixa claro que o acolhimento de depósitos à vista e de aplicação financeira só podem ser feitos com a ficha cadastral atualizada.
c) O cliente, pois mesmo ele não tendo movimentado sua conta há tanto tempo, o gerente o conhece pessoalmente.
d) O cliente, pois é um absurdo um banco não aceitar seu dinheiro. Afinal, ele já é cliente do banco há 10 anos.

54. (PR) Complete a frase: A _____ entre entidades de previdência complementar aberta é possível. O que não é possível é transferir entre _____.
a) portabilidade – PGBL e VGBL.
b) taxa de carregamento – fundo de previdência e RendA+.
c) portabilidade – FIEs.
d) portabilidade – fundo de previdência de renda fixa e multimercado.

55. (FD) Se um fundo é passivo em IBOVESPA, sua correlação com esse índice deve ser:
a) Zero.
b) Próxima de zero.
c) Próxima de +1.
d) Próxima de -1.

56. (CO) O Código ANBIMA de Regulação e Melhores Práticas prevê que as instituições assegurem que seus profissionais:
a) Não operem em mercado de balcão não organizado.
b) Não tenham sofrido punição pela justiça e que esta tenha sido transitado em julgado.
c) Norteiem a prestação de suas atividades por princípios, entre eles o da liberdade de iniciativa.
d) Sejam devidamente cadastrados pela CVM para exercer o cargo de gerente de relacionamento.

57. (API) Ao definir uma carteira de investimento para um cliente, o gerente de relacionamento deverá considerar impreterivelmente:
a) Os riscos absolutos de cada classe de ativos, com o intuito de definir que ações serão adquiridas para a subcarteira de renda variável.
b) Os riscos relativos de cada conjunto de ativos, para definir o percentual a ser alocado em cada mercado.
c) Apenas o risco total da carteira, conforme sua visão sobre os próximos movimentos esperados para os preços de mercado dos ativos.
d) Os riscos absolutos de cada mercado para definir as subcarteiras conforme o perfil do cliente e os riscos relativos para escolher os ativos.

58. (EC) Que ação pode ser tomada pelo governo para aumentar o Produto Interno Bruto (PIB)?
a) Aumentar o seu gasto.
b) Incentivar a importação.
c) Elevar a taxa de juros.
d) Valorizar o real frente ao dólar.

59. (DER) O preço de ajuste do mercado futuro é:
a) Estabelecido diariamente pela câmara de compensação.
b) Estabelecido diariamente pela Bolsa.
c) O preço de abertura do dia.
d) O preço de fechamento do dia anterior.

60. (CO) De acordo com a Resolução CMN n. 4.968/2021, os sistemas de controles internos devem ser contínuos e efetivos e ter como finalidade o atingimento dos seguintes objetivos:
I. Desempenho relacionado à eficiência e à efetividade no uso dos recursos nas atividades desenvolvidas.
II. Informação relacionada à divulgação de informações financeiras, operacionais e gerenciais, que sejam úteis para o processo de tomada de decisão.
III. Conformidade, relacionada ao cumprimento de disposições legais, regulamentares e previstas em políticas e códigos internos.

a) Apenas os itens I e II estão corretos.
b) Apenas os itens II e III estão corretos.
c) Apenas os itens I e III estão corretos.
d) Todos os itens estão corretos.

GABARITO DO SIMULADO

1. d	2. a	3. a	4. a	5. a
6. a	7. d	8. a	9. c	10. c
11. a	12. a	13. c	14. a	15. b
16. c	17. b	18. b	19. a	20. b
21. c	22. d	23. d	24. b	25. d
26. c	27. c	28. a	29. d	30. b
31. a	32. c	33. a	34. a	35. d
36. c	37. a	38. b	39. a	40. c
41. d	42. a	43. c	44. b	45. d
46. a	47. b	48. d	49. d	50. b
51. a	52. b	53. b	54. a	55. c
56. c	57. d	58. a	59. b	60. d

ÍNDICE ALFABÉTICO

A

Accountability, 158
Acessibilidade ao mercado financeiro, 226
Acionista(s)
  controlador, 151, 209
    × minoritários e administradores, 151
  deveres e responsabilidade, 152
Ações, 148, 149, 162, 169, 209
  à vista, 169
  elegíveis para o índice, 162
  em circulação, 209
  escriturais, 149
  formas das, 149
  nominativas, 149
  ordinárias, 148
  preferenciais, 149
Acordo de acionistas, 152
Adequação dos produtos de investimento às necessidades dos investidores, 89
Aderência aos índices de referência, 246
Administração e gerenciamento de risco, 315
Administrador, 236
  obrigações do, 238
  vedações ao, 237
Agência de *rating*, 130, 210
Agente
  autônomo de investimento, 13
  fiduciário, 130, 211
Ajuste, 102, 186
  diário, 186
Alavancagem, 177, 183, 249
Alienação de cotas em mercado secundário, 265
Alocação de recursos, 335
Aluguel de ações, 170
American Depositary Receipt, 149
Amplitude, 286
Análise(s)
  de cenários extremos, 338
  de correlação, 289
  do perfil do investidor, 87
    para o investidor, 88
  fundamentalista, 164
  técnica, 164
Analistas fundamentalistas, 104
Ancoragem, 102
Anomalias do mercado financeiro, 100
Anticrese, 127
Aplicações(s)
  de renda fixa com rendimentos isentos de imposto de renda, 140
  financeiras consideradas de renda fixa, 140
  por conta e ordem, 244
Arbitradores, 188
Armadilha da confirmação, 103
Aspectos(s)
  ambientais, 108
  de governança corporativa, 108
  sociais, 108
Assembleia(s)
  de debenturistas, 131
  Geral, 153, 242
    Extraordinária, 153
    Ordinária, 153
Associação Brasileira das Entidades dos Mercados Financeiro e de Capitais (ANBIMA), 8, 80, 216, 258
Atividades elegíveis, 9
Ativos(s), 192, 224
  com risco de crédito, 304
  financeiros no exterior, 254
  individuais, 227
  livres de riscos, 304, 306
Ativo-objeto, 192
Auditor independente, 236
Ausência de mobilidade de posições, 182
Avaliação
  de *performance*, 335
  interna de risco, 73
Aversão à perda, 103

B

B3, 14
Back testing, 338
Balancetes, 242
Balanço de pagamentos, 34
Balcão, 12
   não organizado, 12
Banco(s)
   Central do Brasil, 6, 64
   coordenador, 210
   escriturador, 211
   líder, 130
   liquidante, 211
   mandatário, 130, 211
   múltiplos, 10
Base de cálculo, 139
Benchmarks, 51, 137, 229, 245, 246
   de renda fixa, 51, 137
   de renda variável, 51
Benefício(s)
   da diversificação, 308
   oferecidos pelos derivativos, 178
Beta, 292
   da carteira, 309
Block trade, 209
Bolsa(s), 11, 12
   de valores, 148
      mercadorias e futuros, 11
Bonificação, 151, 169
Bônus de subscrição, 151
Bookbuilding, 214
Bovespa Mais, 160
   nível 2, 160
Brasil, Bolsa, Balcão (B3), 11
Brazilian Depositary Receipt, 150

C

Caderneta de poupança, 136
Cálculo(s) do custo
   da ação, 54
   do empréstimo, 53
   médio ponderado de capital, 57

Call option, 128
Câmara de compensação, 187
Cancelamento da oferta, 214
Capacidade
   de assumir risco, 91
   de pagamento, 329
Capital, 52, 55, 257
   Asset Pricing Model (CAPM), 55
   semente, 257
Casos excepcionais de iliquidez, 233
Cédula(s)
   de crédito
      bancário, 135
      imobiliário, 133
   do produto rural, 133
Certificado(s)
   de cédula de crédito bancário, 135
   de depósito, 125, 149
      bancário, 124, 147
         pós-fixado, 124
         prefixado, 124
      interfinanceiro, 125
   de direitos creditórios do agronegócio, 134
   de operações estruturadas, 200
   de recebíveis
      do agronegócio, 135
      imobiliários, 132
Chief financial officer (CFO), 208
Ciclo laboral, 273
Ciência de risco, 241
Circuit breaker, 157
Classes(s)
   exclusivas, 252
   previdenciárias, 253
   restritas, 252
Classificação(s)
   ANBIMA, 258
   CVM, 250
   de risco de crédito, 327
   dos derivativos, 180
Clearings, 14
   house, 187
Clube de investimento, 261, 264

Código
  ANBIMA
    de administração de recursos de terceiros, 258
    de distribuição de produtos de investimento, 80
    de ofertas públicas, 216
    de regulação e melhores práticas, 9
  de distribuição, 81
  de ofertas públicas, 216
  do IBGC, 158
Coeficiente(s)
  de correlação, 290, 297
  de determinação, 291, 296
Come-cotas, 262
Comissão de Valores Mobiliários (CVM), 7, 89
Companhia securitizadora, 212
Compensação, 14
  de perdas
    em fundos de investimento, 263
    no caso de pessoas jurídicas, 171
Compliance, 61, 63
  legal e ética, 63
Composição e diversificação de carteira, 243
Compra e venda de títulos públicos, 26
Comunicação, 65, 69, 243
  com os cotistas, 243
  de operações financeiras ao Conselho de Controle de Atividades Financeiras, 69
Condições de liquidação no vencimento, 191
Condomínio, 224
Confidencialidade, 253
Conselho(s)
  de Controle de Atividades Financeiras, 69
  de Segurança das Nações Unidas, 71
  Monetário Nacional, 6
Consultoria jurídica, 130
Contas externas, 34
Contratação de gestores, 104
Contrato(s)
  financeiros, 189
  futuro de índice Bovespa, 190
  padronizados, 185
Controle(s)
  da inflação, 25
  da taxa de juros, 26
  de efetividade das políticas e procedimentos, 74
  de reserva bancária, 25
  e segregação de atividades, 65
  internos, 65
Convenção
  de Viena, Decreto n. 154/1991, 72
  Internacional para Supressão do Financiamento do Terrorismo, 72
Convexidade, 319
Convocação, 153
Correlação, 290, 296
Cota, 229
  de abertura, 230
  de fechamento, 230
  sênior, 256
  subordinada, 256
Cotação, 186
Covariância, 290, 296, 297
Covenant, 119, 128
Crimes e ilícitos contra o mercado de capitais, 76
Critérios de inclusão
  de ações no índice, 162
  e ponderação das ações no IBRX, 162
Cupom, 118
  cambial, 33, 42
  de inflação, 42
  e amortização, 44
Curva Normal ou de Gauss, 293
Custo(s)
  da utilização de capital próprio, 54
  de capital, 51, 52
  de financiamento, 52
  de fontes específicas de capital, 52
  de lucros retidos, 56
  de novas emissões de ações, 56
  de oportunidade, 49
  do empréstimo a longo prazo, 53
  médio ponderado de capital, 56, 58
Custódia, 14, 157
Custodiante, 211, 236

D

Data
  de emissão, 118
  de vencimento, 193
Day trade, 156
Debênture(s), 125
  com garantia
    flutuante, 127
    real, 127
  conversíveis em ações, 127
  escritura de emissão, 126
  escriturais, 127
  espécies de, 127
  garantias adicionais, 128
  incentivada, 131
  nominativas, 127
  permutáveis, 127
  principais *players* no mercado de, 130
  quirografárias (sem preferência), 128
  remuneração, 126
  resgate, 128
  simples (não conversíveis), 127
  subordinadas, 128
  tipos de, 127
  vencimento, 128
Decisão(ões)
  de investimento, 103
  do investidor na perspectiva de finanças comportamentais, 99
Demonstração(s)
  contábeis, 242
  de desempenho, 240
Depositário, 211
Depósito(s)
  a prazo com garantia especial, 125
  compulsórios, 25
Derivativos, 175, 179, 180
  agropecuários, 180
  de energia e climáticos, 180
  financeiros, 180
  não padronizados, 179
  padronizados, 179
Desconto, 47, 48
  de simples ou compostos, 47
  por fora no regime de juros compostos, 48
Desdobramento, 154, 169
Despesas incorridas na negociação, 156
Desvio-padrão, 288, 295, 296, 308
  da carteira, 308
Determinação de preço
  por múltiplos, 165
  do prêmio de uma opção, 196
Diagrama de pontos, 289
Dinâmica de aplicação e resgate de cotas, 232
Direito(s)
  de representação, 151
  dos acionistas, 150
  e obrigações dos condôminos, 229
Distribuição(s)
  normal, 292
  parcial, 214
  privada, 126
  pública, 126
  secundária, 131
  simétrica ou normal, 293
  via oferta pública, 200
Distribuidor, 236
Diversificação, 93, 184, 226, 303
Dívida, 52, 119, 166
  onerosa, 166
  pública federal interna, 119
Dividendos, 151, 168
Divulgação(ões)
  da cota e rentabilidade, 241
  de informações, 201, 335
  e resultados, 241
  para venda e distribuição, 238
    de rentabilidade, 243
Documentos da oferta, 217
Duração modificada, 305, 317
Duration
  de Macaulay, 315
  modificada, 315

E

Earnings Before Interests, Taxes, Depreciation And Amortization, 166
Economia, 19, 21
Elaboração de produtos financeiros, 104
Emerging Market Bonus Index (EMBI), 330
Emissão(s)
   de debêntures, 126
   de valores mobiliários, 207
   primária, 129
   pública, 130
Emolumentos, 157
Empresas emergentes, 257
Endividamento geral, 329
Enterprise Value, 166
Entidades de apoio, 10
Época da incidência do come-cotas, 263
Equidade, 158
Equivalência de capitais, 40, 41
Erro quadrático médio, 338, 339
Escriturador, 130
Espécies de debêntures, 127
Especulação, 177
Estatística aplicada, 283
Estratégia(s)
   com termo, 183
   equity hedge, 248
   long & short, 248
   long biased, 248
   long only,
      crescimento, 247
      valor, 247
   macro, 247
ETF de renda
   fixa, 265
   variável, 264
Ética, 61
Eventos societários, 151
Excedente bruto de exploração, 22
Excesso de confiança, 103
Exercício irregular de cargo, profissão, atividade ou função regulada, 80
Extrapolações, 334

F

Fase(s)
   de acumulação, 91
   de consolidação, 91
   de distribuição, 91
Fato
   gerador, 139
   relevante, 244
Fechamento temporário do fundo, 233
FIDC, 247
Finalidade dos derivativos, 177
Finanças, 19, 39, 93, 99
   comportamentais, 99
   pessoais, 93
Financiamento do terrorismo, 66
Fluxo(s)
   circular da renda, 22
   de caixa, 44, 93, 167, 324
      descontado, 168
   de capitais estrangeiros, 28
Follow on, 209
Fontes de informação, 154
Forma(s)
   de amortização e pagamento de juros, 118
   de controle de risco, 333
   de cotação do contrato futuro de DI1, 189
   de debêntures, 127
   de remuneração, 118
Formação de preço, 213
   futuros, 188
Formador de mercado, 212
Framing, 104
   effect, 100
Front running, 80
Fronteira eficiente de Markowitz, 92, 306
Fundo(s)
   abertos, 228
   ativos, 245
   cambial, 251
   com carência, 233
   com regulamentação específica, 255
   de ações, 251, 262
   de amortização, 129

de crédito privado, 247
de curto prazo, 262
    e longo prazo segundo regulamentação fiscal, 251
de índice, 257
de investimento, 221, 223, 256
    com gestão
        ativa, 247
        passiva, 245
    em cotas de fundos de investimento, 227
    em direito creditório, 255
    em índice de mercado, 257, 264
    em participações, 257
    imobiliário, 256, 265
de longo prazo, 262
de previdência privada, 273
de renda fixa, 250, 262
    crédito privado, 250
    curto prazo, 250
    dívida externa, 250
    incentivados em infraestrutura, 250
    referenciado, 250
    simples, 250
destinado à garantia de locação imobiliária, 251
fechados, 229
garantidor de crédito, 136
long biased, 248
long only, 248
multimercado, 247, 251
passivos, 245
quantitativos, 248
que podem cobrar taxa de *performance*, 234
socioambientais, 253

G

Ganho de capital, 169
Garantia
    fidejussória, 128
    firme, 210
Gestão
    ativa, 245
    da dívida pública, 30

de *performance*, 303
    e risco, 281
de risco de carteiras, 334
passiva, 245
Gestor, 236
Governança corporativa, 107, 157
Grau
    de alavancagem financeira, 329
    de conhecimento do mercado financeiro, 94
Grupamento, 154, 169
Grupo de ação financeira contra a lavagem de dinheiro e o financiamento do terrorismo, 73

H

Hedge, 177, 249, 321
Heurística, 100, 102
    da disponibilidade, 102
    da representatividade, 102
Hipoteca, 127
Hipótese
    de mercados eficientes, 100
    nula, 295
Horizonte de investimento, 90
    e necessidade de liquidez, 90

I

Ibovespa, 160
Idade do investidor, 90
    e ciclo de vida, 90
Identificação dos clientes, 67
IGP-M, 138
Ilusão do controle, 104
Impactos sobre os preços e quantidades das ações do investidor, 168
Imposto(s)
    de Renda, 139
        antecipatório, 139
        definitivo, 139
        e proventos de qualquer natureza, 139
        na fonte, 139
        Retido na Fonte (IRRF), 262

sobre aplicações para pessoa jurídica, 141
sobre operações financeiras, 141
Impostos, 22, 52
Imunização, 321
Inadimplência, 326, 329
Indicador(es)
  de atividade, 21
  de inflação, 24
  econômicos, 21
Índice(s)
  amplos, 160
  Bovespa, 160
  carbono eficiente, 162
  de endividamento, 93
  de governança corporativa
    novo mercado, 163
    diferenciada, 163
    Trade, 163
  de mercado ANBIMA, 138
  de preços, 138
  de referência, 51, 160, 245, 246
  de Sharpe, 313, 314
    modificado, 314
  de sustentabilidade, 162
    empresarial, 162
  de Treynor, 315
  geral de preços, 24
  nacional de preços ao consumidor amplo, 24
  tag along diferenciado, 163
Informação(ões), 65
  eventuais, 244
  periódicas, 243
Infraestrutura, 257
Inplit, 154
Insider trading, 79
  primário, 79
  secundário, 79
Insolvência, 326
Instituições intermediárias, 215
Instrução normativa BCB n. 153, 112
Instrumentos(s)
  de renda

fixa, 117
variável, 147
internacionais de cooperação, 68
Interesse comum, 111
Intermediários financeiros, 10
Intervalo de confiança, 293, 294, 296
Investidor, 15, 16, 61
  não residentes, 16
  profissionais, 15, 16
  qualificados, 15
Investimentos
  ambientais, sociais e de governança, 108
  socialmente responsáveis, 162
IOF, 253
IPCA, 138

J

Juros, 39, 40, 118, 151
  acruados, 118
  compostos, 40
  simples, 40
  sobre capital próprio, 151

L

Lâmina de informações básicas, 240
Lançador, 192, 195, 196
  coberto de opção de compra, 195
  de opção de venda, 196
Lavagem de dinheiro, 66, 68
Layering, 78
Leilão em bolsa, 214
Letra(s)
  de crédito
    do agronegócio, 134
    imobiliário, 132
  do Tesouro Nacional, 120
  financeira, 124
    do Tesouro, 120
  gregas, 199
  imobiliária garantida, 133

Liberdade na definição da estratégia, 253
Limites(s)
    baseados em métricas de avaliação de risco, 334
    de exposição em relação ao mercado e à sua carteira, 333
    por emissor, 253
    por modalidade de ativo financeiro, 254
Linha(s)
    d'água, 234
    do mercado de capitais, 307
Liquidação, 14, 156, 180
    bruta em tempo real, 14
    das operações com derivativos, 180
    financeira, 156
    física, 156
Liquidez, 90, 133, 226
    das ações, 324

M

Manipulação(s)
    de *benchmark*, 78
    de preços, 77
    do mercado, 77
Manutenção de registros, 67
Marcação a mercado, 230
Margem de garantia, 186
Market maker, 212
Média, 284, 285
    de uma amostra, 284
    de uma população, 284
    ponderada, 285
Mediana, 285
Medidas(s)
    de dispersão, 286
    de *performance*, 313
    de posição, 283
Melhores esforços, 210
Mensuração, 303
    de risco de crédito, 327
Mercado, 324
    a termo, 156, 181, 182, 184
    tributação, 184
    à vista, 155
    de câmbio, 7
    de capitais, 8
    de crédito, 7
    de opções, 192
    de *over the counter* (balcão), 179
    derivativos, 175
    futuro(s), 185
        de câmbio, 191
        de taxa de juros, 189
    monetário, 7
    não organizado, 12
    organizado, 12, 179
    secundário, 131
Metas inflacionárias, 7
Método(s)
    do ativo, 234
    do passivo, 234
Moda, 285
Modalidades(s)
    de fundos de investimento, 250
    dos mercados derivativos, 178
Modelo(s)
    back testing, 338
    de avaliação com crescimento constante, 54
    de Black & Scholes, 198
    de precificação de ativos financeiros, 55
    de regressão linear múltipla, 298
    Gordon, 54
Modelos de VAR, 336
Modificação da oferta, 214
Moeda, 7, 25
Monetária(o), 7, 25
Monitoramento e correção de distorções ou deficiências, 65
Mudanças no cenário macroeconômico mundial, 332
Multiestratégia, 257
Múltiplas classes de cotas, subclasses e segregação patrimonial, 232

N

Não observância aos princípios e às regras, 64
Natureza(s)
  ambiental, 111
  climática, 111
  social, 111
Negociação, 182, 201
  dos *swaps*, 201
Non Deliverable Forward (NDF), 184
Nota(s)
  do Tesouro Nacional
    série B, 121
      Principal, 121
    série F, 121
  promissória para distribuição pública, 131
Novo
  marco cambial, 32
  mercado, 159

O

Objetivo do investidor, 90
Oferta(s)
  pública(s)
    de valores mobiliários, 207
    de aquisição de ações, 215, 216
      concorrente, 216
      para aquisição de controle
      de companhia aberta, 216
      para cancelamento de registro, 215
      parcial, 216
      por alienação de controle, 216
      por aumento de participação, 216
      voluntária, 216
    primárias e secundárias, 155, 209, 212
  secundária, 155, 209
Ofertante, 216
Omissão imprópria, 80
Opção(s)
  americana, 192
  classificação das, 197
  de compra, 192
  de venda, 192
  descoberta, 193
  europeia, 192
  na bolsa brasileira, 193
  tipos de, 194
Open market, 26
Operação(s)
  caixa, 184
  compromissada, 136
  de *day trade*, 170
  de financiamento no mercado futuro
  do Ibovespa, 190
  de mercado aberto, 119
  de renda variável, 142
  financiamento, 184
Orçamento pessoal e familiar, 93
Organização do Sistema Financeiro Nacional, 3
Órgãos de regulação, autorregulação
e fiscalização, 5
Oscilações na taxa de câmbio, 332
Ótica
  da renda, 22
  do dispêndio (ou da despesa), 22
Otimismo, 103

P

Pagamento de proventos, 170
Parâmetro, 284
Partes interessadas, 111
Participação da ação na carteira teórica, 161
Passivo, 224
Patrimônio líquido, 93, 224
Penhor, 127
Perfil do investidor, 201
Período das ofertas públicas de aquisição
de ações, 216
Pessoa(s)
  exposta politicamente, 73
  jurídicas
    financeiras, 142
    isentas e imunes, 142
    tributadas pelo regime de lucro
      presumido ou arbitrado, 142
      real, 142

Planejamento das necessidades de caixa, 334
Plano(s)
   gerador de benefícios livres, 275
   vida gerador de benefícios livres, 276
Política(s)
   cambial, 31
   de investimento, 229
   de voto, 241
   direcionada às características e aos riscos relevantes da instituição, 74
   fiscal, 28, 30
   fiscal × monetária, 30
   monetária, 25
Portabilidade, 275
Posição(s)
   doadora, 170
   em derivativos, 180
   tomadora, 171
Posicionamento, 248
Práticas equitativas de mercado, 11, 148
Práticas não equitativas de preços, 78
Prazo(s)
   médio, 47
   mínimos, 124
Precificação, 163, 325
Preço(s)
   de exercício, 193
   do prêmio de uma opção, 196
   múltiplos, 119
   único, 119
   unitário, 118
   lucro, 165
Prejuízo em resgate de cotas, 263
Prêmio, 193
   de risco, 49, 50
      do negócio, 50
      financeiro, 50
Prestação de conta, 158
Prestadores de serviços, 236
Prevenção e combate à lavagem de dinheiro e ao financiamento do terrorismo, 66
Previdência complementar aberta, 271
Primeiras operações com derivativos, 176

Princípio(s)
   básicos de economia, 21
   conheça seu cliente, 75
   da dominância entre ativos, 305
   da dominância entre carteiras, 309
Probabilidade de, 329
Procedimentos destinados a conhecer funcionários, parceiros e prestadores de serviços terceirizados, 76
Processo
   de abertura de capital, 208
   de *suitability*, 88
Produção econômica intensiva em pesquisa, desenvolvimento e inovação, 257
Produto Interno Bruto, 21
Proporcionalidade, 41
Provedor de liquidez, 212
PRSAC, 111
Publicidade, 213, 217
   e selo ANBIMA, 217
Put option, 129

R

Ratings, 327, 328
Recebimento das reservas, 214
Recompra de debêntures pela emissora, 129
Redesconto, 6, 27
Redução do risco incorrido, 93
Regimes(s)
   cambial, 32
   de distribuição, 210
   de previdência, 273, 274
      Privada Complementar (RPPC), 274
   de tributação, 275
   Geral de Previdência Social (RGPS), 274
   Próprio de Previdência Social (RPPS), 274
Registro(s)
   de distribuição, 213
   e autorização, 201
Regras
   de alteração, 235
   de remuneração da caderneta de poupança, 136

Regressão linear simples, 292, 297
Regulação e autorregulação ambientais, sociais e de governança, 109
Regulamento, 239
Relação(s)
   entre juros e atividade econômica, 28
   entre risco e retorno, 306
   entre taxa de juros efetiva e taxa de desconto, 48
Relacionamento com clientes, 104
Relatório GRSAC, 111
Remuneração(ões)
   do acionista, 151
   do trabalho, 22
Renda(s)
   fixa, 118, 245, 247
   variável, 246, 247, 324
     tributação, 169
Renda+, 123
Rendimentos, 139
Rentabilidade, 240
   das previdências abertas, 274
Reserva cambial, 33
Resgate, 129, 275
   antecipado, 119, 124, 128
     facultativo, 128
   de cotas, 265
   obrigatório ou recompra obrigatória, 129
Residual ou *stand-by underwriting*, 210
Resolução(s)
   BCB n. 139, 111
   CVM n. 8, 200, 215
   CVM n. 30, 87, 88
   CVM n. 85, 215
   CVM n. 160, 212
   CMN n. 4.943, 109
   CMN n. 4.944, 110
   CMN n. 4.945, 111
Responsabilidade
   corporativa, 158
   tributária, 139
Responsável tributário, 264
Resultado(s)
   fiscais, 29
   nominal, 29
   primário, 29
Retorno, 50, 303, 305, 309
   esperado, 50
   histórico, 50
Revogação da oferta, 214
Risco(s), 51, 63, 91, 190, 303, 305, 307, 309, 313
   absoluto, 311
   ambiental, 110
   climático, 110
     de transição, 110
     físico, 110
   de ativos, 304
   de concentração, 326
   de contraparte, 326, 331
   de crédito, 326, 330
     de natureza soberana, 330
   de falta de pagamento, 326
   de imagem, 64
   de liquidação, 332
   de liquidez, 324, 325
   de mercado externo, 332
   de não concretização, 210
   de rateio, 209
   de repetição, 326
   de taxa de juros, 315
   de uma carteira, 307
   geopolíticos específicos de cada país investido, 332
   legal, 64
   não sistemático, 311, 313
   não sistêmico, 190
   país, 326, 330
   político, 326
   relativo, 311
   SAC, 110
   sistemático, 311
   sistêmico, 190
   soberano, 326
   social, 110
   versus retorno, 91
Rito de registro
   automático de distribuição, 213
   ordinário de distribuição, 213

S

Securitização, 31
Segmentos de listagem da B3, 159
Segregação de funções e responsabilidades, 236
Selo ANBIMA, 81, 217
Série(s)
  de uma opção, 193
  mista, 44
  uniforme, 44
Simulação, 241
Sistema(s)
  de come-cotas, 262
  de Pagamentos Brasileiro, 14
  e câmaras de liquidação e custódia, 14
  especial de liquidação e custódia, 14
  Financeiro Nacional, 5
Situação(s)
  do vendedor coberto, 185
  do vendedor descoberto, 185
  financeira, 93
Sociedades(s)
  corretoras de títulos e valores mobiliários, 13
  distribuidoras de títulos e valores mobiliários, 13
Split, 154
Spoofing, 78
Spread de crédito, 329
Stakeholders, 158
Stop loss, 337
Stress test, 338
Subscrição, 130
Substituição do administrador e do gestor, 238
Sujeito
  ativo, 139
  passivo, 139
Superintendência(s)
  de seguros privados, 8
  Nacional de Previdência Complementar, 8
Suspensão da oferta, 214
Swap, 177, 201
  de taxa de juros, 202
  tributação, 202

T

Tabela(s)
  EST, 111
  GER, 112
  GVR, 111
  MEM, 112
  OPO, 112
  progressiva, 277
  regressiva, 277
Tag along, 154
Taxa(s)
  cobrada pela IF, 122
  de administração, 275
  de carregamento, 275
  de corretagem, 156
  de crescimento dos dividendos, 54
  de custódia da B3, 122
  de desconto, 47, 48
  de entrada, 235
  de juros, 23, 28, 42, 48, 323
    e consumo, 28
    e investimento, 28
    efetiva, 48
    nominal × real, 42
  de *performance*, 234
  de saída, 235
  DI, 23, 138
  interna de retorno, 46
  livre de risco, 49
  PTAX, 24
  referencial, 23
  Selic, 23, 138
Teorema de Chebyshev, 288, 292
Teoria(s)
  das Finanças Comportamentais, 99, 101
  do charuto, 102
  tradicional de finanças, 101
Termo de adesão, 241
Tesouro
  Direto, 122
  Educação, 123

Teste de *stress*, 338
Tipologia
  aberta, 77
  fechada, 77
Tipos de ações, 148
Titular, 192
  de opção de compra, 194
Título(s)
  corporativos, 125
  de dívida, 324
  de renda fixa, 118
  do segmento
    agrícola, 133
    comercial, 135
    imobiliário, 132
  privados bancários, 124
  públicos, 119
    federais, 119
Tolerância ao risco, 91
Tracking error, 338
Transferência
  de titularidade, 233
  entre planos, 275
Transparência, 158
Tributação, 139, 192
Trust, 68

U

Underwriting, 130
Unidades financeiras de inteligência, 68, 69
Uso indevido de informação privilegiada, 78
Utilidade, 92

V

Validação do modelo, 338
Valor(es)
  da ação, 54
  da cota, 231
  de mercado, 229
  esperados, 295
  intrínseco da opção, 197
  mínimo de investimento, 133
  mobiliários, 208
  nominal, 118, 200
    atualizado, 118
    protegido, 200
  patrimonial, 229
  presente
    de um fluxo de caixa, 45
    líquido, 45
  sob risco, 336
  tempo, 198
Valuation, 168
Value at Risk, 336
Variância, 92, 286, 295
Variável
  dependente, 289
  independente, 289
Vedações ao administrador e ao gestor, 237
Vencimento, 47
Viés(es), 26
  comportamentais do investidor, 103

W

Warrant, 224

Y

Yield to maturity, 46

Z

Zero cupom, 43, 118